跨国石油公司经营与管理丛书

解读壳牌

UNSCRAMBLE SHELL

主编 杨旭东

石油工业出版社

图书在版编目（CIP）数据

解读壳牌/杨旭东主编. —北京：石油工业出版社，2013.4

（跨国石油公司经营与管理丛书）

ISBN 978-7-5021-9457-4

Ⅰ.①解…

Ⅱ.①杨…

Ⅲ.英荷壳牌石油公司－工业企业管理－经验

Ⅳ.①F456.162 ②F456.362

中国版本图书馆CIP数据核字（2013）第011642号

出版发行：石油工业出版社

　　　　　（北京安定门外安华里2区1号　100011）

　　　　　网　址：www.petropub.com.cn

　　　　　编辑部：（010）64523582　发行部：（010）64523620

经　　销：全国新华书店

印　　刷：北京中石油彩色印刷有限责任公司

2013年4月第1版　2013年4月第1次印刷

889×1194毫米　开本：1/16　印张：27.75

字数：617千字

定价：280.00元

（如出现印装质量问题，我社发行部负责调换）

《跨国石油公司经营与管理丛书·解读壳牌》编委会

顾　问：田景惠
主　编：杨旭东
副主编：张贵升　辛本利　孙明山　李俊军
成　员：战　楠　李广凌　刘士才　张　洋
　　　　邵喜斌　范有贵　高志和　裴一飞

序

纵览世界石油工业的发展历程，跨国石油公司的主导地位不可撼动，它们在经营上呈现跨国性、战略上兼顾全球性和组织上关注互联性，它们代表了世界石油工业的发展方向。目前，中国石油企业正经历着从区域性经营向全球性经营的转变，学习跨国石油公司的成长经验、经营战略以及管理理念，对于我们的发展进步有着重要的指导作用。

石油工业出版社组织编写的《跨国石油公司经营与管理丛书》，填补了现阶段石油石化行业对于跨国石油公司研究方面的空白，为石油石化行业从业者了解世界，打开了一扇窗口，也为中国石油企业走向世界，实现跨国经营，提供了系统的参考与有益的借鉴。

本套丛书主题鲜明、结构清晰，通过阅读，我们可以从以下四个方面得到启示。

1. 参历史

跨国石油公司的发展历史，可谓"道路曲折、波澜壮阔"，其发展模式各具特色：有的从地区性公司开始起步，逐步向全球化发展；有的从成立初始就注重全球化，布局强调重点区域和优势市场；有的从下游向上游发展，有的从上游向下游延伸；有的通过垄断上游资源来控制市场，有的通过精耕下游市场来获取优势；有的依托技术创新赢取领先，有的依靠资本整合变大变强。世界石油市场的风云变幻，跨国石油公司演绎的跌宕起伏，在《历史篇》中，可寻找，可研读，可领悟。

2. 明治理

所有成功的企业，都有着严谨的企业治理结构。在《治理篇》中，对跨国石油公司的企业战略、组织结构、企业文化、人力资源和市场营销等内容，进行了深入研究。从治理结构看，这些跨国石油公司成功的共同特征：一是深刻地理解竞争环境，适时调整发展战略；二是适应战略变化的需求，不断优化企业的组织结构；三是通过先进的企业文化和人力资源体系，聚贤纳才；四是突出核心主业，合理布局产业，注重市场营销；五是倡导技术创新和产品创新；六是重视资本运作，有效整合资源和市场。

3. 研业务

只有深入了解和研究跨国石油公司的业务布局，才有可能实现追赶和超越。在《业务篇》中，编者对跨国石油公司在亚太、欧洲、北美、南美、中东、独联体以及非洲地区的业务发展情况和布局进行了分析，汇集上下游总体情况。跨国石油公司在业务发展上注重区域布局、强调资源掌控和突出业务效益的策略，对中国的石油企业精研业务，优化布局，大有可鉴。

4. 辨方向

随着全球石油资源的日趋紧张，世界石油石化市场竞争的日趋激烈，跨国石油公司必须不断地探索新的发展方向，不断调整战略重点，才能实现企业的可持续发展。编者在《发展篇》中重点分析了跨国石油公司在未来能源行业发展的新方向。跨国石油公司高度重视创新，大力开拓新能源、持续研发新技术和有效开发新产品的战略，为中国石油企业的未来发展指明了方向。

列夫·托尔斯泰说过，"理想的书籍是智慧的钥匙"。本套丛书正是打开"学习和借鉴跨国石油公司的先进理念、业务经验、治理结构和发展方向"之门的一把钥匙。

相信本套丛书能为石油石化行业的从业者和有志于行业研究的专业人士提供借鉴与帮助。

国书忠

2012.12.12

前言

　　石油行业作为国民经济中的支柱产业，其重要的地位和作用不言而喻；中国的石油企业已经成为全面建成小康社会的重要力量，其肩负的责任和使命也更加重大。如何实现企业的可持续发展？如何打造百年"老店"？如何更好地履行石油企业的政治责任、经济责任和社会责任？已成为石油企业必须思考和面对的问题。

　　他山之石，可以攻玉。学习和借鉴国际石油公司的经营和管理经验，是中国石油企业通向成功的必由之路。为此，我们组织多年从事石油石化行业咨询工作的有关专家，编写这套《跨国石油公司经营与管理丛书》，期望通过对国际上如壳牌、英国石油（BP）、埃克森美孚、道达尔、康菲、雪佛龙等成功跨国石油公司经营和管理经验的研究和分析，给予中国石油石化企业经营管理上的借鉴。

　　经过一年多的艰苦努力，这套丛书的第一本《解读壳牌》终于与读者见面了。在本书编写的过程中，创作团队付出了艰辛的劳动，翻译了大量的国外相关资料，阅读了国内涉及壳牌的书籍和网站，整理了有关壳牌的新闻报道，参考了行业专家对壳牌的评价，融入了我们对壳牌经营与管理的分析见解，最终形成本书的四大部分，即《历程篇》、《治理篇》、《业务篇》和《发展篇》。

　　本书力图全方位、多角度地展现壳牌，在《历程篇》中，以历史作为背景，以时间作为主线，将壳牌企业发展过程形象地呈现在读者面前；在《治理篇》中，运用现代管理思想及工具，对壳牌的企业战略、组织结构、市场营销策略、人力资源管理、企业文化等，进行了系统的研究与分析；在《业务篇》中，按照行业对石油区域的传统划分方式，对壳牌在各区域内业务开展的情况进行了介绍，并对重点区域增加了篇幅；在《发展篇》中，对壳牌的能源发展路线、业务调整路线以及技术创新路线进行了研判，见微知著，给读者以启示。

千淘万漉虽辛苦，吹尽狂沙始到金。历经无数个不眠之夜，千磨万难，让这本书得以与读者见面；感谢工作在石油石化战线的各位领导，循循善诱，不吝赐教，对本书提出了宝贵的修改意见和建议；特别要感谢中国石油销售公司党委书记、副总经理田景惠为本套丛书作序。要感谢的人实在是太多太多，在这里不能一一道谢，只能将这一切化作前行的动力，继续其他分册的编写，以飨读者。

　　这是一个学习强者的时代，希望本套丛书的出版，能够成为石油石化企业"学强者，赶强者，做强者，超强者"的重要参考。

　　这是一个强者辈出的时代，相信一个善于向强者学习的企业，一定能够实现可持续发展；一个善于向强者学习的人，一定能够成为优秀的管理者。希望本套丛书能够给那些踏上强者之路的行者以帮助。

　　由于编者的能力和水平有限，不足和疏漏之处在所难免，恳请批评指正。

　　　　　　　　　　　　　　　　　　　　　　　　　　　　　本书编委会

　　　　　　　　　　　　　　　　　　　　　　　　　　　　　2012年12月

目录

序

前言

历 程 篇

第一章 壳牌概述 …………………… 3

第一节 集团基本信息 …………………… 3

第二节 壳牌中国信息 …………………… 3

第三节 壳牌集团简介 …………………… 4

第二章 壳牌的发展历程 …………………… 6

第一节 掘金石油——资本的积累阶段 …… 6

一、英国壳牌运输贸易公司发展史

（1833—1906年） …………………… 6

（一）起步：生意源自贝壳 …………… 6

（二）拓展：进军石油运输 …………… 6

（三）危机：来自经营油田 …………… 8

（四）从政：导致企业衰退 …………… 9

二、荷兰皇家石油公司发展史

（1880—1903年） …………………… 9

（一）坚持：创立皇家石油 …………… 9

（二）意外：高层两次突变 …………… 11

（三）崛起：成为石油大鳄 …………… 11

三、荷兰皇家壳牌集团成立

（1901—1907年） …………………… 12

（一）合作：起源于亚细亚 …………… 12

（二）合谈：迫不得已之策 …………… 13

（三）合并：建立石油航母 …………… 14

第二节 歃血为盟——资源的整合阶段 …… 15

一、大战前夕的发展（1908—1913年） … 15

（一）进军：美国本土 ………………… 15

（二）整合：欧洲资源 ………………… 16

（三）布局：亚洲非洲 ………………… 18

（四）抢占：北美南美 ………………… 19

二、一次大战的洗礼（1914—1918年） … 20

（一）欧洲：遭遇挫折 ………………… 20

（二）美洲：迎来机遇 ………………… 21

三、战后跨越式扩张（1919—1938年） … 22

（一）机遇：汽油时代的快速发展 …… 22

（二）无奈：经济萧条时期的调整 …… 25

（三）被迫：国有化改革中的让步 …… 26

四、二战的艰难岁月（1939—1945年） … 28

（一）参与：石油战争 ………………… 28

（二）科技：支援二战 ………………… 29

第三节 大亨崛起——全球化扩张阶段 …… 30

一、从容应对战后石油新秩序

（1946—1956年） …………………… 30

（一）开采：墨西哥湾海上石油 ……… 30

（二）调整：新秩序下中东策略 ……… 31

（三）加大：石化工业研发投入 ……… 32

（四）持续：品牌创新寻找资源 ……… 33

二、低油价时代的发展与挑战

（1957—1972年） …………………… 35

（一）应对：中东复杂多变局面 ……… 35

（二）重组：集团结构管理模式 ……… 36

（三）提速：低价时代全面扩张 ……… 37

（四）把握：化工研发黄金时期 ……… 39

三、油价跌宕起伏的动荡年代
（1973—1990年）……………… 40

（一）抗击：三次石油危机的冲击 …… 40

（二）无奈：面对石油国有化损失 …… 43

（三）冷静：应对石油企业并购潮 …… 44

（四）尝试：多元化发展多业并举 …… 45

（五）建立：安全管理体系避风险 …… 47

四、高油价时代的全球性开发
（1991—2003年）……………… 48

（一）变革：治理结构适应国际新
形势 ………………………… 48

（二）广泛：布局勘探与开采抵抗
风险 ………………………… 49

（三）大力：开发全球炼油与销售
市场 ………………………… 50

（四）保持：化工领先兼顾多元化
投资 ………………………… 51

（五）重点：开发天然气及可再生
能源 ………………………… 53

（六）履行：健康安全环保的社会
责任 ………………………… 55

第四节 未雨绸缪——可持续发展阶段 … 57

一、走出阴霾重拾自信
（2004—2008年）……………… 57

（一）高管：丑闻爆发无奈被迫辞职 … 57

（二）新帅：临危受命改革治理结构 … 58

（三）梳理：企业问题强调核心三点 … 60

二、浴火重生再次亮剑
（2009—2011年）……………… 63

（一）换帅：实施战略重组转型 …… 63

（二）剥离：非核心业务轻装发展 … 64

第三章　壳牌在中国 ………………… 67

第一节　壳牌的中国历程 …………… 67

一、招兵买马——市场的初创阶段 … 67

（一）煤油贸易，叩开中国大门
（1864—1902年）……………… 67

（二）合并经营，健全中国网络
（1903—1936年）……………… 69

二、逆境求生——经营的动荡阶段 …… 72

（一）经历战火，企业损失巨大
（1937—1949年）……………… 72

（二）暂别内地，重点发展香港
（1950—1966年）……………… 73

三、审时度势——策略的调整阶段 …… 74

（一）若即若离，逐步重返中国
（1966—1980年）……………… 74

（二）改革开放，紧跟中国步伐
（1981—1997年）……………… 75

四、面对挑战——业务的深化阶段 …… 76

（一）油企重组，适应市场格局
（1998—2005年）……………… 76

（二）全面放开，迎来市场机会
（2006—2011年）……………… 77

第二节　"长跑者"的姿态 …………… 79

一、寻求与中国的业务契合点 ……… 79

（一）业务的契合点 …………… 79

（二）策略落实途径 …………… 80

二、外拓内修，建基立业 …………… 82

（一）业务的外拓 …………… 82

（二）团队的内修 …………… 82

三、铺垫可持续发展之路 …………… 84

（一）争做负责任的企业公民 …… 84

（二）推广健康安全环保理念 …… 84

第三节　勾画业务版图 ……………… 86

一、围绕下游市场，积极业务布局 …… 86

（一）下游策略 …………………… 86

（二）业务布局 …………………… 86

二、上游及天然气业务路线 ………… 88

（一）积极寻找机会 ……………… 88

（二）确定主攻领域 ……………… 89

三、"洁净煤"的中国愿景 …………… 90

（一）清洁煤市场的前景 ………… 90

（二）清洁煤市场的开发 ·········· 91

第四节　壳牌中国项目概览 ·········· 92

一、壳牌在中国的勘探与开发业务 ··· 92

（一）南海西江油田项目概况 ······ 92

（二）西江24-3作业平台 ·········· 92

（三）西江30-2作业平台 ·········· 92

二、壳牌在中国的下游销售业务 ····· 93

（一）成品油零售业务 ············ 93

（二）非油品销售业务 ············ 95

（三）润滑油销售业务 ············ 96

（四）沥青业务 ·················· 96

三、壳牌在中国的天然气业务 ······· 98

（一）陕西长北天然气项目 ········ 98

（二）四川金秋天然气田项目 ······ 99

（三）山西石楼北煤层气项目 ····· 100

（四）杭州天然气合资企业 ······· 100

四、壳牌的化工项目 ············· 101

（一）中海壳牌化工项目 ········· 101

（二）壳牌的硫磺项目 ··········· 102

五、壳牌的煤气化业务 ··········· 102

（一）壳牌煤气化概况 ··········· 102

（二）壳牌煤气化主要项目合作情况 ··· 102

（三）壳牌推动煤气化设备本土化 ··· 104

第五节　壳牌在中国台湾 ·········· 104

一、壳牌在台湾的发展历史 ······· 104

二、壳牌在台湾的炼化业务 ······· 105

三、壳牌在台湾的销售业务 ······· 105

第六节　壳牌在中国香港 ·········· 105

一、壳牌在香港的发展历史 ······· 106

二、壳牌在香港的销售业务 ······· 107

（一）壳牌在香港的零售网络与服务 ··· 107

（二）壳牌在香港销售的主要产品 ··· 107

（三）壳牌在香港的其他下游业务 ··· 107

治　理　篇

第四章　壳牌的企业战略 ·········· 111

第一节　壳牌的战略愿景 ·········· 111

一、愿景阐述 ··················· 111

（一）油气行业的领导者 ········· 111

（二）社会责任的承担者 ········· 111

（三）能源需求的满足者 ········· 112

（四）股东投资的回报者 ········· 112

二、战略的定位、使命和支点 ····· 113

（一）战略定位 ················· 113

（二）战略使命 ················· 113

（三）战略支点 ················· 113

第二节　壳牌的战略历程 ·········· 113

一、战略历程概述 ··············· 113

二、快速扩展战略 ··············· 113

（一）全球区域扩展 ············· 113

（二）业务范畴延伸 ············· 114

三、适时发展战略 ··············· 115

（一）应对经济萧条，控成本保利润 ··· 115

（二）经历二战劫难，避战火抓重建 ··· 115

（三）不确定环境下，勤规划抗风险 ··· 116

（四）石油国有化中，重现实作让步 ··· 117

四、业务多元化战略 ············· 117

第三节　壳牌的战略工具 ·········· 118

一、定向政策矩阵 ··············· 118

（一）定向政策矩阵的定义 ······· 118

（二）定向政策矩阵的结构 ······· 118

（三）业务前景评价标准 ········· 119

（四）竞争能力评价标准 ········· 119

（五）策略的选择及实施 ········· 120

（六）定向政策矩阵的应用 ······· 121

二、情景规划 ··················· 121

（一）情景规划概述 ············· 121

（二）情景规划在壳牌的应用 ····· 121

（三）情景规划的步骤 ··········· 122

第四节　壳牌核心战略体系构成 ··· 124

一、壳牌核心战略体系的内容 ····· 124

二、壳牌战略体系的结构关系 ····· 125

第五节　壳牌的业务聚焦战略 ····· 126

一、能源企业所面临的问题 ······· 126

（一）能源需求的渐变 ··········· 126

（二）供应难以跟上需求节奏 ····· 127

（三）环境压力日渐加剧 ········· 127

二、能源与环境前景展望 ·········· 127

三、壳牌的应对策略 ·········· 128

（一）业务组合策略 ·········· 128

（二）运营策略 ·········· 129

第六节　壳牌的全球发展战略 ·········· 129

一、全球资源开发与资产优化配置 ·········· 129

二、打造新的业务格局 ·········· 130

三、调整后的全球业务构架 ·········· 131

（一）美洲上游 ·········· 131

（二）国际上游 ·········· 131

（三）下游业务 ·········· 131

（四）项目和技术 ·········· 132

第七节　壳牌的技术创新战略 ·········· 132

一、悠久的传承 ·········· 132

二、技术创新基础 ·········· 132

三、研发方向与技术创新项目 ·········· 135

第八节　壳牌的可持续发展战略 ·········· 137

一、形成与演变 ·········· 137

二、核心规范与实施历程 ·········· 138

三、可持续发展战略管理 ·········· 139

第五章　壳牌的组织结构 ·········· 141

第一节　壳牌组织结构的演进 ·········· 141

一、壳牌组织结构演变历程 ·········· 141

（一）第一次调整 ·········· 141

（二）第二次调整 ·········· 142

（三）第三次调整 ·········· 142

（四）第四次调整 ·········· 142

（五）第五次调整 ·········· 143

二、壳牌不同时期的组织特点 ·········· 143

第二节　独特的双董事会组织结构 ·········· 144

一、双母公司结构的形成 ·········· 144

二、双母公司的结构形式 ·········· 145

三、双母公司的组织管理 ·········· 145

第三节　直线式组织结构的建立 ·········· 146

一、创立CMD管理机构 ·········· 146

二、适应变化建立服务公司 ·········· 146

三、直线式组织结构的形成 ·········· 147

第四节　矩阵式组织结构的优化 ·········· 148

一、矩阵式组织结构的建立 ·········· 148

二、地区组织管理的优化 ·········· 148

三、矩阵式管理模式的运行 ·········· 149

第五节　板块式组织结构的产生 ·········· 150

一、板块式结构的产生背景 ·········· 150

二、板块式结构孕育产生过程 ·········· 151

三、板块结构的形式与要点 ·········· 151

四、板块结构中运营单位的职能 ·········· 152

（一）业务机构 ·········· 152

（二）企业中心（集团行政中心） ·········· 152

（三）专业服务公司 ·········· 153

（四）营运公司 ·········· 153

（五）营运单元 ·········· 153

五、板块结构的后续变革与完善 ·········· 154

第六节　双董事会组织结构的终结 ·········· 154

一、双董事会机制带来的管理问题 ·········· 154

二、面对舆论压力最终选择合并 ·········· 156

第七节　构筑企业组织的扁平化 ·········· 157

一、被迫重组应对企业信誉危机 ·········· 157

二、控制成本组织结构趋于扁平化 ·········· 158

第六章　壳牌的市场营销 ·········· 160

第一节　壳牌的营销之路 ·········· 160

一、壳牌营销的历程 ·········· 160

（一）机会营销阶段 ·········· 160

（二）产品营销阶段 ·········· 161

（三）客户关系营销阶段 ·········· 162

（四）社会责任营销阶段 ·········· 162

二、壳牌的市场地位 ·········· 163

三、壳牌的下游策略 ·········· 164

（一）卓越运营和成本效率 ·········· 164

（二）集中投资组合 ·········· 164

（三）选择性增长 ·········· 164

第二节　壳牌业务的基石——产品策略 ·········· 165

一、壳牌产品策略的构成 ·········· 165

（一）产品结构策略 ·········· 165

（二）产品价值策略 ·········· 165

（三）产品领先策略 …………… 165

二、壳牌的产品结构策略 …………… 165

三、壳牌的产品价值策略 ………… 167

四、壳牌的产品领先策略 ………… 167

第三节　壳牌成长的动力——品牌策略 …… 168

一、壳牌品牌的核心策略 ………… 168

（一）单一品牌策略 …………… 168

（二）副品牌策略 …………… 170

二、壳牌品牌的宣传推广 ………… 170

（一）壳牌的内部品牌宣传机制 …… 170

（二）壳牌的对外品牌宣传机制 …… 170

第四节　壳牌竞争的手段——服务营销 …… 171

一、壳牌服务营销的含义 ………… 171

二、壳牌以服务换市场的营销模式 … 172

三、壳牌以服务做市场的营销模式 … 173

第五节　壳牌立足的法宝——公共关系 …… 175

一、壳牌的公共关系体系 ………… 175

二、协调政府关系 …………… 175

三、打造和谐社区 …………… 176

四、保护生态环境 …………… 177

（一）壳牌减少污染的措施 …… 178

（二）壳牌保护环境的措施 …… 178

（三）壳牌宣传环保的措施 …… 179

第六节　壳牌扩张的方法——渠道策略 …… 180

一、壳牌营销渠道概况 …………… 180

二、渠道重心——向东方倾斜 …… 180

三、渠道建设——注重多元化 …… 180

四、渠道关系——转向伙伴型 …… 181

五、渠道管理——趋于扁平化 …… 182

第七章　壳牌的人力资源管理 ………… 183

第一节　壳牌人力资源体系的特点 …… 183

一、壳牌人力资源管理概述 …… 183

二、壳牌人力资源管理的四项原则 … 184

三、人本原则——和谐治企 …… 184

四、自主原则——激发斗志 …… 185

五、成长原则——不断提升 …… 186

（一）工作体验 …………… 186

（二）交流分享 …………… 186

（三）反思总结 …………… 186

六、平衡原则——和谐统一 …… 187

第二节　壳牌的选人系统——招聘管理 …… 187

一、招聘原则——量才适用，宁缺毋滥 … 187

二、招聘标准——以德为先，德才兼备 … 188

三、招聘规划——细分渠道，周密计划 … 189

（一）壳牌的招聘渠道 …………… 189

（二）壳牌招聘的计划与准备 …… 189

四、招聘流程——合理分工，科学聘用 … 189

（一）壳牌校园招聘整体流程 …… 189

（二）壳牌校园招聘核心四连环 … 190

五、入职渠道——三条路径，广纳人才 … 191

（一）壳牌招聘日 …………… 192

（二）哥拉美商业挑战 …………… 194

（三）实习生计划 …………… 195

六、聘后管理——规划发展，关注成长… 196

第三节　壳牌的育人系统——培训管理 …… 196

一、完整有效——壳牌的培训体系 …… 196

二、注重个体——壳牌的员工个人发展

计划 …………… 197

三、挖掘潜能——倡导"人人都是

领导者" …………… 198

第四节　壳牌的用人系统——绩效管理 …… 200

一、员工能力评估模型——胜任力模型 … 200

二、管理能力评估模型——CAR模型 … 200

三、壳牌绩效考核流程——结构化考核 … 201

四、壳牌绩效考核实施——考核过程

管理 …………… 203

五、壳牌绩效考核目的——促进员工

发展 …………… 203

（一）壳牌"双通道"发展模式 …… 204

（二）设计职业生涯道路 …………… 204

（三）动态的"接班人计划" …… 205

第五节　壳牌的留人系统——薪酬管理 …… 206

一、壳牌薪酬管理的基本原则 …… 206

二、壳牌薪酬体系的整体结构 …… 206

三、壳牌薪酬中的国际化因素 …… 207

四、壳牌薪酬制度的层级划分 ………… 207
五、壳牌绩效评估薪酬的模式 ………… 208
六、壳牌薪酬制度中的福利计划 ……… 209
　　（一）退休金计划 ………………… 209
　　（二）对等储蓄投资计划 ………… 209
　　（三）长期服务奖 ………………… 209

第八章　壳牌的企业文化 ………………… 211

第一节　壳牌企业文化概述 …………… 211
一、壳牌企业文化的渊源 ……………… 211
二、企业文化推动壳牌发展 …………… 212

第二节　壳牌企业文化的经营观——
　　　　可持续发展 ………………… 213
一、融入壳牌的可持续发展观 ………… 213
二、可持续发展观在壳牌的体现形式 … 214
　　（一）责任意识 …………………… 214
　　（二）创新意识 …………………… 214
　　（三）组织发展与变革意识 ……… 215

第三节　壳牌企业文化的价值观——
　　　　营造公共价值 ……………… 215
一、互利共赢的价值关系 ……………… 215
二、在价值关系中承担责任 …………… 216
　　（一）壳牌对股东承担责任 ……… 216
　　（二）壳牌对客户承担责任 ……… 216
　　（三）壳牌对员工承担责任 ……… 217
　　（四）壳牌对社会承担责任 ……… 218

第四节　壳牌企业文化的组织观——
　　　　结构与行为 ………………… 219
一、组织结构对企业文化的影响 ……… 219
二、组织变革促进企业文化发展 ……… 220

第五节　壳牌企业文化的管理观——
　　　　学习、创新与变革 ………… 221
一、用变革推动发展 …………………… 221
二、用学习提升活力 …………………… 222
三、用创新改变环境 …………………… 223

第六节　壳牌企业文化的核心观——
　　　　诚实、正直、尊重 ………… 224
一、外部经营之本 ……………………… 224
二、内部行为之根 ……………………… 225

业　务　篇

第九章　壳牌在亚太地区 ……………… 231

第一节　壳牌在亚太地区的业务概述 … 231
一、壳牌在亚太地区的发展历程 ……… 231
二、壳牌在亚太地区的发展战略 ……… 231
三、壳牌在亚太地区的业务分布 ……… 233
　　（一）壳牌在亚太上游的勘探与开发
　　　　　业务 ……………………… 233
　　（二）壳牌在亚太地区中游的炼化
　　　　　业务 ……………………… 233
　　（三）壳牌在亚太地区的下游销售
　　　　　业务 ……………………… 234

第二节　壳牌在澳大利亚 ……………… 235
一、壳牌在澳大利亚的发展历史 ……… 235
二、壳牌在澳大利亚的勘探与开发业务 … 238
　　（一）西北大陆架项目 …………… 239
　　（二）高庚项目 …………………… 239
　　（三）其他项目 …………………… 240
三、壳牌在澳大利亚的运输与储存业务 … 240
　　（一）壳牌新港码头 ……………… 240
　　（二）壳牌北弗里曼特尔码头 …… 240
　　（三）壳牌帕拉马塔码头 ………… 241
　　（四）壳牌皮思坎巴码头 ………… 241
四、壳牌在澳大利亚的炼化业务 ……… 241
　　（一）克莱德炼油厂和戈尔湾码头 … 242
　　（二）壳牌吉朗炼油厂 …………… 242
五、壳牌在澳大利亚的销售业务 ……… 243
　　（一）壳牌在澳大利亚的零售网络与
　　　　　服务 ……………………… 243
　　（二）壳牌在澳大利亚销售的主要
　　　　　产品 ……………………… 243
　　（三）壳牌在澳大利亚的其他下游
　　　　　业务 ……………………… 244

第三节　壳牌在新西兰 ………………… 245
一、壳牌在新西兰的发展历史 ………… 245
二、壳牌在新西兰的勘探与开采业务 … 245
　　（一）卡潘尼油气田 ……………… 245

（二）毛伊岛油气田 ………… 246

（三）波霍库拉油气田 ………… 246

三、壳牌在新西兰的销售业务 ………… 247

第四节　壳牌在新加坡 ………… 247

一、壳牌在新加坡的发展历史 ………… 247

二、壳牌在新加坡的炼化业务 ………… 248

（一）壳牌东方石化综合项目 ………… 248

（二）卡塔尔石油国际公司 ………… 248

（三）壳牌公司的全资或独资子公司 … 248

三、壳牌在新加坡的销售业务 ………… 250

第五节　壳牌在马来西亚 ………… 250

一、壳牌在马来西亚的发展历史 ………… 250

二、壳牌在马来西亚的勘探与开发业务 … 251

（一）Gumusut-Kakap油田项目 ………… 251

（二）Malika油田项目 ………… 251

（三）其他项目 ………… 251

三、壳牌在马来西亚的炼化业务 ………… 252

（一）壳牌民都鲁馏分综合厂 ………… 252

四、壳牌在马来西亚的销售业务 ………… 252

（一）壳牌在马来西亚的零售网络与

服务 ………… 252

（二）壳牌在马来西亚销售的主要

产品 ………… 252

（三）壳牌在马来西亚的其他下游

业务 ………… 252

第六节　壳牌在印度尼西亚 ………… 253

一、壳牌在印度尼西亚的历史渊源 ………… 253

二、壳牌在印度尼西亚的销售业务 ………… 254

（一）壳牌在印度尼西亚的零售网络

与服务 ………… 254

（二）壳牌在印度尼西亚销售的主要

产品 ………… 254

（三）壳牌在印度尼西亚的其他下游

产品 ………… 254

第七节　壳牌在菲律宾 ………… 255

一、壳牌在菲律宾的发展历史 ………… 255

二、壳牌在菲律宾的勘探与开发业务 ………… 255

（一）壳牌菲律宾勘探BV公司 ………… 255

（二）壳牌马拉帕亚项目 ………… 256

三、壳牌在菲律宾的销售业务 ………… 256

（一）壳牌在菲律宾的零售网络与

服务 ………… 256

（二）壳牌在菲律宾销售的主要产品 … 257

第八节　壳牌在文莱 ………… 257

一、壳牌在文莱的发展历史 ………… 258

二、壳牌在文莱的勘探与开发业务 ………… 258

三、壳牌在文莱的石油运输业务 ………… 258

四、壳牌在文莱的炼化业务 ………… 259

（一）诗里亚炼油厂 ………… 259

（二）文莱液化天然气公司 ………… 259

五、壳牌在文莱的石油和天然气贸易

业务 ………… 259

（一）石油贸易 ………… 259

（二）天然气贸易 ………… 259

六、壳牌在文莱的下游销售业务 ………… 260

第九节　壳牌在斯里兰卡 ………… 260

一、液化天然气业务 ………… 260

二、太阳能发电业务 ………… 260

第十节　壳牌在泰国 ………… 261

一、壳牌在泰国的发展历史 ………… 261

二、壳牌在泰国的勘探与开发业务 ………… 262

三、壳牌在泰国的销售业务 ………… 262

（一）壳牌在泰国的零售网络与服务 … 262

（二）壳牌在泰国销售的主要产品 ………… 263

第十一节　壳牌在越南 ………… 264

一、壳牌在越南的发展历史 ………… 264

二、壳牌在越南的润滑油调配业务 ………… 265

三、壳牌在越南的销售业务 ………… 265

第十二节　壳牌在印度 ………… 265

一、壳牌在印度的发展历史 ………… 266

二、壳牌在印度的销售业务 ………… 266

（一）壳牌在印度的加油站 ………… 266

（二）壳牌在印度的润滑油销售 ………… 267

（三）壳牌在印度的沥青销售 ………… 267

（四）壳牌在印度的天然气销售 ………… 268

（五）壳牌海洋服务项目 ………… 268

（六）壳牌在印度的技术服务公司 …… 269

第十三节　壳牌在巴基斯坦 …………… 269
　一、壳牌在巴基斯坦的发展历史 ……… 269
　二、壳牌在巴基斯坦的勘探与开发业务 … 270
　三、壳牌在巴基斯坦的运输业务 ……… 270
　四、壳牌在巴基斯坦的炼油业务 ……… 270
　五、壳牌在巴基斯坦的销售业务 ……… 271
　　（一）壳牌在巴基斯坦的加油站 …… 271
　　（二）壳牌在巴基斯坦的润滑油销售 … 271
　　（三）壳牌在巴基斯坦的天然气销售 … 271
　　（四）壳牌在巴基斯坦的航空燃油
　　　　　销售 ………………………… 271

第十四节　壳牌在韩国 ………………… 271
　一、壳牌在韩国的发展历史 …………… 271
　二、壳牌在韩国的销售业务 …………… 272
　　（一）润滑油 ……………………… 272
　　（二）液化天然气 ………………… 272
　　（三）化学品 ……………………… 272
　　（四）海事 ………………………… 273

第十五节　壳牌在日本 ………………… 273
　一、壳牌在日本的发展历史 …………… 273
　二、壳牌在日本的炼油业务 …………… 274
　　（一）四日市炼油厂 ……………… 275
　　（二）京滨炼油厂 ………………… 275
　　（三）山口炼油厂 ………………… 276
　三、壳牌在日本的化工业务 …………… 276
　四、壳牌在日本的天然气业务 ………… 277
　　（一）液化天然气 ………………… 277
　　（二）天然气制油 ………………… 277
　　（三）煤气化 ……………………… 277
　五、壳牌在日本的销售业务 …………… 277
　　（一）壳牌在日本的零售网络与服务 … 277
　　（二）壳牌在日本销售的主要产品 … 278
　　（三）壳牌在日本的其他下游业务 … 279

第十章　壳牌在欧洲 …………………… 280

第一节　壳牌在欧洲的概述 …………… 280
　一、壳牌在欧洲的发展历程 …………… 280

　二、壳牌在欧洲的发展战略 …………… 281
　三、壳牌在欧洲的业务分布 …………… 281
　　（一）壳牌在欧洲的勘探与开发业务 … 281
　　（二）壳牌在欧洲的炼化业务 …… 282
　　（三）壳牌在欧洲的销售业务 …… 282

第二节　壳牌在奥地利 ………………… 284
　一、壳牌在奥地利的发展历史 ………… 284
　二、壳牌在奥地利的下游销售业务 …… 284
　　（一）壳牌奥地利的加油站网络和
　　　　　主要产品 ………………… 284
　　（二）壳牌在奥地利的其他业务 … 285

第三节　壳牌在比利时 ………………… 285
　一、壳牌在比利时的发展历史 ………… 285
　二、壳牌在比利时的销售业务 ………… 285

第四节　壳牌在保加利亚 ……………… 286
　一、壳牌在保加利亚的发展历史 ……… 286
　二、壳牌在保加利亚的销售业务 ……… 286

第五节　壳牌在捷克 …………………… 287
　一、壳牌在捷克的历史 ………………… 287
　二、壳牌在捷克的销售业务 …………… 287

第六节　壳牌在丹麦 …………………… 288
　一、壳牌在丹麦的发展历史 …………… 288
　二、壳牌在丹麦的勘探与开发业务 …… 288
　三、壳牌在丹麦的炼化业务 …………… 288
　四、壳牌在丹麦的销售业务 …………… 289

第七节　壳牌在冰岛 …………………… 289
　一、壳牌在冰岛的发展历史 …………… 289
　二、壳牌在冰岛的销售业务 …………… 289

第八节　壳牌在芬兰 …………………… 290
　一、壳牌在芬兰的早期历史 …………… 290
　二、壳牌在芬兰的销售业务 …………… 290

第九节　壳牌在法国 …………………… 290
　一、壳牌在法国的发展历史 …………… 290
　二、壳牌在法国的勘探与开发业务 …… 291
　三、壳牌在法国的炼化业务 …………… 291
　四、壳牌在法国的销售业务 …………… 291

第十节　壳牌在德国 …………………… 292
　一、壳牌在德国的发展历史 …………… 292

二、壳牌在德国的炼化业务 ……… 292

三、壳牌在德国的销售业务 ……… 293

四、壳牌在德国的研发 ……… 293

第十一节　壳牌在英国 ……… 294

一、壳牌在英国的历史渊源 ……… 294

二、壳牌在英国的勘探和开发 ……… 295

（一）北部油田 ……… 295

（二）中部油田 ……… 295

（三）南部油田 ……… 296

三、壳牌在英国的主要炼厂——斯坦洛

综合加工厂 ……… 296

四、壳牌在英国的销售业务 ……… 297

（一）零售网络与服务 ……… 297

（二）壳牌在英国销售的主要产品 ……… 298

第十二节　壳牌在希腊 ……… 298

一、壳牌在希腊的发展历史 ……… 298

二、壳牌在希腊的销售业务 ……… 298

第十三节　壳牌在爱尔兰 ……… 299

一、壳牌在爱尔兰的发展历史 ……… 299

二、壳牌在爱尔兰的勘探与开发业务 ……… 299

三、壳牌在爱尔兰的销售业务 ……… 300

第十四节　壳牌在意大利 ……… 301

一、壳牌在意大利的发展历史 ……… 301

二、壳牌在意大利的勘探与开发业务 ……… 301

三、壳牌在意大利的下游销售业务 ……… 301

第十五节　壳牌在荷兰 ……… 302

一、壳牌在荷兰的发展历史 ……… 302

二、壳牌在荷兰的炼化业务 ……… 302

（一）壳牌佩尔尼斯炼油厂 ……… 302

（二）壳牌穆尔代克化工厂 ……… 303

三、壳牌在荷兰的销售业务 ……… 304

（一）零售网络与服务 ……… 304

（二）壳牌在荷兰销售的主要产品 ……… 305

四、壳牌在荷兰的技术服务中心 ……… 305

第十六节　壳牌在挪威 ……… 306

一、壳牌在挪威的发展历史 ……… 306

二、壳牌在挪威的油气开采 ……… 306

（一）维图斯油田项目 ……… 306

（二）Ormen Lange天然气田项目 ……… 306

三、壳牌在挪威的石油炼化业务 ……… 307

四、壳牌在挪威的销售业务 ……… 307

第十七节　壳牌在波兰 ……… 308

一、壳牌在波兰的发展历史 ……… 308

二、壳牌在波兰的销售业务 ……… 308

（一）零售网络与服务 ……… 308

（二）壳牌在波兰销售的主要产品 ……… 308

（三）壳牌在波兰的其他下游业务 ……… 310

第十八节　壳牌在斯洛伐克 ……… 310

一、壳牌在斯洛伐克的历史 ……… 310

二、壳牌在斯洛伐克的销售业务 ……… 310

第十九节　壳牌在斯洛文尼亚 ……… 311

一、壳牌在斯洛文尼亚的历史 ……… 311

二、壳牌在斯洛文尼亚的销售业务 ……… 311

第二十节　壳牌在西班牙 ……… 311

一、壳牌在西班牙的发展历史 ……… 311

二、壳牌在西班牙的销售业务 ……… 312

第二十一节　壳牌在瑞典 ……… 313

一、壳牌在瑞典的天然气勘探与开发 ……… 313

二、壳牌在瑞典的炼化业务 ……… 313

三、壳牌在瑞典的销售业务 ……… 313

第二十二节　壳牌在瑞士 ……… 314

一、壳牌在瑞士的发展历史 ……… 314

二、壳牌在瑞士的石油炼化业务 ……… 314

三、壳牌在瑞士的销售业务 ……… 314

（一）零售网络与服务 ……… 314

（二）壳牌在瑞士销售的主要产品 ……… 314

（三）壳牌在瑞士的其他下游业务 ……… 314

第二十三节　壳牌在土耳其 ……… 315

一、壳牌在土耳其的发展历史 ……… 315

二、壳牌在土耳其的销售业务 ……… 315

第十一章　壳牌在北美洲 ……… 316

第一节　壳牌在北美洲的概述 ……… 316

一、壳牌在北美洲的发展历程 ……… 316

二、壳牌在北美洲的发展战略 ……… 316

三、壳牌在北美洲的业务分布 ……… 316

（一）壳牌在北美洲的勘探与开发
　　业务 …………………………… 316
（二）壳牌在北美洲的炼化业务 ……… 317
（三）壳牌在北美洲的销售业务 ……… 317

第二节　壳牌在加拿大 ………………… 319
一、壳牌在加拿大的发展历史 ………… 319
二、壳牌在加拿大的勘探与开发业务 … 321
（一）SOEP项目 ……………………… 321
（二）阿萨巴斯卡油砂项目 …………… 321
（三）Orphan盆地 …………………… 322
三、壳牌在加拿大的炼化业务 ………… 322
（一）天然气加工 …………………… 322
（二）炼油工业 ……………………… 323
四、壳牌在加拿大的销售业务 ………… 326
（一）壳牌在加拿大的零售网络与
　　服务 …………………………… 326
（二）壳牌在加拿大销售的主要产品 … 326

第三节　壳牌在美国 …………………… 326
一、壳牌在美国的发展历史 …………… 326
（一）早期的里程碑（1912—1941年） 326
（二）发现和发明（1942—1991年） … 327
（三）更大的发展（1992年至今） …… 328
二、壳牌在美国的勘探与开发业务 …… 328
（一）墨西哥湾 ……………………… 329
（二）得克萨斯州 …………………… 329
（三）怀俄明州 ……………………… 329
（四）科罗拉多州 …………………… 330
三、壳牌在美国的炼化业务 …………… 330
（一）耶洛汉默厂 …………………… 330
（二）壳牌迪尔帕克炼厂 …………… 330
（三）盖斯马化工厂 ………………… 331
（四）诺科炼油厂 …………………… 331
（五）壳牌马丁内斯炼油厂 ………… 331
四、壳牌在美国的销售业务 …………… 332
（一）壳牌在美国的零售网络与服务 … 332
（二）壳牌在美国销售的主要产品 …… 333
（三）壳牌在美国的其他下游业务 …… 335

第四节　壳牌在墨西哥 ………………… 335
一、壳牌在墨西哥的发展历史 ………… 335

二、壳牌在墨西哥的销售业务 ………… 336

第十二章　壳牌在南美洲 ……………… 337

第一节　壳牌在南美洲的概述 ………… 337
一、壳牌在南美洲的发展历程 ………… 337
二、壳牌在南美洲的发展战略 ………… 337
三、壳牌在南美洲的业务分布 ………… 337
（一）壳牌在南美洲的勘探与开发
　　业务 …………………………… 337
（二）壳牌在南美洲的炼化业务 ……… 338
（三）壳牌在南美洲的销售业务 ……… 338

第二节　壳牌在巴西 …………………… 339
一、壳牌在巴西的发展历史 …………… 339
二、壳牌在巴西的勘探与开发业务 …… 339
（一）拜居派拉·萨勒马项目 ………… 339
（二）BC-10深水重油项目 ………… 340
三、壳牌在巴西的销售业务 …………… 340
（一）壳牌在巴西的零售网络与服务 … 340
（二）壳牌在巴西销售的主要产品 …… 340
（三）壳牌在巴西的其他下游业务 …… 341

第三节　壳牌在阿根廷 ………………… 342
一、壳牌在阿根廷的发展历史 ………… 342
二、壳牌在阿根廷的炼化业务 ………… 342
三、壳牌在阿根廷的销售业务 ………… 343

第四节　壳牌在委内瑞拉 ……………… 344
一、壳牌在委内瑞拉的发展历史 ……… 344
二、壳牌在委内瑞拉的勘探与开发 …… 344
三、壳牌在委内瑞拉的销售业务 ……… 344

第十三章　壳牌在中东地区 …………… 345

第一节　壳牌在中东地区的业务概述 … 345
一、壳牌在中东的发展历程 …………… 345
二、壳牌在中东的发展战略 …………… 345
（一）中东油气资源的特点 ………… 345
（二）壳牌中东的发展策略 ………… 346
三、壳牌在中东的业务分布 …………… 347
（一）壳牌在中东的勘探与开发业务 … 347
（二）壳牌在中东的炼化业务 ……… 348
（三）壳牌在中东的销售业务 ……… 348

第二节　壳牌在阿联酋 ……………… 349
　　一、壳牌在阿联酋的发展历史 ……… 349
　　二、壳牌在阿联酋的勘探与开发业务 …… 349
　　三、壳牌在阿联酋的运输与储存业务 …… 350
　　　　(一)阿布扎比陆上石油公司的运输
　　　　　　与储存 ………………………… 350
　　　　(二)阿布扎比天然气工业有限公司
　　　　　　的运输与储存 ………………… 351
　　四、壳牌在阿联酋的炼化业务 ……… 351
　　五、壳牌在阿联酋的销售业务 ……… 351
　　　　(一)壳牌在阿联酋的天然气销售
　　　　　　业务 …………………………… 351
　　　　(二)壳牌在阿联酋的润滑油销售
　　　　　　业务 …………………………… 352
第三节　壳牌在阿曼 ………………… 352
　　一、壳牌在阿曼的发展历史 ………… 352
　　二、壳牌在阿曼的勘探与开发业务 …… 353
　　三、壳牌在阿曼的运输与储存业务 …… 353
　　四、壳牌在阿曼的贸易业务 ………… 354
　　五、壳牌在阿曼的销售业务 ………… 354
　　　　(一)壳牌在阿曼的零售网络与服务 … 354
　　　　(二)壳牌在阿曼销售的主要产品 … 355
第四节　壳牌在卡塔尔 ……………… 355
　　一、壳牌在卡塔尔的发展历史 ……… 355
　　二、壳牌在卡塔尔的勘探与开发业务 …… 356
　　三、壳牌在卡塔尔的运输与储存业务 …… 356
　　四、壳牌在卡塔尔的炼化业务 ……… 356
　　　　(一)Pearl天然气液化项目 ……… 356
　　　　(二)卡塔尔天然气4期项目 ……… 357
　　五、壳牌在卡塔尔的贸易业务 ……… 357
　　　　(一)液化天然气 ………………… 358
　　　　(二)船用润滑油 ………………… 358
　　六、壳牌在卡塔尔的零售业务 ……… 358
第五节　壳牌在科威特 ……………… 358
　　一、壳牌在科威特的发展历史 ……… 358
　　二、壳牌在科威特的勘探与开发业务 …… 358
　　三、壳牌在科威特的贸易业务 ……… 359
　　四、壳牌在科威特的销售业务 ……… 359

第六节　壳牌在沙特阿拉伯 ………… 359
　　一、壳牌在沙特阿拉伯的发展历史 …… 359
　　二、壳牌在沙特阿拉伯的勘探与开发
　　　　业务 ………………………………… 359
　　　　(一)南加瓦尔项目 ……………… 360
　　　　(二)谢巴赫项目 ………………… 360
　　三、壳牌在沙特阿拉伯的运输与储存
　　　　业务 ………………………………… 360
　　四、壳牌在沙特阿拉伯的炼化业务 …… 360
　　　　(一)沙特阿美壳牌炼油公司 …… 361
　　　　(二)沙特石化公司 ……………… 361
　　五、壳牌在沙特阿拉伯的零售业务 …… 361
第七节　壳牌在伊拉克 ……………… 361
　　一、壳牌在伊拉克的发展历史 ……… 361
　　二、壳牌在伊拉克的勘探与开发业务 …… 361
　　　　(一)天然气协议 ………………… 362
　　　　(二)马杰农油田项目 …………… 362
　　　　(三)西古尔纳油田1期项目 …… 362

第十四章　壳牌在独联体 …………… 363
第一节　壳牌在独联体的概述 ……… 363
　　一、壳牌在独联体的发展历程 ……… 363
　　二、壳牌在独联体的发展战略 ……… 363
　　三、壳牌在独联体的业务分布 ……… 364
　　　　(一)壳牌在独联体的勘探与开发
　　　　　　业务 …………………………… 364
　　　　(二)壳牌在独联体的销售业务 … 364
第二节　壳牌在俄罗斯 ……………… 364
　　一、壳牌在俄罗斯的发展历史 ……… 364
　　二、壳牌在俄罗斯的勘探业务 ……… 365
　　　　(一)萨哈林-2号天然气项目 …… 365
　　　　(二)季曼—伯朝拉地区油气勘探
　　　　　　项目 …………………………… 366
　　三、壳牌在俄罗斯的销售业务 ……… 366
　　　　(一)壳牌在俄罗斯的零售网络与
　　　　　　服务 …………………………… 366
　　　　(二)壳牌在俄罗斯销售的主要产品 … 367
第三节　壳牌在哈萨克斯坦 ………… 367

一、壳牌在哈萨克斯坦的历史 ·········· 367

二、壳牌在哈萨克斯坦的勘探开发合作

项目 ······························· 368

三、壳牌在哈萨克斯坦的运输与储存

业务 ······························· 368

四、壳牌在哈萨克斯坦的销售业务 ······ 369

第四节　壳牌在乌克兰 ·············· 369

一、壳牌在乌克兰的勘探与开采业务 ···· 369

二、壳牌在乌克兰的销售业务 ·········· 369

（一）壳牌在乌克兰的加油站网络 ···· 370

（二）壳牌在乌克兰销售的主要产品 ··· 370

第十五章　壳牌在非洲 ·············· 371

第一节　壳牌在非洲的概述 ·········· 371

一、壳牌在非洲的发展历程 ············ 371

二、壳牌在非洲的发展战略 ············ 371

三、壳牌在非洲的业务分布 ············ 372

（一）壳牌在非洲的勘探与开发业务 ··· 372

（二）壳牌在非洲的炼化业务 ········· 372

（三）壳牌在非洲的销售业务 ········· 373

第二节　壳牌在阿尔及利亚 ·········· 374

一、壳牌在阿尔及利亚的发展历史 ······ 374

二、壳牌在阿尔及利亚的销售业务 ······ 374

第三节　壳牌在科特迪瓦 ············ 374

一、壳牌在科特迪瓦的勘探与开发业务 ·· 374

二、壳牌在科特迪瓦的炼化业务 ········ 374

三、壳牌在科特迪瓦的销售业务 ········ 374

第四节　壳牌在埃及 ················ 375

一、壳牌在埃及的历史发展 ············ 375

二、壳牌在埃及的勘探与开发业务 ······ 375

三、壳牌在埃及的销售业务 ············ 376

第五节　壳牌在加蓬 ················ 376

一、壳牌在加蓬的发展历史 ············ 376

二、壳牌在加蓬的勘探与开发 ·········· 376

三、壳牌在加蓬的炼化业务 ············ 377

四、壳牌在加蓬的销售业务 ············ 377

第六节　壳牌在加纳 ················ 377

一、壳牌在加纳的发展历史 ············ 377

二、壳牌在加纳的销售业务 ············ 378

第七节　壳牌在肯尼亚 ·············· 378

一、壳牌在肯尼亚的发展历史 ·········· 378

二、壳牌在肯尼亚的勘探与开发业务 ···· 378

三、壳牌在肯尼亚的炼化业务 ·········· 379

四、壳牌在肯尼亚的销售业务 ·········· 379

第八节　壳牌在毛里求斯 ············ 380

一、壳牌在毛里求斯的发展历史 ········ 380

二、壳牌在毛里求斯的销售业务 ········ 380

第九节　壳牌在摩洛哥 ·············· 382

一、壳牌在摩洛哥的发展历史 ·········· 382

二、壳牌在摩洛哥的勘探与开发业务 ···· 382

三、壳牌在摩洛哥的炼化技术服务 ······ 382

第十节　壳牌在尼日利亚 ············ 383

一、壳牌在尼日利亚的发展历史 ········ 383

二、壳牌在尼日利亚的勘探与开发业务 ·· 383

三、壳牌在尼日利亚的天然气加工业务 ·· 383

四、壳牌在尼日利亚的销售业务 ········ 383

第十一节　壳牌在塞内加尔 ·········· 384

一、壳牌在塞内加尔的发展历史 ········ 384

二、壳牌在塞内加尔的主要炼厂 ········ 384

三、壳牌在塞内加尔的销售业务 ········ 384

第十二节　壳牌在南非 ·············· 385

一、壳牌在南非的发展历史 ············ 385

二、壳牌在南非的勘探与开发业务 ······ 385

三、壳牌在南非的炼化业务 ············ 385

四、壳牌在南非的销售业务 ············ 386

第十三节　壳牌在坦桑尼亚 ·········· 386

一、壳牌在坦桑尼亚的发展历史 ········ 386

二、壳牌在坦桑尼亚的勘探与开发 ······ 386

三、壳牌在坦桑尼亚的销售业务 ········ 387

第十四节　壳牌在突尼斯 ············ 387

一、壳牌在突尼斯的发展历史 ·········· 387

二、壳牌在突尼斯的勘探业务 ·········· 387

三、壳牌在突尼斯的销售业务 ·········· 388

发　展　篇

第十六章　壳牌的能源发展策略 ·········· 391

第一节　探寻未来业务主导 ·········· 391

一、天然气引领壳牌未来发展 ·········· 391
二、壳牌在天然气领域路线图 ·········· 392
　　（一）在俄罗斯的萨哈林项目 ······· 392
　　（二）在大洋洲的天然气项目 ······· 392
　　（三）在卡塔尔天然气4期项目 ····· 393
　　（四）在天然气制油领域的发展 ····· 393
　　（五）非常规天然气资源的开发 ····· 394
　　（六）壳牌其他天然气项目分布 ····· 395
　　（七）天然气应用市场的开发 ······· 395

第二节　深挖油气能源潜力 ············ 396
一、深度挖潜——提高原油采收率 ······ 396
　　（一）抓住成熟油田挖潜需求 ······· 396
　　（二）完善增产增效技术体系 ······· 397
　　（三）合作建立样板项目工程 ······· 398
　　（四）组建公司提供解决方案 ······· 398
二、宽度拓展——重点非常规能源 ······ 398
　　（一）非常规能源开发现状 ········· 399
　　（二）壳牌非常规能源中国布局 ····· 399
　　（三）壳牌非常规能源全球策略 ····· 400

第三节　环保理念持续发展 ············ 400
一、壳牌对可持续发展的贡献 ·········· 400
二、壳牌可持续发展的实践 ············ 401
　　（一）中海壳牌的环保示范工程 ····· 401
　　（二）壳牌环保汽车马拉松赛 ······· 402

第四节　确立新能源的定位 ············ 403
一、新能源领域的探索与调整 ·········· 403
二、生物燃料成未来发展重点 ·········· 404

第十七章　壳牌的业务调整路线 ········· 406

第一节　壳牌新业务策略的演进 ········ 406
一、上游增储下游增效 ················ 406
二、优化减员控制成本 ················ 407
第二节　壳牌新业务策略的实施 ········ 407
一、壳牌新业务策略的特征 ············ 407
二、壳牌新业务策略的执行 ············ 408

第三节　壳牌的上游业务拓展 ·········· 409
一、壳牌勘探开采业务的优化 ·········· 409
二、壳牌勘探开采业务的布局 ·········· 409
第四节　壳牌的下游业务拓展 ·········· 411
一、壳牌下游业务的发展策略 ·········· 411
二、壳牌下游业务的西退策略 ·········· 412
三、壳牌下游业务的东进策略 ·········· 413

第十八章　壳牌的技术创新路线 ········· 414

第一节　壳牌技术创新系统的特点 ······ 414
一、研究机构布局合理 ················ 414
　　（一）注重分工 ··················· 414
　　（二）注重层次 ··················· 414
　　（三）注重专业化 ················· 414
二、组织管理机制灵活 ················ 414
三、项目实施科学有序 ················ 415
四、研发投入持续领先 ················ 415
五、核心优势不断强化 ················ 415
六、校企联合产学合作 ················ 415
第二节　能源价值链角度的技术创新 ···· 416
一、勘探领域的技术创新 ·············· 416
　　（一）盆地模拟 ··················· 416
　　（二）地震成像技术 ··············· 416
二、开采领域的技术创新 ·············· 416
　　（一）深海油气田技术 ············· 416
　　（二）钻探技术 ··················· 417
三、生产领域的技术创新 ·············· 417
　　（一）液化天然气技术 ············· 417
　　（二）提高石油采收率技术 ········· 418
四、加工领域的技术创新 ·············· 418
第三节　客户需求角度的技术创新 ······ 418
一、了解需求确立创新角度 ············ 418
二、满足需求推出相关产品 ············ 419

参考文献 ···························· 420

历程篇

以企业的发展历史为借鉴，可以为企业的管理者提供经验，可以让企业的决策者少走弯路，举一而反三，融会贯通。

ANTI-CARBON
SHELL
MOTOR OIL
Made From Selected Crudes
Special Refining Process
Golden Clear Color

第一章　壳牌概述

第二章　壳牌的发展历程

第三章　壳牌在中国

第一章 壳牌概述

第一节 集团基本信息

中文名称：荷兰皇家壳牌集团

中文简称：壳牌公司

英文名称：Royal Dutch/Shell Group

英文简称：Shell

企业标识：

所属国家：荷兰 / 英国

总部地址：Carel van Bylandtlaan 16，2596 HR The Hague，The Netherlands

邮政地址：PO box 162，2501 AN The Hague，The Netherlands

集团电话：+31-70-377 9111

官方网站：www.shell.com

中国网站：www.shell.com.cn

第二节 壳牌中国信息

中文名称：壳牌（中国）有限公司

英文名称：Shell (China) Limited

公司地址：中国北京市建国门外大街1号
　　　　　国贸大厦2座33层

公司业务电话：+86-10-65054501

公司业务传真：+86-10-65054511

公众客户服务热线：400-010-3208

电子邮件：order-china@shell.com

邮政编码：100004

油品业务

壳牌润滑油

客户服务热线：400-010-3288

业务传真：400-010-8099

电子邮件：lubesorders-CN@shell.com

壳牌沥青

客户服务热线：400-010-3268

业务传真：400-010-8092

电子邮件：bitumenorders-CN@shell.com

电子邮件：SCHINA-bitumen@shell.com

壳牌沥青北京办事处

办公地址：北京朝阳区亮马桥路43号

邮政编码：100016

业务电话：010-65326565

业务传真：010-65327195

壳牌沥青上海办事处

办公地址：上海长宁区兴义路8号万都中心16楼

邮政编码：200336

业务电话：021-23075000

壳牌船用润滑油

客户服务热线：400-010-3258

业务传真：400-010-8093

电子邮件：marinelubesorders-CN@shell.com

壳牌技术服务热线

壳牌润滑油：400-010-3288

壳牌沥青：400-010-3268

壳牌船用润滑油：400-010-3258

业务传真：400-010-8097

电子邮件：shelltechnical-CN@shell.com

壳牌(中国)有限公司公共事务部

业务电话：+86-10-65054501

业务传真：+86-10-65055042

加油站业务

业务电话：010-65095000

业务传真：010- 65095301/65095303

办公地址：北京市朝阳区东三环中路1号北京
环球金融中心西塔22层，壳牌（中
国）有限公司

邮政编码：100020

勘探业务

壳牌（中国）勘探与生产有限公司

业务电话：+86-10-65057755

业务传真：+86-10-65057756

其他业务

人力资源

联系电话：+86-10-65054501

联系传真：+86-10-65052640

第三节　壳牌集团简介

荷兰皇家壳牌集团组建于1907年，经历百年的发展，壳牌已成为一家全球化的能源和化工集团，其业务遍布90多个国家和地区，员工人数超过10万，每天石油和天然气的生产量达到310万桶。其中，壳牌的石油产量约占世界石油总产量的2%，天然气产量约占世界天然气总产量的3%；运营的炼油和化工厂超过35个，全球的在营加油站约为4.4万座。2009年，燃油销量达1450亿升。集团总部位于荷兰海牙，目前，彼得·沃瑟（Peter Voser，又译为傅赛）担任集团首席执行官。

荷兰皇家壳牌集团注册地是英格兰和威尔士。

壳牌的业务主要分为三大板块，即上游业务板块、下游业务板块及项目和技术板块。

上游业务负责勘探和开采，发展重点是勘探新的石油和天然气资源，开发大型项目，以技术和经验为资源拥有者带来价值。

下游业务负责提炼、供应、交易，在世界范围内运输、生产和销售一系列产品，并为工业客户生产石化产品。发展重点是通过运营现有资产和在增长型市场中进行选择性投资，实现持续的现金流。

项目和技术部负责壳牌主要项目的交付，并推动研究和创新，提供技术解决方案。

壳牌将保持油气行业领导者地位，为股东

壳牌位于伦敦的总部大楼

提供具有竞争性的回报，以负责人的方式帮助满足世界能源需求，作为其发展的核心战略；将"诚实、正直和尊重他人"的核心价值观作为其商业原则的构成基础。在实现可持续发展目标的同时，其业绩在跨国石油公司中，始终处于领先位置。

2009年，壳牌实现营业收入4583.61亿美元，利润262.77亿美元，排名财富世界500强之首。

2010年和2011年，壳牌分别以营业收入2851.29亿美元、利润125.18亿美元以及营业收入3781.52亿美元、利润201.27亿美元，排名财富世界500强第二位。

2012年7月9日，在美国《财富》杂志发布了2012年度"世界500强"企业最新排名中，壳牌以营业收入4844.89亿美元，利润309.18亿美元排名第一。

壳牌位于荷兰的总部大楼

第二章　壳牌的发展历程

第一节　掘金石油——资本的积累阶段

一、英国壳牌运输贸易公司发展史（1833—1906年）

（一）起步：生意源自贝壳

凭借犹太人优秀的商业头脑，马科斯·塞缪尔的父亲在伦敦泰晤士河码头上开了一家不起眼的小店，专门经营古玩、古董以及来自东方海洋的贝壳。最初，小店从水手手中收购各种各样的贝壳，并将其进行雕刻加工，制作成漂亮的装饰品销售，其中，用来做纽扣、袖扣的螺甸和用来装饰首饰盒的贝壳工艺品最受欢迎。由于准确地将伦敦中产阶级妇女作为目标客户群，小店的生意逐步红火，在当地有了一定的知名度，同时也积累了继续发展的资本。1833年，马科斯·塞缪尔的父亲组建了自己的公司，经营范围由原来的加工销售扩大到了货物贸易，并与远东地区建立了贸易合作关系。

1869年，壳牌公司的创立人马科斯·塞缪尔（Marcus Samual）进入公司，并负责管理店铺的账目。

马科斯·塞缪尔生于1853年，曾在布鲁塞尔和巴黎受过初等教育，他继承了家族敏锐的商业头脑。

壳牌企业标识的演变

（二）拓展：进军石油运输

1859年8月27日，艾德温·德雷克（Edwin Drake）在美国宾夕法尼亚州打出了世界第一口油井，近代石油工业随之迅猛发展，洛克菲勒石油帝国迅速崛起。头脑敏锐的马科斯·塞缪尔已经预感到石油将带来巨大的商机，于是他在等待着进入的时机。

1873年，沙皇俄国开始准许外国人开采高加索地区的石油。以制造炸药而闻名的来自瑞典的诺贝尔兄弟（发明家诺贝尔之子）获得了开采石油的特许权，他们同法国的罗斯柴尔德（Rothschild）银行合作，开始同美国的标准石油公司（Standard Oil Company）抗衡。

丰富的石油资源让俄国石油产量迅速增长，

巴库郊外诺贝尔兄弟公司的油井

1879—1888年，俄国石油产量增长了10倍，达到2300万桶，相当于当时美国产量的4/5。19世纪80年代初，在巴库郊外的新工业区开工生产的炼油厂近200家，巴库成为包括美国、印度尼西亚在内的世界早期三大石油产地之一。

马科斯·塞缪尔看准时机，通过另一家有业务往来的运输公司——弗雷德·莱恩（Fred Lain）公司的介绍，与罗斯柴尔德银行订立了销售俄国石油的合同，允许他在苏伊士运河以东地区独家经营里海和黑海石油公司的煤油，为期9年，至1900年为止。

此时，亚洲的石油市场被标准石油公司垄断，为了进入亚洲，抢占市场，马科斯·塞缪尔意识到必须通过降低运输成本、降低产品的销售价格来赢得市场。当时的煤油运输都是采用桶装或罐装，马科斯·塞缪尔凭借自己对轮船的熟悉，想出了散装运输的新方法，这样不仅减少了包装的重量、成本，还可以腾出更多的空间，装更多的煤油。当然，这一方法也面临着巨大的风险，其中，最主要的就是防火的问题，因为印度洋的高温和季风，随时都有可能诱发火灾。

马科斯·塞缪尔知难而上，聘请了最好的轮船设计师，用来打造耐热防爆的油轮。同时，他要求公司在远东的所有经营点开始建造储油池，为即将到来的油轮做准备。

油轮要想走苏伊士运河，必须取得英国政府的支持。马科斯·塞缪尔凭借其对政治的熟悉，利用自己伦敦市参议员的身份，疏通时任外交大臣索尔兹伯里（Salisbury）爵士，动员议员们发表支持这一计划的演说，呼吁英国政府重视石油的潜力；同时，马科斯·塞缪尔利用《经济学家》杂志发表评论反驳不同意见，并警告说："运河公司如果阻止油轮航运，美国人将会牢牢控制苏伊士运河以东的市场，这对大英帝国显然是一个巨大的损失。"

终于，苏伊士运河公司在1892年1月5日同意马科斯·塞缪尔的新油轮通过运河。

1892年7月22日，世界上第一艘专用油轮在翰德普尔（Hartlepool）的造船厂建成出海。为了纪念自己的祖辈，传承自己的理念，马科斯·塞缪尔把这艘油轮命名为"骨螺号"（murex），而且此后壳牌公司的所有油轮，都以各种贝壳名称命名。

骨螺号的排水量为4200吨，它的设计考虑了石油在不同温度下膨胀收缩的比率，使爆炸起火的风险下降到最低限度。船舱采用蒸汽法清洗，可去掉石油的异味，回程时可装载食品

骨螺号

和货物。

凭借先进的运输工具，马科斯·塞缪尔迅速打开了亚洲市场。油轮在新加坡、巴达维亚（今雅加达）、泰国、香港、上海等地沿途停靠，贩卖石油，直至终点站横滨，再由横滨盛装大米及茶叶和水果返回。运输成本的下降使马科斯·塞缪尔赚取了大量利润，成为石油王国的新贵。根据相关资料，到1902年，通过苏伊士运河的石油中有90%是属于马科斯·塞缪尔及其集团的。

（三）危机：来自经营油田

在亚洲打开局面的马科斯·塞缪尔，又有了进军英国市场的野心。

根据马科斯·塞缪尔与罗斯柴尔德银行的协议，他只有苏伊士运河以东的经营权，而当时的英国市场是由罗斯柴尔德家族和标准石油公司各占一半。对于马科斯·塞缪尔来讲，要想杀回本土市场，必须找到新的油源。

从贸易商、批发商提升为生产商并非一件容易的事，马科斯·塞缪尔已经在油轮和储油设备上投入了大量资本，他的全部本钱都押在来自俄国的石油上。而俄国国内的局势不断变化，俄国人似乎已经准备要限制外国油轮在巴库与海参崴之间的航行，很有可能驱逐开采巴库油田的外国资本，使罗斯柴尔德联盟在俄国的利益土崩瓦解。如果发生上述情况壳牌将遭受毁灭性的打击，出于对政治的敏感性，让马科斯·塞缪尔下定决心去寻找新的油源。

1896年，荷属婆罗洲（分属于今天的马来西亚、文莱和印度尼西亚）传来可能存在一个大油田的消息，马科斯·塞缪尔立即派他的侄子麦克（Mike）前往那里的东海岸考察，目标是建立自己的石油生产基地，并着手在亚洲重点区域建设储油基地。1898年，荷属婆罗洲发现了油田，麦克在没有认真进行市场调研的情况下，轻信了荷属东印度公司的保证，花费大价钱购买了油田的采矿权。随即，马科斯·塞缪尔决定将公司的经营重心从巴库油田转移到婆罗洲，这一决定险些断送了壳牌。

由于婆罗洲油田开采出的原油质量欠佳，炼出的重油比例过高，轻油的比例极低。那时的石油市场，煤油的销售占主导地位，销量最大，重油几乎没有客户需求，当时重油裂解变成轻油的技术还没有出现。这对于马科斯·塞缪尔来讲，是一个沉重的打击。然而祸不单行，油田炼出的比例极低的轻油由于燃点高而销售困难，如果不用来自巴库油田的轻油进行调和，就卖不出去。沉重的打击使壳牌面临破产的威胁，绝望的气氛笼罩着公司。

这时，政治再一次挽救了壳牌。1898年，美国为夺取西班牙所属殖民地古巴、波多黎各和菲律宾而发动了美西战争。1899年，德国皇帝威廉二世强行从土耳其手中霸占了巴格达铁路的建设权。这些事件为马科斯·塞缪尔的重油提供了销路，他充分施展自己的政治才能，利用自己的关系游说各国军队的上层人物，最终将重油售出，使公司起死回生。危机过后，寻找稳定油源成为马科斯·塞缪尔的重要使命。

1901年，马科斯·塞缪尔与美国海湾石油公司（Gulf Oil）签订了合作协议。协议规定，每年由海湾公司以固定不变的价格供应壳牌10万吨石油，协议有效期为21年。来自得克萨斯油田的原油支撑了壳牌的发展，也为壳牌进入美国市场奠定了基础。当时，洛克菲勒的石油帝国正面临着《谢尔曼反托拉斯法》（Sherman Antitrust Act）的指控，已无力阻击壳牌对美国市场的进攻，壳牌进入了一个新的发展阶段。

美国对石油公司在政策上的制约让马科斯·塞缪尔深感政治对石油的影响，他开始撒手公司事务，投身到其热衷的政治活动中。

（四）从政：导致企业衰退

如果说壳牌的发展得力于政治的推动绝不是言过其实的。早年，马科斯·塞缪尔就是通过政治的手段获得了英国政府的支持，从而一举拿下苏伊士运河的通行权，其核心的诉求就是：石油对英国具有非常重要的战略意义，如果英国政府不支持本国的公司开展石油贸易，那么，英国的市场将全部被美国的标准石油公司占领。

在开发亚洲市场时，壳牌借用大英帝国的影响力，与亚洲各国的政治决策者建立了良好关系，使壳牌的产品很快打开了亚洲市场。

在与标准石油公司的竞争中，壳牌仍然动用了政治的影响力，通过宣扬垄断的可怕性，顺利打开了本国的石油市场。

身为犹太人，马科斯·塞缪尔特别关注自身的政治地位和社会声望，迫切需要伦敦上层社会的承认。

为了增加自己的影响力，让社会认可其是成功的商人，马科斯·塞缪尔行事高调，追求奢华。他曾在波特兰买了一座豪宅，在肯特郡买了一座名为"莫特"的大厦，大厦附近是500英亩供打猎用的鹿苑；他的两个儿子都上了著名的伊顿公学；为显示自己的派头，马科斯·塞缪尔每天早上

马科斯·塞缪尔爵士画像

都骑马绕海德公园一圈。

1891年，也就是他准备进军远东石油市场的那一年，马科斯·塞缪尔参加了伦敦市的参议员竞选并获胜，虽然这个职位只是荣誉性的，但是马科斯·塞缪尔却

伦敦市长马科斯·塞缪尔

非常珍惜，并把这一头衔当做生命中重要的荣耀。

1898年，由于商业业绩的突出，马科斯·塞缪尔获得了爵士头衔，成为世界上第一个石油爵士。

1902年，任伦敦市长。根据资料记载，马科斯·塞缪尔就任市长时的场面和举行宴会的豪华，在英国历史上是前所未有的。

二、荷兰皇家石油公司发展史（1880—1903年）

（一）坚持：创立皇家石油

1840年5月31日，荷兰皇家石油公司的创始人安昆·邵克（Aeilko Jans Zijlker）出生于荷兰新贝尔塔一个农场主的家庭中，是格罗宁根（Groningen）家族的幼子。1860年，由于失恋，20岁的安昆·邵克只身来到东苏门答腊种植烟草。

1880年的一天，已经成为东苏门答腊烟草公司种植园主的安昆·邵克到海滨的一座种植园调查时，遇到了一场暴风雨，迫使他在一个废弃不用的贮藏烟叶的小棚子里躲避。晚上，一位土著监工手里明亮的竹条火把引起了他的注

意，火把上有一种燃烧得很好的物质。那人告诉他，火把上蘸的是一种蜡，附近一口水塘里满是这种发黑的蜡，当地人取它做火把、当燃料，也用它给木船堵缝。

第二天早上，安昆·邵克立刻让这位土著监工带他去看那个水塘，黑"水"散发出一种类似煤油的味道，当时岛内已经进口了一些美国的灯用煤油，他采集了一些样本送到了巴达维亚（今雅加达）去化验，化验的结果让他动心，因为这种物质含有 59% ～ 62% 的煤油。

此前，他早就听说美国人开发石油、洛克菲勒成为石油大王的故事，他决心开发石油资源，毅然辞职。从这以后的十个年头中，他把所有精力都贡献在石油开采的事业上。

首先，他从阿塞的兰卡特地方的苏丹那里获得了称为特拉加赛德（Telaga Said）的一块租借地，位于苏门答腊东北沿海，离巴拉班河 6 英里（约 9.7 千米），那口注满原油的水塘其实是一处油苗，就在这块租借地上。

1884 年，安昆·邵克筹集到了一笔资金，雇来一个钻井队，在油苗附近钻了一口井，却没有任何收获。

第二年，他再雇钻井队在庞卡兰—勃兰丹村附近的油苗处（当年当地人正是应用这里的石油抗击葡军入侵）钻了一口井，这次他得到了回报，1885 年 6 月 15 日，石油从井口源源流出，这口名为泰拉嘎—坦戈尔 1 号井的出油，成为印尼石油工业诞生的标志。

虽然打出了第一口油井，但产量极低，仅日产 5 桶。因为钻井的技术落后，又不适合这一带的地质，几年中进展非常缓慢，安昆·邵克一直为经费拮据而苦恼。

后来，石油的重要性越来越被世人重视，他在家乡荷兰争取到前荷属东印度总督和前东印度中央银行首脑等名人的支持，经过不懈的努力，终于获得荷兰国王威廉三世的许可，允许他在公司名字上冠以"皇家"字样。

1890 年 6 月 16 日，荷属东印度群岛荷兰皇家油井作业公司正式成立，简称荷兰皇家石油公司（Royal Dutch Petroleum Company），总部设在海牙，其首次发行的股票被一抢而光，认购额是发行额的四倍半。

印度尼西亚早期石油油井

安昆·邵克
(Aeilko Jans Zijlker,
1840—1890 年)

（二）意外：高层两次突变

1890年秋天，正当安昆·邵克踌躇满志准备大干一场的时候，意外发生了，在他回远东途中、逗留新加坡期间意外死于热带疾病。突如其来的变故，给了让·巴普蒂斯特·奥古斯特·凯斯勒（Jean Baptiste August Kessler）承担责任的机会。

让·巴普蒂斯特·奥古斯特·凯斯勒，1853年12月15日生于巴达维亚，曾经在荷属东印度经商，后由于经营遭遇挫折和健康状况不佳等原因，回到荷兰。他具有卓越的领导才能，意志坚毅，影响力强，能够带动周围的人锲而不舍地追求同一个目标。

凯斯勒接受了挑战，在他的主持下，1892年，连接丛林中的油井和巴拉班河畔炼油厂的6英里输油管完成铺设。同年2月28日，石油通过管道顺利流入了炼油厂的蒸馏塔中，公司生产的煤油也开始进入市场。为了增加产品的影响力，凯斯勒把他们生产的煤油命名为"王冠煤油"。

1892年4月，就在马科斯·塞缪尔准备让他的第一艘油轮通过苏伊士运河的时候，凯斯勒亲自带了几箱"王冠煤油"到市场上销售。然而，市场开发并不是一帆风顺的，公司虽然一个月可以售出2万箱煤油，但仍旧亏本，财务告急，如果筹措不到流动资金，公司的生存就要受到威胁。于是，凯斯勒前往荷兰和马来西亚寻求资金支持。

1893年，争取到资金的凯斯勒，开始对公司管理进行全面整顿，为了抢占市场，凯斯勒甚至请求荷兰政府下令，禁止马科斯·塞缪尔壳牌公司的油轮停靠荷属东印度的港口。

1895年至1897年之间，荷兰皇家石油公司的业务以惊人的步伐向前迈进，产量增加了5倍。

在商业经营上，凯斯勒取得了巨大成功，但繁忙的商业活动使他身心疲惫、衰弱不堪。1900年11月，他从远东发给海牙总部的电报中说，他正处在"神经非常不安的状态"。

1900年12月14日，在他动身返回荷兰、途径意大利那不勒斯时，不幸突发心脏病去世。1900年12月15日，亨利·德特丁（Henri Deterding）接任公司总经理。

（三）崛起：成为石油大鳄

亨利·德特丁1866年4月19日生于荷兰阿姆斯特丹的一个航海世家，是家中第四个孩子，他的父亲是一名船长，父亲去世时，德特丁年仅6岁。由于家境困难，他接受的教育不多，16

荷兰皇家石油公司位于鹿特丹的炼油厂

岁就从阿姆斯特丹辍学。离校后，他先进入了荷兰同屯特银行（Twentsche Bank）工作，随后进入荷兰东印度公司工作。

1896年，30岁的亨利·德特丁进入了荷兰皇家石油公司。此时的他已经积累了较为丰富的工作经验，对企业经营中的金融和战略有自己的独到看法。到公司之初，他负责整个远东市场的煤油推销。受壳牌公司的启发，他说服公司也采用油轮运输，以同标准石油公司竞争。

亨利·德特丁
(Henri Deterding,
1866—1939年）

当荷兰皇家石油公司的油轮开到苏门答腊时，突如其来的洪水淹没了油井，为了保证向亚洲市场供货，德特丁当机立断，决定油轮掉头购买巴库油田的现货以兑现订单。这种举措，使荷兰皇家石油公司在远东赢得了市场信誉。

在荷兰皇家石油公司的发展史上，德特丁的贡献比安昆·邵克、凯斯勒更大。同其他人相比，德特丁的意志更坚韧，头脑也更清晰。他接手公司后，果断决定以结盟方式来成立一家新的石油公司专门与标准石油公司竞争。1903年，德特丁创建了亚细亚石油公司，由英国的壳牌公司、法国的罗斯柴尔德巴黎分公司共同控股。此后，亚细亚石油公司在亚洲迅速打开局面，成为标准石油公司的劲敌。在中国，尤其是上海，"亚细亚火油"的知名度也是很高的。

此时，荷兰皇家石油公司已经发展成继美国标准石油公司、英国壳牌运输贸易公司（Shell Transport & Trading Company）之后的世界三大石油公司之一。

三、荷兰皇家壳牌集团成立（1901—1907年）

（一）合作：起源于亚细亚

自石油成为黑金被资本追逐之日起，标准石油、壳牌运输贸易公司、皇家石油这三家公司在石油市场上的争斗就从来没有停止过。标准石油不断地发起价格战，同壳牌、皇家石油在亚洲市场和欧洲市场展开竞争；而壳牌和皇家石油在欧亚市场的竞争也从来没有休战过。由于世界不断掀起寻找石油的热潮，导致石油生产的无序性，大量的原油涌向市场，石油价格的剧烈波动，对石油公司的经营构成重大威胁。收购竞争对手或建立合作联盟增强市场的控制力，成为石油巨头规避风险的重要手段。

1901年10月，马科斯·塞缪尔乘船前往纽约百老汇大街26号，拜访美国标准石油公司以寻求合作，由于标准石油公司对壳牌公司的资产价值表示怀疑，双方并没有达成协议。这一事件震动了荷兰皇家石油公司，亨利·德特丁立刻通过罗斯柴尔德石油财团的伦敦代表弗雷德·莱恩与马科斯·塞缪尔接触，建议双方停止远东的价格战，建立合作联盟。会谈的结果是双方对建立联盟争执不下。当时壳牌的知名度无疑比皇家石油要高，但德特丁却也不甘充当副手。

1901年12月23日，美国标准石油公司计划出价四千万美元收购壳牌公司，这在当时是一笔难以置信的巨款。亨利·德特丁听说后，终于坐不住了，他做了重要的让步。12月27日下午，马科斯·塞缪尔在与荷兰皇家石油公司联合的协议书上签了字，弗雷德·莱恩亲自带着协议书连夜乘船前往会见亨利·德特丁。当晚，马科斯·塞缪尔给纽约发出一份电报，拒绝了标准石油公司的建议，中断了谈判。

随后，双方就合作的细节达成了协议，并签署了两份文件，一份是建立荷属印度生产者委员会，另一份是成立一个名叫"壳牌运输荷兰皇家石油公司"的新公司。马科斯·塞缪尔将担任新公司的董事长，德特丁担任经理和总裁，负责指导日常业务。

然而，作为第三种力量的罗斯柴尔德财团尽管不喜欢马科斯·塞缪尔和壳牌公司，但是并不甘心被排挤在外，也加入了新联盟。

1902年6月，三方在联合协议上签字，一个更大的联合体"亚细亚石油公司（Asiatic Petroleum Company Limited，APC，在中国也被称为亚细亚火油公司）"取代了"英荷石油公司"。为了管理新成立的公司，德特丁迁居伦敦。

1902年9月29日，马科斯·塞缪尔当选伦敦市长。同年11月10日，举行了隆重的就职典礼。

1903年5月，三方签订关于亚细亚石油公

亚细亚石油公司的标识

司的10份合同，三方各占股份的三分之一。新公司主要管理东印度的石油生产，经营远东地区的销售业务，控制东印度的汽油和煤油在欧洲的销售。1903年7月，公司第一次董事会召开，马科斯·塞缪尔当选为董事长，亨利·德特丁被任命为总经理。壳牌运输和荷兰皇家石油的前期合作，正式开始。

（二）合谈：迫不得已之策

亨利·德特丁是一个具有卓越商业才能的人，尽管他身兼荷兰皇家石油公司和亚细亚石油公司的经理，但他凭借着旺盛的精力和敢于承担风险的精神，很快将自己的事业推向了新的高度。

在很短的时间内，荷兰皇家石油公司就把东印度大部分独立的生产商都吸收进来，因为他们生产的石油特别适合提炼汽油。同时，通过担任荷属东印度生产者委员会主席的职务，他开始对那里的生产进行限制并制订出定额分配制度。

此时，汽车工业开始发展，英国和欧洲大陆的马路上经常可以看见富人们驾驶的汽车，随着欧洲的汽油市场不断发展，德特丁领导下的亚细亚石油公司经过不懈的努力，在市场上赢得了重要的份额。

在荷兰皇家石油公司的业务不断发展之际，壳牌公司的业务却每况愈下。当马科斯·塞缪尔卸任伦敦市长回到公司时，他的石油帝国已经今非昔比，外界的打击接踵而来：他旗下的得克萨斯油田存储量几近枯竭，原来与美国海湾石油公司签订的合同无法兑现；英国海军部拒绝了马科斯·塞缪尔关于海军改用石油作燃料的建议，规定继续使用煤作为英国海军的燃料；

马科斯·塞缪尔在婆罗洲垄断燃料油的希望被打破，荷兰皇家石油公司发现了适合提炼燃料油的婆罗洲原油；老对手洛克菲勒借此机会火上浇油，又开始挥起他的削价法宝，并指示他的合作伙伴德意志银行（Deutsche Bank）迫使英国人退出整个德国市场。

油源不足、财政困难、市场萎缩，马科斯·塞缪尔步履蹒跚，艰难维系。1906年末，综合评估表明，壳牌公司要想生存下去的唯一办法是以尽可能有利的条件与荷兰皇家公司全面合并，仅仅是一个销售公司的联合已不能适应形势了。

合谈全面展开，过去各占50%的合作模式，荷兰皇家石油公司已经不能接受，因为蹒跚的壳牌公司只有能力发放5%的红利，而1905年，荷兰皇家石油公司的股息达到了惊人的73%。荷兰皇家石油公司提出的双方合作所占比例是：荷兰皇家石油公司占60%，壳牌公司占40%。

马科斯·塞缪尔以无法向股东交代为名，将这件事搁置了几个月。然而在这期间，壳牌公司的经营依然毫无起色。

此时，亨利·德特丁做出一项保证，荷兰皇家石油公司买下壳牌公司四分之一的股票，这样荷兰皇家石油公司将会以股东身份把壳牌公司的最高利益放在心上。马科斯·塞缪尔已别无选择，只能低头求和，但从此一个新的石油巨人诞生了。

（三）合并：建立石油航母

1907年，荷兰皇家石油与壳牌两家公司正式完成合并，新公司命名为荷兰皇家壳牌集团公司（Royal Dutch/Shell Group of Companies）。

马科斯·塞缪尔担任董事长，亨利·德特丁出任总经理。

集团的所有生产和提炼设备的资产都记在荷兰石油公司的名下；所有运输和仓库的资产都记在一家英国公司盎格鲁—撒克逊石油公司名下。荷兰皇家公司和壳牌公司都变成控股公司，荷兰皇家公司拥有所有子公司的60%的股权，壳牌公司拥有40%。荷兰皇家壳牌集团不设立董事会，实际上是不存在称为荷兰皇家壳牌集团的法律实体。"常务董事委员会"不具有特定的法律地位，只不过是两家控股公司董事会中起作用的成员的组合。

伦敦成为荷兰皇家壳牌集团的财务和商务中心，技术方面事务和采油炼油业务的中心则设在海牙。

公司的管理核心层主要由三个人组成，亨利·德特丁任总经理，负责公司战略决策，主要精力集中于商业部分，经常外出考察，参加谈判；雨果·劳登（Hugo Louden），是曾经在苏门答腊的油井枯竭之际发现新油井而拯救了荷兰皇家石油公司的荷兰工程师，主要负责管理技术方面的工作；罗伯特·韦利·科恩（Robert de Waley Cohen），出生于一个古老的英籍犹太人家庭，毕业于剑桥大学，获得化学学位，是曾经代表壳牌公司参与亚细亚石油公司管理的年轻人，他主要担当亨利·德特丁的商务副手，在亨利·德特丁不在的时候作出决定，当亨利·德特丁扔下一项谈判去进行另一项谈判时，科恩就代他继续完成，并且在亨利·德特丁感到担忧而畏缩不前时，他总是鼓励他振作精神继续向前。

从此，荷兰皇家／壳牌集团进入了新的发展阶段。

第二节　歃血为盟——资源的整合阶段

一、大战前夕的发展（1908—1913年）

（一）进军：美国本土

由于没能成功收购壳牌运输贸易公司，美国标准石油公司再一次对新结盟的荷兰皇家壳牌集团发动了价格战，并成立了一个荷兰子公司，以便在南苏门答腊寻求石油开采权。

美国标准石油公司的竞争是强有力的，因为它在美国国内的产品保持着高价和高额利润，而将多余的煤油、汽油削价销往亚洲、欧洲，用于抢占市场，尽管损失了部分利润，但它可以用美国国内的销售利润来弥补在欧亚两洲进行价格战造成的损失。

荷兰皇家壳牌集团要想与之抗衡，必须进入美国市场才能牵制美国标准石油公司。"到美国去！"成为荷兰皇家壳牌集团当时的主要目标。

这一时期，美国发生的两大历史性事件为荷兰皇家壳牌集团进入美国创造了良好的机会。

1908年第一台福特T型汽车

头一个事件是1908年福特汽车公司（Ford Motor）的T型车面世。T型车通过引入标准化的配置、流水线的生产模式，迅速提高了汽车产量，降低了汽车价格，使汽车不再是奢侈品。T型车上市时的售价是850美金，而同期与之相竞争的车型售价通常为2000～3000美金。到了20世纪20年代，T型车的价格已降至300美元。1915年，经过优化的流水装配线已经可以在93分钟内生产一部汽车，至1927年停产，T型车的产量已经超过1500万辆，美国的汽油零售市场因此迅速崛起。

另一事件是在1911年5月15日，美国最高法院判决，依据1890年的《谢尔曼反托拉斯法》，认定美国标准石油公司是一个垄断机构，应予拆散。根据这一判决，洛克菲勒帝国被拆分为约37家地区性石油公司，美国石油市场的垄断局面被彻底打破。

在这些巨变的影响下，荷兰皇家壳牌集团意识到进军美国市场的时机已经成熟，并决定分两步进入。第一步，进入汽油零售市场，抢占下游市场；第二步，深入美国腹地，获取上游资源。

1912年，荷兰皇家壳牌集团成立了美国汽油公司（American Gasoline Company）开始在美国西海岸销售来自苏门答腊的汽油。同年7月，在自称"世界油都"的美国俄克拉何马州塔尔萨城，荷兰皇家壳牌集团以收购的一批小石油公司为基础，成立了罗克桑纳石油公司（Roxanna Petroleum），成功进军上游。

罗克桑纳石油公司机油广告

1913年，荷兰皇家壳牌集团为进一步稳固在美国的根基，兼并了美国加利福尼亚油田有限责任公司。同年，公司在美国宾夕法尼亚州的匹兹堡兴建了世界上第一座可由顾客直接驾车驶入的加油站。至此，壳牌进军美国的目标初步实现。

（二）整合：欧洲资源

随着欧洲石油工业的不断发展，荷兰皇家壳牌集团开始整合其在欧洲的资源。

此时的欧洲，最大的石油产地是巴库油气区，它位于阿塞拜疆阿普歇伦半岛及其濒临的里海水域。到19世纪末，巴库地区的石油产量已经与美国并驾齐驱，几乎各占世界石油产量的一半，而巴库石油市场的统治者主要是诺贝尔家族和罗斯柴尔德家族。

诺贝尔家族是1873年进入巴库石油市场的。19世纪70年代，诺贝尔家族获得了俄国政府生产来福枪的大笔合同，为了寻找制作枪托的胡桃木，家族派遣罗伯特·诺贝尔（Robert Nobel）去高加索寻找。1873年3月，罗伯特·诺贝尔来到巴库，偶遇巴库发生井喷，石油喷涌的壮观景象深深吸引了他，他擅自决定将资金投资石油，买下了一座小型炼油厂。1875年，他买进拉汉尼油田的大片土地，并雇来美国钻井队，打出第一批油井，俄国第一条连接油田和炼油厂的输油管道也随之建成。1878年，诺贝尔兄弟石油公司注册成立。同年，公司委托瑞典一家造船厂建造的散装油轮"索洛阿斯特号"投入里海航运。10月，第一批诺贝尔的照明油运抵圣彼得堡。1884年，俄国的石油产量达到1080万桶，几乎相当于美国产量的三分之一。到19世纪末，诺贝尔公司已经是巴库地区160多家石油公司中最大的公司，其作为高度一体化的大型石油联合企业，正逐步主宰着俄国的石油贸易。

罗斯柴尔德家族是1883年进入巴库石油市场的。罗斯柴尔德家族是欧洲乃至世界久负盛名的金融家族，它发迹于19世纪初，其创始人是梅耶·阿姆斯切尔·罗斯柴尔德（Mayer

英国银行家梅耶·阿姆斯切尔·罗斯柴尔德
(Mayer Amschel Rothschild，1744—1812年)

Amschel Rothschild）。他和他的5个儿子即"罗氏五虎"先后在法兰克福、伦敦、巴黎、维也纳、那不勒斯等欧洲著名城市开设银行，建立了当时世界上最大的金融王国。

俄国石油是巴黎罗斯柴尔德银行的投资项目，1883年建成的巴库—巴统的铁路是通过罗斯柴尔德贷款完成的，这使得巴统成了世界上最重要的油港。同年，罗斯柴尔德家族成立了里海和黑海石油公司（The Caspian and Black Sea Oil Company），简称为俄文首字母组成的"Bnito"，并在巴统建起了自己的储油库和销售设备。巴库—巴统铁路为俄罗斯石油打开了一扇通向西方的大门，也使罗斯柴尔德家族在世界石油市场中占据一席之地。

为了追求产量，石油工人在极其艰苦的工作环境下工作。1903年，工人们不堪忍受恶劣的工作条件，开始在巴库发动起义，这场起义不仅蔓延到了石油生产区，还波及了整个俄国。

1905年1月22日早晨，圣彼得堡20万工人手持旗帜，抬着沙皇的肖像，唱着祷歌，在冬宫广场聚集，准备向沙皇呈递人民要求的请愿书。军队突然向手无寸铁的工人开枪射击，当场打死约1200人，伤约5000人，这就是有名的"流血星期日"。它标志着1905年俄国革命的开始。

在第一次俄国革命期间，巴库也掀起了罢工和革命活动的浪潮，工人们点燃了许多地区的油井。随后，阿塞拜疆人和亚美尼亚人之间又爆发了血腥的种族冲突。至1906年初，高加索地区三分之二的油井遭到破坏，其余油井多数停产。

持续的动荡，政局的不稳，使罗斯柴尔德家族决定出让其在俄罗斯的财产。

1911年，罗斯柴尔德家族开始就其在俄国的石油企业出售的问题同荷兰皇家壳牌集团进行谈判。

1912年，谈判终于达成协议，荷兰皇家壳牌集团以荷兰皇家公司和壳牌公司的股票支付给罗斯柴尔德家族，使该家族成为两家公司的最大股东。就这样，罗斯柴尔德家族把他们在俄国的不稳定和不安全的资产，换成了一家国际性大公司中最大份额的股份。

在整合欧洲石油资源过程中，荷兰皇家壳牌集团也将目光盯上了罗马尼亚的石油。

19世纪中期，罗马尼亚发现了石油。1854年，罗马尼亚油田的原油开采仍处于基础阶段，不但以人力打井采油，对于世界石油生产所占分量也不重。1861年，罗马尼亚有了第一口钻地油井（深达150米，木螺钻式）。1895年，罗马尼亚政府立法管辖石油产业。19世纪末20世纪初期，由于外资的大量涌入，罗马尼亚开始大量采用石油钻井平台。

1903年，由奥匈帝国所投资的罗马尼亚国有公司斯帝亚·罗马纳公司（Steaua Romana Company）因为金融困境而被迪斯康特—盖塞尔凯特公司（Diskonto-Gesel-Ischaft Company）合并，其后该公司又被转让给德国石油公司（Deutsche Petroleum）。德国石油公司主要投资者为德国各家银行，在获得罗马尼亚石油公司控制权后，投入了更多资金开采并生产。

同年，美国标准石油公司在罗马尼亚成立了罗美（Romano-Americana）标准石油公司。随后，它在普罗耶什蒂（Ploesfi）建立了一座当时最大的炼油厂，这也是标准石油公司在海外最大的炼油厂。荷兰皇家壳牌集团紧随其竞争对手，于1910年在罗马尼亚开办了阿斯特拉·罗马娜（Astra Romana）公司。

很快，荷兰皇家壳牌集团凭借其所拥有的

雄厚资金和先进技术，以及庞大的加工销售体系，在罗马尼亚拥有了举足轻重的地位。至第一次世界大战开始之前，荷兰皇家壳牌集团已经占罗马尼亚石油产量的20%左右。

（三）布局：亚洲非洲

这一时期，荷兰皇家壳牌集团在亚洲、非洲发展之路可以概括为：强化远东的上下游市场，布局中东的上游资源。

在远东，荷兰皇家壳牌集团继续加大寻找上游资源的力度，将重点放在了文莱达鲁萨兰国。

1888年，文莱沦为英国的保护国。1889年，英国人开始对文莱的石油进行勘探，并最先在文莱湾打出一口260米深的探测井。1903年，文莱石油终于被人们发现。1913年，荷兰皇家壳牌集团进入文莱，获得了在都东和马来奕的石油开采特许权，并开始进行陆地石油勘探。

在远东的下游，荷兰皇家壳牌集团通过其控股的亚细亚石油公司，进入了中国市场。

1908年，亚细亚石油公司分别在中国设立了两家分公司。第一家是设在香港的华南公司，资金100万英镑，管理华南地区，包括两广、贵州、福建等地的石油运销和储藏。另一家是华北公司，注册资金为200万英镑，经营范围在上海和除南方沿海省份以外整个中国，主要业务为石油储运和销售。

随着寻找石油的热情不断高涨，中东逐渐进入了人们的视野。

1901年，英国人威廉·诺克斯·达西（William Knox D'Arcy）说服了伊朗王，获得了石油勘探、开采权。经过7年多的努力，1908年5月26日，中东的第一口油井开始出油。

其实，早在1907年，荷兰皇家壳牌集团未组建之前，英国壳牌运输贸易公司就在君士坦丁堡，即现在的伊斯坦布尔金角湾与马尔马拉海之间的地区设立了办事处，办事处的主管是卡洛斯特·古本江。

卡洛斯特·古本江（Calouste Gulbenkian，也翻译成古本金），是生于奥斯曼帝国首都伊斯坦布尔的亚美尼亚人，后来入籍英国，是土耳其石油公司（Turkish Petroleum Company，TPC）的创始人。

古本江是天才的石油外交家，正是由于他的游说，英国壳牌运输贸易公司才得以在君士坦丁堡设立办事处。中东大量发现石油后，在他的斡旋下，1912年，土耳其石油公司成立。1914年3月19日，根据"外交部协议"，英国的利益在这个联合集团中占支配地位，英波石油公司（Anglo-Persian Oil Company）握有50%的股权，德意志银行和荷兰皇家壳牌集团各握有25%的股份。经过古本江的争取，英波石油公司和壳牌公司各让出股票总额2.5%的"受益人股权"给古本江。这种股东没有投票权，但享有这种股权的所有财务利益。因此，他被人们

卡洛斯特·古本江
（Calouste Gulbenkian，1869—1955年）

称作"百分之五先生"。

荷兰皇家壳牌集团在开发伊朗石油的同时，又将埃及纳入其发展的目标市场。

1886年，埃及发现了石油。1910年，埃及的石油工业才真正开始起步。1911年，荷兰皇家壳牌集团的业务遍及埃及石油工业的上下游。在上游，主要通过盎格鲁埃及油田公司（The Anglo Egyptian Oil Fields Company，AEO）控制石油生产，该公司是由英国石油公司和荷兰皇家壳牌集团双方各占50%的股份组成的；在下游，壳牌埃及公司是埃及最大的石油产品营销公司。

（四）抢占：北美南美

荷兰皇家壳牌集团在美洲遵循先北美、后南美的发展路径。在北美，为了使进军美国的战略稳步实现，荷兰皇家壳牌集团首先在加拿大建立了分公司。

加拿大石油工业起源于19世纪中期。1858年，加拿大第一口油井（实际可以称之为油泉）在安大略省诞生，不过该井是挖出的，而不是钻出的。1880年，加拿大帝国石油公司（Imperial Oil）成立，该公司是由安大略省炼油公司合并组成的。1898年，美国标准石油公司收购了帝国石油公司。

1911年，荷兰皇家壳牌集团在加拿大成立了公司，注册资本为5万美元，公司主要以销售燃料油为主。公司办公室很小，坐落在蒙特利尔凯瑟琳街的拐角处。当时的加拿大，石油产品主要用于照明和船舶的内燃机燃料，用于汽车使用的汽油需求量很少，因此在加拿大全国的汽车注册量仅仅为3.4万辆，其在蒙特利尔魁北克的油料补给仓库，仅有6名员工。然而正是这些铺垫，为荷兰皇家壳牌集团在加拿大的

快速发展奠定了良好的基础。

在北美洲的英属殖民地特立尼达和多巴哥，也留下了荷兰皇家壳牌集团寻找石油的印记。

1857年，美国梅里麦克公司（The American Merrimac Oil Company）在沥青湖附近钻探了特立尼达和多巴哥的第一口油井，该油井井深85米，但没有大量发现原油。1866年，由美国土木工程师沃尔特·达尔文特（Walter Darwent）钻探并生产出此地区第一批石油。1902年，特立尼达和多巴哥的石油工业才开始进行商业化运作，石油产量大幅度提升。尤其是1911年至1912年期间，石油的平均日产达到了1万桶。1913年，荷兰皇家壳牌集团开始进入特立尼达和多巴哥。起初，公司的名称为英国油田有限公司，现今为壳牌（特立尼达和多巴哥）有限公司。

在南美洲，荷兰皇家壳牌集团首先进入的是委内瑞拉市场。

早在1492年，委内瑞拉就发现了地表渗透出的石油，当时的印第安人用它来照明和制作药品。他们还发现了石缝里渗出的沥青，并用它来修补独木舟和船帆上的缝隙。

1878年，安东尼奥·普利多（Antonio Pulido）创立了委内瑞拉第一家石油公司，并在安第斯山脉获得了100公顷的土地，进行勘探。起初，只是用油桶收集石油，1880年，开始用来自美国宾夕法尼亚州进口的钻机进行开采。

在随后的30多年中，许多小企业和国外公司被授予了勘探权。

1908年，胡安·维森特·戈麦斯（Juan Vicente Gomez）发动政变夺取政权，开始长达27年的亲美独裁统治。随后的几年中，戈麦斯利用他的权利，将出卖石油租借地的权利分给他的家族成员和亲朋好友，通过他们高价出

让给外国公司，而后把好处费进贡给戈麦斯。1910年，加勒比石油公司的子公司通用沥青公司派出一支地质队到马拉开波湖地区开展地质调查，发现石油。

委内瑞拉马拉开波湖油田早期照片

1913年，荷兰皇家壳牌集团看中了委内瑞拉的马拉开波湖地区，并从安东尼奥·阿朗古伦 Antonio Aranguren 手里买下苏里亚州马拉开波东岸地区和奥里诺科三角洲地区100多万公顷面积的开采权，又从别人手中转手得到马拉开波湖畔科伦地区200万公顷租借地和横跨12个州的特莱格莱斯租借地。荷兰皇家壳牌集团就这样得到了后来查明原油可采储量达1.67亿吨的梅尼格兰德大油田。

1914年，荷兰皇家壳牌集团在马拉开波盆地的梅尼格兰德发现了石油，随后其在库拉索岛建立了一座庞大的石油精炼厂。

二、一次大战的洗礼
（1914—1918年）

（一）欧洲：遭遇挫折

1914年6月28日上午9时正，奥匈帝国皇储斐迪南大公（Franz Ferdinand）夫妇在萨拉热窝遇刺身亡。7月，奥匈帝国向塞尔维亚宣战。

8月，德国向俄、法宣战并入侵比利时，英国向奥匈帝国和德国宣战。第一次世界大战爆发。

大战在协约国与同盟国之间展开。陆续加入协约国的国家有英国、法国、比利时、澳大利亚、加拿大、印度、新西兰、南非、希腊、意大利、中国、日本、黑山、罗马尼亚、俄罗斯帝国、塞尔维亚、美国；而同盟国包括奥匈帝国、保加利亚、德意志帝国、奥斯曼帝国。第一次世界大战的爆发，使石油第一次成为决胜的关键因素，这为石油商们带来了巨大的财富。

1914年，荷兰皇家壳牌集团成为英国远征部队的原料主供应商，也是航空燃料的唯一供应商，而同盟国的石油主要依靠从国外进口，大部分从美国标准石油公司进口，不过，也有部分石油是由荷兰皇家壳牌集团从中东地区进口的。

1915年2月，德国海军潜水艇为切断协约国的石油补给线，将商船作为攻击的目标，这导致石油公司不愿意拿它们的油轮去冒险。因此，美国标准石油公司和荷兰皇家壳牌集团都开始将其石油销往远东地区，而不是欧洲地区。

有一段时间，英国和法国受到了石油的束缚，他们将希望寄托在荷兰皇家壳牌集团身上。1915年3月，也许是期望分享英波石油公司在波斯的石油勘探特许权，荷兰皇家壳牌集团向英国政府暗示，愿意把英波石油公司变成一家由英国控制的公司。

此时的英波石油公司（Anglo-Persian Oil Company，即后来的英国石油公司），已经在波斯西南部的马斯吉德苏来曼（Masjid-Suleyman）地区发现了一个大油田。中东已经成为世界石油公司关注的新热点。

为解决西部战线的石油运输问题，荷兰皇家壳牌集团说服印度政府，允许印度铁路把伯马石油公司（Burmah Oil Company，是英波石油公司的主要股东）的石油运往西部战线，作为回报，荷兰皇家壳牌集团以成本价把石油卖给印度政府。从1916年开始，英国政府开始考虑把荷兰皇家壳牌集团变成一家英国公司而不是一家荷兰公司的各种方案，甚至考虑将其与英波石油公司合并的方案，但这些想法均未付诸实施。

德国没有自己的石油，当石油变得越来越重要的时候，德国人将他们的战略目标定为除了攻打敌方的繁华城市、歼灭敌人外，还要积极争夺石油区。谁抢先一步占领石油区，谁就遏住了对方的喉咙。

1916年8月19日，罗马尼亚对德国和奥地利宣战，并迅速派遣军队穿越边界赶往特兰西瓦尼亚，希望收复特兰西瓦尼亚和其他领土。当时，罗马尼亚不仅拥有肥沃的农场，还是仅次于俄国的最大的欧洲石油生产国。德国人抓住这一战机，命令德国声名显赫的两位将军麦肯森（Mackensen）和法尔肯海因（Falkenhayn）麾下的德国部队迅速进攻这个国家。1916年12月6日，布加勒斯特被占领，罗马尼亚的石油控制权即将落入德国人之手。

为防止宝贵的石油资源被敌人利用，英国开始破坏普洛耶什蒂油田（Ploesti Oil Fields）的设施，并点燃或者放掉了大约80万吨汽油。荷兰皇家壳牌集团在罗马尼亚的油田设施大部分被破坏，损失惨重，这直接导致该公司的石油产量在短短几天内下降了17%。

1917年，俄国十月革命爆发，荷兰皇家壳牌集团在俄国的资产被全部没收。受战火的影响，荷兰皇家壳牌集团遭遇了较大的挫折，不仅企业财产蒙受了损失，在荷兰安德列斯省库拉索岛兴建炼油厂的计划也被迫搁浅。

（二）美洲：迎来机遇

尽管荷兰皇家壳牌集团在欧洲的经营遭遇了第一次世界大战的挫折，但其在美洲的业务却得到了长足的发展。

在美国，受汽车工业和航空工业快速发展的影响，壳牌在美国加利福尼亚州的汽油销售业务发展迅速，经常出现产品供不应求的局面。由于从远东运输汽油的周期过长，壳牌决定在美国建立炼厂。

壳牌在美国加州旧金山东北30千米处的马丁内斯（Martinez）购买了约1000亩土地准备建厂。1913年8月，壳牌收购了位于加州中央山谷的油田；1914年，壳牌开始在马丁内斯建厂，并修建了一条170英里的输油管道，将中央山谷油田的原油运往炼厂；1915年，壳牌在美国的第一座炼厂——马丁内斯炼油厂（Shell Martinez Refinery）建成；1916年1月，马丁内斯炼油厂加工了第一批石油，由于其在生产上使用了创新的技术，使它成为美国第一个现代化、可持续运行的炼油厂。

马丁内斯炼油厂日处理原油能力多达2万桶，这在当时是相当大的数量。它生产的产品都是一些畅销产品，尤其是润滑油产品，凭借这些产品，壳牌成为了当时美国西海岸领先的供应商。

1916年，壳牌在路易斯安那州新奥尔良的炼油厂建成。1918年，壳牌在伊利诺伊州伍德河的炼油厂开业。

在完成上游布局的同时，壳牌在下游也与竞争对手展开了激烈的竞争。作为一个市场的后进入者，要想在竞争中获得竞争优势，必须依靠细致完善的市场策略取胜。

壳牌开始对终端加油站进行改造，过去壳牌在加州的加油站只突出企业品牌的名称，而企业品牌的标识不够突出。

1915年的壳牌加油站

改造后的加油站突出了企业标识，同时将过去制作复杂的标识简单化，降低了制作成本，易于批量生产和再加工。

1904年的企业标识　　1915年的企业标识

旧的标识为黑白两色，新标识决定采用彩色标识。壳牌在对市场研究的过程中发现，当地西班牙后裔比较多，于是决定使用红色和黄色，一来红色和黄色很明亮，这有助于突出壳牌的形象；二来通过使用西班牙国旗的颜色，赢得当地众多西班牙后裔的好感，借以建立一个与顾客之间的纽带。

壳牌在北美洲的发展可以说是顺风顺水，在南美洲委内瑞拉的发展也是突飞猛进。

1915年，壳牌在委内瑞拉的马拉开波湖东岸发现第一个油田——梅尼格兰德油田。

1917年，壳牌在委内瑞拉铺设了第一条输油管道。在新油田不断发现和新油井源源不断地喷出黑色石油的刺激下，形形色色的外国石油公司涌入委内瑞拉，纷纷在该国投资建厂。

1918年，加勒比石油公司在马图林以南一带钻了几口探井。壳牌在这个盆地陆续发现好几个可能含油的地质构造，但是它的注意力集中在马拉开波盆地。一年后，委内瑞拉壳牌石油公司正式成立，开始大规模开采石油。

三、战后跨越式扩张（1919—1938年）

（一）机遇：汽油时代的快速发展

随着第一次世界大战的结束，世界经济进入了稳定发展阶段。欧美的制造业，尤其是汽车工业更是高速发展。以美国为例，1919年美国汽车保有量已达到757.68万辆，到1929年达2605.25万辆。石油总需求量从1919年的每天103万桶上升到1929年的每天258万桶。到1929年，美国的大小城市、乡间路口已经遍布了加油站，加油站的数量从1921年的1.2万座增加到1929年的大约14.3万座。

汽油时代的到来，为荷兰皇家壳牌集团的快速发展提供了保障。壳牌集团采取如下措施以加速发展：在政治上，不断通过建立同盟来瓜分世界；在市场上，将提高零售市场占有率作为发展重点，通过打造品牌来赢得市场；在资源上，通过加大上游投入，扩大开发区域，寻找油源；在产业上，通过进入关联行业，深化在产业链上的影响力；在技术上，加强了新技术的研发和应用力度。

在政治上，1922年，壳牌参与并建立了反对苏联的联合阵线，这一阵线是由美国新泽西标准石油公司、荷兰皇家壳牌集团公司与诺贝尔家族组成，目的是建立共同阵营，以应对苏联染指他们在俄国的石油资产和贸易。后来他们又吸收了十几家公司，一致发誓共同反对苏联，绝不单独与俄国人做交易。不过，由于各种原因，这一阵线并没有维持太久。

1925年，壳牌加入对伊拉克石油的勘探队伍，并历经6年的艰苦谈判，于1928年7月31日签署"红线协定"，对中东的石油进行了瓜分。"红线协定"的形成有着其复杂的背景，因为早在1925年，英波石油公司、壳牌和几家美国石油企业组成的联合地质勘探队就开始了伊拉克石油的勘探工作，1927年10月15日凌晨，当伊拉克一号油井被钻到457米处时，发生严重井喷，泥浆、岩石、石油、天然气伴随着巨大轰鸣，火山爆发般喷向天空。8天后井喷才被控制住，井喷被控制前每天喷涌石油高达9.5万桶。伊拉克巨大的石油储量震惊了石油巨头们，他们开始商议如何瓜分中东的石油。经过艰难的谈判，各石油公司终于达成了协议，协议规定，将土耳其石油公司命名为伊拉克石油公司，英波石油公司、壳牌、法国石油公司和美国石油企业同盟各占该公司23.75%的股份，土耳其石油公司的发起人卡洛斯特·古本江获得余下5%的股份。在最后一次会谈中，各方就伊拉克石油公司经营地域范围发生分歧，卡洛斯特·古本江凭借对老奥斯曼帝国的了解，在一张中东地图上，用一支粗粗的红铅笔画了一个圈。红线范围内的石油资源属于所有成员公司共同拥有，红线区内所有石油开采作业都由伊拉克石油公司负责，这就是所谓的"红线协定"。

1928年8月，在苏格兰高地阿奇纳卡里城堡，世界三大石油巨头——荷兰皇家壳牌集团董事长德特丁、英波石油公司董事长卡德曼（Cadman）和新泽西标准石油公司总经理蒂格尔（Tiger），以松鸡狩猎为掩护，秘密签署了一份17页的文件，即"联营协议"（Pool Association），后来被称为"按现状"协定（"As Is"agreement）或《阿奇纳卡里协定》。实际上，这份协议让各大石油公司瓜分了世界的石油市场和资源。这是基于"按现状"的原则进行的——这些互相竞争的石油公司应该接受"它们目前的业务量及其未来石油增产量的份额"。

在市场上，壳牌将美国的零售市场作为发展的重点。在1912年壳牌进入美国时，主要销售东印度群岛（现东南亚）的剩余原油，并组建了加州壳牌公司（Shell of California）。随后，为了弥补上游的弱势，壳牌开始在加州和俄克拉何马州开采石油。由于俄克拉何马州离加州太远，管理不便，于是成立了一个独立的公司——罗克桑纳石油公司（Roxana Petroleum），负责大陆中部地区的经营，总部位于塔尔萨。当时，公司侧重于炼油和零售，未涉足得克萨斯州的石油开采。为了占领密西西比沿岸及东部地区市场，罗克桑纳公司于1919年在圣路易斯的伍德里弗（Wood River）建立了一个炼油厂。罗克桑纳公司重心东移，公司总部从塔尔萨迁往圣路易斯。随后的几年里，公司又在堪萨斯州南部、芝加哥、休斯敦、新奥尔良等地建立或购买了一批炼油厂（使用得克萨斯州和路易斯安那州的石油），这使得罗克桑纳石油公司的生产能力超过了其加州的姊妹公司，罗克桑纳石油公司被改名为壳牌石油公司（Shell Petroleum）。当时，墨西哥湾炼油厂的市场主要集中在大西洋沿岸中部州和新英格兰。为了稳固并进一步开拓这里的市场，壳牌公司于1929年购买了一些当地的工厂，并将其并入东部壳牌原有机构之中，成立东部壳牌公司（Shell Eastern），总部位于马萨诸塞州的福尔里弗。几年以后，壳牌公司的销售覆盖美国所有48个本土州。1939年，三家在美国的运营公司合并成立美国壳牌石油公司（Shell Oil Co.）。

1922年，为了提升品牌形象，壳牌从其在美国西海岸的1841座加油站中，选出了200座进行整体改造，建立了标准站。经测算，当年改造后的加油站销量上升了40%。

1925年，壳牌在企业标识上增添了英文单词Shell，以将符号和它代表的公司联系起来。

1925年的企业标识

与此同时，壳牌分别在加拿大、马来西亚等地成立了子公司，并在印度、远东各地扩建销售网。

在资源上，壳牌争夺上游资源的足迹遍布世界各洲。在北美洲，壳牌除在美国拥有了多处油田外，1919年，壳牌还购买了英国墨西哥鹰石油公司（Mexican Eagle Oil Company）控制下的墨西哥油田。在南美洲，壳牌在委内瑞拉的石油开发取得了巨大成功。1922年12月，在拉罗萨油田上，壳牌的第四口探井——巴罗索斯二号井突然发生井喷，原油喷涌了9天，直到井壁坍塌而堵塞，其日产量在10万桶左右，轰动了全世界。1926年，壳牌又在拉罗萨油田的南面约30千米处发现拉古尼亚斯油田。至

1929年底，壳牌已成为委内瑞拉最大的石油公司。同时，1922年，壳牌还获得了阿根廷采油的特许权。在亚洲，壳牌在文莱、英属地博尼欧获得了关于石油的各项权利。1924年，壳牌开始在阿曼开展地质调查。在欧洲，壳牌的阿斯特拉（Astra）公司成为罗马尼亚一战后最大的石油公司，产量占该国当时总产量的32%。

在产业上，壳牌开始向产业链上的多个领域渗透，从上游向炼油和化工业的下游扩展。1920年，壳牌在英国开办了赫文炼油厂（Shell Haven），开始大规模的沥青生产，用于满足市场需求，时至今日，壳牌一直是新型沥青应用的领导者之一。1928年，壳牌首次对化工领域进行投资，在荷兰成立了梅可戈公司（Mekog），采用焦炉气生产氮肥。1929年，在美国成立壳牌化工公司（Shell Chemicals Company），采用天然气生产氮肥。

在技术上，壳牌一直注重新产品研发和新技术的应用。在新产品研发方面，壳牌多年来一直致力于"油尽其用"的研究，并将燃油进行品牌化经营。1907年，意大利贝佳斯（Borghese）王子成功使用第一个壳牌品牌燃油赢得北京至巴黎汽车拉力赛。1919年，壳牌燃油在航空业上得到了应用。1920年，壳牌推出提高引擎效率的动力Dynamin燃油。

1928年，壳牌开始对炼油厂产生的气体进行研究。一年后，壳牌生产出很多新产品，包括今天的工业化学品聚合物和催化剂等消费产品。1931年，壳牌在世界上第一次使用天然气合成氨，并在加利福尼亚州匹兹堡附近建立了合成氨厂。

在新技术的应用方面，壳牌经常与新技术的发明者合作，或与有需求的企业合作研发，以求保持技术优势。1921年，壳牌与热裂化工

艺的创始人杰西·达布斯（Jesse A.Dubbs）合作，在美国伍德河3区的罗克桑纳炼油厂（Roxanna Petroleum）里，建成了第一座商业化的达布斯连续热裂化装置。1923年，壳牌邀请世界上第一家地震勘探服务公司塞斯莫斯（Seismos），去墨西哥做地震勘探油田的试验，并将折射地震技术应用于探矿，取得成功。1924年，壳牌与美国格利森公司（Gleason Corporation）合作，开发出了一种新型的耐压润滑油，从而防止了齿面擦伤和局部微小焊接作用的形成。但相对滑动速度的增大也使齿面的研磨变得更加容易，改善了齿面研磨的加工工艺性。

可以说，壳牌在这一时期的发展迅速，非比寻常。

（二）无奈：经济萧条时期的调整

1929年10月24日，美国经济危机爆发，美国纽约证券交易所股票价格雪崩似地跌落，这一天成为可怕的"黑色星期四"（Black Thursday），并触发了美国经济危机。1929年10月29日，美国再次经历可怕的"黑色星期二"，交易所股价再度狂跌。一天之内1600多万股票被抛售，50种主要股票的平均价格下跌了近40%。随之而来的是大批银行倒闭，企业破产，市场萧条，生产锐减；失业人数激增，人民生活水平骤降；农产品价格下跌，很多人濒临破产。一场空前规模的经济危机爆发，这场危机很快波及整个资本主义世界。

石油行业也未能幸免。1916—1929年期间，随着美国汽油时代的快速到来，汽油的需求直线上升，一度造成供求关系紧张而导致的油价上涨。油价上涨又吸引更多的资金投向石油工业，同时，物理学、地震勘探等新技术被应用到石油勘探和开采上，很快在美国加利福尼亚，

先后发现希格拉山、亨廷顿滩、圣菲泉等大油田。1928年，在美国中西部发现俄克拉何马城等大油田。1925年起，美国每年新增储量都在10亿桶以上，石油年产量也从1922年的1.54亿桶增加到1929年的10亿桶，枯竭变成过剩。

1929年10月24日，投资者聚集在纽约证交所门前，当天成为大萧条起点

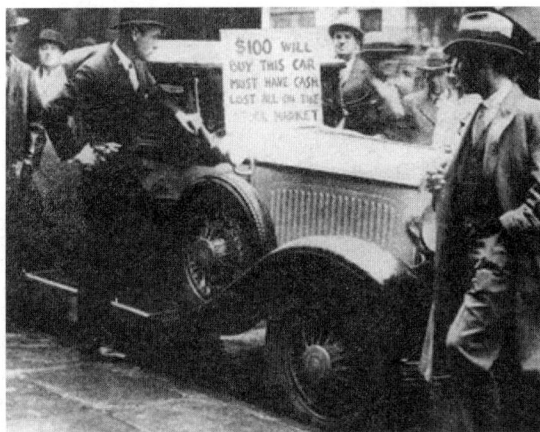

竖立在汽车上的牌子写道："100美元可买下这辆轿车。在股市上丧失了一切，急需现钞。"

一方面，美国经济大萧条造成石油需求急剧下降；另一方面，石油生产的无政府主义致使产量猛增，最终导致油价崩盘。1926年，得克萨斯州原油每桶价格1.85美元。东得克萨斯大油田出油后，迅速降到每桶1美元，1931年5月底暴跌到每桶15美分，有的地方甚至每桶只卖6美分乃至2美分，成千上万家小石油公司纷纷破产。

面对危机，壳牌及时调整自身的业务发展战略，将开发重点放在亚洲、非洲、南美洲，控制并减少在美国的产量，以降低损失。1929年，壳牌在美国的原油年产量达到了770.3万吨。1930年，年产量略有下降，达到758.35万吨。随后，产量逐步下降，到1933年，年产量仅为492.66万吨，比1929年下降了36%。

在亚洲，1929年，壳牌在文莱马来奕县附近的诗里亚（Seria）发现了文莱第一个陆上油田。同年，壳牌在文莱的石油产量达到了75.1万吨。在印度尼西亚，1929年，壳牌的年产量达到了474.6万吨。1930年，年产量提高到480.6万吨。1933年，壳牌年产量为419.3万吨，比1929年下降了11.6%。

在欧洲，罗马尼亚战后石油恢复生产。1929年，壳牌在罗马尼亚的石油产量为70.58万吨。到1933年，年产量达到130.44万吨，比1929年增长了84.8%。

在非洲，埃及成为壳牌最大的产油地。1929年，壳牌在埃及的年产量为26.8万吨。到1932年，年产量达到了28.5万吨。同年，壳牌和英波石油公司开始以壳牌—德阿赛（Shell D'Arcy）公司的名义，在尼日利亚进行联合勘探。

在美洲，壳牌在委内瑞拉取得了巨大成功。1929年，壳牌在委内瑞拉的原油年产量达到712.5万吨。1930年，突破800万吨，达到879.9万吨。1931年，更是突破900万吨，达到965.5万吨。但由于担心委内瑞拉政局的不稳定性，为了安全，壳牌没有将炼厂建在委内瑞拉本土，而是就近建在了荷属库拉索岛上。

在墨西哥，1929年，壳牌石油年产量达到142.2万吨。1930年，达到205.2万吨。到1933年，年产量达到192.8万吨，比1929年提升了

35.5%。

在阿根廷，1931年，壳牌在布宜诺斯艾利斯的炼厂开始投产，该炼厂占地106公顷，是壳牌在南美的唯一炼厂。除了生产润滑油用基础油以外，还生产车用汽柴油、航煤、液化石油气、溶剂以及沥青等。

世界经济大萧条迫使壳牌裁员并削减财务支出，但在这一阶段，壳牌通过调整业务策略，继续保持着良好的发展势头，并通过全球化发展，降低了经济危机对公司业务的影响。

早期壳牌加油站

（三）被迫：国有化改革中的让步

美国一直是世界经济的强国，世界经济的复苏，必须从美国开始。石油当时已成为工业的血液，重建石油工业的秩序，显得至关重要。

1933年3月，富兰克林·罗斯福总统执政美国。他在制定经济振兴计划时，将振兴石油工业作为其中重要的部分，并将石油工业纳入政府管理。在石油管理的政策上，对内——油田实行配额限制生产；对外——进口石油（主要是对委内瑞拉原油和成品油）征收进口税。

此后，各国纷纷将石油工业纳入政府管理或收归国有，对于跨国石油公司来讲，正在经历着一次石油经营方式的根本性改革。

壳牌的发展也进入了困难时期，尤其在墨西哥和委内瑞拉的经营，遇到了前所未有的挑战。

墨西哥是拉美国家最早将石油工业国有化的国家之一。1935年5月，新泽西标准石油公司在坦皮科炼油厂（Tampico Refinery）的工人率先罢工，抗议对他们残酷剥削，要求提高工资。他们的合理要求被公司方面拒绝。

1937年5月，墨西哥石油工会组织了全国性石油工人大罢工，要求增加工资，要求允许墨西哥人进入管理层。美方投资的各石油公司拒绝了这些要求。时任墨西哥总统拉萨罗·卡德纳斯下令组成调解和仲裁委员会，对此事件进行调查。

1937年12月18日，调查报告公布，报告认为外国公司在掠夺墨西哥资源的同时，残酷剥削石油工人，攫取暴利。报告提出了一系列主张：提高工人工资，每年工资总额不低于2600万比索；实行每周40小时工作制，每年6周休假；50岁以上退休工人发给相当于原工资85%的退休金；两年内墨西哥工程技术人员要取代外国人员等等。12月29日，新泽西标准石油公司首先发表声明，拒绝委员会的要求，而且上诉到墨西哥最高法院，要求撤销委员会的决定。

最终，最高法院驳回了新泽西标准石油公司的上诉，裁定委员会的报告和决议合法。外国公司方面被迫让步，答应把工人工资提高一倍但离工会的要求仍存在较大差距。

1938年3月8日，卡德纳斯总统会见石油公司代表们，但公司方面不肯作出让步。3月18日晚上，卡德纳斯召开内阁会议，会议决定将石油工业收归国有，总统当场签署没收外国石油公司石油资产的决定，并于当天晚上向全国、全世界宣布。

这一决定实施后，损失最大的是荷兰皇家壳牌集团的墨西哥鹰石油公司。尽管英国政府强硬地要求墨西哥政府归还财产，但墨西哥政府拒绝了英国的要求，并与之断绝外交关系。壳牌在墨西哥损失惨重，石油产量由1938年的年产量419.3万吨，锐减到1939年的年产量95.3万吨，到1940年由于全部撤出，年产量归零。

为防止类似墨西哥的事件再次发生，在委内瑞拉政府对其石油政策进行调整时，壳牌被迫做出大幅让步。

尽管各国石油工业的国有化运动风起云涌，但壳牌在这一阶段的经营还是实现了平稳发展。

1935年，壳牌美国公司在实验室里研究出了烷基化技术及工艺。所谓烷基化，就是在某种酸的作用下，烯烃（主要是丁烯）和异构烷烃（主要是异丁烷）反应，生成工业异辛烷，作为高辛烷值汽油的调和组分。

1936年，壳牌在美国建设了一个工厂，用以生产这种高辛烷值燃料。虽然这种新燃料价格较贵，但壳牌坚信这一产品未来会有很好的市场，因为这种新燃料与低辛烷燃料相比，可以提供多出百分之三十的速度、加速度和机动性。很快，西方空军选中这一燃料，并大量使用。

至1938年，壳牌的原油年产量已达到2750万吨，比1920年增长了34.8倍，占当年世界原油产量的10%左右。

四、二战的艰难岁月（1939—1945年）

（一）参与：石油战争

1939年9月1日，德国进攻波兰。9月3日，英国和法国对德国宣战，第二次世界大战爆发。

第二次世界大战的特点与第一次世界大战完全不同，一战主要以阵地战为主，而二战主要以运动战为主，这就需要大量的石油作为后勤保障，因此，二战从一开始就注定是一场石油战争。

对于轴心国来讲，其自身的石油储备远远不能满足战争的需求。1937年，德国国内的石油产量仅50万吨，每年需从委内瑞拉、墨西哥、荷属东印度、美国、苏联和罗马尼亚进口近500万吨石油来补充国内缺口，此外，德国另辟蹊径，在国内建起以煤为原料的炼油厂。二战爆发后，德国石油需求量每年超过1200万吨。由于同盟国对德国石油禁运，人工合成燃料无法满足军事上的巨大需求，入侵罗马尼亚获得产量高达700万吨的油田，成为军事行动的重要目标之一。

1941年，由于德军西线战线太长，油料缺口加大，希特勒写信给斯大林，建议德苏两国共同开发高加索油田，被斯大林拒绝。1941年6月22日，星期天的早晨，德军300万名陆军，60余万辆战车，兵分三路向苏联发动奇袭。希特勒的目标不仅是巴库油田，更指向苏联境内的高加索。最终没有成功，导致全局失败。

另一轴心国日本也面临着同样问题。1931年，日本发动"九·一八"事变，侵略中国的东北三省，旋即在东北开展了大规模的石油勘探，但到1940年仍毫无收获。1937年"七·七"事变时，日本的石油供应全部依靠进口。在进口的石油中，80%来自美国的石油公司，10%来

自荷属东印度。因此，日本海军二战时提出的"北御南进"战略思想，目标是占领荷属东印度群岛和印度支那半岛，包括缅甸，目的是确保石油的供应。

二战爆发——德军进攻比利时

对于同盟国来讲，如何切断轴心国的石油供应，保护好石油资源不被轴心国掠夺是战时的重要目标之一。

英国政府在制订备战计划时要求石油工业给予紧密、公开的合作，当时，英国国内炼油工业和销售渠道有85%集中在荷兰皇家壳牌集团、英伊石油公司和新泽西标准石油公司英国分公司的手中。1938年慕尼黑事件发生时，政府决定，一旦爆发战争，各石油公司之间所有的"竞争工具"都将取消，全国的石油工业将由政府统一管理。

在战争伊始，壳牌积极配合英国政府的规划，将它经营的下游与英国其他石油企业经营的下游合并于一个石油理事会，实际上等于创立了一家垄断机构。合并工作一帆风顺，各公司的加油站都被漆成了统一的深绿色，产品只用一个"普尔"（pool）商标。从那以后，伦敦湖滨路壳牌—麦氏公司大厦就变成了英国石油战的指挥所。

第二次世界大战对壳牌来讲，损失是巨大的。1939年，在德国入侵荷兰前，壳牌将其总

部迁往库索拉岛。壳牌在东欧的资产也遭到了毁坏，尤其是在罗马尼亚的油田。

随着战事的深入，壳牌在婆罗洲的油田也受到了严重威胁。早在1940年下半年，壳牌已经作好婆罗洲等地油田被日本侵占的准备，并在它的荷属东印度主要炼油中心巴厘巴板建起了防空洞，港内排布水雷，员工们操练怎样把炼油设施炸毁，目的是决不让日本人从油田和炼油厂得到石油；同时，职工家属全部撤离。1941年1月，在日军占领前，壳牌将巴厘巴板炼油厂破坏。至二战结束时，壳牌仅油轮损坏就达到了87艘。

壳牌尽管在战争中损失惨重，但二战巨大的石油需求也为其带来了发展机遇。

壳牌将没有受到战火影响的美洲作为业务发展的重点。在北美洲，壳牌美国的石油产量一直稳步上升，从1939年的年产量768万吨，提升到1945年的年产量988万吨；加拿大壳牌公司除参与对英国本土的石油运输外，还开始在加拿大西部寻找石油，并于1944年在艾伯塔省发现了油田。在南美洲，委内瑞拉为壳牌贡献了最大的石油产量，除1943年产量为841.8吨、1944年产量为925.4万吨外，在二战期间，其余年份的石油产量均突破了千万吨，最高的1940年，年产量达1218万吨，最低的1945年，年产量也达到了1108万吨；同时，壳牌在阿根廷的石油开发也取得了收获，尽管产量很低。

在中东，壳牌以合作的方式获得了突破。1939年，壳牌与英伊石油公司（BP公司）合资在海法建设的炼油厂投产。同年，壳牌与英伊石油公司、美孚石油公司（MOBIL）、埃克森石油公司（EXXON）、葡萄牙石油公司（PARTEX）和法国石油公司，以伊拉克石油公司的名义在阿布扎比获得陆地和三海里以内海域的石油勘探和开采权。这些获得石油勘探开采权的公司合资成立了"石油开发公司"，后来改名为阿布扎比石油公司（ADPC），该公司在开采区域内进行石油勘探和生产。1944年，壳牌在伊拉克的石油年产量就达到了110.6万吨。1945年，更是达到了121.2万吨。

纵观整个第二次世界大战，壳牌的资产虽然遭受了重大损失，但其整体业务并没有受到太大影响，石油产量一直保持在2000万吨以上，1939年，突破3000万吨，产量达3037万吨；至战争结束，壳牌在1945年的年产量也达到了2958万吨。

（二）科技：支援二战

在二战期间，壳牌一直将技术创新作为推动企业发展的动力，通过研发新产品、解决战争中遇到的相关问题，支援二战。

1941年，壳牌美国科学家研发了一种新方法，合成了100辛烷值的汽油，该燃料成功应用在新一代的航空发动机上，大大提高了飞机的机动性。1945年，美军占领了日本，当美军技术人员将接收的日本"零"式一型战机加满壳牌公司的98号航空汽油后，居然飞出了660km/h的速度。同样的标号，比1943年日本自己测试的成绩高出了近20%。壳牌燃油产品的领先性，提高了同盟国战机的作战能力，为其最终取得胜利作出了贡献。

为了缓解战争造成的石油供应紧张，壳牌开始着手研究如何在城市区域内采油。1943年，壳牌首次成功使用了无噪声钻井架。

在第二次世界大战中，美国飞机和车辆使用的润滑油中发泡成了严重的问题。为了弄明白润滑油生泡的机理和解决的办法，壳牌及其他一些石油公司、研究所等单位进行了大量的研究工作。1943年，壳牌发现液态有机硅氧烷（硅油）是非常有效的抗泡剂，时至今日，液态有机硅氧烷仍是润滑油主要的抗泡剂品种。

这一时期，壳牌在化工领域的技术创新，也取得了良好的成绩。

1941年，壳牌美国化工公司首次成功合成PTT树脂，即聚对苯二甲酸丙二醇，它是通过对苯二甲酸（TPA）和1，3—丙二醇（PDO）缩聚反应制备的树脂。壳牌是目前唯一能供应挤出级和吹塑级PTT基础树脂的厂家。由于该公司合成PDO的催化剂取得了突破性进展，PDO的生产成本大幅下降。同年，壳牌还生产出世界最早的合成洗涤剂，至今壳牌仍然是世界最大的洗涤剂配料供应商。

1942年，壳牌美国公司首先实现了用丙烯与苯烷基化制造异丙苯的工业化生产。

1943年，壳牌开始向合成橡胶工业提供丁二烯，它是合成橡胶一个关键的基础材料。这彻底改变了由于日本侵略东南亚造成的天然橡胶紧缺的局面。

1945年，壳牌开发的"亚硝酸二环己胺"作为气相缓蚀剂获得了专利申请，在其后的近半个世纪的时间里，由于其卓尔不凡的防锈效果，使得其在军事工业领域内得到了广泛的普及和应用。但在此过程中，人们也逐步发现有机胺类的气相缓蚀剂毒性较大，对环境和人体均有不良影响。同年，壳牌开始丙烯高温氯化法（或称烯丙基氯化物法、氯丙烯法）的工业化生产。

在乙醇生产方面，1945年，壳牌美国化工公司把磷酸吸附在颗粒状硅藻土上，制备成固体催化剂，解决了直接水合法自1923年有报道以来一直没有实用价值催化剂的问题。壳牌在1948年建成年产60万吨的乙醇工厂。

壳牌还通过参与并开展相关活动，提升企业的研发能力。1939年，壳牌开始了节能汽车马拉松赛，并每年举行一次，旨在挖掘各种发动机的节能潜力。比赛要求每支车队自己设计制造并驾驶环保节能车，在单圈长度为3.63千米的跑道上跑三圈，然后计算出SKF轴承价格车辆每升燃油的平均驾驶距离和尾气排放情况，由燃油经济最环保的车辆获胜。1940年，当第一辆法拉利汽车诞生时，壳牌油品就成为其燃油和润滑油的理想选择。两家公司的合作始于F1赛事之初，从那时起，法拉利和壳牌就开始了赛车史上最成功的技术合作伙伴关系。在与法拉利的长期紧密合作中，壳牌一直致力于优质润滑油和燃油的研究和开发，诸如壳牌超凡喜力润滑油等产品不断面世。

第三节 大亨崛起——全球化扩张阶段

一、从容应对战后石油新秩序
（1946—1956年）

（一）开采：墨西哥湾海上石油

1945年8月，日本投降，二战随之结束。第二天，美国取消了战时的汽油配给制度，驾驶者按捺不住喜悦，将汽车开上大街、公路，汽油需求迅速井喷。1945年，在美国行驶的汽车约有两千六百万辆，到1950年，达到了四千万辆。1950年，美国汽油销售量比1945年增长了42%。爆炸式的需求增长大大超出了人们的预料，油价上扬强有力地刺激了石油勘探的活动，也触发了战后第一次发狂式的石油繁荣。

消费以没有预想到的速度在增长，壳牌对

当时市场的评价是"增长的速度惊人"。1947至1948年间，美国石油出现了短缺，原油价格迅速上涨，1948年的价格水平是1945年的两倍多。1948年，美国原油和石油产品进口第一次超过出口。

在这样的背景下，壳牌将寻找石油的目光投向了位于美国南部海岸和墨西哥以东的墨西哥湾。这里诞生了当今海上勘探开采的主要技术。早在1932年，美国得克萨斯公司（Texas Co.），即后来的德士古（Texaco），在这里建造了第一座可移动水上钻井装置。1945年8月，马格诺利亚（Magnolia）石油公司在路易斯安那离岸6英里处建造了第一座固定式的钢结构钻井平台。直到1947年，壳牌才首次在墨西哥湾开始商业上可行的近海石油钻探，钻取了第一眼具有商业效益的海上油井。1949年，壳牌得到了第一桶海底石油。随后，壳牌加大了开采的投入，至1955年，壳牌在墨西哥湾已拥有300眼油井。

在随后的发展中，壳牌继续以墨西哥湾的石油开采作为发展的重点。1961年，壳牌拥有了尤里卡（Eureka）号钻井船。这是第一条自动平衡的钻井船，应用在墨西哥湾，可以抵抗每小时40英里的大风。同年壳牌建造了用座底式钻井驳船改装成的，世界上第一座半潜式钻井平台——蓝水一号（Bluewater-1），并于当年将其投入到墨西哥湾勘探，遗憾的是它在1964年的一场暴风中沉没了。

时至今日，墨西哥湾已经成为壳牌的主要原油生产基地之一，美国壳牌60%的石油和天然气产量均来自墨西哥湾。壳牌在墨西哥湾已拥有5座深水式张力腿平台（deep-water tension leg platforms）、13座载人平台。2009年，日产原油已经达到27万桶。

（二）调整：新秩序下中东策略

经历第二次世界大战后，欧洲已经是满目疮痍，美国全面推出了"马歇尔计划"以援助西欧复兴。石油作为其援助的重要内容，在实施两年半的过程中，美国让各受援国购进了3.84亿美元由各美国石油公司提供的中东石油，同时贷款支持各美国石油公司在西欧建炼油厂，但是却拒绝贷款给西欧国家的石油公司恢复炼油厂的生产。到1954年，西欧已建起的一百多座炼油厂大部分属于美国的石油公司。

美国不仅垄断了西欧石油市场，还借助其强大的经济实力，支持美国的跨国石油公司挑战英国在中东的石油霸主地位。

1946年末，埃克森和美孚石油公司撇开了伊拉克石油公司的其他成员，单独购买了在"红线协定"范围内经营的沙特阿美石油公司（Saudi Aramco）40%的股权。美国石油公司的行动实际上已经撕毁了"红线协定"，打破了中东地区跨国石油公司瓜分石油资源的基本格局。到1954年美国已控制了沙特阿拉伯、巴林和中立区58%的石油产量，在伊拉克和埃及则达24%。1956年，美国跨国石油公司对中东石油生产的控制额已达57%，而英国、荷兰控制的份额则相应地下降到40%。

此时，中东正在发展成为世界石油工业的中心。在波斯湾周围的路上和海上，获得了油气勘探的大胜利。在1940年至1964年间发现的储量在3亿吨以上的大油田就有18个之多，由此海湾地区的石油迅速增加，并且绝大部分用以供应出口。1961年，中东石油产量已占世界石油总产量的25.1%，出口占世界总出口量的51.6%。

面对战后石油秩序的巨变，壳牌也顺应局

势，适时调整自身在中东的发展策略。

埃及是壳牌最早进入的中东国家，早在1913年，壳牌就借助英国的影响力，在埃及开展勘探活动。到1946年，壳牌在埃及的石油年产量已经达到134.1万吨；1949年，达到了164万吨；1953年，达到了182万吨。但随着苏伊士运河危机的爆发，壳牌在埃及的石油产量锐减，1954年的年产量降为57.7万吨，而到1957年仅为367.5吨，之后壳牌在埃及的石油开采几近停滞。

壳牌是在1935年进入伊拉克的，随着新油田被不断发现，壳牌在伊拉克的产量稳步上升。1946年，年产量达到106.6万吨；1953年，达到409万吨；1956年，更是突破八百万吨，达828.2万吨。

1950年，壳牌在卡塔尔的勘探取得成果，开始原油生产。到1954年，壳牌在卡塔尔的石油年产量突破百万吨，达104.2万吨；1956年，年产达到140.8万吨。

1951年至1953年，壳牌在伊朗的资产被查封，随后在1954年，壳牌从美国控制伊朗石油的国际财团中获得了14%的股权。1955年，壳牌在伊朗的石油产量为19.7万吨，1956年，即突破两百万吨，达到了222.5万吨。

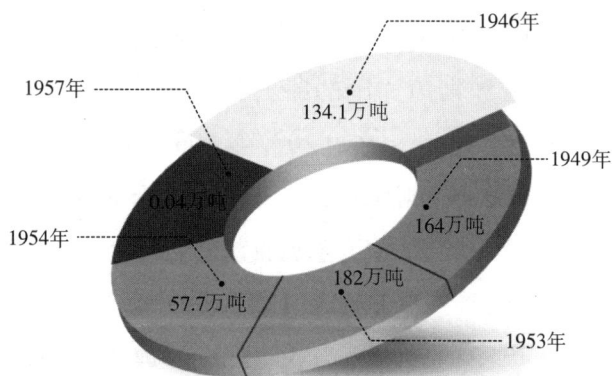

壳牌在埃及的石油年产量

1956年，壳牌在中东的石油产量已经突破千万吨，达到1317.7万吨。至此，中东已经成为壳牌最重要的产油基地。

（三）加大：石化工业研发投入

战后世界进入了相对和平发展的阶段，这一时期石油不仅用于燃料，而且新的石油化学工业把石油和天然气转变成塑料制品和各种化学品。在某种用途上，塑料替代了传统的材料。石油化工产品开始大量进入人们的日常生活中，影响到人们衣、食、住、行、用等方方面面。

壳牌看到了石油化学工业的发展潜力，加大了在科研和生产方面的投入力度。

1946年，美国壳牌化工公司研发改进氯丙烯生产工艺，开始用高温氧化法生产氯丙烯系列产品。

1947年，美国壳牌化工公司又实现了乙烯直接水合制乙醇的方法，由于该法比间接水合法有显著优点，现已成为生产乙醇的主要方法。

1948年，壳牌研发出以丙烯为原料经氯丙烯、环氧氯丙烷合成甘油的方法，美国壳牌化工公司建成第一座合成甘油生产工厂，环氧氯丙烷作为壳牌法合成甘油过程的中间体，开始大规模工业生产。同年，美国壳牌化工公司取得了通过丙烯醛路线合成PDO的生产专利，而大家熟悉的敌敌畏，这一年也由美国壳牌石油公司研制成功。

1949年，壳牌开始研究有机磷化合物作为合成润滑油和液压油的可能性，至1953年，终于找到了芳基磷酸酯可作为难燃液压液，并先后成功用于民用飞机、工业液压设备和海军舰船上。

1950年，Lonely和Emerson等人采用丙烯醛和乙烯基乙醚为原料，经过加成、水解两步反应合成了戊二醛（即吡喃法），壳牌公司采用此方法率先实现了戊二醛的工业化生产。该方法是先由丙烯醛和乙烯基乙醚在 $AlCl_3$、BF_3、$SbCl_3$、$ZnCl_2$ 或稀土元素作催化剂的条件下发生 Diele-Alder 加成反应生成2-乙氧基-3，4-二氢吡喃，然后在 HCl、H_3PO_4、C_2-C_6 烷基二元酸、酸性阳离子交换树脂作催化剂条件下水解得到戊二醛粗品，再经脱色、过滤、蒸出乙醇后得剩戊二醛。该法具有生产成本低、工艺简单、投资少、收率高、产品质量好、污染小、反应条件温和、操作方便等优点，是目前国内外工业上生产戊二醛的主要方法。

1953年，壳牌联邦德国公司与联邦德国巴斯夫公司（Baden Aniline and Soda Factory，BASF）合资，联合建设聚乙烯装置，组建了德国最大的石油化工企业——莱茵烯烃厂，尔后，逐步以石油、天然气取代煤和焦作为最重要的原料，到60年代中期完成了能源及原料过渡，由于购买了温特斯哈尔公司，石油、天然气以及石油化学品的生产在壳牌的地位得到了很大的加强。

1955年，美国壳牌公司首先推出 PTT 纤维，PTT 纤维是聚对苯二甲酸丙二醇酯纤维的简称，它与 Tencel 纤维一起并称为21世纪两大新兴纤维。其实，PTT 早在20世纪40年代初即在实验室获得成功并取得了专利权，但由于其原料1，3-丙二醇工业化生产较难，所以半个世纪来一直难以广泛推广应用。由于 PTT 既有一般涤纶 PET 纤维的刚性，又有聚对苯二甲酸丁二醇酯（PBT）的柔性，可以说刚柔相济，而且用它制成的纤维回弹性与尼龙相当，染色性能又好，所以是一种极有发展前途的合成纤维新材料，在纺织和工程塑料等方面具有极其广泛的用途。因此，由于美国壳牌公司成功开发了用环氧乙烷（EO）加氢甲酰化，生产低成本 PDO 的工艺，才使 PTT 纤维的工业化成为可能。该公司将其工业化的 PTT 产品以"Corterra"品牌推出。2004年，壳牌在加拿大建设了年产9．5万吨的工厂，目前，该产品的年产量已经超过10万吨。

壳牌还在1955年与日本三菱集团合资成立了三菱油化公司，1959年6月工厂在日本四日市竣工，并首次生产低密度聚乙烯"YUKARON"成功。

这一时期，壳牌在石油化学工业领域取得了较好的成绩。

（四）持续：品牌创新寻找资源

和平年代给了壳牌一个良好的发展空间，在主要业务迅速扩展的同时，壳牌的运输业务和运输能力也愈加庞大。这一阶段，壳牌不仅在品牌推广、技术创新方面取得了突破，在上游资源的寻找和开发方面，也是成绩斐然。

在品牌推广方面，1953年，壳牌结束了第二次世界大战以来一直为英国军队提供汽油配给的日子，在英国国内被允许使用自己的品牌出售汽油。壳牌随即在英国展开了一场声势浩大的品牌推广活动，不仅投入大量资金开展广告宣传活动，还专门请艺术家策划并出版其著名的道路指南，以此来推动壳牌的品牌建设。

1954年，荷兰皇家石油公司在纽约股票交易所上市。同年，由壳牌赞助命名为"金色壳牌"的赛车比赛，在圣马力诺伊莫拉赛道拉开序幕，那场比赛实际是法拉利车队与玛莎拉蒂（Maserati）车队间的一场角逐，最终法拉利车队获得了胜利。壳牌作为这场比赛的组织者，为整场比赛提供润滑油和燃油。在这条赛道上还举办了"金色壳牌"摩托车赛，并以当时前所未有的1200万意大利里拉的巨额奖金载入赛车运动史册。自此，壳牌与法拉利车队结下了不解之缘，成为法拉利的"血液"。对赛车运动的支持，为壳牌带来了良好的品牌信誉。

早期与壳牌合作的法拉利赛车

在技术创新方面，1948年，美国壳牌公司研制出第一套矿区自动密闭输油装置，并成功的应用在油田管理中。至今，油田自动化系统已达到管理上千口油水井、上百座计量站的规模。

1954年，壳牌开发了平均运费率评估分类系统，应用于油轮运输管理。同年，壳牌还发起了一个通过船运液化天然气的项目。

1955年，美国壳牌公司应美国空军之约，为U-2高空战术侦察机研制新型燃料，该燃料要求不会因气压过低而脱浆或蒸发。经反复实验，壳牌公司生产出一种名为"LF-1A"的低挥发性、低气压的煤油燃料。在海平面上它的沸点是300度，性能极稳定，火柴都无法点燃，此燃料需要一种特殊的添加剂，而这种添加剂又是制作弗利特（Flit）杀虫剂的重要成分，因而壳牌不得不削减弗利特杀虫剂的生产，这直接导致该杀虫剂的全国性缺货，消费者想不到的是，缺货的原因竟是生产原料被秘密侦察机项目使用了。

1956年，美国壳牌石油休斯敦研究所的美国地质物理学家哈伯特（M. King Hubbert），提出了著名的"石油峰值理论"，又被称为哈伯特石油曲线"峰值"。理论认为，美国原油将于1970年代达到顶峰，然后便难逃减产的命运。尽管这一理论没有任何严肃的科学含量，同时又遭到了当时几乎全世界每一位能源专家的强烈反对，但事实的结果被其言中。从某种意义讲，这也是壳牌在石油理论方面的创新。

在上游资源的寻找和开发方面，壳牌这一时期在西欧、南美、非洲、亚太地区开展了大规模的勘探和采油活动。

在西欧，1947年壳牌与新泽西标准石油公司合资组建了NAM(Nederlandse Aardolie Maatschappij BV)公司，双方各占50%股份，在欧洲进行勘探。1959年，NAM公司在荷兰的格罗宁根发现了世界上最大的天然气田，1963年开始正式投产，到70年代初期，格罗宁根的天然气已能满足欧洲50%的市场需求。随后，NAM公司又在北海发现多个油气田，取得了勘探大丰收。由于壳牌成功地开发了天然气产品，使其发展规模进一步增大。

在南美，1954年壳牌位于委内瑞拉马拉开波湖的VLA-14井几乎在湖中央打到了古新统地层，获得了高产油流。这一发现又掀起了马拉开波湖的勘探高潮，1956到1958年连续发现休达、孙特罗、马拉、拉马尔、拉戈等大型油田，估算的总可采储量约为322亿桶，使马拉开波湖成为除波斯湾、西西伯利亚之外的世界第三大油田群。

在非洲，1938年壳牌德阿赛公司（壳牌与英波石油公司的合营公司）在尼日利亚首先获得石油租借地，并开展勘探，但受二战影响中途搁浅。1946年，再次恢复勘探，至1956年，壳牌公司在现在巴耶尔萨州的奥罗伊比利

(Oloibiri) 地区钻出石油，1958 年开始产油。

1953 年，壳牌公司在肯尼亚开始勘探，迄今已勘探钻井 30 口，在坦桑尼亚也钻探了 26 口，在乌干达钻探了 2 口，但均未发现可开采的石油资源。

在亚太地区，1947 年夏天壳牌开始在中国进行石油勘探。1949 年 6 月，壳牌为稳固日本市场，与日本昭和石油进行贸易合作，1951 年 6 月，双方成立合作公司，并将业务重点放在炼油业务上。1954 年，壳牌在沙捞越近海开展地震勘探，1962 年在马来西亚发现了第一个海上油田——特马那 (Temana) 油田。

1955 年，壳牌开始在新西兰进行油气勘探作业。目前，壳牌在新西兰的 Maui 气田、Kapuni 气田和 Pohokura 气田中拥有股份。

二、低油价时代的发展与挑战
（1957—1972 年）

（一）应对：中东复杂多变局面

随着中东逐渐成为世界石油工业的中心，各方在中东利益上的争夺也越加激烈，不断爆发的冲突和战争使中东的局势复杂而多变。

1956 年 10 月 29 日，因为苏伊士运河问题，英、法联合以色列向埃及发动了军事进攻，第二次中东战争爆发。1956 年 11 月 2 日，伊拉克炸毁了基尔库克油田经叙利亚到地中海的输油管道，这条日输油 50 万桶的管道封闭。11 月 5 日，英法军队攻占塞得港，控制了苏伊士运河北端。埃及军队为阻击侵略者，沉船 40 条堵塞了苏伊士运河，从此运河中断。随后，沙特阿拉伯临时关闭日输油 32 万桶的输油管线，对英法实施石油禁运。这是阿拉伯国家第一次用石油作为武器抵抗侵略。

苏伊士运河中断，导致了资本主义世界第一次石油供应危机。以往，平均每天通过苏伊士运河和伊拉克管线运往西欧的中东原油达 216.5 万桶，运河的中断直接导致西欧石油供应量减少了三分之二。美国虽然不依赖这条供应线，但战后 10 年美国已在西欧投资近 500 亿美元，美国并不希望西欧陷入困境。

1956 年 8 月，美国推出应急行动计划，组织美国石油公司向西欧调运石油。11 月 20 日，在美国推动下联合国安理会召开紧急会议，要求外国军队撤出埃及。12 月 22 日，英法军队撤离。1957 年 3 月，以色列撤离西奈半岛和加沙，战争结束。美国借此将英、法势力逐出中东。

第二次中东战争大大影响了壳牌的业务。在埃及，壳牌的石油产量由 1953 年最高年产 182 万吨，到 1958 年、1959 年产量归零，可以说损失惨重。由于战争结束的较快，对壳牌在中东的整体影响不大。但好景不长，11 年后战争再一次爆发。

1967 年 6 月 5 日，以色列向埃及、叙利亚和约旦同时发动了大规模的进攻，第三次中东战争爆发，战争的起因是亚喀巴港危机。

战争的第二天，埃及关闭了苏伊士运河，卡住了中东原油西去美国和欧洲的重要通道。当晚，各阿拉伯产油国石油部长在巴格达举行紧急会议，决定再次动用石油武器来迫使西方改变支持以色列的立场。6 月 8 日，阿拉伯各国石油总产量减少 60%，沙特阿拉伯和利比亚一度停止石油生产。恰在此时，西欧重要石油供应国尼日利亚爆发了内战，世界石油市场每天又减少 50 万桶石油供应，西欧的石油供应可以说是雪上加霜。美国再次成立石油供应委员会，从委内瑞拉、伊朗等地紧急调油。战争只打了 6 天，石油禁运无法改变阿拉伯国家失败的结局。

中东的不稳定局势考验着壳牌，尤其是自1967年起苏伊士运河被关闭8年，这对石油企业无疑意味着石油供应的中断。此时，壳牌当初在超级油轮上投资的决定发挥了作用，超级油轮的使用使得壳牌能够通过大幅增加石油的运输量来分担每次石油长途运输过程中的运输成本，让壳牌渡过了难关。

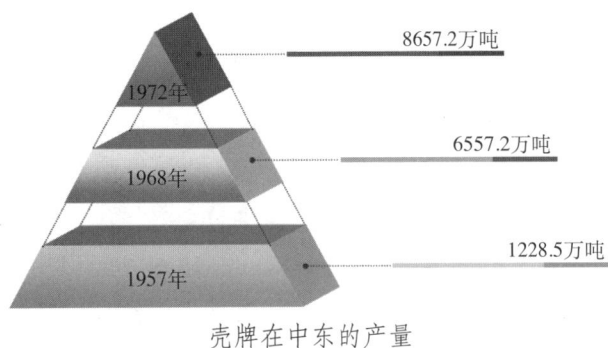

8657.2万吨

1972年

6557.2万吨

1968年

1228.5万吨

1957年

壳牌在中东的产量

这一时期，壳牌的主要石油产量仍然来自中东，并呈现稳步增长态势。1957年，壳牌在中东的产量为1228.5万吨；1968年，达到6557.2万吨；1972年更是达到8657.2万吨。壳牌在中东采取的开发策略主要有：（1）增加在政局稳定产油国的开采投入，这些国家主要包括伊朗、伊拉克和卡塔尔；（2）加大在中东的勘探力度，寻找更多的上游资源。1939年，壳牌即开始在阿拉伯联合酋长国进行勘探。1962年，壳牌在阿曼发现了具有商业开采价值的石油；（3）集中优势资源，抓重点，适度取舍。比如，1963年，卡塔尔壳牌公司就放弃了初始开采面积的一半有余，由美国大陆石油公司接替开采。

（二）重组：集团结构管理模式

20世纪50年代的前7年，荷兰皇家壳牌集团的销售额和利润是呈现上升趋势的，但是在1958年业绩却出现了下滑，这并不是偶然的，

壳牌原有的治理结构其实早已跟不上战后集团业务的发展了。

早在1956年，壳牌就已着手考虑对集团结构进行重组。1957年，壳牌聘请世界著名管理咨询公司麦肯锡公司（Mckinsey Company）为其提供解决方案。

当时的麦肯锡公司极其重视此项目，由麦肯锡公司的创始人、公司首席执行官马文·鲍尔（Marvin Bower）担任项目经理，项目成员包括后来成为麦肯锡公司董事长、总裁的沃尔顿（Walton）等人。

经过全方位的诊断，项目组形成了"壳牌集团作为全球化企业，管理过于集中，应按照地域与专业进行分权式的矩阵管理"这一大胆假设。当麦肯锡项目组向壳牌集团执行董事会汇报的时候，这一方案遭到了壳牌高层的一致反对，认为麦肯锡"错误地分析了壳牌集团的管理现实"。

面对客户的质疑，项目组决定收集更多的证据来验证这一假设。马文·鲍尔派出三个子项目组分别到欧洲、亚洲和非洲调查壳牌集团管理过于集中的证据，包括事件、数据、信件和其他管理文件，经过六周的努力，三个子项目组共收集了50多个案例。其中一个典型案例是这样的：委内瑞拉壳牌公司向总部提交了一份计划书，申请建设一个储油罐，并指明了建设位置。总部回复"我们认为不应该建在这里，应该建在那里"。委内瑞拉壳牌公司回复"建议确实不错，但那个位置是一个悬崖"。

在第二次向壳牌集团董事会汇报时，项目组列举了大量类似的案例，会议取得了显著的效果，壳牌高层最后承认"你们是对的，看来总部集中控制的事情确实太多了，让我们改变这种情况吧"。

1959年，组织结构变革开始。壳牌集团公司通过在海牙和伦敦开设服务公司，最高层成立"常务董事会"及通过地区监督在区域基础上协调各项业务等措施迈向了真正的集团管理，而不是将集团视为一家拥有很多分公司的机构。常务董事会的六位董事处于公司管理的最高阶层，管理着公司总体业务的拓展。他们每隔一周往返于伦敦和海牙之间，在绝对一致的基础上作出所有重大构想，重要计划与人事决定必须一致通过。

随着这一重组，壳牌在伦敦开始建设新的总部大楼。当大楼于1963年建成时，它是伦敦最高的建筑。在此期间，一栋栋壳牌新的建筑物也相继在世界各地出现，例如在墨尔本、多伦多和加拉加斯等地均有壳牌建筑。

壳牌位于伦敦的总部大楼（1963年）

时至今日，壳牌集团沿用的组织结构核心思想仍然是沿袭麦肯锡公司在1957年为其提供的方案，并在1983年全球大企业联合会议上被列为一个成功的典范。

20世纪60年代，壳牌为加快国际化的步伐，公司推出人才本地化策略。公司制定了一项把当地人提拔到当地公司当上层管理者的政策，在亚洲、非洲和南美洲地区这一变化尤其明显，毕竟这些地区的文化与欧美文化差距较大，文化管理是明智之举。这种多样化的管理人员构成也从一定层面上反映了壳牌在公司政治上和对员工态度上的改变，这个富有远见的决定有助于加快壳牌发展的速度。

（三）提速：低价时代全面扩张

1960年8月9日，新泽西标准石油公司没有直接向石油输出国提出警告而宣布中东原油的牌价每桶削减14美分，约减少了7%。其他公司也相继削价，这一行为激怒了石油输出国。1960年9月14日，与当时垄断石油行业的"石油七姐妹"对抗的石油输出国组织（OPEC）宣告成立。

但当时 OPEC 尚不具备左右市场的能力，这一时期，国际石油价格一直处于低价运行。壳牌抓住了这一时机，全面提速，在勘探与开采、炼油及基础设施建设、天然气生产与开发、产品研发、技术应用、品牌推广、零售市场开发等领域，展开了全方位扩张。

这一时期，勘探与开采依旧是壳牌业务集中的领域。1958年，壳牌开始在尼日利亚生产石油。1960年2月，壳牌－加蓬石油公司成立并开始进行勘探活动，壳牌拥有该公司75%的股份，加蓬政府拥有其余25%的股份，目前该公司在加蓬已拥有4个油田。1963年，文莱政府与壳牌文莱石油公司（Brunei Shell Petroleum Co. Sdn Bhd，BSP）签署陆地石油开采合同。

1968年，壳牌美国石油公司的子公司——壳牌沙捞越公司通过马来西亚租借，违法在属于中国领土的南沙群岛部分海域进行钻探。1971年，壳牌与埃克森石油公司合作，在北海发现布伦特油田，并成为北海最有发展前景的海底油田主要占有者之一。另外，自20世纪60年代以来，壳牌还先后在玻利维亚、安哥拉等国获得了石油权益。

在炼油及基础设施建设方面，壳牌在经历数次危机后，认识到石油企业对政治环境变动的敏感性。因此，壳牌开始注重供应的安全性，在主要市场附近兴建炼油厂及储油设施，原油则通过网络化的输油管道和超级油轮运输。1957年，壳牌在加拿大哥伦比亚省本拿比（Burnaby）建立燃料处理厂，用来处理汽油、柴油及航空燃油，并建立了一条输油管线直通温哥华国际机场。1961年，壳牌在新加坡毛广岛（Pulau Bukom）建立了日加工2万桶原油的炼油厂。1963年，壳牌在南非建立炼油厂，并开展炼油业务。1964年，壳牌在欧洲建设了10米×10米的浮顶式储油罐，自此，储油罐设施逐渐向大型化发展。

在天然气开发和生产方面，除1959年发现荷兰格罗宁根天然气田外，1966年，壳牌还在北海北部发现利曼天然气田。1969年，壳牌国际天然气公司成立。同年，由壳牌（25%）、三菱（25%）和文莱政府（50%）三方组建的文莱液化天然气公司（Brunei Liquefied Natural Gas Sdn Bhd，BLNG）成立，其下属的文莱婆罗乃液化天然气生产厂（Brunei LNG Sdn Bhd）从壳牌文莱石油公司购买天然气，用以生产成液化天然气，并于1972年将第一船液化天然气运往日本。1970年，壳牌在澳大利亚西北大陆架发现大型近海气田。为了解决液化天然气运输问题，1960

年，壳牌购买了康斯托克公司"甲烷先锋"号40%的股份。1964年9月27日，当世界第一座液化天然气工厂在阿尔及利亚建成投产后，"甲烷先锋"号船便于当年投入到了由阿尔及利亚至英国的液化天然气运输业务中，使世界液化天然气商业贸易迅速地发展起来。60年代市场对天然气的迅猛需求，给壳牌的发展带来了新动力。

在产品研发方面，1958年，壳牌研发推出"Avgas"航空燃油，并提供给其合作伙伴法拉利车队，结束了其过去使用配方燃油的历史。在1957年前，每个F1车队都可以自由选择所使用的燃油，比如当年梅塞德斯车队使用的燃油配方就包括：45%的汽油、25%的航空燃油、3%的丙酮和2%的硝基苯，而剩下的25%是什么成分，至今仍然是个谜！如此具有爆炸性的燃料燃烧起来非常剧烈，以至于每次练习赛和正式比赛后必须清除引擎内剧烈燃烧所产生的残留物，而且必须用传统汽油冲洗发动机，否则，发动机可能在一夜间就遭受严重的损害。

在技术应用方面，1960年，壳牌公司在美国加利福尼亚的克恩河（Kern River）油田首次采用蒸汽吞吐法采油获得成功，随后逐步推广。1961年，壳牌发明了世界上第一艘半潜式钻井

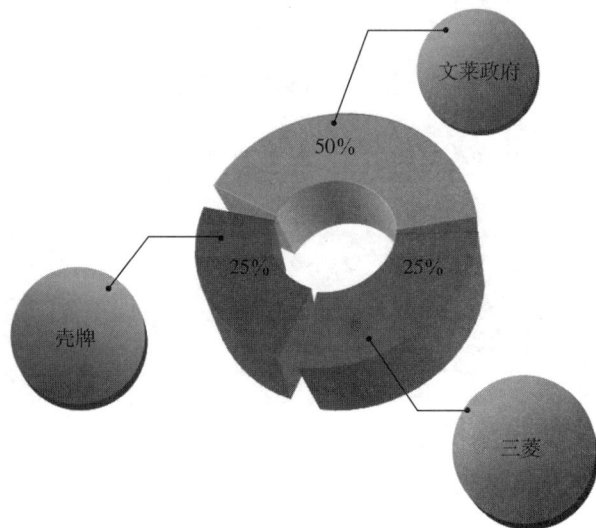

文莱液化天然气公司持股比例示意图

船"碧水一号",并用其钻井成功。该船的发明过程也颇具传奇色彩,"碧水一号"原来是一条座底式平台,工作水深23米。当时为了减少移位时间,将它在吃水12米的半潜状态下拖航。在拖航过程中,发现此时平台稳定,可以钻井,在此启发下,后把该平台改装成半潜式钻井平台。此外,在1969年,壳牌在休斯敦迪尔帕克(Deer Park)炼油厂的流化催化过程中,首先使用计算机闭环控制,通过实时优化程序,并应用严格的机理稳态过程模型,决定下一步最佳的经济调整方向,实现生产过程的利润最大化。

在品牌推广方面,1963年8月5日,喷气动力汽车使用壳牌的燃料和润滑油产品,创造了陆地速度世界纪录,使壳牌的品牌知名度迅速提升。1965年,壳牌携手埃索和BP等三家石油公司,共投资1000万西德马克赞助汽车大赛,开创了企业大规模赞助与自身产品有直接关系的运动项目的先例。

在零售市场开发方面,1958年,壳牌开始重新设计自有加油站,并将融入环境的理念运用其中,推出了一站式服务站(Ranch style Service Stations)。1961年,壳牌在印度石油市场挑起了价格战,但由于印度石油公司有政府的支持,壳牌未能成功占领市场。1969年,文莱壳牌与日本炼油企业合作,为其供应原油,起初每日5千桶。同年,美孚石油公司正式导入形象战略,公司在世界各地的加油站一举旧貌换新颜,壳牌也不甘落后,随即宣布导入,公司在世界各地的加油站一夜之间亮出了以贝壳为标准形象图形的企业识别标志。

在快速的扩张中,壳牌也采取了有选择放弃的策略。1958年,壳牌退出以色列市场。1965年,壳牌将其在印度尼西亚的资产作价1000万美元卖给了印尼政府,并签订了从1966

年1月起五年内付清的协议。

(四)把握:化工研发黄金时期

20世纪60年代前后,壳牌进入了化工研发的黄金时期,壳牌在当时拥有包括罗斯柴尔德(Rothschild)爵士和约翰·彭励治(John Bremridge)爵士在内的一些杰出的科学家。这一时期壳牌成果显著,像实验室环氧树脂、杀虫剂,包括苍蝇喷雾、除草剂和液体洗涤剂等产品都是壳牌的智慧结晶。

1958年,壳牌建成了首套氧气法生产乙二醇的工业装置,取代了存在有三废污染问题的氯醇法。

1959年,美国壳牌公司首先实现丙烯气相氧化工艺的工业化。同年,壳牌和陶氏(Dow)化工公司生产出了用作土壤熏剂的二溴氯丙烷(DBCP),以保护水果种植。它被广泛喷洒到葡萄园和柑橘园里。但是20年后,美国环保署将二溴氯丙烷作为危险毒素废止,其原因是几百名男子因为接触这种熏剂而无法生育。

1960年,美国壳牌化工公司首先建成用金属单质锂为引发剂的聚异戊二烯橡胶生产装置。

1961年,壳牌石油公司合成橡胶研究实验室试制成功以苯乙烯—丁二烯或苯乙烯—异戊二烯维聚三嵌段共聚物为主的热塑性弹性体。它具有独特的高拉伸强度、扯断伸长率和回弹率,但在未硫化时通常无此特性。

1962年,壳牌化工公司在英格兰和荷兰的实验室开发了粉末涂料的挤出工艺,从而改善了其分散均匀性差的问题,该工艺沿用至今,依然是粉末涂料的最主要的生产工艺。早期的粉末涂料涂装是使用流化床装置先将被涂工件预热,热工件在流化床中将雾化的粉末粒子熔结粘附于表面,形成一定厚度的粘附层,再经烘烤熔融流平。

同年，英帝国化学工业公司创造了轻汽油水蒸气转化法制合成气。巴斯夫公司开发了原油部分氧化制合成气的方法，后经壳牌公司改进，实现了从甲烷到重质油都可作为制作合成气的原料。以石油和天然气代替焦炭制作合成气技术的发展，促进了合成氨、甲烷、乙醇、乙二醇、醋酸等技术的发展。

1963年，壳牌买进了斯宾塞化学公司，进一步完善在化工领域的布局。

壳牌沥青路面设计方法也是由壳牌公司在1963年提出的基于弹性层状理论的路面设计方法，它是通过理论分析并结合 AASHTO 试验路及室内试验数据而提出的。在1978年，这一设计方法被扩展为壳牌路面设计手册（SPDM—Shell Pavement Design Manual），它充分考虑了温度及交通量对路面的影响，并将沥青混合料的路用性能用劲度及疲劳特性来表征。

同年，美国壳牌公司使用改进的钴催化剂由丙烯生产正丁醇和 α-乙基己醇，其后又生产用于合成洗涤剂的高碳醇。

1964年，壳牌化工公司在欧洲发明了环氧粉末，采用挤压法生产工艺，首先在欧洲实现了工业化生产。从此，具有环境保护作用和综合装饰性能的粉末涂料，以其高的社会效益和经济效益取得了飞速发展。在美国，壳牌公司首先在 Person 天然气净化厂使用了 Sulfinol 溶剂，该溶剂是由环丁砜 -DIPA- 水组成，现命名为 Sulfinol-D 溶剂。

同年，美国壳牌公司率先开发出双酚 A 环氧乙烯基酯树脂。丁苯橡胶也由美国费尔斯通轮胎和橡胶公司、壳牌化工公司开始以丁基锂为催化剂在非极性溶剂中合成生产。

1965年，壳牌化工公司采用阴离子聚合技术首次实现了 SBS 的工业化生产。由于 SBS 树脂性能优良，应用领域广泛，许多国家进行 SBS 生产技术的研发和生产工作。

1966年，壳牌化工公司推出了乙烯基环氧树脂（常称为乙烯基酯树脂）的 Epocrgl 品牌产品。由于乙烯基环氧树脂具有优良的耐蚀性、理想的机械强度、无色透明以及较为方便的施工工艺性，近三十年来，作为新一代耐腐蚀树脂而广泛应用于石油、化工、造纸、冶金、热电、医药、食品、交通、环保、建筑等行业。

1969年，壳牌在新加坡建立第一套化学品装置用来生产烃类溶剂，至今已累计投资超过24亿美元。

1971年，壳牌化工公司开发成功草净津，又名氰草津、百得斯，属三氮苯类除草剂，并形成工业化规模生产。该产品20世纪80年代在美国得到广泛应用，是继阿特拉津之后又一重要的玉米田除草剂。

1972年，壳牌干煤粉气化工艺开始进行基础研究。1978年投煤量150t/d的中试装置在德国汉堡建成并投入运行。1987年投煤量250～400t/d的工业示范装置在美国休斯敦投产。

三、油价跌宕起伏的动荡年代（1973—1990年）

（一）抗击：三次石油危机的冲击

1973年10月6日下午2点，埃及和叙利亚联合采取军事行动，向被以色列占领的西奈半岛和戈兰高地发动军事进攻，第四次中东战争爆发。

10月16日，OPEC 海湾六国的石油部长在科威特晤，决定将石油的价格从每桶3.011美元提升到5.119美元，同时减产5%。17日，全体阿拉伯产油国的代表在科威特开会，并作出如下石油禁运决定：

（1）不向禁运国家（美国、荷兰、葡萄牙、南非——这些均为公开支持以色列的国家）供应原油和成品油。为保证这些国家的禁运，还禁止向美国转口石油国家和地区（包括特立尼达和多巴哥、巴哈马、荷属安德列斯群岛、加拿大、波多黎各、巴林、关岛和新加坡）出口石油。此外，对向美国市场供应成品油的炼油厂（包括设在意大利、希腊和法国南部的）削减原油供应。

（2）对优惠国和不受禁运的国家100%供应石油。优惠国指阿拉伯、伊斯兰、非洲石油的进口国，如埃及等。法国、西班牙、英国、印度等国已与以色列断交，不受禁运影响。

（3）对中立或半禁运国家，减少石油供应量，如日本和比利时。

这就是"三种油桶策略"，对西方国家区别对待分化瓦解。1974年1月1日，OPEC再次把油价提高128%，达到每桶11.65美元。石油禁运一直持续到1974年3月8日，其过程达整整5个月之久。

这直接触发了第一次石油危机的爆发，也造成了第二次世界大战之后最严重的全球经济危机。持续三年的石油危机对发达国家的经济造成了严重的冲击。在这场危机中，美国的工业生产下降了14%，日本的工业生产下降了20%以上，所有的工业化国家的经济增长都明显放慢。

面对第一次石油危机，壳牌制订了一系列应对策略：

（1）放缓对炼油厂的投资，并设计能适应任何原油种类的炼油设施。针对欧洲炼油业的

过度饱和，壳牌及时采取相应措施，一方面压缩其在该地区的炼油能力，另一方面在亚非拉地区新建、扩建炼油装置和石化装置时，放缓投资进度。

（2）将能源需求预测的数值降低。

（3）加快在石油输出国组织以外国家的油田开发。1975年，壳牌在墨西哥湾密西西比峡谷水深313米的地方发现海洋油田。同年，壳牌在文莱发现了名为 Champion West 的海上石油区块，石油探明储量高达5亿桶，由壳牌文莱石油公司与文莱政府各持有50%股份的合资公司拥有。

1978年，壳牌完成了墨西哥湾的 Cognac 钻井和生产平台，这是世界上最高的钻井平台，高达35米（1100英尺）。1979年，壳牌在北海的新油田开始生产。1983年，壳牌先后与埃克森石油公司及菲利普斯石油公司合作，开始在南中国海进行石油勘探工作。1984年，美国壳牌石油公司的派克顿子公司在叙利亚幼发拉底河流域发现轻质油。1988年6月，壳牌石油在墨西哥湾深水区建造了一座名为"Buwinkle"的导管架平台，该平台的导管架总高度为416米，该导管架采用水下群桩固定，在导管架四个角上，共设置了28根桩，桩径2.13米，桩长164米，每根桩重375吨。1989年，壳牌在墨西哥湾1350英尺深海中建成了1615英尺高的钻井平台。1991年，壳牌运用卫星探测在该地区3100英尺的创纪录水深中，发现了潜在的大油田。

20世纪70年代至80年代，壳牌在北海和南美的油田开发，取得了较好的业绩。尽管困难重重且成本高昂，但由于来自中东的石油供应不稳定，这些开发业务对壳牌来讲至关重要。

（4）有效授权，加强下属公司的运营决策能力。在危机来临时，其他竞争者对危机的普

遍反应是限制各分公司的权限，实施集中控制。壳牌所做的恰好相反，它给了各地分公司更大的营运空间，各地分公司因而较竞争者有更机动的调度能力。

（5）加大勘探和开采技术的研发和应用，为上游业务部门提供强有力的支持。1975年，壳牌就开展了三维采集地震勘探技术的应用，并采集了16千米的地震资料。1976年，壳牌首次利用一艘59000吨载重量的旧油船改装成浮式生产储油卸油船（FPSO），用于地中海卡斯特利翁油田的开发，自此世界上第一艘FPSO问世。这种以"船"为基式，对开采的石油进行油、水、气分离，处理含油污水、发电、供热、原油产品的储存和外输，集人员居住和生产指挥系统为一体的大型海上石油生产基地可谓异军突起。它相对平台而言，具有极强的抗风浪能力，能长期系泊在海上，储油、卸油能力大，可转移地点重复使用。

尽管壳牌的这些策略让其渡过难关，但由于大环境的原因，壳牌还是有不小的损失。壳牌的管理者认识到自己进入了一个石油供给不足、成长降低和价格不稳定的动荡时代，提升企业应变能力成为应对突发危机的关键。壳牌引进了情景规划，加强了模拟演练。同时，壳牌密切注视世界各地政治、经济形式的变化对国际石油市场的影响，以及由此带来的微妙变化，充分做好应对可能出现的一切不测的准备。壳牌要求各地方公司牢固树立"危险意识"，规定各地的分公司每年要举行4次石油供应突然中断的"演习"。举行由122艘油轮组成的壳牌船队在遇到突如其来的"意外"时的大规模"演习"。多次模拟石油供应突然中断时如何采取措施确保供应，以增强地方公司对不测事件的反应能力。正是这些预演为壳牌抗击随后的

危机增加了筹码。

1978年底，伊朗的政局发生剧烈变化，伊朗亲美的温和派国王巴列维下台，引发第二次石油危机。而随后爆发的两伊战争，对全球石油市场影响巨大，石油产量从每天580万桶骤降到100万桶以下。随着产量的剧减，油价在1979年开始暴涨，从每桶13美元猛增至1980年的34美元。由于对突发事件做出迅速反应，防御措施和应对策略得当，壳牌不仅没有在危机中后退，反而在竞争中取得了十分可观的成绩。1970年时，壳牌还只是世界七大石油公司中最弱的一个，但到了1979年，它已成为最强的石油公司之一，与埃克森石油公司并列世界石油公司第一位。

第二次石油危机中排队等候加油的汽车

1986年，石油价格发生崩落，原油价格从40美元降到了15美元。由于又一次反应迅速并做出了预判，壳牌并没有效仿其他的各大石油公司在价格崩溃之前收购其他的石油公司和油田扩大生产，而是在价格崩落之后，花35亿美金购买了大量油田。

1989年，当西班牙取消国家石油公司对加油站的垄断时，壳牌迅速做出反应，当即向西班牙派驻人员打入这一市场，以最快的速度在那里建设加油站，并在短短的两年内就建立起了壳牌在西班牙的加油站网络。

1990 年 8 月，伊拉克攻占科威特，海湾战争打响，国际油价因而急升至 42 美元的高点，第三次石油危机爆发。海湾战争给世界石油市场造成了巨大冲击，但是，对于壳牌来说，由于从以往的演习中摸索出了一套对付危机的有效办法，所以尽管每天失去由科威特和伊拉克供应的几十万桶原油，壳牌依然没有受到危害性的影响。

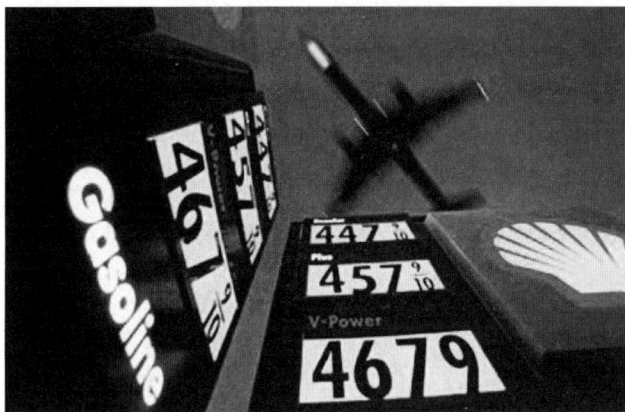

第三次石油危机导致油价大幅上涨

成功渡过危机的壳牌，开始在组织管理方面奉行简政放权原则，以进一步强化应变能力，增强组织活力。采用鼓励职工发挥主动精神的"分散化"经营理念，260 个主要经营部门被赋予近乎完全的自主权，保证业务公司具有足够的决策自主性和经营灵活性，确保在发生突变事件时业务公司可以及时做出应对，避免因延误决策而造成的损失。

（二）无奈：面对石油国有化损失

20 世纪 60 年代以前，由于不合理的殖民主义性质的石油租借地制度，导致出口国家处于不合理的石油经济旧秩序之下，遭受控制和掠夺。发展中的产油国家为反对石油租借地剥削性质的石油经济秩序，进行了持续几十年的反抗和斗争。1938 年，墨西哥打响反对旧制度的第一枪，收回了外国石油公司在墨西哥

的石油财产。1951 年，伊朗穆罕默德·摩萨台（Mohammad Mosaddegh）首相责令英伊石油公司中的英国人在一周内全部撤走，虽然两年后摩萨台政府倒台，但其政策沉重地打击了帝国主义者。

20 世纪 70 年代，产油国针对"七姐妹"对石油资源、生产、贸易、运输、炼制、销售和价格的垄断，在世界范围内掀起了石油工业国有化的高潮。

1969 年 9 月 1 日，卡扎菲执政，为了摆脱西方控制，维护国家的主权和独立，建立民族工业和经济，利比亚新政府采取了实行国有化、收回石油销售权和定价权、改变对外合作方式、直接参与生产和经营管理等政策措施，夺回了对石油工业的控制权并使其牢牢地掌握在自己手中。

1971 年，阿尔及利亚接管了外国公司在阿的油气资产和股权，实现石油工业国有化，并于 1972 年废除石油租借地制度。

1973 年 2 月，伊拉克石油公司实现国有化。同年，石油危机促成了加拿大石油公司（Petro Canada）和日本石油公团的成立。

1975 年，科威特实行石油国有化。

1979 年，伊朗实现石油国有化。

1980 年，沙特实现石油工业国有化，国有的沙特阿美公司全面控制沙特油气资源，并成为拥有勘探、提炼、运输与销售一体化的企业，原油产量占到全国的 97.5%。

到 20 世纪 70 年代末，石油输出国组织（OPEC）成员国基本上实现了石油工业国有化。传统的殖民主义性质的石油租让制被废除，国际大石油公司的霸权被摧毁，世界上 75% 以上的油气资源转到了产油国国家石油公司手中。国际大石油公司同国家石油公司的关系转变为

互利的合作关系，产油国成为石油的主人。

石油民族主义的兴起和石油国有化运动，给壳牌带来了巨大的损失，对已不可逆转的时代潮流，壳牌只能选择无奈地接受。

1969年，特立尼达和多巴哥开始实行大规模的石油国有化。1969年7月，特立尼达和多巴哥政府收购了美资特立尼达德士古公司开采部51%的股权。1973年2月，建立了本国资本控制的"沿海石油业务有限公司"，以便发展民族石油业。1975年，特立尼达和多巴哥对壳牌公司和德士古公司在特立尼达和多巴哥的销售网实行国有化。

1974年，文莱政府取得文莱壳牌公司20%的股权，打破了文莱的石油经营权由壳牌石油公司完全掌控的局面。如今，文莱政府已经与壳牌均分股份。

1975年8月29日，委内瑞拉总统正式颁布了石油国有化法，此法案于次年的1月1日正式生效。此后，委内瑞拉政府耗资11亿美元，将包括壳牌在内的19家外国石油公司收归国有。1976年，委内瑞拉政府正式成立了国家石油公司。

同年，壳牌在厄瓜多尔的许多原油资源被收归国有。

1976年，印度决定使炼油厂国有化，接管了位于孟买（Bombay）的缅甸壳牌炼油公司尔蒂克斯炼油厂（印度政府与埃索石油公司的合资企业，后并入印度斯坦石油公司）。

1978年底，壳牌在伊朗的原油供应也随着伊朗的石油工业国有化基本停止了。

（三）冷静：应对石油企业并购潮

20世纪70年代的两次石油危机带来了两次经济衰退，使资本主义世界石油需求一反迅速上升的势头，出现了萎缩。油品市场不景气，油价疲软，各类石油公司的经营状况普遍恶化。

到20世纪80年代初，欧佩克（OPEC）国家的石油工业国有化基本完成，长期垄断资本主义石油生产和石油市场的"石油七姐妹"的生存根基被动摇了，与它们联结在一起的租借地制度也随之消亡。1980年与1972年相比，"石油七姐妹"拥有的储量减少了90%，在资本主义世界中的比重则从50%降到5%，原油供应量减少了三分之一，原油产量减少70%，在当年资本主义世界中的比重由68%降到18%；尽管20世纪70年代油价提高，它们的总收入和利润大幅增加，但结构性的大失衡已经严重威胁到它们的竞争力乃至生存。

在美国，对400家石油公司1982年至1985年的经营情况调查显示，亏损企业从134家增加到205家，规模越小的，抗风险能力越弱，经营境况越差。而在1980年至1985年间，"石油七姐妹"的经营业绩也是整体不佳，原油炼制量下降了25%，油品的销售量减少了12%，利润减少了44%；相应地，它们的股价也一路下滑。1985年末，美国销售额最大的6家石油公司的股票市值只相当于它们所拥有的石油储量实际价格的20%至55%，远远低于它们的资产总额。

在这种情况下，企业兼并就是摆脱困境的最佳选择。对于强者来讲，兼并可以以极低廉的价格获取可观的优良资产，特别是石油、天然气储量，从而迅速弥补上游实力的缺失。对于被兼并的弱者来讲，投入更强、更佳公司的怀抱，可以使资产得到更好利用。公司被兼并，尤其是被几家公司争夺，使得股价大幅攀升。被兼并公司的股票转换成新公司的股票，由于后者实力较强，往往投资回报率也较高；对于投资者来说，他们追求的是更多的投资回报，这也成为股东获利的机会。而被兼并企业的员工绝大多数可得到重新安排。

在这样的背景下，1981年至1984年，美国出现了石油企业大兼并的热潮。

1981年，美国杜邦化学公司以76亿美元的价格收购了美国大陆石油公司，从而进入石油工业。在其后，美国杜邦化学公司又陆续收购了内陆钢铁煤炭公司、西拉煤炭公司、陶氏实验室公司、壳牌农用化学公司的美国作物保护分部、福特汽车公司的北美汽车油漆分部等，从而使杜邦化学公司的多元化经营领域进一步扩大到石油、煤炭等大行业。

1984年，美国德士古石油公司（Texaco）以101亿美元的高额代价兼并了格蒂石油公司（Getty Oil Co.），获得了16.1亿桶（2.2亿吨）的剩余可采储量，其中，美国国内的可开采储量10.9亿桶（1.49亿吨），这次兼并使德士古在美国的储量翻了一番。同年，加利福尼亚标准石油公司以134亿美元兼并"石油七姊妹"之一的海湾石油公司，创下美国企业兼并的新纪录，同时公司改名为雪佛龙（Chevron）。这次兼并使雪佛龙获取了储量21亿桶（2.88亿吨）石油，使它的总储量猛增。而英国石油公司（BP）通过兼并俄亥俄标准石油公司，巩固加强了它在美国的地位，成为名副其实的大型国际石油公司。

面对风起云涌的并购浪潮，壳牌的战略则非常明确，即拒绝进行大规模兼并收购活动，而是有选择地进行中小规模资本运作，加快集团资产结构、业务结构和市场结构的调整和优化，进一步扩大在重点发展区域的影响力，以图稳固其世界超大型一体化石油公司的领先地位。

1984年，壳牌为巩固其在美国的地位，通过竞拍购买了原不属于它所有的美国壳牌石油公司的股票（大约30%），此举引起了少数股东的反对，并导致了一场官司。尽管如此，壳牌还是成功地买下全部股权，价值约57亿美元。

随后，壳牌还进行了一些中小规模的并购活动，包括购买德士古在美国西部、中西部炼油营销合资公司 Equilon 的全部股份；与沙特阿美合作购买了德士古在美国东部、墨西哥湾地区的炼油营销合资公司 Motiva 的全部股份；购买了 RWE DEA 公司在德国壳牌 DEA 合资公司中的全部股份；收购了世界最大的独立润滑油公司——鹏斯·桂冠达公司（Pennzoil-Quaker State Co.）；以62亿美元收购了英国最大的独立油气生产商 Enterprise 石油公司；先后与巴斯夫和埃克森美孚组建了世界最大的聚烯烃和添加剂子公司；收购北京统一石油化工有限公司和统一石油化工（咸阳）有限公司75%的股份。

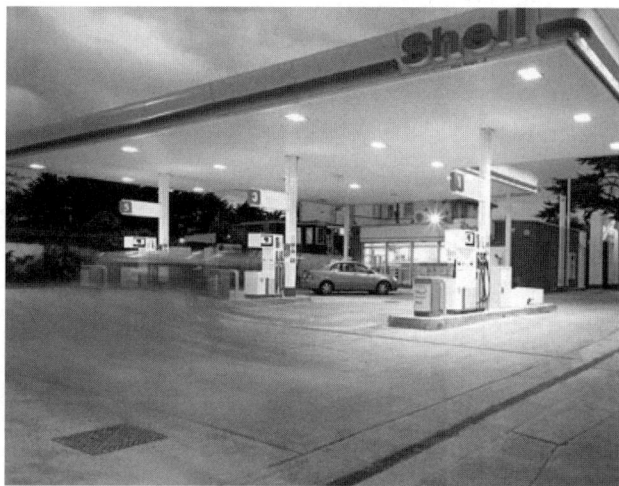

壳牌的标准服务站之一

（四）尝试：多元化发展多业并举

这一时期，由于石油行业经营的不稳定性，壳牌开始尝试向金属冶炼、核能开发、煤炭的综合利用等多样化经营方向发展。

1974 年，壳牌煤炭国际有限公司成立。1976 年，壳牌在阿姆斯特丹研究中心建立的第一座煤气化试验设施投入运行，该设施日处理 6 吨原煤，共试验了 30 多个不同煤种。该试验厂主要目的是试验 SCGP 的工艺原理，为计算机模型提供工艺数据，并对材料和气体处理工艺进行试验。1978 年，一座日处理 150 吨煤的中试装置在壳牌德国哈尔堡炼油厂建成。该装置进一步推进了煤气化技术以及所需专业设备的开发进程，该装置运行了 6100 小时，对计算机模型和主要设备的设计原理进行了验证，获得并优化了操作程序。1987 年，一座规模更大的示范厂在美国休斯敦壳牌石油公司的迪尔帕克厂（Shell Deer Park Refining）建成，该厂设计能力为日气化 250 吨高硫煤或 400 吨高水分和高灰分褐煤。

早在 1967 年，壳牌就进入了核工业领域。1978 年，壳牌在原子反应堆方面的生产业务出现了亏损，损失了几亿美元。

1979 年，壳牌进入北美汽车快保业，全资控股成立了捷飞络（Jiffy Lube）连锁公司。目前，捷飞络已成为向顾客提供专业、优质和便捷的汽车快速保养连锁服务的著名品牌。在美国和加拿大，捷飞络拥有超过 2200 家连锁店，每年为超过 3000 万辆次汽车提供保养服务。

1982 年，壳牌建成冶钛工厂，这一工厂成为当时欧洲唯一的钛生产厂。

产品多样化的实施，能够有效地将各地区、各季度的收益拉平，使壳牌在勘探、生产、提炼和销售以及相关化工产品的各种生产领域之间保持良好的平衡。

除此之外，这一时期壳牌在其他相关领域也取得了突破。在国际贸易领域，1975 年，壳牌国际贸易公司成立，与壳牌各公司和第三方进行石油和天然气贸易；1983 年，壳牌开始由马来西亚船运液化天然气至日本；1989 年，澳大利亚至日本的船运液化天然气也开始运营。

在化学工业领域，1977 年，壳牌以 4.5 亿美元收购了一家大型化工公司——基瓦尼工业公司。同年，美国壳牌从威特科（Witco）公司购买了聚丁烯（PB-1）的所有相关业务，并通过改造使产量达到每年 27 千吨。

1979 年 11 月，美国壳牌向日本住友化学工业公司购买了合成拟除虫菊酯类农药速灭杀丁的专利技术，并选在美国亚拉巴马州的莫比尔（Mobile）建设生产工厂，装置能力约为 1500 吨／年，并于 1981 年 10 月建成。这是目前美国最大的合成拟除虫菊酯的生产装置。

在炼油及天然气领域，1983 年，壳牌在阿姆斯特丹成立首家天然气制油实验工厂。尽管天然气已在实验室里被成功制成了液体燃料，但许多专家对这种产品能否商业化心存质疑。为此，壳牌研制了一套全新的工业流程，并且注册了大量的相关专利。

1990 年，壳牌在新加坡的催化裂化厂以及在日本的催化重整炉开始投产。同年，壳牌设计、改造并授权转让了 20 多套高真空减压蒸馏装置。

在科技研发领域，1980 年，壳牌开始研究页岩油开采技术，并在科罗拉多州进行研发与现场试验。该项目旨在用既安全又经济的方法从油页岩中提取燃料，据估算，这些岩石中可能存在 800 亿到 1 万亿桶石油，这个数目几乎是产油大国沙特阿拉伯已知储油量的三倍，足以满足美国未来 400 年的石油需求。

随着科技的发展，生产石油的风险逐渐减少，但是污染带来的风险不断增大，在深海和在北极钻井使采油成本不断上升。因此，壳牌加大了科技研发的投入力度。1987 年，壳牌的研究开发费用达 7.21 亿美元，1988 年达 7.63 亿美元，1989 年达 7.37 亿美元，1990 年达 8.45 亿美元，1991 年达 8.32 亿美元。壳牌从事科研开发工作的人员超过 6300 人，有 16 个科研机构分布在 7 个国家，1984 年主要研究机构有荷兰的比利顿研究公司、英国的壳牌研究公司和法国的壳牌研究公司。

壳牌天然气制油流程示意图

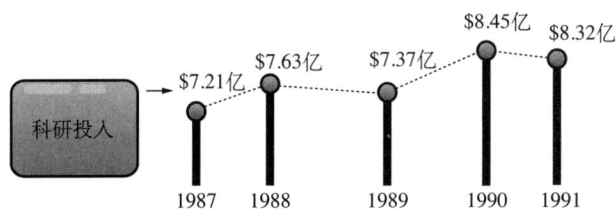

1987—1991 年壳牌的科研投入费用图

（五）建立：安全管理体系避风险

1973 年，美国路易斯安那州诺柯市老金钻社区居民海伦·华盛顿，在壳牌化学工厂的一次输油管道起火爆炸事件中丧生。这次爆炸引发了老金钻社区的恐慌，因为该社区被夹在壳牌化学工厂和另一家壳牌合资企业所经营的炼油厂之间。

1977 年 2 月，壳牌买下了海伦遇害时所在的房子和土地，价钱是 3000 美金。但是壳牌并没有解决另外那些居住在工厂几十步远的居民的安危问题。

不幸的是，在 1985 年和 1988 年，壳牌炼油厂又相继发生两次爆炸。在 1988 年 5 月的爆炸中，8 名工人丧生，20 人受伤。恐慌持续蔓延，整个诺柯市有 4500 人撤离故乡。

1988 年 7 月 6 日，震惊世界的英国北海海域帕玻尔·阿尔法（Piper Alpha）石油天然气平台爆炸事故发生，当时平台上共有 226 人，事故造成 167 人死亡，其中因烟火窒息死亡的有 109 人，14 人从平台逃离时死亡，烧死的人却在少数。在这次事故中，价值 10 亿美元的平台被毁，保险索赔达 28 亿美元，这是世界海洋石油工业最悲惨的事故。

1990 年 2 月，壳牌因污染了英格兰马瑟（Mersey）河口，被处予 100 万英镑的罚款。这一系列的安全和环境污染事故，尤其是英国北海帕玻尔·阿尔法平台爆炸事故，让壳牌深刻认识到安全、环境、健康的重要性。

为此，壳牌公司向被广泛承认的、世界上最好的工业安全企业杜邦公司做咨询，首次在石油勘探开发中提出强化安全管理（SMS）的构想，以图更好地提高安全成效。

1986 年，在强化安全管理的基础上，这种构想形成文件，以手册的形式确定下来，HSE（健康、安全、环保）管理体系初现端倪。

1988 年，壳牌借鉴国际上先进的 HSE 管理经验和危害管理技术，形成了一整套具有自身特点的事故预防措施，把未遂事件发生的机理和致因等同于有损事故来看待，充实了 HSE 管理体系内容，进而通过剖析未遂事件发生的深层次原因，有针对性地采取预防措施，将风险消减到可以接受的水平。

在这一阶段，通过自身的不断努力，到 1983 年，壳牌石油和天然气产量占资本主义国家总产量的 8%，在世界各地有 60 余座炼油化工厂，炼油能力达 200Mt，生产石油化工产品，包括烯烃、芳香烃、溶剂、洗涤剂、杀虫剂、塑料、树脂、合成橡胶等共3000余种。到1990年，壳牌实现销售收入1070亿美元，超过了其头号竞争对手埃克森美孚石油公司，成为世界上最大的炼油商，并且连续两年成为获利最丰的公司，收入达64亿美元，成为世界第八大化工企业。

四、高油价时代的全球性开发
（1991—2003年）

（一）变革：治理结构适应国际新形势

20世纪90年代，随着高油价时代的到来，世界石油工业进入了一个新阶段。在全球经济一体化的浪潮推动下，石油工业呈现出国际化趋势。一些国家石油公司通过改革、改制而逐渐崛起，形成新的竞争力量。国际油价在高位上不断波动，导致石油市场竞争异常激烈，由此引起的石油公司之间的并购、重组不断发生。

在此背景下，壳牌为提高集团管理效率，适应市场新变化，推进企业组织管理的扁平化，于1995年3月底决定对公司的组织结构进行重大调整。

壳牌在改革前采用的组织模式是矩阵式结构，即按地理位置来安排公司的组织结构。壳牌在世界主要的四个洲建立了一级地区总公司，在相关业务国家或地区建立了分公司，而这些分公司通过多层次的管理系统向位于伦敦和海牙的总部报告。这种结构在公司发展的初期具有相对的合理性，但随着公司业务的不断扩张，决策复杂程度逐渐加大，这种矩阵式组织结构也引出许多问题，比如大多数的分公司都要从事勘探开采、炼油、销售等业务，业务的指导由总部的业务部门负责；分公司的法律、财务、

信息及其他各项服务则由总部的后勤服务部门负责，并向分公司提供支持。因此，分公司往往要接受多部门和多层次的领导和管理，区域总公司、总部的业务部门及后勤服务部门都可以对分公司发号施令。

壳牌本次组织结构调整主要围绕两大目标进行，即减员增效和组织管理扁平化。

在减员增效方面，壳牌首先从总部开始，决定取消地区总公司和精简后勤服务部门，一些权力很大的地区总公司高管在这次机构改组过程中被迫离职。壳牌公司还决定将伦敦和海牙总部工作的职员人数由原来的3900名减少到2700名，裁减的幅度高达30%。仅此一项，壳牌公司每年就可节省1亿英镑的开支。

在组织管理扁平化方面，壳牌打破了公司在组织结构上传统的矩阵结构，减少管理层次，按公司主要业务范围建立相应的商业组织，由过去按地区和部门的多头管理转变为按业务范围进行直接管理。

改组后，壳牌建立了五大业务板块，分别是勘探开采板块、石油产品（炼油和销售）板块、化工板块、天然气板块以及煤炭板块。这五大商业板块成为壳牌公司的核心业务部门，壳牌公司在世界各地的分公司都必须按其业务范围直接向相关的商业组织报告。这次改革，壳牌并没有对在各地的分公司进行改组，而是调整了它们与公司总部有关部门的关系。五大业务板块主要职能是负责制定与各自业务有关的重大经营战略和投资决策。各地的分公司则负责具体实施这些战略和决策。这样，各地的分公

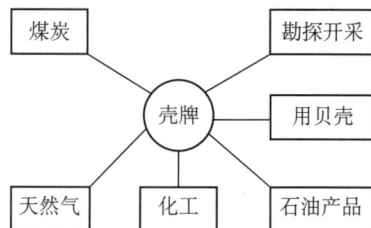
壳牌改组后五大业务板块

司仍可保持其地方特色，使各自的经营更符合本地的特点。

通过这次变革，壳牌下属分公司的主管既有了更大的自主权，但又必须对本公司的经营状况直接负责。机构调整改变了以往多头管理的状况，从而使分公司主管能集中精力做好第一线的工作，并且更好地为客户服务。同时，壳牌借助这种组织结构模式，确保了集团公司的经营战略得以实施，对下属公司也可实行有效的管理和制约，最大限度地发挥一线公司的主观能动性。

壳牌的改革成果在第二年即有所显现。1996年，壳牌取得了辉煌的业绩，一方面是由于原油价格大幅上涨，集团公司抓住机遇，多产多销原油和油品；另一方面，集团公司改组机构，加强管理，降低生产成本等措施也起了关键作用。

1996年，壳牌实现销售收入为1281.74亿美元，比1995年增长了16.7%，在世界五百强中排名第6；实现净利润88.87亿美元，比1995年增长28.7%，在世界五百强中排名第一。至1996年底，公司资产总值1243.73亿美元，比上年增

长了5.39%；股东权益631.27亿美元，比上年增长7.02%；负债总额612.46亿美元，资产负债率49.24%，比上年下降了0.78个百分点。

至今，壳牌的组织管理模式已被很多石油公司采用。

（二）广泛：布局勘探与开采抵抗风险

经历了几次石油危机，壳牌深刻认识到政治对石油工业的影响，认识到全球石油供求关系及石油价格的不稳定性这些负面因素给企业带来的巨大损失。因此，壳牌采取了把其业务进一步向世界各地扩展、实现资源和市场的全球化开发和优化配置的策略。地理上的分散化使得某一地区的政治经济风波不会对集团的其他部分造成重大影响。

在勘探与开采方面，壳牌加大了在全球各地勘探开发油气资源的力度，增加投资，保持并进一步提高其油气探明储量和产量，扩大其分布地区的广泛性，增强抵抗风险的能力。

1991年5月，壳牌应用计算机技术，运用人工地震的方法，将记录下的反向回波，经计算机处理得到地下岩层、岩性的波形数据。正是通过分析这些数据，壳牌在美国路易斯安那州新奥尔良以南39千米的河流之下，探明了一个储量超过10亿桶的大油田。

1992年6月，壳牌在菲律宾巴拉望西北海域发现了马拉帕雅（Malampaya）油气田。1993年5月，壳牌通过Malampaya-3井成功地对该油田进行了评价。1994年2月，壳牌使用半潜式钻井平台Sedco-709开始了两口评价井的钻探。

1994年，壳牌在开采基础理论方面取得突破。美国壳牌石油公司SGGibbs等建立了抽油杆柱纵向振动的微分方程，先后对直井和定向井建立了数学模型，为有杆抽油机系统的预测

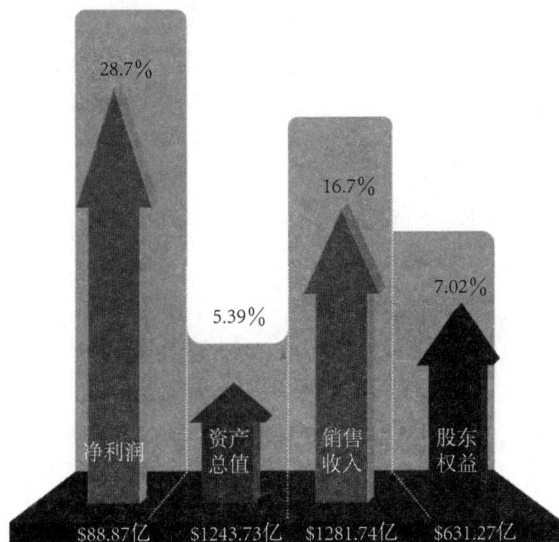

1996年壳牌公司的经营业绩

和诊断研究奠定了基础。

1996年，壳牌用于勘探开采的资本支出达39.08亿英镑，比1995年增长了15.31%，生产成本降低了0.82亿英镑。其中在美国的投资达到21.07亿英镑，比1995年增长了14.02%，主要用于在墨西哥湾的勘探开采和建设。这一年，壳牌在丹麦有两个海上油田开始投产；在英国，有 Guillemit 油田、Ted 油田和 Schooner 油田开始投产；在俄罗斯建立的合资企业对西伯利亚西部的 Saly 油田进行开发；在加拿大北艾伯塔省的阿萨巴斯卡油砂矿获得了追加租约。

1997年，壳牌开始筹划在 Pam/Powell（980米）和 Mensa 气田（1650米）等深水油田的生产。

1999年2月，壳牌获得了开采埃及最大的地中海海上深水区块的特许。1999年4月，壳牌将其在墨西哥湾大陆架几乎一半的生产油田（近1/4的原油产能）出售给阿帕奇 (Apa-che) 公司，使其勘探开发业务集中在大规模、低成本和具有长远意义的油气田上，实现了资产的升级。1999年11月，壳牌撤出了乍得石油的开发计划。

2001年，壳牌开始将深水项目作为勘探和生产的重点之一。此时，壳牌已成为尼日利亚深水区内最大的石油生产商，同时，壳牌计划向安哥拉的超深水域石油项目投资数十亿美元。

2002年，壳牌以超过10亿美元的价格收购壳牌深海（婆罗）公司（收购前称佛莱彻挑战公司，Fletcher Challenge）。这一并购将壳牌在新西兰、澳大利亚和文莱的油气运营整合起来。它与 Unocal(控股26.95%) 和文莱政府（控股46.10%）建立的合资公司共同开发 A 区块（Bendehara Selatan 油田）和 C、D 区块 (Laksamana Utara 油田和 East Egret 油田），壳

牌拥有26.95%股份。

2003年，壳牌在尼日利亚的原油日产量达到99.9万桶，已经占到当时尼日利亚220万桶日产量的45.41%。

经过不懈的努力，壳牌已成为全球上游活动最广泛的跨国石油公司之一。壳牌在全球45个国家进行勘探开发，在其中28个国家有油气生产活动，其中美国、英国、阿曼和尼日利亚是壳牌最大的油气生产基地。

（三）大力：开发全球炼油与销售市场

壳牌在优化布局上游市场资源的同时，将大力开发全球炼油与销售市场作为其经营战略的又一重点。

在炼油业务方面，壳牌将炼油业的投资主要集中在提高资本利用率和减少环境污染上，致力于提高炼厂效益，并对其进行结构合理化调整。

1990年，壳牌在新加坡的催化裂化厂开始生产，在日本的催化重整炉投入使用。

1991年，壳牌在澳大利亚的催化重整炉开始生产。

1995年，壳牌开始投资改造位于加利福尼亚州马丁内斯炼厂的设备，增设了新的装置。该工程于第二年竣工，并开始生产符合新环保要求的重整汽油。

1996年11月，针对欧洲地区炼油业过度饱和的状况，壳牌出售了其在瑞士的 Cressier 炼厂。同年，壳牌对荷兰波尼斯炼厂进行了现代化改建，对英国 Helaveln 炼厂也进行了工艺的合理化改进。在亚洲，年加工能力为725万吨、壳牌占64%股份的泰国罗勇炼厂也顺利开工。

1997年2月，壳牌削减法国东南部贝尔帛炼厂的加工能力。

在零售业务方面,壳牌将投资重点集中在加油站建设和零售网络的资源整合方面。

1992年,壳牌进入乌克兰成品油零售市场,开始加油站网络建设。同年,壳牌为优化零售市场业务布局,将其在美国亚特兰大地区的69座加油站出售给雪佛龙公司。

1994年,壳牌收购了海湾石油公司在英国伦敦地区的加油站。

1996年,壳牌对零售终端进行了大规模的新建和改造。首先,壳牌对分布在100多个国家的16000座自营加油站进行形象改造,统一更换新的零售标志,增加便利店的数量和高质量的服务设备。与此同时,壳牌在智利新建了128座加油站;在匈牙利壳牌第100座加油站开业;在阿曼 Sultana 第一个零售卡加油站开业;在德国,作为交换,壳牌将其在西部地区的38个加油站转让给道达尔公司,同时获得了东部地区的44个加油站。

1997年3月,壳牌与德士古公司签署备忘录,合并两家公司在美国中西部和西部的炼油与销售业务以及在全美的运输、贸易和润滑油业务;1997年7月,两家公司又宣布签署备忘录,合并其在美国东部及墨西哥湾地区的炼油和销售业务。同年,壳牌保加利亚联营公司收购了阿莫科保加利亚石油控股公司的加油站业务。

在润滑剂业务方面,1994年,壳牌收购了位于法国中部尼奥特 (Niort) 城的润滑剂工厂克里斯托尔 (Christol) 公司。

1996年,壳牌在德国的一家润滑剂厂开始正式生产,同时,壳牌对法国的 Nanterre 润滑剂厂进行了一个再开发项目。

1997年初,壳牌在欧洲西南部润滑剂业务建设项目完成;壳牌在委内瑞拉卡拉沃沃省的巴伦西亚投资新建一家润滑油调合剂厂;在印度马哈拉施特拉邦 Taloja,壳牌印度有限公司投资的润滑剂厂开工,该厂年产量将达到11万吨。

2002年,壳牌收购了鹏斯·桂冠达公司,成为美国排名第一的润滑油供应商。

在沥青业务方面,1996年,壳牌在柬埔寨的磅逊新建的大型沥青仓库投入使用。1997年,壳牌在菲律宾黎刹的 Pilil1a 沥青生产厂投产。

鉴于原油和油品贸易的全球化趋势,壳牌还非常注重进一步提高运输能力和油轮工作能力。1996年,壳牌韩国公司5艘双壳油轮中的最后一艘"Megara"交付使用,其最大装载量为29.8万吨;同时,壳牌在新加坡建立一个国外运输配备人员公司。至今,壳牌已经拥有了庞大的油气运输船队,在全球拥有36艘用于原油和油品运输的油轮和20艘用于液化天然气和液化石油气运输的油轮。

壳牌在把握现有市场的同时,积极占领新的市场,打入东欧、拉美和亚太等地区,不断完善其全球上下游一体化的营销策略。目前,壳牌在全球100多个国家建立了巨大的销售网络,在全球33个国家建有54座炼厂和一批石化生产基地及相关经营公司,建立了规模强大的全球生产、销售市场体系。

(四)保持:化工领先兼顾多元化投资

壳牌的化学品制造业务主要分布在美国、法国、巴西、阿根廷和新加坡等地,壳牌在化工领域采取的策略主要是保持现有领先业务的优势,加大投资力度,优化资源结构。

1993年5月,壳牌的第一个天然气制油GTL 商业化生产装置在马来西亚的民都鲁(Bintulu)投产,生产能力为1.25万桶/天。所谓 GTL 是指将天然气转化为石脑油、柴油、润滑油基础油和化工原料等液体产品的工艺技术，包括气化、费托（F-T）合成及产品改质等工艺过程，其中费托合成技术是最为关键的控制技术。作为技术上的先行者，壳牌开发的中间馏分油工艺（Shell Middle Distillate Synthesis），以及采用茂金属钴基催化剂和湍流固定床反应器的工艺技术，被认为是目前世界最成功的典范。

1995年5月，壳牌推出工业化 PTT 新产品"Corterra"。

1996年，壳牌的化工部门的销售额为89.78亿英镑，比1995年减少2.82%，利润为7.62亿英镑，比1995年下降30.22%。由于受贸易条件等诸多因素的影响，全球化工工业出现不景气状况，壳牌开始通过出售、合作、扩建整合其化工资源。在出售资产方面，壳牌以超过2亿英镑的价格，将部分精细化工业务转让给英国 Inspect Group 公司。在合作经营方面，壳牌与埃克森化学公司合并全球的油品添加剂业务，组建的新公司规模仅次于 Lubrizol 公司，成为该行业的世界第二大公司；与巴斯夫公司合作，在欧洲建立聚乙烯联营企业；与汽巴公司在环氧树脂业务方面进行合作。在投资扩建方面，壳牌投资的几家热塑性材料生产厂分别投产，包括英国卡林顿的第一家壳牌新型高效能工程热塑性材料 CAIULON 生产厂、美国 Textile 和 Carpet 的壳牌新型聚合物 CORTERRA 工业化生产厂和巴西 Paulinia 的热塑性弹性体 KRATON 生产厂。

1997年初，壳牌化学英国公司开始对 Cjesjore 的 Stanlow 溶剂厂进行技术改造，以减少污染，有效管理。1997年2月，壳牌化学加拿大有限公司在艾伯塔省投建一座年产40万吨的乙二醇厂，该厂于2000年投产。1997年3月，壳牌化工荷兰公司开始在佩尔尼斯投资

5000万马克，兴建了一座采用先进技术生产多元醇的工厂，年产4.5万吨，该厂于1998年投产。1997年4月，壳牌化工公司在美国路易斯安那州的 Geismar 投资兴建生产脂环聚酮工程聚合物的工厂，该厂面积为8138平方米，生产能力为2.5万吨，还可根据市场需要使产量增至5万吨／年，该厂于1999年上半年投产。1997年5月，壳牌与巴斯夫公司协议在荷兰建设的巴塞尔（Basell）合资企业动工，投资额为9亿马克，该厂于1999年第二季度投产，苯乙烯单体年生产能力为55万吨，环氧丙烷年生产能力为25万吨，这是壳牌在欧洲的最大一次石化方面的投资。1997年9月，壳牌收购了蒙特爱迪生（Montedison S.P.A）公司所拥有的蒙特尔公司股权，蒙特尔成为壳牌集团的全资子公司。同年，壳牌在加拿大建设的聚对苯二甲酸乙二醇酯（PET）厂投产，还在墨西哥阿尔塔米拉新建了一个 PET 厂。壳牌还根据亚洲市场的需求，在新加坡的联营企业中投资新增烯烃、聚烯烃、苯乙烯单体、环氧丙烷及多元醇等产品。

1998年1月，壳牌与巴斯夫合资设立了生产聚乙烯的 Elenac 公司，该公司在德国、法国、英国的聚乙烯能力共达到 1.40Mt/a，成为欧洲第三大聚乙烯生产商。

2001年，壳牌成功开发出负载于离子交换树脂上的多羧酸衍生物催化剂，给环氧乙烷的生产工艺带来突破。

这一阶段，壳牌还对其化工公司进行了业务重组，1998年，壳牌把化工公司的核心业务定位在裂解产品、石油化工基础原料和大宗聚合物，将之前的21种化学品业务中的8种业务进行了出售。通过这次业务重组，壳牌精简了化工项目业务内容，业务精简降低了约为3.5亿

美元的成本。壳牌所进行的结构调整提高了公司的经营效率，从而换来了运营资本更高的回报率。

壳牌在保持化工领域领先的同时，还兼顾业务的多元化发展。1996年起，壳牌开始在发电领域进行拓展，并在分布于英国、墨西哥、菲律宾、哥伦比亚、中国和巴西等国正在运转和建设中总计发电能力为332万千瓦的电厂中拥有股份。1997年7月，壳牌国际气体有限公司与美国柏克德（BECHTEL）工程公司合作联营国际电力公司，双方各占50%股份。壳牌还在南非和澳大利亚等国拥有煤炭业务，在巴西和哥伦比亚等国拥有各种金属矿业业务。

（五）重点：开发天然气及可再生能源

作为世界上最大的天然气生产商，壳牌是天然气行业最活跃的企业，在17个国家进行天然气生产。

1993年，壳牌在马来西亚民都鲁开始运营全球第一家从事商业化生产的天然气制油厂，使用壳牌 GTL 专有技术，将天然气转化为清洁的液体产品。

1994年6月22日，壳牌联合日本三井物产株式会社、日本三菱商事株式会社与俄罗斯政府和萨哈林州政府签订协议，组建萨哈林能源投资公司，壳牌持有该公司55%的股份、日本三井物产株式会社持有25%的股份、日本三菱商事株式会社持有20%的股份，并签订了"萨哈林－2号"产品分成协议。"萨哈林－2号"项目是世界最大液化天然气项目，也是俄罗斯最大的外商投资天然气项目之一，项目框架内的油气可采储量为1.5亿吨石油和5000亿立方米天然气，该项目框架内还将建成一座年产960万吨的液化气加工厂。根据当时签署的产品分

成协议，只有在投资方收回全部成本后，俄政府才能与其分享利润。

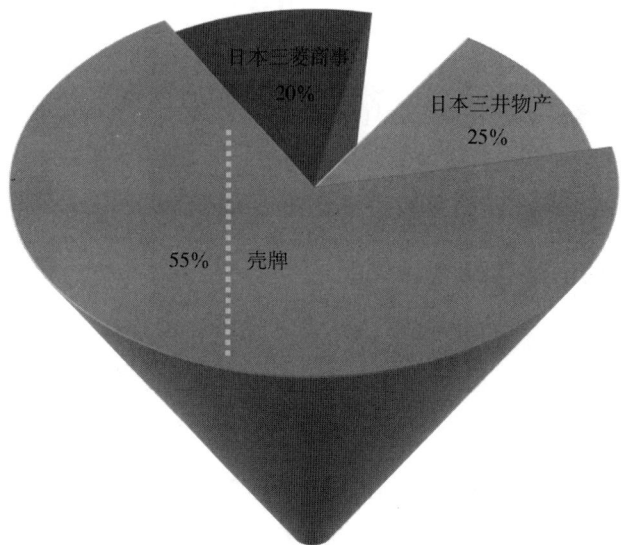

壳牌"萨哈林－2号"协议持股比例示意图

1995年，壳牌海外投资公司通过投标方式以370万美元买进51%的科伦坡天然气公司股权，重组了壳牌天然气斯里兰卡公司。

1996年，壳牌在尼日利亚邦尼（Bonny）岛开始兴建液化天然气厂，该厂年产量为580万吨，至1999年，开始用7艘油轮向欧洲用户运送液化天然气；在阿曼，壳牌投资的液化天然气厂开始动工兴建，该厂于2000年投产，年产量为660万吨；在玻利维亚，壳牌取得了该国国家气体运输系统的股份，包括从玻利维亚到巴西的部分输气管线；在菲律宾，壳牌尝试将未交付使用的 Battan 核电厂改建为气体火力发电厂；在马来西亚的民都鲁，壳牌成功地建设了大规模的中间馏分油生产厂，用于将天然气转化为汽油、煤油、石脑油及各种石蜡，提供了一条将远距离天然气资源工业化处理的替代途径，使壳牌在气体转化为液体的工艺中处于世界领先的地位。在澳大利亚，壳牌启动了西北岸液化天然气项目，开始为日本运送天然气。同时，壳牌进一步扩建了澳大利亚 Karratha 液

化天然气厂，到 2003 年，该厂的加工能力扩大近两倍。

1997 年初，壳牌以 7100 万美元获得了巴西圣保罗 Comgas 公司 20% 的股份，巴西 30% 的天然气是由该公司提供的，这一举措使壳牌在巴西的石油工业中占据了重要的地位；1997 年 1 月，在马来西亚，壳牌沙捞越公司与 Petronas Carigaio Sdn Bdh 签署联营协议，共同开发和开采 Luconia 的 5 个中心气田，并为沙捞越民都鲁的马来西亚液化天然气厂提供原料，第三家液化天然气厂的兴建也规划完成，使这里成为世界上最大的液化天然气出口综合基地。在印度，壳牌国际气体有限公司与印度 Essar 公司签署联合开发协议，投资 20 亿美元，建设印度 515MW 联合电力项目，并在古吉拉特邦的 Haxira 兴建储存能力为 250 万吨的液化天然气终端设施。1997 年 5 月，壳牌澳大利亚开发有限责任公司与伍德塞德（Woodside）能源公司签订意向书，开始研究在达尔文附近联合经营大型液化天然气出口和国内气体供应公司的可行性。

1998 年，壳牌与西方石油公司进行了资产互换，壳牌让出了其在也门和哥伦比亚的油气生产份额，而获得了西方石油公司在马来西亚和菲律宾未开发的天然气项目。同年，壳牌退出了投资 30 亿美元开发位于秘鲁南部的大型卡米西气田的项目，公司希望更多地控制天然气的销售。

2000 年，壳牌参与加拿大塞布尔岛天然气资源的开发。2000 年 1 月，塞布尔岛海洋能源集团成立，该集团由美孚（加拿大）公司领导，壳牌（加拿大）公司、Imperial 石油公司、诺瓦斯高沙资源公司和 Mosbacher 公司参股。集团从塞布尔岛 Thebaud 平台所在的三个气源地产出的天然气约为 5.5 亿立方英尺／日。2002 年 1 月，壳牌调整了对塞布尔岛气区储量预测，将数据由最初预计的约为 1.1 万亿立方英尺，减少至 0.8 万亿立方英尺。

2003 年，壳牌将目光盯向了天然气大国卡塔尔，该国拥有世界天然气储量的 15%。2003 年 10 月，壳牌和卡塔尔石油公司（Qatar Petroleum，QP）共同在卡塔尔建造一座当时世界最大的 GTL 生产厂。同时，壳牌开始对卡塔尔北部气田的海上和陆上进行勘探开采投资，投资总额逾 50 亿美元。2003 年 11 月，壳牌与 South Rub Al-Khalid 公司（SRAK）签署了一份非联合性天然气勘探和生产协议，其中的特许权位于沙特阿拉伯的 South Rub Al-Khali 地区，涵盖 21 万平方千米。参与者将根据业界认可的税收—特许权使用费模式，勘探并开发天然气资源。

时至今日，壳牌在天然气领域取得巨大成绩的同时，还在可再生能源领域展开探索。其实，壳牌已拥有 30 多年的造林业经验，早在 70 年代初，就开始进行太阳能发电的研究。

2001 年，壳牌与西门子公司达成协议，共同组建一家太阳能光电池合资企业，当时预估这家公司将成为世界上第四大太阳能企业。

2002 年，壳牌开始与加拿大 Iogen 公司合作研究从植物废弃物中提取乙醇。6 年后，由于战略的调整，壳牌将其在生物燃料公司（Iogen）中的持股比例由 26.3% 提高到 50%，此外还与 6 所大学建立了新的伙伴关系，共同开发生物燃料。同年，壳牌太阳能公司在荷兰政府 1400 万欧元赠款的资助下，启动了丝绸之路计划，要为中国边远地区的牧民送去电力。为此，壳牌提供了系统设备和专家，开发出适应新疆恶劣气候的新型光电电池板。牧民们只需 5 分钟就可在马背上安装上这种光电板，走到哪里都有电可用。"如果骏马追不上太阳，我们就把太阳放在马背上"，这是壳牌充满诗意的广告词。

2003年4月，壳牌在冰岛首都雷克雅未克开设了世界第一个路边充氢站。

壳牌在可再生能源领域的投资，初期主要集中在发展太阳能发电、生物质能和造林业，目前又增加了面向市场的风力发电项目。

（六）履行：健康安全环保的社会责任

长期以来，壳牌以经济目标为导向的发展战略，给壳牌的成长带来了推动力，使其名列跨国石油公司前列。但由于石油及其产品本身的危险特性，给壳牌日常的生产经营带来很多风险。

1994年6月，壳牌计划将高140米的废弃海洋油井平台沉入大西洋海底，这一行为遭到了绿色和平组织的激烈反对。绿色和平组织公布了两个具有很大影响力的图片：第一张图片是绿色和平组织一艘小小的橡皮艇停在庞大的海上采油平台前，这是"大卫与巨人戈里亚特"的较量；第二张图片则是壳牌对试图占领布伦特采油平台的5个绿色和平组织成员使用高压水龙头，动用武力的图片。这使整个事件再度升级，最终绿色和平组织的意见赢得了公众舆论和5个欧洲国家政府的支持，壳牌被迫放弃了就地销毁石油井架的念头。由于环保问题，壳牌受到消费者抵制，仅在德国就造成壳牌油品销量下降了百分之三十，这促使壳牌认识到环境问题的重要性。

1995年，尼日利亚奥戈尼部族发动暴力反抗，要求壳牌放弃部分油田。这次事件最终以9名奥戈尼部族首领被判处绞刑告终，其中包括尼日利亚作家肯·萨罗－维阿。自那以后，壳牌

在尼日利亚的经营受到严重影响，石油设施和输油管道被破坏，经常有外国石油公司工作人员在尼日利亚被绑架。

1999年，壳牌为停产的炼油厂支付了5000万英镑的清理费用。

2003年12月，壳牌在尼日利亚南部河流州的一条输油管道发生破裂，大量泄漏的原油造成了严重的环境污染。

一件又一件的负面事件，给壳牌的企业形象带来了较大的影响。尽管壳牌的经营业绩仍令投资者满意，但在某些北欧国家，壳牌下游产品的销售还是受到较大影响。面对问题与非议，壳牌决定将安全生产作为企业发展最重要的基础，并通过建立完善的安全管理体系，使之得到有效的贯彻执行。

壳牌在全球的石油勘探领域一直处于领先地位，但勘探领域安全生产事故也很多，为避免事故的发生，壳牌早在1985年就首次在石油勘探开发领域提出了强化安全管理（Enhance Safety Management）的构想和方法。

1986年，壳牌在强化安全管理的基础上，形成安全管理手册，HSE管理体系初现端倪。

1990年，壳牌制定了自己的安全管理体系（SMS）。

1991年，壳牌颁布了健康、安全与环境方针指南，HSE体系管理的概念被导入。同年，在荷兰海牙召开了第一届油气勘探、开发的健康、安全、环保国际会议，HSE这一概念逐步为业界所接受。

1992年，壳牌正式出版安全管理体系标准EP92－01100。

1994年7月，壳牌为勘探开发论坛（E&P FORUM）制定的《开发使用健康、安全与环境管理体系导则》正式出版。1994年9月，壳

牌制定的《健康安全环境管理体系》正式颁发。从此，HSE 作为一个整体的管理体系出现在石油工业中。

1998 年，壳牌全面开展信息化建设，借以进一步促进安全生产管理。其中，下游企业内开展了以改进安全生产为宗旨的 GAME（全球资产管理系统）计划。GAME 计划包括提高生产设备可靠性的 RCM 项目、提升仪表可靠性的 IPF 项目、保证设备及维护统一标准与流程的 EIME 项目、保障安全生产的 ESP 项目。

通过不断的学习、总结、完善，壳牌目前的 HSE 管理水平堪称世界一流。该体系认为，影响安全的因素主要有二个，即人的不安全行为、机械物质和环境的不安全状态。基于这些原因，壳牌为其所属子公司和雇用的承包商制定了 EP—55000 勘探与生产安全手册，要求下属作业公司和承包商在施工设计与作业的过程中将 HSE 管理标准写成文件，要把总部的 EP—55000 手册建议作为一个指导原则。EP—55000 手册的范围主要包括管理部门的体制、培训、审查、承包人安全、工作安全及鼓励职工参与 HSE 管理，这个手册体现了公司的 HSE 管理的政策。

壳牌的 HSE 政策简明易懂，适用于每个人。在壳牌的 HSE 政策规划中，有八大政策是其必不可少的组成部分：

（1）预防伤害，即以人为本，杜绝人的不安全行为，预防发生各种人身伤害。

（2）责任分明，即落实主体责任到人，HSE 是业务经理的责任。

（3）强化目标，即改变过去不重视 HSE 目标的现象，将 HSE 目标同其他经营目标一样，放在同等重要的位置。

（4）环境安全，即要为员工提供一个安全

和健康的工作、生活环境。

（5）训练有素，即保证为员工提供有效的安全、健康训练课程，避免员工不安全行为的发生，提升员工应对突发安全事件的处理能力。

（6）培养热情，即培养员工对 HSE 管理体系的兴趣和热情，让安全文化深入人心。

（7）人人有责，即每个员工对 HSE 都要承担个人责任。

（8）重视环境，即企业对环境给予应有的重视。

一流的 HSE 管理体系为壳牌的安全生产提供了保证，也为壳牌参与各类社会公益活动，树立企业形象提供了保障。壳牌以树立负责任的企业公民形象为目标，在其有业务活动的各个国家广泛发起并参与各种类型的社会公益活动。

1998 年，壳牌的社会投资总额达 9200 万美元，主题也涉及多个方面，其中环保在总支出中占 9%。

2000 年 6 月，壳牌基金会（Shell Foundation）成立。与其他企业基金不一样的是，壳牌基金与壳牌本身的核心理念是一致的。

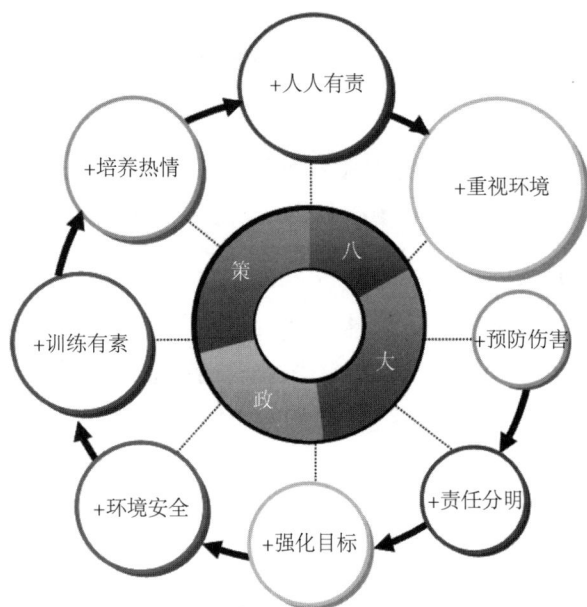

壳牌的 HSE 八大政策

壳牌基金致力于解决能源与贫穷、能源与环境以及全球化政策对弱势群体的影响，主要帮助落后国家甚至包括发展中国家，解决能源短缺

和小企业融资困难的问题。壳牌基金会成立后，就曾经为乌干达和南非两国的小型能源企业提供过贷款。

第四节 未雨绸缪——可持续发展阶段

一、走出阴霾重拾自信（2004—2008年）

（一）高管：丑闻爆发无奈被迫辞职

2004年1月9日，壳牌宣布调低公司已探明的石油和天然气储量，将39亿桶"探明"储量调降为"可能"储量。其探明储量顿时减少近20%，金融市场和石油行业为之震惊。当天，壳牌的股价急跌7%，其市场价值骤减了30亿美元，对整个石油产业类的股票产生影响。

随后，在四个不同的场合，壳牌四次调升了储量被高估的幅度，最终确认三年来共夸大了48.5亿桶的石油天然气储备。壳牌的虚报储量丑闻爆发。

在危机爆发初期，时任壳牌董事长的菲利普·沃茨并没有亲自出来说明情况，这激起投资者的愤怒，也引起壳牌内部一些高级经理的不满。石油公司调降探明储量的事并不罕见，罕见的是数量如此之大，更罕见的是如此重大的事情，菲利普·沃茨并没有亲自出面解释，而是让其他经理出面充当挡箭牌。

随着危机事态的扩大，给人感觉一向态度冷淡、生硬、傲慢的菲利普·沃茨，不得不低下了头。他通过电子邮件就自己没有亲自出面解释向员工道歉，但仍辩解储量的调整只是技术性的，而且即使是他出面也无济于事。2004年2月5日，在伦敦面对一群金融分析师和记者时，菲利普·沃茨再次道歉，一向态度粗暴的菲

利普·沃茨说："我感到后悔，我表示歉意，我做错了。"

菲利普·沃茨(Philip B. Watts)

然而，这一切已经无法挽回，菲利普·沃茨负有不可推卸的责任。因为被调降的储量大部分为1997年至2002年期间的探明储量，在2001年菲利普·沃茨出任壳牌董事长前，负责壳牌勘探与开采的CEO也是他。据调查，早在2002年，沃茨就已从一份内部备忘录中获悉此事。

对于壳牌的行为，外界也形成了两大不同的看法。一种看法认为，储量的估计是种艺术，而不是科学，很难做到精确，所以这样的调整也很正常。一些专家认为，"可能储量"在未来也有可能得到开采，只是速度没有探明储量那么快而已。较有影响力的观点来自总部设在

英国爱丁堡的世界知名咨询公司伍德·麦肯兹（Wood Mackenzie），该公司认为，事情并没有人们想象的那么严重，如果连同可能储量在内，壳牌的油气储量与对手公司相差并不大，壳牌在全球的储量仍有156亿桶，能源价格的上升有助于提高其业绩，因此储量的重新划分对其实际业绩的影响不会很大。

更为普遍的看法是，探明储量是衡量石油公司价值的最重要的标准，探明储量的减少直接削弱了壳牌的竞争力。据分析师估算，经调整后，壳牌的探明油气储量使用期将缩短3年，仅10年左右，而 BP 和埃克森美孚公司的探明储量使用年限均在13.5年以上。

能源业咨询公司估计，1997年至2000年期间，壳牌的油气储量接替率为57%，埃克森美孚和 BP 则分别为116%和152%。据壳牌公布的数据，2003年其储量接替率是63%，不包括重新调整的储量。储量下调后，壳牌的油气开采成本高达7.90美元／桶，而埃克森美孚与 BP 分别为3.93美元／桶和3.73美元／桶。这实际上也表明，壳牌未来的扩张将会非常艰难。

2004年3月3日，时任壳牌董事长兼 CEO 的菲利普·沃茨等三位公司高管被迫辞职，而在英国和欧洲其他地区，约20%的壳牌员工选择了离职。同时，部分因壳牌储蓄计划而持有公司股票的壳牌现有员工和前员工，提起了对壳牌的诉讼，要求赔偿股票下跌给他们造成的损失。该案于2005年7月达成和解，壳牌向提起诉讼的原告股东支付9000万美元，外加最高可达100万美元的附加开支。

2004年4月，标准普尔将壳牌公司的信用评级从 AAA 级调低到 AA+，壳牌之前拥有标准普尔和穆迪两家国际评级机构 AAA 的评级，是欧洲两家得到双 AAA 评级的公司之一。4月

28日，美国司法机构和英国当局都开始对事件展开调查。

2004年8月，壳牌被美国和英国金融监管机构罚款1.5亿美元。

严重的丑闻，给壳牌带来了巨大损失，迫使其重新审视未来的发展策略。

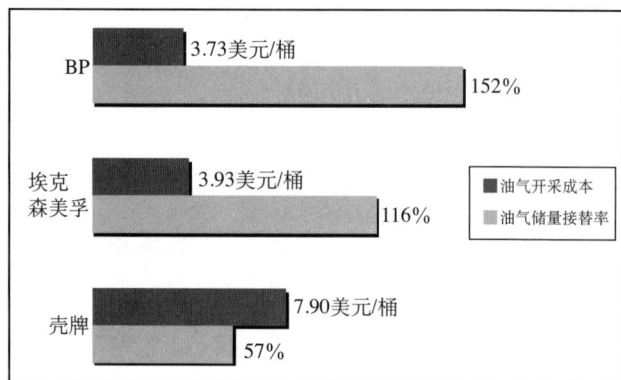

1997—2000年能源业咨询公司估计的油气储量
接替率示意图

（二）新帅：临危受命改革治理结构

壳牌的储量下调事件暴露出公司治理结构方面的问题。由于历史的原因，壳牌的股权结构比较特殊，即荷兰皇家石油公司和壳牌运输贸易公司两家母公司分别持有英荷壳牌集团60%和40%的股份，而作为母公司的它们并不直接参与集团的经营，它们的收入主要是通过按比例分割集团所获净利润来实现的。两家母公司都是上市公司，荷兰皇家石油公司约有股东74万人，壳牌运输贸易公司约有股东25万人。两家公司的股票分别在七个欧洲国家（奥地利、比利时、德国、卢森堡、荷兰、瑞士和英国）以及美国上市。英荷壳牌集团本身并没有公开发行股票，投资者只能通过购买荷兰皇家石油公司或壳牌运输贸易公司的股票达到投资英荷壳牌集团的目的。母公司旗下的两家控股公司——壳牌石油（荷兰）公司与壳牌石油

（英国）公司直接或间接控制着集团的众多服务公司和业务公司。其中，服务公司主要为集团公司提供相关的咨询及其他服务，分布在全球145个国家和地区的业务公司，主要从事勘探与开采、天然气与能源、石油产品、化工、再生能源及其他业务。

荷兰皇家石油公司和壳牌运输贸易公司拥有各自的董事会和规章制度。壳牌集团的常务董事实际上就是荷兰皇家石油公司和壳牌运输贸易公司的常务董事。集团设有一个由6名成员组成的执行委员会，负责整个集团的短期目标及长期计划的制订，成员是来自母公司的董事，名义上执行委员会是整个集团的管理机构，实际上其权力并不大。尽管人事权掌握在母公司手中，整个集团的实际经营权却分散在各个子公司中。与埃克森美孚相比，壳牌像是一个联邦，而埃克森美孚则像是一个中央集权国家。其结果是，壳牌领导者的决策在贯彻时效果要比埃克森美孚差许多。这种结构也让投资者难以适从。例如，在壳牌集团的业绩报告中，并没有集团本身的每股利润等情况，而是荷兰皇家拥有的是多少，壳牌运输贸易公司拥有的是多少。从某一点来说，这似乎不是壳牌集团的业绩报告，而是母公司的业绩报告。并且集团公司给予管理者的股票期权也是两家母公司的股票。治理结构上的缺陷诱发了官僚惰性，造成责任界限的模糊不清，变革势在必行。

2004年10月，在股东们的支持下，杰伦·范德韦尔成为壳牌的新掌门人。

杰伦·范德韦尔，1947年出生于荷兰乌特赫特，1971年加入壳牌，他在公司曾先后担任壳牌（英国）的液化气营销经理、壳牌（荷兰）的帕尼斯炼油厂经理、壳牌国际的非洲地区协

杰伦·范德韦尔（Jeroen van der Veer）

调官、加拿大联络官、壳牌（荷兰）的执行董事、美国的壳牌化工总裁和首席执行官等职务。1997年，他开始担任荷兰皇家壳牌执行董事。2000年7月，杰伦·范德韦尔代替马尔滕·范德柏夫（Maarten van den Bergh）成为荷兰皇家壳牌总裁。

上任伊始，杰伦·范德韦尔顺应投资者民意，于2004年10月开始计划将公司转变为单董事会治理架构，由同一个董事会和首席执行官管理。

2005年7月20日，在两大母公司董事会合并方案获得通过后，荷兰皇家和壳牌运输实现统一，新公司名为荷兰皇家壳牌有限公司，合并后的公司在英国成立，而总部设在荷兰海牙，从而结束了壳牌具有98年历史的"双董事会"二元化结构。杰伦·范德韦尔出任新公司首任CEO，新公司的治理结构具备更大的问责制，并且新结构以业绩为导向，领导决策机制科学、简单、统一，使壳牌更富有竞争力。

壳牌的改革收到了很好的效果。2005年，壳牌总利润达129.3亿英镑，比2004年的99.3亿英镑增加了近三分之一，创下了英国上市公司历年来利润的最高纪录，壳牌很快走出了丑闻阴影。

（三）梳理：企业问题强调核心三点

临危授命的杰伦·范德韦尔，没有像大家猜测的那样只是一个保守者，而是惊人地实施了一些公司有史以来最重要的变革。

他首先梳理了导致这些年来公司业绩下降的组织结构和企业文化，简化后的架构呈流线型，可以让决策机制更顺畅，也有利于公司未来能承担更多的并购项目。90年代末，当很多竞争对手通过大胆的并购壮大自己的上游资产时，壳牌的双重所有权结构使得用股票购买资产变得困难，因而对并购态度并不积极。壳牌利用高油价带来的丰厚现金利润回购了30亿美元以上的股票，从而解决了这一问题。

杰伦·范德韦尔在推行企业变革的过程中，特别强调三点，即储量、交易、文化结构。范德韦尔在任期间，壳牌以此为核心，展开了一系列的经营活动。

在勘探与开采方面，壳牌在勘探部门实施了"大猫"（Big Cats）计划，在两年内投资18亿美元用于勘探支出。不仅如此，为增加储量，壳牌扩大了上游勘探与开采的范围，除在尼日利亚的开采由于受到战乱的严重影响外，其他区域的开采都很顺利。

2004年3月，壳牌与马来西亚石油公司（Petronas）、康菲（Conoco Phillips）石油公司组成的勘探开发公司，发现马来西亚古穆苏特（Gumusut）油田。该地区由壳牌负责作业，壳牌马来西亚公司和康菲石油公司各持有该油田40%的股份，马来西亚石油公司持有其余的20%股份。初步勘探表明，该油田富含轻质油。

2004年9月，壳牌文莱石油公司在文莱诗里亚北侧地区勘探发现新的石油天然气储备。

2004年12月19日，壳牌、道达尔公司和葡萄牙石油公司（Partex）与阿曼政府续签了六区块的特许经营协议，协议为期40年，即从2005年1月至2044年12月，壳牌占有其中34%的股份，道达尔占有4%，葡萄牙石油公司占有2%，其余的股份为阿曼政府持有。

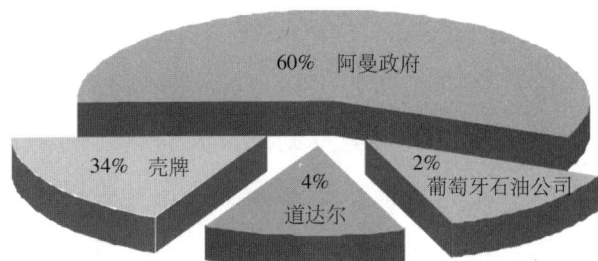

2005—2044年阿曼开采项目股份分配比例示意图

2005年4月，索马里新政府连续两次动员壳牌到索马里采油，壳牌已经计划到安全形势较好的邦特兰考察石油储量和开采条件。

2006年1月，壳牌与印度石油天然气公司签署协议，双方将在印度国内外合作进行油气勘探、开采和生产。

2006年3月，壳牌马来西亚公司与合作伙伴一起在沙巴海上发现了第四个深水油气田。

2006年6月，壳牌与约旦政府就勘探开发油页岩项目签署谅解备忘录。根据备忘录，壳牌第一阶段有权在3.5万平方千米的土地上开发勘探油页岩，并选择深层提炼原油的地点。就此，双方将正式签订商业合同，规定壳牌公司在提炼出石油后有权开采10年。

2007年，壳牌加拿大公司追加对油砂项目投资24.5亿加元。

2008年6月30日，壳牌在伊拉克获得一份价值5亿美元的短期开采合同，该合同由澳大利亚必和必拓矿业公司与壳牌公司合作完成，旨在把伊拉克的原油产量在短期内提高至日均300万桶。

2008年8月，壳牌以59亿加元收购加拿大迪韦尔奈石油公司，并获得加拿大政府的批准。

壳牌获得了迪韦尔奈石油公司在加拿大西部和东北部拥有的巨大油砂和天然气储量。

在炼油方面，壳牌对炼油业务进行结构调整，一方面削减出售在发达地区的小规模炼厂，另一方面扩大在新兴市场的投资。

2005年9月，壳牌与土耳其 Koc 控股集团组成的国际财团，在一次私有化招标中，以41.4亿美元的价格获得了土耳其石油精炼公司51%的股份。

2007年1月，壳牌将其在洛杉矶的炼油厂出售给美国特索罗石油公司（Tesoro），并考虑将在法国的炼油厂出售。

2008年10月29日，壳牌与莫桑比克国家石油公司签署协议，协助其在莫南部马普托省马图图伊内（Matutuine）县建一个炼油厂，总投资额估计达80亿美元。预计投产后日炼油35万桶，其中95%将出口到南部非洲各国。协议规定，壳牌公司不仅要完成炼油厂结构、未来项目供应设想以及环境规划，还要完成预计日产量为35万桶的厂区设计，该项目预计2014年完工。

在天然气方面，由于它的能耗较小，拥有清洁能源的特性，并且需求巨大，壳牌将其作为业务发展的重点，在天然气勘探、生产、液化、制油、贸易、运输等方面密集投入资金，占领市场。

2004年3月，壳牌和利比亚国家石油公司签署了开发利比亚油气资源的协议，包括液化天然气出口设施。壳牌的目标是改造和升级马尔沙·布雷格，将其建成一个新液化天然气出口基地。

2004年7月，壳牌与卡塔尔石油公司签署合作开发生产分成协议（DPSA），决定在拉斯拉凡开发第二个气转油项目，并将此项目命名为"珍珠（Pearl）项目"。"珍珠项目"预计日产汽化油14万桶，分两期建设（每期产能7万桶）。

2004年10月，壳牌在美国加利福尼亚为期12个月的燃油测试结果公布。该测试采用100%壳牌天然气制油为燃料的卡车车队在加州南部运水，六辆车配备常规发动机。数据显示，该燃料与传统发动机的兼容性令人满意，同时也验证了尾气排放物的减少。相比标准柴油，其排放的氮氧化物和颗粒物质分别减少了16%和23%。这一结果，为壳牌打开气变油市场提供了数据支持。

2005年2月27日，壳牌与卡塔尔石油公司签订天然气合作协议，共同斥资60亿美元，在卡塔尔的莱凡角合作建造一座液化天然气工厂。2010年，该项目开始向欧美市场供应天然气。

2005年8月，壳牌携手英国 BG 集团与俄罗斯天然气工业股份公司（Gazprom）签署了有关向美国市场供应 LNG 的协议，当年9月，第一艘满载 LNG 的油轮抵达美国马里兰州 Cove Point 终端。

2007年10月，壳牌加大对天然气基础设施的投资，与埃克森美孚公司合作建成了连接挪威北海和英国的天然气管道，从挪威斯塔特峡湾（Stat Fjord）气田向英国供应湿天然气，并通过壳牌公司与埃克森美孚公司在英国的陆上设施加工成干气、乙烷和液化石油气（LPG），从而保障了具有成本优势的北海天然气供应。

2008年9月，壳牌与伊拉克国有南方天然气公司的合作方案获得伊拉克政府批准，根据该项目协议，壳牌石油公司将在今后5年投资30亿～40亿美元开发伊南部天然气田。壳牌和南方石油公司共同成立了一个合资企业运作该项目。壳牌在该合资项目中拥有49%的股份，其余股份由伊拉克国有南方天然气公司持有。

除天然气外，壳牌的另一个业务发展重点是生物燃料。由于原油价格的一路上涨，加上国际社会碳减排的呼声一浪高过一浪，生物燃料的生产越来越具有吸引力。当包括石油和化工领域的公司纷纷行动起来，争先开发各种适用技术并建设生产装置时，壳牌也积极行动，力求抢得以生物乙醇和生物柴油为主的生物燃料市场的先机。

2006年11月，壳牌子公司壳牌石油产品公司与美国从事酶技术的 Codexis 公司签署了合作开发生物丁醇燃料的协议。丁醇的蒸气压和水溶解性都较乙醇低，这一优点可使生物丁醇以较高的掺和量调入汽油中。

2007年12月，壳牌与美国夏威夷从事海藻生物燃料业务的 HR 生物石油公司（HR Biopetroleum）组建合资企业 Cellena 公司，在夏威夷建设了利用海上海藻生产植物油，并将其转化为生物燃料的中型装置，壳牌在 Cellena 公司中处于控股地位。

2008年3月，壳牌与 Virent 能源系统公司组建合资公司，建立了三年的合作联盟，并在美国威斯康星州的麦迪逊建设示范工厂，旨在合作开发用植物糖类生产汽油替代物，这将不会影响食品价格或需要改进汽油发动机。

同年，壳牌在加拿大一家研制燃料乙醇的 Iogen 公司所持股比例由26.3%提高到50%。此外，壳牌还与全球范围内6家学术机构分别签署了新的研究协议，建立伙伴关系，共同开发生物燃料，缩短研发进程。

在可再生能源方面，因投资收益不理想，壳牌在紧张的财务数据压力下，不再对风能和太阳能等业务进行更多投入，并对业务结构进行技术性改变。

2005年，壳牌在波罗的海地区安装了200个风能装置，产生的能量相当于一家核电厂。

2006年12月，壳牌 Erneuerbare 能源公司与 Saint-Gobain 玻璃德国公司合作组建 AVANCIS 公司，致力于开发、生产和推销新一代太阳能电池技术。该公司在德国 Torgau 建设生产装置，利用壳牌的 CIS 技术生产光伏电池板。同年，壳牌的太阳能业务部门退出了晶硅太阳能市场，将多年经营的太阳能晶硅电池业务全部卖给 Solar World 公司。

2007年底，壳牌就已出售了大部分太阳能业务。2008年11月，它又放弃了在英国最大的风电建设项目。

在技术与创新方面，壳牌继续在尝试和寻找突破。

2004年11月，壳牌和通用公司在美国首都华盛顿建立了一个加氢站，而这仅仅只是从纽约到首都华盛顿之间一系列加氢站的第一个。

2006年3月，壳牌和挪威石油公司建设了世界上第一个针对燃气发电厂的二氧化碳捕集项目，以便用于提高海洋油田石油生产量。同时，壳牌还与 Stawell 公司合作，建设一体化煤炭气化联合循环（IGCC）发电项目，并捕集二氧化碳。壳牌还将二氧化碳与无机化合物组合一起制造新型材料，用于建筑部门。

在范德韦尔掌舵壳牌期间，国际油价基本在高位运行。每当原油价格进入上升阶段，全球的炼油业都会进入"防御阶段"。壳牌在油价进入上升周期的策略就是："更多的上游，赢利的下游（More upstream, profitable downstream）"，意即原油勘探开采要尽可能多盈利，而下游则要保持盈利，避免赔钱。

事实证明，壳牌2008年第一季度盈利同比增长12%，达到77.8亿美元，但其中大多数的贡献来自于上游，下游仅贡献了14亿，占全集团的18%，甚至低于2007年同期的20亿美元。

二、浴火重生再次亮剑
（2009—2011年）

（一）换帅：实施战略重组转型

2008年10月30日，壳牌公司董事会宣布由彼得·沃瑟（Peter Voser）接替即将于2009年6月30日卸任的范德韦尔，出任壳牌CEO。

彼得·沃瑟，又译为傅赛，1958年8月29日出生于瑞士，1982年，毕业于苏黎世应用科技大学（University of Applied Sciences）工商管理专业，同年，加盟壳牌瑞士分公司担任内部审计员。1984年，彼得·沃瑟任瑞士分公司账目管理部门总监，负责管理瑞士分公司的营销信息系统；1988年，调任壳牌伦敦总部，供职于壳牌国际石油公司美洲和远东部门，主要负责审阅来自这些部门的财务报告；1990年，任阿根廷分公司副总裁和经销流通总经理；1995年，任壳牌智利分公司的首席财务官；1997年，任壳牌集团首席审计师；1999年，任壳牌欧洲石油产品公司的首席财务官；2001年，任壳牌集团石油产品部门的首席财务官。

彼得·沃瑟（Peter Voser）

2002年，由于家庭的原因，彼得·沃瑟离开壳牌，加盟总部设在苏黎世的 ABB 公司（Asea Brown Boveri），担任首席财务官一职。

2004年10月，彼得·沃瑟受时任壳牌 CEO 范德韦尔的邀请重新回到壳牌，担任壳牌运输贸易有限公司首席财务官和董事总经理。

2005年7月，董事会合并后，担任集团首席财务官。

2009年5月27日，彼得·沃瑟在其正式上任前一个月，给公司全体员工和股东发了一份电子邮件，邮件中说："我们在过去几年里碰到了一些问题——组织结构过于复杂、组织文化过于单一、运营成本过高。尽管公司为解决这些问题做出了很大努力，但成效并不明显……现在的我们已经不再是世界一流的石油公司了。"彼得·沃瑟意识到了壳牌存在的问题，也告诉员工壳牌必须改变。邮件中，彼得·沃瑟提出了未来壳牌工作的总体策略、工作重点和重组计划。

壳牌工作的总体策略：

继续在保持产业优势的同时，着重促进下游产业的发展。

壳牌下一步工作重点：

（1）进一步将技术发展和应用作为主要的竞争优势；

（2）力争在石油生产方面有所突破，并且在优势产业中继续前进；

（3）加快上游项目建设；

（4）从内到外改变公司，加强对股东的管理以更好地解决非技术风险问题；

（5）为公司"减肥"，让公司的业务更加集中化；

（6）适当地推进系统的全球化，简化业务流程并使其标准化，甩掉所有重复和不必要的过程。

壳牌实施的重组计划：

（1）上游板块从原先的勘探与生产、天然气与电力以及油砂等三个部门合并成美洲上游和国际上游两个部门。美洲上游主要负责北美和南美的油气勘探与生产，国际上游则主要负责世界其他国家和地区的业务。

（2）下游板块继续保持炼油、销售和化工业务外，还将包括贸易和替代能源，不过不包括风能，风能将成为上游板块的一部分。

（3）成立新的"项目和技术部"，该部门整合了壳牌上、下游板块的主要项目交付、技术服务和技术能力开发等业务，其中也包括安全和环保。

彼得·沃瑟认为，这一切的目的就是让工作抓住重点，让计划变得快速，减少管理的复杂性，降低企业管理费用和成本，从而加速决策和执行。

2009年7月1日，彼得·沃瑟正式上任。随后他推出了"转型2009"的重组计划，并分步骤开始组织实施：

首先，确定管理团队。

依据调整后的业务架构，确定集团管理层。壳牌全球勘探开发部门现任主管马尔克姆·博德主管上游国际；美洲生产勘探部门执行副总裁马文·欧顿（Marvin Odum）出任上游美洲能源业务部门的董事；而下游板块仍由马克·威廉姆斯（Mark Williams）负责。

壳牌执行委员会将由首席执行官彼得·沃瑟、首席财务官西蒙·亨利、国际上游执行董事马尔科姆·博德、美洲上游董事马文·欧顿、下游董事马克·威廉姆斯、项目和技术董事萨马蒂亚斯·塞尔、首席人力资源和公司事务官休·米切尔，以及法律总顾问彼特·赫斯8人组成。

其次，开展减员增效。

壳牌先对管理层做了精简，EC-2（比最高执行委员会低两级）的高管人数在一个月内从750人减至600人，并在2009年底裁员5000余人。

再次，实施成本管控。

彼得·沃瑟由于长期担任首席财务官，对成本控制有其独到的想法。为了减少办公成本，彼得·沃瑟将一部分财务和支持部门的工作转移到印度和菲律宾等劳动成本较低的国家。

彼得·沃瑟通过"转型2009"的实施，使壳牌的管理变得更为简单，员工增强了责任感，集团运行变得更有效率，壳牌再一次站到崭新的起跑线上。

（二）剥离：非核心业务轻装发展

近年来，不稳定的国际油价和全球金融危机对壳牌的影响较大，而日本大地震、利比亚战争以及中东部分国家政局的不稳定性，都直接或间接地给壳牌带来了经营困难。

在新形势下，壳牌通过出售公司部分非核心业务资产及经营效益不佳的资产，增加现金流，同时，保持年资本支出稳定，并将其投入到壳牌规划的重点领域。

在上游业务中，壳牌倾注了大量的精力。一方面，壳牌积极寻找更多的上游资源，并将其作为工作的重点。

2009年11月，壳牌联合埃克森美孚公司，在伊拉克南部投资开发一处大型油田的交易合同获得伊拉克政府批准。根据合同，两家石油公司将投资位于伊拉克南部一处储量86亿桶的油田，力争未来7年内使该油田原油产量从目前每天28万桶增加到232.5万桶。两公司可以按每桶1.9美元购得这些石油。

2010年2月，壳牌与尼日利亚国家石油公司（NNPC）组成的合资公司，将在油气项目上新增约50亿美元的投资。其中，尼联邦政府预算将提供约27亿美元，其余部分将由壳牌提供。

2010年5月，壳牌斥资47亿美元现金收购美国 East Resources 公司，以进一步打入北美天然气市场。East Resources 公司在 Marcellus 页岩地区控制着65万英亩的面积。目前每日可生产1万桶油当量，主要是天然气。壳牌的这一举措是当前策略的组成部分，目标是促进增长和提升壳牌北美天然气业务的品质。与此同时，壳牌还携手中国石油与卡塔尔政府签订协议，联合勘探和开采卡塔尔陆岸和近海的天然气。

2010年7月，澳洲壳牌能源控股有限公司和中国石油国际投资有限公司的合资公司——CS CSG (Australia) Pty Ltd，收购澳洲煤层气和液化天然气（Arrow）公司100%股权的项目获批准。合资公司将拥有 Arrow 公司在昆士兰州的煤层气资产和国内电力业务、澳洲壳牌在昆士兰州的煤层气资产，以及澳洲壳牌在格拉德斯通市（Gladstone）柯蒂斯岛（Curtis）的拟建液化天然气厂址。

另一方面，壳牌通过出售部分资产，获得更多的现金流。

2009年6月，壳牌将其在德国生物燃料合资公司科林公司中的股份出售给该合资公司其他股东。

2009年8月，壳牌计划将位于英国的 Stanlow 炼油厂和位于美国的 Montreal 炼油厂出售，两座炼油厂均拥有基础油装置。年初，壳牌也计划出售位于德国的 Harburg 炼油厂，该炼油厂也拥有基础油装置。三套基础油装置总计生产能力为1.406万桶／日，其中，英国 Stanlow 炼油厂生产5060桶／日 I 类基础油，Harburg 炼油厂生产3300桶／日 I 类石蜡基基础油和3000桶／日环烷基基础油。Montreal 炼油厂生产2700桶／日 I 类基础油。

2010年初，壳牌计划出售部分资产，以融

壳牌所面对的市场竞争

资完成2010年总计280亿美元的资本开支项目。这些资产包括位于法国的欧洲液化石油天然气业务、在北海地区的油田业务、位于英国南部的天然气田业务。与此同时，壳牌还在运作其涉及非洲17个国家的加油站网络拍卖事宜，价值在5亿美元左右。壳牌与印度 Essar 集团关于出售其炼油厂的谈判正在进行中。

在下游业务中，壳牌采取的是组合驱动战略，且推进从西部到东部的转移。壳牌东移战略的主要目标市场包括土耳其、俄罗斯、乌克兰、印度、印尼以及中国等。目前，壳牌正在上述国家和地区大规模投资加油站。其中，在土耳其，壳牌占有22%的零售市场份额；在印度，壳牌是唯一获准进入油品零售业务的国际公司，目前运营45座加油站，但获准可在印度建设的加油站达到2000家；在俄罗斯莫斯科，壳牌经营的加油站数量超过30座。

首席财务官出身的彼得·沃瑟，正在更明确地以盈利为出发点，进行产业链上下游的布局。在上游，到2015年，壳牌将拥有10个以上达到数十亿美元的油田项目。在下游，壳牌需要的是规模化和未来增长的想象空间。在新能源领域，壳牌需要的是能结合自身的优势，既符合发展趋势、又有可见利益的项目。

历经一系列的改革和调整，壳牌已经轻装上阵，向着未来阔步前行。

第三章　壳牌在中国

第一节　壳牌的中国历程

一、招兵买马——市场的初创阶段

（一）煤油贸易，叩开中国大门（1864—1902年）

1860年10月，鸦片战争结束。两次鸦片战争使中国逐步沦为半封建半殖民地社会，香港割让给英国，广州、厦门、福州、宁波、上海等通商口岸开放。

1864年，1.1万加仑的煤油通过上海口岸进口，煤油正式进入中国。由于煤油灯火焰明亮、稳定、烟少、价格便宜等优点，煤油在中国的需求量大幅增加。至19世纪80年代中期，中国的煤油进口量已达到700万加仑，这些煤油大部分来自美国，中国的煤油市场被当时的标准石油公司所垄断。

中国国门的打开，深深吸引着善于捕捉机会的壳牌创始人马科斯·塞缪尔（Marcus Samual）。1889年，当第一艘装满煤油的油轮从俄罗斯巴库运抵中国的时候，马科斯·塞缪尔察觉到：进入中国市场的时机到了。

1890年，马科斯·塞缪尔通过德山咪洋行开始参与这项中俄贸易。当时，煤油运送到上海都是用大帆船。因为轮船主认为煤油是危险品而不愿运输，同时也瞧不起煤油生意，觉得利润太薄。因此，煤油的运输就着落在帆船身上，这也为散装油轮的建造提供了机会。

1891年，马科斯·塞缪尔开始建造第一批散装油轮，并在远东各地购买或租用合适的土地建造储油库。壳牌在中国建造的储油库主要集中在香港、上海、广州、厦门、汕头等港口城市。然而，市场的开发并不是一帆风顺的。当马科斯·塞缪尔将散装煤油运抵远东各地时，尽管他的煤油质量好、价格低，却无人问津。原因很简单，消费者认为自己携带器皿去盛装散装煤油，既危险又麻烦；而且当时垄断市场的标准石油煤油，采用的是铁罐包装，用完后，包装可改造成各种家用器皿，深受消费者欢迎。有鉴于此，马科斯·塞缪尔决定在壳牌的储油库附近建立铁罐工厂，他从英国的威尔士购进镀锡铁皮，制罐并在当地分装、销售。这一举措大受当地消费者欢迎，因为壳牌的产品不仅价格便宜，而且产品的包装干净明亮，避免了其他产品由于长途运输后产生的锈斑。这一营销策略，为壳牌的煤油打开了远东市场。随后，马科斯·塞缪尔在香港九龙建设了储油库，该油库有三个储油罐，每个容量3500吨（逾110万加仑），附带一家日产1万个铁罐的工厂。

1894年，马科斯·塞缪尔建造的"伊莱克斯（Electrolux）"号油轮首次将散装煤油运抵上海，并将其卸到距离上海15英里的储油库内，该船所载的煤油量大约为27.5万罐。由于将散装煤油在消费地转换成罐装煤油，再运往各地方分销的方式灵活且方便，马科斯·塞缪尔的煤油销售点迅速在中国的各港口城市建立。

1895年，壳牌在厦门的储油库建成并投入使用。

67

嘉士洋行 1 号仓库

嘉士洋行 2 号仓库

嘉士洋行办公室

1897年，壳牌运输贸易有限公司成立，开始了进一步开拓市场的行动。在台湾，壳牌运输贸易公司购买了位于台湾新北市淡水区鼻头街22号的英商嘉士洋行仓库，建造三座分别为2500吨、1200吨及60吨的油槽，作为其远东的煤油储运点。后来，公司在区内铺设接通淡水线（台铁亚细亚支线）的铁轨，使淡水线铁路成为其全球业务的重要一环，以此大规模经营台湾的煤油买卖。

1898年，壳牌运输接管"油罐企业联合组织"的各种设施，该组织是马科斯·塞缪尔与其在远东代理商的合作组织，目的是与对手竞争。在中国，这些设施包括位于香港、上海、厦门、台北、福州和汕头的储油罐、仓库和铁罐制造厂。

1899年，壳牌运输贸易公司购买了12艘小型浅水蒸汽船，专门从港口的储油库向中国内陆地区运送煤油。

1900年，壳牌运输贸易公司开始进军中国腹地。在汉口，壳牌运输贸易公司建起了两个储油罐，每个容量为2500吨。该油库距长江口约1000千米，当长江水位低时，煤油从上海运进；水位高时，便可直接从新加坡、香港或苏门答腊进口，这直接降低了成本。在天津，壳牌运输贸易公司决定在一处有完全占有权的地块修建一座大型储油库，以便辐射北京市场。1900年6月，油罐正待安装，却不幸遭遇愈演

愈烈的义和团运动，未经允许，工地上大部分钢铁材料被搬走，余下的又被当年的德国临时占领军擅自拿走。直到1902年，公司才恢复对工地的所有权。

正当壳牌运输贸易公司快速开拓中国市场的同时，荷兰皇家石油公司也在为争夺中国市场忙碌着。

1894年，荷兰皇家石油公司开始从荷属东印度群岛向中国出口"Crown"（时译"僧帽"）牌煤油。

1896年，部分"僧帽"牌煤油以箱装形式运到上海。

1897年，荷兰皇家石油公司在香港北角建起第一座油库，油库设施先进，有四个容量超过3500吨的储油罐，以及一家日产1.2万个铁罐的工厂。当年，公司成功地沿长江北上航行数百英里，把一批煤油运到重庆，并第一次将其生产的散装煤油运抵上海。

中国市场的快速发展，使两家公司的业务量也高速增长。至1899年，两家公司运到上海的煤油逾2.9万吨（约940万加仑），运到香港的煤油更达到6.5万吨（约2100万加仑）。尽管两家公司业务增长很快，但总销量与标准石油公司的相比，还相差很远。尽管两家公司也相互竞争，但它们真正的竞争对手是处于垄断地位的标准石油公司。

正是由于这个原因两家公司联合经营、抗

击标准石油公司、抢占远东市场的想法逐渐产生，并开始接触、谈判。

经分析，双方的经营模式具备优势互补的条件。在上游，双方都在婆罗洲拥有各自的油田，只不过荷兰皇家的油田产量更高，油质更好；双方都是在巴库购进煤油，只不过壳牌运输贸易公司用自有的散装油轮运送，成本优势更加明显。在营销渠道上，双方大部分产品基本都是在香港储存、罐装后经海路运到汕头和厦门，再转运到广东和福建两省腹地，直到福州。取道西江，煤油可以运到广州、三水和澳门，然后再从三地码头转运到人口稠密的内地省份。在当时的远东贸易中心上海，双方的储油实力都比较弱，壳牌运输贸易公司的储油库只有三个储油罐，荷兰皇家也只有四个，每个储油罐的容量介于2500到3000吨之间，荷兰皇家还有一个日产4000至5000个铁罐的工厂。如果双方合作经营，竞争力将大增，就有击败标准石油公司的可能性。

最终双方决定合作经营，组建新公司。

（二）合并经营，健全中国网络（1903—1936年）

1903年6月29日，亚细亚石油公司在伦敦注册成立，股东分别为英国壳牌运输贸易公司、荷兰皇家石油公司和法国罗斯柴尔德银行。引入罗斯柴尔德银行作为股东的主要原因是当时其控制着巴库的石油。

亚细亚石油公司成立后，租用了壳牌运输贸易公司和荷兰皇家的油轮、储油设施和其他物资，在此后的两年里，通过购买或代理协议，将业务拓展到清江、牛庄、苏州和青岛。

1906年，亚细亚石油公司在香港成立华南分公司，负责已有的销售区域，包括西江流域和

中国沿海的汕头、厦门、福州，借用小型油轮从香港把煤油分运到这些地方。后来，中国台湾和菲律宾也先后被划入南方分公司的业务范围。

1907年，壳牌运输贸易公司和荷兰皇家石油公司正式合并，组建了荷兰皇家壳牌集团，简称壳牌。集团成立后，决定在中国的业务仍然由亚细亚石油公司负责。同年，亚细亚石油公司在上海九江路7号成立办事处。

亚细亚石油公司华北分公司办公楼

1908年，亚细亚石油公司华北分公司成立，注册资金200万英镑，办公地点设在上海外滩1号（今中山东一路1号）。公司负责的业务范围覆盖长江流域，以天津为销售中心的华北地区，以沈阳、海城牛庄、大连、安东（现丹东）为销售中心的东北三省以及朝鲜。即使在最北面的哈尔滨，公司也设立了销售办事处。

华北分公司成立伊始，就推出了一系列的营销举措：

第一，注册商标，保护品牌。公司在香港注册了壳牌商标，这个标志如今已成为世界最知名的商标之一。

第二，整合基础设施资源。公司在厦门收购了油库，在苏州河畔建造了两座储油罐。公司将上海作为其业务的支撑核心，完善了已有

三个大油库的基础设施，它们分别位于高桥、凌家桥和西渡，此外，还备有码头和油轮。

第三，完善华北配送网络。当时，公司在华北区的配送网络规模很小，仅限于沿主要河流和当时仅有的两条在建铁路（南京－天津、汉口－北京）建造的油库，这不利于进一步开拓市场。公司加大了网络建设的投入力度，至1910年，华北区的配送网络已全面投入运营。

第四，低价倾销抢占市场。1908年，亚细亚石油每听净重15千克，售价只有0.75元，到1926年每听也仅为2.5元。由于公司的油品主要来自婆罗洲（今印度尼西亚）、俄罗斯的巴库（现位于阿塞拜疆），运输距离短，且采用散装运输的方式和就地加工产品的策略，因此，成本优势明显，采用价格战能很快拓展市场，击败竞争对手。

第五，扩大渠道深化市场。标准石油是当时中国市场的统治者，亚细亚火油进入后，不是简单的在主要城市市场与之竞争，而是对市场进行了细分，将其分为工厂、农村和小城镇。通过深化市场，扩大渠道，迅速提升了市场占有率。

这一阶段，现代汽车工业迅速发展，汽油的需求量在快速上升，航运业也正在逐步用石油燃料取代煤，成品油已进入了市场的导入期。为适应市场的需求，亚细亚石油公司开始对其营销组织进行改造，以满足经营新产品的要求。

1913年，亚细亚石油公司将旗下的华南、华北分公司正式重组为亚细亚石油（华北）有限公司和亚细亚石油（华南）有限公司。新公司还接管了壳牌盎格鲁—撒克逊石油公司在中国内地、香港以及朝鲜的房产、工厂及船队。同年，壳牌中国公司在伦敦注册成立，开始向香港销售沥青。

亚细亚石油（华南）有限公司重组后，开始在香港北角兴建油库，以接收远洋油轮运来的油品。此外，公司还在香港中环娱乐行设立了办事处。这个办事处成为公司华南以及菲律宾的地区总部，负责管理广州、梧州、琼州、湛江等多个办事处。

亚细亚石油（华北）有限公司则强化了区域业务管理，形成了以南京、汉口、重庆、天津、厦门、广州、汕头和福州为中心的多个业务区域。这些区域除了中心城市以外还覆盖其他几个城市，比如南京地区包括镇江和芜湖，广州地区包括九龙、梧州和昆明；天津地区则包括牛庄、郑州和北京。

1915年，亚细亚石油（华北）有限公司在天津建设了塘沽油库，该油库拥有一栋占地面积252平方米的办公楼和两座油罐，油罐由金属板材铆制而成，高约15米、基座直径29米。罐体外层包裹以金属薄板保护层，罐体与金属薄板保护层间填充保温材料，四周建有高约3米的砖墙环绕保护。

1916年，亚细亚石油（华北）有限公司的销量迅速增加，仅在重庆一地便供应煤油5.8万加仑。到1918年，公司在重庆拥有至少一座油库和一个专供输入及储存油品的码头。

此后至20年代初，亚细亚石油公司经营的产品逐渐增多。在煤油方面，经销众多品牌的煤油，有"元宝"、"僧帽"、"铁锚"、"龙牌"和"十字牌"；在汽油方面，有"壳牌"及"银壳牌"；在其他产品方面，则有柴油、润滑油、洋蜡、沥青和矿油精等。

在产品质量和销售方面，壳牌煤油燃烧时煤烟较多，不及美孚油质好，故销量落后于美孚；但壳牌汽油颜色较白，挥发性较高，销量则胜过美孚；柴油、机油的销售双方各有千秋，

20世纪20年代上海亚细亚石油公司
元宝牌火油广告

上海荧昌"亚细亚铁锚火油"封标

上海亚细亚僧帽牌火油广告

亚细亚壳牌汽油广告

但总销量仍以美孚较强。此外，亚细亚的僧帽牌蜡烛，颜色白漂，不软不化，远胜于美孚的鹰牌蜡烛，因而在市场上销量占优。

在营销策略方面，亚细亚石油公司为打开煤油的销路，采取了两种营销策略：第一，通过产品促销。亚细亚石油公司制作了手灯和风雨灯等产品进行销售，但由于产品的样式、质量等原因，远远赶不上美孚灯的销售数量。第二，通过广告促销。亚细亚倾销煤油另一种手法是大量投放广告。在很多地方，常常是产品尚未见面，广告早已打出。"点亚细亚火油"的大字广告，在城市要道的墙壁上或路边的石岩

上，触目皆是，这些宣传攻势对于城乡居民确实起到了不小的作用，当时一向用来作照明用的植物油逐渐为煤油所代替。

在营销网络方面，亚细亚石油公司以上海为中心建立了遍布全国的多层营销体系。上海总经理下设三名副经理，分别管理营业、基建投资和员工事务。总经理办公室下设经销商办公室及总务、财务、工程、采购、营业（分上海本地与外省两部分）、船务和运输等部门。

在整体实力方面，亚细亚石油公司在上海、广州、武汉和其他城市有自己的运输船队、码头、转运站和油库，同时还拥有上海白礼氏蜡烛公司。此外，还拥有1座车库、1座转运站、2幢带公寓的办公大楼、5个储油站、14幢住宅和大约50座加油站。在华的中国员工总数已超过6000人。至20世纪30年代，公司的资产又有增加，新添了杨树浦油库和浦东两座连接码头的油库。

进入20世纪30年代，由于政局动荡，中国的工业发展还处于萌芽状态，尽管其他石油产品的销售额不断增长，但煤油始终是亚细亚石油公司在中国的核心业务。

汉口亚细亚石油公司（1931年）

截至1934年，亚细亚石油公司在华南的分公司与代理商累计已有9家，在华北的分公司与代理商累计已有17家。至1939年，仅上海一地的油罐储量已达13.8万吨，位于汉口、天津、广州、青岛和南京的大型油罐的储量有21.6万吨，内陆地区油库的储量还有3万吨。与这些储油设施配套的还有拖船队、大舢队、驳船和由散装驳船组成的大型船队，以及不断扩大的零售网络。这些零售网点的规模大小不一，小的只有几罐燃料存货，大的则在市内拥有设施完备的服务站和加油站。

正当亚细亚石油公司在中国的业绩不断提升的时候，抗日战争的爆发使壳牌经历了生死考验。

二、逆境求生——经营的动荡阶段

（一）经历战火，企业损失巨大（1937—1949年）

1937年7月7日，卢沟桥事变爆发，抗日战争开始。这一时期至1949年，中国一直处于战争状态，政局动荡，壳牌的经营也受到了严重影响，企业损失巨大。

1940年7月中旬，日本占领军禁止亚细亚石油公司向被占领区运送油品，理由是防止抗日游击队购买，并拒绝发放运油许可。

1941年，由于战争对油品的需求巨大，亚细亚石油（华南）公司仍然是香港第二大公司，股票发行资本超过1.5亿港元，仅稍逊于香港汇丰银行。

然而，随着战争规模的不断扩大，壳牌的经营形式也急转直下。

1941年12月7日，日本偷袭珍珠港，太平洋战争爆发。由于日本参加了第二次世界大战，加入了轴心国阵营，因此，强行征用了亚细亚石油公司在上海和香港的所有财产，致使公司的商业活动全部停止。

为保证同盟国中国战时对油品的需求，壳牌以1913年注册的壳牌中国公司的名义，在当时战时首都重庆成立了办事处，保证油品供应。然而，油品的运输道路却充满了艰辛。由于战争的爆发，长江航运被阻，传统的油品运输渠道中断。壳牌改由海防进口，再由汽车队经广西、贵州运到重庆。这时的货品，主要是机油，其次是汽油。因为机油、汽油价格高，利润大；至于煤油和柴油，则因利润不及机油、汽油而停止了运进。当时货品尚能源源不绝，业务可勉强维系。

海防沦陷后，壳牌又改道由仰光进口，但由于运输力量不济，货源逐渐困难。于是，壳牌调整了对经销商的策略，一律改订国外产品，预收外汇货款，在畹町交货，内地运输全部由经销商自理。这时，由于很多工厂内迁，需要机油的数量较大，并且机油不像汽油、煤油、柴油可以使用其他代用品，运输较为方便，损耗极小，还可分零出售，所以经销商的订货，全部都是机油。

1942年春季，日军控制了滇缅公路，最后一条国际运输线中断，壳牌的货源全部断绝，业务亦随之停顿。畹町沦陷时，尚存有不少的货品未及运出，有好些订户刚把提单接到手，便因战局急变而慌忙退走，来不及运走货物，遭致了很大损失。

在整个二战过程中，壳牌的损失是巨大的。在香港，1924年建成的香港亚细亚大楼部分被战火毁坏，设在香港的两个主要油库（一座建于1897年，位于北角；另一座晚些时候建成，位于大角咀）在火灾和爆炸中严重被毁。在上海，几乎所有的储油设施都被毁掉，战前13.8万吨的储油量只剩下3000吨。其他地方的储油设施也未能逃脱此劫，战前21.6万吨的储油量只剩下2.8万吨的可用量。战前供应全上海至关重要的杨树浦油库变为废墟。加油站和服务站变得面目全非，无法使用，油泵、地下储油罐和压缩机都被拆掉了。在运输设备中，60%的船只失踪，运输车辆全部遗失。

1945年8月15日，抗日战争结束，壳牌开始了积极的战后重建工作。1945年12月，壳牌中国公司将亚细亚石油华北和华南两家公司合并，接管了所有资产和人员。1946年3月，壳牌中国公司以两百万英镑资本在上海注册，注册经营范围非常广泛：在中国、蒙古、朝鲜和澳门从事石油产品的生产、炼制、储存、中转、供应、贸易、配送及相关业务；同时，公司决定在香港九龙观塘兴建一座全新的储油库，并进行了大规模的填海工程。观塘油库于1947年投入运营。1947年夏天，壳牌开始在中国勘探石油。公司派出一支勘探先遣队，从上海出发，坐飞机经兰州到祁连山脉，再折返兰州，一直到长城的尽头。勘探队再从酒泉出发，走陆路到敦煌，确定了好几处值得进一步勘察的地方。至1948年，上海办事处的业务空前蓬勃，仅在上海一地，壳牌就拥有16座加油站，超过当时两个主要的美国竞争对手。在全国更是拥有约

30座油库和近1000个零售网点，熟悉的壳牌商标又回到了人们的视野。此时，壳牌在中国大陆和香港的外籍员工有150人，而中国员工则有2600人。

1949年5月27日，上海解放。1949年10月1日，中华人民共和国成立，内战结束。新中国的成立使动荡的政治局面趋于稳定，壳牌面临着新的考验。

（二）暂别内地，重点发展香港
（1950—1966年）

新中国成立伊始，国际政治形势趋于复杂。资本主义和社会主义两大阵营基本形成，并走向对立；美国对新政权采取了政治上孤立，经济上封锁，军事上威胁的敌对政策。

1950年，当美国各家石油公司撤离中国时，壳牌留了下来，成为当时唯一在中国经营的西方石油公司。

然而，政治环境对经营的影响越来越严重。在1951年至1953年期间，壳牌把大多数在中国境内的油库、住宅、加油服务站以及数量不等的油品和化工产品的所有权移交给政府。尽管壳牌并不希望退出中国内地的石油业务，但由于各种环境因素的影响，与中国内地维系石油贸易关系变得越来越不可行。不过，壳牌获准保留上海总办事处和杨树浦油库，由总经理郑康琪博士负责管理，他是第一位担任这个职务的中华人民共和国公民。1957年，郑康琪博士去世后，其夫人郑念女士担任了之后三任英籍总经理的顾问和助理。壳牌继续销售化肥和杀虫剂等多种化工产品，直到1966年。"文化大革命"一开始，壳牌便交出了资产所有权，中国政府的一个部门接管了公司员工，并为他们提供就业和退休金。

此时，撤出大陆的壳牌，将业务重点转向了香港。此前，香港只是一个转口港，由于中国市场不再开放，香港的经济出现转型，转向以制造加工业为基础。20世纪50年代初至70年代末，香港集中力量发展服装等轻工业，并逐步使香港成为亚洲地区制造业中心之一。这标志着香港经济结构已由转口贸易为主转变为以轻工业制造业为主，轻工业已经成为香港经济的支柱产业。新产业需要新的机器设备，于是带动了进口原材料和出口制成品所必需的航运业务。同时，经济发展需要更多的轿车、货车和公共汽车等交通工具，需要更多的人到工厂里工作，这也意味着人们需要更多的家庭供电、供暖和供水。经济的飞速发展带动能源需求急剧攀升：20世纪50年代，香港的石油消费量十年间增长为原来的三倍。

作为香港主要的油品供应商，壳牌在很大程度上为香港出口贸易的发展提供了基础保证。工商业成为香港最大的烃类产品用户，包括燃油、柴油和壳牌于1960年代初率先引入香港的液化石油气。最初，液化石油气以罐装形式供应给顾客，这与壳牌当初进入亚洲煤油市场时采用"箱装油"颇为相似。也像箱装油后来被更便宜的散装油所取代一样，罐装液化石油气的供应方式很快就跟不上市场需求。壳牌再次领先，第一个兴建中央储气罐，并为香港的用户铺设了输气管道。

与20世纪50年代的香港经济转型同步，壳牌也开始在内部推行员工的本土化。壳牌在全球范围内推出了一项全新的员工政策，并开始系统培训本地员工就任越来越高级的职位。1950年，壳牌在中国的机构只有一位中国高级职员，到20世纪60年代初期，便已经有了30多位，而到1962年，第一位中国员工加入了壳牌的管理团队。此后，更多的中国员工成为壳牌的管理者。

三、审时度势——策略的调整阶段

（一）若即若离，逐步重返中国（1966—1980年）

虽然在中国内地的办事机构撤销了，但壳牌却始终保持着对中国的关注，包括政治方面和经济方面。

21世纪60年代初，中国的船用燃油比较短缺，对于高端润滑油来说，大陆的技术及生产能力还处于较为落后的状态，壳牌通过香港的渠道，向中国大陆恢复了部分产品的供应。至60年代末，业务需求增长较快，为此，壳牌决定新建一座油库。

1970年，壳牌在香港大角咀的油库开始启用，该油库位于大角咀福泽街及角祥街一带，油库建有一个大型码头，供运油轮停泊。同年，随着世界形势的变化，中国的国际影响力逐步提升，壳牌再次重返中国，参加了中国出口商品交易会（广交会）。

1971年，壳牌再次参加广交会，壳牌伦敦总部派出了负责驻广交会的第一位代表帕德里克·弗洛埃德。通过广交会，壳牌的很多化工产品进入中国。

1971年至1972年，首届荷兰及英国贸易展览会在北京举行，壳牌利用这次机会展示了自己。此后，这类活动定期举行。

1976年，壳牌常驻伦敦的广交会代表罗杰·威廉姆斯（Roger Williams）应邀定期访问北京。1977年，他与化工部洽谈在北京长期租用宾馆客房和办公室事宜。

1978年，罗杰·威廉姆斯调往香港——此前两年，壳牌已在香港成立了壳牌发展（香港）有限公司，为在中国发展合资企业和其他业务做准备。

在1977年至1978年之间，上海、天津、山东等地的炼化企业先后引进了壳牌的五套环丁矾芳香烃抽提装置。

1979年，壳牌以壳牌太平洋发展公司台湾分公司的名义，重新开始在台湾市场的经营。

1980年，罗杰·威廉姆斯调往北京。在北京，他谈下了颐和园养云轩作为北京办事处。年底，这间设备齐全的办事处开张了，这标志着壳牌重返中国大陆市场。

（二）改革开放，紧跟中国步伐
（1981—1997年）

进入20世纪80年代，中国加快了改革开放的步伐，壳牌在中国的发展也在提速。

1981年，随着业务的发展和人员的增加，壳牌又租用了紧挨养云轩的另一个庭院。新增的员工包括一名外籍化工业务经理和预备与中国海洋石油总公司合作、从事海上油气勘探的勘探与生产业务人员。至1982年，由于工作人员的再次增多，壳牌将办事处搬到和平门烤鸭店三层。

1982年，壳牌和中国达成协议，在深圳经济特区的蛇口成立第一家壳牌在华合作企业——华英石油联营有限公司，建设油库储存工业燃料，油库于1985年投入使用。

1984年，壳牌在蛇口成立的第二家合作企业——赤湾壳牌石油贸易联营有限公司投入运营。在中国所有经济特区中，这是第一家拥有散装液化石油气储存设施的企业。

1988年初，壳牌香港为著名的京津塘高速公路供应了四万吨沥青。此后的几年里，壳牌

又成功地签订合约，为其他主要高速公路建设项目供应沥青。至今，壳牌的沥青业务在中国一直处于领先地位。同年，壳牌将位于香港鸭利州及茶果岭的土地卖给长江实业，长江实业将其位于青衣茜草湾原属于联合船坞的一块地皮置换给壳牌，让其建设油库。1991年，总投资3.2亿美元，油库容量为2.6万立方米，设有大型码头供运油轮停泊的壳牌香港青衣岛油库投入使用，该油库的燃料储存和配送设施为世界最先进的，安全、保安和环保标准也是最高的标准。它的投入使用保证了香港市场对石油及化工产品的供应，还向华南地区供应大量产品。由于良好的运营管理，青衣岛油库在1998年获得IS 014001环境管理体系认证，使香港壳牌成为第一位获本地认证机构"香港品质保证局"检定的石油公司。在此基础上，香港壳牌又于1999年获得由香港特别行政区政府颁发的"一九九九香港环保企业奖"金奖。

1991年，壳牌、中国海洋石油总公司和菲利普斯公司（Phillips Petroleum Company）签署西江油田开发协议，由菲利普斯公司负责作业，壳牌在两个油田中总共持股39%。不久，就在香港东南130千米处的珠江口盆地，发现了西江24-3号油田，后来又在附近发现了30-2号油田。

1993年，壳牌将北京、上海和广州的办事处扩充为区域办事处。由于易于油轮停靠、交通便捷、方便产品配送及贴近市场等原因，壳牌在沿海开放地区包括珠海、天津、青岛、浙江的乍浦等地，建立了几个独资和合资工厂，从事润滑油调配、沥青生产和液化石油气充装与储存业务。

1996年，壳牌在中国建立了第一家加油站，随后陆续在北京、天津、广东、成都、陕西和

重庆相继建立了合资公司，形成了加油站服务网络。同年，壳牌启动了中小学生环境教育活动"美境行动"。

1997年3月，天津国际石油储运有限公司（津国油）投入运营，这是壳牌在华北地区投资的第一个项目，由壳牌（持股40%）与中国航空油料总公司（持股40%）、天津港南疆石油化工码头公司（持股20%）三方合资，总投资2.2亿元人民币。同年，壳牌（大中华）集团总部从香港移到北京；壳牌中国油品业务部成立，润滑油、沥青和油品零售业务此后一直增长迅速。

至此，北京已成为壳牌在亚洲的决策中心，中国也已成为壳牌在世界范围内最重要的市场之一。

四、面对挑战——业务的深化阶段

（一）油企重组，适应市场格局
（1998—2005年）

1998年7月27日，中国石油天然气集团公司和中国石油化工集团公司成立。两大集团的成立标志着中国石油市场竞争形势发生了根本变化，自此形成了以中国石油、中国石化、中国海油为核心企业的市场格局。壳牌为适应市场，也适时的调整了策略，将未来业务的重点放在与三大核心企业的合作上。

1998年，壳牌化工在全球范围内最大的单笔投资南海石化项目获得中国政府批准，项目总投资43亿美元，选址广东省惠州市大亚湾。这也是中国与国外石油公司兴建的规模最大的合资项目之一，同时也是世界上最大、最先进的石化项目之一。项目投资方分别是壳牌（持股50%）、中国海洋石油总公司（持股40%）、

广东投资开发公司（持股5%）和招商局集团有限公司（持股5%）。同年，壳牌（东北亚）集团成立，总部仍在北京，将中国台湾和韩国纳入运营管理范围。

1999年，壳牌中国勘探与生产有限公司与中国石油天然气集团公司签署了产品分成协议，共同开发位于陕西和内蒙古交界处的长北天然气田，由壳牌担任作业者。

2000年，壳牌与中国石化和中国海洋石油两家公司分别签署了战略联盟协议，对业务合作进一步深化。同时，壳牌将获得一系列项目与合作机会。

2002年，壳牌启动了价值2500万美元的可再生能源项目"丝绸之路"。这是中国和荷兰政府的联合开发项目，是中国国家发展和改革委员会主办的"光明工程"的一部分，由荷兰政府提供资助。壳牌利用荷兰政府的赠款为新疆维吾尔自治区7.8万个尚未通电的农牧家庭开发了移动式家用太阳能光电板，使他们即使在流动的放牧生活中也能够拥有电力照明，能收看电视和收听电台的广播，当地农牧民可以贷款购买太阳能发电设备。截至2005年，已有近4.3万户家庭使用上了壳牌的移动式太阳能发电设备。

2003年，随着中国业务量的增加，壳牌中国公司成立，管理中国大陆和香港的业务。同年，壳牌还把煤气化技术引入中国，与中国石化合资，在湖南省岳阳市兴建煤气化厂，为临近的中国石化一家化肥厂提供合成气做原料。与此同时，壳牌还与不同省、市、自治区的中国企业签署了十几个煤气化技术转让协议，用于生产化肥、氢气和甲醇。中国是产煤大国，煤占一次性能源的近70%，对煤的简单利用产生了大量污染。所以，壳牌洁净的煤气化技术

对中国的能源产业具有特殊的意义。

2004年，壳牌与中国石化成立合资企业，在江苏省共同建设和运营500家加油站，截至2005年底，已有200多家投入运营。2004年9月26日，世界一级方程式（F1）比赛首次在中国的上海举行，壳牌赞助的冠军车队法拉利也来到中国。随后，世界摩托车大奖赛也来到上海，壳牌赞助的杜卡迪车队也取得了良好的成绩。壳牌配合两大赛事所做的品牌推广活动进一步提升了壳牌爱德王子（Shell Advance）系列产品的知名度。2005年，这两大赛事继续在上海举行，壳牌继续赞助这两个车队。通过这些赞助活动，壳牌的油品销售取得了令人瞩目的成绩。润滑油产品在250多个城市的销售连续几年取得两位数的增长，使中国成为壳牌全球第三大润滑油市场，壳牌也被中国消费者连续三次评选为最受欢迎的润滑油品牌。

同年，壳牌全球解决方案公司（Shell Global Solutions）为中国石油的炼厂提供了节能减排咨询。壳牌全球解决方案公司是壳牌在中国的一项全新业务，于世纪之交进入中国，该公司为南海石化项目和洞庭煤气化项目提供技术咨询和服务。该部门也为所有的壳牌煤气化技术转让项目的业主提供合同规定的技术咨询和服务。作为一家咨询性质的公司，壳牌全球解决方案公司也直接提供创新的服务、技术和管理技能，帮助中国的石油石化企业提升能源使用效率和生产效率，解决生产过程中的环境污染问题，从而实现高效、节能、环保的生产目标。2004年和2005年，壳牌全球解决方案公司分别将一套高真空装置授权给中国石油的大连和独山子炼油厂使用，以提高其效率和赢利。壳牌的技术增加了高附加值的炼油产品，减少了低附加值的产品，节省了一次性的投资费用，并减少了维护费用。

这一时期，壳牌将工作的重点放在了与中国石油、中国石化和中国海油的业务合作上。

（二）全面放开，迎来市场机会（2006—2011年）

2006年12月11日，根据WTO协议，中国开放国内原油、成品油批发经营权。随着市场的全面放开，壳牌迎来了新的机会。其实，壳牌在此前一年，就开展了一系列业务活动。

2005年，壳牌作出最终投资决定，根据和中国石油在1999年签署的产品分成协议，共同开发长北天然气田，由壳牌担任作业者。这是中国第一个对外资开放的陆上开发项目，也是壳牌首次在中国担任作业者。壳牌的作业工作于2005年底开始。长北项目周期长达20年，长北气田已在2008年奥运会前开始向北京、山东、河北和天津供气。

2008年，壳牌首次进入中国天然气下游市场，与杭州天然气（集团）有限公司和香港中华煤气集团合资建设并运营城市高压管网，为杭州的客户提供天然气。此前，在2002年，壳牌持股的澳大利亚西北大陆架合资公司（The Northwest Shelf Venture），赢得了中国第一份为期25年的液化天然气供应合同。从2006年起，为建在广东的中国第一个液化天然气接收站每年提供300万吨的液化天然气。第一船液化天然气于2006年6月运抵中国。

壳牌在加油站网络建设方面也取得了突破。至2005年底，在江苏省之外，壳牌有70个加油站分布在北京、天津、广东和成都。

壳牌在天然气制油领域处于世界领先地位，其天然气制油产品是一种超洁净的燃油产品，是由超洁净柴油与普通柴油混合而成。壳牌迄今仍是唯一进行天然气制油商业生产的供应商，工厂设在马来西亚的民都鲁。该产品于2005年和2006年分别在上海的部分公交车和出租车上得到了试用。同时，壳牌与上海市科委和上海高校合作，在上海进行壳牌天然气制油燃料的应用研究和道路测试工作，以便了解这种新燃料在中国的适用性。

壳牌的氢能源业务也进入了中国。中国经济的快速发展在使国家经济和社会取得令世人瞩目进步的同时，也产生一系列负面影响，空气污染和整体环境水平下降是十分突出的问题。清洁能源和可持续能源被政府排上了议事日程。在这样的背景下，壳牌的氢能业务进入中国，于2005年12月和上海的同济大学签署协议，双方将在上海国际汽车城修建氢燃料电池车用加氢站。2007年11月15日，壳牌上海首座为燃料电池汽车服务的加氢站正式开业。同年，壳牌太阳能公司（Shell Solar）赢得合同，为云南、青海和新疆的100多个偏远村庄提供中央太阳能发电系统，使5000多个尚未通电的家庭受益，总装机发电量达到940千瓦。

由壳牌氢气、同济大学与林德集团合作建成的
上海安亭加氢站

2005年底，壳牌和中国海洋石油合资的南海石化项目如期、按预算建设完成，并于2006年初一次投料生产成功。

2006年3月，壳牌收购了科氏材料中国（香港）有限公司，使壳牌沥青在中国的生产能力增加一倍，业务运营范围也从东部沿海地区扩展到内陆地区。2006年5月，湖北双环化工集团有限公司的油改煤项目投产。该项目使用壳牌先进的煤气化技术，把生产原料由原来的重油换成煤，不仅每年节省两亿多元人民币，还大大减少了生产中的污染，投产三年便能收回技术转让成本。这个项目的成功投产对进一步推广壳牌的煤气化技术起到了示范作用。2006年7月，壳牌天然气和电力开发有限公司与神华宁夏煤业集团有限公司签署了联合研究协议，旨在采用壳牌间接煤制油核心技术，共同在宁夏回族自治区开发煤制油项目。双方将在中国政府批准建设的13个大型煤炭基地之一的宁东煤炭基地，共同研究建设一座日产油品及化工品7万桶的煤制油工厂商业运作的可行性。2006年9月22日，壳牌收购北京统一润滑油公司。同年，由壳牌与上海汽车工业销售公司各持股50%组建安吉—捷飞络汽车服务公司，在上海开设了三家体验店，让驾车者在20分钟内接受安吉—捷飞络的"招牌服务"，即快速换油及其他预防性保养服务，并重新上路。

2007年1月，壳牌与重庆硕润石化有限公司共同投资的重庆东银壳牌石化有限公司注册，壳牌进军重庆成品油零售市场。2007年8月，壳牌在珠海建立润滑油调配厂。2007年11月，壳牌首次在上海港向国际客户提供散装船用燃料油。为此，壳牌船舶油品有限公司和中国船舶燃料有限责任公司已经签订了一份船用燃料油供应协议，壳牌由此奏响了进军中国船用燃料油市场的号角。2007年12月，壳牌中国勘探与生产有限公司获得山西省一个煤层气项目55%

的参与权益。该项目被称为石楼北区项目，已经获得中国商务部的批准。

2008 年，壳牌与陕西延长石油集团合作，进入陕西成品油零售市场。

2009 年 9 月，壳牌与神华煤制油化工有限公司签署协议，双方将寻找机会联合开展洁净煤技术研究与开发，同时探讨应用二氧化碳捕集与封存技术的可能性。

2011 年 3 月，壳牌中国公司主席林浩光接受采访时，表达了壳牌对中国市场的信心。他表示，中国的能源未来面对许多挑战。首先是能源供给；其次是能源消费结构和环境保护；最后是能源能力建设。

尽管面临着很多不确定性，壳牌依然积极寻找发展的机会和空间，并制定了未来在中国发展业务的四大战略重点：

（1）与中国伙伴开展海外合作，共同开发国际项目，将能源带回中国；

（2）在中国开发非常规气并提供天然气、液化天然气和高质量油品；

（3）研发与技术合作；

（4）帮助中国企业"走出去"，充分发挥中国优势，共同拓展业务。

壳牌正用坚定的信心和系统的策略，迎接中国市场的机会。

使用上移动式太阳能发电设备的牧民

第二节 "长跑者"的姿态

一、寻求与中国的业务契合点

（一）业务的契合点

随着中国改革开放步伐的加快以及中国经济的高速发展，壳牌在中国市场的业务也逐步扩大，并日渐深化，中国已成为壳牌全球业务发展的重点市场之一。

壳牌在经营中逐渐体会到：要真正立足中国并获得长足发展，就需要找到既符合自身全球战略，又满足中国产业方向的契合点，由此才能奠定壳牌中国业务路线的坚实基点。

从壳牌全球战略的角度来看，中国已成为能源消耗大国，需求量旺盛的下游市场符合壳牌"赢利的下游"策略；而对于中国上游业务的开发，也与壳牌"更多的上游"业务策略相

吻合，同时对区域业务形态也将产生不可替代的作用。壳牌在中国的业务定位是力图取得和保持在中国领先国际能源公司的地位，这就要把事业建立在合理得当的基础上。

从中国产业发展方向的角度，随着中国的快速工业化、基础设施建设和运输交通工具的广泛使用，中国正迈入经济发展的高耗能期，在全球能源紧张、依靠中国自身的能源供应更加有限的形势下，巨大而日益增长的能源消耗压力，使能源安全成为保障中国经济发展和社会生活的头等大事之一；同时，中国在能源开发和消耗当中所产生的巨大环境影响，使得环境保护的压力日渐增大，近年来的环保减排目标使这一压力更加沉重。粗放的经济发展和巨大的能源消耗，使中国的单位 GDP 消耗远远大

于发达国家，节能降耗成为协助能源供应安全与环保减排的一个极为重要方面。

基于此，壳牌以自身的上下游能力、环保和能效技术以及成功的市场运作经验为基础，将其与中国业务的契合点确定为以下三个方面，即能源供应安全（Energy supply security）、环境保护（Environmental protection）和提升能源效率（Energy efficiency），并将此作为自己在中国优先发展的核心（China energy priorities）领域。

时至今日，无论是壳牌在中国的合资项目，还是其独立的油品业务，都将此作为制定策略的基础。

壳牌标准站

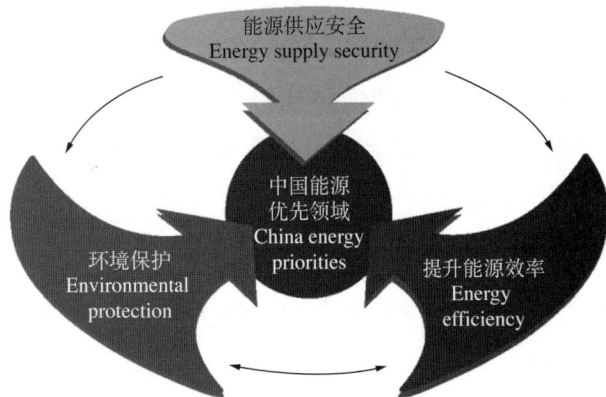

壳牌中国业务契合点

（二）策略落实途径

在具体业务实施路线上，壳牌的全球业务主要凭借其在技术开发与应用、项目运作与交付能力以及综合价值链管理方面的优势而开展。

壳牌在中国市场的开发中，非常重视并关注政策层面对业务的影响。因此，壳牌认真地研究中国政府的政策，从"十一五"计划到能源白皮书，不放过每一个政策信号，以便从中发现壳牌未来的发展方向。

针对壳牌在中国将怎样作为，壳牌中国公司主席林浩光曾表示，主要是基于中国"需要一个什么样的壳牌"，"如果我们不考虑中国市场以及合作者需要的是什么，只是把自己现有的东西拿给他们，他们肯定也不会要，我们必须追求共赢"。"中国能源企业现在已经具备的勘探、开采技术不是我们的优势，我们的价值在于向中国市场提供其不具备的技术，以实现能源供应安全、环境保护以及提升能源效率"。因此，壳牌在不同的业务层面，采取了差异化的策略。

在上游勘探与开采业务方面，壳牌将业务重点放在非常规的能源开发领域。中国本土的能源开发主要由三大国有石油公司负责，其中中国石油和中国石化负责陆上石油开发，海洋石油的开发由中国海油负责。在常规能源开发领域，中国石油已具有几十年的独立开采和炼化历史以及完整的业务体系，壳牌介入的可能性不大。但在海洋石油方面，由于海上石油勘探、开采的难度大，而壳牌具有深海作业的技术与经验优势，并在20世纪90年代采用大规模生产技术，大幅度降低了张力腿平台的成本。因此，壳牌在进入中国的早期，首先选择以中国海油为合作对象，合资进行海上项目开发，并在具体的项目运营中发挥了重要作用。

在中下游业务领域，壳牌同样运用其专长，在中国所需的方面上，发挥着自己的优势和独特价值。与中国海油合资的南海石化项目中，全部技术设施由 13 个生产工艺装置组成，一共引进了 12 项世界最先进的技术，其中除了两项是从美国 SW（Stone Webster）公司引进的外，其余都是壳牌独有的专利。自项目运营以来，生产工艺完全按照壳牌的操作模式运行。项目还使用了壳牌当时刚刚研制成功不久的蒸馏塔技术，这项可自循环散热的全新废水处理技术能将化学废料从水中分离，释放的热量可重新用于加热其他蒸馏塔。凭借这项技术，中海壳牌南海石化项目中将近 90% 的液体和固体废物都被回收利用或用于发电，与其他中国同类工厂相比，耗水量减少了 25%。

中海壳牌南海石化项目
最大和最重的设备——乙烯裂

通过这些先期项目的合作，壳牌在能效提高和环保方面的领先技术，引起了业界的重视。为进一步扩展在中国的业务范围，壳牌还根据中国社会发展需求，为中国的电力、炼油、化工等行业用户提供能源效率与环保方面的咨询与合作服务。此外，壳牌还专门针对中国的能源消耗结构，在中国开展"洁净煤"技术服务业务。

出于能源安全考虑，世界很多国家在外资进入能源领域时，均采取了一定的限制措施，中国也不例外。为减少限制政策对业务的影响，壳牌在中国的业务开发中，采用了合作的方式。

壳牌先后与拥有上下游油气经营权的三大国家能源公司以及属于地方石油的陕西延长石油集团建立了战略合作关系，并在发展过程中不断完善合作框架。

2007 年，壳牌与中国石油签订合作框架协议。在协议中，双方均表示，这种合作"有利于提升双方的战略合作层次、拓宽双方的合作领域，有利于实现优势互补、互利双赢和共同发展，标志着双方战略合作关系进入一个新阶段"。

在国内的油气企业中，虽然中国石油在勘探开发方面的技术最为领先，但在非常规能源开发上，还缺乏一定的技术和经验，壳牌通过与中国石油在致密气与页岩气等项目上的合资合作，使其赢得了更广阔的市场空间。

在天然气业务领域，壳牌一直保持着全球领先的地位。而天然气的生产开发、供应保障对于中国的能源安全和环保来说，同样具有重大意义。据此，壳牌把针对中国的天然气业务作为发展的重点，并成为向中国提供液化天然气最多的国际能源公司。不仅如此，壳牌还联合中国石油，在各自的业务需求的基础上展开合作，共同参与海外竞标，并将产品供应中国市场，从而形成由开发到市场更紧密的产业链关系。

在炼化方面，壳牌利用自己在催化剂等方面领先的炼化技术以及根据中国炼化企业的实际需求，广泛开展了炼化服务业务。同时，壳牌在中国建立了技术中心，凭借自己的技术优势，与三大国有石油公司探讨合资建立炼化工厂的可能性。

在成品油零售市场方面，壳牌的业务主要是基于与中国石化以及陕西延长石油集团的合作，尤其是近年来与延长石油在成品油零售市场上的合作发展，更是为双方业务的契合关系而构建的合作模式。

作为一家国际石油公司，在面对当今复杂多变的行业形势时，壳牌通过寻求与中国的业务契合点，为走好壳牌的中国之路奠定了良好的基础。

二、外拓内修，建基立业

（一）业务的外拓

从上世纪70年代重返中国以来，壳牌在经历最初的业务拓展后，开始寻找机会在中国建基立业。而此前单纯的产品贸易和小型项目，事实上并不符合壳牌作为大型跨国能源企业的业务开展规模与方式。

1994—1995年，壳牌与中国海油合作进行了南海西江项目开发；2000年，壳牌与中国石化合资经营500座合资品牌加油站；从2000年开始，壳牌与中国海油合资成立中海壳牌，建设并运营南海石化项目。除了中海壳牌南海石化项目以外，其余两个较大项目由于缺乏相关的后继业务展开与配合，均未能在相关业务领域脱颖而出。

2001年，壳牌开始参与中国政府规划的"西气东输"项目，这个大型项目旨在将中国西部新疆等地的天然气资源输送到东部浙江、上海等地，总投资1500亿元左右。但到了2004年，由于难以获得确定的收益率以及对商业风险存在顾虑，壳牌不得已退出了这一工程。

20世纪80—90年代，在东海天然气勘探之初，壳牌就对此项目表示出了极大兴趣。2003年8月，经过多年谈判，壳牌、优尼科公司（Unocal Corporation）与中国海油、中国石化签署了东海西湖凹陷区开发合同，壳牌和优尼科公司各占有20%股权。但在2004年底，由于对商业前景和盈利风险的担忧，壳牌和优尼科公司中途退出。

尽管中海壳牌南海石化项目是当时最大的合资项目，但壳牌未能把握机会，继续扩大产业优势。2004年，中国海油在南海规划1200万吨的炼油项目，并力邀壳牌一起参与，但由于壳牌的评估过程过于缓慢，中国海油最后决定独资建设南海炼油项目，这一项目也是中海壳牌石化项目的配套项目。在此期间，BP等公司在中国的业务开展明显超过了壳牌，尤其是BP公司，其在天然气和石化项目方面取得了显著进展。这些失利有很多原因，其中之一是壳牌的决策链条过于繁琐。自20世纪70年代进入中国市场以来，它在华的所有投资决策均来自远在欧洲总部的职能部门，壳牌中国公司只是作为平台，为这些职能机构派驻中国的人员提供行政管理、办公场所、公关服务等，并向他们收取一定的服务费用，而不参与具体的项目决策。这种情况直到90年代中后期才从组织体制上开始改变，然而文化本身往往具有自身的延续性，基于壳牌当时的治理结构，壳牌的运营和管理呈现普遍的官僚化和内向保守倾向，他们往往习惯于在办公室等人上门，并给人不易打交道、缺乏灵活性的印象，尤其当与改革之中的中国国企相碰撞，这种工作文化更难以结出实际的硕果。

2005年，随着储量虚报丑闻事件爆出，壳牌保持了98年的双董事会管理结构彻底结束，公司内部管理进行了重组，壳牌在中国的运营和管理也开始得到调整。

（二）团队的内修

随着2005年9月壳牌中国新任主席林浩光的到职，壳牌中国开展了一场被称为"林氏维新"的重大变革。壳牌以外部拓展为目标的业务运营，看来需要从内部的调整和自身修炼开始。这对于已有长久历史并致力于在中国市场长远发展的壳牌而言，像是一位长跑中的选手，需要根据竞赛场上的情况，调整它自己的跑步姿态。

壳牌开始重塑壳牌中国的角色及决策系统，而总部对于壳牌中国也赋予了新的权力，不仅使壳牌中国成为辖区业务的统筹管理者，予以相应自主权，而且提高了壳牌中国的战略级别，从管理关系上越过亚太区而直属壳牌总部管理。

壳牌在中国所确立的业务路线是：以自有专长和优势开拓上游业务，并以自身特有价值为依托寻求中游合作机会，同时，在中国成品油市场开放之时逐步进入下游市场。

为充分实现其发展目标，壳牌中国公司确立了对外秉持市场优先（Market play）和技术优先（Technology play）的方针，对内则强调创业（Grow our business）、树人（Grow our people）的理念，并营造相应的企业文化。

在对外拓展方面，与以往有所不同的是，壳牌主要依托于市场优先和技术优先。

壳牌中国主席林浩光到任后，开始加强对业务关系的拓展，努力营造和改善经营环境。在来到中国的两年时间内，林浩光几乎跑遍了中国每个省市，拜会客户、合作伙伴、地方政府，对中国的经营环境进行深入了解，促成壳牌与中国石油等中国石油巨头的合作。同时，在壳牌中国内部推行以树人为口号，着意打造本土化团队的活动。

对于跨国企业来讲，战略全球化、运营本土化往往是一条比较有效的原则，而运营本土化最适当的做法之一，就是运营成员的本土化。事实上，壳牌全球经营的核心利器之一正是它的多样化原则。壳牌过去在几个重大项目上的失利，原因之一就是没有本地团队参与谈判。

在壳牌中国13人的管理委员会中，竟然没有一名成员来自中国大陆，成员背景的单一性显然不利于壳牌中国的决策和执行。要在中国有大的发展，必须调动本土员工积极性。从特定角度去看，壳牌中国的员工99%是中国人、业务伙伴是中国人、需要打交道的政府官员是中国人、所服务的客户也是中国人，而核心运营管理者恰恰没有中国人，这显然缺乏合理性，不利于真正深入有效地开展工作。

林浩光在到任的第二个月，提拔了两位中国同事进入中国管理委员会，第三个月又提拔了三位。在这个13人的中国管理委员会中，已经有了接近半数的中国面孔。然而，树人并不仅仅是提拔几名高层参与决策和管理，只有从高达99%的本土人员中真正培养各层级人才，打造本土团队，才能真正使壳牌中国团队成为事业长足发展的坚实基础。因而，壳牌中国把树人作为一项持续的工作。随着业务的扩展、员工不断增加，把本土团队成员的培养和管理，真正纳入壳牌的人力资源管理和企业文化的轨道，帮助每位中国员工制定个人发展计划，提供大量机会让这些员工去深造，并使其发挥自主动能这些同样成为壳牌中国管理者的重要任务和绩效考核的内容。壳牌中国对管理者的评语是："不管一个人有多大本领，如果不懂得用人和栽培人才，就是没有真本领"。

在具体业务开拓方面，壳牌以技术优先为利器，在上游致密气、页岩气、煤层气的开发上都取得了突破。同时，通过在中国开设技术中心、推行催化剂等关键技术，在环保、能效方面提供技术咨询服务，以及独立开展的咨询业务，使壳牌的技术优先理念得到广泛宣扬，并以技术优势为依托，拓展中游炼化项目合作等业务。在企业运营上，壳牌近年来以市场优先的理念为指导，强势出击，通过收购来扩大市场格局，迅速在润滑油和沥青市场上占据领先优势，并通过持续的品牌、渠道和终端建设与优化运营，使壳牌成为中国市场上的翘楚。在油品零售业务上，虽然在中国的加油站数量很少，但通过终端产品的品质和灵活的促销，壳牌正逐渐扩大在中国市场的影响。

市场优先策略脱离不了技术优先的保证，它们是相辅相成的。例如在燃油零售、润滑油、沥青以及石化等业务中，它们通过富于竞争力的产品特质，为品牌塑造和市场开辟提供着不可或缺的支持。

三、铺垫可持续发展之路

（一）争做负责任的企业公民

壳牌在全球经营中坚持可持续发展的运营原则，这不仅为壳牌赢得了声誉，也成为壳牌能够在世界保持顺利发展的一个重要原因。

与在中国的长远发展目标相适应，壳牌自重新进入中国，尤其是自20世纪90年代以来，随着各项工作的开展，壳牌以负责任的企业公民（Responsible Corporatecitizen）为形象目标，在做好项目开发及生产过程中相关的环保与社会事务的同时，还积极发起环保、教育、脱贫资助等主题公益活动，积极建立和谐、友善的社区关系和良好的社会公共关系。自1995年起，随着壳牌在中国业务的迅速发展，壳牌的社会投资（Social Investment）额也逐渐增加。

（二）推广健康安全环保理念

为推进社会环保理念、树立壳牌的环保形象，壳牌在中国曾经赞助出版全国第一本《儿童环保行为规范》。1996年，壳牌针对中小学生在广州首次发起"美境行动"。"美境"两个字是"美好环境"的简称，而"行动"，则是指只有通过人们身体力行，亲自参加各种环保活动，才有可能实现环境的改善。该活动鼓励中小学生设计和实施力所能及的环保方案，获奖方案可以获得壳牌提供的资金支持并付诸实施。由于该项目重在鼓励学生自己发现问题、分析问题、动手解决问题。因此，可有机地和基础教育中的素质教育、研究性教学活动相结合，各地的参与性非常高。

十几年来，活动从广州扩展至北京、上海等全国十几个城市，参加人数超过了百万。其中实施的方案涵盖了资源的节约利用、废弃物的利用、生态保护、美化绿化、环境污染的调查研究、绿色消费、历史文化保护等多方面的内容。上海市的获奖方案在教委的支持下参加了上海市青少年科技节的展览会，有约30万人参观了这个展览。上海市杨浦区市东中学高二学生建立了"壳牌美境网络世界"，旨在通过网络来宣传环保和"壳牌美境行动"及其成果。壳牌把上海市彭浦新村一小的孩子们创作的环保漫画制成小台历，一万本这样的小台历被免费赠送给参与壳牌美境行动的孩子们、新闻记者和壳牌公司员工，活动在社会教育、新闻等各界引起很大的反响。

自2004年起，壳牌开始举办"壳牌大学生农村能源调研"评奖项目，目前壳牌中国每年在北京、上海等地的高校招募20支队伍，资助他们前往农村，调研当地能源的使用情况。同时，壳牌中国也在公司内部招募志愿者，以普通队员的身份加入调研队伍，与大学生一同完成调研工作。壳牌中国公共事务部的一位人士表示，"我们希望通过学生的报告间接地推动农村的改善，但我们最终的落脚点还是在学生的培养上。"

壳牌的"新经济中国"项目定位于中国绿色中小企业的投资促进和能力建设，帮助绿色中小企业在可持续发展领域获得融资机会。2003年以来，已有400余家绿色中小企业参与了"新经济中国"项目的能力建设和融资对接活动，60多家企业得到了重点培育，15家企业获得了不同形式的融资，融资总额超过了10亿元人民币。

2008年汶川地震后，壳牌与中国扶贫基金会合作，在受灾较为严重的四川什邡、德阳和绵竹地区推出了小额信贷业务，为当地百姓的灾后重建以及恢复生产提供资金援助。

此外，壳牌在南海石化项目中的环保工作，以及此项目所涉及的居民搬迁和野生动物保护工作，均给中国民众留下了深刻印象。这些行为，为壳牌在中国树立了良好的形象。

"坚持可持续发展的理念和行动，可以使我们吸引更优秀的人才，得到客户的信任，获得政府和公众的认可"。这是壳牌不变的理念。

壳牌倡导环保的企业形象广告

壳牌美境行动标识

壳牌大学生农村能源调研

第三节　勾画业务版图

一、围绕下游市场，积极业务布局

（一）下游策略

壳牌在中国下游市场的业务开展首先是从化工产品及油品贸易开始的，这种双边性的商业交易活动相对简便、单纯，但这并不意味着壳牌的业务已经真正落足中国。

随着中国快速工业化的经济发展，对于石油燃料、化工品等表现出的旺盛的增长需求趋势，壳牌对中国的下游市场愈加重视，自本世纪初开始，壳牌逐步着重于中国下游市场的直接耕耘。

壳牌在下游市场策略的实施主要分三个步骤进行：第一步，开展化工产品和油品贸易；第二步，建立有效的渠道和终端；第三步，完善供应链，形成完整的企业价值链。

壳牌深刻理解，在石油这个特殊的行业，取得完善的布局优势是决定经营绩效至关重要的基础。

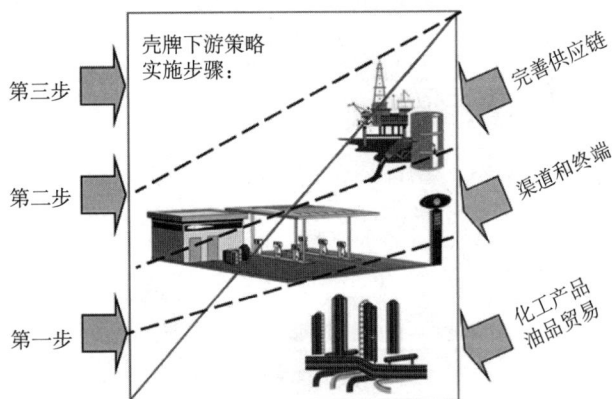

壳牌下游市场策略的实施步骤

（二）业务布局

在中国实施对外开放政策后，壳牌分别于

1985年和1987年在深圳设立了两个合资油库，为工业燃料和石油液化气销售的业务提高储运支持。1993年，壳牌开始以独资与合资的方式在沿海开放地区建立润滑油调配厂和沥青生产厂。其中，润滑油的销售主要以专卖店、换油中心等方式开展，至今，壳牌在中国已经构建了健全的润滑油批发渠道与零售终端。1997年，壳牌在天津建立了一个化工品储运码头，开始通过它向中国提供大量的苯乙烯单体、合成橡胶、洗涤剂中间体、工业溶剂和多元醇等化工产品。

虽然壳牌的油品零售和化工品销售在中国的业务增长一向比较迅速，但仅凭借这些还不能使壳牌在相应市场领域迅速占据领先优势，这种从零点起步循序渐进的方式并不是跨国石油企业最有效的发展方式，也未能充分发挥其经营运作的能力。

化工业务是壳牌在中国市场上发展最快的领域之一。2000年，壳牌与中国海油以对等股份，成立中海壳牌石油化工有限公司，双方共投资43亿美元，占地2.6平方千米，在广东惠州大亚湾合资建立大型石化项目，包括年产80万吨乙烯、56万吨苯乙烯单体和25万吨环氧丙烷等230万吨石化产品。这是壳牌在中国开展业务以来最大的一笔单项投资，壳牌以此作为站稳中国化工市场并取得领先地位的基石。

润滑油和沥青业务是壳牌在中国市场发展最快的另外两项业务，这种快速发展，同样得益于壳牌有力的投资布局，而对其发展进程产生跨越。

2006年3月，壳牌收购美国著名化工企业科氏材料的中国子公司（香港），一举成为中国改性沥青行业的领导者。科氏材料的大部分工厂都位于壳牌没有工厂并且市场覆盖率较低的地区，正好弥补了壳牌在中国沥青业务的不足，这项收购也使壳牌的沥青加工厂由5家增加到更有效分布于各地的11家，并包括一个技术支持实验室，产能由日产2400吨增加到6600吨。之后，壳牌的产品几乎占领了所有主要省级公路、高速公路的沥青用料市场，甚至包括天安门广场周边道路和鸟巢周边道路的沥青供应。

2006年9月，壳牌完成了另一笔重要交易，即是以75%的股份收购了北京统一润滑油公司。当时，中国的中低端润滑油市场基本由中国石化下属品牌长城润滑油和中国石油下属品牌昆仑润滑油所垄断，而北京统一润滑油公司凭借其强大的营销能力、品牌推广能力和终端覆盖能力，大有后来居上之势，并逐渐成为中国润滑油市场的领先企业。由于中国的高端润滑油市场基本被跨国石油公司垄断，壳牌通过这一成功的收购，弥补了其在中低端市场不足，解决了市场占有率低的问题，迅速成为了中国润滑油市场领先的国际能源公司。有人评价，这一举措让壳牌在中国润滑油市场的扩张速度至少加快了五年。至今，壳牌在润滑油业务方面一直保持着旺盛的发展势头。

2009年11月，壳牌亚洲产量最大的润滑油调配厂在珠海投产，至此，壳牌拥有了珠海、天津和浙江三个生产基地。

2010年8月，壳牌在珠海基地兴建技术服务中心，该中心于2011年6月投入使用。

壳牌设定的中国润滑油市场目标是：从2010年起，五年内销售额超越壳牌在美国的销售额，使中国市场成为壳牌内部最大的润滑油市场。

相比于前面几项业务，壳牌在成品油零售业务方面的拓展较为缓慢。进入中国市场以来，壳牌一直寻找在中国油品市场更好的落脚点。最初，壳牌希望独立进入中国市场，成为中国能源市场重要的供应商，但由于政策等方面的限制，留给壳牌的直接机会并不多。

2000年，中国石化的股票在香港上市，需要壳牌、BP以及埃克森美孚公司认购其股票，在战略合作协议谈判中，壳牌提出了与中国石化合作经营加油站零售终端的建议，壳牌借此启动了介入中国成品油零售市场之路。

2004年，按照事先达成的协议，壳牌与中国石化合作，在苏州和无锡设立了400多座合资品牌加油站，并先后在北京、天津、广东、成都、重庆等地建立了壳牌品牌加油站，但由于政策等各方面因素的制约，业务进展缓慢。

在中国成品油市场完全开发的初期，壳牌曾有"不计形式"收购民营加油站的表示，但由于在上游油品供应、经营成本、具体资格审批等方面的问题，阻碍了这一计划的实施。

为在中国市场真正站稳脚跟，并有效开发市场，壳牌一直在寻找实现中国市场的完整产业链架构的模式。经过一些探索，壳牌在继续与中国石油、中国石化及中国海油发展传统合作关系的同时，采取了两条并行的策略路线：

一条策略路线是拓宽合作渠道。2008年12月，壳牌与陕西延长石油集团合作，在陕西成立合资企业，并在2009年启动了在陕西建立100座加油站的计划；同年双方再度以陕西模式进入四川，计划花两年左右的时间新建100座加油站，并将壳牌原有在川的加油站并入合资企业。

陕西延长石油集团是中国拥有石油和天然气勘探开发资质、集上下游一体化的四家企业之一，也是目前唯一的地方石油巨头，其原油产量和加工量均超过1000万吨。此前，延长石油只从事石油批发，一直缺乏终端零售。壳牌与之合作，即可绕过市场准入政策约束，并利用延长集团的上游资源，解决油源供应的瓶颈。新成立的延长壳牌合资企业，将全面按壳牌的方式运营和管理，使壳牌具有更大的话语权和主动权。

在另外一条策略路线上，壳牌也在积极利用自身优势寻求合作渠道，争取在中国开设炼厂甚至进入上游，以构建完整的产业链，进而真正建立起上下游一体化的业务格局。

由于炼油与化工的内在联系，对壳牌而言，开设炼厂不仅能够解决其油源供应问题，也能够对石化项目构成支持。早在南海石化项目时，壳牌曾希望这一项目中包含炼油环节，但未获得批准。2004年，中国海油在南海规划1200万吨的炼油项目，作为南海石化的配套支持项目，壳牌由于自身决策机制的问题遗憾错过。

2009年，由于当期预算和项目选择等原因，壳牌决定退出中国石化与科威特在广东建设的1500吨炼油及100万吨乙烯项目。与此同时，壳牌与中国石油、卡塔尔达成三方协议，将投资800亿美元，在浙江台州建立2000万吨炼油、120万吨乙烯项目，实现其一直以来在中国建立炼化一体化项目的愿望。

2011年初，壳牌开始与中国海油进行洽谈，在中国海油惠州二期炼油项目中，壳牌希望以30%的股份参与合作。由于当初的中海壳牌惠州南海石化项目并不包括炼油。因此，介入这一项目将有助于帮助壳牌完善其产业链结构。

二、上游及天然气业务路线

（一）积极寻找机会

壳牌自进入中国市场以来，一直在积极寻

找上游的市场机会。但由于中国政府基于国家石油安全的角度考虑，对上游的管理较为严格。因此，受政策壁垒的影响，壳牌进入上游的可能性降低。于是，壳牌将注意力投向了非常规能源的开发。

对于非常规能源的开发，中国还不具备领先世界的技术，而壳牌在非常规能源的开发和特殊钻探开采领域则有着自己的技术长处及相关运营优势，壳牌尝试借此进入中国上游市场。

在南海的开发中，壳牌凭借其在海上开采等方面技术领先与技术装备的优势，与中国海油及康菲石油公司合资开发南海西江油田项目，并占有35%的份额，两块油田分别于1994和1995年投产。通过壳牌技术和资金的注入，该油田仅1996年的生产能力就由过去的75万吨提升到了140万吨，使得壳牌一跃成为当时中国境内最大的国际石油生产商。

2000年，吉林省发现大型油页岩矿藏，并开始在国内外寻找合作开发伙伴，这给壳牌带来了机会。2004年12月8日，壳牌勘探有限公司与吉林省地质矿产勘查开发局签署合作框架协议。协议规定，双方在中国吉林省建立一家合作经营企业，对该省内的油页岩资源状况进

吉林油页岩开采

行研究，并着眼于未来对油页岩资源的开发利用，以生产合成运输燃料和电力。2005年9月1日，吉林壳牌油页岩开发有限公司成立，首期投资1.5亿美元，其中壳牌拥有61%的股份。然而，经过几年的钻探，得出的结论是吉林的油页岩资源虽然丰富，但页岩层太薄，产油非常困难，需要新技术、高成本和长期的开发。因此，壳牌不得不停止了在吉林的油页岩勘探活动，对合资公司进行清算。

（二）确定主攻领域

面对在上游业务开发中的得失，壳牌逐渐清晰了发展思路，并明确天然气市场为主攻方向。其实，早在21世纪初，壳牌就提出在勘探和生产方面未来的重点是帮助中国开发国内天然气资源。这包括了以下几个方面的原因：

一是基于壳牌在全球的天然气发展战略，壳牌的业务重心正逐渐向天然气方面转移；二是中国出于环保减排的压力，已经开始着手改善以煤为基础的整体能源结构，并在多领域提升天然气的应用比重，因而天然气在中国的整体能源结构中，将具有更大的发展潜力；三是壳牌的非常规能源开发优势有很多是属于天然气方面的，在煤层气、页岩气、致密气开采以及天然气转化和运输等方面拥有领先的技术及丰富的经验积累，而中国的常规天然气储量有限，非常规天然气资源丰富，中国希望通过非常规资源的有效开发利用来满足快速增长的能源需求，同时在政策上予以适当放宽；四是在开发成本上，不同于非常规油田和极端环境下的油田开发，包括非常规天然气在内的天然气开发成本相对较低。

用一位壳牌人士的话来讲："我们认为天然气方面的机会比油页岩更好，相信凭借壳牌的

技术可以使得一些已经面临枯竭或难以开采的气井出现新气"。

早在2002—2003年，壳牌就已经涉足中国天然气上游业务的开发，积极参与了中国"西气东输"和"东海天然气开发"两个大型项目，但都由于难以把握其商业风险和存在一定的顾虑而无果而终。

2005年，壳牌与中国石油共投资6.2亿美元，在位于陕西省和内蒙古自治区内的鄂尔多斯盆地毛乌素沙漠边缘，合资共同开发长北致密气田。壳牌负责项目的具体作业，在协议开发的20年项目周期内，壳牌拥有天然气产量的50%。2007年3月1日，长北气田开始商业化生产。2008年，提前两年达到产量目标，气田进入稳产期。该气田曾为北京奥运会提供过清洁能源，目前，已加入西气东输行列，每年向北京、山东、河北和天津等地输送约30亿立方米的天然气。

2007年，壳牌与加拿大维罗纳开发有限公司（Verona Development Corporation）签署了股权转让协议，根据协议，壳牌购买了加拿大维罗纳公司在山西石楼北煤层气开发项目中的股份，该协议得到中国商务部的批准。在20年的项目生产期中，壳牌得到项目总体55%的股权。该项目启动于2005年，原合作方为中联煤层气有限公司（CUCBM）与加拿大维罗纳开发有限公司，壳牌加入后，维罗纳公司仅保留了该项目5%的权益，中联煤继续持有其40%的权益。这是壳牌在中方合资项目中，获得的最大比例股权。

2009年11月，壳牌与中国石油签订合作协议，启动了国内首个页岩气合作开发项目，即四川富顺—永川区块页岩气联合评价与开发。

2010年3月，壳牌与中国石油签订为期30

年的合同，将对四川省中部约4000平方千米的金秋区块致密气藏进行评估，并根据结果进行开发。该项目年产量预计至少有20亿～30亿立方米，壳牌在金秋气田占有权益将高于中国石油，同时负责全部投资。

从未来发展潜力上，壳牌已将中国看做全球天然气未来业务量最大的市场之一。因此，除了在中国积极介入本地天然气上游资源开发外，也大力发展在中国的液化天然气（LNG）销售业务。

自20世纪90年代早期以来，壳牌一直在中国积极推广液化天然气的使用，参与建设了很多液化天然气接收站，并利用海外的壳牌项目为中国提供液化天然气。壳牌中国主席林浩光表示："到2012年，壳牌将是中国最大的 LNG 销售商"。

2008年，壳牌相继与中国石油签署了两份液化天然气合作协议 (SPA)，由壳牌向中国石油每年供应500万吨的液化天然气，其中300万吨来自壳牌在卡塔尔的项目，200万吨来自于澳大利亚高更项目。这一数字使壳牌成为向中国提供液化天然气最多的跨国石油公司。此外，壳牌还通过澳大利亚及马来西亚的合资项目，每年分别向广东和上海提供100万吨液化天然气。

为拓展中国业务，壳牌也把中国天然气业务的纽带延展到国外。2010年8月，壳牌与中国石油按各50%的股权结构组建了合资公司，合资公司以35亿澳元的价格完成了对澳洲最大的煤层气生产商 Arrow 能源的收购。这一项目将把煤层气转化成液化天然气，并将产品供应中国。这一合作进一步深挖了双方潜力，共同拓展海外业务，也加深了上游开发生产与消费市场的紧密关系。

2012年3月，壳牌与中国石油签署了一份

产品分成合同，将在中国四川盆地的富顺—永川区块进行页岩气勘探、开发及生产。产品分成合同覆盖的区块约为3500平方千米，壳牌将在这个项目中应用其先进技术、运营专长和全球经验，与中国石油共同开发项目区块内的页岩气资源。这也是中国首个页岩气产品分成协议。

不仅如此，壳牌还进入了中国天然气下游市场。2005年，壳牌与香港中华煤气有限公司及杭州市燃气有限公司合资组建了杭州天然气有限公司，在杭州建设、运营并管理了一个高压天然气管道系统，每天向杭州37万户家庭和商业用户输送3亿立方米天然气。这是壳牌首次在中国大陆进入天然气下游市场，壳牌表示，将看市场发展情况来决定今后是否参股其他城市管道燃气市场。

三、"洁净煤"的中国愿景

（一）清洁煤市场的前景

据2007年国务院新闻办公室发布的《中国的能源状况与政策》报告显示，中国能源资源总量比较丰富，拥有较为丰富的化石能源资源。其中，煤炭占主导地位。2006年，煤炭保有资源量1.0345万亿吨，剩余探明可采储量约占世界的13%，列世界第三位。已探明的石油、天然气资源储量相对不足，油页岩、煤层气等非常规化石能源储量潜力较大。中国拥有较为丰富的可再生能源资源，水力资源理论蕴藏量折合年发电量为6.19万亿千瓦时，可开发年发电量约1.76万亿千瓦时，相当于世界水力资源量的12%，列世界首位。

在中国的能源消耗结构中，煤炭作为基础能源达到了近70%的比例，对环境的污染，尤

其是近年来为中国的环保减排目标带来很大的压力。壳牌一方面大力推介并参与改善能源消耗结构；另一方面，壳牌看到煤炭洁净化本身的市场需求和巨大业务潜力，针对中国等煤炭消耗大国，积极开展"洁净煤"业务。

壳牌凭借自己在炭氢能源和化工领域的研发实力，通过煤的气化和液化技术，在加工转化过程中，把煤中的粉尘、二氧化硫等脱净，使其成为洁净化燃料。此外，煤在气化、液化后，还可以用作其他煤化工产品，这有助于替代石油化工原料。由于石油价格不断攀升，中国的煤炭资源远远超过石油资源，"煤代油"也成为中国重要的能源战略规划内容之一。

（二）清洁煤市场的开发

随着中国市场对低碳清洁能源需求的不断增长，壳牌看好了清洁煤市场的发展潜力。

在开发清洁煤市场过程中，壳牌采用的市场策略主要包括：（1）寻求与中国大型煤炭企业合作，强强联合，共同开发市场；（2）将最前沿的、国际公认的壳牌洁净煤技术提供给中国；（3）壳牌在提供洁净煤技术的同时，力争实现设备的国产化，这有助于降低设备造价，加快项目投产，并能够为中国客户提供更高效、更及时的技术服务。

2001年11月，壳牌与中国石化合作，在湖南省岳阳建立了一座煤气化工厂，双方在合资企业中各占50%的股份。2005年，该厂建成投产，日加工煤量约2000吨。

在岳阳煤气化项目的影响下，壳牌的洁净煤技术得到有效的推广。但在壳牌的全球战略中，煤化工并非壳牌的核心业务，因此，壳牌在推广该项目的过程中，主要以技术转让为主。

在随后的项目推广中，壳牌以授权方式与湖北、广西和辽宁等地的企业陆续签订了19个煤气化技术许可协议，以此拓展在中国的"洁净煤"业务。

近年来，由于市场竞争日益加剧，以及通用电器公司（General Electric Company，GE）、西门子等跨国公司的介入，壳牌调整了其在洁净煤领域的竞争策略，由过去单纯技术转让方式扩展到参与合资，以图更好的拓展市场。这一策略调整对于那些准备致力于煤气化项目的企业来说，无疑是一剂强心剂。因为合资可以为它们降低投资成本，而对壳牌来说，合资更有利于获得订单，从而提高市场占有率。

目前，在"洁净煤"业务方面，壳牌在中国开展的最大项目是与中国最大的煤炭企业中国神华集团的合作项目。2006年2月，壳牌与宁夏回族自治区政府、神华宁夏煤业集团签署了关于煤炭间接液化项目合作协议。根据该协议，三方将就使用壳牌的间接"煤制油"技术进行联合研究。当时，计划3年内完成基础研究工作并开展项目建设，预计总投资约60亿美元。然而，由于受2008年金融危机、石油价格暴跌等因素的影响，该项目已不具有经济性。到2009年，双方决定暂停这一项目，并签订谅解备忘录，同时成立联合工作组，开发更先进的煤气化技术，此举意味着双方将为此前的合作项目寻求更优化技术方案。

第四节　壳牌中国项目概览

一、壳牌在中国的勘探与开发业务

（一）南海西江油田项目概况

南海西江油田位于香港以南150千米的南海，由壳牌、中国海洋石油总公司和康菲石油公司（Conoco Phillips）共同合作开发。壳牌在西江的两个近海油田占有35%的份额，该油田由中国海油和康菲石油公司负责作业。

西江油田的海上生产设施包括西江24-3和西江30-2两座作业平台和"南海开拓号"浮式生产储油卸油船，它们的液体处理能力为每天96万桶。

两座作业平台分别于1994和1995年投产。1996年，由于加大了投资力度，西江油田的生产能力由过去的年产75万吨提升到140万吨。至2008年，该油田平均日产4.63万桶原油。

FPSO 南海开拓号

（二）西江24-3作业平台

西江24-3作业平台位于南海珠江口盆地15/22合同区块的南部，距香港东南约128千米，水深100米。

1994年11月，该作业平台正式投产。1997年，中国海油和美国菲利普斯（亚洲）公司合作，成功地在该区钻出了世界水平位移最长的一口高难度大位移延伸井。2000年9月30日，中国海洋石油有限公司在该平台拥有原油净探明储量1900万桶。

西江油田24-3作业平台

（三）西江30-2作业平台

西江30-2作业平台位于南海珠江口盆地15/22合同区块的东北部，距西江24-3油田约12千米，水深99米。

1995年10月，该作业平台正式投产，与西江24-3共用一套浮式生产储存卸货装置（FPSO）联合开发海洋石油，作业者为美国菲利普斯（亚洲）石油公司。西江30-2作业平台储量中等，产量很高。2000年9月30日，中国海洋石油有限公司在该平台拥有净探明储量1400万桶原油。

西江油田30-2作业平台

二、壳牌在中国的下游销售业务

（一）成品油零售业务

壳牌是世界规模最大的成品油零售商之一，在全球90多个国家拥有加油站超过4.6万座，燃料销量约占全球总销量的29%。

壳牌一直非常重视中国成品油零售市场。早在20世纪90年代中期，即中国成品油零售市场还没有完全开放的时候，壳牌就一直在积极寻找合作伙伴，以实现进入终端市场的目标。1996年至1998年，壳牌开始在武汉、天津、北京和广州发展加油站零售网络。

在武汉，1996年，壳牌与香港扬威制品有限公司旗下的武汉阳光石油公司展开合作。同年9月，壳牌购买了武汉阳光石油下属加油站70%的股份，并组建武汉壳牌阳光石油公司，简称武汉壳牌。当时，武汉壳牌拥有10座加油站。1999年，武汉阳光石油将其持有的30%武汉壳牌股份全部转让给中国石化。受政策壁垒、不规范竞争以及上游资源等因素的影响，武汉壳牌的经营一直处于亏损状态，2000年公司亏损500万元左右；2001年亏损300万元左右；2002年，亏损额下降到200万元左右。当年，壳牌决定出售武汉壳牌的股份，并与中国石化湖北石油分公司开始谈判。2003年1月，壳牌将持有的剩余7座加油站70%的股权，全部转让给中国石化，壳牌完全退出武汉成品油零售市场。

在天津，1997年4月18日，天津壳牌石油有限公司成立，该公司是由壳牌与天津农垦集团总公司合资组建的。2007年底，天津壳牌石油有限公司加油站达到30座。2008年，天津壳牌石油有限公司为更好的发展，改由天津农垦

集团控股，并确立了立足天津，挺进河北，占领山东的策略。2010年，唐山壳牌石油有限公司、廊坊子公司、沧州子公司相继成立。2011年，山东壳牌石油有限公司成立。天津壳牌石油有限公司业务范围覆盖了津冀鲁。2011年7月，天津壳牌石油有限公司正式更名为壳牌华北石油集团有限公司。2011年，壳牌华北石油集团实现销售收入50亿元、利润1.27亿元。截至2012年7月，壳牌华北石油集团在天津的在营加油站数量达到67座，在河北的数量达到37座，在山西的数量为6座，在山东的数量为5座。2011年12月，壳牌华北石油集团与天津经济开发区签署南港油库项目。2012年6月10日，投资5.5亿元、设计库容20万吨的油库项目开工建设。

在北京，1998年，壳牌与北京首都农业集团公司合作，成立了北京壳牌石油有限公司，其中，北京首农集团持股51%。截至2012年7月，北京壳牌在营加油站达到21座。

2004年8月28日，中国石化壳牌（江苏）石油销售有限公司成立，由中国石化和壳牌合资组建，公司投资总额15.52亿元人民币，注册资本8.3亿元人民币，其中中国石化、壳牌分别持有60%、40%的股权，经营期限为40年。公司总部注册在南京，营运总部在苏州，并将在苏州、无锡、常州地区经营管理500座加油站。截至2009年底，中国石化壳牌在苏锡常运营管理的在营加油站达到400座，成品油销量近200万吨。

2005年4月，四川壳牌燃油有限公司成立，公司是由壳牌与四川海田投资公司合资组成。2009年10月，陕西延长石油（集团）有限责任公司携手其下属子公司陕西天力投资有限责任公司，注资改造四川壳牌燃油有限公司，组建

延长壳牌（四川）石油有限公司，新公司股份比例分别为：延长石油46%、四川壳牌45%、陕西天力9%，因陕西天力属延长石油控股子公司，实际上延长石油持股55%。合资公司计划在川建设和运营100座加油站。截至2012年7月，四川壳牌在营加油站达到65座。

2006年7月，壳牌与重庆东银实业（集团）有限公司合作，组建重庆东银壳牌石化有限公司，投资方为壳牌和重庆东银实业集团旗下的全资子公司重庆硕润石化有限责任公司，其中硕润石化持股51%，公司总投资为4亿元人民币。公司成立之初，壳牌首先对硕润石化的下属加油站进行改造，并在短时间内建立了5座壳牌品牌加油站。合资公司计划在重庆建立150～200座加油站，至项目成熟期，年成品油销量将到70万吨以上。截至2012年7月，重庆壳牌在营加油站达到15座。

2008年12月，延长壳牌石油有限公司成立，公司由陕西延长石油（集团）有限责任公司、壳牌（中国）有限公司、陕西天力投资有限公司三方股东共同注资成立，注册资本为3.06亿元人民币，公司投资总额为10亿元人民币，公司主要在陕西省境内开展成品油零售业务。截至2012年7月，延长壳牌在营加油站达到57座。

除此之外，截至2012年7月，广州壳牌石油有限公司在营加油站达到30座。

壳牌在中国经营的零售终端形式主要有两种，一种是壳牌自有品牌加油站，比如在北京、天津、重庆、广州等地的加油站。另一种是壳牌双品牌加油站，比如中国石化壳牌、延长壳牌的合作加油站等。

目前，壳牌在中国的成品油零售站点主要集中在华北的北京、天津，华东的江苏，华南

重庆壳牌加油站

天津壳牌加油站

壳牌双品牌加油站
——四川延长壳牌加油站

壳牌自有品牌加油站

的广东，西南的四川、重庆，以及西北的陕西。截至2012年7月，壳牌累计在营加油站已超过600座。

壳牌将下一步发展成品油零售网络的目标

壳牌双品牌加油站——
陕西延长壳牌加油站POP宣传牌

壳牌双品牌加油站——
中国石化壳牌（江苏）加油站

瞄准在山东、河北、辽宁、上海和浙江等省市，并且将发展重点放在山东省。2006年初，壳牌在青岛建立了独资企业壳牌青岛石油有限公司，注册资金为1000万美元。壳牌将依托青岛港口优势，在青岛投资3000万美元，用以加油站的建设和成品油零售。2010年8月，壳牌宣布了将投资15亿至20亿元，在山东建立并拥有200座加油站的计划。

最终，壳牌的加油站网络建设目标是：到2017年，拥有一个由批发业务和地区性整体供应链支撑的、2000个站点组成且盈利的零售网络。各合资公司网络将每年销售160亿升燃油，净利达到9千万美元。

（二）非油品销售业务

壳牌在中国开展的非油品销售业务主要以便利店为主，其他形式的业务，比如换油中心、洗车服务等，还只处于小规模的尝试阶段。

由于在中国各区域的零售业务主要是通过合资公司来完成的，因此，壳牌在便利店的建立上采取了不同策略，将便利店分为两种，即无品牌便利店和选择（Select）品牌便利店。

在中国石化壳牌（江苏）等合资公司，开设的便利店就是无品牌店。截至2009年底，中国石化壳牌在营的便利店达到138家。

在其他区域，壳牌便利店使用了其自有品牌Select。目前，在中国开设的Select便利店超过百家。

壳牌Select便利店

壳牌便利店内部陈列

壳牌的加油站便利店，一般是24小时营业，店内主要出售各类饮品、零食、快餐食品，以及日用消费品、汽车保养用品和壳牌润滑油等产品，方便顾客在旅程中"补充能量"和驾驶的需要。

（三）润滑油销售业务

壳牌的润滑油业务一直处于全球领先地位。2006年9月，壳牌收购了北京统一润滑油公司75%的股份，使其在中国润滑油市场上排名第三位，仅次于中国石油和中国石化两大国有企业，在国际能源公司里排名第一。

如今，壳牌在中国共拥有6家润滑油调配工厂。2009年11月，壳牌在广东珠海的润滑油调配工厂开始投产，该工厂具有世界级的规模。

壳牌（珠海）润滑油有限公司调配厂的产品主要供应中国市场，满足普通消费者、运输部门、工业部门以及海事部门的需求。在润滑油生产之外，壳牌还在该厂投资建设一个润滑油技术服务中心。该中心提供包括质量控制实验室在内的一系列技术服务，为壳牌的主要客户和汽车业的OEM厂商提供与润滑油应用相关的技术研究、市场推广和培训服务。

2011年，壳牌连续五年成为全球排位第一的润滑油供应商，其润滑油销量占全球市场总销量的13%。壳牌的润滑油品牌系列包括鹏斯（Pennzoil®）、桂冠达（Quaker State®）、壳牌罗泰拉T系列（Shell Rotella T）、壳牌喜力、壳牌劲霸、壳牌得力士、壳牌统一等。

壳牌在中国润滑油市场占有约10%的份额，壳牌润滑油在中国的供应能力超过60万吨，中国已成为壳牌润滑油的第二大市场，仅次于美国。目前，壳牌在中国为8家汽车制造商（排名前10）及48家钢铁公司（排名前50）供应润滑油。

（四）沥青业务

壳牌的沥青业务始于20世纪初，是沥青技术的奠基者之一。通过在中国市场的长期摸索，壳牌在沥青行业与中国交通系统的客户建立了长期稳定的合作关系，并且通过努力开拓中国市场，提高了市场占有率，确保了企业的可持续发展。

如今，壳牌沥青在中国的市场覆盖超过20个省、市、自治区，是中国目前最重要的外资沥青供应商之一。其子公司壳牌（中国）沥青有限公司是世界上最大的专业道路沥青公司之一，同时也是世界道路沥青产品研究、开发、生产和应用的领导者。

上世纪80年代中期，壳牌沥青进入中国市场。根据80多年涉足道路沥青科研、生产与销售的经验，壳牌公司发现了中国道路沥青市场的长远潜力——中国公路建设规模大，养护需求高，特别适合以技术见长的壳牌发展。壳牌开始帮助中国改善道路环境，并因为给京津塘高速公路供应沥青而在中国公路界名声远扬。但当时壳牌中国还只是一个单一的重交沥青产品贸易商。1995年，壳牌涉足中国改性沥青市场，1997年开始在中国建立沥青调配点，加工各种附加值比较高的沥青产品——如改性沥青和乳化沥青，壳牌在中国建立的两个沥青调配点分别位于浙江乍浦和天津。

2004年，为了提高中国西南市场占有率，以及提高东南亚地区的沥青供应能力，壳牌与中国外运公司在广西钦州合作建立了第三处沥青加工基地，将其命名为广西钦州沥青配运中心。

随后，壳牌在南京、福建马尾也建立了沥青生产基地，这5个沥青生产基地的日产能力总计约为2400吨。

在建立沥青调配点期间，壳牌也开始向沥青混合料领域进军。2004年11月，壳牌中国控股私有有限公司、壳牌（中国）有限公司与上海市纺织运输公司合资建立了一个沥青拌和厂——上海派安道路工程有限公司。壳牌占有该公司75%的股份，上海市纺织运输公司占有该公司25%的股份。这个举动扩大了壳牌在中国的沥青业务。2006年2月，壳牌推出沥青混合料专利产品——SEAM料，凭借该产品，壳牌在沥青混合料领域异军突起。

然而，随着新世纪的到来，壳牌沥青在中国市场的地位受到了其他竞争者的挑战，美国科氏材料公司就是其中之一。

1999年，美国科氏材料公司下属的科氏材料（中国）有限公司开始在中国开展业务，于2000至2004年间分别在镇江、天津、西安、佛山、鄂州和泸州建立了6家沥青加工厂、2家移动沥青加工厂和1个设在北京、在亚洲占据领先地位的沥青技术研发中心。当时，6家沥青加工厂的日生产能力总计约为4200吨，超过了包括壳牌、BP等企业的沥青日产量。然而科氏最大的优势是能为中国提供包括道路沥青、乳化沥青等在内的全系列沥青产品，沥青的供应量占据了中国大约35%的市场份额，将其他竞争对手远远甩在后面。

不过，正当美国科氏材料公司的沥青业务蒸蒸日上之时，美国科氏材料公司的母公司科氏工业集团却将美国科氏材料公司出售给美国SEM材料公司，并且为科氏中国寻找新东家。美国科氏材料的下属企业科氏中国公司赚取的利润虽然较高，但占科氏工业集团全球业务利润总量的比重太小、投资过于超前、布点太多、投资太大，难以摆脱被剥离的命运。

为了扩大沥青市场占有率，弥补自己的沥青在分布上的不足，拓展自己的下游业务，壳牌抓住了收购科氏中国的机会。2006年3月，壳牌收购了科氏中国的全部沥青产业，拥有了科氏中国的6家工厂。2006年8月21日，佛山科氏新粤沥青产品有限公司正式更名为壳牌新粤（佛山）沥青有限公司。佛山工厂的占地面积为一万多平方米，拥有约五千吨的沥青储罐，以及改性沥青和乳化沥青两条生产线。产品主要包括：改性沥青，乳化沥青，改性乳化沥青等。其中，改性沥青月生产能力为约1.5万吨，乳化沥青月生产能力约3000吨左右。至2010年，佛山工厂已为广东以及周边省份的道路建设提供了超过15万吨的沥青产品。科氏中国的6家工厂使壳牌在华的沥青业务短时间内就增加了一倍以上。

同年，壳牌收购了西安科氏沥青有限公司的股份（该公司由科氏材料和西安国琳实业有限公司合资成立，其中科氏材料占该公司60%的股份），填补了壳牌中国西北地区的改性沥青、改性乳化沥青的空白，迅速占领了西北市场。

2007年，壳牌成立了壳牌（泸州）沥青有限公司，这是壳牌在中国西南地区唯一的全资子公司。该公司的前身为美国科氏材料公司在泸州投资兴建的沥青生产项目，主要生产和营销用于道路、房屋建设及维护的高技术沥青产品，泸州工厂年生产能力为改性沥青8万吨、乳化沥青4万吨，年产值近8亿元。由此，壳牌公司又展开了对西南石化下游产品市场的争夺。

收购科氏中国意义重大，标志着壳牌沥青业务在规模上迈上了一个新的台阶。2006年，壳牌的沥青产品在中国的市场占有率为20%。在高端的改型沥青市场和先进技术研发领域，壳牌占有明显的优势。壳牌沥青业务不仅在中国拥有完善的网络布局，而且在产品供应上，形成了完整的供应链，能提供从乡村道路到高速公路，从机场跑道到 F1 赛道等几乎所有等级路面所需要的沥青产品。

2007年12月底，壳牌中国收购了泰玛士建材（上海）有限公司。2008年1月16日，壳牌中国正式宣布启动壳牌品牌下的沥青混合料业务，并且将上海派安道路工程有限公司更名为壳牌道路工程（上海）有限公司。至此，壳牌中国旗下拥有了2家沥青混合料生产厂家。

目前，壳牌已在中国的天津、浙江乍浦、江苏镇江、福建马尾、陕西西安、山西运城、湖北鄂州、四川泸州、广西钦州、广东佛山、内蒙古通辽设有11个沥青中转库和加工厂，在上海运营2家沥青混合料厂，业务覆盖超过20多个省市，已成为中国国内最大的改性沥青和乳化沥青供应商。中国几乎所有省级和主要高速公路项目均采用了优质的壳牌沥青，其中包括南京长江二桥、京津塘高速路、济青高速路、上海至南京高速路、北京天安门广场周边道路和"鸟巢"国家体育场周边的道路。壳牌聚合物改性沥青（Cariphalte）、壳牌宽域沥青（Multiphalte）、壳牌彩色沥青（MexC）等壳牌高级沥青产品在引入中国后也得到了广泛应用。

除了普通重交沥青和氧化沥青产品之外，壳牌沥青还开发出多种可满足各种工业需求或家庭用户需求的特殊产品。壳牌沥青产品可根据沥青混合料生产厂家、道路施工单位、建筑商、政府、社区、业主、设计方和建筑设计师的需求提供个性化的解决方案。

凭借出色的业绩和贡献，2010年，壳牌中国获得中国沥青行业科技贡献奖，向"做中国领先的沥青供应商"的目标又迈近了一步。

三、壳牌在中国的天然气业务

（一）陕西长北天然气项目

陕西长北天然气项目位于陕西省榆林北部和内蒙古境内，距离西安北部一千余千米，气田面积1558平方千米，是壳牌公司迄今为止在中国陆上与中国石油合作的最大天然气开发项目，整个项目投资开发成本6.2亿美元，主要用来建设中央处理设施和内部主要管线，以及在十年内钻探50口水平井和多边井。

1995年4月，壳牌与中国石油签订合作开发长北天然气项目的意向书。协议是基于将壳牌先进的勘探开发技术和管理经验引入中国，以合作开发难度较大、技术水平要求较高、需要大量资金投入的项目，这也符合壳牌重点发展中国天然气市场的战略。

协议签订后，合作双方为最大限度地控制项目投资风险，对天然气田的地质情况、投资效益开展了细致的前期评价以及商业性评价，并编制了项目《总体开发方案》。

1999年9月，双方签订正式合作开发协议，并启动项目前期开发准备工作。

至2001年，经过对项目前景的深度预测与探讨，长北天然气开发项目的准备阶段也步入尾声。

2005年5月7日，壳牌公司与中国石油联合宣布，双方正式启动合作开发长北天然气项目。依照合作双方签署的《产品分成合同》，壳牌以作业者与承包商的身份签署了钻井合同和工程总承包合同的意向书，并在20年的项目生命期内拥有天然气产量的50%。

至2006年初，长北天然气田已初具规模。2006年全年，长北天然气田共生产天然气商品气量达4亿立方米，并提前完成当年生产计划。钻井建设方面，全年共开钻4口水平井，完钻3口井，完井2口，共完成钻井进尺2.2901万米，并获得一系列技术开发突破。2006年12月14日，长庆油田公司长北天然气处理厂实现向陕京二线供气，标志着长北天然气开发项目30亿立方米产能建设的主体地面工程建成并投入运行。

2007年3月1日，长北气田天然气处理厂正式投产运行，标志着长北气田正式投入商业生产，整个合作项目比原投产计划提前一年。至2007年5月，整个气田的地面工程建设已形成年产30亿立方米的供气能力。

2008年8月25日，随着长北项目第9口日产超过100万立方米的高产气井 CB14-1井顺利投产，通过技术攻关形成的"六大先进工艺技术"，使储层钻遇率超过了80％，完钻的20口双分支水平井有13口获得了100万立方米以上的高产，先后创造了中国陆上钻井井眼水平段最长、单井分支水平段最长等十多项纪录，达到国际先进水平。长北项目用不足3年的时间，使天然气日产能力历史性地迈上1000万立方米台阶。

2009年12月，长北天然气项目迎来三年无损失工时事故的庆典，长北实现可持续发展基础上的"零事故目标"。

2011年，长北天然气项目产量创下35亿立方米的纪录，较2010年的34.8亿立方米略有增加。截至2012年1月，该项目已经累计生产天然气183.3亿立方米。

壳牌将领先的新技术、新工艺应用到长北气田项目上，并充分利用中国石油的综合技术和人力资源优势，使该项目成为跨国石油公司与中国企业合作项目的典范。

长北气田CPF(中央处理设备)

（二）四川金秋天然气田项目

金秋天然气田的板块中心位于四川省射洪县金家镇，辐射至周边三台、盐亭、安岳三个县城，总面积约4000平方千米。根据合同，壳牌与中国石油将对该区块的致密气进行勘探与开发，预计约开发110口井，投产至少需要两到三年，年产量预计至少有20亿至30亿立方米。

2009年11月，壳牌与中国石油签订《金秋区块天然气合作意向书》，双方在金秋区块天然气开发项目上达成初步合作意向，并开始与中国石油就金秋天然气田的产品分成合同进行讨论。

2010年3月23日，壳牌与中国石油签订正式合同。合同为期30年，其中，壳牌在金秋气田占有的权益高于中国石油，但要负责全面的

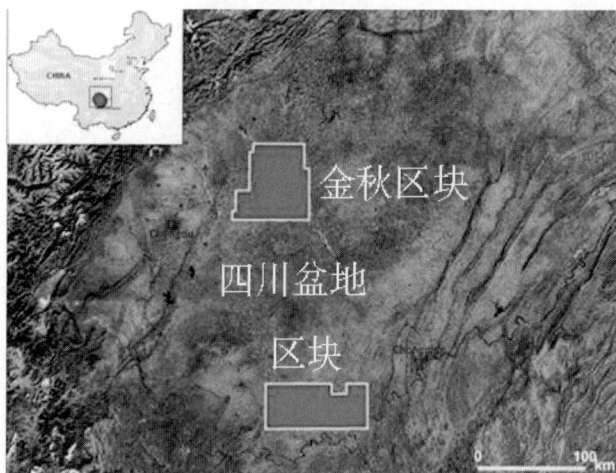
四川金秋天然气项目位置示意图

投资。2010年12月份，项目已经有4口井完成定点，其中金家镇有3口，分别是金华1、金华2、金华3，未来射洪的凤来镇还将进行金华4、金华12的开发。

金秋项目的全面实施，标志着壳牌在中国非常规能源的开发上面又迈进一步。

（三）山西石楼北煤层气项目

山西石楼北煤层气项目位于鄂尔多斯盆地东部、山西省河东煤田中部，是中国煤层气开发最具潜力的地区之一。该项目合同区面积为1015平方千米，预测煤层气总资源量约为1500亿立方米。该区块的煤阶主要以中等变质程度的肥煤和焦煤为主，煤层气含量高，后期保存条件和岩性封闭性好。

2005年11月，中联煤层气有限责任公司（CUCBM）与加拿大维罗纳开发有限公司（Verona）签署合作开发石楼北区块煤层气资源的产品分成合同。合同规定，维罗纳公司占有该项目60%的产品分成权益，而中联煤占40%。项目勘探期为2006年1月1日至2010年12月底，生产期为20年，项目综合评估工作从2008年初开始进行。

2007年12月27日，壳牌与加拿大维罗纳开发有限公司签署了股权转让协议，并获得中国商务部批准。壳牌由此成为石楼北区块煤层气产品分成合同中参与权益最多的合同方。根据合同规定，壳牌中国勘探与生产有限公司获得该项目55%的参与权益，维罗纳公司保留其5%的权益，而中联煤层气有限责任公司继续持有其40%的权益。

2010年8月11日，中煤地质工程总公司北京大地特勘分公司与壳牌中国勘探与生产有限公司签署了石楼北项目四对煤层气水平井施工合同，而该项目的第一对水平井也在当月开始施工。

石楼北煤层气项目是壳牌在中国的第三个上游产品分成合同项目，是壳牌在中国的市场战略中的一个重要进展。毫无疑问，壳牌在上游业务中的经验与技术将对中国煤层气的开发形成强大的助力，并给壳牌在中国的发展带来更加广阔的前景。

（四）杭州天然气合资企业

壳牌一直很关注中国城市天然气管网建设，但由于城市燃气领域的亏损状态已持续多年，壳牌对此未有投资举动。直到2005年，行业有了向上发展的势头，壳牌开始参与杭州的天然气管网项目。

2005年5月11日，壳牌与杭州市燃气（集团）有限公司、香港中华煤气公司共同签署合作协议，计划组建合资公司，共同建设、运营和管理杭州市天然气高压管网系统。

2005年9月，杭州天然气有限公司成立，杭州市燃气（集团）有限公司持有该公司51%的股份、壳牌持有39%的股份、香港中华煤气有限公司持有10%的股份，公司主要经营范围为投资、建设、拥有、运营、维护和管理高、中、低压天然气管道系统，采购、运输、营销和出售天然气（包括压缩天然气），参与可能和以上管

杭州天然气管道项目施工现场

道运营相关的其他活动，并提供相关服务。

公司总投资7.5亿元人民币，用于建设一条117千米长的管道和两个天然气接收门站。

2008年，项目建成。2010年，项目年供气能力达到6亿立方米。

四、壳牌的化工项目

（一）中海壳牌化工项目

壳牌在中国的最大和最重要的合资项目是位于广东省惠州市的南海化工项目。

1988年，中国海油为其大型下游石化项目寻求外资合作，但历经12年才有了结果：2000年10月，中国海油和壳牌在北京签订了合作协议。双方决定成立合资公司，公司命名为中海壳牌石油化工有限公司（简称中海壳牌），股份结构是壳牌南海私营有限公司持有50%公司的股份和中海石油化工投资有限公司持有50%的股份（该公司中国海洋石油总公司持股90%、广东广业投资集团有限公司持股10%），投资资本达43亿美元。这是壳牌在中国最大的投资，也是中国当时国内最大的中外合资项目。

中海壳牌位于广东省惠州市大亚湾经济技术开发区的东联，靠近大亚湾北岸，位于香港岛东北方向约80千米，工厂占地约2.6平方千米，地势相对平坦。

从2000年到2005年，项目进行了6年的前期论证、筹划和建设，经历了项目范围确认、项目定义和项目实施三个阶段后，中海壳牌最终于2005年底建成，并在2006年1月成功投产。

中海壳牌具有世界级规模，其主要设施包括11套石油化工装置（分别处理乙烯、低密度聚乙烯、线性低密度/高密度聚乙烯、聚丙烯、丁二烯、苯乙烯单体、环氧丙烷、乙二醇、丙二醇、聚醚多元醇、裂解汽油，产能规模从6万吨/年到80万吨/年不等）和蒸汽、发电等公用工程设施、储运设施以及环保设施。一共引进了13项世界顶尖的技术，其中2项从美国SW公司引进，其余则是壳牌的专利。

工厂的核心是一套可年产95万吨乙烯和50万吨丙烯的乙烯裂解装置。这套乙烯裂解装置采用了美国SW公司的回收系统与壳牌凝析油裂解混合喷嘴技术，不仅可以加工石脑油，还可以加工凝析油以及加氢尾油和减压柴油，对乙烯原料的适用性十分广泛。因此，中海壳牌可以依据原料的市场价格选择成本低的原料，进而提高企业的经济效益。

中海壳牌每年可生产270万吨石化产品，主要是乙烯和丙烯的衍生产品，供应中国市场。2010年5月，该厂乙烯产能达到95万吨。

中海壳牌选用了在中东的独有资源凝析油作为原料，它的成本低于一般用于乙烯制造的石脑油。

此外，中海壳牌的苯乙烯/环氧丙烷装置采用了苯乙烯单体和环氧丙烷的共氧化技术，该项技术为壳牌独有。核心技术生产苯乙烯环氧丙烷的工艺均采用了最先进的苯乙烯环氧丙烷联产技术而不是简单传统的滤醇技术。滤醇技术生产过程产生含氯的副产品会对环境造成负

中海壳牌乙烯裂解装置

面影响，采用苯乙烯环氧丙烷联产技术则可以减缓这方面的压力。中海壳牌在生产化工产品时采用的苯乙烯／环氧丙烷联产工艺，也大大节省了水资源。

（二）壳牌的硫磺项目

硫磺是石油和天然气加工过程中产生的自然伴生产品，和其他许多能源一样，具有广泛的用途。壳牌针对硫磺的开发利用，做了多年的研究，取得了技术突破，将硫磺加工成产品，为采矿业和纺织业等主要工业提供便利。如今，壳牌的硫磺产品已经应用于铺路、制造化肥和混凝土。

2004年，壳牌硫磺加强性肥料技术开始商业化运作，此项技术只是硫磺解决方案在应用技术方面的一种，中化化肥对壳牌的硫磺技术产生合作意向，希望通过引入壳牌的化肥生产技术来服务中国农业。2009年5月24日，中化化肥有限公司和壳牌达成合作协议，协议的主要内容是在中化化肥下属的企业试生产硫磺加强型肥料。

壳牌的硫磺加强型肥料专利技术是将硫元素以微米级颗粒形式注入目前已被广泛应用的磷铵当中，例如磷酸一铵、磷酸二铵和复合肥。此项技术的应用将使化肥生产企业能够更安全地将硫元素按照不同的含量和比例加入到肥料中。

五、壳牌的煤气化业务

（一）壳牌煤气化概况

壳牌在中国的煤气化业务发展势头强劲。从2001年至2009年，壳牌总共与中国15家企业签订了19台煤气化设备及技术转让合同。

在15个已经生效的技术许可合同所涉及的19台气化炉中，有9台是用于制造合成氨，8台用于制造甲醇，2台用于制氢。气化炉能力为900吨／天至4000吨／天。

合作的具体情况见壳牌在中国煤气化业务一览表。

壳牌在中国煤气化业务一览表

合作方名称	气化炉能力	设备数量	生产的产品
岳阳中国石化壳牌煤气化有限公司	日投煤量2000吨	1台	生产合成氨
湖北双环化工集团有限公司	日投煤量900吨	1台	生产合成氨
柳州化工股份有限公司	日投煤量1100吨	1台	生产合成氨
中国石化湖北化肥分公司	日投煤量2000吨	1台	生产合成氨
中国石化安庆分公司	日投煤量2000吨	1台	生产合成氨
云南天安化工有限公司	日投煤量2700吨	1台	生产合成氨
云南沾化有限责任公司	日投煤量2700吨	1台	生产合成氨
大化集团有限责任公司	日投煤量1100吨	1台	生产甲醇
永城煤电（集团）有限责任公司	日投煤量2100吨	1台	制氢
中国神华煤制油化工有限公司	日投煤量2200吨	2台	生产甲醇
中原大化有限公司	日投煤量2100吨	1台	生产甲醇
河南开祥化工有限公司	日投煤量1100吨	1台	生产甲醇
鹤壁煤电责任公司	日投煤量4000吨	3台	生产甲醇
天津渤海化工集团天津碱厂	日投煤量2000吨	2台	生产甲醇
贵州天福化工有限公司	日投煤量2000吨	1台	生产甲醇

（二）壳牌煤气化主要项目合作情况

2001年11月，中国石油化工股份公司与壳牌合资建立岳阳中国石化壳牌煤气化有限公司，双方各占50%的股份。合资公司的董事会于2003年6月20日通过了煤气化项目的最终投资决定，该项目投资总额达11.33亿元人民币，是中国石化与壳牌合作建设的首个煤气化项目。该项目主要利用壳牌先进的煤气化技术将煤炭转换为合成气体，日处理能力为2000吨，替代了中国石化股份公司巴陵分公司的化肥生产原料——石脑油。该项目的建成，有利于降低化肥生产成本，减少环境污染，增强产品竞争能力，并有利于高效洁净能源技术的推广应用，具有良好的经济效益和社会效益。

2006年5月，壳牌在中国的第一个煤气化技术转让项目在湖北双环科技股份公司一次投料生产成功，其主要工程是实施油改煤，即将生产合成氨的原料由油改成煤。壳牌在华的首批15个煤气化技术转让项目中，双环公司项目既是第一个签约的，也是第一个投产的。壳牌的煤气化技术为双环公司的合成氨生产提供了经济而清洁的本地原料。煤气化技术成功实现了合成氨原料由高价油向低成本煤的转换，使原料成本和治污成本大幅度降低。

2006年12月，中国石化巴陵石化尿素装置"煤代油"技改工程的核心装置（日投煤2000吨的超大型壳牌煤气化装置）投产成功。这标志着备受瞩目的中国石化与壳牌在煤气化领域的首个合作项目、巴陵石化尿素装置"煤代油"技改工程取得成功。巴陵石化尿素装置每小时可生产"芙蓉"牌尿素80吨。

巴陵石化尿素装置"煤代油"技改工程新建装置

巴陵石化"煤代油"项目由两部分组成，一是由中国石化全额投资建设的化肥装置合成氨改造工程，二是由中国石化和壳牌合资建设的煤气化合资厂。该厂利用壳牌加粉煤气化工艺技术，建设原煤储存、煤粉制备、空分、气化等装置，设计能力为日处理煤炭2000吨，生产原料为粗合成气。

巴陵石化的尿素装置"煤代油"技改工程，是当前世界上大型煤气化工程之一，其气化炉内部元件采购自西班牙的 BBE 公司，其他大多数设备都源自中国本土。

2007年12月，壳牌与鹤壁煤电责任有限公司签署了煤气化技术许可合同。该项目日投煤量为4000吨，主要用于生产甲醇。该项目由鹤壁煤业集团和河南中原大化集团合并重组后的河南中原煤业化工集团有限公司出资建设。

2008年7月，壳牌与河南龙宇煤化工有限公司（河南龙宇）签署煤气化技术许可合同。

2008年9月，壳牌与山西省的大同煤矿集团有限责任公司签署第18个煤气化技术许可合同。

2008年11月，壳牌与云南云天化集团签署的煤气化技术转让许可合同正式生效。根据新合同，云天化将把壳牌煤气化技术用于该公司的水富项目，即以煤为原料、年产26万吨的甲醇生产厂。云天化与壳牌的上一份煤气化技术许可合同是在2003年签署的，用于建设年产50万吨合成氨的天安项目。

2009年天安项目装置正式投产，同时，天安化工对以煤气化技术为核心的合成氨生产工艺技术深入研究，完成了上千项技措技改项目，突破了煤气化装置高负荷安全稳定生产各种瓶颈，装置连运纪录一再刷新。2012年7月，项目装置实现连续稳定运行157天，创造了壳牌煤气化技术装置连运的最新纪录。

如今，中国已是壳牌煤气化技术的最大市

场。在壳牌全世界已经签订的煤气化技术许可合同中，中国市场（19份合同）所占据的份额就超过了三分之二。

（三）壳牌推动煤气化设备本土化

壳牌在早期并不直接生产气化炉等装置，相关设备主要向西班牙、德国等国家采购。但随着国际市场的变化，壳牌决定推动设备本土化。

2009年9月9日，壳牌和3家中国锅炉制造商签署协议，授予3家公司制造壳牌煤气化关键设备的专利。这3家公司是：东方锅炉（集团）股份有限公司、苏州海陆重工股份有限公司和无锡华光锅炉股份有限公司。这3家中国公司均是业内领先的制造商，在签署协议后，主要负责生产气化炉与合成气冷却器内件。这是壳牌推动设备本土化的一大举措，也是壳牌中国煤气化业务发展的"两条腿"之一。而在

2009年5月，壳牌已经签订了首个授权协议，使中国船舶重工集团公司第711研究所成为中国首家获得壳牌认证的煤气化技术关键设备制造商。该研究所主要负责生产壳牌煤气化技术的核心部件——粉煤烧嘴。

同年，壳牌与神华煤制油化工有限公司达成协议，双方将寻找机会联合开发更先进的煤气化技术，同时探讨应用二氧化碳捕集与封存技术（Carbon Capture and Storage，CCS）的可能性。神华在内蒙古已经建设了世界上首个百万吨级煤直接液化项目，并应用了壳牌煤气化技术的两台气化炉制氢。

2011年2月15日，壳牌全球解决方案国际有限公司与惠生中国有限公司签署合作合同，在中国联合开发成本低廉的新型混合气化技术示范装置，以期完善示范装置的基础设计，在市场推广新型混合气化技术，并可能在将来就其他煤气化技术进行长期合作。

第五节　壳牌在中国台湾

壳牌在中国台湾的业务虽然经历了一个多世纪的发展，但其业务性质单纯，严格来说，只包含进口贸易和下游产品销售。在壳牌丰富多样的优质产品中，壳牌台湾除了进口一些大家所熟知的油类产品外，还进口化学品、原料及天然气等，其内容也是丰富多样。因此，壳牌台湾也成为壳牌在亚洲的一个重要的石油化工产品市场。

一、壳牌在台湾的发展历史

壳牌在台湾的历史可以追溯到百余年前的清朝光绪年间。当时，壳牌在今台北捷运淡水

站边（鼻头仔）购地兴建了油库及仓库，利用当时的通航之便，将油品输入台湾销售。随后，台湾因马关条约割让给日本，壳牌于1900年在日本成立了太阳石油公司，负责壳牌在台湾的业务。第二次世界大战之后，壳牌将其在台湾的业务转而委托给麒麟公司总代理。1979年，壳牌集团以"壳牌太平洋发展公司台湾分公司"的名义重新开始了在台湾市场的经营业务，并于1988年正式成立台湾壳牌股份有限公司营业至今。目前，台湾壳牌股份有限公司主要从事油品、天然气及化学品进口与销售等业务。

二、壳牌在台湾的炼化业务

中油壳牌国光润滑油有限公司（CPC-Shell Lubricant Co. Ltd., CSLC）坐落在台湾高雄炼油厂，成立于1965年，是中油在台湾的三个炼厂中历史最悠久的炼厂，也是一家大型的、综合性的炼油和石化工厂。高雄炼油厂拥有先进的生产工艺和齐全的设备，其原油处理能力可达22万桶／日，主要生产基础油、润滑油以及其他一些副产品。1979年，壳牌与中油公司合作成立了中壳润滑油股份有限公司，壳牌占有其49%的股权。公司的润滑油制造及掺配工厂设立在中油公司高雄炼油厂内，日产5200桶润滑油，分别以国光牌和壳牌进行销售。

1994年，中油公司下属所有炼油厂和润滑油掺配厂全部通过ISO9000和ISO14000国际标准认证。国光牌润滑油已拥有航空、船舶、汽车、工业、国防等所需数百个规格品种，质量全部符合并多数优于国际标准，成为中外众多机械制造商的首选用油。

三、壳牌在台湾的销售业务

清朝光绪年间，壳牌在台北兴建了油库和仓库，将油品运输到台湾各地销售。1988年，壳牌在台湾成立台湾壳牌股份有限公司，从事油品、天然气和化学品的销售业务。

2008年10月1日，壳牌在台湾的润滑油销售业务全权交与总代理进行运营，代理商为香港商利和亚太有限公司台湾分公司，负责壳牌润滑油在台湾的行销、技术及其他各项业务活动。

壳牌在台湾销售的主要油品有：喜力汽车引擎油系列、喜力汽车附属油系列、爱德王子摩托车油系列、壳牌劲霸重车柴油引擎系列以及 Industry 工业润滑油系列。

2011年5月，壳牌与台湾中油公司签署了一项液化天然气（LNG）供应协议，根据协议，壳牌将在未来的20年内每年向中油供应200万吨的液化天然气，此协议使壳牌成为台湾主要的天然气供应商之一。

壳牌在台湾销售的主要油品

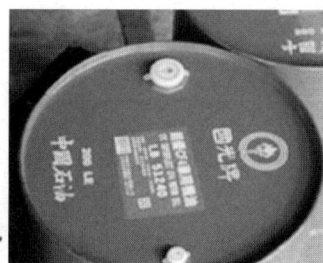

国光润滑油

第六节　壳牌在中国香港

壳牌自1891年开始进入香港，经过一个多世纪的经营，已经成为香港主要的能源公司之一。由于没有油气田的存在，香港的能源供应主要依靠进口，而其业务主要集中在下游的石油产品销售上，并通过设在青衣岛的油库为港澳地区和华南地区提供壳牌的各种石油化工产品。对于壳牌来说，香港是其面对中国大陆南方市场与港澳市场的中转枢纽。

香港壳牌有限公司共有雇员约300人，经营的业务多种多样，包括零售、液化天然气、商业燃料、润滑油、沥青、航空、航海和化工等。

壳牌是香港燃油零售市场的领导者，在香港共开设了45个加油站，并在青衣岛建设了一个占地面积19公顷的油库。通过遍布香港的53个零售网点，壳牌使用钢瓶为10万香港住户供应液化天然气。此外，壳牌润滑油调配厂是香港唯一的润滑油调配厂，并且已通过 ISO9001 质量认证。

一、壳牌在香港的发展历史

1891年，壳牌开始进入香港，最初主要从事煤油（照明和烹饪用）的销售业务。随着运输业和工业的迅速发展，壳牌公司的规模不断扩大，经营产品也不断增加。

1907年之前，英荷皇家壳牌集团还没有成立，当时合资前的壳牌运输贸易有限公司与荷兰皇家石油公司在中国南部地区的业务处于竞争关系。从对中国出口石油产品的记录上可以看出，壳牌运输贸易有限公司在香港的业务开始于1891年，而荷兰皇家石油公司则开始于1894年。在香港，当荷兰皇家石油公司于1897年在北角建立一个油库的时候，壳牌也在当地靠近中国边界的地方开办了一个商行。

20世纪初，由于开发远东石油产品市场的利益，壳牌运输贸易有限公司与荷兰皇家石油公司成为战略合作伙伴，于1903年共同投资成立亚细亚石油有限公司（Asiatic Petroleum Company Limited，APC）。

自1907年两家公司合并后，其在香港原来的业务大部分通过代理人进行。由于石油产品需求的快速增长完全超出了代理人的供应能力，

1913年，APC 业务拆分为北部和南部两部分，并由南北两个分行负责管理各自地区的业务。当时亚细亚石油有限公司（华南）的总办事处设在香港中环，主要负责中国南部和菲律宾地区的业务。

20世纪30年代，壳牌首家加油站在香港投入运营。

在1941年，APC（华南）成为香港第二大公司，具有超过1.5亿港元的收益能力，仅低于香港上海银行。然而在第二次世界大战期间，日本征用了 APC 公司在上海和香港的全部财产，其业务也全部停止。

第二次世界大战结束后，由于壳牌的主要建筑物均被摧毁或损坏，壳牌公司于1947年在香港九龙塘重新建设了一个油库。20世纪50年代，随着新兴产业的迅速崛起，带动了航运、道路车辆、照明和取暖消耗的提升，壳牌的石油产品供应也随之急速增长，与之前相比翻了三番。在"文化大革命"期间，香港更成为中国市场最活跃的地区，得到了长足发展。

20世纪60年代，由壳牌公司引进的各种碳氢化合物（包括液化天然气）成为香港工业、商业部门的主要消费能源。最初，液化天然气是以钢瓶为载体供应给市场，不久壳牌便建立起中央储罐，由管道供应给客户。

在20世纪60年代末，壳牌公司恢复了在中国内地的海上供油及润滑油销售业务，并于1970年建成了香港鸭脷洲仓储中心。壳牌位于大角咀和北角的老办事处相继于1980年和1981年关闭，但是壳牌在这些地方留下了历史的痕迹——壳牌大街和油街。

1991年，壳牌油库迁到了青衣岛。

现在，壳牌在香港主要是进行石油和燃料贸易，也供应船舶用油。

二、壳牌在香港的销售业务

作为香港最大的能源公司，壳牌在为客户提供各种石油产品的同时，也为香港的发展起到了强大的促进作用。现在，壳牌的业务主要是通过青衣油库为香港和澳门供应各种石油、天然气和化工产品。

（一）壳牌在香港的零售网络与服务

20世纪30年代，壳牌在香港建设了第一个加油站。时至今日，壳牌在香港已经拥有了45座加油站，在澳门则有4座。在香港，壳牌大部分的加油站都是每天24小时营业，所有的壳牌加油站都经营着优质的燃料和各种汽车润滑油产品，并提供润滑油更换服务。壳牌不但在其中6座加油站中为顾客提供自动洗车服务，消费者还可以在加油的过程中享受到壳牌便利店的优质服务。

在香港的壳牌加油站中，有37座加油站设有 Select 便利店。在 Select 便利店中，顾客除了可以买到一系列的壳牌润滑油，还能买到各类饮品、零食、雪糕等。所有 Select 便利店及 Shell Shop 均提供24小时服务。

壳牌在香港的加油站

此外，在香港几乎所有的壳牌加油站中，消费者都可以享受到方便、快捷、周到的壳牌加油卡服务。通过壳牌加油卡可以简化客户管理，降低客户管理车队的费用，并可以随时取得车辆消耗费用的详细报告，帮助客户最大限度地减少欺诈行为。

（二）壳牌在香港销售的主要产品

1. 壳牌燃油

壳牌在香港销售的主要燃油产品有壳牌 V-Power、壳牌 FuelSave 以及壳牌柴油等。

2. 壳牌润滑油

壳牌公司是香港润滑油供应市场的领导者，其服务对象涵盖了汽车和工业部门。壳牌在香港建设的现代化润滑油调配厂是香港唯一的调配厂，其生产的润滑剂主要是针对香港特区和中国内地市场的需求，并于2008年通过了 ISO9001 质量认证。同时壳牌也是香港航空润滑油的主要供应商。

在香港的润滑油市场，壳牌销售的主要产品有壳牌喜力系列和壳牌金牌机油等。

3. 液化天然气

壳牌是香港液化天然气市场的领导者，并通过其在香港的约53家天然气经销点和36个液化天然气授权分销商经营管理"壳牌天然气"。同时，壳牌还通过管道向6个地区70个运营商管理的住户提供液化天然气。在香港的工业和商业领域，壳牌液化天然气是必不可少的、专业的清洁燃料。

（三）壳牌在香港的其他下游业务

1. 青衣油库

青衣油库是壳牌在香港最大的单项投资，投资总额高达25亿港币。壳牌通过青衣油库，为香港、澳门及华南地区提供多种油品、石油气及化工产品。

1988年，壳牌将原位于茶果岭及鸭脷洲的油库售予长江实业，长江实业则将该地皮给予壳牌重建油库。该油库容量为2.6万立方米，设有大型油库供运油轮停泊。1991年，油库建成后，壳牌将其他油库关闭并迁移至此。

2. 航空燃油

壳牌为香港赤鱲角的香港国际机场提供航空燃料。主要供应喷气式 A-1 型的燃油，壳牌也是独家供应喷气式飞机燃料的供应商。

3. 商业

壳牌是香港燃料市场的主要供应商之一，是专营巴士、货柜码头和建设部门的燃料供应商。作为一个在建筑领域处于领导地位的燃料供应商，壳牌史无前例地为运输车队安装了电子化记录，为客户提供更准确的加油保障体系。

4. 沥青

壳牌为香港特区的道路建设提供各种常规沥青和高级沥青，并参与了香港国际机场跑道和滑行道的建设，其提供的优质沥青完全满足了机场路面应用的严格要求。

5. 海上供油

壳牌为渡轮、渔船及运输船舶提供更清洁的燃料，壳牌香港水域上的业务占有领导地位，其提供的燃料完全符合并超过地方性法规的规定。

6. 化学品

壳牌为香港的各种行业提供多种石油化工产品。这些产品包括烃类溶剂、化学溶剂、聚氨酯化学品和较高型号的烯烃和衍生产品。

治理篇

建立良好的公司治理结构，有利于提高公司整体的效率。壳牌组织结构的调整过程，就是提高公司运营效能的过程。而壳牌在企业战略、市场营销、企业文化和人力资源管理等方面的实践，也是值得借鉴和研读的。

第四章　壳牌的企业战略

第五章　壳牌的组织结构

第六章　壳牌的市场营销

第七章　壳牌的人力资源管理

第八章　壳牌的企业文化

第四章　壳牌的企业战略

在壳牌发展壮大的历史进程中，战略起着至关重要的作用。壳牌不断审时度势，将战略的调整融入到企业每一个发展阶段。集团合并之初，壳牌采取了快速扩展战略；伴随着石油行业的风云变幻，壳牌又采用了适时发展战略，以应对外部环境的变化；当跨国石油公司纷纷向其他行业领域拓展时，壳牌也跟进竞争对手，实施了业务多元化战略。

时至今日，壳牌已经确定了其四大核心发展战略，即业务聚焦战略、全球发展战略、技术创新战略和可持续发展战略。这些清晰明确的战略为壳牌提升国际竞争力奠定了基础。

第一节　壳牌的战略愿景

一、愿景阐述

经历百余年的产业风云和不懈发展，壳牌面对全球经济发展环境、世界能源形势、业界状态，针对全球业务，这样阐述其战略愿景：

"我们的战略是为了巩固壳牌作为油气行业领导者的地位，以负责任的方式，帮助满足世界的能源需求，并为壳牌股东提供富有竞争性的回报。"

壳牌的战略愿景主要包括四个层面内容。

（一）油气行业的领导者

世界经济需要仰仗石油，这种碳基能源是全世界交通、运输和发电行业的基础。壳牌致力于成为油气行业的领导者，其主要通过在三个方面的领先来实现：第一，成为市场地位领导者。2009年，壳牌以4583.61亿美元的营业收入，排名世界500强第一位。2010年，壳牌以2851.29亿美元的营业收入，排名世界500强第二位。这些数据表明，壳牌的销售规模在同行业已处于领先地位。第二，成为技术创新领导者。目前，壳牌在勘探、炼油、天然气、煤气化以及化工等领域，取得了大量的技术专利。其中，壳牌在延长油田寿命、提高采收率，以及钻探和非常规油气资源的开发等方面的技术，都走在行业前列，尤其是壳牌的深海钻探能力，如果形象地描述壳牌钻探深度的话，其深度相当于将6座帝国大厦垂直堆叠起来。第三，成为行业资源领导者。壳牌在中东、独联体、非洲、美洲、欧洲、亚太等全球各地拥有丰富的资源储备，在国际石油公司中处在前列地位。虽然在2005年油气资源储备虚报丑闻后，壳牌一度在油气资源储备上明显落后于埃克森和 BP 公司，但在此之后，壳牌实施了有效的上游资源开发战略，油气资源储备迅速上升，尤其在勘探新的油气资源方面，走在整个行业的前列。

（二）社会责任的承担者

为实现企业的可持续发展，壳牌将承担社会责任作为企业发展理念之一，并不断实践。

壳牌的企业社会责任实践可以分为三个阶段。

1. 关注利润阶

从 19 世纪末至 20 世纪 70 年代，壳牌对社会责任的理解和实践还处于早期阶段，在这一阶段壳牌注重追求企业的经济利益，以生产经营为主线，以为股东创造价值为核心。1898 年，壳牌出版了第一本《壳牌运输贸易审计报告》；1953 年，壳牌出版了第一本《壳牌集团总报告》。以上报告均为壳牌早期围绕经济责任开展企业社会责任实践的例证。

2. 关注回应阶段

从 20 世纪 70 年代中期至 20 世纪 90 年代中期，这一阶段，壳牌社会责任意识萌生，并注重社会回应。由于全球商业环境发生重大变化，壳牌的一系列丑闻事件使其公众形象受到很大争议，壳牌开始重视外界反应对业务的影响，并积极反思和采取改进措施。1976 年，壳牌初步将 CSR 理念与集团战略相结合，颁布了《壳牌商业原则》。

3. 关注管理阶段

从 20 世纪 90 年代中期至今，这一时期可以定义为壳牌的社会责任管理理性发展阶段。壳牌开始全面提升企业社会责任管理能力，并建立了完整的理论管理体系。1987 年，壳牌制定了《环境管理指南》；1989 年，制定了《职业健康管理指南》；1997 年，壳牌对《壳牌商业原则》进行了重大修订，发布了《壳牌集团健康安全与环境报告》及以企业社会责任为主要内容的首份《壳牌报告》；1998 年首次对集团非财务业绩进行财务分析，与企业伦理和社会责任方面的专家进行对话，并与壳牌员工在社会责任和商业原则上的专题讨论中取得进展。

至此，壳牌已将企业社会责任管理全面融入到公司的发展战略之中。

（三）能源需求的满足者

在技术创新支持下，一方面，壳牌积极在世界各地开展油气勘探开发，并通过技术手段提高现有油田采收率；另一方面，致力于开发以往不易开采的地质条件下的能源和非常规能源，在现有资源紧张的形势下，努力开辟一条新的能源途径；同时，壳牌支持多元化的能源发展道路，并结合自身条件，开发新型能源，在过去的三十年内，壳牌在太阳能、风能等方面，都曾投入巨资进行大规模的开发。

（四）股东投资的回报者

壳牌自始至终将为股东提供优厚的回报作为经营的主要目标之一，在进行长短期计划制定、业绩评估、投资和财务政策等方面，始终将资产回报率（Return on Equity；ROE）作为重要衡量指标。一般而言，ROE 高于 15% 是属于理想，而大于 20% 属于优异水平，长期以来，壳牌始终坚持将 15% 的股东回报率作为一个基本的标准。

壳牌的战略愿景阐述

二、战略的定位、使命和支点

（一）战略定位

作为传统能源企业，壳牌依据自身的优势及世界能源产业特征，将石油、天然气业务作为力图保持领导地位的主要业务；同时将自己的全部业务内涵，定义于世界能源整体需求的发展背景和业务范畴中。因而，在壳牌的业务结构中，不仅包含传统的石油和天然气业务，也包含发展新型能源等方面的项目。

（二）战略使命

壳牌从自己的业务定位出发，把满足不断增长的世界能源需求，作为自己的使命和工作的准则。

（三）战略支点

为了实现自己的战略目标，壳牌把技术创新作为支持战略实施和促进业务增长的核心要素，这使得壳牌的战略在实际当中得到坚实的支撑。

第二节 壳牌的战略历程

一、战略历程概述

在百余年的石油工业发展历程中，壳牌沿着石油能源的产业路线，以业务链为主线，以核心业务为支点，根据形势，审时度势地及时调整和发展自己的经营要素，实施和不断改善一体化战略结构。在不同的时期，壳牌根据所面对的不同情况，采取适时的发展战略。

从20世纪初至30年代，面对美国标准石油公司的市场垄断，壳牌通过合并整合资源，提高竞争实力，取得快速扩张；而此后直到80年代末，国际政治经济形势一直处于多变的时期，历经动荡的国际政治、经济形势，壳牌能较好地根据形势发展变化调整自己、适时应对，努力保持了业务的发展；在90年代后，面对新的商业文明时代和能源业的发展形势，可持续发展观融入了壳牌经营的各个方面，壳牌进入了可持续发展的战略阶段。期间，在70年代中东石油危机之后，壳牌也和其他国际石油公司一样，希望以多元化经营来抗击石油业的剧烈波动，并增强发展实力，但随着多元化的经营成

效及其核心业务观念的形成，壳牌和这些公司一道，逐步退出了多元化经营的发展道路。

二、快速扩展战略

壳牌集团当初成立时最重要的目的，就是建立一家可以和标准石油公司竞争的全球性石油公司，以打破标准石油公司的垄断，使自己能够更好地生存和发展。因此，两家公司合并之后，就按着全面扩张的构想进行业务链整合，快速扩展成为这一时期的战略主题。

（一）全球区域扩展

在荷兰皇家壳牌集团合并成立之前，两家前身公司在各自的海外石油业务中拥有各自的业务特点。在两家公司与标准石油公司三足鼎立的局面中，壳牌运输贸易公司在实力上曾强于荷兰皇家石油公司，但它所依靠的是强大的运输船队和销售网络，主要做的是运输和代销产品业务，实际上只占据产业链下游的位置，本质上还没有掌握石油产业的业务核心；而荷

壳牌		战略特征		历史时期		战略要点
战略历程	→	快速发展	⇢	1907年 至 20世纪30年代末	→	整合资源、全球快速业务铺展
		适时发展	⇢	20世纪40年代中 至 20世纪80年代	→	适应形势、调整自身、求得发展
		多元化发展	⇢	20世纪70年代末 至 20世纪90年代末	→	进军煤炭、林业、金属等资源领域

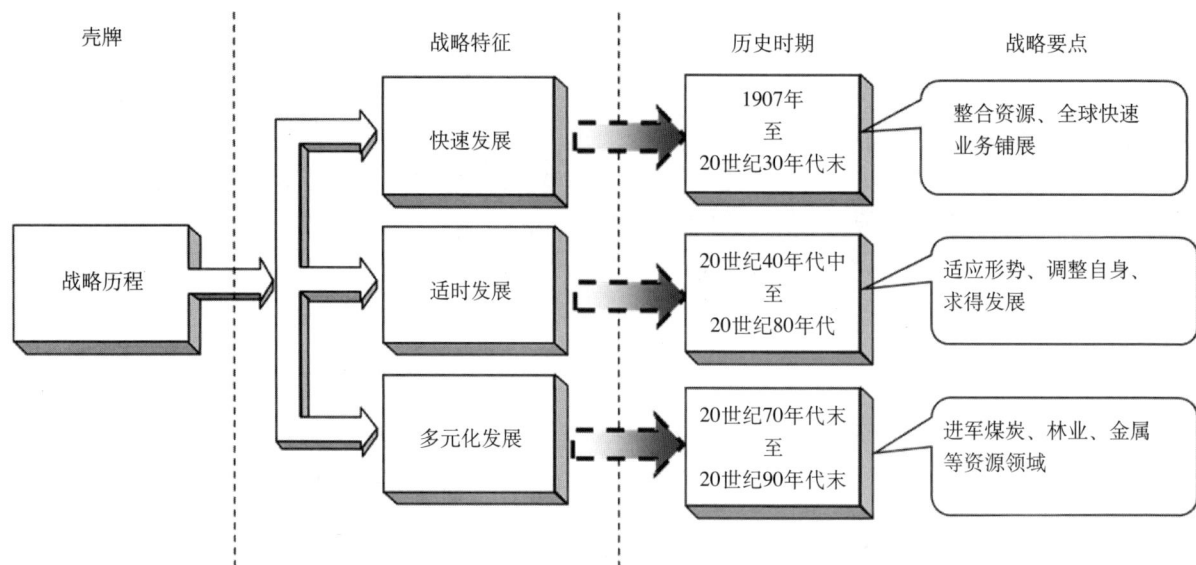

壳牌战略发展历程一览表

兰皇家石油公司在克服危机获得发展后，已经形成了一套在当时较为科学的石油勘探与生产的方法，基本形成了一个从石油勘探生产到销售的较完整的供应链格局。

1907年两家合并后，壳牌运输贸易公司在运输和营销上的优势加上荷兰皇家石油公司在石油勘探开采上的优势，使业务组合的优势得到充分体现。在合并以后的一段时间里，壳牌集团的业务取得了发展。在1910至1915年间，先后在英属婆罗洲、墨西哥、委内瑞拉找到石油并投入生产，同时从罗马尼亚、俄罗斯、埃及和特立尼达先后购买一些油田并建立了销售业务网。在这期间，壳牌通过购买罗斯柴尔德家族在俄罗斯地区的石油业务和购买俄罗斯一家石油公司（Mzout），一举成为当时俄罗斯最大的石油生产商。在标准石油公司受到美国反垄断法的制裁被拆分后，壳牌于1915年在美国相继成立了罗克桑纳石油公司与壳牌加利福尼亚公司，并在美国获得丰富的石油资源。同时，壳牌与德意志银行合作成立了土耳其石油公司，并在其中参股25%，从而获得德意志银行

在伊拉克拥有的石油资源开发权，并据此在其1928年根据"红线协定"改组的伊拉克石油公司中占股23.75%。在1914年爆发的第一次世界大战中，壳牌成为英国远征部队的原料主供应商，也是航空燃料的唯一供应商，并提供了盟军80%的炸药。第一次世界大战并没有阻止壳牌发展的步伐，1920年，壳牌的储油点和销售网已经扩大到世界许多国家和地区，并成功超越新泽西标准石公司而成为行业领导者。1925年，壳牌在加拿大也组建了壳牌加拿大公司。

（二）业务范畴延伸

这一时期，壳牌的业务领域开始逐步从石油勘探与开发的上游业务扩展到炼油和化工等下游业务，并在世界许多国家兴建了炼油厂和化工厂。1915年，壳牌在美国的第一座炼油厂投产。1928年，梅可戈（Mekog）公司在荷兰建成，采用焦炉生产氮肥，这是壳牌首次对化工事业进行投资。至此，壳牌的业务覆盖原油生产、运输、精炼、销售和化工各个领域，迅速成为横跨欧、美、亚、非四大洲的能源巨头，

为以后的发展打下了基础。到20世纪20年代末，壳牌已经成为世界领先的石油企业，其原油年产量约占世界原油产量的11%，拥有的油轮吨量占全球总吨量的10%左右。

三、适时发展战略

自20世纪30年代至80年代的几十年间，国际政治、经济局势的动荡和发展，使石油产业的整体环境处于不安定的变化过程中。壳牌在这一时期，适时把握外部环境和形势的发展变化，审慎应对、保持发展，成为其这一阶段的战略主线。

在这一历史阶段内，主要的环境与形势变化来源于全球经济萧条与衰退、世界大战、国际局势动荡、石油国有化四个方面，壳牌为应对外部经营环境的变化，主要采取了四项策略：第一，低成本运营，并保证现金流；第二，积极参与，寻机发展；第三，加强对不确定环境的风险预判与管理；第四，认同趋势，采取灵活的应对和适应策略。

这些策略的运用，使壳牌渡过了一个又一个难关，保持经营业绩的平稳，并在风浪中不断前行。

（一）应对经济萧条，控成本保利润

在30年代的经济大萧条当中，壳牌通过削减石油开采与生产量、减少存货与勘探费用、减少油轮运行，以及裁员和削减工资的办法来降低成本和减少财务支出。由于80年代的周期性经济危机，最终导致油价暴跌，对此，壳牌采取了资产结构调整、控制投资项目、财政预算缩减、裁员并设法提

高生产效率的做法来渡过难关。在经济不景气年代，壳牌还和业内竞争对手合作，共享资源，以降低支出，减少成本，并通过与对手协商来避免两败俱伤的竞争。例如，壳牌与BP公司在英国的下游销售领域曾共享炼油厂和油库、办公室来减少成本；与加利福尼亚标准石油及德士古公司达成协议，危急时刻不打价格战。此外，壳牌还往往在经济不景气时期，通过逆势收购，以较低代价扩大资产、提高产能，取得逆势发展。在1986年石油价格崩落进入低谷时期，壳牌用35亿美金购买了大量的油田，为以后发展奠定了成本优势。

从壳牌1985—1989年经营绩效表中可以看出，虽然从1985年后受石油价格暴跌的影响，销售额呈下降趋势，但壳牌的净利润并没有同比例减少，相反净利率还有所增加，尤其在80年代末的净利润甚至创造了历史新高。

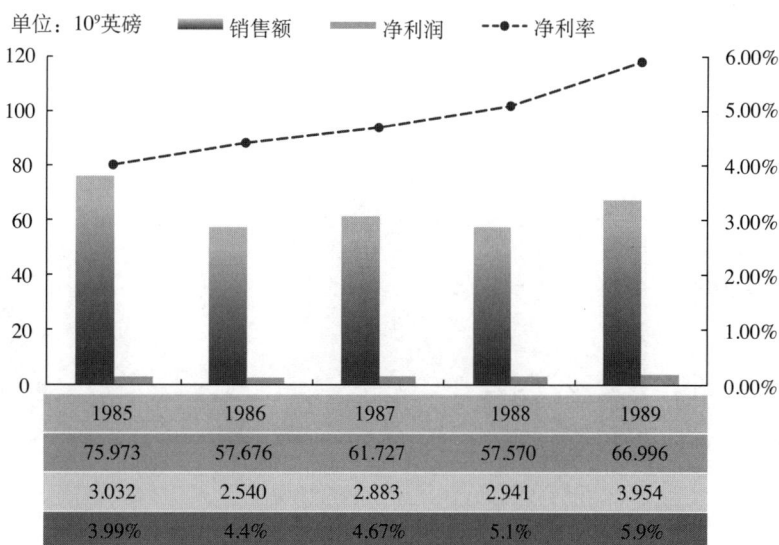

单位：10⁹英磅	1985	1986	1987	1988	1989
销售额	75.973	57.676	61.727	57.570	66.996
净利润	3.032	2.540	2.883	2.941	3.954
净利率	3.99%	4.4%	4.67%	5.1%	5.9%

壳牌1985—1989年经营绩效表

（二）经历二战劫难，避战火抓重建

第二次世界大战爆发期间，壳牌也被迫裹挟到这场战争中。本着正义的立场，壳牌积极支持反法西斯战争。1939年，纳粹入侵荷兰，

壳牌公司总部被迫迁到库索拉岛。英国总部开始致力于帮助英国军队抗击纳粹，壳牌汽油被用于英军配给；壳牌在美国的炼油厂生产航空燃料，支持盟军的空军，所有的油轮归政府征用。

虽然战争致使壳牌的油田、炼厂和油轮等资产被大量损毁，但整个二战期间，壳牌在没有遭遇战火的美洲等地石油开采取得了很大突破，由于战争对能源的需求巨大，这些因素促使壳牌在经营上能够保持相对平稳。

二战结束后，壳牌抓住全球战后重建经济强劲增长的时机，制定了雄心勃勃的扩张方案，并开始在欧洲各地重建炼油等基础设施，扩大运营规模，建造超级油轮以适应大量运输需求，同时，在世界范围内扩大石油勘探的规模和范围。

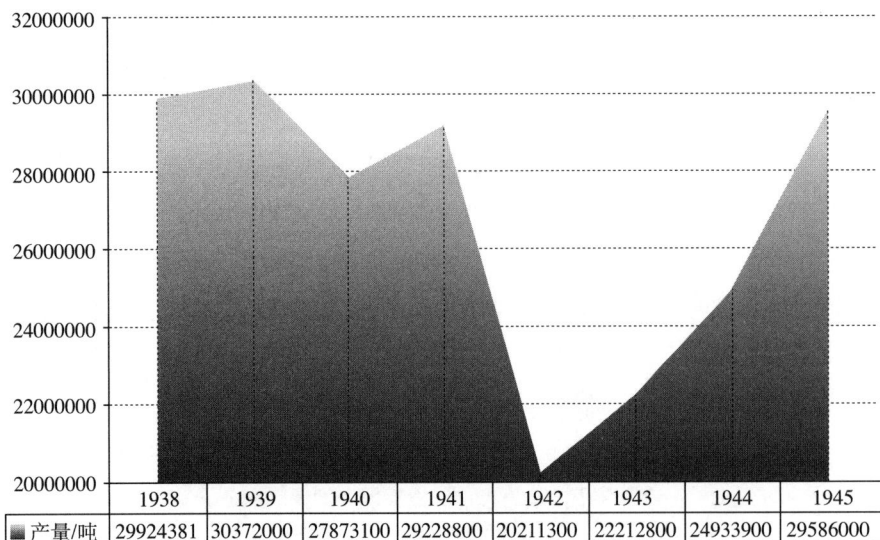

	1938	1939	1940	1941	1942	1943	1944	1945
■产量/吨	29924381	30372000	27873100	29228800	20211300	22212800	24933900	29586000

壳牌在二战期间石油产量

（三）不确定环境下，勤规划抗风险

自20世纪60年代末以来，中东地区频发的政治、经济动荡对每一个国际石油公司都带来极大的冲击。为有效应对这种突发事件对全球运营的重大影响，壳牌通过情景规划（Scenario Planning）来预测未来形势的发展变化，并进行有准备的风险管理。这些练就了壳牌在复杂和不确定形势下的战略适应能力。

情景规划既是壳牌的战略规划工具，也是其危机管理思想的具体体现。情景规划首先应用于壳牌商业活动，是壳牌紧密关注经营环境及市场环境，树立危机意识的结果，这对于国际石油业这种受外界影响较大的行业十分重要。

为进行有效的风险管理，壳牌一方面根据各种预设情况及其可能的情景变化，事先进行各种预案准备。壳牌在各地的业务公司每年都要举行四次石油供应突然中断的"演习"，壳牌的船队会随时遇到突如其来的模拟意外，这些演习既提高了应付突发事件的能力，也使壳牌从这些演习中总结摸索出一套应付危机的办法。

1972年，壳牌利用情景规划，预推出发生能源危机可能出现的各种情况，以及应采取的应对预案。当1973年能源危机爆发时，壳牌根据事先准备，成功抵挡住这次危机的影响，不仅降低了损失，而且大幅提高了在各家国际石油公司中的排列实力。在1979年，壳牌以30.51亿英镑的净利润大幅超越埃克森石油公司。

另一方面，针对地区局势动荡对市场供应的影响，壳牌通过全球范围上下游资产的分布，强大的油轮运输能力，以及供应链组织的灵活性，保证供应的安全。70年代石油危机后，壳牌一方面着意将上游业务开发的重点向较安全的国家和地区转移，另一方面扩大在全球的勘探范围，实现更安全的产业布局。

（四）石油国有化中，重现实作让步

从20世纪30年代至20世纪80年代，这一时期石油工业国有化运动风起云涌。从30年代墨西哥石油国有化开始，一直到70年代欧佩克成员国的石油主权化运动，世界石油市场格局发生了颠覆性的变化。1938年，墨西哥政府没收了外国石油公司在本国的石油资产，在紧接着同委内瑞拉政府的谈判中，为了避免重蹈覆辙，壳牌作出了重大的让步，在以后同产油国以及 OPEC 组织陆续的谈判中，壳牌认同于现实趋势。壳牌为在新的石油产业格局下继续发展，一方面针对自己和产油国的关系做出现实性的选择，从租借关系转变到协商合作关系；另一方面积极转变身份，通过提升自己的核心能力，为产油国提供有竞争力的服务价值来获取发展机会。这也显示了壳牌的适应性和策略灵活性。

四、业务多元化战略

自20世纪60年代以来，石油主权化不断兴起，石油租借地制度开始陆续废除，1960年成立的石油欧佩克组织经过一段时期准备，终于以1973年的石油危机为爆发点，彻底打破了国际石油公司对世界石油市场的垄断，并收回以往被占有的石油资源和石油主权，世界石油的主导权从国际石油公司手中转移到石油输出国手中，廉价石油生产和垄断控制的局面不复存在；同时，面对石油危机所带来的恐慌，加之美国等一些国家根据能源枯竭论对未来前景所作出的错误判断，各跨国石油公司纷纷调整业务结构，提出了业务多元化的发展战略。

早在20世纪20年代末，壳牌就已经进入了化工行业，并历经30年代的发展，以及战后经济高速增长的带动，壳牌在化学工业领域取得了巨大成功。这种成绩鼓舞了壳牌的决策者，并认为通过进入其他领域，开展多元化营业，可以增强公司的实力。实际上，化工行业在当时看来似乎是一个全新的领域，但在今天看来，这只是在石油产业链上深度的价值挖掘和延伸，拥有上下游间特定的关联和整体依存度，因此，这并不是真正意义上的多元化案例。

自20世纪70年代起，壳牌通过收购、合作等方式，陆续进入金属、煤炭、核能与林业等新的行业。为了推进多元化战略的实施，壳牌在1971年末成立了一个非传统业务小组来负责多元化兼并活动。相比于其他实施多元化战略的跨国石油公司来说，壳牌在实施过程中较为谨慎，仅将多元化的业务范畴控制在与石油看起来有类似经营特点的资源和替代能源领域。

由于后期在这些行业经营业绩的不佳，壳牌在20世纪80年代后期和90年代，陆续淡出或缩减了这些业务，逐步放缓了多元化经营的步伐。

第三节　壳牌的战略工具

壳牌在企业发展的过程中，十分重视对企业战略的研究和规划，并在实践中创造出独特的战略工具。其中著名的战略工具有"壳牌定向政策矩阵"（Derectional Policy Matrix，DP；又称政策指导矩阵）和"情景规划"。"情景规划"虽然不是壳牌首创，但由于是壳牌在商业上首先成功地运用而得以传播。

一、定向政策矩阵

（一）定向政策矩阵的定义

定向政策矩阵，又称作政策指导矩阵、方向性政策矩阵、市场吸引力与业务实力矩阵，简称 DP 矩阵，是由壳牌化学公司创立的一种战略分析工具。

定向政策矩阵的特点如下：

（1）定向政策矩阵是一种战略业务组合计划分析工具。

（2）该矩阵是在波士顿矩阵（BCG Matrix）基础上发展而成的，因为壳牌认为资本收益虽然是衡量公司盈利能力的一个非常有用的指标，但不能为公司制定战略计划提供充分的基础。

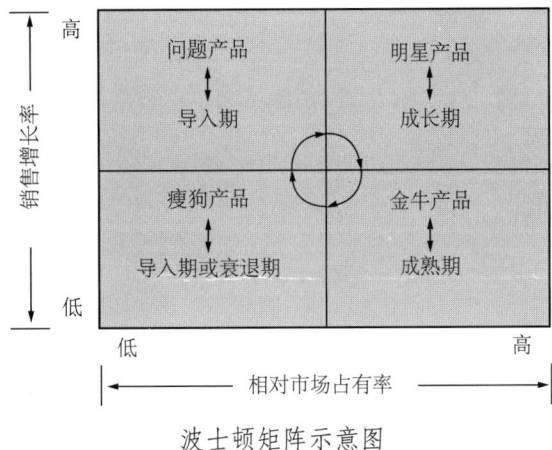

波士顿矩阵示意图

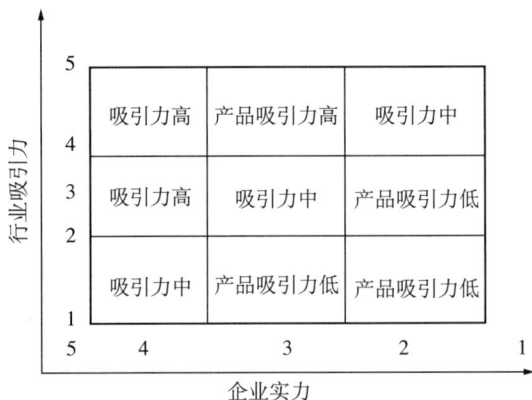

通用矩阵示意图

（3）定向政策矩阵实质上就是把外部环境与内部环境归结在一起，并对企业所处战略位置做出判断，进而提出指导性战略规划。

（4）与通用矩阵相比，由于选取的量化指标不同，定向政策矩阵更直接细化业务组合，并采取星级评定的方式尽可能的量化指标，以达到业务分区的真实性。

（二）定向政策矩阵的结构

定向政策矩阵是由一个3乘3的矩阵构成。

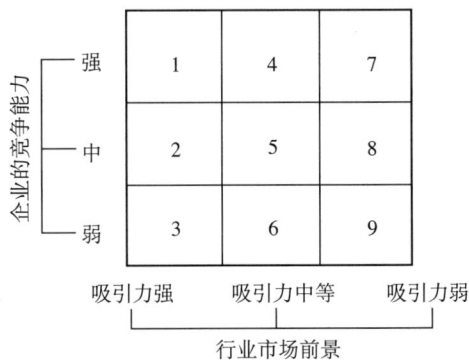

定向政策矩阵结构图

通过定向政策矩阵结构图可以看出：

（1）该矩阵以行业市场前景和企业竞争能力为基础，对每一项业务的定位都采用了一些变量，方法类似于通用矩阵。壳牌采用的技术细节专门适用于石油化工行业，但这一模型也广泛适用于任何多元化客户。

（2）矩阵的横轴代表业务部门发展前景取决于外部环境因素。除了市场增长率以外，这个轴还包括市场大小、行业盈利能力、竞争的激烈程度、市场的集中程度、季节性以及需求周期等。需要比较每一个因素，并把它们变为量化的指数。行业中多种业务的吸引力可以方便地用高、中、低来衡量。

（3）矩阵的纵轴代表公司的竞争能力取决于其内部可控制的因素。包括市场占有率，产品的质量，对顾客及市场的了解程度，加工制造上的竞争力，研究与开发（R&D）实力等因素。另外还要把这些因素按重要性进行排列并赋予相应的权数，即以强、中、弱来表示。

（三）业务前景评价标准

结合行业的特征，壳牌采用了四个主要标准来评价业务部门的前景：

（1）市场增长率。高增长率部分不一定是最有盈利的，但增长是获利增加的必要条件，这些条件因行业不同而不同。

（2）市场的质量。一些标准被用来评价部门的质量，这包括以下问题：

该部门是否有高额稳定盈利能力的记录？

该产品是否能经受得住商品价格考验？

技术的获得是否受到限制？

供应商的数量多还是少？

产品是否受替代品的威胁？

以上问题中如果大多数的回答为肯定，该部门就可获得4或5星的评价。

（3）工业原料状况。在化学工业中原料的可获得性对公司发展而言是至关重要的因素。然而，竞争中的原料短缺却被视为一种积极因素，因为这减轻了竞争压力。

（4）环境因素。业务部门的发展前景受产品、交通和市场营销限制的影响，因此这些影响必须考虑。随着环境法的发展以及发达国家大量借鉴美国法律，这一点变得更加重要。

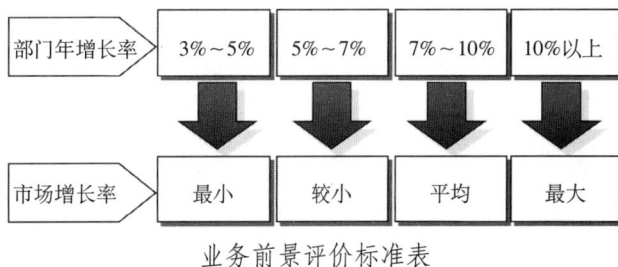

业务前景评价标准表

（四）竞争能力评价标准

在评价企业竞争能力时，壳牌使用以下三个标准来评价一个化工公司的相对竞争力。尽管这些用于评价一项战略实施的未来效果也是可行的，但这些标准通常只是用来对当前状况进行评价。

（1）市场地位。市场份额是评价市场地位的主要标准。

（2）生产能力。这一标准包括流程经济性、硬件能力、工厂的数量与位置、原料的可获得性等。

（3）产品研究与开发。对于工业产品，研发能力表现为产品范围、质量发展记录和技术服务能力等要素的综合。这里可以用一至五颗星的评价方式，但不对日用消费品进行评价。星级评价在这种情况下转化为数值，即一星等于零，五星等于四。

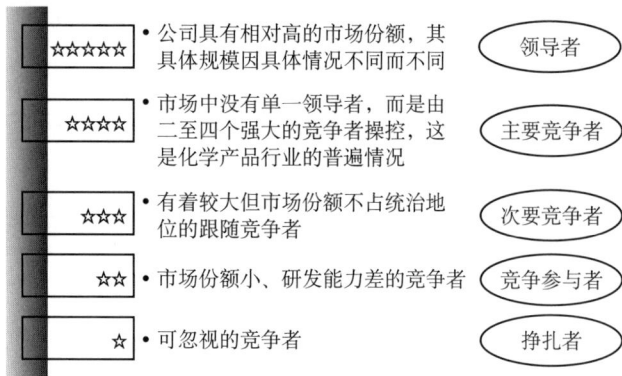

市场地位五星评价法

- 公司具有相对高的市场份额，其具体规模因具体情况不同而不同 —— 领导者
- 市场中没有单一领导者，而是由二至四个强大的竞争者操控，这是化学产品行业的普遍情况 —— 主要竞争者
- 有着较大但市场份额不占统治地位的跟随竞争者 —— 次要竞争者
- 市场份额小、研发能力差的竞争者 —— 竞争参与者
- 可忽视的竞争者 —— 挣扎者

流程经济性	生产者是否采用了现代工业生产流程？这一流程是自有的还是被授权许可的？研发能力是否足够保持和提高生产技术？
硬件	现在或将来能力是否支持市场份额地位？该生产者是否把工厂分散开以应付停工、罢工等类似事件？配送机制是否具有竞争力？
原料	原料储备是否充足？该业务是否有原料上的成本优势？

企业市场能力评价要素

（五）策略的选择及实施

定向政策矩阵根据企业所处行业的市场前景（强、中、弱）和企业的竞争能力（强、中、弱）可以被分为9个不同的战略方格。9个战略方格又分成三大战略区间，落入不同的区间需要采取不同的战略方式。

1. 增长和建立区间

当企业落入1、2、4方格内时，该分部即为被看做是增长型和建立（grow and build）型部门。当企业落入1方格时，应该优先追加投资，极力寻求在产业中的支配地位；当企业落入2方格时，择优投资，增强企业竞争能力，争取领先地位；当企业落入4方格时，应该有选择地投资，发展或保持领先地位。在此区域的企业一般采取一体化的扩张战略或加强型战略。

2. 坚持和保持区间

当分部落入3、5、7方格内时，该分部被看做是坚持和保持（hold and maintain）型部门。当企业落入3方格时，应该努力增强竞争能力或采取收割战略；当企业落入5方格时，应该识别有前途的领域并有选择地投资，一般不采取收缩型的战略；当企业落入7方格时，说明企业处于高竞争能力和低发展前景的战略状况，一般采取加强型战略，如市场渗透和产品开发，在确认产业无发展希望时，采取收割战略。

3. 收获和剥离区间

当分部落入6、8、9方格内时，分部一般会采取收割战略或剥离战略。当企业落入6、8方格时，应减少投资，逐步退出；当企业落入9方格时，应全面抽回资金，并及时退出。对于处在该区域的企业一般采取收缩型战略比较适合，如合资经营、收割或清算。

业务部门发展前景

	高	中	低
高	1.优先投资，寻找支配地位	4.择优投资发展，保持领先地位	7.尽量回收资金，适度投资维持竞争能力地位
中	2.择优投资增强竞争力，争取领先	5.识别有前途的领域，有选择性地投资	8.减少投资，逐步退出
低	3.努力寻求增强竞争力的途径或退出	6.减少投资，逐步退出	9.抽回资金并及时退出

（公司的竞争力）

壳牌定向政策矩阵战略选择图

（六）定向政策矩阵的应用

把定向政策矩阵运用到企业兼并中，可以为目标企业的选择提供指导，其主要从三个方面对目标企业进行分析：安全性、产业发展前景分析及公司发展前景。

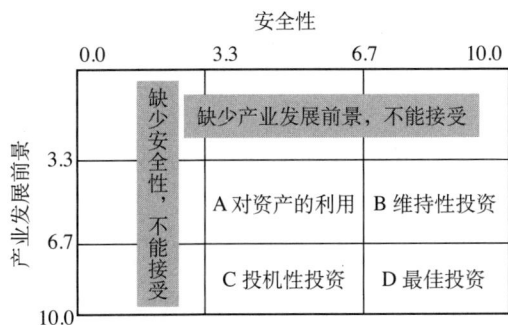

壳牌定向政策矩阵的应用

从上图可以看到：

如果安全性 <3.3，表示目标企业缺少安全性而不能接受。由于存在不能控制度随机因素，使风险太高。

如果产业发展前景 <3.3，表示企业缺乏产业发展前景而不能接受。

如果处于 A 区域，企业兼并能有效利用资产的生产能力和其他经营活动的过剩资产，为公司在组织内部突破。目前生产能力的发展提供一个合适的途径。

如果处于 B 区域，可以通过这种企业兼并获得增长来保证公司的生存。

如果处于 C 区域，对这种企业的兼并风险很高，但是所得到的回报相应也可能较高。

如果处于 D 区域，企业兼并被认为是理想的，因为既有很高的安全性，又有一个非常好的产业前景。但是，这种机会是很难得的。

二、情景规划

（一）情景规划概述

情景规划（scenario planning）是对未来可能发生的情况进行有效推演的一种重要方法。情景规划要求公司先设计几种未来可能发生的情形，接着再去想象会有哪些出人意料的事发生。

情景规划能提供预防机制，让管理者处变不惊，对突变既非阵脚大乱，也非无动于衷。它更接近于一种虚拟性身临其境的博弈游戏，在问题没有发生之前，想象性地进入到可能的情景中预演，当想象过的情景真正出现时，使企业能从容和周密地加以应对。

情景规划最早出现在第二次世界大战之后不久，当时是一种军事规划方法。美国空军试图想象出它的竞争对手可能会采取哪些措施，然后准备相应的战略。至 20 世纪 60 年代，曾经供职于美国空军的赫尔曼·卡恩（Herman Kahn），把这种军事规划方法提炼成为一种商业预测工具。

（二）情景规划在壳牌的应用

作为管理工具，情景规划由于壳牌运用它成功地预测到发生于 1973 年的石油危机，才第一次为世人所重视。

1972 年，情景规划大师法国人皮埃尔·瓦克（Pierre Wack）领导着壳牌情景规划小组。当时该小组发展了一个名为"能源危机"的情景，他们想象，一旦西方的石油公司失去对世界石油供给的控制，将会发生什么，以及怎样应对。在 1973 年至 1974 年冬季 OPEC 宣布石油禁运政策时，壳牌因为具有良好的准备，成为唯一一家能够抵挡这次危机的大石油公司。

1982年，皮埃尔·瓦克退休，接任他的就是彼得·舒瓦茨（Peter Schwartz）。在1986年石油价格崩落前夕，壳牌情景规划小组又一次预先指出了这种可能性，因此，壳牌并没有效仿其他的各大石油公司在价格崩溃之前收购其他的石油公司和油田扩大生产，而是在价格崩落之后，花35亿美金购买了大量油田，彼得·舒瓦茨说这一举措为壳牌锁定了20余年的价格优势。

正是因为情景规划在壳牌所取得的巨大成功，像戴姆勒－克莱斯勒、UPS、苏黎世金融服务公司等许多公司也开始运用这种管理方法，但没有一家公司能够像壳牌公司那样把这个方法运用得如此得心应手。2002年2月，美国《BUSINESS 2.0》杂志推出了一个关于风险管理的封面专题，其中特别提到了壳牌传奇式的情景规划："没有一个行业比石油行业对危机的理解更深刻，而石油行业里也没有一个公司具有比荷兰皇家壳牌石油传奇式的情景规划小组更长远的眼光。"

（三）情景规划的步骤

情景规划主要分为7个步骤，具体如下图。

步骤一：目标设定

情景规划开始于一项战略的议题，未来的故事有无数种，聚焦于最重要的故事才是真正的挑战，所以情景规划的第一步是明确我们要

解决的核心问题，这一核心问题确保我们得出的情景是与战略议题或者考虑中的决策相关的。

核心问题的表述可以较为宽泛与开放，例如"石油工业的未来如何？"，也可以较为具体与明确，例如"我们是否应该投资煤转气科技"，这种表述越精确，情景分析的策略结论越容易落实。

步骤二：寻找环境的驱动因素

本步骤是识别驱动未来改变的力量，情景最终应是一些故事描绘了多种不相关力量导致的差异性结果，我们首先要找到这些力量，这个过程可以充分发挥团队的智慧，使用头脑风暴等工具，尽可能多的发现影响力量。

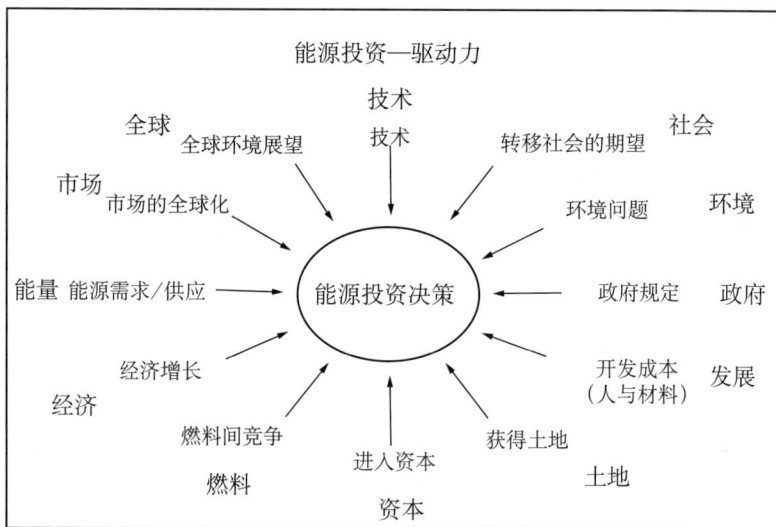

能源行业驱动力表

步骤三：发现关键的不确定性

并不是所有的驱动力量都是不确定的，许多驱动力量可以预测，比如人口的数量发展等具有较高的确定性，而另一些因素则有较高的不确定性，并非所有的驱动力量对未来的影响

情景规划步骤图

同等重要，一些因素非常重要，不可或缺，另外一些则并非如此。经营者的目的是为了探索未来的不确定性，所以需要找到最关键同时又不确定的驱动力量，这方面我们可以使用矩阵法进行选择排序。

对于能源投资来说最关键的不确定性是环境的规制与技术。

环境规制方面的不确定性在于各国对于碳排放的态度，其核心是碳排放价格的高低。

技术方面的不确定性在于什么技术会发展并影响到现有的商业模式，其核心是未来的技术是加强还是削弱当前行业的经营模式。

不可靠商业模式
（distruptive business model）

情景1
碳排放价格低
现有商业模式为技术所改变

情景2
碳排放价格高
现有商业模式为技术所改变

技术（Technology）

低 ←——— 技术　碳排放价格（Price of carbon）———→ 高

情景3
碳排放价格低
现有商业模式为技术所强化

情景4
碳排放价格高
现有商业模式为技术所强化

加强商业模式
（Reinforces business model）

关键驱动因素象限分析法的应用

步骤四：情景架构

使用者一般会采用两个关键驱动因素进行四象限分析，得出4种可能情景，当然也可以得出较多的因素和较多的情景，但不会超过9种，处理起来，越多的情景描述起来会越难。

步骤五：情景深化

确定情景的逻辑框架后，使用者需要想定未来情景的故事主线和一系列的特征事件，使用者并不是要说明未来事实的未来故事，使用者的目标是从未来的情景中学习，以得到对未来如何转变的洞察——未来会发生什么？

步骤六：战略关联

情景规划是一种用来提高决策能力的工具，是达到目的的手段而非目的本身，在已经得出情景的情况下，使用者需要问一系列的问题，最常见的是：

（1）各情景和核心问题的关联？

（2）我们需要重视的战略问题有哪些？

（3）我们应该追寻何种战略选择？

最初对每个情景的机会以及威胁的讨论会提供战略问题和选择的线索，在大多数案例中，一个情景规划的过程会识别2至3个需要重视的主要战略议题。这些情景为发现这些议题服务，并且提供理解这些议题及其战略应对的背景，

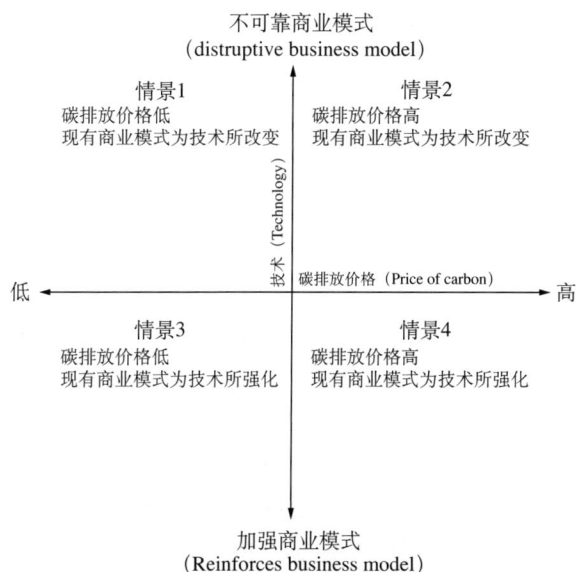

能源行业发展的四种情景

情景	Storyline故事线	Characteristics 特　征
1	市场选择 Market Choice	技术的快速的发展导致高水平的投资和市场渗透，混合动力，电动，燃料电池，光电的发展显著增加了交通和电力市场的能效，市场对煤和石油的依赖程度降低，推动了碳排放价格的下降
2	技术制胜 Technology Forced	社会对环境和气候变化的关注提升，导致政府对碳排放的积极干预，提高碳排放的价格，并推动替代性能源的发展，此类技术的进步有巨额的传统能源碳排放罚款资助，破坏了现有的强调大规模，低成本，广泛分布的能源模式，核能会成为例外，获得发展，而重油、煤炭的形势则异常严峻
3	新兴科技 Silver Bullet	昂贵的碳减排限制刺激了碳捕捉和埋存技术的发展，煤转气和煤转油技术投资迅速发展，刺激了处理煤、交通和生物质的整体气化联合循环发电相关设备投资，这降低了碳排放的价格，使得原油的需求增加，主要是满足交通方面的需求增长
4	有限选择 Limited Choice	一系列的从发展碳捕捉与埋存到燃料电池到太阳能的努力均以失败告终，技术难题无法得到解决，新能源成本高昂，传统燃料尽管带来大量的碳排放，却是实际中唯一的可操作模式，天然气，核能和风能能够赢得市场份额，但对石油的需求仍然高涨以适应快速发展的交能和电力需要

对于主要的企业来说，每年识别、应对和解决一两个战略议题是一项了不起的成就。

这种关联也会引向战略发展，这些情景不仅有助于战略发展，也会服务于战略选择（例如，如果情景 X 发生，应采取何种战略）或是风险与汇报评估。例如，仙丹情景预示了碳捕捉与埋存技术将对重油和煤炭资源的发展有巨大的杠杆效应，一种战略就是投资于这种技术，另一种则是投资于重油或煤炭资源，这些资源将从碳捕捉及埋存的发展中收益。

不同的战略在不同的情景下将有不同的风险及收益轮廓，在这种情况下，不仅风险战略以及机会战略都会在进一步的深入分析中得到识别。

步骤七：环境监测

已经发展了情景，作出了战略决策，接下来有价值的就是监测环境的变化了。

情景的假设提供了定义监测路标的基础。

情景路标的监测将构成早期预警系统，以便及早发现某种情景正在显现。

监测这些信号使得组织能敏感把握动态变化，从而对商业环境的变化作出更为快速的反应。

第四节　壳牌核心战略体系构成

一、壳牌核心战略体系的内容

作为一个传统的能源企业，面对全球石油资源日益紧张的局面，以及由于能源开发和使用对环境破坏的严重压力，壳牌不得不认真考虑未来能源如何发展、壳牌在未来如何开展业务等问题，并由此形成了壳牌的业务聚焦战略，从而为壳牌勾画出通往未来的产业道路。

在关于能源业务的聚焦战略中，壳牌站在一个全球化能源企业的角度，把寻找人类可延续的清洁化能源供应保障之路，与壳牌自身的产业生存和发展之路紧密相连，并将其作为一个统一的途径。从改善能源生产与消费、产生效益和降低对环境的影响两个思维方向，提出应对策略和具体实施的方法。基于对未来能源构成的分析，积极倡导在发展多元化能源结构的基础上，改善能源消费结构，并根据自身实际，通过调整投资方向，实施适应于未来发展的业务组合。另一方面在业务运营实施当中，壳牌分别以扩大产能、提高能效、控制排放为

主要方向，据此拟定具体的业务实施策略。

壳牌从一开始就是一个国际化经营企业，因而全球发展与资产优化配置成为其一贯的战略方针与原则。在这一战略框架内，既包含一些通过逐步认识得来的基本原则，也包括不同时期的一些特殊要点与侧重点。在长期的全球一体化经营与发展中，壳牌逐步形成了以一体化产业链相对均衡、全球产销合理分布及安全保障、整体资产效率这三个方面为中心的基本原则，并根据它们不断调整、优化资产的配置。自2005年以来，在储量虚报丑闻的影响下，面对上下游经营遇到的问题，壳牌提出并开始实施重建上下游能力的计划，而这一计划事实上仍是在全球发展和资产优化配置的框架内，以三个方面的基本原则为基础所进行的不同侧重与倾向的调整。

在壳牌的核心竞争力构成中，企业文化以及人力资源都是极为重要的基本要素，在业务表现上，往往以技术创新为突破点。壳牌的技术创新有着悠久的历史，在以往经营和发展的

不同阶段都曾起到过关键作用，在世界石油工业进入国家石油公司主权化开发与经营的时代，技术创新更成为壳牌在全球各地发挥独特价值的手段。"以技术换产权"，构成了壳牌不可或缺的核心能力。对于传统的能源企业而言，企业不断发展要突破诸多问题，需要技术创新的支持，因而技术创新成为壳牌核心竞争力的重要组成部分。壳牌一直把技术创新能力作为一项关键的战略能力，从队伍、硬件基础、软件环境三个方面不断巩固和发展。

进入 20 世纪 70 年代以来，壳牌在环保和公共关系问题上有过惨痛的教训和深切体会，这促使壳牌更认真地从安全、环境、社会三个方面来考虑，以负责任的方式在全球各地开展业务，从而实现可持续发展的目标。1997 年，壳牌成为全球首批作出可持续发展承诺的企业，并明确地将可持续发展作为其全球业务的核心战略之一，并为此制定了统一规范，建立了完整的可持续发展管理体系。自此以来，可持续发展的原则成为壳牌商业运营的基本原则。

至此，壳牌形成了以业务聚焦战略、全球发展战略、技术创新战略和可持续发展战略四大战略为核心的战略管理体系。

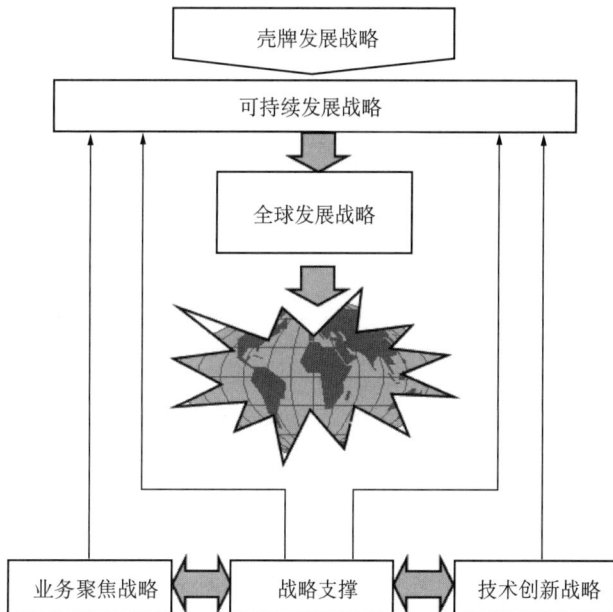

壳牌战略体系结构图

二、壳牌战略体系的结构关系

以四大核心战略为主要结构组成的壳牌战略管理体系中，每个成员都有着不同的作用，它们互相支撑，互为补充，构成了有机的战略体系，为壳牌实现永续经营提供了体系保障。

壳牌战略体系

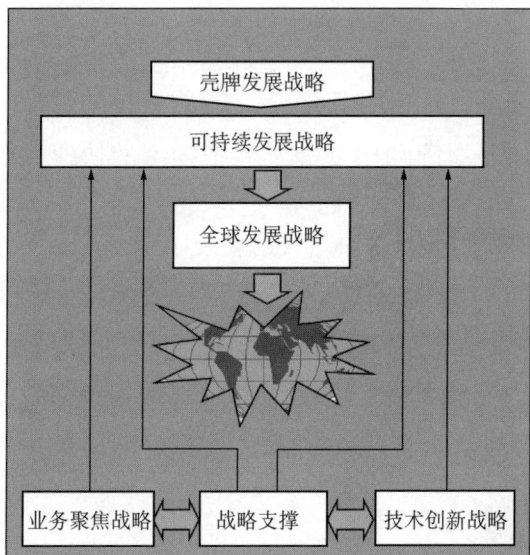

战略要点　　　　　战略实施

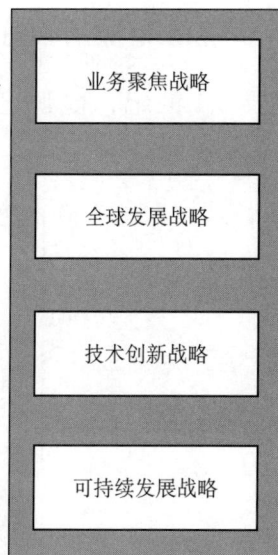

壳牌战略体系结构关系图

业务聚焦战略确立了壳牌能源发展路线与基本策略，确定了总体业务的发展方向及运营要点，明确了壳牌"干什么"的问题。

全球发展战略明确了壳牌全球上下游业务如何构成、如何分布等问题，明确了壳牌在全球范畴内"怎么干"的问题。

技术创新战略则为业务聚焦战略和全球发展战略提供了坚实的支撑，明确了壳牌在发展中"靠什么"的问题。

可持续发展战略则帮助壳牌在全球各地赢得声誉，树立了企业形象，为壳牌打造了良好的社会关系平台，为企业营造了良好的经营环境，解决了壳牌"干长远"的问题。

第五节　壳牌的业务聚焦战略

壳牌的业务聚焦战略是基于对能源产业未来发展途径的思考而制定的。

业务聚焦战略是由两部分策略组成的：

第一，业务组合策略。其核心内容是在多元化能源结构的基础上，通过控制项目投资，改善业务结构，并确立传统油气能源以天然气为突破和新能源以生物能源为重点的发展方向。第二，运营策略。运营中以扩大产能、提高能效、控制排放为三个基本方向，并分别采取相对应的策略，即：扩大勘探开发范围、提高采收率；推广低能耗技术方法和产品；发展二氧化碳捕集技术、限制排放。

一、能源企业所面临的问题

进入 21 世纪，能源已经成为驱动社会经济运行最重要的基础之一，由于能源资源日渐短缺以及在传统能源开发和消耗过程中对自然环境的破坏，给人类社会发展带来了严重的问题。

在全球能源供应日趋紧张、环境保护形势严峻的状况下，壳牌要想寻找一条未来产业发展的通途，同样也面临着严峻挑战。为此，壳牌认为永续发展的能源之道，在于"既满足今天对能源的需求，又满足未来对能源的需求"，并能"保持生活环境得以延续"。

在应对能源挑战方面，壳牌认为，能源企业所面临的问题主要有三个。

（一）能源需求的渐变

从全球范围来看，目前欧美以及亚洲和大洋洲等发达国家已经进入能源消耗的稳定时期，但随着中国和印度等发展中国家的快速工业化、

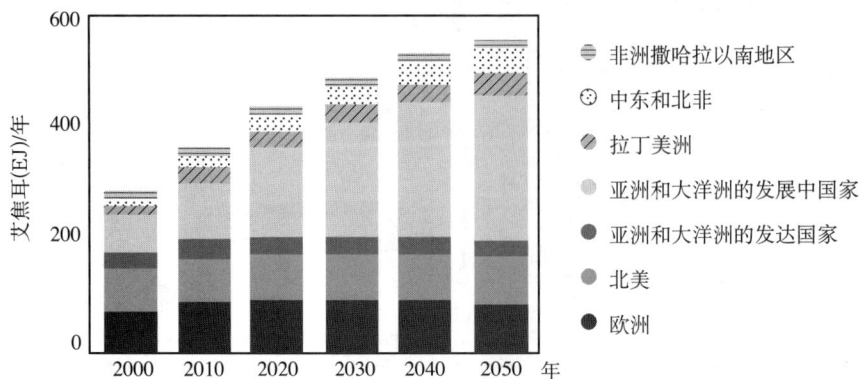

全球能源消耗渐变趋势

大规模基础设施建设以及交通工具的广泛普及使用，这些国家正在迈入经济发展的高耗能期，能源需求正在急剧增加，这促使全球的能源需求处于逐渐增长之中。

（二）供应难以跟上需求节奏

据预测，至2015年以后，新增的常规石油和天然气产量将无法跟上需求的增长速度。尽管世界许多地方都生产煤炭，但运输和环境污染这两大问题最终将制约煤炭需求的增长。与

此同时，新能源等替代能源可能在能源构成中占据更重要的地位，但一定时期内远远不足以解决能源供不应求的难题。

（三）环境压力日渐加剧

如果按照现有能源消费结构，尽管人们对气候变化问题的担心与日俱增，但与能源相关的二氧化碳排放量（占人为温室气体排放量的一半以上）仍将不断增加，保持大气中具有合适的二氧化碳浓度将变得越发困难。

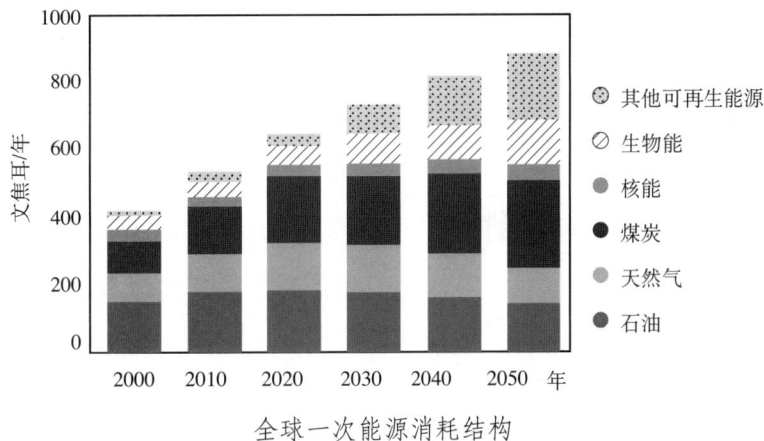

全球一次能源消耗结构

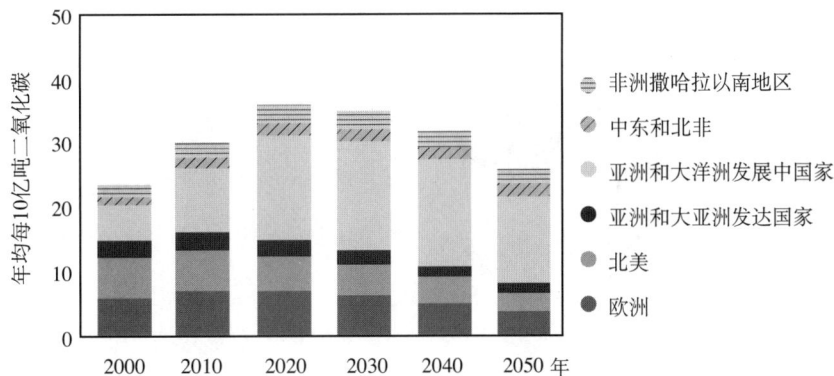

能源消耗所产生的二氧化碳排放量表

二、能源与环境前景展望

为了能更好地把握未来，壳牌制定了《壳牌能源远景：2050年》的规划报告。在报告中，壳牌充分运用"情景规划"方法，提出了"无

序世界"（Scramble）和"有序世界"（Blueprints）两种可能的能源前景。

在"无序世界"中，各国政府只是出于各自的直接压力，加入混战来保证本国能源供应，在能源供应紧缺之前很少关注怎样以更有效的

方式来使用能源；在气候出现重大变化以前，也没有认真应对温室气体问题。这样，既造成了全球能源不合理的开发消耗，也延迟了对自然环境的及时保护。

在"有序世界"中，人们自发地关注和保护自己的利益，通过合理机制，推动世界各地形成一致的观念和采取协调的行动，从而及早地开始有效应对经济发展、能源安全和环境污染的挑战，实现全球更有效的能源开发利用方式。然而，即使这样，地球的温室气体浓度仍将稳定在略高于科学家目前所希望的水平。

壳牌倡导以"有序世界"的方式，解决人类的能源以及相关的环境问题，并积极身体力行，根据自身实际，提出和推行其明确的能源发展应对策略。

三、壳牌的应对策略

壳牌的应对策略主要由投资与组合、业务运营部分构成。

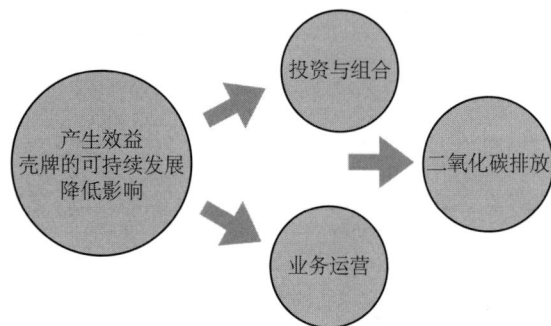

壳牌能源策略示意图

（一）业务组合策略

壳牌在对能源前景的展望中，预计到2020年，新型可再生能源的应用将从目前的1%～2%达到30%，同时，由于目前不断增长的巨大能源需求以及新能源的开发使用成本，在未来很长时期，全球能源消费不可回避地仍将以传统的化石能源为主。基于这样的事实，一方面，

在目前的项目投资和业务组合上，壳牌仍将传统油气能源作为未来一定时期的主要方向；另一方面，壳牌将调整传统能源开发结构，大幅提高更为环保的清洁能源比例。

由于新型可再生能源在很长时期还无法具备与传统能源相比拟的产能和成本优势，在传统能源和更为环保的能源之间，天然气似乎是一个合适的平衡点。天然气虽然不是新的能源，但其污染物的排放量明显低于其他石油产品，是现今最清洁的矿物燃料，而且储量非常丰富，全球分布均匀，开采设备成本低廉，可以达到较低的综合成本。因此，自2004年起，壳牌在天然气领域大幅投资，并将天然气作为业务发展的重点，预计到2012年，壳牌的天然气产量将超过石油产量，达到52%，以后还将继续增长。

在对天然气开发利用上，壳牌通过天然气液化，解决了天然气本身运输的问题，通过天然气制油和发电，使天然气得到了更灵活和更广泛的应用。就供应保障性、经济性、灵活性和环保性而言，天然气具有很大的优势。为此，壳牌积极建议各国提高天然气在能源使用中的比重，并以之作为未来一定时期能源可持续发展的重要策略。

新型可再生能源开发方面，壳牌在过去的数十年间进行了积极探索，在风能、太阳能、生物质能等方面，都投入巨资进行研究开发和项目建设，但经过探索，壳牌逐步明确了自己在新能源发展上的方向。由于在太阳能、风能项目的技术、成本等方面并不具备独到的优势，而且这些项目在很长时间内难以形成与壳牌经营规模相当的业务规模，所以壳牌开始收缩或退出。同时，壳牌选择了对自己而言更具产业链延展优势，且增长潜力适合预期的生物燃料（与油气能源同属碳氢化学能源）作为新能源发展的重点。

（二）运营策略

在具体运营实施方面，壳牌的业务主要在以下几个方面展开：

（1）提高产能。壳牌一方面继续在世界各地积极发展油气勘探开发项目，并通过技术手段努力提高现有油藏采收率和油气田寿命；另一方面借助于先进的勘探开发技术，致力于开发难于开采的非常规油气资源。同时，壳牌通过发展生物能源等可行的多元化能源结构，以更好适应未来需求。

（2）致力于提高能源效率。一方面，壳牌通过提高自身运营的能效，提供高能效技术与服务，帮助客户提高能源利用效率；另一方面，壳牌通过向市场提供更高能效的燃油、润滑油等产品，向广大用户宣传节能知识等方法，通过提高用户的能源效率，达到节省能源和有利于环保两方面的目的。

（3）实施排放管理。一方面，通过改进能源结构，开发和扩大清洁能源应用，来减少排放和环境污染；另一方面，开展温室气体排放管理，运用二氧化碳捕集和封存方法，减少有害气体排放。在全球二氧化碳排放管理的策略上，壳牌积极倡议在各国和地区间开展和完善碳排放商品化及交易体制，以促进各国家和地区以及实体组织各自减少本地排放。

第六节　壳牌的全球发展战略

全球化发展是壳牌成立伊始就秉持的方针，在长期的发展过程中，壳牌逐渐形成了服务于全球发展的一些基本原则，并随着企业的不同发展阶段进行有效调整。在全球资产配置上，壳牌的原则可归纳为以下三个方面：第一，产业链相对均衡原则；第二，供应链安全经济原则；第三，竞争优势和低成本原则。

一、全球资源开发与资产优化配置

与标准石油公司等从本国石油资源起步并获得前期高速发展的企业不同，壳牌从一开始就是一家面向全球的国际性石油公司。全球性石油资源开发是其基本的经营方式和发展策略。

公司发展的前期，这种全球性资源开发的条件得力于大英帝国的扶助，以及资本主义发展形态下资本垄断力量的支撑。后来，随着石油主权主义的兴起，在失去垄断地位之后，这种条件就变成了壳牌自身的技术、运营管理、资本、甚至服务能力等日益重要的客户价值提供能力。凭借它们，壳牌在全球各地获得开发权利，并进行优化配置和布局。这种优化配置和布局可满足三个方面的需要：

一是产业链上内在关联和均衡的需要，它所影响的是一体化产业链的经济性，遵循的是一体化产业链相对均衡原则；二是地域分布上供应灵活与合理性需要，它所影响的是运营的安全性与内部业务的连接成本，遵循全球产销合理分布及安全保障原则；三是资产结构不断优化的需要，它所面向的是整体资产回报率，遵循整体资产效率原则。以上三方面最终体现的是各种业务在全球地理区位上资源和资产的分布状态。

石油业是一种产业链延续很长的产业，产业链的关联性，不仅体现在通常所说的上下游之间，也体现在上下游内部。因此，壳牌在资产配置上，注意保持这种关系，保证石油开采和炼油、市场之间最有利的均衡状态，以及石油炼制与化工业务间的结合。

从一段时间来看，石油产业链可以说是呈现一种放射形结构，即油品销售需求量大于石油加工能力，加工能力又大于原油产量，因此，石油企业的核心竞争优势很大程度体现在开采终端上。壳牌一方面在全球各地广泛寻求上游资源的开发机会；另一方面，注意调整石油炼制和化工资产在石油资源、运输能力、消费市场之间的适当配置。

和其他跨国石油公司一样，壳牌在不同时期对上下游产业链的配置也存在认识上的变化。例如，在20世纪70年代中期到80年代前期，由于下游业务亏损严重，在国际石油公司当中一度不再强调一体化，甚至出现"非一体化"的说法。直到20世纪80年代发生石油价格崩溃后，人们加深了对业务一体化的认识。强大的一体化上下游业务整合，不仅有利于将石油公司手中拥有的石油资源实现价值最大化，而且在危机年代，凭借强大的下游能力，能够弥补上游业务的损失，因此，壳牌更加重视保持和加强这种最佳的业务组织形式。

作为一家国际石油企业，世界局势的动荡对正常运营会产生不可估量的影响。20世纪30年代，墨西哥的石油国有化运动，以及1951年至1953年伊朗的石油国有化风波，使壳牌遭遇了巨大资产损失，紧接着的第四次中东战争又大大影响了壳牌的业务。受这些因素的影响，壳牌将供应链的安全性放到了重要位置予以关注，开始在市场附近修建炼油厂，原油则通过网络化的输油管道和油轮运输。20世纪70年代的石油危机，曾使壳牌把上游资源开发的重点向自身掌控力强的安全国家转移，但这无法长期解决全球供应的问题。随后，壳牌又把业务进一步向世界各地扩展，在石油勘探方面继续推行国际化的油气勘探战略，实现资源和市场的全球化开发与优化配置，其中包括地区供给的平衡化战略。也正是依靠遍布世界的运营网络和灵活的经营策略，壳牌得以在一次次的动荡和危机中渡过难关。

壳牌的全球资产配置普遍遵循产业经济化规律，业务战略则按各地的需求进行业务格局设置和调整，这也是这些国际能源公司一直以来在经营过程中从未间断地进行并购、裁撤、出售等资产经营的缘由。这些操作可能针对某项业务内的配置格局，也可能针对完整的一项业务。

在针对某项业务的配置格局上，壳牌所遵循的首要准则是通过资产操作，力求保证业务的核心性与领先性，以及达到必要规模，以获取和保证自己的行业优势与必要的主导性。壳牌根据经营过程中不断变化的外部环境，通过收购、裁撤、出售、置换、合资等方式，在上游实现重点区域连片开发或集中开发，以降低平均开采成本；在下游，集中或整合资源形成具有竞争优势的业务单元，处理非核心与低效资产，提高资产效率；同时，保持产地与市场就近均衡分布，通过上中下游紧密衔接，提高资源的适配性，降低内部运营成本。

在一项完整业务的单元上，壳牌往往要根据业务本身与公司的核心能力情况，判断其取舍和处置办法，为此，壳牌采用定向政策矩阵作为工具制定相关策略。

二、打造新的业务格局

2005年，壳牌的双董事会管理模式结束，并建立了统一的管理体制。面对当时由于石油储备数据虚报造成的储量劣势，以及短期经营绩效和长期业务发展的压力，壳牌新任 CEO 杰伦·范德韦尔（Jeroen van der Veer）提出了概括为"更多的上游，赢利的下游"的业务战略。这意味着壳牌将加大投资力度，寻求上游业务储备的扩展和石油产量的逐步提升，并以大型战略性项目为投资重点；而在下游，通过资产与业务格局的调整，使下游集中于盈利能力强的业务项目和发展潜力大的目标地区。

从 2005 年到 2010 年，"更多的上游，赢利的下游"成为壳牌战略思想的高度概括。在这一战略的指导下，壳牌将每年的勘探支出提高至 15 亿美元，达到了业内的最高水平；对生产开发部门进行大规模投资，投资总额超过百亿美元以上。与此同时，壳牌陆续出售了包括南美下游等业务在内的，总值高达 100 亿至 120 亿美元经营业绩不佳的业务。至 2009 年，壳牌的油气储备量有了显著提升，此前 13 个新产能项目中的一部分项目先后投产。2009 年 7 月 1 日，壳牌原 CEO 彼得·沃瑟（Peter Voser）接替杰伦·范德韦尔出任新的首席执行官。彼得·沃瑟上任后，在业务路线上，继续坚持了范德韦尔提出的"更多的上游，赢利的下游"战略思想，并在此基础上侧重有所不同，具体内容上也有所调整。在总体上，以合理的财务运营为基础，使运营发展中的业务转变更加具体化。

为进一步加深推进壳牌的转变，加快战略步伐，并有效应对外部压力，继任前夕，在杰伦·范德韦尔的支持下，彼得·沃瑟提前进入角色，拟定了"转变 2009"（Transition 2009）计划，并首先对业务结构进行了改组。

改组后的全球业务架构，将原来按业务结构设立的体系整合为统一按上下游进行管理的业务组织，对于上游业务又进一步按地域分为美洲上游（南北美洲）和国际上游（除了南北美洲的其他地方）两个部门。此外，在上下游业务之外，还设置了一个项目与技术部门。

三、调整后的全球业务构架

壳牌调整后的全球业务构架如下。

（一）美洲上游

负责管理南北美地区的石油与天然气勘探开采及储运，还包括壳牌目前在北美的油砂业务和美国的风能业务。其业务活动是按地理单元、商业性管理活动以及支持性活动为分类而组织进行的。

（二）国际上游

负责管理欧洲、亚太、中东、独联体、非洲地区的石油与天然气勘探开采，以及输送到市场上必要的业务环节，其中包括壳牌目前在全球的液化天然气业务和在欧洲的风能业务。它所包含的业务由商业性的管理活动以及支持性的活动组成。

（三）下游业务

管理着壳牌的生产、销售以及成品油和化学品的营销活动。按环节分为：

（1）生产环节，包括原油的提炼、供应和运输；

（2）销售环节，包括家庭、运输和工业所使用的燃料、润滑油、沥青以及液化天然气等多种产品的销售。

壳牌的化工业务包含在下游业务当中，它们拥有独自的生产与销售机构，在全球构成完整、独立的业务体系。

壳牌在下游业务当中，设置了市场交易部，面对市场和集团内部，从事原油、石油产品和化工产品的交易，营销天然气和电力，管理壳牌的全球交易网络、液化天然气船队和油轮船队。

下游业务还负责壳牌公司的替代能源（不包括风能）以及二氧化碳管理项目。

（四）项目和技术

在上下游业务之外，壳牌设置一个独立的项目和技术部门，负责壳牌重大项目的管理和交付，推动研究和创新，提供技术解决方案，提供运行支持服务，并带动企业整体技术能力提高。

通过这一业务构架的调整，促进了壳牌战略资源的整合。在上游，壳牌将投资重点集中在勘探和开发新的大型石油和天然气项目上，夯实上游的资源基础，并在项目成熟化过程中增大产能；在下游，调整和优化资产结构，将重点放在能够带来现金流并盈利的项目上，同时，在发展潜力巨大的市场中进行选择性的投资。

至此，壳牌进入了一个新的发展阶段。

第七节　壳牌的技术创新战略

进入新的发展时期，技术创新已成为壳牌业务发展的关键支撑要素。面对传统能源产业的不断更新与发展，壳牌把大力开展技术创新作为建立企业战略能力的长期重要工作，从研发队伍、硬件基础、软件环境三个方面不断巩固和提高。

一、悠久的传承

在壳牌百余年的发展历史上，技术创新在不同的阶段都曾发挥过至关重要的作用，一直是推动壳牌不断发展的动力。

壳牌集团合并之前，英国壳牌运输贸易公司就依靠自己首创的散装油轮，打破了标准石油公司的价格垄断，而荷兰皇家石油公司通过联合地质学家，进行科学的勘探，解决了产量危机，实力迅速上升。合并后，壳牌先后通过建造超级油轮、海洋勘探开发、开采与炼化技术不断改进以及在化工领域的一系列技术成果等时代尖端性创新，取得竞争优势和不断的业务突破发展。

针对壳牌百余年来长盛不衰的发展，很多研究者都得出，技术创新是壳牌成功关键的结论。而今，壳牌继续保持着这一优良传统，为其可持续发展提供了保障。

二、技术创新基础

据统计，截至 2007 年底，壳牌共持有26621 项专利，其中有 10932 项已获批，15689项待批。至今，壳牌持有的专利数量已超过 3 万项。

丰硕的成果和有力的技术驱动来源于坚实的研发基础。一直以来，壳牌将研发事业摆在重要的战略位置上，不断加大研发力度，并注重研发基础设施建设。这不仅表现在硬件投入方面，也表现在研发的软实力方面。

目前，壳牌在全球 11 个国家建有研发中心，它们分布在荷兰的阿姆斯特丹和丽兹维克、美国的休斯敦、印度的班加罗尔、英国的桑顿、加拿大的卡尔加里、法国的诺曼底、德国的汉堡、挪威的奥斯陆、阿曼的玛斯科特、卡塔尔的多哈和新加坡的 Scraya，事实上，这些并不包括与当地业务相联系的某些专项研究中心。

壳牌的技术人员超过3万人，其中包括壳牌科学家及业务专家。

壳牌的技术研发机构除负责技术创新和新产品研发外，还负有提升所有员工的整体能力、保障集团业务运营水平的职能。

位于荷兰阿姆斯特丹、丽兹维克和美国休斯敦的研发中心，承担壳牌技术创新的核心任务，主要负责开发新的关键技术和改进现有技术和工艺；而其他的研发中心，则致力于终端应用产品开发、营销支持和为区域运营提供具体的技术协助。此外，壳牌在一些国家设立的营运公司中建有实验室，主要目的是为区域公司技术支持，同时，也为集团的整体研发战略服务。

壳牌还与全球一些政府、高校、研究机构开展广泛的合作，包括建立合作机构和临时项目合作机构，与商业伙伴甚至竞争对手进行项目合作。壳牌还通过设立合作专项基金，建立起了面向广大中小企业和社会的合作机制。

壳牌在项目管理上采取了首席科学家负责制。目前，有9名首席科学家，分别在分离工程、材料工程、流体工程、岩石物理、地质学、化学催化剂、化学工程、地球物理、钻井工程等领域成为国际公认的一流科学家，他们与首席技术官杰拉尔德一起，构成了壳牌技术研发的领导核心。

在各大石油公司中，壳牌的研发投入一直处于前列。据统计，仅2007年至2010年间，壳牌每年的研发经费均在12亿美元左右。

壳牌研发另一方面基础是技术创新文化和研发理念。在新的历史形势下，这种理念显得越加重要。正如壳牌前任领导人马尔滕·范德柏夫（Maarten van den Bergh）曾经说过的那样："能源工业像其他所有工业一样，正在进入一个新的阶段。技术和工程上的优势正在成为而且必须永远是能源公司发展的核心事业"。

壳牌的技术创新除了重视技术本身外，还非常重视如何充分激励个性思维，营造包容异己、接纳挫败的人文环境和创新价值观，而壳牌尊重自主、诚实正直、多样性和包容性的人文精神，正是创新之树适合生长的土壤。

壳牌认为，公司的生存和发展不能仅是追求取得"运营执照"（licence to operate），它还必须致力于获得"成长执照"（licence to grow）。因此，企业不仅要跟上市场形式的变化，而且要着眼于未来的发展，不仅要致力于满足公众的需求，还必须注意引导其消费取向，而这也构成了壳牌研发的基本理念。

在研发体系管理上，壳牌首席技术官是最高领导人，他负责领导整个管理机构，其职责是根据世界能源形势的变化，在壳牌经营战略的指导下，确保开发和实施技术与项目的正确方向，并进行统一的研发规划；首席科学家则负责领导各自的学术与研究领域；集团分工不同的管理服务公司则负责提供专业的研发服务与项目管理。

位于阿姆斯特丹的壳牌研发中心

壳牌的技术团队由工程师、地质学家、物理学家、化学家、数学家组成，他们与生物学家、人类学家、环境专家、金融专家一起协同工作，不同的专业背景和不同方面的研究探索，为壳牌的技术创新提供各方面的智力支持。

为了准确把握客户需求、产业发展以及相关的社会发展动向，壳牌在研发管理上实施了"关键预测"计划，该计划涵盖内容较为广阔，甚至曾经调查过世界20个国家中一些文化领域的领导者对于未来社会发展动向的预测，以此来帮助自己制定研发规划。

在研发过程中，壳牌拥有完善的项目管理规范，在每一重要步骤，都会进行必要的评估，进行及时、完善的阶段管理。

为了提高研发工作的成效，壳牌的研发，不是单纯依赖于个人能力，而是建立在整体研发平台的基础上。

集团实施专业的知识信息管理，整合各种有关的技术、学科知识、意见观点和商业化的资源，运用于具体的项目研发中来，提出"只有整合才能获得最大的价值"的观点。壳牌还成立了"集团研发"团队，为研发机构提供基础知识方面的支持和内部交流的平台，使得壳牌的研发更能靠近技术发展的前沿和核心。研发中心下设各种技术研发、品牌推广及金融、网络技术等服务小组。这些小组与产品销售部门，健康、安全和环保（HSE）信息中心一起，构成了研发中心的基本结构。

为加强员工之间的交流与合作，壳牌建立了全球范围的交换信息网络与论坛。研发人员常常通过公司内部的交流系统获取来自销售、生产及其他相关部门的意见，产生更多研发方面的创意。研发人员通过链接到虚拟现实系统，进行全球协作的网络化研究设计。

壳牌注意建立恰当的内部研发关系，以促进研发工作的效能。壳牌研发的"用户"是在世界各地的营运公司，在服务关系上，研发管理机构是项目"承包商"，集团内部采取"用户—承包商"模式。用户负责根据客户的需求和意见提出具体的技术要求，研发管理机构进行项目论证和协调，具体的研发中心提出项目建议，并具体负责项目研发。这种模式使研发部门直接面向服务对象，客户的需求得到及时反映；另一方面，这种模式也能促进产、销、研一体化，使营运部门灵活地按照自己的需要寻求研发和技术支持，不必局限于集团整体的研发规划。

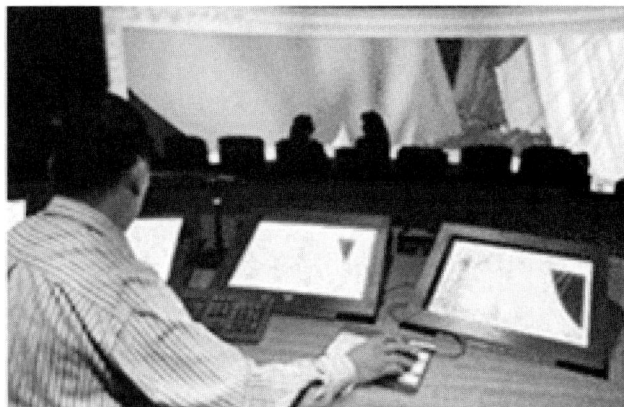

技术中心通过虚拟现实进行网络化开发

研发部门还肩负技术支持的任务，从而能够更近距离地了解客户的需要。壳牌要求研发人员利用一切机会与客户进行交流，挖掘客户的潜在需要。根据在技术服务中获取的客户需求，研究中心可以向上一层提出建议。

由于壳牌的研发机构担负着为其他部门和客户服务的职责，因此研发人员的工作目标很明确，研发成果也就能够迅速地应用于实际。此外，壳牌的研发机构还向整个公司公开自己的工作，并且借助公司的内部网络经常与各部门展开广泛的交流，因此能够迅速地寻找到应用其研发成果的途径。

　　壳牌鼓励研发人员在更广泛的范围内进行技术移植应用，而不是只局限于某个领域。为此，壳牌通过它在全球的运营网络，为研发人员提供流动的机会，使他们能够了解实际岗位的工作条件，了解壳牌整个系统的运作，从而以最大的可能拓展项目成果的应用空间。

　　在技术成果应用方式上，壳牌明确提出整合核心技术，改善现有技术和推广首创技术的指导方法。近年来，壳牌又明确概括地提出了合作对象、技术组合、市场开发和影响力四大技术引擎。

三、研发方向与技术创新项目

　　在能源供应日趋紧张的形势下，壳牌的很多创新技术是围绕着提高油气生产的能力而研发的。这些创新通过不断突破现有技术极限来发掘新的油藏，扩大了现有油气田的产量。

　　世界能源供需的紧张加剧了各国对石油生产的垄断，然而，壳牌凭借这些技术优势，以其独有的价值，获得了与世界各产油国合作的机会，从而通过技术优势促进了业务发展。

　　地下油藏分布的地质条件和形态复杂多变。为了实现更有效的开采，需要能够准确深入地下深层油藏和适应其分布状态及其变化过程的钻井技术，这对石油开采的作业效果具有重要影响。

　　目前，在新的钻井技术帮助下，壳牌油井的开采深度已经可以达到万米以上，同时，壳牌开发的蛇形钻井技术、智能油井 (The Smart Fields) 技术和地震成像技术，对提高开采能力和作业效果都起到了极为关键的作用。

　　在石油储藏资源不足的形势下，对于正在开采中的现有油田，提高采收率就成为提高效能的关键。当油田达到正常开采周期的终点时，因为开采难度或成本过高，有多达三分之二的石油会留在地下，要想进一步获得产量，就需要注入水蒸气、气体或者化学制剂等物质；另一方面，还要防止地下水的过量流入导致油井提前到达寿命周期。在这些方面，壳牌不断地开发更有效和更适合的判断具体油藏条件的技术方法，对产能提高帮助巨大。

　　为了更广泛地进行能源开发和创造竞争优势，壳牌积极开创和完善各方面的勘探开发技术，突破技术极限，以使自己能够在各种环境条件下开发各种难于开采的油气，并利用自己的开发技术，更有利地获得在世界各地的开发权。

　　在针对极端环境下油气田的勘探、开采，以及对致密气、页岩气、煤层气、油页岩等非常规能源的开采与提炼技术上，壳牌一直处于技术领先地位。这些技术对壳牌开拓能源疆界、充分利用各种可利用的资源，起到了重要作用。

壳牌正在开采致密气

　　基于维护可持续发展和更好地服务于客户的基本战略，针对企业和普通消费者，壳牌在能源利用效率方面开发了相关创新技术。该技术不仅为客户提供了节能支持，而且也提高了壳牌业务的竞争力。

对于企业用户而言，生产过程中的整体节能、减少环境破坏，既有一定的成本意义，也是不能回避的社会责任。壳牌在自身的运营过程中，积极开发和采用节能工艺技术，对各种能耗制定严格的指标，列入营运考核标准，并积极向客户推广。例如，在中海壳牌的南海项目中，壳牌通过优化空气压缩机和锅炉的运转方式，每年节约的能源相当于 4.54 万吨标准煤；总体能源效率相比中国平均水平高出三分之一，用水量更比国内其他石化工厂低 95%。近年来，壳牌一直为电力、石化和炼化行业的客户提供能源咨询服务，这些项目帮助客户将能源成本降低了 10%。

对于产品用户而言，壳牌开发的高能效产品，也为客户提高能效做出了贡献。壳牌开发的高品质燃油，能够防止汽油燃烧系统中形成的油泥积炭，保持了引擎进气系统清洁，达到充分燃烧，同时，减小发动机引擎的黏性摩擦，减少动力损失。从这两个方面，提高燃油利用效能。

此外，通过不断开发更高性能的润滑油，可以更有效地减小传动过程的摩擦和动力消耗，间接提高能源利用的效率。

排放管理是壳牌可持续发展战略当中重要的一环，它不仅是壳牌在各地业务运营过程中需要妥善解决的问题，而且靠着在这一方面领先的技术，壳牌正在成为这一全新领域的领导者。

排放管理的源头是减少能源消耗过程的温室气体发生，而减少能源消耗的温室气体发生，就需要清洁的能源产品。为此，壳牌针对传统能源，进行清洁化产品技术开发，通过新型配方技

术，提升产品品质，以及针对煤炭等进行能源转化，开发各种清洁能源产品。在支持环保减排战略的同时，开拓新的业务发展空间。目前，壳牌仅在中国就已经签订了 19 个煤气化技术许可合同。

排放管理的另一重要方式，是对能源消耗所产生的温室气体进行有效的收集和控制。壳牌针对能源消耗所产生的二氧化碳排放，通过开发和改进二氧化碳捕集与封存（CCS）技术，捕集发电厂、炼油厂和化工厂等工厂排放的二氧化碳，并将其安全封存地下。这种技术目前已投入使用。

根据国际能源署（IEA）预测，如果能从 2011 年开始加快推广二氧化碳捕集和封存技术，到 2050 年，每年可帮助减少超过 100 亿吨的二氧化碳排放，仅此一项，即可完成所需减排任务的 19%。

由于世界各地的地质条件各不相同，要确保安全、大量和长期在地下封存二氧化碳，面临诸多技术挑战。壳牌在世界各地参与了众多项目示范，推动 CCS 技术的发展和完善。

发展能够满足未来需求的多种不同的能源，并改善能源结构，是可持续发展的关键。壳牌将天然气和生物燃料作为发展的重点，加大研发力度，努力开发相关生产、转化和适于广泛应用的成品技术。

虽然天然气在清洁性、储量、成本等方面都具有很好的替代优势，但在运输和使用方面却有着很大的不便。壳牌借助天然气液化技术很好地解决了这个问题，使之方便、灵活地供人们使用。

壳牌还研发出天然气制油技术，通过这一技术，可以将天然气转化为燃油、润滑油和化工原料，从而广泛地实现石油所能实现的用途。

早在1975年壳牌就开始了这项研究，1993年，壳牌率先在世界上建立了第一座商业化天然气制油工厂，使天然气制油产品进入商业普及阶段。

由于生物燃料在生产和消耗的整个过程中，理论排放量可以为零，并具有可接受的成本和一定的规模化条件基础，是未来新能源的主要方向之一。目前，壳牌在第一代生物燃料的基础上，正在研发利用秸秆等农作物废料、甚至海藻等制取的第二代生物燃料。2011年6月2日，壳牌与巴西糖业及乙醇生产巨头 Cosan 公司合作建立的合资公司正式运营，壳牌投资超过12亿美元，合资企业命名为 Raizen。由于产自甘蔗的乙醇燃料最多可将燃料相关排放减少90%，因此，壳牌看好甘蔗乙醇这一生物燃料市场。

第八节　壳牌的可持续发展战略

进入新世纪，壳牌将可持续发展纳入其战略体系中，并形成了以环境保护、社区关系和经济效益为核心内容的战略，通过不断地发展与完善，建立了系统的可持续发展管理体系。

一、形成与演变

作为全球性资源开发和具有广泛影响力的跨国石油企业，壳牌在经营中往往比一般企业更多地涉及与自然环境和社会环境的问题，如何在能源开发与生产的同时保护好环境，处理好与经营所在地的社区关系，承担必要的责任，不仅是一个公司的商业道义问题，而且是关乎企业的形象，如果处理不好，将极大地影响到企业的经营效果与未来发展。

1976年，为了确保壳牌在世界各地区的经营活动达到良好的社会标准，壳牌建立了著名的《壳牌商业准则》，指导壳牌所有营运公司以统一的社会理念，开展经营活动和处置各种关系。

20世纪70年代，可持续发展（Sustainable development）的概念在国际上首次被提出。1987年，世界环境与发展委员会将可持续发展定义为："既能满足当代人的需要，又不对后代人满足其需要的能力构成危害的发展。"呼吁人们负起当代人的责任，保护未来的生存环境。1976年，世界经合组织（OECD）提出跨国公司行为准则，主要目标是希望跨国企业的营运目标能与政府一致，加强企业与其营运所在地社会间的互信基础，倡导跨国企业促成经济、社会及环境进步，以达到可持续发展。

此后，壳牌初步将企业社会责任（CSR）和可持续发展理念与企业发展战略进行了有机结合，相继推出了《壳牌行为准则》、《健康安全环境政策》、《壳牌可持续发展政策》等。

1995年发生的北海布伦特废弃平台沉海处置事件，令壳牌遭到绿色和平组织及公众的强烈抨击，联合国环境规划署及全球100多个国家达成一致，阻止了平台下沉。受该事件的影响，德国民众爆发了抗议壳牌的运动，这直接导致壳牌当年在德国的汽油销量猛跌50%。随后发生的尼日利亚环保事件，导致壳牌退出当地开采业务，更在全球范围内陷入了严重的形象危机。这给壳牌上了严峻的一课，促使壳牌深思和反省，使之深刻认识到良好的企业形象和搞好企业与社会、环境的关系是保持长期成功的关键。

　　1997年，壳牌作为全球首批倡导并自身承诺可持续发展的跨国企业，正式确定了可持续发展的商业战略，明确将社会责任确立为可持续发展的一项基本方针，并随后成立了社会责任委员会，对壳牌在世界各地经营中所涉及的社会关系行为进行体系化的监督和管理。

　　2004年，储量虚报丑闻引发了壳牌信用危机，直接导致壳牌董事长的黯然离职，壳牌更改了双董事会的机构，并对《壳牌商业原则》进行重新修订，再次强调可持续发展与社会责任的关系。这期间，企业社会责任和可持续发展管理开始全面融入到公司的发展战略之中。

二、核心规范与实施历程

　　壳牌把 Planet（对地球负责）、People（关心人类）、Profit（追求赢利）的"3P"原则，作为公司可持续发展的三大核心策略，这也代表着以环境、社会、盈利三个方面为核心的经营理念。

　　致力于企业的可持续发展，意味着壳牌做

任何事情都必须考虑如何在经济、社会和环境三者间取得平衡，以及如何在短期需求和长期需要间取得平衡，对此，壳牌要求其分布在全球各地的子公司都必须以此作为经营的基本要求和行动准则。为切实履行公司的各项责任，壳牌确立了五个方面的责任关系：第一，对股东负责。保障股东的投资安全和效益，提供同行业中富有竞争力的投资回报。第二，对客户负责。维护客户利益，提供品质优良、价格合理、符合安全与环保标准的产品与服务，保证客户价值。第三，对员工负责。充分尊重员工的人权，为员工提供安全的工作条件和良好、有竞争力的报酬，帮助员工发展。第四，对利益相关者负责。建立互利共赢关系，促进实施相同的商业准则。第五，对社会负责。作为负责任的企业公民，遵守当地法规，保护当地环境，在与企业角色相符的范围内，积极支持社会人权，承担社会公共责任。

　　与一般公司不同的是，壳牌对新员工首先要培训的是可持续发展观，并通过不断的后续

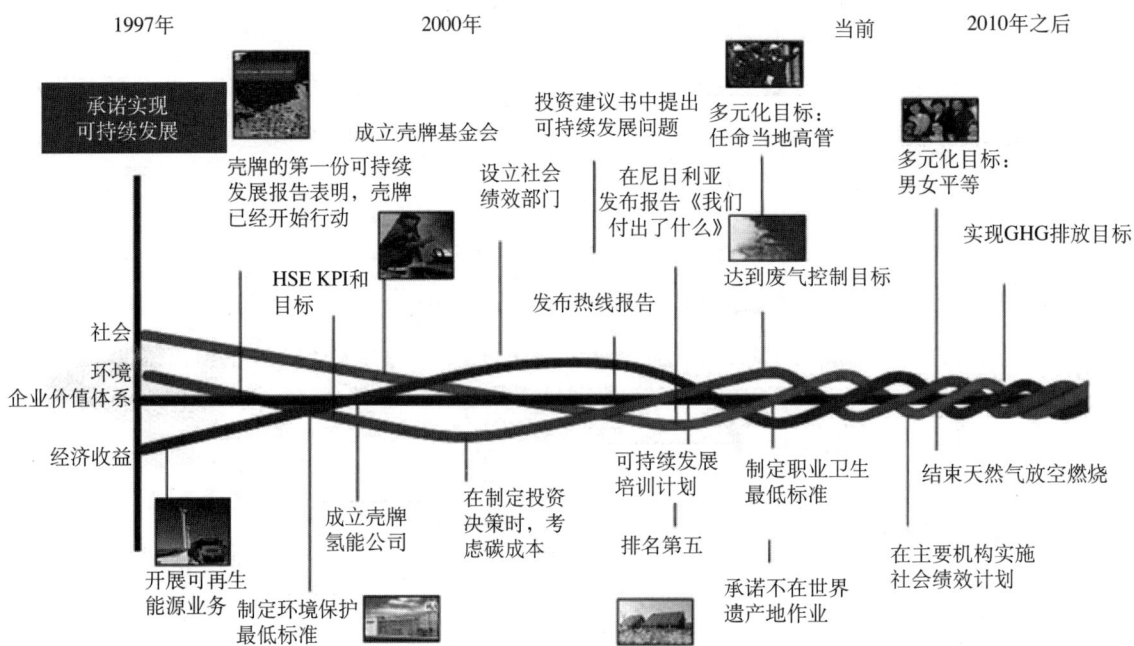

壳牌的可持续发展之路

教育，使可持续发展的观念深入人心，从而使可持续发展战略在全球各地的业务中得到良好的贯彻。

自1997年以来，壳牌在可持续发展的道路上不断稳步前行。目前，壳牌除了在能源项目实施中做好环保，并承担起各项责任外，用于社会捐助等方面的社会投资也不断增加。

壳牌的可持续发展战略取得了显著成效，并为壳牌赢得了外部的广泛认可和各种荣誉。1999年，壳牌股票价格指数被纳入道琼斯可持续发展指数（DJSI）；2001年，壳牌被纳入富时社会责任指数（FTSE4Good Index）系列；2008年，壳牌成为"碳排放披露领导者指数"指标，同时，被纳入高盛评估最新的"全球能源环境、社会和公司治理指数"。

三、可持续发展战略管理

自1976年以来，壳牌一直坚持把《壳牌商业原则》纳入到自己的战略规划当中，并随着环境和时代的发展不断完善。《壳牌商业原则》包括经济、竞争、商业道德、政治活动（包括公司的政治捐助和员工参与社区活动）、健康与安全、保安与环保、当地社区、沟通和交流及遵纪守法八个方面的内容。目前，《壳牌商业原则》作为壳牌的社会责任"宪章"，已经渗透到壳牌全球业务的每个角落。

壳牌的企业社会责任组织管理机构，对内设有社会责任委员会，对外设有外部评价委员会。社会责任委员会以董事会的名义，依据《壳牌商业原则》、《壳牌行为准则》、《健康安全环境政策》、《壳牌可持续发展政策》等规范，对集团的企业社会责任政策和行为进行评估，并提出建议。其主要职能还包括：了解集团健康安全环境管理和社会表现；了解集团在主要项目和业务所

在地对环境和社会影响的管理；为可持续报告提供信息和草案，与外部评价委员会进行面对面会谈；到业务所在地与当地员工和外部股东进行会谈，获取业务所在地责任表现的第一手资料等。

壳牌的外部评价系统已经发展得比较完善，呈现系统化，壳牌制定了7项相互关联的标准来衡量企业可持续发展的业绩，这些标准包括：使收益率最大化；实施的可行性；对环境的影响降至最低；有效地利用资源；尊重和维护公民利益；促进社区效益最大化；让项目利益相关者参与。这些工作由壳牌的外部评价委员会负责。

壳牌的外部评价委员会成员全部由来自美国商务社会责任协会、国际环境与发展学会、英美市场可持续发展组织、世界资源研究所、国际透明度组织等一些国际权威机构的主要负责人组成。它们与社会责任委员会一起对公司的可持续发展报告进行评价并提出建议，对壳牌报告是否选择了最重要的主题、如何回应股东关心的问题、是否已经提供了足够多的信息等进行评价，并提供建议。

此外，壳牌还形成了可持续发展报告体系。早期报告主要是公司对内和对外信息通报，至20世纪70年代中期，报告开始发布公司的财务、环境及社会报告。从2000年起，壳牌把健康安全环境报告合并到《壳牌报告》中。

目前，壳牌的可持续发展报告体系分为三个层次：一是集团年度可持续发展报告。壳牌已连续10年发布集团年度可持续发展报告，始称《壳牌报告》，2005年起，改称《壳牌可持续发展报告》。报告有一套完善的企业社会责任指标体系，除了独立的业绩指标外，还引入了《可持续发展报告指南》、《油气行业可持续发展报告指南》等相关国际指南和指标。二是可

持续发展国别报告。壳牌很重视业务所在地的业绩表现，特别关注影响到壳牌名声和商业表现的业务所在地的环境和社会问题，并且致力于与当地社区一起提高这些地方的环境和社会表现。为此，壳牌还发布重点业务所在国的可持续发展报告，如《壳牌巴西报告》、《壳牌菲律宾可持续发展报告》、《壳牌澳大利亚报告》、《壳牌加拿大可持续发展报告》、《壳牌中国可持续发展报告》等。三是重点项目可持续发展报告，如《俄罗斯萨哈林Ⅱ石油和液化天然气项目》、《加拿大阿萨巴斯卡油砂项目》、《尼日利亚项目》等，这些都大大加强了壳牌与各利益相关方的对话、沟通和交流。

壳牌可持续发展报告每年都会有一个主题，主题随着壳牌商业战略和社会责任实践的发展而进行调整。从2003年起，壳牌开始采用了一种新的方式改进报告，即根据股东和其他利益相关方的意见反馈，对重点业务所在地进行重点报告回应，削减报告篇幅，减少报告的信息量，而把更多、全面、及时的信息链接到壳牌网站上发布。

此外，壳牌还通过日常运营促进社会责任的贯彻和管理，1998年首次对集团非财务业绩进行财务分析，与企业伦理和社会责任方面的专家进行对话，组织壳牌员工在社会责任和商业原则上进行专题讨论，借此促进深化发展。

第五章　壳牌的组织结构

壳牌的组织结构经历了五次变革，每一次变革都以适应外部经营环境的变化为依托。壳牌的组织机构从双董事会结构开始，历经了直线制、职能制、矩阵式、板块式等各种组织结构。透过现象看本质，壳牌的每一次组织结构的变革都是一次分权或集权的过程。

第一节　壳牌组织结构的演进

一、壳牌组织结构演变历程

壳牌公司的组织结构经历了一个复杂的演变过程。从1907年，荷兰皇家石油公司与英国运输贸易公司合并成为荷兰皇家壳牌集团公司起，壳牌就建立了新的集团组织，并迈出了组织结构演进的第一步。

合并之初，两家公司依然保留着各自原有的管理体系。作为同等地位的母公司，它们并没有融进壳牌集团的管理范畴，而是以各自独立的机构，按照在壳牌集团中所占的股权比例，在更高的层次上实施对壳牌集团的决策管理。也正因如此，壳牌集团在管理上形成了别具一格的双董事会管理机构。

在业务构成上，新成立的壳牌集团按照两家公司各自的业务能力，以及在此之前联合成立的亚细亚石油公司的业务功能，重新组建了营销的管理体系，细分了营销业务的管理。

首先，在终端销售方面，壳牌的市场营销机构是在原有亚细亚石油公司销售机构基础上，合并了两家公司原有销售机构组成的；其次，在原荷兰皇家石油公司的上游资源及炼油设施基础上，组建了 Bataafsche Petroleum Maatschappij（BPM）公司（设在海牙）。该公司按照业务分工协议，进行上游勘探、生产以及油品炼制业务，为市场经营提供产品。最终，以原英国壳牌运输贸易公司的船队为基础，组建了盎格鲁—撒克逊（Anglo-Saxon）石油公司（设在伦敦），为公司产品提供油轮运输和资源存储方面的服务。至此，壳牌最初的组织结构建立完成。

但随着业务的扩大，外部经营环境的发展与变化，壳牌不断地通过组织结构的变化来适应环境。从成立之初至今，壳牌共经历了五次组织结构的调整。

（一）第一次调整

时间：20世纪30—50年代。

要点：在这一时期，壳牌为适应自身的运营需要，解决组织管理中的问题，开始对组织结构进行调整与补充。

从30年代后期开始，双董事会管理模式的弊端逐渐显露出来。到了40年代末，壳牌不得不在双董事会之下设置了一个常务董事会（Committee of Managing Directors，CMD），以协调公司的日常运营。50年代后期，壳牌在伦敦和海牙又成立了专业服务公司，希望通过完善公共服务机构来促进集团管理的专业化。同时，由于两大公司合并后的优势互补，新壳牌的营销业务迅速扩展到全球各地，形成许多分散的运营区域和业务区块。为适应这种变化，壳牌将三个分公司按业务功能相衔接，形成了有利于资源集中配置的业务结构，随着时间的推移，逐步转化为按地区业务综合管理的区域业务结构。为了促进这种转化，壳牌又设立了三家控股公司，通过控股关系来协调管理全球各地的运营公司。

（二）第二次调整

时间：20世纪50年代末至60年代初。

要点：在这一时期，壳牌根据业务发展与运营管理的变化，建立了一种新的矩阵式组织结构。

50年代末期，随着在伦敦和海牙的专业服务公司的发展，壳牌集团的公共职能体系也逐步完善，同时出现了业务管理的专业理念。在这一阶段，为了适应业务的飞速发展，壳牌在全球各大区域设立了地区监督管理机构，与此同时，原有的管理体系已经不能满足新的业务发展需要。于是，在50年代末60年代初，壳牌公司在麦肯锡公司的帮助下，建立了一种矩阵式组织结构，这是一种以区域管理为核心，综合协调区域、业务和公共职能的三维立体式管理体系。

（三）第三次调整

时间：20世纪90年代。

要点：进入20世纪90年代，壳牌在业务发展和提高运营效率时，遇到了前所未有的困难。为克服困难，壳牌在90年代初和90年代末分别进行了两次组织结构的调整。

90年代初期，全球范围内的经济萧条带来了石油需求的萎缩和石油价格的严重下滑。在

这种形式下，壳牌的管理结构再度暴露出明显的不足。1994年，壳牌设立了专门的改组机构，并邀请麦肯锡公司参与策划，开始酝酿重新构建管理机构。这次机构重组持续了两年有余，直到1996年，壳牌终于完成了全面的改组工作，从以区域管理为基础的矩阵结构，转换成一种以业务板块统一管理为基础的事业部机构。这次重组使壳牌集团的行政管理得到进一步的梳理和加强，同时在很大程度上精简了管理机构，提高了业务效率。

1998年，随着油气价格下降、炼油和化工利润衰减，以及新的CMD主席继任，壳牌为了更有效地降低管理成本与提高管理效率，再一次进行了组织的变革。在这一系列变革中，最重要的一项就是在各事业部实施CEO制度，用首席执行官取代原来的业务委员会进行决策管理；与此同时，壳牌在常务董事会内明确了各董事会成员所承担的具体责任。此外，自1998年起，壳牌将美国壳牌的业务和管理体系并入了全球管理体系中。

（四）第四次调整

时间：2004—2005年。

要点：2005年，壳牌结束了长达98年的双董事会体制，成为了一个真正的独立法人企业。

这次机构改革始于2004年。这一年，壳牌发生了石油储量虚报事件，壳牌的股东们把这一事件的发生以及其他的运营管理问题归咎于双董事会体制。2005年，在股东与业界舆论的强大压力下，壳牌将分立的两家母公司的产权关系进行了统一，成立了新的集团法人治理机构，健全了董事会管理体制。

同时，为了适应新的管理体制，壳牌又建立了首席执行官制度。

（五）第五次调整

时间： 2009年至今。

要点： 近些年来，随着壳牌全球业务架构的重组，壳牌公司对其组织结构进行了微调。

2009年，为了缩减运营成本、提高战略实施成效，壳牌的新任 CEO 对集团的业务管理进行了更具体的规划和调整。这次改组，主要是对90年代以来形成的五大业务板块进行了合并，组建了三大业务部门，并增设一个兼具对外服务的技术与项目部门。

二、壳牌不同时期的组织特点

壳牌的组织结构变革是伴随着壳牌的战略调整、业务发展和外部环境变化进行的，是壳牌不断适应和完善组织体系的过程。

合并之初，壳牌集团在双母公司领导下，按简单、直观的业务关系建立了直线制组织形式。它的特点是各行政单位从上到下实现垂直领导，下属部门只接受一个上级的指令，各级负责人对所属单位的一切问题负责。一切管理职能基本上都由业务部门本身及其行政主管自己来负责。

直线制组织结构的优点是结构比较简单，责任分明，命令统一。缺点是它要求业务部门及其行政负责人通晓多种知识和技能，亲自处理各种业务。这在业务比较复杂、企业规模比较大的情况下，把所有管理职能都集中到业务部门自身和行政主管一人身上，显然是难以胜任的。这种组织结构只适用于业务规模较小，业务关系比较简单的企业。

随着业务规模的扩大和管理复杂程度的提高，壳牌用职能制的组织结构形式，取代直线制的组织结构形式。20世纪50年代，壳牌通过在伦敦和海牙设立服务公司，建立了集团的公共职能机构。

职能制组织结构是在直线制组织结构基础上，增设了一些职能机构，协助行政管理者从事职能管理工作。在这种组织结构中，下级行政单位除了接受上级行政主管指挥外还要接受上级各职能机构的专项领导。

职能制的优点是能适应业务比较复杂、管理工作比较精细和专业程度较高的要求，能充分发挥职能机构的专业管理作用，减轻直线领导的工作负担。缺点是它妨碍了必要的集中领导和统一指挥，形成了多头领导，不利于建立和健全各级责任制。在行政领导和职能机构的指导和命令发生矛盾时，下级就无所适从，容易造成管理秩序混乱。此外，职能制只是针对专项业务职能管理的一种结构形式，对于同时涉及业务区域和业务类别等交叉管理的情况，显得无能为力。

由于在全球已形成广泛的业务分布，以及业务的市场细分、区域管理和业务管理的要求也同时产生，出现了复杂的交叉管理。现有金字塔式的垂直结构已经无法适应复杂的业务协调关系。因此，壳牌转而寻求矩阵式的组织结构来解决这一问题，用以将同时并存的各种管理关系，协调到一个统一的秩序框架当中。

矩阵式组织改进了直线职能制横向联系差、缺乏弹性的缺点，形成了一种内部交叉的组织形式。这种组织结构非常适用于多种管理关系的横向协作。

矩阵式组织结构的优点是能够弥补按单一形式进行组织划分，以及按单一形式进行管理的不足，同时将纵向与横向间多种业务与管理关系相结合。它的缺点是在多种管理关系的交叉中，容易导致权责关系混淆和管理的混乱。

进入20世纪90年代，壳牌所建立的板块式组织结构，主要是对以区域划分为基础的矩阵式组织结构的改进，该组织结构主要有两方面的优势：一是建立了以业务板块为基础的组织结构，打破了区域分割对业务的不利影响，促进了全球板块业务的整合，提升了运营和资本的效率；二是形成了业务事业部，按板块对全球业务进行统一的管理，加强了直线业务管理，使管理脉络和权利、责任关系更清晰。

2005年，壳牌通过双董事会合并，组建了统一的董事会，形成了真正的企业独立法人治理结构，这一结构提高了决策效率。

2009年，壳牌组织结构变革核心是在简化业务体系的基础上，着重降低运营成本，提高效率。一方面，由于天然气业务回归业务主体、炼化一体化发展以及壳牌新能源战略的收缩，

为壳牌进一步的业务整合带来条件；另一方面，通过业务重组与整合，使运营体系更集约，更适合扁平化的要求，在降低成本的同时，利于提高效率并明确责任。

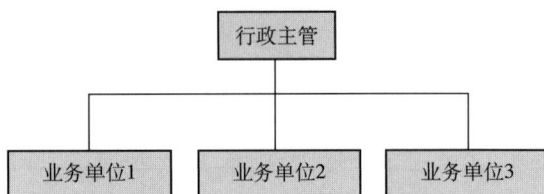

直线制组织典型结构示意图

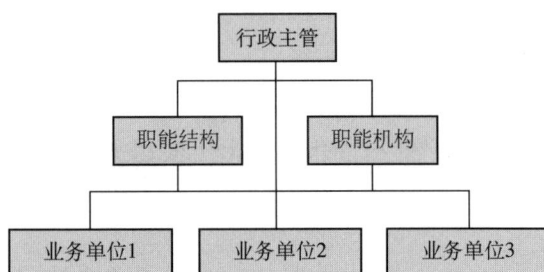

职能制组织典型结构示意图

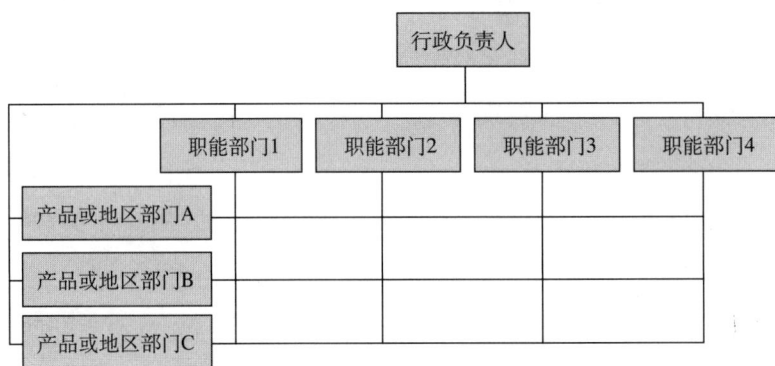

矩阵式组织典型结构示意图

第二节　独特的双董事会组织结构

一、双母公司结构的形成

19世纪90年代，利用俄罗斯石油在远东进行石油贸易的英国壳牌运输贸易公司，以及凭借开发苏门答腊石油起家的荷兰皇家石油公司，共同面临着美国标准石油公司的威胁。由于两家公司在石油生产和石油运输与销售方面具有

互补性，1903年，二者便联合罗斯柴尔德公司（罗斯柴尔德家族掌控），把各自在远东的销售网络整合起来，组建了名为"亚细亚石油公司"的联合体。此后，由于英国壳牌运输贸易公司的运营陷入困境，被迫于1907年与荷兰皇家石油公司合并为"荷兰皇家壳牌公司"，其中英国壳牌的股份为40%，荷兰皇家的股份为60%。

荷兰皇家壳牌集团公司的两家母公司——荷兰皇家石油公司和壳牌运输贸易有限公司分别注册于英国和荷兰。两家母公司虽然按协议合并股份，但各自的决策机构仍然保留运转，并向各自的股东负责。这两家母公司并非集团的组成部分，不直接参与经营，但有权任命集团各控股公司的董事会成员，并从集团各控股公司获得利润。

二、双母公司的结构形式

新组建的壳牌集团，旗下有3家主要的经营公司。除先前已经成立的亚细亚火油公司（壳牌集团持有66.6%的股份，其余33.4%属于罗斯柴尔德公司），集团还另外设立了两家经营公司，它们分别是总部设在英国伦敦的 Anglo-Saxon 石油公司和总部设在荷兰海牙的 Bataafsche Petroleum Maatschappij(BPM，壳牌的勘探开发分公司）公司。根据总的股权协议，荷兰皇家石油公司和壳牌运输贸易公司分别持有这两家公司股票的60%和40%。三家公司在集团统一的运营框架内，按照协议各自承担特定的责任，其中亚细亚石油公司继续发挥营销网络的优势，负责市场销售；Anglo-Saxon 石油公司根据 A 协议负责向亚细亚石油公司提供油品运输和存储业务；BPM 公司则依照 B 协议负责向亚细亚石油公司提供石油开发、生产以及提炼业务。根据董事会任命的方式，BPM 公司完全由荷兰人控制运营，它是按照两家母公司的股份比例，即60∶40的比例来分配的。

在 BPM 公司的10名总经理任命权限上，荷兰皇家石油公司和英国壳牌运输贸易公司分别有权任命该公司董事会成员的6个和3个名额，另外一个名额由荷兰皇家石油公司负责提名，但需要壳牌运输贸易公司同意。而在 Anglo-Saxon 公司的管理层任命上，则无此要求。此外，荷兰皇

家石油公司还购买了英国壳牌运输贸易公司25%的股权，有权任命壳牌运输贸易公司董事会的两名高管。因此，在董事会成员的分配上，荷兰皇家石油公司实际上已经超过了60∶40的比例。

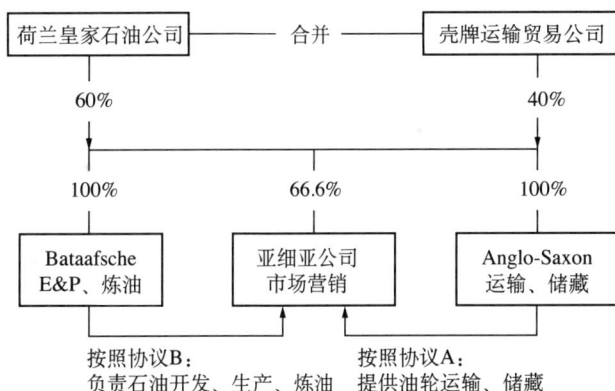

双母公司结构下壳牌的组织结构

三、双母公司的组织管理

新组建的壳牌集团领导者由拥有"石油拿破仑"之称、荷兰皇家石油公司董事长亨利·德特丁 (Henri Deterding) 担任。在壳牌的发展历程中，正是他力促了两家公司的合并。德特丁将自己的办公室设在伦敦，并让它作为壳牌集团的财务与商务中心，而荷兰海牙则成为壳牌的技术、勘探、开采、炼油业务的中心。他的这些举措有效地解决了人们所担心的企业合并后融合问题。

在合并后的组织结构中，三家经营公司董事会的所有董事均由上述两家母公司指定。荷兰皇家石油公司的董事成员和英国壳牌运输贸易公司的董事成员都有着双重身份，他们既是上述公司的董事，同时，也是壳牌荷兰石油公司（Shell Petroleum NV Netherlands）董事会的主席团成员、壳牌英国石油公司（Shell Petroleum Company Limited UK）和壳牌美国石油公司（Shell Petroleum Inc USA，集团控股）的董事，因此，他们被统称为"集团董事"。

第三节 直线式组织结构的建立

一、创立CMD管理机构

20世纪30年代末至40年代初，由于缺乏有效的协调机制，壳牌集团的英国籍高管与荷兰籍高管矛盾重重，直接影响到集团运营。在此之前，这些矛盾都能在亨利·德特丁强有力的领导下得到解决。然而在1936年德特丁离任之后，这些问题就变得突出起来。为了解决这些问题，壳牌在20世纪40年代末，在双董事会的结构下设立一个常务董事会（Committee of Managing Directors，CMD），该董事会由英荷两国管理人员组成，并共同承担责任。

为确保常务董事会运转正常，壳牌集团成立了一个针对CMD的监督机构，该机构的成员来自荷兰皇家石油公司的监督管理委员会以及壳牌运输贸易公司的非执行董事。至此，壳牌有效地解决了原来两方争斗、互不买账的问题。

CMD由5名成员组成：

主席、副主席、其他3名常务董事。

CMD机构成员均来自荷兰皇家石油公司和壳牌运输贸易有限公司的董事会，而常务董事会主席则是由荷兰皇家石油公司和壳牌运输贸易有限公司的最高行政长官之间轮流担任，例如，1993年，科尔·赫克斯特罗特（荷兰皇家石油公司董事长）接替Js.詹宁斯（壳牌运输贸易公司总经理）任CMD主席，而詹宁斯改任CMD的副主席。

事实上，CMD主席与其他上层成员在正式决策上并不具有更强的权威性，因为决策权力属于一个委员会，而不是一个特定的行政管理者，因而，壳牌缺乏强有力的集中领导。但值得庆幸的是，在德特丁之后，壳牌决策的民主化开始显现。

二、适应变化建立服务公司

为适应不断变化业务需求和外部环境，20世纪50年代，壳牌集团通过在海牙和伦敦开设服务公司、设立地区监督机构等措施，使常务董事会（CMD）的作用更加完善，使集团管理进一步得到加强。这些服务公司及监督机构的设立，使壳牌不再是一个只拥有一些分公司的简单集群机构，它在健全了集团功能的基础上，开始迈向了真正的集团管理。

随着壳牌集团的业务在全球各地的迅速拓展，原来资源、业务、管理统一协调的组织结构已经无法满足在世界各地的石油开发、生产、炼制和销售业务的需要。由此，壳牌集团开始对组织结构进行了区域化的调整和配置，并开设了针对集团业务职能的服务公司。

1946年，壳牌将亚细亚石油公司改为负责区域综合业务的壳牌石油有限公司。1949年，壳牌又将位于美国的壳牌联合石油企业更名为美国壳牌石油公司，负责管理壳牌在美国的石油业务。而到了1955年，Anglo-Saxon石油公司被BP兼并，壳牌英国石油有限公司与荷兰壳牌石油公司一起构成了壳牌集团的两家控股公司，直接或间接地拥有除美国之外的全部作业公司的集团股份，并共同拥有所有服务公司的股份。在此之后，壳牌美国石油公司成为了集团的第三家控股公司（壳牌持有该公司大部分股份，后在20世纪80年代，壳牌收购了该公司另一部分股份而使其成为壳牌的全资子公司），持有壳牌在美国的石油公司的股份。此外，荷兰壳牌石油公司还通过不控股、只分红利的方式持有美国壳牌石油公司的股票。

三、直线式组织结构的形成

经过不断的调整与结构优化，壳牌在这一期间建立了直线式的组织结构，具体如壳牌直线式组织结构示意图。

如图所示，集团常务董事会的成员来自于英荷两方的执行董事，并处于集团管理的最高层，管理着公司总体业务的拓展。他们往返于伦敦和海牙之间，每隔一周进行一次当面交流，在绝对一致的基础上作出重大决策，而重要的计划和人事任命必须全体成员一致通过。这种体制在促进管理沟通和协调、推动集团更有效地运行上起到了重要作用。同时，这种决策机制在客观上更有利于回避风险。例如，在20世纪80年代，这种决策机制帮助壳牌避免了像竞争对手那样地盲目进行资产收购。

壳牌的三家控股公司运营范围覆盖全球。其中，英国壳牌石油有限公司的管理范围主要是欧洲，荷兰壳牌石油有限公司的管理范围主要是亚洲，美国壳牌石油有限公司的管理范围主要是美洲大陆。

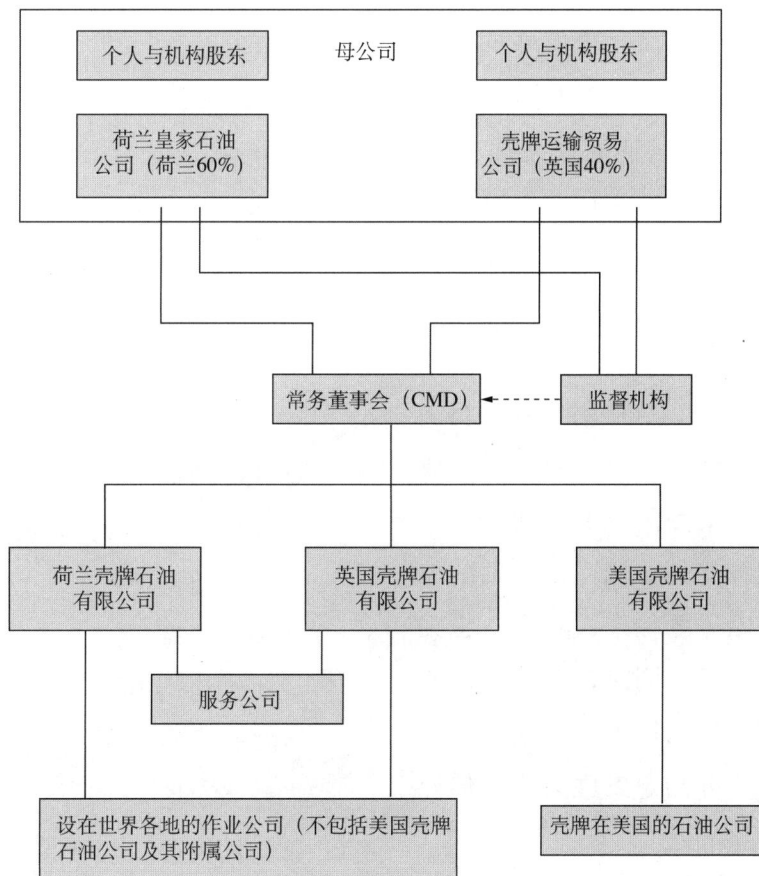

壳牌直线式组织结构示意图

第四节　矩阵式组织结构的优化

一、矩阵式组织结构的建立

20世纪50年代末至60年代初，壳牌的业务范围进一步拓展，业务协调关系和管理关系也更加复杂。为了适应日益复杂的业务关系，壳牌公司在麦肯锡公司的协助下，建立了矩阵式的管理结构。

这种管理结构的主要特点是：

（1）在业务协调关系上，组织设置和管理以区域为基础，配以业务和公共职能方式的管理。

（2）在管理关系上，以服务公司为主要的咨询和协调机构，在计划、预算、项目投资、生产、科研、销售等方面，通过其直接领导的各服务公司，按矩阵结构，实施对营运公司在区域、业务专项和公共职能三个维度上的服务和管理，从而更突出地发挥常务董事会（CMD）和服务公司在协调与管理上的作用。

伴随这一结构的建立，营运公司被赋予高度的自主权和经营责任。

至20世纪70年代中期，壳牌对矩阵式组织结构的管理模式进行了优化，进一步完善了业务组织的管理。首先，集团的业务活动在同一地区，要保证各种业务间的协调，以一致的态度处理同政府及其他团体的往来；其次，将集团的主要业务专业化管理，同时，要求各营业公司就各项业务为金融机构提供业绩报告；最终，集团公司为每项业务制定发展策略，但允许营业公司保留日常决策权。

二、地区组织管理的优化

1978年，壳牌集团开始对地区组织管理进行优化，将地区组织的职责进一步扩展，囊括了区域内所有的集团业务，并在个别国家设立壳牌专员。壳牌专员负责协调并统筹该国的各项业务，直接向地区监督负责。同时，壳牌集团鼓励团队的主动性，在集团内部大约有260个重要经营公司被授予几乎完全的自主权，它们能对经营作出自己的决定，并有一系列的服务公司为其提供科技服务。这种分散化的管理及下放的自主权使经理们能够更好地处理日常事务，并能对新规定的出台、用户不断变化的需求及任何危机迅速作出反应。

例如，在20世纪90年代，壳牌特定的协调员设立岗位如下。

● 区域协调员：

① 欧洲；

② 西半球和非洲；

③ 中东，非洲法语国家，南亚；

④ 东亚和澳大利亚。

● 行业协调员：

① 勘探与生产协调员；

② 化工协调员；

③ 煤炭／天然气协调员；

④ 金属协调员；

⑤ 海运协调员；

⑥ 供销协调员。

● 功能协调员：

① 财务总监；

② 集团财务；

③ 计划协调员；

④ 制造业协调员；

⑤ 人力资源及组织协调员；

⑥法律协调员；

⑦公共事务协调员；

⑧研究协调员。

在这个三维的矩阵内，区域管理是最重要的。为此，壳牌成立了4个州一级的公司，并在各主要国家成立了分公司。经营公司以国家分公司为基础，进行重在地域上的运营和财务决策，同时，通过着重于国家和地区两个层级的战略计划流程，进一步加强区域管理。

自20世纪50年代以后，壳牌陆续在伦敦和海牙两地，设立了9个专业服务公司，分别是：

①壳牌国际石油公司；

②壳牌国际化工公司；

③壳牌国际石油有限公司；

④壳牌国际化学有限公司；

⑤壳牌国际金属公司；

⑥壳牌国际海运有限公司；

⑦壳牌国际研究公司；

⑧壳牌国际天然气有限公司；

⑨壳牌煤炭国际有限公司。

这些服务公司并不负责运营，但在集团管理中占据着很重要的地位。其主要职能是负责向营运公司及相关单位提供咨询和服务，给予营运公司所需要的专业性支持，使营运公司在决策时可参考各方面专家的相关评价。

壳牌集团的服务公司分为两类，即技术导向型和商业导向型。两类公司的业务重点不同，提供的服务也不同。营运公司可以得到服务公司提供的相关全球性的经济、社会和技术发展趋势及能源供需情况报告，还能得到检查其设备和工作的专家支持。服务公司可以提出各种建议，但采纳与否由营运公司决定。

三、矩阵式管理模式的运行

这一时期，壳牌的组织结构一直以矩阵式管理模式运行，具体如矩阵式组织结构示意图。

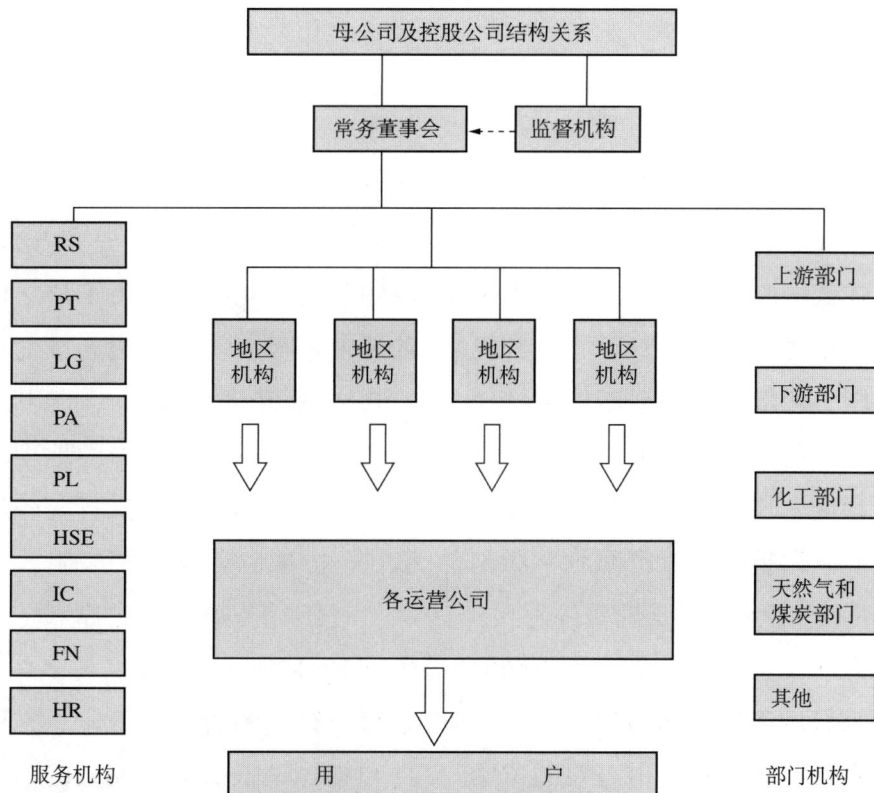

壳牌矩阵式组织结构示意图

这一组织管理模式的运行，体现了壳牌的组织结构对业务形态的适应过程。随着壳牌业务的区域分布式发展，区域性企业资源配置与运营管理成为企业管理的一个基本要素，而石油产业宽泛的价值链造就了壳牌职能各异的但又紧密联系的业务关系，加之集团中心的公共职能，使得区域管理、业务专项管理和公共职能管理及其与作业公司的自主关系，成为壳牌这一阶段在组织结构上所要解决的基本问题。这些问题中的各个要素都包含在以上所建立的矩阵结构中，即区域管理、业务管理、公共职能管理，成为壳牌矩阵结构中的三个管理维度。通过这种矩阵结构，能将复杂的业务联系和管理关系，放在一个统一的体系和秩序之内。

矩阵结构中的三个维度及其与运营公司自主权之间的关系，在实际管理中是需要协调的，而这种协调来自于服务公司。服务公司的首席主管被指定为壳牌特定的协调员，并以区域协调员、行业协调员、功能协调员等三种身份出现。

第五节　板块式组织结构的产生

一、板块式结构的产生背景

至20世纪90年代，壳牌的运营管理逐渐暴露出新的问题。在集团内部，一种潜在的、足以推动变革的力量正在酝酿，其中最主要的是壳牌员工对偏低的财务绩效的不满。

20世纪90年代初期，世界工业经济正处于萧条阶段，全球石油产业受到了冲击并暴露出严重的危机：石油价格下降、上游利润下滑以及下游产能过剩。此时的壳牌，在净资产收益上只能维持一个较低的股本回报率，利润水平和生产效率低于几个主要的竞争对手。来自投资者和金融上的压力使常务董事会不得不将注意力从长期发展转移到短期业绩上。同时，基于对未来发展的预测，较低的回报率与现金流水平也难以支持股东回报率、资产回收率和未来油气开采储备等石油业基本的运营保障需要。

20世纪80年代末至90年代初，壳牌下辖的部分运营公司所采取的诸如组织结构调整、流程再造和业务外包等措施，显示出可观的成本节约和提高生产效率的潜力，而这些运营公司的高管们对集团管理结构的不满也随之逐步扩大。到1994年，壳牌在伦敦和海牙两地的集团中心机构和整体研究与支持机构的雇员达到了6800人，超过了壳牌所在石油和天然气行业中的任何主要竞争者。由于壳牌这些下辖的运营公司正在努力降低自己的成本，提高自己的实际效益，而臃肿的集团中心却只能提供不相称的支持和服务，这使得运营公司对集团中心的意见逐步变大。进入这一阶段，壳牌长期以来赖以维持运营的矩阵结构开始显现出一些不协调的状况。在欧洲，由于缺乏协调，导致英国的炼油不得不卖到西班牙或葡萄牙，马赛炼油厂（Marseille Refinery）则在供应比利时，而像斯堪的纳维亚半岛那样的地理单元业务则被不同的作业公司分解，推行壳牌信用卡那样的泛欧统一方案也变得异常困难。

时任常务董事会主席科尔·赫克斯特罗特(Cor Herkstroter)指出，许多作业公司觉得受制于服务公司的管理流程，从它们那里得到的支持和指导是低效甚至无效的，而且服务代价极为昂贵。作业公司所期望的降低成本方案在它们那里无法得到实现。

对组织结构的变革，已经迫在眉睫。

二、板块式结构孕育产生过程

面对越来越不理想的财务状况，以及过于复杂和闭关自守的组织结构，科尔·赫克斯特罗特召集50名壳牌高层管理者，于1994年5月在一个英国乡村庄园召开会议，对壳牌回报率低下的缘由进行了坦率讨论。在会议上，科尔·赫克斯特罗特对集团高层管理和服务公司体制进行了不留情面的抨击，在与会人员当中产生了震动。会议决定成立一个高级别小组，研究壳牌的内部组织，并提出重新设计的预选方案。

小组正式成立的时间是1994年7月，成员包括来自集团人力资源部门、规划部门、财务部门的负责人和两个营运公司的高级经理，同时，聘请了3名麦肯锡公司的高级顾问加入其中。

小组对40至50名公司内部不同层面的管理者进行了访谈，并在1994年10—11月召开了一系列的研讨会，明确每个研讨工作小组负责一个具体的改革议题。这项活动在11月下旬形成了书面结论，并呈送 CMD 一份改革报告。改革方案经过六、七次修改，于1994年12月末得到 CMD 批准。1995年1月初，改革报告下发给主要运营部门的行政主管以及在服务公司的协调员，并要求他们在1月底前给予反馈。在此期间，常务董事会主席科尔·赫克斯特罗特向公司全体员工发表了讲话，说明所需要的改变和可能发生的人力裁减，以使他们准备适应新一轮的组织结构变革。

壳牌这次组织变革的核心期望是：通过变革，使组织有一个更简单的结构，形成更清晰的管理关系，从而消除官僚化管理的惯性，使企业中心能够对营运公司施加更有效的服务和

管理，改善集团内部各单元之间的协调关系。这种协调应当是建立在业务部门的具体需要上，而不是基于地理区域。世界经济全球一体化时代的结束和石油巨头内部纵向组合的瓦解，意味着大部分的石油企业将在整个世界范围内进行业务的分类重组。同时，大部分的重要石油企业已形成上游、下游和化学制品业务的分类。在壳牌，不同的国家和地区间的业务整合已经显得比在一个国家或地区内不同业务之间的整合更为重要。

截至1995年1月底，改革小组的方案在反馈中得到广泛的认可。1995年2月，壳牌举行了一个为期两天的会议，会议的参加者就是当初参与改革的50名壳牌高层管理者。在会议上，除进行了一些细微的修改外，改革方案获得了与会者的高度认同，最终这一方案经由两个母公司的董事会批准而正式通过。

1995年3月29日，CMD 主席科尔·赫克斯特罗特对全世界壳牌员工发表讲话，概要阐述了1996年将要开始的集团彻底重组的主要内容。

在此期间，两个突发事件增加了改革的内在动力。一是壳牌在北海布伦特处理废弃的石油存储平台事件，另一个是尼日利亚民众抗议事件。它们促使壳牌在组织行为和管理方式上也进行了深刻的反思并将其体现于具体的组织变革中。

三、板块结构的形式与要点

板块式组织结构是基于对20世纪60年代以来的壳牌三维矩阵结构的改变，其变革的核心特点是：从过去以区域为核心的管理，转变为以业务部门为核心的管理，同时，对各种管理职能进行进一步明确划分，形成分权协同管理的模式。壳牌集团内部的管理，也按业务部门进行整合，通过一个清晰的业务指挥链加强了

从常务董事会到营运公司的管理，并将集团中心管理职能分解为一个行政中心和一套专业的商业服务组织。前者用以支持 CMD 的行政管理，后者提供对作业公司的专业商业服务。

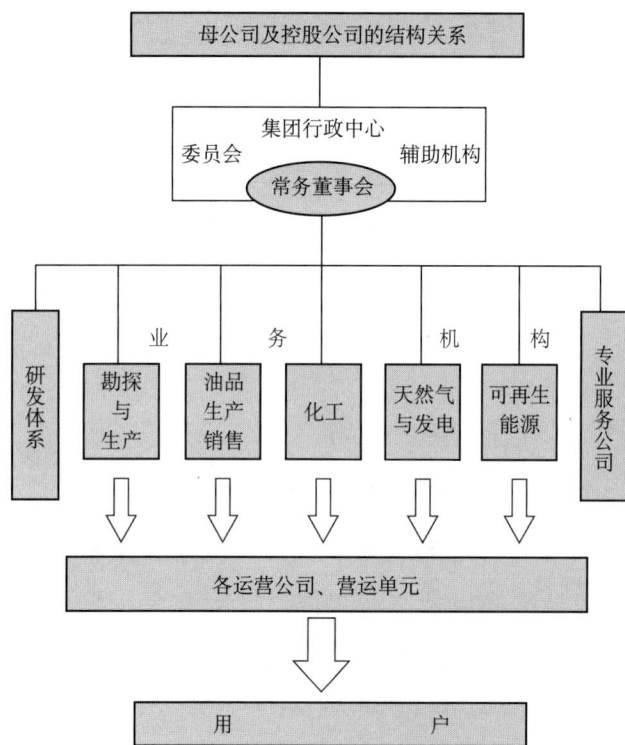

壳牌板块式组织结构示意图

总的来说，一方面，新的结构在按照业务部门整合的基础上，对每项业务在整体上予以更有效的计划和控制，消除了地区间的分割和业务障碍；另一方面，去除了大部分头重脚轻、给集团带来昂贵负担的官僚机构，使集团内部各单元之间的沟通更加顺畅。

此外，新的组织结构继续重申了营运公司的自主权与运行责任，并在机构中保持了壳牌在公司治理和实际执行方面分开的原则，因此，母公司、控股公司、营运公司和服务公司间的原有结构没有明显的变化。这些公司的董事会履行集团的管理功能，包括行使股东权利、履行公司的法律义务、任命和监督履行执行职责的管理者。与原来相比，新的组织结构在某些

局部的治理上显得更全面，更顺畅。

在板块式组织结构中，业务机构、企业中心（集团行政中心）、专业服务公司和营运单元，加上来自原有组织结构的营运公司和 CMD，一起构成新的组织结构单位。

四、板块结构中运营单位的职能

（一）业务机构

新的组织结构的核心特点是形成了四个新的事业部业务机构：勘探与生产（上游）、油品生产（下游）、化工、天然气和煤（其后随着煤业务的淡出和其他业务的发展，变为勘探与生产、油品生产、化工、天然与电力、新能源五个事业部业务机构）。事业部业务组织由 CMD 任命若干名业务主管来组成业务委员会，并由业务委员会来领导该项业务。其中包括：

负责具体业务部门的业务总监；

一个研究和技术服务主管；

一个战略和业务服务主管；

作业公司总经理，同时，也是业务委员会的成员。

业务委员会就以下事宜对 CMD 负责：

所在业务领域的战略；

审批业务部门、作业公司的业务支出和财务计划，评估作业公司、业务部门的绩效表现以及业务服务在技术、功能等方面的有效性；

业务委员会的业务总监，同时，出任集团常务董事会成员。

（二）企业中心（集团行政中心）

主要包括 CMD（常务董事会）和其他行政机构。这些行政机构除了负责支持 CMD 的工作，还起到协助母公司、集团控股公司管理其财务、

税务和集团行政事务的作用。在新的组织体系下，企业中心机构被并入位于伦敦的壳牌国际有限公司。

CMD 的职能体现在：

①设定集团方向和战略；

②决定集团的投资与资源组合；

③提高集团资产利用效能；

④负责集团的声誉、政策和程序管理，并进行内部和外部沟通。

企业中心包括6个理事委员会，其职能主要体现在：

①规划、环境和对外事务；

②企业咨询（支持每个执行董事的工作，并负责IT、安全、承包和采购）；

③集团财务管理；

④集团分别控制；

⑤人力资源；

⑥法律事务。

除了这些理事会，中心还包括企业集团的税务主管、首席信息官、知识产权主管、合同和采购主管、集团安全主管、学习主管及CMD秘书。

（三）专业服务公司

重组后，集团的专业服务公司分成了业务、商务两种类型。一种是原来的业务类专业服务公司，在新的组织结构中，它们经过一定调整后并入相应的业务部门；另一种是对原有集团中心分解产生的新的商务类专业服务机构，负责对集团内作业公司、服务公司提供功能性支持。它们被设置在位于海牙的壳牌国际公司。

此外，集团的研发中心体系则被设置在壳牌国际研究公司中。

新的专业服务机构所提供的商务服务包括：

①财务（财务服务、会计、税务咨询）；

②人力资源（招聘、培训）；

③法律事务；

④知识产权（知识产权保护、许可）；

⑤承包与采购；

⑥集团安全（安全咨询）；

⑦壳牌航空有限公司（公司的喷气式飞机）；

⑧办公室服务（如住宿、人事服务）；

⑨健康（医疗服务、环境和企业健康咨询）。

每个专业服务机构都由来自集团中心的有关主管领导，例如：人力资源由人力资源总监领导，法律和知识产权服务则由法律主管领导。

（四）营运公司

在新的组织结构中，各营运公司仍然保持它们作为壳牌的主要业务实体的作用。每个营运公司由一个包括若干董事和行政长官的董事会管理。营运公司的行政长官就营运公司的有效管理对他的董事会和上级业务部门负责。具体职责如下：

（1）根据业务委员会的指导方针制定和落实公司战略目标；

（2）领导和灌输确保战略目标达成的企业文化；

（3）设置企业内部财务和运营目标，并监督其成效；

（4）监督管理业务运行和确定其优先次序；

向集团经营机构如实报告公司各项活动和结果。

（五）营运单元

壳牌集团下属的营运公司多是按国家建立的，导致很多营运公司的经营活动要跨越不同的业务类别。在业务纵向管理的组织结构下，营运公司同业务部门会发生多种交叉的业务关系，因此，壳牌通过创建营运单元来解决这一问题。

在集团整体组织结构背景下，运营单元是指在集团统一的业务活动中一个单一的业务实体。运营单元可以是一个运营公司，也可以是运营公司的一部分或跨越不同运营公司的部分，或包含数个运营公司。如果一个营运公司只有一项业务，营运公司就是相应的营运单元。然而，多种业务的营运公司，如壳牌英国和壳牌澳大利亚，其中包括上游、下游、化工、天然气等多种业务，因此，将其分成多个独立的营运单元，使其经营活动与新的业务组织结构保持一致。

这些营运单元由一名直接面向相应业务部门、履行执行职责的管理者领导。在一个国家包括数个营运单元的情况下，其中一名管理者被任命为负责整个区域的首席执行官，履行国家一级的管理职责。

五、板块结构的后续变革与完善

1998年6月，马克·穆迪·斯图尔特（Mark Moody-Stuart）在油气价格下降、炼油和化工利润衰减的背景下，接替科尔·赫克斯特罗特接任壳牌 CMD 主席。同年9月，他宣布了一系列重组措施，旨在减少壳牌的基础成本支出。他将重组的重心指向了壳牌传统的委员会决策机制，加强和明确了个人领导职责，使壳牌成为一个反应敏捷、行动迅速、责任明确的跨国公司。

在经历新一轮的变革和完善后的组织结构中，已经建立并用以管理新业务部门的业务委员会制被首席执行官体制所取代，各事业部的业务机构均设立了首席执行官。同时，在 CMD 内也明确了各职位的职责，并由原来的平等参议决策意见的机构转化为强化执行功能的机构。

与此同时，马克·穆迪·斯图尔特推动了美国的子公司的变革，将壳牌美国石油有限公司纳入了壳牌的全球业务整合体系。截至1998年底，壳牌的化工部门首先转变成一个真正的全球化分工机构。1999年初，壳牌在美国的上游业务被纳入其全球勘探与生产体系。同年，一直独立在壳牌保持独体发展的壳牌美国石油公司在休斯敦的办公机构变成了内含壳牌公司管理中心和专业服务机构的综合机构，美国壳牌石油公司的人力资源系统已经成了新的壳牌全球人员服务机构的一部分，而其财务、税务、法律及公司事务部分也已与伦敦的相应机构相结合，壳牌美国石油公司的董事长和首席执行官也成为壳牌集团的 CMD（常务董事会）成员。

第六节　双董事会组织结构的终结

一、双董事会机制带来的管理问题

壳牌集团合并成立以来，一直实行双董事会管理体制。这一体制在当时可以有效回避企业合并所带来的某些难以解决的问题，同时，也可以借此保留壳牌集团在大英帝国旗帜下的国际经营地位。但随着企业经营规模的不断扩大，由此所导致的产权结构与运营结构无法很好契合的难题，也一直长久的伴随和影响着壳牌的运营。例如，在组织结构对运营结构的适应问题上以及股东投资关系等方面，双董事会结构都在一定程度上起到了不利的影响。

20世纪90年代，石油行业同其他行业一样出现了并购热潮，各大石油公司纷纷展开企业间或业务间的并购。其中具有重大影响力的事件很多，比如，BP 公司与阿莫科公司合并后，新公司又收购了大西洋富田公司，使 BP 公司迅速成为一个与壳牌规模相当的国际能源巨头。而壳牌的另外两个主要竞争对手——埃克森公司与美孚公司也进行了合并，这直接导致壳牌失去了世界上最大的能源公司的地位。此外，壳牌在欧洲的一些比较弱小的竞争者，在这一时期也通过相互间的并购得到了普遍的发展。1999 年 9 月，道达尔、费纳和埃尔夫阿基坦三个公司合并，诞生了世界第四位的能源巨头。事实上，美孚在与埃克森合并前，曾与壳牌协商合并事宜，却最终由于壳牌复杂的产权结构而放弃了这一机会。正像当时金融时报专栏所指出的："如果荷兰皇家壳牌认真对待这次兼并，首先要兼并它自己"。

壳牌复杂的、最具代表性的双董事会结构最终还是迎来了变革，而此变革的导火索即是 2004 年的油气储量虚报丑闻。在此之前，壳牌集团并不是一个统一的产权主体，两家母公司分别在欧洲联交所和纽约证券交易所上市。2004 年 1 月 9 日，壳牌将占其已探明油气储量 20% 的 20 亿桶原油、12 亿桶天然气储备的等级，由"确定"降为"可能"或"其他更不确定的等级"。紧接着，壳牌又连续 3 次对其油气储备量进行下调，而最终公布的 48.5 亿桶的虚报储量，不仅直接导致了壳牌原董事长菲利浦·沃茨等三名高管的黯然离任，也让壳牌那些讳莫如深的痼疾渐渐映入人们的视线。

"你可以信赖壳牌"是壳牌的广告口号。但是，就在壳牌第 4 次宣布调低其油气储量后，标准普尔将它的长期信用评级从 AAA 降至 AA＋，并且还表示可能会继续降级。标准普尔对此的解释是，壳牌虚报了油气储量并公布公司

以往账务管理审计报告后，让标准普尔认为壳牌公司的治理结构"持续薄弱"，并"违反美国证券交易委员会规则"。而美国最大的养老基金 Calpers 也将壳牌列入"焦点公司"的名单，而这个名单是专门为那些财务状况差、公司治理有问题的公司准备的。更不利的是，关于壳牌将被收购的传闻也在此时开始传播。此时的壳牌可谓四面楚歌，其苦心经营了上百年的企业信誉也面临着严重的考验。对于壳牌这样的公司而言，在投资者心中的信誉受损，不啻于一场灾难。1 月 9 日当天，壳牌的股价急跌 7%，其市场价值骤减了 30 亿美元。其信任危机弥漫于整个股市，并对整个石油产业类的股票产生了影响。

上游业务对于石油产业来说不仅仅意味着具有更高的回报，更重要的是，油气储量代表着石油企业的未来。因此，早在 20 世纪 90 年代开始，壳牌逐年在其上游业务中增加投资，就是为了拥有巨大的油气储量并增加自身价值。此次虚报油气储量事件直接削弱了壳牌的竞争力，也让它在同埃克森美孚公司以及 BP 公司的未来竞争中劣势尽显。据估算，壳牌调整后的探明油气储量将使用期限整整缩短了 3 年，仅余 10 年左右，而两大竞争对手 BP 和埃克森美孚公司的探明储量使用年限均在 13.5 年以上，在世界三大石油公司的石油探明储量中，壳牌居于末尾。储量下调后，壳牌油气储量的有机替代率从 105% 下降到 57%，而埃克森美孚与 BP 分别为 116% 和 152%。

壳牌虚报的储量主要是在 1996 年到 2002 年提交的，大约有一半来自于澳大利亚的高庚（Gorgon）天然气田和壳牌在尼日利亚的勘探与统计。就 Gorgon 来说，早在 1997 年关于这个项目最终开发计划还没有确定之前，壳牌就把

它记录为确定储备；而在尼日利亚的情形也类似——壳牌与合作伙伴的投资还没有定下来，且壳牌还没有确定性拥有 OPEC 分给尼日利亚石油出口配额的一部分，壳牌就将储备记录在案。

虚报储量丑闻发生后，壳牌的双董事会制度受到众多投资者的质疑。壳牌的业务为两个独立的、分别在荷兰和英国上市的公司所把持，两个公司都有自己的董事和遵循的法律。这种复杂性的组织结构，是诱发官僚惰性、造成责任界限模糊不清的温床。双董事会结构使得两家公司的董事会很难达成一致意见，有时甚至出现各自为政的现象，这导致壳牌集团缺乏统一和足够明确的管理意志，而处于双董事会结构下的常务董事会也难以表现出强有力的管理能力，这一系列的问题让投资者无所适从。在壳牌集团的业绩报告中，甚至没有集团本身的每股利润等情况，而是荷兰皇家与壳牌运输分别的每股利润。就荷兰皇家石油公司来说，公司的执行董事控制着董事会的提名，股东的权利很小。此外，壳牌在储量的划分和衡量方面也缺乏统一的标准。而在过去15年之内，BP公司和壳牌的其他主要竞争对手已经在本公司的范围内统一了标准。不少投资者认为，石油储备的估算上出了如此大的差错，与集团复杂的管理层结构不无干系。因此，双董事会管理模式的改革势在必行。

二、面对舆论压力最终选择合并

在投资者的巨大压力下，壳牌集团自2004年10月开始计划合并管理结构，并由同一个董事会和首席执行官管理。临危受命的 CMD 主席杰伦·范德韦尔并没有像大家猜测的那样只是一个保守者，而是响应呼声，成功推行了一些至关重要的变革。2005 年 7 月，在两大母公司合并方案获得通过后，荷兰皇家石油公司和壳牌运输贸易公司实现了统一。

整个合并协议包括合并交易（含有股权交换与债务整理）与重组交易。通过合并，荷兰皇家石油公司不复存在，而原来荷兰皇家石油公司的全资子公司"壳牌石油有限公司"则成为存续公司。新公司命名为荷兰皇家壳牌有限公司，成为壳牌集团统一的母公司，接手壳牌运输贸易公司的流通股。合并后的公司在英国（英格兰和威尔士）注册，总部设在荷兰海牙，从而结束了壳牌长达98年历史的双董事会二元结构。合并后母公司主要在英国上市，附带在荷兰阿姆斯特丹上市，另外在纽约设有 ADR 交易。

为强化管理，新的集团公司采用了 CEO 管理体制，杰伦·范德韦尔出任合并后新公司的首任 CEO。杰伦·范德韦尔认为，新结构将具备更大问责制，更能以业绩为导向，统一的壳牌将更富有竞争力。在新的董事会中，包括了董事长、5 位执行董事以及 9 位非执行董事。董事会下设的执行委员会包括：执行董事、首席执行官、首席财务官，以及研发与生产、天然气与能源、壳牌贸易、全球解决方案与技术、油田、油品生产、化工等系统的相应职位。执行委员会为首席执行官的工作提供支持，并履行董事会的决议，监督相应的管理阶层。在杰伦·范德韦尔改任 CEO 后，壳牌聘请了诺基亚时任总裁奥利拉担任董事会非执行董事。

董事会下设四个非执行委员会，包括：审计委员会、提名与继任委员会、薪酬委员会、社会责任委员会（1997年始设立）。

至此，壳牌的双董事会管理模式正式终结。

第七节 构筑企业组织的扁平化

一、被迫重组应对企业信誉危机

杰伦·范德韦尔接任以来，为了应对管理中出现的新问题，适应环境变化，更好地立足于未来的业务发展，在2004年储量虚报风波平息之后，壳牌陆续实施和调整了一些战略，并在2009年其继任者彼得·沃瑟接任 CEO 前后，进行了新一轮的组织结构调整。

杰伦·范德韦尔是在储量虚报风波中的临危受命者。当时所面临的直接问题是在壳牌油气储量下调后，壳牌油气储量的开采年限和有机替代率均明显低于埃克森美孚公司和 BP 公司两个主要竞争对手，而开采成本却大大高于它们。杰伦·范德韦尔所面临的问题是如何提高油气储量，降低成本和改善效益，重塑信任等问题。

上任伊始，杰伦·范德韦尔就提出了壳牌发展的三个关键要素，即储量、交易、文化／结构。他在推动结束壳牌双董事会为标志的产权关系，并统一公司治理结构后，在新的组织体制中进一步增强了个人职责，提高了执行性。

在业务战略上，杰伦·范德韦尔针对当时面临的问题和企业未来发展，提出了概括为"更多的上游，盈利的下游"的企业发展战略，即优先和集中发展上游，提高上游的战略储备和产能；而在下游，通过在业务分布和产业结构上的优选和适当收缩，提高业务的优化率和盈利水平。随着一系列新举措的实施，壳牌集团的经营与管理开始逐步统一到新的战略上来。

然而，壳牌的管理结构问题不仅仅是统一产权关系与董事会治理结构就能完美解决的。更重要的是在新治理结构的基础上，从体制上（而不仅是从文化联系上）使各管理层更加协调一致，在保证必要的统一性基础上强化执行力，并确保包容、自主与执行力、协调性的和谐统一与相得益彰。而想要实现这些目标，在治理结构统一后，在文化和体制上还需要一个逐步演变的过程。

2008年6月，本来是杰伦·范德韦尔任期结束的时间，但按照之前与董事会的约定，杰伦·范德韦尔的任期将延长一年，以便让继任者有足够的时间来适应严峻的局势。2009年7月1日，壳牌原 CEO 彼得·沃瑟正式接替杰伦·范德韦尔出任 CEO，而在此之前，为了推动持续地变革，更加适应新的战略要求，彼得·沃瑟在杰伦·范德韦尔的支持下提前进入角色，于2009年5月底，提出了"转变2009"(Transition 2009) 计划。该计划将针对业务和高层结构，对上、下游版块的业务进行重组。这使得壳牌加快了转变的步伐，也使壳牌自杰伦·范德韦尔以来推行的战略得以延续和发展。

此时，正是美国金融危机所带来的世界经济衰退期，壳牌同样面临很大的业绩压力。2008年第四季度，壳牌出现了10年来首次季度亏损，2009年前两个季度盈利也大幅下滑，这使壳牌变革的紧迫性大为增加，并需要更大的变革强度来应对局势。

彼得·沃瑟坚持了杰伦·范德韦尔"更多的上游，赢利的下游"的战略，但在具体侧重点上也有所不同。面对财务绩效的压力，彼得·沃瑟认为，壳牌的业务布局过于分散，不利于集中发展优势，也增大了运营的损耗。因此，必须对现有业务结构进行有效调整。

二、控制成本组织结构趋于扁平化

2009年5月27日，壳牌宣布"从2009年7月1日起，勘探和生产单位、天然气和电力单位及下游的板块经进行相关重组。除继续保留炼油、销售和化工业务外，下游板块还将包括贸易和替代能源，但不包括风能，风能将成为上游板块的一部分。油砂单位将合并到地理部门。这些单位2.2万雇员中将有数千人受到影响。"除此之外，壳牌还成立了一个新的业务部门——项目与技术部，以整合上下游板块的主要项目交付、技术服务以及安全和环保等。

最终，壳牌将分布在勘探与生产、天然气和电力、油砂这三个独立机构中的上游业务以及风能业务，整合到美洲上游与国际上游这两个部门中。美洲上游覆盖南北美洲的上游业务，国际上游覆盖除南北美洲之外的全球其他大洲的上游业务，主要包括欧洲、亚洲、中东、俄罗斯、大洋洲和非洲。

壳牌的下游业务主要包括四个部分：

（1）油品生产与销售。生产环节包括精炼（燃油、润滑剂、沥青）、供应和运输；市场环节包括零售、企业客户（B2B）以及润滑油。

（2）化工业务。壳牌化工拥有独立的生产和市场部门。

（3）从事原油、石油产品和化工产品的交易，以及天然气和电力营销。

（4）风能以外的新能源及二氧化碳管理（负责统筹和推动全公司的二氧化碳管理）。

新成立的项目与技术部负责为上、

下游业务提供技术解决方案和技术培养能力，以及管理壳牌主要项目的交付，并促进整个公司的业绩提高。项目与技术部门为壳牌提供差异化的信息技术，推动研究和创新，开创面向未来的技术解决方案。同时，项目和技术部还负责整个壳牌的安全和环境业绩以及采购流程。

另外，壳牌的职能部门也进行了重新调整，一些事务机构被直接并入业务部门，以及合并到首席财务官与人力资源总监（新头衔是"首席人力资源和公司事务官"）的管理范围内。

壳牌调整后组织结构如图示。

至此，壳牌的全球业务被分为勘探与生产、油品生产、化工、天然气与电力、新能源五大部分。但随着业务形式的发展，以下一些情况

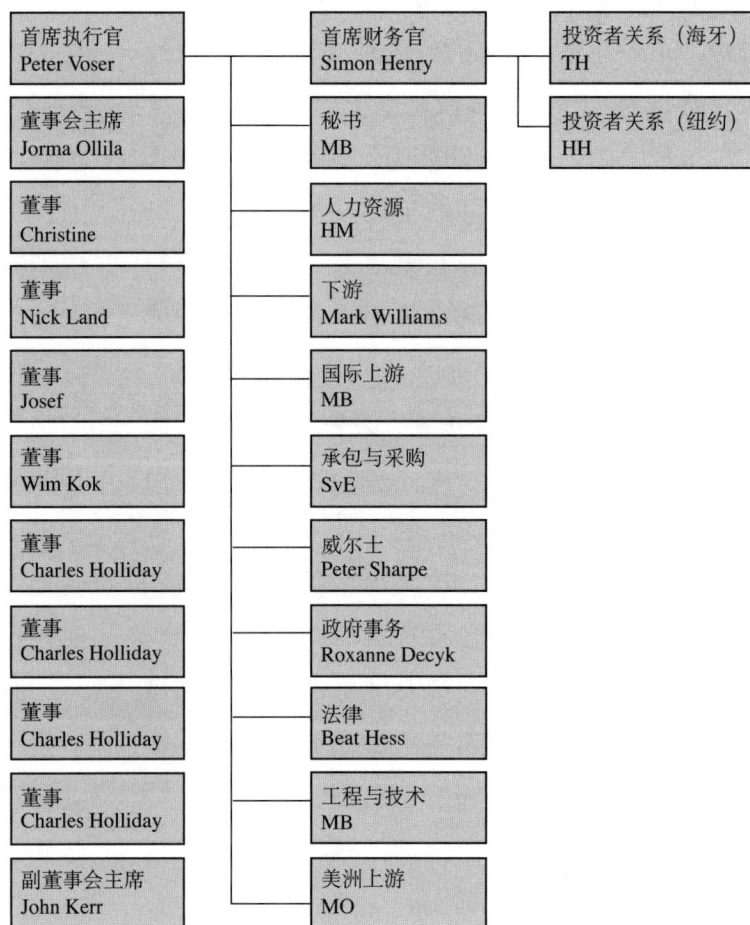

壳牌调整后趋于扁平化的组织结构示意图

将成为其业务发展中应当考虑的问题：

（1）在当时，天然气被当成一项特别的重点发展业务，因而被完整、一体化地单独分列出来。随着天然气产量的跨越式增长（根据预测，将在2012年超过石油产量），天然气已经成为壳牌的一项基本业务。而天然气与石油的勘探与开发本身便具有联系，这使油气一体化作业变得更加可行。

（2）油砂作为壳牌非常规能源拓展的一个领域，随着北美项目的开发而成为一个业务分支，但同时也带来开发成本的提高。面对财务绩效的压力，较好的策略是将其保持适当的比例，并尽量控制其附加成本。

（3）在下游，炼化一体化成为石油产业经济化运营的一个发展趋势，而天然气替代制品等也开始进入下游销售领域。

（4）在新能源领域，随着壳牌确立在未来一定时期将以天然气产业为重点、适应洁净能源的需要，以及出于规模效益，将新能源发展集中于生物燃料后，新能源在壳牌的业务中暂时仍将拥有很小的比重。这些在结构重组中无疑会被考虑在内。

从总体上来看，本次重组突出了战略性资源集中开发（主要在上游），优势区位选择性经营（主要在下游）的策略方向。在具体做法上，体现了业务方向的集中性、业务结构的紧密性以及经济性的原则。

彼得·沃瑟表示，"这些变化将增加我们的工作重点，加快我们的计划，以减少重组工作的复杂性以及企业管理费用和成本，从而加速决策的执行"。他同时认为，"一段时间内，情况可能依然具有挑战性，我们没有指望出现快速复苏。壳牌正在适应这一新形势，我们必须采取更多措施"。

第六章　壳牌的市场营销

壳牌在市场营销方面的能力非常全面，营销策略的制定与运用也恰到好处。在注重业务连接性的同时，壳牌对每个细分领域的营销都很重视。

第一节　壳牌的营销之路

一、壳牌营销的历程

（一）机会营销阶段

从19世纪90年代至20世纪30年代，壳牌处于以机会营销为核心的企业发展阶段。这一阶段的特点是壳牌抓住产业发展的机会，通过战略性投资、联合经营、建立垄断联盟等方式，实现快速发展。

机会一：独具慧眼进入石油行业

当19世纪90年代英国壳牌运输贸易公司与荷兰皇家石油公司这两个壳牌集团的前身公司开始进入国际石油业时，世界石油市场还处于发育成长的早期阶段。当时的内燃机刚发明不久，还没有普及应用，石油产品的特殊性还没有真正表现出来，石油的主要用途是被提炼用来作为居民照明的油灯燃料，还没有成为一种特殊的产品。但是这两个公司的创始人都意识到石油行业中所蕴藏的巨大的利益，纷纷抓住机遇投身到石油行业中，分别在欧亚两块大陆上开始了在石油行业的创业。一个是从事石油运输，一个是从事石油生产。

1880年，安昆·邵克（Aeilko Jans Zijlker）在苏门答腊东海岸发现了石蜡，于是在此投资钻探。1885年，开采成功，并开始商业生产。1890年6月16日，安昆·邵克在海牙注册了荷属东印度群岛荷兰皇家油井作业公司。

1891年，马科斯·塞缪尔（Marcus Samual）公司（壳牌运输贸易公司成立之前）与罗斯柴尔德（Rothschild）公司签订合约，在苏伊士运河以东地区独家经营其里海和黑海石油公司的煤油，为期9年，至1900年为止。在1897年，壳牌凭着成熟的销售网络和运输船队，正式成立壳牌运输贸易公司。

机会二：联合经营突破市场垄断

荷兰皇家公司和壳牌虽然在上游采取了两条不同的发展路线，但在下游市场的发展具有一致性。由于在标准石油公司的竞争和垄断的压迫下，在20世纪初两家公司将其亚洲的业务进行了整合，组建了亚细亚石油公司。1902年，荷兰皇家石油公司和壳牌运输贸易公司成立了一家合资公司，用以处理两家公司的运输和销售关系，即壳牌运输荷兰皇家石油公司。在数年的经营中，荷兰皇家公司和壳牌的领导人都觉得这种合作并不能充分发挥双方的优势，于是1907年2月24日，双方合并成立了荷兰皇家壳牌集团，简称壳牌公司。

荷兰皇家石油公司与英国壳牌运输贸易公司的合并，达到了石油产业价值链组合的作用。在上游，荷兰皇家石油公司拥有自己的石油资源和很强的勘探开发能力；在下游，通过船运和营销网络的合并，大大增强了市场经营的能力。事实上，壳牌合并之初的业务整合，就是以亚细亚石油公司的市场营销体系为核心，构筑了完整的供应链，在业务分布没有广泛地域化之前，形成了勘探、开采、炼制、储运和营销上下游一体化的结构。

这种完整、紧密、战略意图清晰的业务组合结构，迅速发挥了它的威力。壳牌通过市场运营的资金链支持，进一步促进了上游业务的开拓，而上游业务则为下游市场提供了更坚实的基础。很快，壳牌以惊人的速度将业务遍及全球各地区，成为石油业一支骄人的显赫力量。

机会三：建立联盟瓜分石油市场

1911年5月15日，美国最高法院判决，依据1890年的《谢尔曼反托拉斯法》，标准石油公司是一个垄断机构，应予拆散。根据这一判决，标准石油帝国被拆分为37家地区性石油公司。

1924年，苏联开始把它的巴库煤油打入世界市场。壳牌和新泽西结成反苏联盟。而纽约标准石油公司、真空石油公司等公司则积极同苏联人做生意，同他们签约购买大量煤油并投放印度及远东地区。一是价钱便宜；二是巴库煤油运距短，有利于同壳牌、英波等争夺印度、中国、日本等市场。为了阻止纽约标准石油公司和真空石油公司等同苏联合作冲击传统市场，1927年，壳牌首先在印度发动一场大规模的价格战，这场价格战后来扩展到东半球其他地方，纽约标准石油公司和真空石油公司予以反击，并促使新泽西标准石油公司参与其中。

价格战的结果是两败俱伤。1928年，壳牌与新泽西对抗苏联的行动越来越有气无力。

同时，伊拉克发现了库尔库克油田，罗马尼亚、墨西哥、委内瑞拉的原油源源不断进入市场，油价正在下滑。

在这种背景下，壳牌以"打野鸡"的名义在英国的阿克纳卡里城堡邀请英波石油公司和新泽西标准石油公司，举行了历史性的会谈，就两个议题达成一致：一是停止价格战，维持各公司在世界市场上的现状，即按现状瓜分市场。承认这一协议的公司商定一个石油配额，不得超产，除非超产油卖给参加协议的合伙者。二是世界石油市场价格的制定形成一个"基点定价制"的统一规则：即以最典型和最高成本的美国墨西哥湾的离岸价格加上从墨西哥湾到消费中心的运费，来计算原油的市场销售价格。

后来，几乎所有参与世界市场争夺的公司都接受了这个协议。但是，该协议仍有两大缺口：一是没有苏联参加，无法控制苏联石油；二是美国有反垄断法约束，市场瓜分不包括美国国内市场，同样也控制不了美国石油的出口。一年后，世界市场重新陷入混乱。壳牌在美国市场迅速扩大业务，向新泽西等美国公司挑战。1931年，新泽西标准石油公司在远东地区向壳牌发动了新的价格战。

由壳牌所推动的阿克纳卡里协定是国际大石油公司的第一次握手，是石油业大石油公司寡头垄断的序幕，直接推动了"石油七姐妹"这种国际卡特尔的形成，此后它们开始在世界各地进行不同形式的联合，壳牌和英波公司也在英国市场上进行结盟，共同组成了英国 Shell-Max 石油公司。

（二）产品营销阶段

从20世纪30年代至20世纪80年代，壳牌处于以产品营销为核心的企业发展阶段。这一阶段的特点是壳牌通过囊括全产业链的丰富的产品线，通过品牌推广等多种营销形式，实现跨越式发展，确立了其石油业的霸主地位。

随着内燃机动载运工具和装置的普及以及石油化工的发展，石油产品的需求量快速增加，产品的用途也不断扩大，石油市场进入了快速发展的复合增长时期，石油及其化工业时代全面到来。

这一时期营销策略最显著的是产品策略适应市场的需要，各种通过市场细分的石油产品和工业化工、日用化工产品纷纷推出；随着产品线的增加和经营区域的扩大，壳牌开始注重在产品和业务区域细分的基础上，进行准确的目标市场定位以及业务和产品的整体价值分析，同时，面对更广泛和更明确区分的结构化市场，壳牌开展了大规模有针对性的市场宣传，并推出了个性鲜明的营销活动。其中，壳牌在20世纪30年代推广的广告名噪一时，以"壳牌，您可以信赖"为代表的经典广告语，成为了商业广告的经典。

壳牌成长为全球石油化工、公路运输燃料（约5万个加油站遍布全球）、润滑油、航空燃料及液化石油气的主要销售商，同时，它还是液化天然气行业的领先者。

在化工品的生产和营销方面，以销售额计算，壳牌的化工业务是世界十大化工公司之一。壳牌即是世界上最大的石油化工和清洁剂中介产品生产商之一，也是主要的溶剂供应商和乙烯氧化物及其衍生物生产商。

壳牌润滑油产品也一直是壳牌的主力产品之一，其在润滑油行业占有绝对的领先地位。

（三）客户关系营销阶段

从20世纪80年代至21世纪初，壳牌处于以客户关系营销为核心的企业发展阶段。这一阶段的特点是壳牌开始不断加强与客户的交流，

不断了解客户的需求，并不断对产品及服务进行改进和提高，以满足客户的需求。

1. 产品以客户需求为中心

由于各石油公司纷纷加大各种产业的投资和各种产品的研发，石油市场呈现出产品的同质化现象。在这一市场背景下，壳牌采取了以客户为导向的营销方式。其中，最具有代表意义的是壳牌与一级方程式车队法拉利车队结成了合作关系，通过这种合作，以极致要求引领壳牌的产品开发，并宣传壳牌的高能燃油和润滑油。虽然壳牌与法拉利的合作可以上溯到20世纪30年代，法拉利1951年在银石赛道的首次F1夺冠便是使用壳牌油品，但进入20世纪80年代后，壳牌加大了对此的投入，壳牌有50多位工程师与法拉利一起从事"壳牌一级方程式"研究与开发项目，以优化油品性能并惠及更多消费者。

设置在F1赛场边的壳牌赛道实验室，跟随法拉利F1车队征战南北，每场比赛都会对赛车油品进行大约40次样本分析，从而为法拉利提供引擎状态报告。

通过这种合作，壳牌不断进行科技创新，研发可以转化为公路车辆使用的优秀产品，其中壳牌V-Power燃油以及壳牌喜力润滑油就是杰出的代表。

2. 服务以客户需求为中心

壳牌客户服务中心就是根据客户需求和市场发展规律建立的企业和客户的联络机构。

壳牌的客户服务中心是一个全球性的服务中心，它覆盖了壳牌业务延伸所到的世界的各个角落，同时也覆盖了壳牌的所有业务范围。

（四）社会责任营销阶段

从21世纪初至今，壳牌处于以社会责任营

销为核心的企业发展阶段。这一阶段的特点是壳牌开始承担社会责任，并通过制定 HSE 管理体系，确保社区安全；通过开展绿色营销的活动，推广环保理念。

1. 壳牌的 HSE 管理体系

工业革命给人类带来科学技术的发展、社会经济的进步，同时工业事故和工业灾难也伴随而来。从瑞士 Sande 大火到英国北海油田的帕玻尔·阿尔法平台事故，石油工业经历了无数次危险和灾难。现代石油勘探开发技术的发展以及规模装置、大型联合装置的出现，使技术密集性、物质高能性和过程高参数性更为突出，使得当代石油工业中的事故更具突发性、灾难性、社会性。由于事故现象越来越复杂，损失越来越惨重，迫使人们必须认真地去分析事故现象，研究事故规律，加强安全科学管理，提高安全技术水平。在这种情况下，不论是石油公司还是政府都需要一种管理方式来避免和减少石油行业中的事故产生，HSE 体系也应运而生。

HSE 管理的先锋是壳牌石油公司。1985 年该公司首次在石油勘探开发中提出了强化安全管理的构想和具体操作方式；1986 年形成手册，以文件的形式确定下来；1987 年，发布环境管理指南；1988 年，发布了职业健康管理导则。

1989 年，壳牌石油公司发布了 HSE 方针指南，这实际是 HSE 管理体系的开端。1991 年，在海牙召开了第一届油气勘探开发的健康、安全与环境国际会议，HSE 这一理念逐步被大家所接受。同年，壳牌石油公司委员会颁布健康、安全与环境（HSE）方针指南；1992 年，正式出版安全管理体系标准 EP92—01100；1994 年 7 月，壳牌石油公司为勘探开发（E&PFORUM）制定的《开发使用健康、安全与环境管理体系

导则》正式出版；1994 年 9 月，壳牌石油公司制定的《健康安全环境管理体系》正式颁发。进入 21 世纪，HSE 管理体系已成为跨国石油公司普遍采用的体系。

2. 壳牌的绿色营销理念

绿色营销是在市场营销基础上发展起来的一种新的营销观念，它使企业营销步入了集企业责任与社会责任为一体的理性化发展阶段。绿色营销以绿色文化观念为价值导向，旨在使人与自然和谐发展、共存共荣。

壳牌的绿色营销以可持续发展作为营销理念，注重社会责任和社会道德，提倡既要满足现在人的需要，又不对后代人发展构成危害并为其发展创造条件。壳牌在解决社会生产与消费矛盾的过程中，提倡对资源与能源低消耗和高效率使用，对生态环境无污染或低污染。

壳牌在运营过程中，采取了各种方式来实现绿色营销的理念。

（1）防止溢油：在运营过程中，不断减少由于可控原因（例如服饰或操作故障）而出现的石油和石油产品泄露，改善工厂的运营和维护。

（2）解决运营过程中出现的大气污染问题：减少运营过程中在当地造成的污染物排放，包括为升级设备、安装清洁燃烧设备和开发二氧化硫捕集技术而进行一系列投资。

（3）节约用水：开展以节水为主题的大型项目。例如，壳牌正在阿曼进行的种植大片芦苇项目，可以把一家合资企业每天生产石油时排放的 4.5 万立方米污水进行清洁处理。

二、壳牌的市场地位

历经百年的发展，以运输和销售石油起家的壳牌，目前已在世界范围内建立起了庞大的

企业帝国，不仅拥有成熟的营销网络，而且业务遍及90多个国家和地区，员工人数超过9.3万人。通过这些网络，壳牌源源不断地将其所生产的各种石油产品提供给遍布世界各地的、各行各业的客户与消费者。

时至今日，壳牌通过自身的努力，已经成长为一个全球化的能源和化工集团，其经营业绩位居世界前列。2008年，排名世界500强第一位；2009年和2010年，连续排名世界500强第二位；2011年，又回到世界500强第一位。

在石油生产方面，2010年，壳牌每天生产石油和天然气330万桶，其中，天然气产量占壳牌全部产量的48%。

在产品销售方面，2010年，壳牌售出燃油1450亿升，售出液化天然气1680万吨。壳牌在全球运营的炼油和化工厂超过33座，经营的加油站超过4.3万座。在润滑油产品方面，据专业咨询服务机构克莱恩公司调查显示，壳牌已连续三年登上全球润滑油供应商的冠军宝座，并保持了中国最大的国际润滑油供应商地位。2009年，壳牌润滑油在全球的市场份额从2008年的12.7%增至13.4%。

三、壳牌的下游策略

面对全球的激烈竞争，为了实现自己的经营目标，壳牌在2011年推出了新的下游策略。

壳牌的下游策略主要围绕以下三个主题进行规划与实施。

（一）卓越运营和成本效率

壳牌力求通过不断制定改善计划，实施减低成本、减少复杂程序等措施，来最大限度地发挥工作时间的效率和资产的性能。

这些措施包括：
- 品牌优化
- 成本控制
- 提高产能
- 资产完整

（二）集中投资组合

壳牌重新调整了投资定位，将投资重点放在最有效的设备设施和项目上。例如，炼油产品组合就是最能融入原油供应、营销网点和当地炼化厂的组合。

这些措施包括：
- 重新整合并集中现有资产
- 实现中心利润最大化

（三）选择性增长

壳牌的目标是保持或增加具有增长潜力国家的市场份额，并成长为壳牌的核心销售区域，如中国、印度和巴西等国家。对于这些具有高增长潜力的国家进行选择性扩张，这其中包括了生物燃料的研究、开发和销售。

这些措施包括：
- 营销＋选择性制造
- 产品创新
- 将目标市场集中在巴西、中东和亚太地区

第二节　壳牌业务的基石——产品策略

一、壳牌产品策略的构成

产品是壳牌业务的基础，是壳牌发展的基石。壳牌的产品策略主要由三部分构成。

（一）产品结构策略

壳牌针对石油产业链长、层次多、环节复杂等特点，细分市场，确定目标客户，生产相应产品。该策略是以细分市场为基础制定的。

（二）产品价值策略

壳牌的产品价值策略是以消费者需求为导向，以客户价值为核心，建立在市场营销观念基础上的策略。该策略是以客户需求为基础制定的。

（三）产品领先策略

以壳牌先进的技术为核心，通过创新技术塑造产品差异化，构成了壳牌的产品领先策略。该策略是以创新技术为基础制定的。

壳牌凭借这三大产品策略，在全球产品营销中取得了巨大成功。

二、壳牌的产品结构策略

壳牌的业务涉及广泛，其产品广泛应用于各个行业，并包括不同种类的产品，如各种汽车燃油、航空燃油、工业燃料、各种润滑油和工业机油、沥青、天然气及其制品、石油液化气、原油、石脑油、各种化工材料和中间产品以及多种化工制品。

石油产业的一个特点是具有很长且分支宽泛的扇形价值链结构。虽然壳牌这样的跨国石油公司拥有完整的上下游一体化结构，但并不是说他们只在终端环节对最终产品进行市场营销，合理的商业交易本身能够创造额外价值。以行业价值链为指向，壳牌着眼于整个能源加工和生产消费的纵向市场，既把各种消费成品作为独立营销产品，也在中间环节参与原油和各种工业制料的交易。在发挥整个业务系统最大效能的同时，也使自身各业务环节更加灵活有效地发挥作用，尤其经过资产结构的优化调整，各业务环节间并不是按自身总体能力完全均衡地配置，而是在一定程度上突出自己的优势配置。这也使得壳牌在经营上不是以整体身份和某些单一角度面向国际市场，而是使各有关的业务机构充分参与到自身所处的市场环境中。

壳牌通过油品交易，从而能够有效地应对石油市场价格的剧烈变化，并扩大业务经营效果。2002年，壳牌油品销量达到自己生产油品的1.8倍。2005年，在范德韦尔接任常务董事会主席时，所提出的三点其中一个就是市场交易。根据壳牌2009年公布的第二季度财务数据，其勘探和生产部门、油砂部门、下游的石油产品等部门盈利都出现了同比大幅下降，有些甚至从盈利变成了亏损。而一个例外是其天然气和电力部门的盈利反而有所上升，其中就是市场交易（Marketing and Trading）业务在其中做出了最主要的贡献。

壳牌产品策略结构图

在产品结构策略上，壳牌秉承市场细分和目标市场定位的原则，对油品、化工等业务进行深入的市场细分，根据不同目标客户群或不同的用途、不同需求特点与偏好，准确设定不同的产品，这些产品既针对于不同消费对象的特定需求，分别有不同的功能特点，并在整个产品线中各自承担商业功能，使整个产品线客户价值内涵丰富、完整和细致入微，最终增强整条产品线的市场影响和竞争力。如壳牌喜力润滑油产品就包括了壳牌超凡喜力、壳牌非凡喜力、壳牌特级喜力、壳牌红喜力等几个不同的品种。

通过有效的市场细分和定位，壳牌具备了产品规划的科学依据，并拥有了丰富的产品线。有效的市场细分和定位，一方面明确了产品的市场方向，从而易于取得良好的市场经营业绩；另一方面避免了产品间的市场冲突，保证市场投资和运营效率，使得产品线内部各品种间商业功能配置合理，增强产品线整体的竞争力。

此外，壳牌的产品系列规划一个独特的方面是要符合其政策指导矩阵的要求标准，即从行业市场前景和本身的竞争能力两个方面，衡量所应采取的产品对应策略，包括：确保领先、不断强化、加速发展或撤退、保持发展、密切关注、分期撤退、资金回流、不再投资等八个基本原则，最终确定产品系列组合。例如，近年来壳牌依据政策指导矩阵分析，压缩炼油能力，同时加大对清洁燃料和润滑油等高附加值产品业务的投入。2002年，壳牌收购了世界最大的独立润滑油公司鹏斯（Pennzoil），从而巩

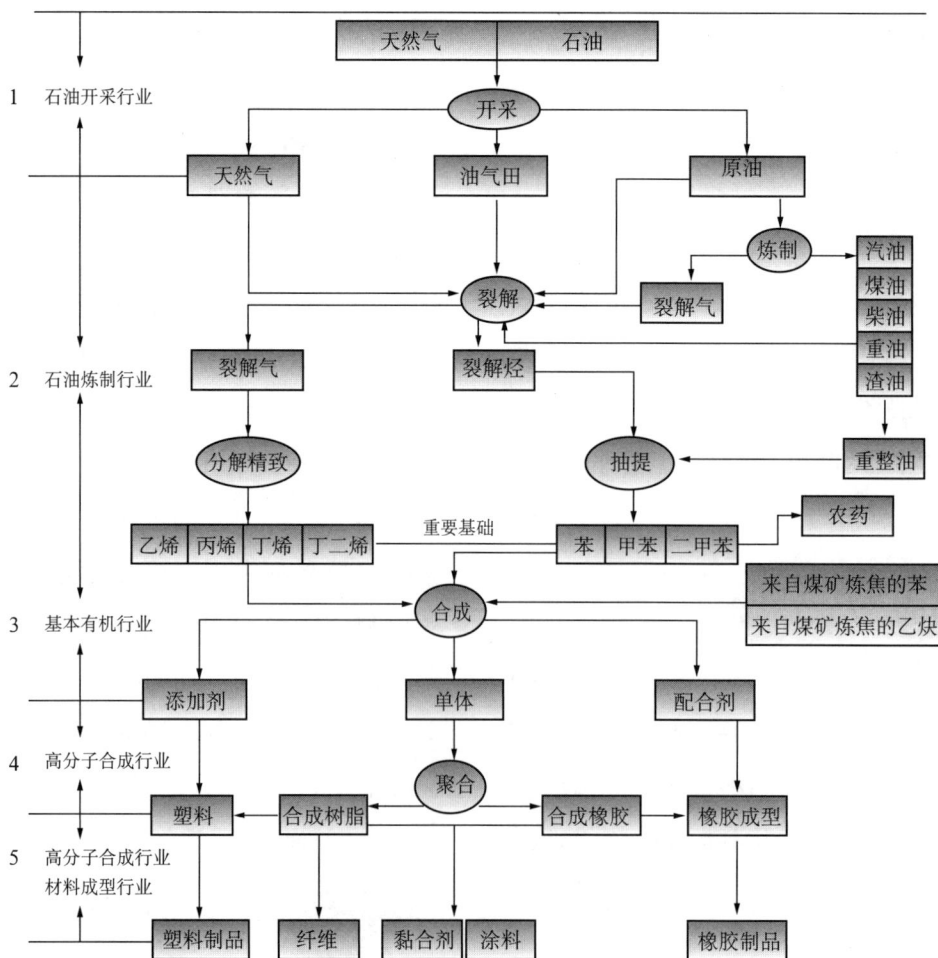

壳牌划分产品线的分类依据

固了公司在世界润滑油业界的地位。

从具体操作上看，政策指导矩阵主要是针对整项业务或整条产品线而言的，而产品线内部的构成，虽然会受到政策指导矩阵分析结论的影响，但关键还要看市场细分、市场定位以及产品线组合竞争策略的结论。

三、壳牌的产品价值策略

壳牌另一个重要的产品策略是以客户为中心的产品价值策略。这主要表现在壳牌产品定义是围绕着目标客户展开的，壳牌不是以产品为出发点进行营销，而是从特定目标客户群体的消费内容出发，从客户价值的角度来进行营销的。这种将产品作为客户服务载体或工具的理念，也表现在产品的分类按着客户的消费或渠道来进行，最常见的是针对汽车驾驶用户，提供燃油和润滑油两类系列产品，而后每一品类产品都针对各种不同用途特点或消费倾向的目标客户群，提供具体的不同品种，并利用数字分级标识等形成清晰的产品特性标识序列。

围绕目标客户群来定义产品，使得壳牌的产品策略与目标市场营销能够有机结合，根据明确的消费对象准确掌握各种消费群体的消费行为和市场规律，进一步合理选择销售渠道和确定营销组合方案，使营销活动不仅具有针对性，而且有助于市场营销保持有效的完整性和连续性。

围绕目标客户群来定义产品，还可以为客户提供准确而独特的客户价值。因此，壳牌总是为其产品寻找和赋予有价值的独特客户意义，并以较高的市场价值定位，一方面获取高附加值，另一方面获得有效的市场支点。例如，在成品油产品方面，壳牌通过自主研发的配方添加剂，配制成有明确针对性和鲜明卖点的高品质燃油等高端产品，从而取得较突出的市场效果。

壳牌的每一种产品，都是以客户价值为核心而生产的。因此，壳牌的产品在不同层次的细分市场上，都具有较强的竞争力。在目标市场开发方面，壳牌借助其产品和品牌的优势，可以首先占领高端市场。在高端市场确立其优势地位后，壳牌通过产品线扩展和品牌多元化的方式，占领中端市场，而对于低端市场而言，由于其市场规模大，资本回报率低，且品牌繁杂、混乱，壳牌一般采取适度介入的策略。

事实上，某一产业的高利润率往往来自于中高端市场。例如，中国汽车用高端润滑油仅占整个机动车用油市场的30%，却占车用润滑油利润的80%；外来品牌虽在中国润滑油市场只占15%的份额，但却占国内都市轿车用油的78%。

四、壳牌的产品领先策略

在激烈的市场竞争中，壳牌通过制定各种竞争策略来提高自身的市场份额，其中最为有效的就是壳牌的产品领先策略。

壳牌一直致力于将其全球最先进的产品和服务带到世界各地，以更好地开拓各国市场和服务广大客户。壳牌依靠自身雄厚的实力、优质的产品和服务，赢得了广大消费者的信赖和支持。为此，壳牌坚持全球一致的质量体系来确保壳牌产品质量的高性能和稳定性。迄今，壳牌已经有11个分布世界各地的技术中心投入使用，它们分别是：在美国的休斯敦和荷兰的阿姆斯特丹、赖斯韦克三个地点的技术中心，专门开发新技术；在英国、加拿大、法国、德国、印度、挪威、阿曼、卡塔尔和新加坡的研发中心，致力于产品开发、营销支持和为区域运营提供具体的技术协助。

这些技术中心源源不断地为壳牌提供各种位列世界技术前列的新产品，来满足市场、客户的需求，提高壳牌在市场终端的占有率。以润滑油为例，壳牌在润滑油的研发上投入很高，每隔5年壳牌的润滑油产品就升级换代一次。壳牌在世界范围内拥有8个润滑油研发中心，15个基础油生产厂，80多个润滑油调配厂和20多家润滑脂生产厂，足以满足各行各业的润滑油需求。迄今，壳牌已经在中国的天津、浙江乍浦、广东湛江和珠海建立了4个现代化的润滑油调配厂，均实行壳牌统一的质量管理体系。在产品配方的研制方面，国标透平油 TOSG 寿命工业标准是1000小时，而壳牌的同级别产品大于3000小时，远远超越行业标准。壳牌针对客户的实际需求提高标准，在有效保护设备的同时延长油品使用寿命，降低总成本。

例如壳牌著名的 V-Power 燃油。V-Power 燃油是壳牌专为法拉利赛车设计的一种高辛烷值的清洁型燃油，通过60多年对法拉利车队的观察与研究，壳牌推出了面向大众的 V-Power 燃油。这种燃油在 2007 年面向世界进行推广，现在已经在世界各地的成品油市场上取得了可喜的成绩。该燃油主要通过添加清洁剂，最大限度地减少汽油中的沉积物，并且可以清洁发动机中累积形成的沉积物。它也采用了摩擦改性技术 Friction Modification Technology（FMT），可以减少发动机主要部件之间的摩擦。壳牌的多级机油可以保持较长时间的黏度，减少了机油蹿漏到燃烧室中的几率，降低了机油的消耗，做到了节能环保。多级机油与使用同样黏度的单级油相比，能节省2%至3%的燃油。虽然多级机油并非只是壳牌独有，但壳牌对产品的多样化细分和附加的添加物质，使得壳牌的多级机油更受消费者欢迎。

可见，壳牌的产品领先策略就是通过其先进的产品技术，实现产品的差异化，从而在目标市场获得竞争优势。

采用壳牌V-Power燃油的国家和地区

阿根廷	中国香港	新加坡
澳大利亚	匈牙利	斯洛伐克
巴西	意大利	南非
保加利亚	马来西亚	泰国
加拿大	荷兰	土耳其
捷克共和国	挪威	英国
法国	菲律宾	美国
关岛	俄罗斯	

第三节　壳牌成长的动力——品牌策略

一、壳牌品牌的核心策略

壳牌自1891年首次使用英文单词"Shell"（贝壳）作为煤油商标，距今已经100多年了，如今，壳牌已经成为世界上最易辨识和最有价值的品牌之一。在消费者心中，壳牌独特的红黄双色扇贝标识代表了壳牌优质的产品和服务，代表了壳牌的专业形象。

至今，壳牌在品牌推广和传播过程中，已经形成了两大品牌策略，即单一品牌策略和副品牌策略。

（一）单一品牌策略

壳牌品牌自建立的那一天起，就一直作为公司的母品牌，它和壳牌公司相辅相成，伴随着公司的发展一直走到今天，形成了壳牌公司独特的单一品牌策略。

单一品牌又称统一品牌，它是指企业所生产的所有产品都同时使用一个品牌的情形。这样在企业不同的产品之间形成了一种最强的品牌结构协同，使品牌资产在完整意义上得到最充分的共享。

壳牌实行单一品牌战略的优势不言而喻，这样可以集中壳牌公司的全部力量塑造一个品牌形象，让这个成功的品牌附带着若干种石油产品，使每一种石油产品都能够共享壳牌品牌的优势。根据英特品牌（Interbrand）市场调研公司调查显示，壳牌的品牌价值达到近20亿英镑。此外，英特公司的年度调查还将壳牌评选为全球100名最有价值的品牌之一。在《财经时报》的一份调查报告中，壳牌公司的贝壳标识位列上世纪最有影响力的企业标识第六位。

基于以上原因，壳牌几乎所有的子品牌、副品牌的产品上都有扇贝的标识。在这一品牌下，产品从原来简单的石油销售延伸到勘探和生产、油品、天然气和电力、化工、可再生能源这五大核心业务领域。不仅如此，壳牌也作为企业名称和域名来使用，做到了"三位一体"。而作为消费者，可将壳牌的"贝壳"形象拓展到它名下的任何一种产品。一个成功的壳牌品牌，使得壳牌的各种石油产品成为了名牌产品，壳牌的单一品牌战略优势尽显其中。

壳牌单一品牌的另一个优势就是可以降低品牌宣传的成本，这里面的成本不仅仅指市场宣传、广告费用的成本，同时还包括品牌管理的成本，以及提升消费者认知度的成本。壳牌这种单一品牌策略，更能集中体现壳牌的整体意志，容易形成市场竞争的核心要素，避免消费者在认识上发生混淆。

当然，壳牌的这种单一品牌策略也存在着风险。单一品牌策略虽然具有"一荣共荣"的优势，但同样也具有"一损俱损"的危险。例如，壳牌著名的信任危机就对壳牌在全球的业务造成了一定的影响。在2004年1月9日，壳牌令人震惊地公开承认提交给美国证券交易管理委员会（SEC）的2002年油气储量数据有误，190亿桶油气储量中有20%不实，决定调减39亿桶油当量，其中27亿桶石油和12亿桶油当量的天然气从已探明类重新划归到控制储量类或边际资源类。2004年3月18日，壳牌第二次宣布削减其油气储量数字，在第一次公布下调39亿桶的基础上，将2002年底油气储量又下调了2.5亿桶油当量，将2003年底油气储量数据下调了2.2亿桶油当量。2004年4月19日，壳牌第三次宣布调减其石油天然气储量，宣布2002年油气储量累计减少43.5亿桶油当量，将2003年油气储量减少5亿桶油当量。2004年5月24日，壳牌第四次调减其油气储量，将2003年底油气储量再次下调1.03亿桶油当量。四次调减后累计显示，2002年油气储量共下调了48.5亿桶油当量，降幅达23.6%，2003年共下调了6.03亿桶油当量。经过四次储量调整，壳牌2003年底的剩余油气可采储量为143.5亿桶，储量接替率为63%，储采比为10.2(不包括油砂)，这些数字已远小于其竞争对手BP和埃克森美孚的相关数字。"壳牌储量事件"在世界油气投资市场引起了强烈"地震"，壳牌的形象受到了严重损害，投资者信心受到了打击，造成了壳牌公司股价下跌及公司市值的缩水。

由于壳牌这种单一品牌缺少区分度，差异性差，往往不能区分不同产品独有的特征，这样不利于壳牌不同类型产品的开发，也不便于消费者有针对性地选择。因而，壳牌在这种单一品牌中采取了"副品牌"策略。

（二）副品牌策略

壳牌采用副品牌策略的具体做法是：以一个成功品牌作为主品牌，涵盖企业的系列产品，同时又给不同产品起一个富有魅力的名字作为副品牌，以突出产品的个性形象。

壳牌在全球的某些国家和地区采取了副品牌策略。以润滑油为例，壳牌在全球统一宣传和推广的是壳牌润滑油。而在细分市场上，为每一种产品设计了不同的品牌。比如，在中国润滑油市场上，壳牌的润滑油副品牌多达12种以上，具体如下图：

壳牌在中国市场润滑油品牌一览表

序号	品牌名称	序号	品牌名称
01	壳牌喜力（Helix）	07	爱德王子（Shell Advance）
02	壳牌劲霸（Rimula）	08	得力士（Shell Tellus）
03	鹏斯（Pennzoil）	09	加适达（Shell Cassida）
04	桂冠达（Quaker State）	10	施倍力（Shell Spirax）
05	统一润滑油	11	统力不冻液
06	合能润滑油	12	捷飞络（Jiffy Lube）、自由行

壳牌通过这种副品牌有效地划分了不同润滑油产品的功能和特点，使得每种润滑油的特点各显其彰，同时也弥补了单一品牌过于简单、不生动的缺点。

二、壳牌品牌的宣传推广

壳牌作为一个世界知名的品牌，为了树立良好的品牌形象，每年投入大量的人力和资金对品牌进行推广和宣传。为此，壳牌建立了完善的品牌宣传机制。

（一）壳牌的内部品牌宣传机制

客户接受一个品牌是一个长期的过程。如果在接触品牌的过程中，客户无法从工作人员那里听到满意的介绍和专业的解释，那么客户就会产生困惑，产生对品牌的误解。壳牌深刻意识到这一点，为了保证企业内外对于品牌的一致性理解，壳牌建立起企业内部品牌宣传机制。

壳牌认为：品牌管理虽然是高层的责任，员工却是品牌对外宣传的最重要的媒介。要实现品牌对外的一致性宣传，首先需要从内部宣传开始，只有当企业的每一名员工都能对品牌形成一致性的认知并最终融入到品牌文化之中，成为品牌的保护者和传播者，品牌才有可能以一致的形象被传播并最终被客户所认可。

壳牌打破了传统的企业内部宣传模式，将对内的品牌宣传打造成为一种跨越职能、跨越部门、跨越级别的全面宣传模式。为此，壳牌制订并分发了内部品牌介绍手册，组织不同层次、不同岗位的品牌知识培训，使用标准化的沟通文件，把对壳牌品牌内涵（包括壳牌的品牌定位、壳牌核心价值、壳牌文化等等）的理解程度和执行效果纳入各岗位考核，最终使所有员工都成为壳牌品牌最坚定的拥护者和忠实信徒，并在全公司范围内建立可以信息共享的交流平台，让所有的壳牌员工共同分享顾客管理、市场营销的成功案例和其他品牌的经验、教训。

此外壳牌还将这种内部宣传与壳牌的培训体系结合起来，从新员工入职开始就对员工进行相关培训，让员工与品牌产生共识，陪伴着品牌共同成长。

（二）壳牌的对外品牌宣传机制

壳牌对外所采取的品牌宣传与推广策略是一种组合型宣传推广策略。壳牌为了达到宣传推广的目标，将宣传推广分成人员、渠道、业务三种推广模式。

1. 人员的宣传推广

壳牌通过内部员工的品牌一致性原则，将每一个员工都调动起来，形成一种全员宣传推广模式，不论顾客在壳牌的任何场所、针对壳牌的任何产品，壳牌员工都能够为顾客解决各种疑问，使顾客满意。

2. 渠道的宣传推广

壳牌在实施渠道宣传推广时，运用了一种组合式推广模式。壳牌除了在电视上播放各种具有震撼力的广告片外，在品牌传播上，壳牌还通过媒体、市场终端的宣传和展示，通过广告、赞助、市场、公共关系等方式不断进行品牌投资，宣传品牌形象。

其中最著名的是壳牌对法拉利车赛的赞助与合作。在合作过程中，壳牌为法拉利车队提供了高品质的 V-Power 燃油和壳牌赛车专用的系列润滑油，为法拉利车队取得骄人成绩提供保护和支持。同时，壳牌也通过与法拉利车队的合作，对赛车用燃油和润滑油进行研发和实验，在不断提高产品质量的同时，也将赛车用燃油和润滑油逐渐推向普通大众市场，为壳牌

的终端零售起到了推动作用。

而早在20世纪30年代，壳牌就在全球推出了"壳牌，您可以信赖"的宣传口号，在全世界取得了广泛的影响，至今仍被传为典范。

3. 业务的宣传推广

壳牌的另一种品牌推广模式是借助壳牌业务的扩张而展开的。经过百年的发展，现在壳牌的业务已经遍布世界上90多个国家和地区，壳牌的品牌也随着业务不断地扩展，在这些国家和地区中，壳牌这个品牌就代表着高品质的产品和优质的服务，得到了当地消费者和客户的认可。每一个加油站的建立，都成为壳牌品牌宣传的一面旗帜；每一部车辆中都有壳牌的产品为其提供保护和支持。从飞机到车辆、船只，壳牌的品牌已经组成了一个覆盖了海陆空的品牌营销网络。

同时，为了扩大品牌的影响力和市场的占有率，壳牌在业务开发的过程中还采取了品牌授权经营模式。通过这种模式，与加盟者形成了互惠互利的关系。加盟者可以通过壳牌的国际性品牌来实现其投资盈利的目的，壳牌通过加盟者来扩展市场，增加销量。

第四节　壳牌竞争的手段——服务营销

一、壳牌服务营销的含义

壳牌的服务营销包含了两个不同层面的含义：

第一，通过提供项目服务和技术服务的方式，拓展国际市场，即以服务换市场。

随着世界各产油国石油主权收归国有化和国家石油公司的兴起，跨国石油公司逐步失去了对产油国油气资源的占有和对世界石油资源的垄断，而代表国家利益的国家石油公司在本国政

府扶持下成为石油资源市场开发的主导力量，但它们在一定程度上缺乏跨国石油公司所拥有的专业开发技术和运营能力，因此，壳牌作为跨国石油公司之一，适应这种转变，以自己的优势与产油国及其石油公司合作，通过提供服务获取开发权，参与产油国的石油开发与经营。从整体上看，这是一种战略身份的转变，通过服务营销建立业务合作，进而取得资源开发和市场经营的权利。

第二，在市场开发上采用服务营销的策略，

即以服务做市场。

壳牌通过推出各种个性化服务，来满足客户日益增加的各种需求，从而达到提高客户满意度、忠诚度的目的。

二、壳牌以服务换市场的营销模式

对于一个国家来说，石油属于战略物资，石油掌控问题也涉及国家安全的问题，因此，各国在增加石油战略储备的同时，不断在国际上寻找石油资源。由于石油属于不可再生资源，各产油国也在控制自身石油资源的开采，这对跨国石油公司的开发和拓展形成了壁垒。壳牌在自己的国际化发展道路上也遇到了同样的问题。

自20世纪70年代后，欧佩克组织各成员国逐渐收回本国油气资源主权，不断加强国家对石油资源的控制，并纷纷成立国家石油公司，自主开发本国油气资源，有的还介入国际石油资源开发和市场经营。进入21世纪以来，各产油国在油气政策上对本国资源的保护表现得更为明显。在独联体内，俄罗斯通过并购和处置寡头石油资产来改变油气工业结构，确立了国有公司在俄石油市场上的主导地位，加强了国家对油气资源的控制。而哈萨克斯坦则通过修改相关法律条文，使得国家石油公司对油气资源有优先购买权，政府可以单方面修改与外国公司签订的石油合同，设置政策壁垒，阻碍外国石油公司在哈境内的开发活动，以此逐步加强国家对油气资源的控制力度。在南美地区，委内瑞拉通过新石油法，保证国有石油公司在新项目中持有大部分收益，并提高石油税收。玻利维亚于2006年对油气资源实行国有化，并派军队控制了全国的油气田。厄瓜多尔通过石油改革法案，政府将同外国石油公司重新进行石油合同的谈判，各公司获得的超过原销售合

同价格的超额利润的99%上交给厄政府。非洲地区，鼓励外国在下游炼化环节的投入，同时保证国有公司在上游业务的绝对控股比例。尼日利亚逐步推进国家石油公司私有化，允许私人资本进入石油下游产业，开始减少或取消炼化业务上政府的参股比例，以进一步吸引外资。安哥拉的石油合同条款则较为灵活，积极吸引外国投资于下游和天然气业务。中东地区，一方面推动下游的私有化，一方面强调本国和国家石油公司掌握战略性油气资源和独立开发的技术能力。伊朗发布私有化法令，鼓励下游领域的私人资本投入，同时强调本国和国家石油公司掌握战略油气资源。由此可见，虽然部分产油国开始对国有石油公司的部分业务（基本上是炼化业务）进行私有化，但其在油气政策上，更加强调国家对油气资源的控制，油气资源供给被牢牢掌握在产油国及其国家石油公司手中。

在这一背景下，壳牌转变身份，加快战略调整的步伐，以加强对环境变化的适应。一方面壳牌高度重视树立其在所投资国家的整体社会形象；另一方面，积极对石油资源国家政府及其国家石油公司提供服务、开展合作，并明确提出依靠自身优势和创新技术，帮助解决未来能源的挑战，从而实现其战略经营目标。

壳牌针对国际能源产业格局所采取的整体服务营销策略分为两种：

一是通过资本服务换取资源开发与市场经营。在进入亚洲等发展中国家时，壳牌利用亚洲国家既缺资金、又缺技术和运作经验的机会，发挥自己的优势，取得合作机会，获得了资源和市场。目前，壳牌在全球90多个国家和地区的营运机构大部分是合资合作型营运企业，排除投资技术方面的因素外，更主要的是体现了各合作方在合作中都有其各自独特的优势。

二是通过技术服务直接或间接进行开发合作，从而进入所在国石油市场。随着石油资源的日益紧张，提高开发水平和采收率、加强对非常规能源的开采，也成为国家石油公司所关注的问题，壳牌通过自己的技术创新和运营能力，积极参与这方面的合作。面对各国所设置的产业壁垒，壳牌通过提供先进的环保技术服务，成功避开政策壁垒，获得联合开发与经营的业务。由于环保压力是石油资源国家及各国际石油公司进行能源开发过程中不可避免的问题，壳牌所提供的碳收集商用服务技术、煤的气化等能源洁净化技术服务等，都能够帮助壳牌取得服务竞争优势。

为了达到这些战略目标，壳牌成立了壳牌全球解决方案国际有限公司。壳牌全球解决方案公司是壳牌集团旗下的一些独立技术公司所组成的网络。最初，它是作为研究和技术服务网络，专门为英荷壳牌集团的全球业务提供支持。多年后，公司形成了相对独立并具有经济实力的实体，利用所积累的知识和专业技能对外提供服务，1998年后公司开始独立经营。

由于该公司的独立运作，使壳牌的服务战略路线得到明确的加强。壳牌通过全球解决方案公司在全球各地所提供的业务服务，给其带来了更多的业务合作机会；通过这种专业服务，提升了壳牌的影响力和整体的专业形象，使壳牌的服务竞争力得到提高。

壳牌的这种以服务换取市场的方式在中国得到了具体的体现。近些年来，壳牌全球解决方案公司在中国与中国三大国有石油公司都保持着良好的合作关系。

2003年，壳牌全球解决方案公司规划出中国石油大连炼油厂的扩建整体方案，为这个中国石油最大规模的扩建项目绘制了整体蓝图。

公司推荐的解决方案，有效地整合了炼油厂7个新的工艺装置，实现了生产最优化，提高了产品质量，同时，节约了能源。

壳牌全球解决方案公司和中国石化合作的项目包括中国石化金陵炼厂挖潜增效项目、福建渣油气化技术转让和巴陵煤气化项目。

壳牌和中国海油合作的中海壳牌南海石化项目则是中国目前最大的乙烯裂解项目之一，在项目的整个策划以及执行过程中，壳牌全球解决方案公司作为壳牌的核心技术力量做出了贡献。

此外，壳牌全球解决方案公司还活跃在壳牌中国的很多业务领域，除了为中海壳牌南海石化项目提供全面支持以外，还为获得壳牌煤气化技术使用许可的中国企业提供技术服务，通过下游业务和天然气及发电业务部门来开发煤转化（比如煤炼油、煤制甲醇）项目。

三、壳牌以服务做市场的营销模式

随着经济全球化的发展，石油市场的竞争愈加激烈。由于科学技术的广泛运用，信息传递速度的越来越快，各种石油产品及质量趋于同质化，产品之间的差异越来越不明显。壳牌开始在市场中寻找新的竞争优势，由于顾客不再简单满足基本的石油产品应用，而渐渐追求消费中的满意或是更多的价值回报，于是壳牌将目光集中到提供给顾客优质的服务上。从此，服务营销作为壳牌的一种新的营销手段应运而生，壳牌的终端市场开始进入服务营销时代。

壳牌的服务营销善于挖掘客户需求的本质，准确把握客户价值，把产品与服务作为配置得当而贴切的整体价值提供给客户。这种服务在使客户得到服务增值的同时，往往会促进客户更深刻认识壳牌产品带来的价值，使客户得到良好的消费体验的同时，更全面而真切地感受壳牌的品牌内涵。

壳牌的非油品销售业务就是服务营销的最好例证。非油品业务至今已成为壳牌零售业务的重要组成部分，是极具市场前景的衍生性业务。所谓非油品业务是指加油站除了成品油零售业务外，开展的其他诸如便利店、餐饮、洗车、换油中心、广告乃至银行提款机、通信、彩票等业务的统称。这些非油品业务不仅为消费者提供了方便，而且成为加油站零售终端新的利润增长点，使加油站成为最具活力的市场营销的"细胞"。

壳牌的"选择"（Select）便利店就是壳牌服务营销的实践之一。壳牌通过在加油站中设立便利店，为顾客在加油过程中所产生的各种其他需求提供了极大的便利。在壳牌的便利店中出售各类饮品、零食、快餐食品、日用消费品、汽车保养用品和壳牌润滑油等产品，方便顾客在旅程中"补充能量"，而便利店内出售的壳牌车用润滑油全线产品，能够满足不同车型的需要。部分加油站还为此建立了壳牌喜力换油中心，为客户提供更换机油、三滤等服务。

为配合终端的产品营销与服务，壳牌经常在一些油品零售市场发布调查服务报告。2007年，壳牌推出节油驾驶（Fuelsave）挑战，帮助司机通过养成良好的驾驶习惯和使用高能效燃油节省燃料，三年后，已经在11个国家培训了16万名车手。同时壳牌在全球向广大驾驶人士发布"节油小贴士"，帮助其养成良好的驾车习惯。壳牌宣称"壳牌并不是单纯的提供燃油，而是在做更加卓越的驾驶服务"。2009年9月17日，壳牌还发布了《驾车者节油意识与行为调查报告（中国篇）》。报告显示，中国驾车者的节油意愿大大高于受调查的其他国家和地区的驾车者，但很多人缺乏具体的节油知识和信息。

为了更好的方便顾客，壳牌在全世界很多国家开展了加油卡服务业务。在欧洲，壳牌的加油卡是欧洲通用的。加油卡系统附带很多辅助功能，在方便驾驶者的同时，也向一些单位机构用户提供对车辆用油信息管理的便利。

在润滑油销售上，壳牌根据润滑油产品使用的周期性、季节性、知识性特点和消费规律，通过技术交流会、维护知识指南和顾问服务方式，为不同的客户提供对应服务。在销售过程中，对用户跟踪服务，按周期、季节等因素，主动为用户提供换油的科学依据，提高品牌的信誉度和培养客户的忠诚度。

壳牌也通过另外的服务方式，为用户提供额外服务，以达到扩大影响力吸引顾客的作用。1996年3月，壳牌香港公司与香港商业电台合作创立了专为驾驶者服务的"马路之友"协会，壳牌独家赞助，为会员提供广泛的服务，使各会员在香港驾驶体会方便的同时能得到更大的乐趣。壳牌在港所有加油站的工作人员以及"壳牌信用卡"或"红利卡"的持有者都可自动成为该会员。

壳牌所推行的服务营销通过服务这一无形的产品来满足顾客的需求，全面体现了市场营销的本质。壳牌通过服务营销提高了石油产品的附加价值，提升企业的竞争力。壳牌在石油市场的竞争中从传统的价格、品质的竞争转向了附加产品或服务的竞争，通过服务营销增加企业的附加价值，注重并满足顾客的服务需求，赢得顾客信赖，从而巩固壳牌在石油市场的市场地位，保证壳牌在石油市场竞争中立于不败之地。

壳牌在服务营销中树立起良好的企业形象，吸引更多的人才加入壳牌，通过服务营销活动，提高了营销人员的素质，提升了壳牌的经营管理水平。

第五节　壳牌立足的法宝——公共关系

一、壳牌的公共关系体系

石油工业对于一个国家来讲，其重要性是不言而喻的。作为世界上最大的贸易市场和最大的全球性产业，石油工业对现代社会经济发展的影响有增无减。但是，石油工业在为国家带来就业机遇和经济增长的同时，也带来了对环境的危害和公共安全等问题。为此，世界很多国家对石油工业管理都出台了很多相关的法律、法规，这使得跨国石油公司在进入该国时会遇到政策壁垒。由于各个国家的政治体制不同、经济和产业发展阶段不同、资源条件和政策取向不同，对石油工业采取了不同的管理体制和监管体系，跨国公司要想进入，就必须遵守或者合理避开这些约束，此时，公共关系就成为了壳牌等跨国石油公司重要的营销手段。

壳牌的公共关系营销主要强调三方面的关系，即对政府的关系、对社区的关系和对环境的关系。

对政府的关系，壳牌主要通过引入本土化人才进入所在国管理层，实现对该国政治、文化的深刻理解，从而保证其业务策略符合该国法律、法规的要求。

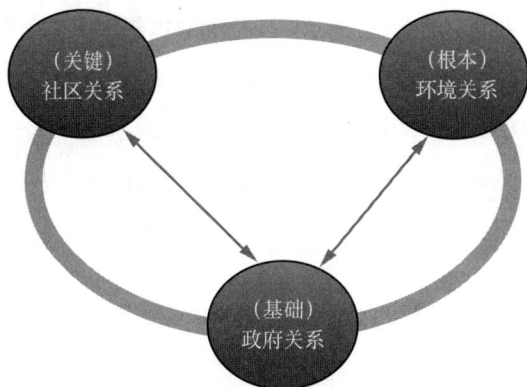

壳牌公共关系策略结构图

对社区的关系，壳牌主要强调承担社会责任的重要性，并通过一系列的公益活动，树立良好的企业形象，最终实现成为所在国优秀企业公民的目标。

对环境的关系，壳牌主要通过技术和管理的优势，减少对环境的污染。通过开展环保公益活动，增强公众的环保意识，更好的保护环境。

在壳牌的这三种关系中，政府关系是基础，社区关系是关键，环境关系是根本。

二、协调政府关系

由于行业的特殊性，石油企业在进入目标国家进行市场开发时，都会受到所在国的各级政府和各种政策的制约，同时也受到当地环境和当地文化的影响。要想顺利地进入并开展业务，就必须协调好与该国政府、业务所在地政府以及相关部门的关系。

为更好的协调与政府的关系，壳牌在业务所在地国家的管理机构中，专门设立了"公共事务部"负责对外对内的公共关系管理工作。同时，壳牌对公共事务部的工作内容进行了细化。以中国公共关系经理的岗位描述为例，其工作职责如下：

（1）积极主动、有计划、有层次地创立、维系及加深合营公司在运营区域内与相关政府部门的关系，为合营公司的经营活动争取支持和配合，保障合资公司及时得到经营所需的各类政府审批。

（2）带领团队直接负责公司各类证照的申报和年检；并为此建立与维护与省市县各级商务、工商、消防、安监、环保、技监、税务等各部门的信任与理解；跟踪了解各级政府在审批流程以及政策导向上的最新变化，并积极向管理层建议其影响及对策。

（3）建立并保持与中外股东方外部事务部门的沟通，从而保障在与政府高层沟通协调中能共享并调动股东资源。

（4）作为公司管理团队的一员，参与公司重大事项的讨论与决策；同时从自己的专业领域出发给予总经理、副总经理决策所需的信息和建议。

（5）负责外部事务部的预算安排及管理，为业务发展提供增值服务；带领、管理并培养公司对外事务部的员工，起到部门经理的管理责任。

（6）在从事各项工作中，严格遵守合营公司的经营宗旨及其他相关规定，并严格遵守相关国家法律法规。

壳牌为此还确立了企业公共关系事务处理的七项基本原则：

（1）述说真相。迅速的公布真相，有利于消除公众的误解，避免谣言的产生，这是公共关系营销中的最基本原则。

（2）快速行动。行动重于言辞，快速赶赴危机现场，了解实际情况，可以帮助公共人员做出准确的判断。

（3）懂得倾听。倾听是沟通的最好武器，不仅要倾听客户的反馈，还要倾听更广泛相关利益方的意见。

（4）善于管理。公共关系不仅是营销问题，更是管理问题。通过有效的管理，可以在"火灾"发生的初期将其灭掉，避免企业更大的损失。

（5）危机意识。建立危机意识，对每一次公共关系事件的处理，都上升到关乎公司生死存亡的高度来处理。

（6）了解公司。作为壳牌的公关人员必须了解公司的价值观、理念和品性，这样在处理危机中既能做到把握准确，又能做到游刃有余。

（7）人员要求。对于处理危机的公共关系人员，壳牌要求其必须保持冷静，要有耐心，要保持足够的幽默感。

在协调政府关系的过程中，壳牌采取了"本土化策略"，即选拔本土化人才进入管理层，让这些能够深刻理解政策环境的管理者，为壳牌提供符合当地文化背景的决策建议，为最终决策提供参考。

以壳牌中国为例，壳牌中国公司在中国的决策中枢被称为"国家协调小组"，也称为"国家管理委员会"，这是由壳牌中国各个业务板块负责人以及中国集团主席组成的议事组织。由于壳牌是一家典型的欧洲企业，非常强调集体决策，并不突出个人，因此，壳牌在中国的决策是由国家管理委员会做出的。过去，在这个特殊的13人委员会里，竟然没有一位来自中国大陆的，大部分都是欧洲人，这直接导致壳牌在几个重大项目上的决策失利。究其原因就是没有本地团队参与谈判，并且壳牌全球的决策速度太慢，有的时候要持续几年，这让正轰轰烈烈建设的许多中国项目根本无法等待。

2005年9月1日，林浩光调任壳牌中国公司主席后，迅速实施了本土化策略。到任仅两个月，林浩光提拔了2位中国同事进入管理委员会，第三个月又提拔了3位。至今在这个13人的国家协调小组中，已经有了7张中国面孔。

壳牌通过管理层人才本土化策略，明显改善了决策速度。

三、打造和谐社区

壳牌在社区关系和社会责任方面，致力于

成为营运所在地的好邻居，成为所在国家和地区的"企业公民"。壳牌通过打造和谐社区，积极地参与到当地社会公益事业中。

壳牌通过详细地分析由于自身运营可能从生活环境、健康、安全、文化与社区生活、暴力冲突、经济环境方面给当地居民生活带来的影响，制订相应的管理预案予以防范。

对每一个项目，壳牌在规划设计过程中都会与当地社区紧密合作，征求和倾听各界意见，做出相应总结，以便在设计和运行管理当中考虑人们所关切的问题，评估项目对社区和环境可能产生的积极和消极影响，必要时调整规划设计。壳牌认为，与当地社区的对话有助于充分评估项目对于社会和环境的潜在影响。壳牌根据项目影响评估、社区调查和讨论的结果，制定出有关炼油厂、化工设施和上游业务的社会绩效计划。工作人员通过实施计划，来减少负面的影响，造福社区。每三到四年，由来自其他地方的社会绩效工作人员来审查这些工作。通过这些努力，壳牌建立了广泛的社会信任。

壳牌的项目建设往往涉及土地购买和租用，由于这关系到当地人们的未来生活，所以壳牌在了解当地人们的生活需求，并广泛征询意见后，在按照世界银行的补偿标准和妥善安置的基础上，还本着造福当地的原则，尽量使用当地的承包商和供应商，雇用当地员工，同时提供培训，帮助当地居民掌握新的商业技能和获得就业，并以培训方式帮助与壳牌发生工作和业务关系的当地人员和承包商符合壳牌的标准。在这些过程中，壳牌严格按以诚实、正直和尊重他人为核心的《壳牌商业原则》行事。

壳牌还通过提供社会捐助的方式，支持当地社区及其所经营地区的发展。壳牌基金会作为一个面向全球的慈善机构，通过独立运行，

针对贫困和环境问题提供项目援助。此外，壳牌也会直接通过所在国家的工作计划，将有关教育和技能发展、健康和安全、环境和社会凝聚力方面的捐助项目纳入到业务计划当中。壳牌选择的捐助项目必须具有可持续意义，为捐助对象带来持久的利益，经过项目扶持后能自立发展；同时，这些项目必须得到当地的支持，满足社会的需求，有可衡量的积极影响，要确保透明性，并能共享和复制。

例如，壳牌在印度捐助实施了那亚达翰尔教育计划，在当地开展劳动力教育；1982年，壳牌在英国推出了创业奇兵计划，帮助青年们探索和选择他们自己的事业开端，目前已经扩展到全球21个国家。

2000年，壳牌在英国注册成立壳牌基金会，这是一家面向全球的慈善机构。壳牌基金会重点针对贫穷问题以及由能源的开采和使用及全球化所引发的环境问题，制定和实施企业解决方案。基金会携手中国扶贫基金会开展幸福花项目，利用中国扶贫基金会小额信贷支持网络，通过培训农村妇女的手工艺品技能，帮助农村妇女脱贫致富。从2005年项目启动至今，幸福花项目已培训了2000多名妇女，近千人从中受益。目前，项目还在继续探索为农村妇女提供进入市场、增加收入和实现自强自立的可持续发展之路。此外，壳牌基金会还开展了一个全球性的改善室内空气污染的项目，该项目将使中国受益良多。

四、保护生态环境

石油企业在油气资源的勘探和开发过程中，对生态环境的破坏较为严重。在石油的生产、运输、贮存以及炼制等过程中都存在泄油、漏油的风险，而在生产过程中的废弃物，如油类、

重金属等各种化学物质也有危害水资源的可能。这些环境破坏给当地带来的损失可能远远大于石油企业给予的相关补偿，有些地方甚至出现因石油企业污染环境，当地居民为抗议油气而引发的暴力冲突事件，造成产油区社会治安的恶化。

壳牌也曾因环保问题使企业蒙受巨大损失，为此，壳牌高度重视环保问题，积极地承担起环境保护的重任。

先进的理念与技术措施以及制度构架，是壳牌环保体系的基础。壳牌是 1997 年全球首批意识到气候变化威胁，号召政府、能源行业和用户采取行动，同时，自身向世界承诺采取可持续发展方式而采取相应措施的能源公司之一。根据壳牌最新的能源远景分析显示，未来数十年内，全世界不断增长的能源需求大部分仍然需要矿物燃料来满足。因此，管理煤炭、石油和天然气造成的二氧化碳排放，对于应对人为造成的气候变化以及环境的保护显得至关重要。

针对这些情况，壳牌推出了保护环境的系列措施。

（一）壳牌减少污染的措施

壳牌通过采取以下 6 个方面的措施，减少污染：

（1）提高自身的运营效率。

（2）形成在二氧化碳捕集和封存 (CCS) 方面的业务实力。

（3）不断研发能提高效率并降低运营中排放的技术。

（4）积极开发低碳能源，包括增加天然气供应和开发包括生物燃料在内的运输燃料。

（5）通过积极为节能低碳的产品和服务开

发市场，帮助上百万加油站顾客和企业客户节约能源，并减少二氧化碳排放，来帮助减少能源需求。

（6）积极鼓励政府为管理二氧化碳和其他温室气体提供有效的国际政策框架。

（二）壳牌保护环境的措施

壳牌依靠自身的优势，实施了保护环境的四项措施。

1. 保护生物多样性

保护生物多样性是壳牌在任何重大项目或大规模扩展业务时，考虑的一个重要因素。为帮助保护生物多样性和推进环保工作，壳牌与世界主要的环保组织开展了合作，比如壳牌与湿地国际（WI）和国际自然保护联盟（IUCN）的合作。

如果一个地区具有丰富的、多样性的生物资源，壳牌会与当地社区和专家携手，制定生物多样性行动计划。此外，壳牌还支持相关的研究工作，比如帮助开展认定濒危物种的工作。

2. 防止泄漏

石油和石油制品泄漏会污染和破坏环境，并危害员工和邻近社区。多年来，壳牌在运营过程中不断加强对可控因素（例如腐蚀或操作故障）的把握，减少因此而导致的原油和石油产品泄漏。

为防止油轮漏油，壳牌还制定了船舶质量保证标准，对所使用的船舶提出了多项要求。比如，壳牌要求大型远洋油轮设置双层船壳。

3. 解决运营过程中的污染问题

壳牌始终努力减少运营过程中在当地造成的污染物排放，包括为升级设备、安装清洁燃烧设备和开发二氧化硫捕集技术而进行一系列投资。

4. 节约用水

通过运用新技术，开展节约用水。壳牌在卡塔尔的珍珠天然气制油工厂，对节水设备进行了专门设计，无需从周围干旱地区取用淡水；荷兰的 Schoonebeek 项目循环使用市区污水来产生蒸汽。

为保证这些措施的贯彻执行，壳牌制定了严格的 HSE 管理体系和规范，设立社会责任委员会，将壳牌在全球各业务地区的环保实施状况作为必备的评估内容。

（三）壳牌宣传环保的措施

壳牌在做好自身环保工作的同时，还在其业务所在地国家和地区积极参与环保宣传工作，通过系列环保宣传活动，推动环保理念的传播。在中国，壳牌也推出了一系列环保宣传活动：

1. 美境行动传播环保理念

1996 年，壳牌在中国的中小学生中倡议开展了"美境行动"，以"美源于心、境成于行"为口号，与活动各地教委合作，鼓励学生自己设计环保方案，经选获奖的方案可以获 3000元的资金支持，亲手实施设计方案，该活动以孩子影响家长、教师以至更广泛的大众，倡导"人人动手搞环保"。"美境行动"得到了众多媒体的关注，《人民日报》、《中国青年报》、《新民晚报》、《文汇报》、《北京青年报》等多家媒体都进行了专题报道，在政府、教育、新闻等有关各界配合下，在社会上产生很大的反响，树立了壳牌作为一个负责任的企业公民的形象，通过孩子到家长的链条，广泛增强了壳牌的社会亲和力。目前，壳牌美境行动已连续开展了十几届，活动范围扩展到全国 20 个左右城市。

2. 能源教育立足于青少年

积极开展能源教育是壳牌的环保推广策略

之一。

1998 年，壳牌赞助出版了中国第一本《儿童环保行为规范》。2003 年，壳牌发起倡议，与环境与发展研究所合作启动"能源可持续发展教育"项目（YESS），开发编写了中国第一套面对中小学生的可再生能源教材。项目组在全国13 个省市开展推广培训活动，到 2008 年，已使15 万人次的学生受益。壳牌还在 2007 年开发了面向高中生的清洁能源教材。该项目还有一个互动平台，即壳牌能源中心设置的能源工作平台，广大师生可以在此接受新颖的互动式培训。

壳牌的能源教育活动除了面向中小学生，还面向高等院校的学生。从 2004 年开始，壳牌、农业部科技发展中心和上海清洁能源研究与产业促进中心结成合作伙伴关系，在北京启动了大学生农村能源调研项目，鼓励高等院校的学生利用暑假深入基层农村，对沼气、太阳能、生物质燃料等能源在农村地区使用的情况进行深入调查。

3. 教育扶贫树立企业形象

教育扶贫是壳牌与中国社区建立友好关系的重要举措。壳牌是中国扶贫基金会组织的"新长城"项目的最初参与者，从 2003 到 2006年，壳牌公司和壳牌员工共同捐助近百万元，资助 272 名西部贫困大学生完成学业。从 2006到 2008 年，壳牌与民间公益机构北京富平学校合作，在山西吕梁湍水头镇资助和培训 20 所偏远山区村级小学的 56 名代课教师，通过此举以期吸引和稳定优秀的师资，从而提高该地区农村基础教育的质量。同时，扶贫项目组还资助了 195 名湍水头籍的贫困高中生，帮助他们顺利完成高中学业。此外，壳牌还设立了临县教育创新小额基金，提升当地教师的教学水平和教学质量。

第六节　壳牌扩张的方法——渠道策略

一、壳牌营销渠道概况

壳牌作为一个国际性石油公司，在全世界90多个国家和地区经营着石油全产业链众多的不同类别产品。为此，壳牌在世界相应国家建立了与之相配套的各种形式的市场渠道和销售终端，它们作为壳牌市场营销网络的硬件构架，发挥着营销载体的基本功能。

壳牌所建立的营销网络是多种多样的，其中既有自主经营的自有渠道和零售终端，也包括大量不同形式和级别的代理，以及不同经销方式的分销渠道和终端，同时，还包括采取合作方式建立的渠道和终端。针对每一产品类别，壳牌都建立了庞大的分销网络作为支撑。在管理上，壳牌往往会针对不同的业务和市场区域，建立专门的销售公司。

除根据不同类别产品目标客户的购买方式，设置多元化的销售渠道和终端外，壳牌还非常重视渠道与终端的效率，通过采取选择性的渠道与终端策略，提高整体绩效。

二、渠道重心——向东方倾斜

随着市场竞争日趋激烈，竞争的对抗性不断增强，壳牌的经营也在不断深入和细化，提高市场资源的可控程度是壳牌必须具备的能力。营销渠道作为壳牌最重要的资源之一，其区域的差异化和不稳定性对壳牌经营效率、竞争力的影响和对经营安全构成的威胁逐渐显现，因此，对渠道的重新整合成为壳牌营销成败的关键。

最近几年，壳牌调整了下游发展策略，对下游业务进行了整合，陆续出售了在非洲、欧洲和亚洲部分地区的下游资产，出售和裁撤掉9000座加油站，同时，将发展渠道的重点放在土耳其、俄罗斯、乌克兰、印度、印尼以及中国等主要目标市场。虽然总体上终端数量明显减少，但销售并未同步减少，相关效益反而有所增加。

在上述主要目标市场中，中国成为壳牌全球市场最重要的发展区域。壳牌积极把握时机，在中国进行市场渠道的开拓和零售终端的建设。壳牌利用中国石化在海外上市之机，通过认购中国石化股票换取其在沿海省份建立零售网络的机会。2004年8月，中国石油化工股份有限公司与壳牌合资组建了中国石化壳牌（江苏）石油销售有限公司，合资公司在江苏省建立和运营一个拥有约500家加油站的成品油零售服务网络，经营期为40年，采用中国石化与壳牌的联合品牌。2008年12月，壳牌与陕西延长石油（集团）有限责任公司，成立延长壳牌石油有限公司，立足于陕西省境内各城市，重点开展成品油零售及非油品零售业务。至今，壳牌在北京、天津、广州、四川、重庆、陕西等地共已建有数百座加油站。这些加油站虽然在数量上与国内两大集团相差非常悬殊，但他们进入的市场却是中国经济比较发达的地区，石油消费旺盛。

三、渠道建设——注重多元化

壳牌的渠道建设注重多元化结构，其中，最典型的代表就是壳牌润滑油的渠道建设。

壳牌的润滑油由于其过硬的质量和优质的服务，在全球的润滑油市场上一直处于领先地位，多年都位居世界润滑油市场的第一位，其销量占全球润滑油总销量的13%。

在润滑油领域的渠道建设中，壳牌通过识别终端客户来选择和建立渠道类型、设计渠道政策，形成多元化的销售网络。他们将终端客户和渠道细分为：汽车和机械设备制造厂等制造商，对其壳牌可以开发满足其要求的初装油和服务用油，并进行技术合作；汽车保修厂，对其经常免费提供清洗、换油和注油设备，以优惠价提供高档油，争取使壳牌品牌成为其唯一指定的服务用油；汽车出租和运输公司，对他们主要提供售前技术服务，以一定优惠价供应产品，保证规范的售后服务；汽车快捷保修店，既是使用者，也会产生一定的零售，壳牌配合其经营政策提供一定的支持；平时自行保养维护者，通过在加油站设专卖店，提供加油、换润滑油成套服务，提供免费洗车和休息场所，奉送小礼物和用油养护指南。

作为全球第二大润滑油消费市场，一直是壳牌润滑油的重点战略区域，壳牌一直高度重视在中国发展零售渠道。壳牌一方面与汽车厂商强强合作，在4S、3S等渠道拥有很高的产品渗透率；另一方面，在独立维修市场，壳牌与渠道伙伴合作，面向全国建立了一个快修养护网络，拥有1200家快修养护店，其中仅喜力爱车养护中心就有100家。壳牌喜力爱车养护中心的目标消费群非常明确，就是那些既希望享受专业可靠的产品，又渴望享受便捷优质服务的中国车主。壳牌喜力爱车养护中心满足了他们的消费需求，也为壳牌合成油战略呈现了一个高端平台。

四、渠道关系——转向伙伴型

壳牌在渠道建设过程中，意识到传统的渠道关系是"我"和"你"的关系，即每一个渠道成员都是一个独立的经营实体，以追求个体利益最大化为目标，甚至不惜牺牲渠道和壳牌的整体利益。因此，壳牌改变了传统的渠道合作模式，形成并建立了一种伙伴式渠道合作关系，让壳牌与各经销商由"你"和"我"的关系变为"我们"的关系。在营销过程实现壳牌与经销商的一体化经营，实现壳牌对渠道的整体控制，使分散的经销商形成一个整合体系，渠道成员为实现自己及大家的目标，共同努力，追求双赢或多赢。

在这种紧密型的伙伴关系中，壳牌与经销商共同致力于提高销售网络的运行效率、降低费用、管控市场。从壳牌的角度讲，需要重视长期关系（如帮助经销商制订销售计划），渠道成员责任共担（如建立零库存管理体制），积极妥善解决渠道纠纷，壳牌的销售人员要担当经销商的顾问（而不仅是获取订单），为经销商提供高水平的服务。同时，壳牌还要为经销商提供人力、物力、财力、管理和方法等方面的支持，以确保经销商与壳牌共同进步、共同成长。

在这一点上，壳牌推出的授权经销商就是典型的代表。壳牌在全球的经营范围内，挑选不同的、具有一定实力和网络的经销商进行合作，将一个或多个产品进行授权。通过借助经销商的网络和资金，扩大市场的占有率，宣传壳牌的品牌和形象。这些经销商可以通过壳牌网站进行申请，通过壳牌对其进行考核和评估，颁发其经销商资格。这样经销商可以借助壳牌成熟的产品和品牌在短时间打开市场，获得利润。

壳牌的化工产品就采取了这种模式，除了通过国际大宗交易市场集中交易外，在当地市场上的化工产品销售就会借助当地成熟的化工产品销售网络。由于化工产品的推广和销售工作需要大量的时间和精力，壳牌在所经营国家和地区选择分销网络健全、有相应资质的大型分销商组建起壳牌的市场营销渠道。例如在中国，中化国际（控股）股份有限公司就是中海壳牌化工在中国内地的主要分销商。该公司拥有50多年的化工品进出口贸易和化工品营销经验，分销网点遍布全国，目前是中国国内最具实力的综合化工分销商。

五、渠道管理——趋于扁平化

壳牌与渠道成员发展战略合作伙伴关系，共同致力于市场发展。通过渠道成员选择、发现渠道成员的需求与问题并提供支持、根据合作紧密程度贯彻必要的规范、贯彻统一的促销管理，以及渠道成员评估与激励制度，实施渠道与终端管理。

为提高渠道效率，壳牌实施渠道扁平化策略，典型的渠道结构包括壳牌销售机构、分销商和大型客户合作者、零售商、终端消费者等几个层次。为保证渠道价值链的完整畅通，壳牌往往针对价值链的各环节实施越位营销和价值链营销策略，针对汽车厂商、经销商、零售商、最终用户的各自相关需求，设计整个价值链的环节策略和进行充分的价值链沟通，在帮助渠道成员达成工作的同时，也使壳牌价值绑定在价值链的各个环节。

同其他石油巨头相似，壳牌对渠道建设和发展是一个不断改进和完善的过程。在市场发展的初期，壳牌往往采取销量阶段递增、奖励比率递增的促销政策，促使各经销部门全力开拓市场，让有能力的经销商脱颖而出，并使中小经销商归并到有能力、销量大的经销商之下。当市场发展到一定阶段，市场的空白点渐渐消失，单位收益下降，经销商之间的竞争加剧时，壳牌就对经销渠道加以整顿，在一定的竞争环境下筛选有能力的经销商，配以相应的市场分销网络政策。随着市场环境变化并被不断细分，当原有渠道模式不能满足对市场份额以及覆盖范围的要求，壳牌就要对经销渠道结构做相应调整，开拓新型渠道，重点从区域性网络转移到零售网点。这一方面标志着壳牌对销售渠道的建设已从全面撒网阶段转移到网络纵深建设阶段，另外从营销的角度上说，强化零售网点建设可以给品牌经营者打造一个对用户直接展示、沟通、服务的平台，进一步塑造品牌形象。

第七章　壳牌的人力资源管理

在全球的能源企业中，经历百年发展的壳牌已成为行业的标杆企业，其业务覆盖范围已经遍及90多个国家和地区，而员工总数更是超过9.3万人。这样庞大的员工队伍，这么多广泛分散在全球各地的人员，如何搞好人员管理成为壳牌人力资源管理中必须解决的难题。经过不断的探索与改进，目前，壳牌已经拥有了先进的人力资源管理系统，并建立起了全球的人力资源管理框架，这一系统为壳牌的发展和壳牌战略目标的实施，提供了大量优秀的人才。

第一节　壳牌人力资源体系的特点

一、壳牌人力资源管理概述

在壳牌的人力资源管理体系中，人力资源规划起着非常重要的作用。通过每年的人力资源规划，壳牌掌控了集团整体人力资源的实际情况和工作需要，并依此制定整体人力资源计划，明确职位配置、内部变动、培训与开发、薪酬、绩效管理、员工关系、组织发展与变革、文化与制度协调等方面的要求。通过相互配合、目标统一的工作安排，使壳牌人力资源管理的战略内容和完整的业务需求得以协调贯彻，并始终保持统一的原则。

在人力资源规划中，壳牌对不同的职位、职级设置了合理的职位阶梯，建立了完整的人才供应链，实施了系统的人力资源开发计划，并且与公司整体的人力资源规划相配合，每年都对员工未来的发展、提升做出细致的规划。

在所有职位当中，壳牌对关键性岗位的员工在包括胜任力、绩效和可接替性等方面实施了重点管理。同时，壳牌将具有发展潜力的员工列为重点培养对象，为其设置了专门的培训开发计划，以保证关键性人才的可持续性。

站在企业战略的角度审视，壳牌的人力资源管理是以整体组织的发展作为其最终目标的。因此，壳牌人力资源管理成为推动组织发展与变革的重要职能。在壳牌以往所进行的组织变革中，往往是由公司人力资源方面的主要领导担任主角，负责组织协调各方面人员组成工作团队开展工作。

站在日常工作的角度审视，壳牌人力资源管理积极关注外部环境与业务要求的发展变化，审查组织体系的合理性和有效性，及时完善公司组织的运作方式与状态，经过考核或审查，对于那些没有独立价值的职位，壳牌将在年度规划中将其调整或与其他职位合并。

站在组织与员工关系的角度审视，壳牌的整体组织状态与其员工管理效果有着密切的关系。由于企业与员工之间互相尊重、互相信任和互相支持，企业与员工之间一致的利益关系，再加上壳牌的目标、政策和主导文化真正做到了深入人心，使得壳牌的员工可以扮演好在组织中的角色，从而为打造优秀业务组织奠定了坚实的基础。

在实际当中，员工关系管理的具体内容往

往贯穿于其他工作当中，并不表现为独立的工作形式。在壳牌，这些工作与其薪酬福利政策、健康安全、员工发展、共同价值观的建立、沟通与深度对话、参与管理和对员工人权的维护等各个方面有着广泛而交叉的关系。

二、壳牌人力资源管理的四项原则

壳牌在人力资源管理与体系建设过程中，逐步总结并探索出其在人力资源管理中的四项原则，即人本原则、自主原则、成长原则和平衡原则。

人本原则就是以人为本的原则，它是壳牌人力资源管理的基本原则。壳牌提出的"创业树人"就是以人为本原则的体现。壳牌认为，只有尊重人、发展人，企业才能实现真正的可持续发展。

自主原则就是鼓励员工实施有效的自主管理，从而挖掘员工潜力，自动自发地为企业分忧。壳牌提出的"人人都是领导者（Everyone is a leader）"的口号，就是自主原则理念的体现。

成长原则就是鼓励员工不断学习，通过自我能力的不断提升，实现职业理想和生涯目标。

平衡原则就是寻求员工工作与生活的平衡，让员工充分地享受工作、享受生活。

这四项原则相互关联、相互包容，促进了壳牌人力资源管理的建设与发展。

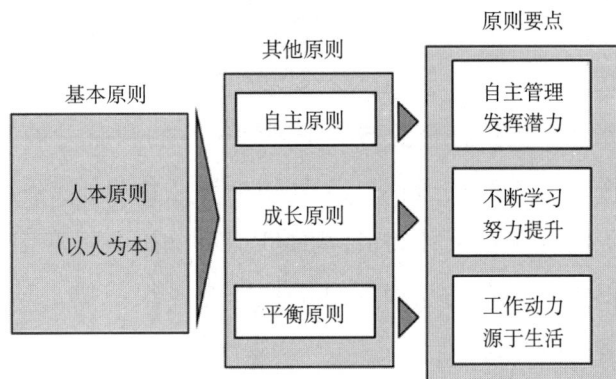

壳牌人力资源管理的四项原则

三、人本原则——和谐治企

壳牌认为，人力资源是企业最重要的资源，在企业所有的经营要素中，人力资源是企业经营与发展的根本要素。

人力资源属于企业的重要因素，对于企业获取竞争优势具有决定性的作用。随着竞争环境的变化，传统的竞争优势来源（如市场条件、财务资源、技术的获得）已经不能使一个企业具有特别的竞争力。相反，人力资源却以其内在的、不可模仿的和潜力巨大等优点，在新的市场竞争环境中占有特殊的优势。企业拥有了人才，实行有成效的人力资源管理，才可以使企业蓬勃发展，极大地提高企业的经营能力。

如今许多大型跨国公司，尤其是石油公司，在业务规模、业务认识、战略理念、资本能力、运营方式和研发基础条件等方面难分高下。能使这些公司具有差异性的，除了具体的业务决策，就是各企业人力资源的状况。

人力资源管理是企业提高执行能力的基础，不同的管理效果会产生结果各异的工作品质和工作效率，这些结果的直接表现就是在运营方面具有效能上的差异，进而形成经营发展上的差异。

基于对人力资源根本作用的认识，壳牌把员工的行为品质与行为方式（即"诚实、正直、尊重他人"）作为其经营观念中的核心价值观，这体现了壳牌将人力资源视为企业经营第一要素的思想，也就是"以人为本"。以人为本的理念并不是一种纯粹的人文关怀，而是在价值观引导下的一种科学的、系统的理念。以人为本的理念与企业的核心竞争力、企业文化及人力资源管理紧密联系，形成一种统一和完整的内容结构。

在壳牌的人力资源管理理念中，只要员工的行为与公司的价值观在原则上没有太大的冲突，那么公司对于员工的某些"边缘化"行为也可以采取宽容的态度对待。在这种宽容的管理思想下，壳牌始终相信和善待每一名员工，并鼓励员工进行创新型探索，以期在企业内部创造一个宽松和谐、充满创新精神的工作环境。

阿里·德赫斯（Arie de Geus），一位在壳牌工作了38年，同时也是"学习型组织"概念的重要创始人之一，他认为，能长期生存的公司都是宽容型公司，这些公司的特征为：公司管理者允许脱离常规的边缘事件的发生；允许员工在工作中某些疯狂之举……当然，阿里·德赫斯这种对宽容型管理理念的理解，主要是基于他在壳牌的工作体验，并不能完全代表"壳牌式宽容"，壳牌在宽容上的表现主要体现在如下几个方面：

相信员工：在壳牌，如果发生危及员工人身安全的事情，则以员工的人身安全为第一考虑要素，而把避免公司财产损失放到第二位。壳牌本着以人为本，宽容的原则，认为只要员工能够诚实地汇报事情过程，理由充分合理并且真实，那么公司就应该相信并善待员工，而不应该仅仅只以公司的利益为出发点。

善待离职员工：壳牌认为，人的能力是相对的，人才只有在合适的岗位才能发挥其最大的潜力和作用。有的员工在某一家公司可能无法将其聪明才智全部发挥出来，而到了另一家公司工作，他的能力可能就得到充分发挥。这从某种意义上来讲，它与员工的价值观和企业的工作环境是否吻合有很大的关系。

对道德错误"零容忍"：虽然壳牌在很多方面都对员工实施宽容型管理，但这种宽容是有底线的。这个底线就是所有的员工绝不能出现道德上的问题。壳牌这种对道德采取"零容忍"的态度，恰恰是许多企业所不具备的，往往很多企业迫于生存的压力，只关心员工是否作出了业绩，而对如何获取业绩的手段并不考虑。这也导致了一些曾经辉煌的企业往往在突飞猛进中突然陨落。

壳牌将这种以人为本、和谐治企的经营理念完整地贯穿于企业的整体运营当中。用壳牌自己的话来表述，那就是一个公司最大的优势是员工的能力。因此，在壳牌的战略规划和实施过程中，特别重视员工的作用。

同时，壳牌企业文化也具有多样性的包容，鼓励员工坦诚待人和尊重他人，使员工可以充分释放活力，其潜力也可得到最大程度的发挥，进而满足员工在生活上的追求，也满足企业追求的工作成效。可以说，壳牌的人力资源管理方式与企业文化保持了密切的一致性，它们统一于企业的价值观与核心竞争力战略之上。而这些统一的基础与总体背景，为壳牌的人力资源管理提供了适宜的环境与指引方向，成为壳牌人力资源管理取得预期成效的基本保障，同时也将人力资源管理作为一种企业战略而发挥作用。

四、自主原则——激发斗志

为了适应企业核心竞争力的需要，壳牌试图在人力资源管理上追求良好的人力资源状态，这就必须在企业目标与个人目标高度结合的框架内，充分挖掘企业成员的自主动力和内在潜质，而不是凭借外在的被动驱使，因为它只能保证工作按照标准完成，而无法提升工作效能。员工的自主性与其不断提升的绩效能力是保障企业业绩水平发展的基本前提，也是壳牌人力资源管理的重要目标。为了鼓励和培养员工的自主意识，壳牌提出"人人都是领导者"，鼓励员工自主管理，从而发挥更大的潜力。

壳牌认为，员工天赋各不相同，公司要把他们最好的一面发挥出来。因此，在每一位新员工进入公司的时候，公司都会协助新员工制定一份个人发展计划。该计划尊重员工的个人意愿，每年不断坚持执行。公司根据员工的个人发展计划为员工创造适当的机会，投入一定的资源，提供各种工作上的支持。同时，壳牌还吸引员工参与绩效管理，并且在某些专设绩效评选项目上，享有提名和评选的权利等等。

通过尊重员工，壳牌得以增进企业和员工的信任关系，并且使员工极大地提升了自主性，从而发挥最大的工作潜力。企业也可以打下与员工协作的基础。壳牌本着对员工尊重态度，为员工提供了各种便利的条件、发展的机遇和学习的平台，让壳牌的全球人才战略在全球各种复杂的环境中得以实施。

五、成长原则——不断提升

壳牌在鼓励员工提高自主性的同时，也不忘积极协助和辅导员工走向成功。公司将成功与不断学习的文化理念贯彻到人力资源管理中，作为人力资源管理的重要内容。

壳牌作为学习型组织的企业，深知学习的重要性，处处体现出"学习是第一竞争力"的理念。为了应付一个不断变化的世界，所有的员工都必须培养应变的能力，发展新技能，这些都只能通过学习来获得。而在学习方式上，壳牌也有着自己独特的方法。

（一）工作体验

工作体验是最有效的学习途径。在壳牌，企业内处处体现出学习型组织的氛围。人们的学习无处不在，很好地凸显出了壳牌提倡的"学无止境不断提高"的价值观。在良好的学习氛围熏陶下，大家都争先恐后地积极参与工作，因为他们认为参与工作是最有效的学习途径之一，也是最好的学习机会。通过工作实践，他们可以让自己更快地成长。

（二）交流分享

通过交流来分享知识和经验，是被壳牌所推崇的员工美德之一，也是个人的贡献之一。在壳牌，个人能力不仅要在会议上表现出来，更多的则是要在工作中体现出来。经过实践，员工认为学习和交流更加重要，而且向同事和上级学习要比课堂效果好。因此，壳牌对员工的培训就变成了现在的模式：来自于不同部门、不同背景、不同职位的员工坐在一起，由管理者及资深员工带领，针对一个问题或者一个项目，相互交流讨论问题，通过互动分享知识。这种方式，不但学习了知识，还增强了友谊，促进了团队合作。

（三）反思总结

总结也是提高学习效果的方式之一，在壳牌，许多员工无论工作多么繁忙，也都会坚持总结这一个良好习惯。在每天晚上，都会对当天的工作情况进行一次总结，并通过反思总结当天的工作和学习，写出体会。

壳牌始终要求员工不停地学习新的知识，培养员工终身学习的观念，加快知识更新，提高创新意识。

壳牌将成功与不断学习的文化理念贯彻到人力资源管理中，作为人力资源管理的重要内容，从而将员工的个人目标与公司的整体组织目标结合起来。

六、平衡原则——和谐统一

壳牌的人力资源管理特别强调员工工作与生活的平衡，为此推出了工作生活平衡原则。壳牌看来，生活追求与工作动力有着本质的联系，生活质量太低将使员工缺乏工作的动力。而员工的家庭是否和谐，通常会影响到员工在公司里的工作状态。因此，为了增强员工的家庭亲情，壳牌每年都会举办"壳牌员工家庭日"，通过各种活动来让员工家属亲眼目睹他们的家人在壳牌的工作和生活环境。这样既体现了公司对员工家属的人文关怀，也有利于促进员工家庭的和睦团结，从而有效地平衡了员工的工作和生活环境。

舒适的工作环境：壳牌办公室的设计，非常注重楼层的空间高度、灯光照明、室内温度以及良好的通风换气等因素。力求为员工提供一个舒适、整洁、漂亮的办公环境，从而能够让员工更加创造性的、积极有效的工作。

这一切都符合壳牌强调的对员工的责任，并尽最大的努力为员工提供良好工作环境以及具有竞争力的服务条件的经营宗旨。壳牌认为，为员工创造一个满意的工作环境，不仅能够提高他们的工作效率，而且还能使他们始终保持一种积极的工作状态。

良好的居住环境：为了使员工在上班之余有一个良好的居住环境，壳牌总会征求员工的意见。并根据员工的意见反馈，对不同档次的楼房进行统一装修，然后让员工根据自己的需求及支付能力自由选择。员工所住的房间均按照三星级标准配置家具和家用电器，并有专门的物业公司负责绿化及清洁等服务。公寓院内的其他娱乐设施也一应俱全，可以满足员工不同层次的需求。

壳牌公司通过各种方式来平衡员工的工作与生活，希望有助于在企业创建一个积极的、充满人文关怀的工作环境，也使员工的目标和公司的目标更有效地结合在一起。

第二节 壳牌的选人系统——招聘管理

一、招聘原则——量才适用，宁缺毋滥

人员招聘是壳牌非常重视的一项工作，招聘效果如何关系到企业能否招聘到在数量上和质量上都适应企业需求的人才，也关系到人力资源队伍的基本素质和起点状况。因此，壳牌在招聘中一方面积极发掘自己所需的人才，深入辨识招聘对象的价值潜力；另一方面对招聘标准严格要求，有时甚至会花费半年甚至一年的时间来完成一个岗位的招聘。各部门经理包括公司高层都会参与到选拔的过程中来，从大量的候选人中挑选为数不多的、有潜质的并与公司风格相配合的人员。

按照人力资源管理的工作结构，壳牌将招聘等人力资源管理的具体工作，合理地构建在以工作职位分析为基础，以人力资源规划为前提的体系之上，使得壳牌的招聘能够从根源上避免盲目性，进而通过合理的招聘规划与招聘方案组织，确保壳牌的招聘取得良好效果。

可能很多人认为，对于一个固定的职位，应聘者的能力越高，面试通过的机会就越大。事实上，这种观点在壳牌并不适用。因为壳牌

对人才的使用非常重视和谨慎，严格遵循"量才适用，宁缺毋滥"的原则。所谓量才适用，就是说这个岗位的员工，其能力要与岗位要求相匹配，以正好满足为原则。如果应聘者的能力太强或能力太弱，都将不会被壳牌录用。因为能力太弱的人显然不能胜任岗位，而能力太强的人则会造成人才的浪费，员工也不会安心工作。如果一个岗位出现空缺，暂时又找不到合适的人才，壳牌同样会坚持"宁缺毋滥"的原则，而不会随意安排人晋级顶岗。

壳牌在招聘时坚持以适合职位配置为准，既不会录用那些与职位要求不相干的人才，也不会录用能力超过职位要求的人才。例如，如果壳牌需要招聘一个初级会计职位，那么它不会去录用一个工作能力远远超出初级会计职位要求的应聘者，而是留下他的联系方式，以备将来出现高级会计职位空缺时联系。这既能避免人才浪费，也能保证录用者安心工作，更可以保证壳牌适当、协调的工作结构关系。

由于壳牌对人才的选择坚持这种"量才适用，宁缺毋滥"的原则，所以通常要对人才进行一轮一轮的"过涮"才能找到合适的人才，可见其对人才选择的严格要求。

二、招聘标准——以德为先，德才兼备

壳牌在全球推行宽容的、以人为本的人性化管理，通过宽容员工的边缘化行为来鼓励员工创新，但对员工违反职业道德的行为始终坚持"零容忍"的方式，并且不会做出任何让步。壳牌认为，一个人的技能低下，可以通过培训及训练进行提高，但如果一个人的道德品质出现问题，则是很难纠正的。因此，壳牌在用人的时候遵循的标准是以德为先、德才兼备。而这种标准也主要体现在以下几个方面：

学历不是任职的必要条件：在壳牌，文凭和学历就像"标签"，通常只是任职的参考条件之一，而不是必要条件。各种资格证书也是如此，只能起锦上添花的作用，而无法起决定作用。只要你的学历达到了岗位所要求的最低学历，那么无论你是哪个名牌大学毕业的，一旦进入公司，大家都在同一起跑线上公平竞争。公司主要看员工的实际工作表现、能力体现和所做的贡献，而不会只按照学历来选拔和培养人才。

把诚实作为职业道德标准：在壳牌的经营宗旨中，有这样一段对商业道德的描述，"公司在所有业务上均坚持诚实、正直和公平的原则，并期望在所有与公司有业务往来者的关系中体现同样的原则。"壳牌所有雇员在履行公司职责及从事私人经济活动时，必须避免两者之间产生利益冲突。为了贯彻公司的经营宗旨，避免利益冲突，塑造一流的国际化企业形象，在新员工报到时，公司都会发给他们一本员工手册。手册包括了商业道德规范及公司利益冲突等内容。为了让员工真正重视这些理念原则，公司还要对他们进行集中培训，详细讲解手册守则内容，使他们真正认识到道德规范的重要性和严肃性。

壳牌始终坚持认为诚实是一个人执行力的关键，诚实与否也是衡量一个人品质好坏的重要标志之一。因此，在壳牌，"德才兼备、以德为先"也一直作为公司内部所有员工以及对外服务时的严格标准，而且也正是因为公司对道德错误的"零容忍"，壳牌的员工在培训和工作一段时间后，都能意识到诚实的重要性。所以，在壳牌，员工不但普遍具有诚实做事的态度，而且彼此之间的人际关系也非常简单透明，没有一些企业所常见的钩心斗角、政治争斗。

三、招聘规划——细分渠道，周密计划

为保证结构化面试（Structure Interview）充分有效，壳牌对相关部门进行了明确的分工，并将工作内容进行了细化。在壳牌，往往是采取用人部门和人力资源部门联合面试的一种做法。在招聘过程中，部门之间合理分工，各部门的侧重点也有所差异。人力资源部门不是最终的决策部门，用人部门才有权最终决定是否录用应聘者。人力资源部门主要负责面试工作的组织、协调、支持、审核等工作，通过对应聘人员的个性、行为方式、激励点及潜能等因素进行评估，来确定对方是否符合公司的文化理念及特定品质的要求。用人部门会根据实际需要考核应聘者的业务能力、工作经历等来判断对方是否合格。

在明确部门分工之后，壳牌开始选择招聘渠道，制订计划并着手前期准备。

（一）壳牌的招聘渠道

壳牌的招聘可以分为社会招聘和面向大学毕业生的招聘。社会招聘往往具有明确的岗位针对性，而面对大学毕业生的招聘，则是为了定期补充新生力量，强化人才供应链的基础结构。

两者的招聘方式和内容也有所不同。一些拥有完备培养体系和管理秩序的大型企业，往往注重对毕业生的选聘，虽然他们缺乏实际工作经验，但可以按照企业的岗位要求和职业路线来培养新人。壳牌以人力资源开发而闻名，当然会更加注重对毕业生的招聘，而其对毕业生的实际录用也占了很大的比重。

对于日常出现的职位空缺，壳牌会先考虑从内部选拔。壳牌倾向于从内部把员工培养成高级管理人员，以前壳牌的管理层百分之八十都是从内部选拔的。而现在，随着经营环境的改变，受国际化的影响，壳牌也开始从外界直接引进优秀人才。

（二）壳牌招聘的计划与准备

壳牌在整体人力资源规划的框架内，针对职位配置需求和其他的人才供应链计划，首先进行周密细致的全年招聘规划。在整体招聘内容和框架规划完成后，壳牌的招聘开始进入准备阶段。在这一阶段，壳牌主要做好以下几个方面的工作：

（1）收集关于招聘职位的必要信息。只有在充分了解职位的特点、工作性质以及任职要求等信息的基础上，招聘才能做到有的放矢。

（2）确定招聘的目标群体。针对不同的职位需求，选择合适的目标群体。

（3）确认招聘信息发布的方式。选择最有效的、最吸引人的广告信息刊登方式。

（4）采用合理有效的招聘、甄选手段。准确运用有效的面试方法和工具测试应试者的能力，以便聘用最优秀、最合适的员工。

在这些准备工作做好之后，壳牌会制定非常详细的招聘执行计划。

四、招聘流程——合理分工，科学聘用

壳牌的招聘流程设计的特点是，分工合理，环环紧扣，注重细节，最终为科学聘用人才奠定了基础。其中，壳牌的校园招聘流程最为经典。

（一）壳牌校园招聘整体流程

壳牌非常重视高校毕业生的人才选拔与储备，为此，壳牌制定了非常系统的流程以及详细的招聘规划。

壳牌的毕业生员工招聘流程分为七个步骤，

具体见壳牌毕业生员工招聘流程安排图。

　　壳牌在每年年初开始确定招聘目标，在高校放暑假时开始制定招聘计划，在十一月份举行校园招聘会并收取筛选申请表，一个月后对初步筛选出的应聘者进行结构化面试，并且提交评价中心（Assessment Center），次年一月确认聘用。

壳牌毕业生员工招聘流程安排

毕业生员工招聘流程安排	时间段	主要内容
确定招聘目标	2月	依据公司的人力资源规划进行职位配置需求分析，确定目标职位的相关信息如职位说明书等作为招聘依据
制定招聘计划	7月、8月	人力资源部与各部门协调确定招聘的人数、职位以及确定地点、时间、招聘人员、资料准备等具体的安排
校园宣讲会	11月	选择知名的高等院校开展宣传会，扩大公司的影响力，吸引优秀的毕业生在网中的建立中用系统的筛选软件选出符合条件的简历
收取、筛选申请表	11月	
结构化面试（或电话面试）	12月	进一步确认应聘者的个人信息，并考察具看待问题的广度，深度（分析力），确定是否推荐到评价中心
评价中心（或实习生计划）	12月	为期一天（壳牌招聘日）或五天（哥拉美商业挑战）的多方位测试将综合考察应聘者的CAR领导潜质。（毕业生也可申请为期八周的实习生计划）
聘用确认	次年1月	向受聘者及时反馈聘用通知，争取人才

（二）壳牌校园招聘核心四连环

　　壳牌对毕业生员工的招聘主要分为四个环节（具体见招聘流程的四连环图），环环相扣，严格把关，有效地保证了招募到优秀的具有领导潜质的毕业生员工。其中招聘渠道是保证，

简历初筛是基础，结构面试是门槛，评价中心是关键。

　　第一个环节是校园宣讲会（Career Talk）。每年壳牌公司都要在世界各地的知名学府召开校园宣讲会，通过印发精美的宣传手册、在职员工的现身说法、高层经理的激扬演说等向毕业生们介绍壳牌公司、招聘计划、应聘须知等，吸引了大量优秀毕业生的眼球。这样做不仅招揽了众多优秀的毕业生，也显著地扩大了壳牌公司在高校的知名度和影响力，深刻影响着潜在的客户群。

　　第二个环节是初步筛选毕业生申请表（E-assessment）。壳牌的申请表格针对CAR潜质进行科学的设计，尤其突出申请者在关键领域的能力和特长。通过教育背景中的毕业院校、学业成绩、社团活动中的职务、职责等项目考察毕业生在校期间的学业水平和其他实践活动，以初步选出潜质较高的人群。特别是申请表中的5个一般性问题专门针对成就力、分析力、关系力而设计，重点突出，有效地界定了应聘者的相关素质。

　　此外，壳牌还采用系统的筛选软件，对申请表中的学历、院校、成绩、活动等进行加权测算以迅速地选出合适的毕业生。应聘者在完成在线申请表后需要提交个人完整的简历，并完成两份问卷：一份有助于申请者对工作的深入了解，另一份会评估申请人的个性风格和资质。

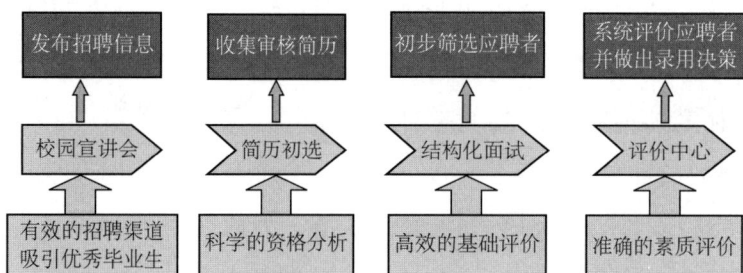

招聘流程的四连环

发布招聘信息	收集审核简历	初步筛选应聘者	系统评价应聘者并做出录用决策
校园宣讲会	简历初选	结构化面试	评价中心
有效的招聘渠道吸引优秀毕业生	科学的资格分析	高效的基础评价	准确的素质评价

招聘流程的四连环

第三个环节是30至40分钟的结构化面试（Structure Interview）或15至20分钟的电话面试（Telephone Interview）。在结构化面试中，2至3名考官将对应聘者的个人资料、教育背景、职业目标、已有成就、社会活动经历等进行确认了解，然后会就预先确定的几方面问题进行提问，如交通问题、信息技术发展和大学在社会中的作用角色等现实问题，并不断追问，做详细的记录，并依据应聘者回答的深度、广度，参照答案的对应分析表给予评分。

电话面试中，考官在要求应聘者自我介绍后，就一些开放性的社会现实问题提问，并相应地给予评分。这一环节主要是考察应聘者看待问题的广阔视角、思维的逻辑性、分析解决问题的综合能力，更侧重于"三力"中的分析力。最后，公司依据应聘者的综合排序决定是否将其推荐至评价中心。

第四个环节是在评价中心（Assessment Center）进行综合的领导力测试，即为期一天的壳牌招聘日（Shell Recruitment Day）或为期五天的哥拉美商业挑战（The Gourami Business Challenge）。

壳牌招聘日的内容包括：公文处理演练（处理成批的业务公文）、选题陈述（就一个议题作一个陈述并接受质询）、小组讨论（由应聘者独立探讨一个商业议题）、结构化面试等。

测试的结果交由公司最资深的经理进行评估。评价中心着重考察的主要是三个方面："从混乱中实现有序"的分析力，"设法完成工作"的成就力，以及能够"团结各方面力量"的关系力，即综合考察应聘者的领导潜质。

哥拉美商业挑战中的哥拉美是一个在印度洋边上的虚构国家，是壳牌国际商业竞争的一个焦点。应聘者在哥拉美通过参与团队合作来开发一个五年期的商业计划。通过这项活动，一方面应聘者将获得对壳牌全球运营和跨文化管理的深刻理解，另一方面也有助于壳牌公司对应聘者的领导潜质进行更进一步的考察。

另外，在第四环节中，应聘者还可选择参与为期8周或更长时间的实习生计划（The Intership）。通过实习生计划，毕业生可以在较长的时间内向壳牌公司展示和证明他的能力，并获得在壳牌工作的直接经验，而且还有机会参加一系列的商业项目。同时，毕业生能直接获得对于工作的细节反馈，这对他未来的职业发展将十分有益。

五、入职渠道——三条路径，广纳人才

壳牌毕业生员工可通过三种不同的路径获得加盟壳牌的机会。当然，不同的路径会给应聘者带来不同的体验，而同样的是它们都需要经历一番严峻的考验。

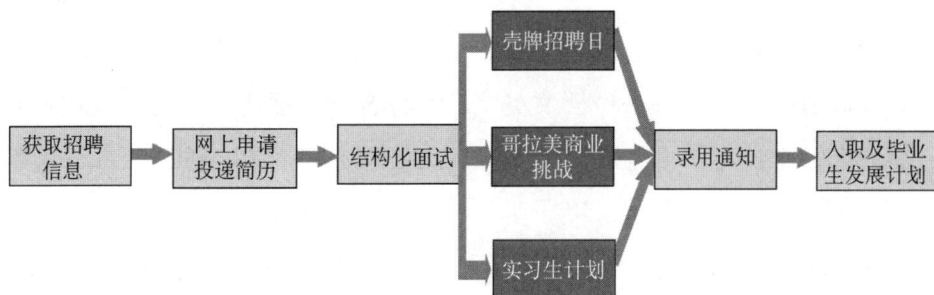

壳牌毕业生员工的三条应聘路径

（一）壳牌招聘日

壳牌招聘日评价测试是最为常用的招聘方式，其具体流程见壳牌招聘日一览表。

通过结构化面试筛选的应聘者将受邀去当地的饭店、风景区或乡村俱乐部参加为期一天的评价中心面试，即壳牌招聘日。面试评审团的4名成员包括人力资源部经理、专员和公司

壳牌招聘日（Shell Recruitment Day：SRD）一览表

面试环节	考察流程	考评人员	考察的素质指标	考察资料
公文处理演练	应聘者：1~1.5小时浏览资料准备公文理报告，5分钟向考官陈述，20分钟回答提问	2名考官作为角色参与者向应聘者提问 2名观察记录者	分析力（快速分析、判断力、不确定性下的管理）、成就力（克服困难完成任务）	关于某公司的背景资料及相关20余份公文，如某国的一家石油公司的资料
商业背景面试（申请商业管理职位者）	应聘者：从4个选题中任选1个，15分钟进行选题准备，20分钟与考官进行讨论，20分钟列举团队合作、学习新技能的实例	2名考官与应聘者讨论并提问	基于分析力的演说表达能力	4个选题，例如如何加强企业与大学间的合作、如何在公司实现劳动力的机会平等、大众传媒对社会的影响
技术陈述、技术面试（申请技术职位者）	应聘者：15分钟的陈述（描述），30分钟的深入讨论或面试	2名考官与应聘者讨论并提问	基于分析力的演说表达能力，研究能力和技术创新能力，即技术力（针对技术人员）	应聘者的学术研究或工作经历方面的技术成果的陈述；依据所参加的两个项目涉及技术方面的经历准备的简短描述
与考官共进午餐	与评价中心的考官等就餐45分钟	所有考官都是参与观察者	社交礼仪、餐桌礼节、沟通能力等社交关系力	
小组讨论	应聘者4~7人一组20分钟就各自的资料进行单独准备，40分钟的集体讨论（15分钟自陈+25分钟集体决议论），20分钟的答记者问	2名考官在面试室的角落进行观察记录 2名考官参与记者招待会	分析力（创造力、巧妙解决问题的能力）关系力（团队协作能力、冲突调和能力）	关于某项议题的背景资料，如要在一个国家建造一个沥青加工供应厂，应聘者有各自的可能建造沥青厂的场所的各种资料内容涉及对自身在评价中心表现的感受、成就动机、现代的理论问题
结构化面试	应聘者30分钟回答问题	1名考官提问 1名观察记录者	进一步考察分析力、成就力	
鸡尾酒会	8~12名应聘者参加2~3小的的酒会	所有考官都是参与观察者	与人沟通、展现自我的关系力	

的部门高级经理。面试流程大致分为六个环节。

1.公文处理演练（或称案例研究 Case Study）

要求应聘者扮演公司中的一个角色，用1小时或1.5小时（母语不是英语的应聘者）浏览20到25份文件约30多页的资料以准备一份公文处理报告，资料包括涉及国家、公司、部门、员工的背景材料和各种各样的会议记录、电子邮件和公司来函，内容涉及研发、销售、财务、管理等诸方面。

其间有3至4个考官参与，有1个参与角色

扮演，其他人将在旁边观察记录。应聘者用1小时准备好一份公文处理报告后向2位考官作5分钟的报告陈述，阐明公司目前面临的问题和可能采取的应对措施，以及这种情况对公司的短期、中期、长期的战略方向的潜在影响。然后应聘者将接受考官20分钟的提问，回答自己如此处理文件和提出相应方案的理由，并在更广泛的范围进行探讨。

这是一项对应聘者提出很高要求的综合性测试，主要考察应聘者在新的或不熟悉的环境下如何背负压力进行工作，如何迅速处理问题、

做出决策，侧重于了解应聘者是否具备一个优秀管理者的分析力、成就力等潜质。

2. 商业情景面试（Business Scenario Interview）/技术陈述（Technical Presentation）/技术面试（Technical Interview）

该部分的面试环节主要针对三类不同的应聘者：申请商业管理职位的应聘者将参加商业情景面试，申请技术岗位并拥有博士学位或有独立领导创新性研究经历的应聘者将参加技术陈述面试，如果申请技术岗位但没有博士学位或相应经历的应聘者将参加技术面试。

商业情景面试：这部分面试分为两个环节，第一个环节中申请商业管理职位的应聘者将从四个备选的商业议题中选择一个，用15分钟分析思考可能的解决方案，之后将与2名考官进行关于行动建议、行动方案、支持方案实现的能力等内容的讨论。第二个环节中应聘者在20分钟内，要列举实际的例子说明他是如何参与团队合作的，并且如何学习和开发一项新的技能。在该环节中，考官看重的是应聘者对问题的分析驾驭能力和陈述能力。

技术陈述：在参加壳牌招聘日前，应聘者需要准备一个15分钟的陈述，内容涉及应聘者的学术研究或工作经历方面的技术成果，并与主考官展开讨论。该环节主要考察应聘者的研究能力和技术创新能力。

技术面试：参加壳牌招聘日前，应聘者将针对自己参加过的两个项目中涉及技术方面的经历作一个简短的描述，并与主考官展开讨论。主要是考察应聘者是否具备其所申请职位所要求的技术能力。

3. 与考官共进午餐

通过一顿轻松自由的午餐，观察应聘者用餐时的举止以及在餐桌上交谈的礼节，考察其社交关系力。

4. 小组讨论（Group Discussion）

4至7名应聘者将被分到一组，应聘者将以某社团组织的代表身份去参加壳牌的项目评审会议，对壳牌如何合理地投资项目及选择厂址等议题提出建议。

首先，应聘者针对特定议题各自单独准备20分钟，然后与小组的其他成员初次碰面，通过集体讨论后，决定哪项方案将提交到评审会议。之后参加25至30分钟的项目评审会议，对如何分配项目投资基金等议题达成共识，并向壳牌的代表提交建议书。最后应聘者还将参加一个模拟的记者招待会，就建议书的内容回答记者的提问。其间有2名考官在角落里进行观察和记录。

讨论话题一般是对社会项目的资金分配、建设炼油厂或加油站选址等案例，应聘者被要求集体合作确认影响任务完成的关键因素并提出实施方案。综合考察了应聘者的分析力、判断力、创造力、团队协作能力、冲突调和能力、逻辑思维能力、巧妙解决问题的能力。

5. 结构化面试

和初试中的结构化面试形式基本一样。主要针对当天的经历、自身表现情况、及应聘者的成就动机和事业目标展开探讨。主要考察了应聘者的成就力和分析力。

6. 鸡尾酒会（Cocktail Party）

在评价中心的最后阶段，评价中心的考官和其他高级经理人员会和应聘者一起参加鸡尾酒会。酒会上，公司员工与应聘者自由交谈以加深了解。酒会后高级经理人将根据自己的观察和判断来推荐合适的候选人。这再次考察了应聘者的展现自我、与人沟通的关系力。（某些地区面试没有这一环节）。

在招聘日结束时，应聘者还被要求填写应聘反馈表，对壳牌公司的评价中心的流程提出意见和建议，以使评价中心的整个考察流程更加科学合理和人性化。经过层层选拔，过关斩将，在数千名应聘者中脱颖而出的毕业生们只需静候壳牌的录用通知了。

（二）哥拉美商业挑战

经过结构化面试筛选的应聘者也可以申请参加为期五天的哥拉美商业挑战。

该计划是壳牌公司为了争夺优秀的大学毕业生而开发的一个重要的招聘工具，一方面它提供了一个理想的机会使毕业生对壳牌这样的大型跨国能源企业的运作方式有深入的了解，并领略到与壳牌公司员工合作的真实体验；另一方面通过让毕业生亲自应对陌生的国际性商业运作中的棘手问题，并在巨大的压力下设计出可行的商业计划，充分地展现了不同的参与者在商业、技术、法律等领域的才能与潜质，从而为壳牌公司挖掘最具潜力的毕业生。

壳牌公司为哥拉美这个虚拟的国家设计了完整而详细的政治、地理和社会历史背景，并在案例中融入了全球性能源公司运作中包含的商业运营、人力资源和法律等各方面内容。来自不同国家的40名工程、金融、法律、人力资源和市场营销等专业的应届大学毕业生将被邀请到某地

的酒店或别墅中，在这个被假想为哥拉美的领地上，在5天内争分夺秒地设计一个5年计划，这个计划要利用这个位于印度洋边上的伊斯兰教小国的海洋石油资源，进行钻探、提炼和营销。学生们会被分成五组，每组负责一个特别项目，其中包括管理海上石油天然气资源、发现油气资源、为炼油厂制定策略，以及制定产品营销和供应计划。每项单独计划都必须服从于整个长期而连贯的商业战略。在此过程中学生们还会遇到伦理道德困境、政治敏感问题和工程难题。在巨大的压力下，他们要以专业的水准进行高强度地工作，制定出符合环境标准的、合乎政治体制的、对社会负责任的计划。

第六天的早上，是挑战的高潮部分，每一组的毕业生都试图把他们的计划推销给三个头脑精明的投资者，以获取上千万美元的投资基金，这些计划中包括如何买下哥拉美一家竞争对手石油公司的经营权、增加当地分公司的加油站的数目，以及出重金投资新的炼油技术等方案。而三名投资者则由来自壳牌能源集团的高级经理扮演。

整个过程中，壳牌通过结构化的评估系统，对毕业生在哥拉美商业挑战中的表现和成长进行有效地评估，并为其提供详细的、系统的反馈以帮助毕业生进一步开发其知识和技能。

在商业挑战的最后阶段，如果毕业生在分

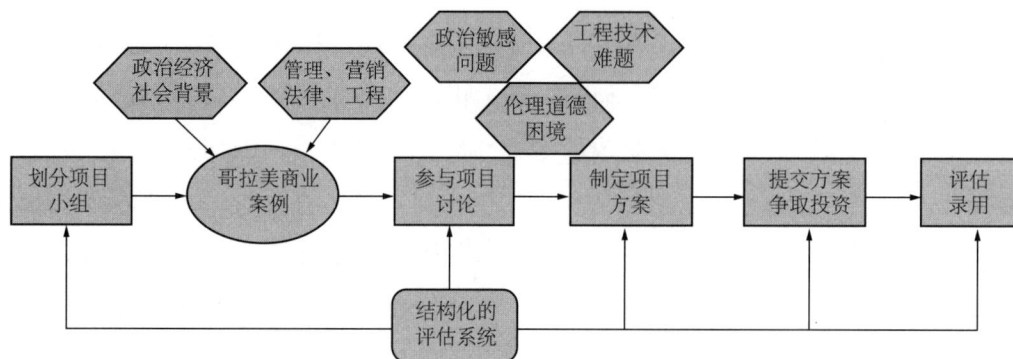

哥拉美商业挑战的主要环节

析力、成就力和关系力等特质上表现出色，那么他就有可能获得在壳牌全职工作的机会。

哥拉美商业挑战充分地体现了壳牌招聘手段的竞争力。一方面，这项挑战可以节约25%的本科生人均招聘费用，另一方面，在理工科本科生数量持续减少的情况下，它使壳牌在争夺优秀理工科毕业生的竞争中占据明显优势。毕业生在这项挑战中也获益匪浅。首先通过哥拉美的真实挑战，毕业生能够在小组中与不同专业背景的人共事，进行团队合作，从而深刻地认识到其他不同专业技能人才的价值，这种经历对大多数参加挑战的毕业生来说，都是最大的收获；此外在哥拉美挑战中，毕业生们会遇到伦理道德的困境、政治敏感问题和工程难题，而在处理这些难题的过程中，他们可以深入地体验到壳牌的企业文化和集团的商业原则，从而对他们能否认同壳牌公司的价值观以及未来在壳牌的职业发展有较清楚的认识。由此可见，哥拉美商业挑战这种招聘评价模式所具有的巨大优势，它不仅有效地降低了招聘成本，而且能够从专业技能、团队合作到价值观认同等多个角度对应聘者进行深入的考察，从而保证其可以招到最合适的最具潜质的毕业生，保证了招聘的成功率。

（三）实习生计划

经过结构化面试筛选的应聘者还可以申请参加为期八周甚至更长时间的实习生计划。壳牌公司一般会为实习生提供在其学习或居住地方的实习机会，也会为特别优秀的学生提供跨国的实习机会。对商业实习生，壳牌公司会要求其展现出在分析力、成就力和关系力方面的潜质，而对技术实习生还特别要求了技术力，即充满激情地面对技术挑战并成功地认识和解决技术难题的能力。

壳牌公司特别设计的实习生计划可以为实习生提供诸多机会：从内部切实地了解能源企业的运作，参加现实、生动、有趣的项目，通过应对现实的商业挑战来检验自己的能力，认识了解在壳牌工作的员工和其他学生，发现自己是否确实喜欢在壳牌的工作，了解自己的长期工作的绩效，积累有价值的工作经验、技能和知识来打下坚实的工作基础。

实习生计划在为学生提供持续的绩效反馈和评估的同时，也有助于壳牌发现该实习生是不是壳牌需要的人才，这是一个双向选择的过程。在实习的最后阶段，假如实习生的行为和绩效表现符合壳牌的要求，那么就有可能在毕业的时候获得在壳牌的全职工作机会。

以上是壳牌公司招聘毕业生员工的三条路径，优秀的毕业生可以通过任一路径获得在壳牌的全职工作机会，而不同的路径给毕业生带来的是多元化的选择、全新的工作体验。这几种方式都通过分析力、成就力、关系力、技术力（特别针对勘探、化学工程等技术人

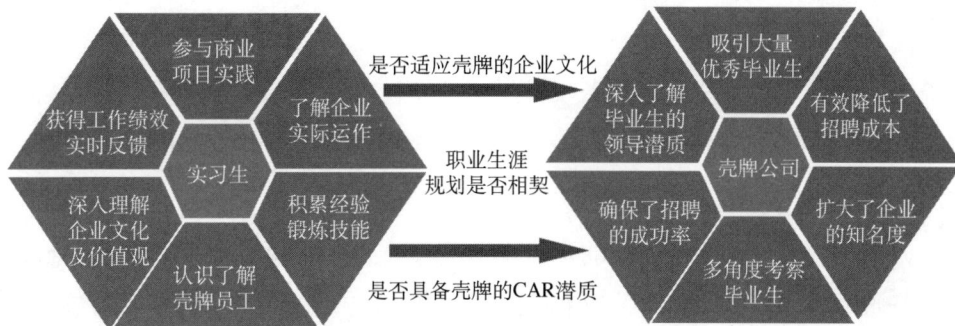

实习生计划的多种机会与重要作用

员）等维度，在知识技能水平、团队协作能力、价值理念认同等层次对毕业生进行综合考察。从而有效地保证了招聘到最具领导潜质的毕业生。

六、聘后管理——规划发展，关注成长

确认聘用并不意味着人才选拔的结束，针对初入公司的毕业生，壳牌提出了三年期的"毕业生发展计划"，旨在使一名潜质优秀的毕业生成长为一名优秀的管理者。毕业生在进入公司后的前三年里，公司会采取措施帮助其加快发展，达到主管的水平。壳牌公司会制订有针对性的培训计划，营造氛围，提倡自觉学习，通过实际工作来培养人。这个发展计划主要包括以下几方面：

工作轮换：在毕业生发展计划里，公司鼓励将个人发展与公司需要相结合，提供给毕业生一系列的职位锻炼机会，以使其积累多方面的工作经验；

监督指导：上级主管会为毕业生制定技能提高的目标，并进行督促指导；

在职教育：公司注重员工的在职教育，积极提供相应的培训、跨部门项目合作等机会；

考核计划：毕业生刚入公司第一年每季度考核一次，第二、三年每半年考核一次，之后和其他员工一样每年考核一次；

薪酬体系：纳入毕业生发展计划的员工薪资增速会比其他员工快，但是参与这个计划的人员并非只进不出，如果考核达不到标准，就可能被排斥在计划之外；

学习援助支持：在员工发展遇到困难需要帮助的时候，如攻读 CPA，可向公司申请资助和时间。

壳牌对招聘过程的管理不只是在面试录用阶段，还将入职培训和试用期管理、后续发展等过程纳入到整体管理之中。因此，壳牌将应聘分为了三个阶段，即招聘符合岗位能力素质要求的人，培训应聘者熟练掌握工作内容，考察应聘者是否可以通过熟悉工作快速掌握特殊知识技能，这样可以使企业在招聘时更加具有针对性，对应聘者有更充分的选择。壳牌在员工入职两年后，会根据其行为表现进行潜质评价，事实上这也是在职业定位上对招聘考察的一种后续和延伸。

第三节　壳牌的育人系统——培训管理

一、完整有效——壳牌的培训体系

壳牌高度重视对人力资本的投入，它每年都要投入大量资金培养员工，坚持以员工发展为导向。壳牌认为，只有员工发展了，企业才能发展，越是加大员工的培训，员工的忠诚度就越高。因此，壳牌每年都会根据员工的职业生涯规划设计、开展有针对性的培训，以帮助员工成长。

作为"学习型组织（Learning Organization）"这一概念的发源地，壳牌常规的培训和学习广泛贯穿于日常工作的整个过程，其形式包括互动式培训、研讨分析和各种形式的体验训练等，内容不仅包括业务技能，还包括工作思维方式、同事关系、人际社会能力、个人管理和发展。所有这些培训建立在清晰的培训需求、培训目

标以及合理的培训计划安排基础上，通过这种完备的培训体系和明确服务于培训目标的培训管理，来保证培训的针对性和实际效果。

壳牌对员工的培训内容通常分为职业基本培训和专业技能培训。职业基本培训是针对所有员工而言的，包括企业文化及理念、职业道德、公司政策及制度、公司福利政策的讲解问答、英语能力、问题解决系统方法、沟通技巧、健康/安全/环保（HSE）等内容；专业技能的培训主要根据每个专业的不同特点来培训员工，包括法律法规、商业竞争法规、计算机、GSAP（ERP的一种）、系统仿真操作等专业内容。壳牌在培训安排上除了常规的工作培训，对于员工晋升和转岗，都要根据新的工作要求安排专门的培训计划。

除了日常工作过程中的培训，壳牌每年都安排一定次数的集中培训。这种集中培训针对不同培训者的培养需要，采取在各自公司内部集中培训和将员工送往国外其他集团相关单位培训两种方式。被送往国外进行培训的员工，需要在短短的几个月内，通过参与项目小组，与不同国籍的员工一同工作、交流和相互学习，从而拓展自己的知识面，提高自己的工作技能，使自己的工作能力达到国际化的职业水准；公司内部的集中培训则通常聘请在全球各地的资深专家和全球著名的培训机构来公司对员工进行集中封闭式培训。

此外，壳牌还根据员工的公共需求和个人发展计划的需求来安排相应的培训计划。系统问题解决办法（CFA′Case For Action）培训是壳牌特有的培训内容之一，壳牌要求世界各地的员工都要进行这一培训。它包括规划与组织能力、时间管理、解决问题与对策、沟通技能、谈判技能、团队合作、授权技能、指导技能等

方面的内容。通过这种公共培训，壳牌在提高员工解决问题能力的同时，也使那些具有不同文化背景和工作经历的人们通过掌握和运用共同的工作方法，表现出壳牌统一的企业文化和职业化的工作风格。

据统计，壳牌每年平均花费在每一名员工身上的培训费用要达到2400美元。上世纪90年代初，壳牌与哥伦比亚大学合作，建立了壳牌商学院。此外，壳牌还组建了壳牌学习中心。由于壳牌组织体系庞大、分布广泛，因此建立了网上"壳牌大学"。在有大型生产基地的地方，壳牌都会建有培训中心。

二、注重个体——壳牌的员工个人发展计划

除了一整套完善有效的培训体系外，壳牌人力资源开发最具特色的是其实行的员工个人发展计划（PDP′Personal Development Planning），事实上，它也构成了壳牌人力资源开发最基本的核心，以所有员工的个人发展计划为基础，壳牌的人力资源开发及其管理工作都在这一主线下展开进行。

所谓个人发展计划是指结合员工岗位需要及个人发展意向，双方经沟通达成的促使员工自身素质、技能提高的发展计划，包括参加培训、特别指导、指派特别项目、岗位轮换等。壳牌公司的人力资源部门会组织每个加入壳牌的员工以其所在职位为基础，在公司的职位规划和职业发展阶梯背景下，根据个人意愿由本人与其直接上级或更高的直线上级一起，制定一份滚动的个人发展计划。其中的内容首先是根据自身的职位，确定个人在团队中的绩效努力方向和阶段目标，然后是个人希望获得哪些方面的进步和未来发展，最后是行动要点，列

出实现个人发展的具体步骤。公司会根据员工个人发展计划，安排辅导和培训新员工、为员工提供适当的机会，安排他们参加一些特殊的工作安排以得到锻炼。在员工的个人发展计划需要公司的特别帮助时（如参加某种注册职业资格学习）可以向公司申请费用。

壳牌的人力资源总体规划和人才供应链培养是比较完全的，在员工个人发展计划当中，上级要担当教练的角色，为员工制定能力提高的目标并督促和指导，它是上级管理者工作绩效的一个重要内容。壳牌每一个员工的绩效考核，都要包含个人发展情况，而在主管和经理们的绩效考核上有一个特别项目，就是把经理对下属能力的培养作为一项考核标准。壳牌主张"授人以渔"，而不是"授人以鱼"。

在进入壳牌的头三年，公司会帮助新员工加速发展。除了上级的辅导，公司还指派资深员工作为新员工的导师。员工与导师的沟通方式由员工和导师共同来决定，导师并不会给员工作业绩评定，因为专业技能会由员工的直接上级培训辅导，导师的主要任务是拓展员工的视野，给予更多其他个人发展方面的指导，如管理经验的分享，处理工作和生活平衡等等。导师都是自愿的，他们可能来自跨部门，甚至是其他领域资深的经理人员。对他们来说，与新员工进行沟通可以提升自己的领导力，发展自己培养员工的能力。

管理层人员每年在制定员工的个人发展计划时都要组织公司的领导层和人力资源经理共同研究，针对整个团队及每个员工的发展需求，制定有针对性的计划，通过选送培训、指派导师或伙伴、分派特定的业务或项目工作、去海外参加工作坊或派驻海外的集团公司工作等等多种渠道，为员工创造学习和职业提升的机会。

壳牌公司在实行员工个人发展计划的具体过程中，主要采取以下几种途径或方法，从而使得这项计划更加有效合理：

HR指定核心与管理职能。负责规划PDP的HR人员，针对年度发展的职能项目设定"PDP样板"，在样板中可挑选课程单、选定对象，最后通过系统排程自动汇入学习者的个人PDP中。针对共同属性的学习者可免重复设定。

新人快速上线。新人训练流程与HR指定年度课程流程类似，只是增加到职日及设定训练期限的字段。新人PDP执行完成后，会直接进入"期末检讨阶段"，确实掌握新人务必于新训期间内完成的所有学习内容，让单位主管及HR人员实时了解培训的状况及落实程度。

强化专业职能。单位主管除了肩负达成单位目标外，同时身为训练发展的主要推手，如何协助主管在蜡烛两头烧的情况下完成所有重要事务，相信是大部分HR人员与单位主管共同的想法及愿望。基于上述背景，所以单位训练发展不但须强调系统化、自动化的功能，最重要的是"分工"——透过系统流程的辅助，将部分工作分担给部门窗口或秘书来执行。

三、挖掘潜能——倡导"人人都是领导者"

"人人都是领导者（Everyone is a leader）"，这是荷兰皇家壳牌集团全方位员工"价值定位"的人力资源管理核心和企业文化要素之一，每个壳牌人都乐于说这句话。它也是沃顿商学院领导力和变革管理研究中心主任尤西姆对领导力的主要论述。他说："每个人都能在各自的层面发挥领导作用；领导力与职位高低无关。"战略咨询专家麦肯锡也认为，组织成功的根本要素就是让员工在公司各个层次成为领导者，即使他一个下属都没有。

因此，壳牌对公司的员工在普遍能力的要求上，还非常重视员工的领导力潜质以及对这种品质的引导和开发，把它当做员工职业发展一种公共的素质基础。这有两方面的目的，一方面即所谓"发现未来的领导者"，从整个人才供应链的角度，大范围发现和培养将来能够在各层面发挥主导作用的重点人员，增加人才供应链的明确性，缩短成长环节；另一方面，壳牌在工作中提倡"人人都是领导者"的理念，即通过个人的领导品质，提高各个职位的分析、自我成就能力和组织协作性，借此带来整个组织工作思维和执行能力的本质性提升。

事实上壳牌所倡导的领导力，并不完全意味着从正式组织关系上进行领导。在它看来，能够自主管理、懂得寻找和善用资源、并积极影响他人，就是领导力的基本品质。领导力培养是壳牌人力资源开发的一个重要特色，对壳牌同样起到了非常重要的作用，如果说多元化保证了每一个员工的潜能都能得到发挥的话，那么领导力的培养则是将这些员工打造成更加出类拔萃的力量。

壳牌一个全球性的人力资源目标就是在每一个市场争取实现所有职位的本地化，而这也是壳牌在中国人力资源战略目标中举足轻重的一步。为了配合公司的人力资源总体规划和人才供应链培养，壳牌每年都会对员工下一年的发展提升做出规划，最近两三年的短期目标是什么，十年的长远目标是什么。用这样的方式来培养员工自身的领导力，而这种领导力与员工本身职位的高低没有什么太大的关系，只是通过自己的一言一行来影响身边的人。

对壳牌的员工而言，领导力就是能够善于利用外在环境提供的各种资源，帮助自己或是身边人成长的一种表现。也可以说，壳牌提倡的这种"人人都是领导者"，在根本上并不是要求员工单独成长，很重要的一点也是寻找资源和影响他人的能力；不仅仅需要影响身边的人，也要获得其他部门同事的协作，从而能够更加快速、有效地推动工作的进展。

也正是壳牌的这种"人人都是领导者"的理念，使得壳牌在招聘过程中把注重人才的潜质作为选人的第一标准。尤其是对那些刚刚从大学毕业的毕业生及年轻的应聘者来说，由于他们应聘的多是一些低层次的初级岗位，因此公司并不看重他们的专业，而是看重他们的管理潜能及领导潜能。壳牌这种对新人的招聘，主要并不是看重现在，而是着眼于未来。壳牌希望能够在较短的时间里面把员工培养成一名优秀的管理者，而并不仅仅是一名只会具体操作的普通员工。虽然壳牌的这种招聘人才标准并不能让所有进入公司的员工最后都能够成为管理者，但这种"发现未来的领导者"的做法，却为公司招聘了大量有上进心、奋斗心，并且在危难时刻真正能够独当一面、独立解决问题的优秀员工。

第四节　壳牌的用人系统——绩效管理

一、员工能力评估模型——胜任力模型

壳牌根据不同的发展阶段和不同的任务需求，把所需的人才分为四种类型：企业家型人才、职业经理人、专业技术人员及基层操作型人员。企业家型人才要敢于超越自己的资源去开拓事业；职业经理人则要尽己所能充分利用现有资源，最大限度地整合资源，以便实现工作目标；专业技术人员包括工程技术人员、管理人员、执行人员等；基层操作人员包括一线操作工和辅助人员等。根据人员的类别、各个层次职位的需求和公司在公共方向上的要求，壳牌对所有职位都创建了素质模型。这些模型一方面反映了不同职位的能力素质需求，一方面也体现了壳牌统一的风格与特色。

壳牌的胜任力模型将人的能力构成因素分为容易显现和不易被观察的两个部分，因而被形象地称为"冰山模型"。知识与技能属于胜任力的表层特征，容易观察与判断；而社会角色、自我概念、人格特质和动机等要素属于胜任力的深层特征，隐藏在水面以下，难以观察也难以改变，但这些深藏的、内隐的特征往往是决定人们的工作行为及绩效结果的关键因素。

壳牌的胜任力模型关注员工的思维能力、执行能力和处理关系能力。在壳牌广泛使用的胜任力模型包括专业能力、人际和商业能力以及领导力三个维度，这是一个整合性的模型。在使用时，对于基层员工，壳牌重点考核其知识、技能及执行能力是否达到最低任职要求；对于中高层管理者，壳牌对其知识和技能的考察要求就相对低一些，更关注模型的冰山以下部分。

壳牌的人事工作是围绕胜任力模型而展开的。公司首先依据胜任力模型引导员工的工作和发展，然后再以模型要素为标准对员工进行评估。评估的结果与职位升迁和薪酬分配挂钩。同时，公司还以相应的培训活动辅助员工达到职位要求。

冰山模型

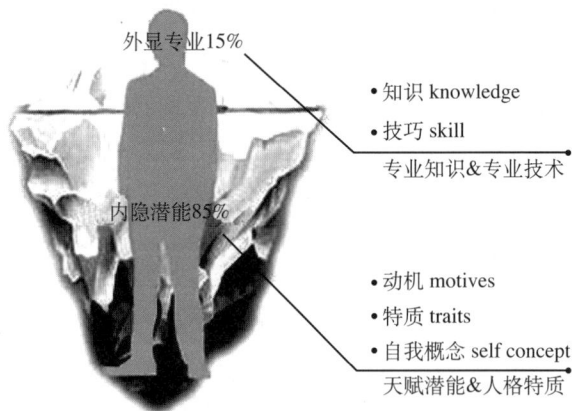

潜能比例示意图

二、管理能力评估模型——CAR模型

壳牌由于在员工的自主管理上始终倡导"人人都是领导者"，在人才供应链建设上也提倡"发现未来的管理者"，所以特别重视员工在领导力方面的素质。壳牌由此也创建了适应自身需要的领导力模型，它包括分析力

（Capacity）、成就力（Achievement）和关系力
（Relation）三个方面，简称 CAR 模型。

分析力是指从各种纷繁信息中抓住最重要的，获取有用信息，看清环境约束，理解潜在的联系和影响关系，得出结论和创造性的解决方案。壳牌看重全面的思维能力，希望员工像直升机一样既能升空，从高处、宏观的角度考察全局，也能落地，在具体、微观的层面分析和处理问题。

成就力是指员工的动机和意志状态，以及目标选择、主见、影响与调动资源的能力。同时，运用该能力的人能够合理地计划排序，灵活应对外部环境变化，果断处理甚至无法看清楚的问题。

关系力指的是尊重和理解他人的能力；懂得有效沟通和善于倾听，主动、诚恳征询和对待不同意见，真实表达自己的意见，并能够达成共识；善于延伸自己，积极影响他人。壳牌通过关系力来建立富有成效的工作关系。壳牌认为工作最终是由团队完成的，团队的成功才能成就个人的成功。

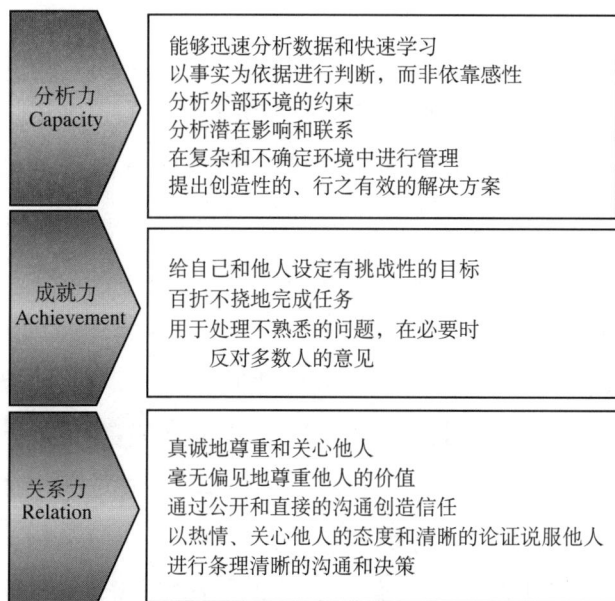

分析力 Capacity	能够迅速分析数据和快速学习 以事实为依据进行判断，而非依靠感性 分析外部环境的约束 分析潜在影响和联系 在复杂和不确定环境中进行管理 提出创造性的、行之有效的解决方案
成就力 Achievement	给自己和他人设定有挑战性的目标 百折不挠地完成任务 用于处理不熟悉的问题，在必要时 反对多数人的意见
关系力 Relation	真诚地尊重和关心他人 毫无偏见地尊重他人的价值 通过公开和直接的沟通创造信任 以热情、关心他人的态度和清晰的论证说服他人 进行条理清晰的沟通和决策

壳牌的CAR模型

三、壳牌绩效考核流程——结构化考核

企业管理的核心是战略管理，战略管理的核心是人力资源管理，而人力资源管理的核心是绩效管理。可以说，任何一个公司的整体管理运营都是以绩效为导向展开的。

在壳牌的人力资源管理体系中，绩效考核是重中之重，其目的在于增强组织的运行效率，提高员工的职业技能，推动组织的良性发展，激发员工的工作热情，确保工作的高效运行，最终使组织和员工共同受益。

绩效考核在壳牌运用得十分广泛，不仅对常规工作的目标和内容进行评估考核，还对员工的流动工作进行考核——无论员工走到哪里工作，即使是短期外派工作，也必须跟踪考核，随时随地观察其工作表现。员工在每次短期工作结束后，其临时上级或是承包商都要给出评语。另一方面，这种无处不在的考核方式不仅起到保证所有活动的有效性，更可以确保企业员工行为的一致性和绩效文化的连续性、普及性。

壳牌的绩效考核采用有效结构化的考核内容，而这一结构化最显著的特点，是将工作绩效目标与个人发展计划紧密相连。

壳牌的每一名员工都有一张绩效积分卡，上面包括若干项内容。员工每年在制定业绩目标的同时，也要填写个人发展计划。每年年初，经理人员会和员工一起商讨设定员工的年度工作目标（Coal Setting）。年度工作目标一般包括三类：一是在本年度本岗位要完成的5～6个主要工作任务目标；二是在本年度员工的2～3个个人学习与发展的提高性目标；三是员工的1～2个学习提高企业文化和理念的目标。

通过设定目标，每个员工都清楚自己在这一年的工作任务。通常，年度工作目标为8～

10个。为了表达准确，员工要尽可能将目标量化，对于那些不能量化的目标，也要用文字进行清晰准确的描述，不能含糊其辞。目标设定后，员工还要与自己的直接上级进行讨论，以达成上下级之间的共识，并由上级签字认可。

这些目标建立在三个方面的工作基础上，因而保证了目标设置的切实有效性，即通过目标设置，从特定职位角度恰当而稳定地支持公司的整体业务绩效以及经营发展计划的实际贯彻。这三个方面分别是：

（1）职位工作分析。由于有高质量的职位工作分析为基础，依据恰当设置的关键绩效指标和深入踏实的胜任力模型，使壳牌各职位的绩效考核能够有的放矢，并紧密适应于整体业务绩效关系。

（2）个人发展计划。在个人发展计划的基础上，绩效考核中的个人能力提高考核是个人发展计划中最需要贯彻实施的。壳牌希望通过实施个人能力提高的考核，使员工符合连续、完整的个人发展过程，达到良好效果。

（3）经营发展计划。以此为绩效管理提供统一的目标和指导方针，得当的整体经营发展计划是个人绩效目标设定合理的基础。

壳牌以半年为一个考核周期，采用360度全方位视角，从上级、协作者到下属和客户，全方位收集考核信息，考察被考核者的工作表现，以保证考核信息的完整与客观性。

在考核过程中，包括被评价者的上级、同事、下属和客户等，都会匿名对被评价者进行评价，被评价者也会进行自我评价。然后，由专业人员根据有关人员对被评价者的评价，对比被评价者的自我评价向被评价者提供反馈，以帮助被评价者提高其能力水平和业绩。

在实现绩效考核的过程中，员工的直接领导必须担负起监督和考核下属的职责。为了保证整个考核有效进行，人力资源部门一方面要作为整个考核的组织管理者，另一方面要参与其中，提供必要的协助和指导。

考核一般分四步：第一步，由上级评出基本分；第二步，管理者通过员工的满意度调查来征求下属的意见；第三步，参考和配合部门员工的意见，得出初步考评分；第四步，由考评小组进行综合考评，在部门之间进行平衡，然后由各部门的管理者在一起进行讨论，进行平衡打分，通常这种平衡打分采用的是强制分布法（Forced Distribution Method，FDM），即将同一部门同一级别的员工之间进行横向的相对性比较，通常按照10%、20%、60%、10%的比例进行排列，这些比例依次对应的人员分别是优秀员工、良好员工、满意员工和不满意员工。在进行比较之后，壳牌可以对各部分的员工进行更有针对性的工作。

通过这种方式，壳牌将考核信息获取与正式评估、考核参与和考核决议以及考核结果的处置等进行合理区分与配合，使360度考核这种即使一些大的跨国公司也认为考核关系复杂而缺乏实用的考核方式，得到有效的应用。

在业绩考核当中，壳牌将员工的个人业绩与部门、公司的整体业绩逐层关联。每年年初，公司的董事会根据公司上一年业绩完成情况，给公司打出一个整体分数。然后，公司再根据各部门所承担任务的业绩完成情况，由管理层将各个部门之间进行横向比较，给出各部门的考核分数。最终，公司根据部门的考核得分和个人的考核得分，计算出个人年终奖金和下一年涨工资的比例。通过这一方式，树立整体意识，引导员工将视野扩展到全局，使他们在分析问题时，不会再仅仅停留在个人或部门的利益上，而是站在了全局的角度。

四、壳牌绩效考核实施——考核过程管理

壳牌对所有绩效目标的设定，都要经过充分的绩效沟通。在此过程中，上级会与任务承担者相互交流意见，表达各自对绩效及相关要素的看法，并且探讨工作方案，形成绩效共识。公司重大经营与发展目标的确立，往往要以广泛的深度对话为基础。通过交流和参与的过程，员工不但可以得到个人价值的肯定，还能把握自己的努力方向。

在整个绩效管理过程中，绩效辅导是一项非常重要的工作，对绩效的提升发挥着关键性的作用。壳牌绩效管理所涉及的辅导（Coach）模块，特别强调上级管理者要担当下属的绩效教练，这样使得辅导模块在壳牌的绩效管理中发挥了突出的作用。在对经理人员的绩效考核中，下级的辅导被列为重要的考核项目。经理人员获得提升，除了业绩优秀外，必须能拿出下属在过去半年到1年中的个人成长报告，切实证明自己对下属的能力提升做了哪些具体的工作，以及取得了什么样的进展。这种绩效辅导从始至终循环贯穿在所有的绩效管理环节之中。壳牌的考核信息并不完全来源于最终的年度考核，日常工作的一点一滴同样是考核信息的重要来源。

为了切实发挥绩效考核的驱动作用和引导作用，壳牌确保考核结果清晰透明地及时反馈到员工本人，由员工的直接上级向下级面对面地单独沟通，使员工清楚地知道自己上一年度在哪些方面取得了成绩，在哪些方面还做得不足。在此过程中，上级会听取员工个人的愿望，然后帮助员工分析不足。通过这种清晰透明的反馈方式，使下属能够清楚地知道自己的状况，同时，也在公司树立一种简洁透明的工作文化，降低整个组织的沟通成本。

针对于不同阶层中的员工，壳牌根据考核结果给予其不同的奖励。此外，这种考核奖励也通过绩效积分卡的使用，将实时激励与连续激励有机结合。对于考核不理想的员工，公司会按照辅导、培训、调整岗位或者降级的方式来处理。为了真正帮助员工得到提升，公司会审查员工在日常工作中的受培训状况，同时还会帮助员工制定一些改进措施及明确目标，并限定时间改进，以帮助员工适应岗位工作。对于那些经过辅导和培训后仍然达不到岗位要求的员工，公司会采取不续签合同及辞退等方式进行处理。事实上，由于壳牌制定的个人发展计划与员工自身密切相关，所以通过上级指导，大部分员工都会认真完成计划，取得进步和工作绩效，解聘的情况极少发生。壳牌一直谨慎对待开除员工这种事，如果真的要解雇某个员工，壳牌都会经过严格的审定，按照办理流程处理。

五、壳牌绩效考核目的——促进员工发展

在壳牌看来，每个人的职业生命都是有限的，如果不进行有效的规划，势必会造成生命和时间的浪费。因此，关注员工的持续成长，帮助员工进行职业生涯规划，为他们的职业前程设计成长道路，使企业在发展的同时，员工也有所发展，是壳牌培养和留下人才的重要手段之一。

员工的个人发展计划在壳牌的绩效管理中以富有特色的方式发挥着重要的作用，尤其在促进绩效不断提升方面起着根本的组织作用。壳牌通过绩效考核将个人发展计划与绩效管理

紧密相连，从而构成十分有效的绩效支持结构。壳牌一贯把员工发展看作企业绩效发展的根本，并将人员开发作为人力资源管理的一项核心，进而将个人发展计划作为最终的绩效考核要点，这不仅使员工的自我发展规划融入到公司的发展之中，也使壳牌的管理通过保持良好的系统一致性而发挥更有效的作用。

对员工而言，管理岗位总是僧多粥少，这也正是许多公司政治斗争的根源。每个人都希望升到更高的职位，获得更好的待遇。于是，同事之间的钩心斗角就会不可避免地发生。当人们的注意力都集中到如何获得更高的管理职位，而不是如何把本职工作做好时，企业就难以实现人才的优化和资源的配置。显然，把一个专业能力极强，但却缺乏领导能力的员工提升到管理岗位，在许多时候并不是个好办法。因为领导力不仅仅要求一个人具备能力，还要具备优秀的性格以及合作的精神。

壳牌在解决这个问题上，主要采取了以下三种办法，即"双通道"发展模式、设计职业生涯道路以及实施动态的"接班人计划"。通过这些方法，壳牌的员工对自己的未来发展前景有了更加明晰的规划，对自己的工作也有了更加饱满的热情。

（一）壳牌"双通道"发展模式

人才发展"双通道"：又称工作级别制，壳牌实行的是技术岗位和管理岗位分设，通过在岗位设置中实行工作级别制，以使人才"双通道"发展的人才晋升模式（如壳牌人才"双通道"发展图所示）。它的特点是员工的薪酬和福利只与工作级别对应，而与官职大小无关。

壳牌通过这种和待遇挂钩的级别制，使得管理者和下级的收入相比没有很大的差距，因

此大家就不会争着"当官"，削尖脑袋拼命往"仕途"上挤，从而保证了专业技术人员安心于本职工作，心情舒畅地在岗位上发挥个人特长。

这种"双通道"的发展模式，让壳牌汇集了一支强大的高素质技术人员队伍，各级工程师更是在企业内发挥了十分突出的技术主导作用。由于淡化了"官本位"的管理理念，各类技术人员都能很好地正视自己在公司内的价值，他们的技术优势和潜力也得到了最大的挖掘和发挥。

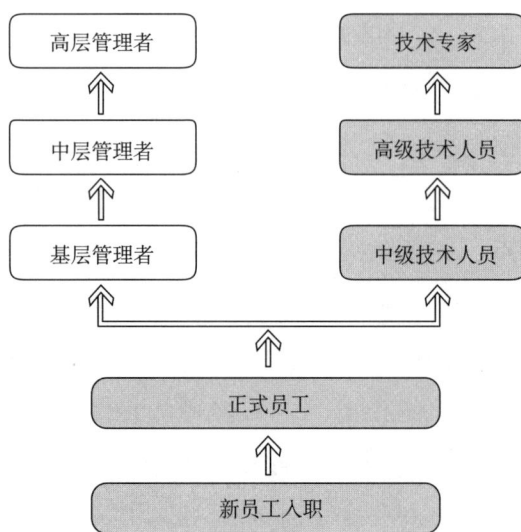

壳牌人才"双通道"发展图

（二）设计职业生涯道路

职业生涯设计是一种现代人力资源管理思想，目前已成为世界上跨国公司在人才争夺战中的另一重要利器。壳牌通过为员工进行职业生涯设计，给员工制订发展计划，为他们的成长铺平了道路。这种做法对营造企业内部员工的凝聚力和认同感，增强员工的归属感也起到了强大的推动作用。壳牌员工的职业生涯发展设计，以确定员工未来几年的发展方向为主。其内容主要包括：在本职岗位以外如何发展其他技能，还有哪些潜在的机会，还有哪些学习的机会，员工的职业表现如何影响个人的职业发展，未来中个人能力如何提高，个人在未来

几年的发展方向，如何提高个人的竞争力，以及为了实现目标需要公司给予什么样的支持和帮助等。

壳牌员工在职业生涯发展中的晋升分为几种形式：一是自然晋升。当员工的工作表现和绩效考核通过了评估，就会在岗位内自然升级。升级后仍然在原岗位工作，但是工作范围和职责会有所增加。二是岗位内晋升。在壳牌，每个岗位都对应两个级别，它们虽然工作范围相似，但职责不同。三是机会晋升。机会晋升通常意味着岗位的变动，当其他岗位的职位出现空缺时，公司会根据员工的业绩考核、工作背景及个人意愿，将其调整到该空缺岗位上来。这种岗位常常都是高级别的技术岗位或管理岗位。

（三）动态的"接班人计划"

壳牌针对关键职位实施动态的"接班人计划"，根据岗位的胜任力模型来识别各关键职位的候选人，并为他们制订有针对性的培养方案。每年壳牌一般进行两次接班人考核，以便掌握关键职位不同时期的续任和培养情况。对于经过潜力测评证明潜力发展大的员工，壳牌HR会将其作为重要培养对象给予特别的关注与培养，必要时还会提出预算计划，向公司申请培训费用。同时，公司会提供一些特别的机会，如通过工作轮换、代理职务、外派实习等形式对接班人进行锻炼。在每年的绩效考评时，考评小组对这类员工进行专门的评估，通过评估发展中心帮助他们安排一些专门的评估和练习，由资深员工及管理者观察和辅导，并且提出建议和改进措施，从而帮助他们更好地发展。

壳牌将员工晋升机制作为企业一种重要的激励措施，壳牌通过晋升制度来发挥两大功能，一是选拔优秀人才，二是激励现有员工的工作积极性。

对于壳牌的员工来讲，职务晋升是其个人职业生涯发展的重要途径。员工获得了晋升的机会，会认为这是企业对其工作能力与工作业绩的肯定与赏识，是自身价值的提升，是个人职业生涯成功的标志。职务晋升将带来壳牌员工经济地位与社会地位的提高、进一步晋升的机会以及更多的外部选择机会等。

由于壳牌合理设计并能良好地实施管理职位和技术职位双通道的职级发展，员工可以根据自己的潜质选择适合的发展方向。在壳牌，并不是担任高级领导才具有更大的前途。这可以使员工安心在自己的工作职位和适合的职业方向上努力进取，保证壳牌内部职位配置合理均衡，维持一大批优秀、资深的员工队伍，达到一个业务组织整体能力最佳的组合效果。

在壳牌的人力资源体系里，由于上游勘探与开发和中游炼化业务的需求，专业技术人员的比例远高于其他的企业。为了推进壳牌人才战略的深入实施，提升技术从业人员的工作积极性，充分体现技术人员的岗位价值，壳牌的人力资源体系里推出了"管理—技术双通道"人员晋升机制。所谓"管理—技术双通道"机制就是在公司原有管理制度基础上，新增加对技术人员特有的考评与嘉奖，旨在激发技术人员的工作热情和创新动力。

晋升指的是对具备一定知识和技能、工作成绩突出的工程项目技术人员的一种激励措施。是对他们工作认可的一个重要方面，也是大多数人才在职业生涯中所追求的重要目标。绝大多数人都渴望能获得更高的职位，这不但是对工作成绩的承认，也是地位的象征，所以企业的晋升制度是否完善合理，不仅是技术型员工所关心的问题，也是所有员工共同关心的问题。

传统认识的晋升就是从基层岗位一步步地往上走，晋升到更高一级的岗位。但这种单独途径的晋升制度存在着很多的弊端，如管理效率的降低、技术人员积极性受挫、人才浪费和流失等。因此，壳牌采用了双通道晋升制度。

在双通道晋升中，壳牌为技术人员提供两条晋升途径：其一是常规晋升途径，即由一般低级技术人员到班组长、部门负责人直至壳牌集团公司领导，但真正通过这条途径获得晋升的技术人员会比较少；其二是专业技术职务晋升，这种晋升方式是获得更高一级的专业技术职务（待遇），并非一定是管理者。壳牌的技术人员可以根据自己的专长和优势在自己擅长的领域里发挥自己的才能并实现成就感和满足感。每一条晋升途径划分若干阶梯，壳牌的技术人员只要考核合格就会获得晋升机会，避免了"争过独木桥"的窘境，从而能有效减少壳牌的人才外流。

第五节　壳牌的留人系统——薪酬管理

一、壳牌薪酬管理的基本原则

壳牌认为，人才是有价的。高薪是对员工劳动尊重的基础，也是吸引和留住优秀人才的重要手段。因此，壳牌制定的薪酬制度拥有很强的外部竞争性，能够吸引世界各地的优秀人才加盟，从而确保人力资源队伍的来源优势。同时，壳牌的薪酬制度在企业内部具有公平性，有助于形成积极向上的工作环境，保持合理的人力资源配置，起到衡量和肯定员工的工作贡献，并且具有进一步激励员工努力工作的作用。

为了提高薪酬的竞争优势，壳牌在薪酬管理过程中，将行业及所在各区域的薪酬水平作为一个重要的基准，壳牌为此每年都要开展行业及区域薪酬水平调查工作，比较同行业尤其是主要竞争对手以及所在国家或地区内企业工资的增长情况，并将其作为每年工资调整的参考依据。

壳牌的薪酬标准定位既立足于所在国家和地区的生活发展水平，又采用北欧的基本生活标准为测算基础，保证壳牌的薪酬水平在世界各地对于同行业的企业都有较强的竞争力。

壳牌提出了"在壳牌，每个人都是荷兰人"的口号，其目的是使壳牌的国外工作人员达到荷兰人的生活基准，即根据当地的生活环境，给员工提供高质量、舒适的且相对优越的物质生活。

壳牌所属的企业每年都会根据企业的经营目标完成情况、社会消费变化情况以及周边企业的工资增长情况，给员工上调工资，及时回报员工。壳牌提升工资增长幅度的原则是：根据公司总体目标绩效完成情况、物价指数、外部工资收入增长水平和员工的工作级别来决定增长幅度。一般来说，级别高的员工上调比例小，级别低的员工上调比例大，比例通常控制在4.5%和5.0%左右。例如，在2007年，由于中国国内居民物价指数上涨较快，壳牌中国的一些营运企业就给其所属员工按照一定比例上调了工资中的地区补贴。

二、壳牌薪酬体系的整体结构

壳牌薪酬体系的主体结构是基本工资、住房补贴、地区补贴和年终奖金。此外，员工还享受包括医疗和健康、保险、旅游、深造等待遇，再加上某些丰厚的特别福利计划。

虽然壳牌不给员工提供住房，但为员工提供住房补贴。由于壳牌的运营公司遍布全球各地，壳牌利用地区补贴的方式保持工资的合理弹性。与其他跨国公司的做法相似，壳牌每年一般支付给员工13个月的工资。此外，壳牌会根据经营目标完成的情况及个人业绩的考核情况，每年再以一个月的工资额度为基准作为年终奖金增发薪酬。

三、壳牌薪酬中的国际化因素

由于壳牌的运营机构遍布世界各地，其员工来源复杂，公司不可能为各个员工支付同样的报酬。壳牌在实际操作过程中，考虑到了员工的来源国，其薪酬体系是建立在外籍工作人员国内酬金数量的基础上的。

正如管理壳牌全球高层管理者薪酬体系的约翰·沃克雷所说的"在同一个地方，我们既有非洲籍员工，也有瑞士籍员工。如果我们给一个非洲籍员工10000英镑薪酬（在其国内是5000英镑），而给一个瑞士外籍员工15000英镑（在其国内是8000英镑），势必会造成混乱，对壳牌的发展造成一定的妨害。"

为了避免在薪酬体系中出现这种极端不平衡的现象，壳牌建立了一种机制。用壳牌人力资源部布瑞·欧文的话解释："壳牌的薪酬机制将使你感到满意。只要有外籍人员的酬劳问题依然存在，我们就可以按照平衡表系统去处理。我们的平衡表建立在外籍工作人员国内酬金数量之上。我们会在外籍员工国内的金钱购买力基础上，增补额外的激励薪酬和税务补偿。"

具体的讲，壳牌通过薪酬结构化的方法来解决员工的薪酬问题，其薪酬结构为：基本工资＋住房补贴＋地区补贴。在总体思路上，壳

牌的薪酬立足于各自国家和地区的薪酬水平之上，基本工资部分以荷兰人的生活为基准，根据员工各自国家和地区的金钱购买力水平进行换算，为员工提供住房补贴。此外，壳牌还为身处异地的外籍员工提供一定的激励薪酬，这也成为外籍工作人员的福利。

对高管人员的薪酬制定，壳牌根据职级和任职条件、年限等因素，对相同层次人员进行比较。为了最大限度地保证内部竞争的公平性，壳牌放弃了按国籍设置的"管理薪酬"。这种薪酬体系对于所有高层管理人员都一视同仁，只按照业绩和能力确定高层管理人员的薪酬。

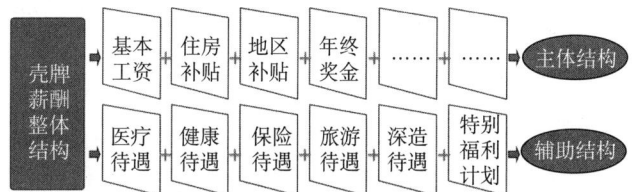

壳牌薪酬整体结构示意图

四、壳牌薪酬制度的层级划分

为了体现工资分配的公平性，在壳牌的管理体系中，员工工资的高低是按工作级别设定的，而工作级别高低的设定是根据岗位创造贡献大小来决定的，而不是完全按照"职位"的高低来确定。出于一种构建员工"终生事业"的理念以及在利益关系上建立企业与员工更牢固关系的目的，壳牌内部的薪酬政策倾向于加大基本工资占薪金总额比重的方式，而不是采用随时浮动的奖金制度。

在薪金制定上，壳牌按照管理职位和技术职位采取等级工资制。员工工资的高低是按工作职级设定的，而工作职级高低的设定是根据岗位价值大小来决定的，即根据每种职位内不同工作层级的任务职责、能力要求、难易程度、贡献率等价值要素横向对比，对获得同一分值

区域内的职位进行归类设定，而不是完全按照官位的高低来划分工资高低。

以壳牌与中国海洋石油总公司在中国合资成立的中海壳牌为例，中海壳牌的中层及中层以上管理者和技术职位，由低到高分为 A、B、C、D 等职级；中层以下，由高到低分为 1～15 级。每个相邻的工资级差都保持在一定合理的范围内，即：级别越低，相邻级别之间差距越小，一般在 10%～20%；级别越高，相邻级别之间差距越大，一般在 12%～30%。这可以保证员工每年的工资增长后，各个级别之间保持合理的差距。同时，为了保证员工在升职后工资有上涨的空间，以及每个岗位员工上岗前的经历和能力的差异，工资在同一级别内，也有 0～100% 的幅度弹性。

另外，壳牌的员工升级后，其新的工资标准要分几个年头才能逐步增长到位。这样做的目的在于，级别晋升后岗位对员工的工作要求更高，而员工的能力要胜任这个新岗位通常要有一个过程。因此，这种工资逐步增长到位的做法可以激励员工更好地工作。

壳牌通过合理的工作职级设定与执行，一方面对各种工作职位的价值进行统一的比较，并且以此为薪酬基础，保证了内部的公平性；另一方面，对同一职位划分不同的职级，更有利于对职位工作的衡量，并且引导职位工作的内容不断深入与提高。壳牌通过这些机制，引导内部人力资源的有效配置和发展途径，构成人力资源供应链的一个重要环节。

五、壳牌绩效评估薪酬的模式

为了充分发挥薪酬的激励作用，壳牌在通过职级和平衡机制等薪酬体系要点设计保证内部公平性的同时，将个人薪酬与实际绩效挂

钩。这可以确保员工的薪酬不仅与个人绩效的评价相关，而且与部门、企业的绩效逐层挂钩，使每一员工不仅用心于个人工作，也关注部门和企业所取得的绩效，从而培养员工的整体意识。壳牌的绩效考核内容包括目标设置、日常辅导、年终评估、结果反馈、奖励高绩效员工、不满意绩效改进、人员调整等等。每年年初，上级要根据下属设定的目标，对下属的上一年度绩效进行考评。首先对满意的绩效进行评估，充分肯定其成绩并给予鼓励；其次对不满意的绩效进行评估，帮助下属分析产生不良绩效的原因，对其进行辅导并提出改进意见。

壳牌所属各公司每年度从上至下根据公司的整体经营情况以及各部门任务完成和运行情况，对公司整体的业绩和各部门的业绩进行考核评估，并且明确计算出公司和部门的业绩评估得分、个人年底奖金以及个人绩效得分、部门绩效得分和公司绩效得分，以便使个人、部门和公司的利益紧密联系在一起。

壳牌个人薪酬与绩效考核的关联表现在两个方面，一方面体现在个人的年终奖；另一方面根据壳牌的升迁制度和员工在年度考核反映的实际状况决定员工的工作职级及工资级别的调整。

对于员工的考评方法，正如前面所提到的那样，壳牌通常采用 360 度反馈评价，即从上至下，以主管上级为主的考评。并根据平衡打分的结果采用强行排名法，即将同一部门同一级别的员工之间进行横向相对性比较。同一级别员工总体会保持一个固定平均分。这样，就可以从优到劣排出名次，并得出每个员工的考评得分结果。

除了个人，壳牌对部门的考核也采用类似

办法。公司根据具体的业绩情况，由管理层将各个横向部门之间进行比较，给出各部门的考核分数。业绩突出的部门，得分就高；业绩平平的部门，得分就一般；如果部门业绩完成得不好，得分就会较低。

基层部门的考核也采用此种办法。最终，根据公司的考核得分、部门的考核得分和个人的考核得分，计算出个人年终奖金和下一年涨工资的比例。

另外，与很多跨国公司的做法相同，壳牌对员工的业绩奖励主要以提升工作职级和工资级别为重点，而以年终奖金为辅助手段，这种方式的激励可以有效提升员工的工作热情，进而增加企业效益。

从实际性质而言，伴随职级升迁而提升的工资并不属于壳牌薪酬奖励的范围，因为未来工作职级的升迁同时意味着责任的增加。换而言之，这种奖励实质是提供给员工以职业生涯上的阶梯发展，而它的结果，恰恰为企业和个人同时带来了更显著的收获。

由于通过薪酬体制将个人的收益和公司的收益紧密联系起来，壳牌促使员工经常关注企业的经营情况。他们非常清楚，公司经济效益的好坏直接关系到他们工资的增长幅度以及年终奖金的多寡。如此一来，员工的物质利益和公司的利益得到了有机的结合，员工的愿景和公司的愿景也被共同的利益统一在一起。

六、壳牌薪酬制度中的福利计划

出于一种长期经营的理念，壳牌各公司内部的政策更倾向于提高薪金，而不是发奖金、津贴和分红。为了留住人才，壳牌除了提供有竞争力的薪酬和向员工派发股票外，还向员工提供很多极富吸引力的福利计划。其中包括

"退休金计划"、"对等储蓄投资计划"以及"长期服务奖"等。

（一）退休金计划

退休金计划就是员工在壳牌工作至退休时，公司按年限向退休员工付给一笔可观的退休金。这种退休金不必由个人参与提存，完全由企业负担，简单地说就是员工在退休时可以带走一大笔钱。

（二）对等储蓄投资计划

在国际石油行业，壳牌的对等储蓄投资计划最具竞争力。员工根据工作年限按工资一定比例将资金存入储蓄基金内，公司提供对等储蓄投资基金，同时担负这部分的税务支出，员工在领取这笔储蓄时，不必负担公司提供部分的信托基金的所得税。以美国为例，工作期限满3年可按个人薪酬总额的2.5%存入，满5年按薪酬总额的5%存入，7年半按薪酬总额的10%存入。即使员工完全不储蓄，公司仍然给他提供对等基金。公司的对等基金存入储蓄基金后，员工可以选择三种投资方式：购买公司的股票、存入摩根银行管理的权利基金或者存入固定利率的储蓄账户。其中用来购买公司股票的非常多，壳牌储蓄基金所拥有的股票，几乎占到壳牌发行在外股份的10%。这使员工与公司的利益紧密结合在一起。

（三）长期服务奖

在壳牌各跨国公司中，也有一些运营公司没有实行"对等储蓄投资计划"，但取而代之的是他们会向员工提供"长期服务奖"。这种长期服务奖是将每个员工的劳动合同期限、工作级别和工作年限挂钩。员工每次履行一个劳动合

同，公司就在其个人账号上积累一次长期服务奖；待第二个劳动合同签订后，继续开始积累第二个长期服务奖，以此类推。合同次数越多，积累时间越长，员工的长期服务奖金就越多，但是只会在员工离职时才一次性结算发放。但如果员工在某个期限的劳动合同未满之前离职，则其本次劳动期限内的长期服务奖就不再计发，只计发前几次长期服务奖。壳牌用这些方式，既在全球吸引和保留了大批优秀员工，也为自己赢得了信任。

综上所述，现代企业的竞争，说到底就是人才的竞争。人才的集聚就是企业资源的集聚，人才的流失也是企业资产的流失。壳牌之所以在竞争中始终占据主动地位，就是能够在人才竞争上始终占据制高点，既善于发现人才、培养人才，又能够激励人才、留住人才。

第八章 壳牌的企业文化

壳牌是一个非常重视文化影响力，并注重企业文化建设的企业。壳牌一向认为，如果不能将员工的思想行为与壳牌先进的理念和共同的目标相结合，即使壳牌拥有世界一流的技术和设备，也无法成为世界一流企业。

企业创办之初，壳牌就注意用明确、统一的理念影响人们的行为，协助企业管理和促进业务发展。1934年，壳牌 CMD 主席亨利·德特丁发表了一篇讲话，他这样诠释壳牌集团的全球经营理念和企业文化："不论何时，荷兰皇家壳牌集团均以善意会友；不分何地，我们均致力于提供经验、技术和资本。我们雀跃于被视为忠实、诚信的盟友；在与各地人民共同合作、为公司赚取满意回报的同时，我们亦致力于为当地缔造繁荣进步。能够运用所在地的自然资源及人力资源，我们心存感激，亦必以关心及善意与社区建立良好关系。"今天被人们所熟知的作为壳牌核心价值观之一的社会责任理念，其实早在70多年前就已经开始了它生长的历史。

第一节 壳牌企业文化概述

一、壳牌企业文化的渊源

在历史根源上，早期的壳牌就经常将自己的经营活动与社会活动相联系。人们曾评价：在壳牌，每一个成员都是一个外交家。在壳牌的社会责任理念演化形成过程中，这种特征无疑提供了某种支持。

由于壳牌集团特殊的企业背景（来自于英荷两国），跨文化管理的现实既带来一定的问题，无疑也加重了壳牌对企业文化的体会和重视。在合并后很长的一段时间里，壳牌不得不面对两方人员融合的问题。面对重重矛盾，壳牌特别需要一种能够包容差异、尊重异己的文化氛围。

成立之初的常务董事会把很大一部分精力用在了两个母公司之间的沟通协调上，并在全面协商一致的基础上形成决策，这也使壳牌特别需要在公司业务问题和基础观念上建立起明确的共识，形成一致的文化理念。

随着壳牌业务在世界各地的发展，两个母公司之间的协调已经成为一种普遍的需要。而在壳牌公司内部，两个母公司文化的融合，无疑对壳牌形成与国际化企业相适应的企业文化起到了更好的促进作用。这对壳牌企业文化的形成，具有特殊的意义。

作为一个成功的大型国际化企业，壳牌一方面通过建立开放、包容的文化环境，吸纳、融合来自世界各地的人力资源，克服不同文化与个性导致的不良冲突，避免精神的专制与狭隘，使各种来源不同的文化充分发挥自己的特点与作用；另一方面，壳牌更加注意建立统一的价值观和工作理念，通过明确的规范和持续不断、无处不在的灌输，把壳牌的经营原则和价值取向变为每一个壳牌员工的工作信念和基本行为方式。在壳牌遍布全球的每一处业务场所，人们都能明确地感受到经营方式的一致性和企业品牌的鲜明特征。

包容性和统一性共存，是任何企业的企业文化，尤其是国际化企业的企业文化成功建立的基础。而在壳牌，高度的包容性和统一性，正是其企业文化的鲜明特征。

在长期的历史发展过程中，随着价值观的自然演进，壳牌的企业文化也在自觉和非自觉的过程中完成了结构化的演变。由于特殊的历史背景，壳牌具有传统的开放性意识，这也与企业早期创始人的决策密切相关。在壳牌的思维方式和意识观念中，保持着传统的战略化特色和社会意识，这些成为壳牌企业文化演化的基础。在壳牌人眼中，诚实、正直和广泛尊重他人的行为品质与方式，成为具有根本意义与核心地位的核心价值观，并对壳牌的行为方式和经营活动产生深远的影响。长期以来，壳牌一直秉承可持续发展的理念，如今这一理念已经成为壳牌整体业务理念的核心内容，并成为一种深厚的、综合性的意识渗透到壳牌业务的具体运营中。

在这种可持续发展意识的影响下，完善的社会责任和社会公共关系、面向未来的人力资源政策及发展环境、技术和管理的持续创新、广泛的责任感、危机意识与风险管理机制等，这些都逐渐成为壳牌价值观体系的重要组成部分。

此外，企业当中的一些特定要素，如组织结构、管理方式等，在长期以来潜移默化地发生着作用，并逐渐沉淀到壳牌的组织文化结构当中；虽然它们并不从属于壳牌的价值观体系，但作为一种非主导的文化内容，反过来对壳牌的组织行为产生持续性的影响，这一点在壳牌的文化体系中也比较鲜明。

二、企业文化推动壳牌发展

在壳牌，每一层的领导者都要肩负起建立、灌输和指导企业文化的重任。从负责审计监督的董事会专业委员会，到负责具体工作的执行官，无不把企业文化的管理视为企业管理的重要基础。无论从什么角度来看，企业文化在壳牌管理中的位置都是不可替代的。

为了确保业务理念和经营原则在全球的实际运营中得到充分一致的贯彻，壳牌于1976年制定了著名的《壳牌商业原则》，在该原则中，壳牌的价值观、文化理念和经营原则都得到了普遍的明确与贯彻，壳牌也以之成为少数分享公司信念的全球化企业之一。壳牌集团的所有子公司都必须遵守《壳牌商业原则》，而壳牌的合作伙伴与承包商也经常受到该原则的影响与约束。此后，壳牌又推出了《壳牌行为准则》，对《壳牌商业原则》进行了进一步的深化与发展，并由此提出了切实可行的具体行为规范。参照《壳牌行为准则》，壳牌的员工可以更好地按照壳牌的核心价值观来进行商业活动，并了解如何遵守法律法规，以及学会处理客户、社区以及同事之间的关系。此外，壳牌还制定和发布了《道德准则》，目的在于更好地履行社会投资者的委托代理责任，约束企业管理者的内部行为，以呼应自己所确立的价值观。

为了保证这些准则的贯彻实施，壳牌设立了审计委员会与社会责任委员会，并建立起与之相适应的评价体系和报告制度，分别从各自的角度出发，对相关状况予以定期和不定期的审查、评估和发布，从而实现企业各层级上的监督与管理。

企业文化对于壳牌这样一个始终从事跨国贸易的国际化大公司来说，具有无比重要的意义。为了总结自身发展的成功经验，壳牌在20世纪80至90年代曾委托三个咨询公司进行文化咨询，形成了三个说法。

说法一：壳牌本身能够在动荡的20世纪中生存下来，最终成为一家享誉全球的百年老店，与它们合并后那种盎格鲁—荷兰式（Anglo-Dutch characters）的特点是分不开的。这种英荷式的结合能使壳牌更加和谐、更有效率。

由于受早期大英帝国的影响，壳牌中的英式文化元素代表着一种世界范围通用的语言，这种语言能使壳牌将世界上很多地区联系起来，实现无障碍的商业交往，并能充分发挥外交手腕的活动能力。而荷兰元素则更强调技术的力量，反映的是一种对科技的推崇而不是对权威的畏惧。

说法二：壳牌的文化是基于科技推动（Technology push）而不是市场导向（Market orientation），这亦是壳牌成功的关键。

说法三：壳牌的文化被认为是有礼貌及公平的，最终赢得成功。

无论是否各有所执，但人们依然在整体上达成了共识，即维系壳牌百余年发展，支持其历久不衰的原因，是壳牌所蕴含企业文化的力量。

事实上，如果没有一种兼容并蓄的文化氛围，壳牌亦很难建立起长久、高效的协作和广泛的业务联系；同时，如果没有一种视野广阔的开放性精神，壳牌也很难在不断变化的全球产业环境下，维护自己的经营地位和整体实力，始终保持长盛不衰；而如果不在根本上贯彻一种良好的行为品质与行为方式，壳牌也难以如此持久地保证其业务品质，从而实现战略构想，并赢得声誉，维护其面向全球的发展。在壳牌的百年历程中，也曾出现很多的问题和波折，甚至出现过疲弱无力的组织管理状态，但正是在壳牌企业文化的牵引下，使壳牌能够纠正偏差和弥补缺陷、走过危机，获得持续不断的发展。

第二节　壳牌企业文化的经营观——可持续发展

一、融入壳牌的可持续发展观

壳牌是最早响应全球可持续发展的国际企业之一，但除了对可持续发展原有内涵的理解与接受，壳牌还把自身的战略意识融入其中，并为壳牌经营理念的形成作出了巨大贡献。

在国际上，明确的可持续发展（Sustainable development）概念是在1972年提出的，并在斯德哥尔摩举行的联合国人类环境研讨会上被正式提出并加以讨论。1987年，世界环境与发展委员会出版《我们共同的未来》报告，将可持续发展定义为："既能满足当代人的需要，又不对后代人满足其需要的能力构成危害的发展。"

该报告的作者是格罗·哈莱姆·布伦特兰（Gro Harlem Brundtland，挪威首位女首相），她对于可持续发展的定义被广泛接受并引用，这个定义系统阐述了可持续发展的思想。可持续发展主要包括了发展援助、环境保护、清洁水源、能源开发、绿色贸易五个方面。

事实上，壳牌的可持续发展意识已渗透到壳牌经营活动的各个方面，并作为一项核心原则。可持续发展观整合与演化了壳牌在多个方面的业务理念，成为壳牌企业文化的一道鲜明特色。壳牌的很多业务思想和行为都带有可持续发展意识的明显烙印，这种意识对壳牌行为方式与行动方向的影响都是极为深远的。

开放性思维是传承自壳牌创始人的优良传统，这使壳牌总是善于将业务内容进行广泛而深远的联系，战略意识也由此成为壳牌传统意识中的重要特质。在国际重要的跨国企业中，壳牌的战略规划模式被视为最优秀、最著名的战略管理方法之一。其战略规划对未来20年的发展作出了客观的预测，并扩展到许多的相关领域。壳牌正是将可持续发展的观念与壳牌的战略意识相结合，并普遍的渗透和延伸到壳牌的经营理念中，形成了壳牌独具特色的、关于自身业务的可持续发展观。

可持续发展观是壳牌业务理念的核心内容，并成为壳牌主导性的价值观，从而使壳牌的业务活动能够放眼长远，平衡短期和长期利益，并综合考虑经济、环境和社会因素。不仅如此，这种观念也影响到壳牌基本的思维和行为方式，从壳牌日常的言行当中，也时常能够看到类似的表现。

壳牌的可持续发展观是以3P（People—人类、Planet—地球、Profit—盈利）为表征，分别代表社会、环境与盈利三个方面的关系，而它们最终体现在高效率、负责任与保持盈利的业务开展上；同时，基于世界能源资源的紧张形势和能源消耗的环保压力，壳牌的可持续发展需要找到一条道路，这也成为壳牌要实现可持续发展所面临的主要问题。

二、可持续发展观在壳牌的体现形式

在具体行为上，壳牌的可持续发展观主要体现在壳牌的责任意识、创新意识以及组织发展与变革意识等三个方面。

（一）责任意识

就社会责任意识来说，它既体现了壳牌的社会责任感，也体现了壳牌对于自身业务与社会环境的关系方面的理解。壳牌把它们具体归纳为对客户、股东、员工、社会和对利益相关者的责任五个方面。

作为传统的能源企业，壳牌认识到在面向全球的石油资源开发与市场竞争当中，良好的声誉、企业形象和社会公共关系已经成为一种核心竞争力。只有具备了这种核心竞争力，企业才能在全球范围内得到资源合作者与广大客户的尊重与信任以及广泛的业务来源，为自己争取良好、广阔的发展空间。反之，那些只顾眼前利益的做法与逃避责任的恶劣行为，则会给企业的未来发展带来致命的影响。在这方面，壳牌已经从历史经验中获得了深刻的体会。

此外，在环境保护、节省资源、社会服务等方面，壳牌在其所参与的每一个领域，都会以一个优秀的社会公民的要求来约束自己。这种责任意识正是壳牌可持续发展的立身之本。

（二）创新意识

壳牌的创新精神在很大的程度上源自于历史传承，同时也源于提高效能、改善发展手段、增强业务竞争能力、降低成本等方面的需要，并已成为保护环境、支持可持续发展的根本力量，这种创新意识在实际应用中得到了进一步的发展与加强。

由于自然条件的制约，石油产业的可持续发展受到一定的限制。面对这种制约，充分挖掘现有潜力和努力开发新的潜力，是唯一可期的道路。这需要以创新技术为手段，提高勘探开发能力，增加原有资源的采收率，有效开发非常规能源和新能源，并提高环境保护技术等等。

作为国际领先的能源企业，壳牌把技术创新

作为支撑未来业务发展并谋取经营优势的主要手段。在各大石油巨头中，壳牌始终保持着研发投入的最高水平。从天然气商用开发，到非常规能源开发，很多新的尝试都来源于壳牌。从海洋勘探技术、到能源清洁化生产技术、环境保护技术和新能源技术，几乎在与能源相关的各个领域，都能看到壳牌创新技术发展的踪影。

在壳牌，可持续发展观与研发创新是相互影响的，有了可持续发展观的指导，壳牌的研发便具有了普遍的前瞻性和引导性。壳牌的研发并不仅仅是着眼于市场，更重要的是关注未来业务的发展变化；它不仅要致力于满足市场的需求，还必须注意引导客户的消费取向。同时，壳牌还将研发与实际作业密切结合，把这种着眼于未来发展的意识传播到整个运营当中。

（三）组织发展与变革意识

除了上述方面，壳牌的可持续发展观也与组织发展意识密切相连。作为企业不可或缺的一个重要支持部分，壳牌十分关注自身能力状态与可持续发展的适应关系，着力保持和促进组织关系的良好发展。这种意识普遍存在于壳牌的日常经营管理当中。

在壳牌的人力资源管理当中，着力于团队组织的发展和个人成长的培养，是壳牌人力资源管理的一个鲜明特色。壳牌基于 CAR（分析力、成就力、关系力）潜质的招聘，着重考虑的就是个人的成长空间以及在发展过程中对组织所发挥的贡献。壳牌倡导和实施在工作中"树人"的观念，充分照顾到合作国家当地员工的职业发展。在总体上，壳牌的人力资源开发体系高度着眼于团队组织的未来发展。

基于组织发展意识，壳牌在全球各公司中首先引入组织学习的管理思想，并致力于长期的组织建设，通过企业文化、战略性的人力资源管理、组织规范以及广泛的组织沟通对话等，不断丰富组织内涵、完善组织机制。

壳牌的这种组织发展意识，也表现在不断适应业务于环境变化，适应于未来发展而进行的组织变革上。这些变革为壳牌在不同阶段的发展提供了重要的支撑。在壳牌的可持续发展概念当中，虽然并没有将组织发展作为明确提及的一个方面，但事实上可持续发展的理念已经广泛渗透和影响到壳牌的经营与管理之中，站在企业未来的角度，组织发展无疑是壳牌在自身状态方面适应于可持续发展的又一立身之本。

第三节　壳牌企业文化的价值观——营造公共价值

一、互利共赢的价值关系

广泛的责任意识是壳牌经营理念当中的一个鲜明特点。根据壳牌互利共赢的理念，承担责任，为他人创造价值，就是对自身价值的保障。

在《壳牌商业原则》中，壳牌这样描述公司所担负的责任：

（1）对股东的责任：保障股东的投资，提供合理回报。

（2）对客户的责任：凭借技术、环保和商业方面的专业知识，开发及提供品质优良、价格合理和符合安全与环保标准的产品及服务，以赢取客户的不断支持。

（3）对员工的责任：尊重公司员工的人权，为员工提供良好、安全的工作条件和良好、有竞争力的待遇；善用人才，发挥所长，提供均等的就业与发展机会；并鼓励员工参与其工作的计划和安排，及在各自公司内贯彻经营宗旨。公司的营运成功有赖于全体员工的齐心合力和全力贡献。

（4）对与公司有业务往来者的责任：努力与承包商、供应商以及合资企业建立互利关系，并同时促进经营宗旨的实行。能否有效地履行壳牌经营宗旨，是决定能否培养或维持此种合作关系的重要因素。

（5）对社会的责任：开展业务时，当以负责任的"企业公民"态度从事，遵守当地法律，在符合正当商业企业角色的情况下，表明对人的基本权利的支持，并对健康、安全和环境保护给予适当重视，以符合公司对可持续发展作贡献的承诺。

在壳牌的经营理念中，股东、客户、员工、业务合作者，以及它们所处的社会环境，这些因素构成了企业的基本价值关系。企业利益即是以上各要素包含的共同利益。这些利益关系是统一的，它们共同凝聚在企业的经营成效当中，并从根本上相互促进而不会相互对立或排斥。企业只有为这些自身价值关系的构成者创造实实在在的价值，才能从根本上获得它们的支持，从而赢得企业自身的价值。这就是优秀企业总是能为更多的人带来益处的根源。

二、在价值关系中承担责任

（一）壳牌对股东承担责任

作为一家大规模、公众性的国际化公司，壳牌把为股东提供富有竞争性的回报，作为企业的一项基本义务，并把对股东负责的经营原则当成一种社会责任来履行。

一直以来，壳牌都将公司的股本回报率作为重要的关注对象，在控制风险的基础上合理地提升盈利能力，把投资组合收效和占用资本回报率，作为一种总的运营目标和衡量标准。为保持合理收益，壳牌经常调整和优化其投资组合，并形成逆周期并购的资本操作理念。即使在经济衰退时期，壳牌也想方设法，通过优化结构和规模、压缩支出、提高效率等办法保持一定的盈利，由此，壳牌也形成了一种低成本运营的核心策略与能力。在几次大的经济衰退和环境波动中，可以看到，尽管业务规模可能受到明显影响，但壳牌的盈利却保持在了相当的水平。

（二）壳牌对客户承担责任

客户价值被壳牌看做是企业价值的根本基础。壳牌对客户价值的重视体现在：一方面不断努力提供针对明确的客户利益的优质适用产品；另一方面是在产品之外，提供相关的附加服务。二者的核心即是最大限度地满足客户的有效需求，使顾客在一定的消费成本下，尽可能获得更大的价值。

壳牌一直秉承的产品理念正是来自于对客户需求的高度关注，其内容为：不仅要满足客户现有明确的需求，而且更要挖掘客户没被满足的需求，甚至引导对客户真正有意义的需求。

壳牌是世界上最大的汽车用油和润滑油零售商，目前在世界上设有4万多座加油站。在所有的各类客户中，汽车驾驶者是其最大的顾客群体。为了满足不同客户的消费需要，壳牌的大多数加油站为顾客提供两种服务方式：顾客自助服务和加油站人员提供服务。许多加油站都能提供每天24小时的自助服务，并设有便利店，出售快餐、日常用品、药品和鲜花等。

壳牌的油品客户还包括使用航空燃料油的

航空公司、使用航运油的轮船公司以及使用有关工业燃料的企业单位。无论是针对工业产品还是民用产品，壳牌都投入很大的研发力度，致力于提高能效和清洁性，以及提高对使用设施可能的附加助益。

为使用户达到最好的产品应用效益，壳牌在专项技术研究的基础上，派出专业人员，向能源应用单位推广高能效应用技术。对广大汽车驾驶者，壳牌在它的加油站向驾驶者推出汽车驾驶小贴士，推广节油驾驶方法。

为便于产品推广和客户使用，壳牌投入大量研发力量，用以研究天然气产品的客户交付形态，形成了天然气液化、天然气、油品提炼转化和天然气发电等形式，使当前时期这一最富有市场潜力的清洁能源能够得以推广和应用。

壳牌的客户还包括塑料厨房用具、洗涤剂、油漆、化妆品等家用化工产品的制造商，以及需要大量沥青的建筑公司等。对此，壳牌都会努力针对具体客户需求，提高产品性能品质和相关服务质量，以增加客户价值。

（三）壳牌对员工承担责任

对壳牌来说，员工是最根本的价值要素，也是价值关系中最重要的环节之一。只有在企业的经营发展中积极实现员工的个人价值，才能使员工的个人目标与企业发展目标达成一致。

壳牌对员工价值的关注主要体现在个人生活与个人发展两个方面。壳牌十分重视员工的利益，每年召开董事会的时候，壳牌的董事们都会认真讨论诸如员工培训计划、奖金分配方案、工资调整和其他福利政策等与员工切身相关的问题。在员工薪酬上，壳牌会根据员工的生活需求水平来考虑报酬的合理性和外部竞争性。由于壳牌的员工来自于世界各地，在对员工生活基本标准的讨论中，壳牌提出"在壳牌公司，每个人都是荷兰人"，而对其他一些如外籍人员的住房、养老金、存款等，则根据来源国的差异而有所不同。为了补偿来自于陌生环境的额外的压力与不便，壳牌公司为每一位外籍人员都提供了一定的激励薪酬（外籍人员福利）。员工还享受包括医疗和健康、保险、旅游、深造和退休金、住房补贴等待遇。壳牌每年两次对员工进行业绩考评，使为集团做出贡献的员工得到优厚的回报。

壳牌还为员工设置了储蓄投资计划。员工可根据工作年限，按照一定的工资比例存入投资储蓄金，壳牌则提供对等的储蓄投资基金。即使员工不储蓄，公司仍然为他们提供投资基金。员工可以选择三种基金的投资方式：购买公司的股票、存入摩根银行管理的权利基金、存入固定利率的储蓄账户。多数员工都会选择购买公司股票，这使员工与公司形成一个利益共同体，共同为壳牌的未来负责。

此外，壳牌重视员工个人应有的各种权利。这是壳牌人权观的重要部分。壳牌的健康、安全、环保管理，是石油业及各大跨国企业中的一个典范。壳牌把员工的精神收入看做一种必要的利益收入。壳牌俱乐部能够为员工提供休闲和娱乐的相关服务。同时，壳牌的员工往往会赢得更多的社会尊重，壳牌的科学家可以因为显著的成就而享誉世界。虽然壳牌不会以公司的名义参加任何党派的政治活动，但会鼓励员工以个人身份投身其中。

壳牌认为，员工的发展不仅仅体现了员工的个人价值，也是企业发展的一部分。正因如此，壳牌在企业内部建立起良好的员工培训和开发体系，所有的员工都会有与之相应的培训计划，壳牌的员工们可以在人力资源部门帮助下确立自己的职业发展规划。员工不仅可以学习更多的业务知识，还能得到包括语言训练、与同事相处、获得主管信任、谈判技巧、时间管理等方面与个人职业发展有关的各种训练帮助。壳牌尽可能地为员工的发展提供各种机会，包括提供在不同种类不同范围的工作中选择的机会等等。公司还通过制度性的员工对话机制，吸引员工参与企业管理并培养和发现人才。在促进组织对话方面，壳牌堪称全球企业界的一个先驱与典范。

（四）壳牌对社会承担责任

在企业的社会责任方面，壳牌历来被视为一个优秀的领跑者。壳牌通过积极承担社会责任的方式为其所在地区创造价值，同时认为，"有原则的运营方式是壳牌保持长期成功的关键"。

壳牌是国际经济合作组织（Organisation for Economic Co-operation and Development, OECD)《跨国公司行为准则》的支持者，也是联合国《全球契约》的倡导者，并积极响应《全球沙立文原则》。壳牌早在20世纪70年代颁布的《壳牌商业原则》与联合国《全球契约》、《全球沙利文原则》及国际经济合作组织制定的《跨国公司行为准则》在指导思想上是相吻合的，它们都建立在三个基本的价值观基础上：诚实、正直和对人尊重。

自1976年以来，壳牌一直坚持把《壳牌商业原则》贯彻到在世界各地的运营当中，如今，该原则所蕴含的理念已经渗透到壳牌全球业务的每个角落。壳牌要求集团所属企业都要遵守《壳牌商业原则》，也鼓励业务伙伴遵循这些原则或类似的原则。壳牌不仅设立了社会责任委员会和外部评价委员会等专门机构来管理公司

在世界各地的相关行为，还于2000年成立了壳牌基金会，该基金会主要为贫穷问题以及由能源的开采与使用所引发的环境问题提供解决方案，并资助问题所在地的教育、医疗、环境、文化与社区等方面的发展。

无论何时何地，壳牌都遵循长期互利共赢的合作原则。任何项目都要以既有利于壳牌又有利于当地国家或地区为基础，并认真评估该项目将对环境产生的影响。壳牌在各地运营中积极融入所在社区，始终致力于加强同当地各方合作，力争成为当地社会结构中被人乐于接受、有价值的优秀"企业公民"。除了通过就业、税收等为当地做出贡献外，壳牌还努力为当地的安定和繁荣承担更广泛的责任。

壳牌中国的南海石化项目是一个鲜明的例子。壳牌对该项目所在地的环境进行了保护与美化，使这一世界级的石化基地竟成为人们喜欢的一个当地旅游景点。这个项目的建设涉及10个自然村的搬迁，壳牌严格按照世界银行的标准给予搬迁补偿，并在实际运作中积极进行面对面的沟通，了解搬迁居民的需求，提供良好的房屋居住条件和就业条件，为村民建立起一个新的小城市。与此同时，壳牌还为当地村民进行技能培训，帮助他们成立公司，并把工程中一些服务项目承包给他们。当了解到他们难舍自己种菜的习惯，壳牌请来园艺师为各户居民建成了屋顶种菜项目。

在中海壳牌南海石化项目的建设过程中，工程师们发现在距离工地10海里处有一片珊瑚，经过评估认为，如果发生产品的泄露将对它产生影响。壳牌投入一笔很大资金把珊瑚搬到距离项目很远的地方，一年以后这个珊瑚成活率达到98%，这个项目才算完结。当碰到一个国家二级保护鸟类正在孵化的鸟窝，壳牌就

把工期停下来，等小鸟孵化出来再开工。

此外，壳牌基金会还与中国扶贫基金会合作，帮助中国一些贫困地区的农村妇女获得经济技能并开拓市场渠道。壳牌还经常组织和资助一些社会活动。壳牌在全国中小学生中开展的"美境行动"自1996年开始延续至今，广泛地传播了环保理念。

在全球范围内来看，壳牌往往是以合资的方式来建设和运作其营运项目。在此类项目的经营中，涉及大量的服务外包、设备材料供应、业务协作等业务合作关系。在所有的合作中，壳牌始终遵循公平互利的原则。

壳牌相信，为合作方提供合理的经济利益，是一切合作关系延续与稳定的基础。而广泛又良好的合作关系与合作信誉，同样是构成企业经营环境不可缺少的一部分。

在与油气资源输出国家或地区的政府与企业的合资合作中，壳牌依靠的是石油和天然气领域领先的技术能力和雄厚的资本，因此，壳牌努力提高在这方面的水平和积累，并且在合作中逐步向对方传输和为其培养技术、运营管理等方面的核心能力，通过满足合作方的价值需求，获得自己的业务发展。同时，壳牌常常善于把握国际能源形势的变化，并先于其他国际石油公司与某些油气资源合作国家开展新的洽商。

即使对于那些依附于壳牌开展业务的承包商和供应商，壳牌也不会依靠自己的强势地位进行不合理的、欺压性的合作，这是壳牌商业原则所不允许的。如果有类似的情况发生，可以直接向壳牌提出举报。

壳牌在与各方面的合作中，坚持不放弃自己的经营宗旨和商业原则，并在合作中促进和影响对方实行相同或类似的原则。这也是壳牌选择合作关系的一条重要原则，壳牌不希望因为短暂的合作利益而损害自己的经营根本。

第四节　壳牌企业文化的组织观——结构与行为

一、组织结构对企业文化的影响

与那些在明确的价值观主导下产生积极作用的文化相比，壳牌的某些管理及与之相关的行为风格，却在较长的历史时期内为人们所诟病。而它们在很大的关系上源于壳牌特殊的组织结构。

自1907年荷兰皇家石油公司与英国壳牌运输贸易有限公司合并后，为了在全球经营上借助于大英帝国的国际政治地位，并考虑到内部的一些障碍，在产权管理方式上，采用了双董事会的治理结构。这种结构虽然对壳牌国际经营起到了一定的有利作用，也暂时避免了双方管理关系上的一些麻烦，但这种体制却在漫长的历史时期内对壳牌产生着一些另外的作用。它影响着壳牌的管理和一些运营行为方式，久而久之沉淀为壳牌企业文化的一部分，演变为更加普遍和具有一定自我延续性的行为特征。

在德特丁时代，壳牌组织结构的缺陷在很大程度上是由这位一手促成两家的合并，并素有"石油拿破仑"之称的强人管理来弥补的。而在1936年德特丁离任后，壳牌这种体制上的弊端变得日趋明显，来自两个母公司的管理不仅协调困难，而且相互间矛盾重重。

为了解决这一问题，壳牌建立了一个常务董事会（Committee of Managing Directors，

CMD）。常务董事会在很大程度上只起到协调的作用，在做正式决策时并不具有更强的话语权。为了沟通两家母公司的意见，常务董事会成员每周往返于伦敦和海牙之间，在双方董事会意见绝对一致的基础上才能做出决策。常务董事会制度虽然在一定程度上能够弥补公司结构带来的缺陷，并使决策更加趋于稳重，避免某种个人极端行为，但却使决策过程变得额外复杂而迟缓，大大降低了整个公司的运营效率。另一个问题是，在两个母公司董事会之间，以及母公司董事会与集团常务董事会之间，难以找到明确的决策责任者，容易导致决策表面化。由于权力笼统地属于一个委员会，这使壳牌缺乏强有力的领导者。与其他的石油巨头相比，这正是壳牌管理上存在的弊端。

在长期的历史过程中，这种复杂的管理结构往往成为诱发官僚惰性、造成责任界限模糊不清的温床。双董事会结构使得两家公司的董事会不易达成一致意见，有时出现各自为政的表现，使集团缺乏统一和足够明确的管理意志，处于双董事会结构下的常务董事会难以表现出强有力的管理。

当年德特丁时代强有力的个人领导，并不完全源于个人的领导品质，一个重要的方面，也由于德特丁在合并体制形成之前，就已经具备了超越体制的强势地位，这种强势领导，对壳牌的这种体制而言，是在特定基础条件之上形成的体制外的产物；而事实上，作为一个成熟的企业组织，也不应该依赖于个别超常的个人能力，最终要靠一种合理有效的体制能让每个人发挥恰当的作用。

由于缺乏强有力的集中领导，也就降低了集团中心的核心管理作用，集团内部的管理更多是依赖于公司的规章制度与各职能单位的自我约束，缺乏紧密的联系和密切的协调。在这一阶段，壳牌在整体的运营结构上表现为一种联邦制的方式，这在整体上降低了壳牌的盈利能力与运营效率。

决策管理的迟缓和表面化也影响了组织整体行为的节奏与行为方式，这使壳牌反应迟钝、行动迟缓，缺乏必要的敏捷和竞争性，缺乏随机应变力，并具有内倾保守的倾向。壳牌历史上的某些重大的变革，往往是自下而上推动的（例如20世纪90年代的组织变革），这反映了壳牌另外一种内在的积极文化，然而这种文化却是以曲折的方式发挥着作用。

在两个母公司的董事会之间，由于缺乏统一的管理意志，管理过程中意志模糊、分散和难以把握与确定，一方面对运行机构的方向性与行动力起到了不利的影响，另一方面自然会滋生官僚作风，使管理层变得懒惰和缺乏认真，执行力大大降低，同时也会影响到中间层面的工作融合。

在那个时代，在整体上来看，壳牌具有优秀的大局观，并具有卓越的理念与准确的方向把握，而执行要素却显露出严重的弊端，其战略能力是远远领先于战术能力的。

二、组织变革促进企业文化发展

在20世纪90年代的组织变革中，壳牌关注到一系列存在问题的环节，并进行了一些相应的变革。例如以事业部体制、通过明确的管理链条，加强整合性，强化常务董事会的管理。随后，壳牌又在各事业部中以首席执行官体制取代业务委员会（Business Committees）体制，并在常务董事会中通过明确各成员的责任代替传统的"平等委员会"，希望以此改变在共同意见基础上决策的传统，强调个人领导力与独立责任。这些改革虽然在一定程度上解决了壳牌组织结构中的部分问题，但来自上层结构的影响仍然根深蒂固，它虽然不是直接的行动力量，然而其影响力却在很大程度上引导着集团运行中的具体行为方式，并且无法被其他的要素所代替。

在2004年储量虚报事件发生后，在投资者的不满呼声和社会各界的质疑下，壳牌终于对产权结构进行了改革，将双董事会结构合二为一。

然而运行了98年的双董事会结构已经为壳牌打上了深深的烙印。在改革之初，人们更关心的是两个母公司的运营机制是否能够真正的融会贯通。因为无论何时何地，改革的重点都不是体制，而是行为。2005年，壳牌聘请诺基亚前任总裁奥利拉担任董事会非执行主席，人们期望这位在业界声名远播的芬兰人能够利用他非凡的身份和威望，联合起英国人与荷兰人的羽翼，帮助壳牌摒弃臃肿陈旧的结构，力求塑造精简的一体化组织和文化。

2005年，杰伦·范德韦尔临危受命，接任壳牌常务董事会主席一职（合并后改任集团公司首任 CEO）。上任之初，他就提出了三点要素：储量、交易和文化。这三点要素无不意味着壳牌结构的根本改变，并成为壳牌文化发展的重要契机。杰伦·范德韦尔强调，结构将具备更大问责制，更能以业绩为导向，统一的壳牌将更富有竞争力。在推动完成结构合并，并进行管理体制的一定改变（如设立集团 CEO 和权利统一的执行委员会）的同时，针对壳牌的全球竞争力状况，壳牌展开了在人才储备、培养和留用以及职位规划和评估上的一系列变革。

企业文化一旦形成，便具有了一定的独立性和滞后性，也有了自己独特的生存和发展规律，并不会随着环境的变化而发生改变。壳牌的企业文化经历了长期的历史积淀，不可避免地要形成一些独立的东西。所以壳牌的改革不仅要针对组织结构本身，还要注重结构中业已形成的独立因素。在新的组织结构中，壳牌原有的企业文化是否能发生某些实质性的变化，人们正拭目以待。

2009年7月1日，彼得·沃瑟接替范德韦尔出任新的 CEO。在范德韦尔的支持下，又推出了"转变2009"(Transition 2009) 计划，并指出"我们的一些行为必须改变。我们将建成更精练的工作场所，并将设法使我们的公司更加适应未来"。彼得·沃瑟认为，壳牌内部结构仍然"过于复杂"，必须继2005年的双董事会合并后对其再次做出变革。范德韦尔也表示，"近年来，我们在简化程序和提高效率上已经取得了良好的进展，但参与竞争意味着并不能在此基础上停滞不前，这也不是壳牌的风格"。

第五节　壳牌企业文化的管理观——学习、创新与变革

一、用变革推动发展

壳牌经过百余年的发展而历久不衰，其持续的变革无疑发挥了至关重要的作用。从历史上看，壳牌总是能够根据外界的变化迅速抓住世界发展趋势的脉搏，在对比中发现自己的问题，找到正确的努力方向，然后通过不断变革超越自己，适应未来。

壳牌不断变革的动力来源于它的战略思维方法和危机意识。基于一种开放性的战略思维意识，壳牌能够放眼世界，既可把握全局又能抓住重点。此外，国际化石油巨头的身份也使

壳牌总要密切注视世界各地政治、经济形式的变化以及这些变化对于国际石油市场的影响，并随时准备应付一切不测。这使壳牌习惯于用危机的眼光来看待问题，并注重自我审视。

可以说，壳牌组织变革的能力，在很大程度上来自于学习和创新的精神，并统一于组织发展的主线。正是由于不断学习、创新，壳牌才能根据实际运营的需要进行自我改变。或者说，正是组织发展的主线牵引着壳牌不断进行学习、创新和变革的。

在壳牌百余年的发展历程中，进行了多次重大的组织变革，每一次变革，都对一个历史时期的发展提供了有效的支撑和促进。这种变革是务实的，明确体现了适应性或竞争性的需要，而且在很大程度上体现了结构形式与组织内涵的协调变化。壳牌不会为追逐潮流而盲目地变革。20世纪90年代，壳牌仍在使用事业部的组织形式，这种形式形成于数十年前，壳牌的主要竞争对手（如英国石油公司）正在放弃这种结构，转而寻找更加符合历史潮流的新型组织形式。壳牌历来都是现代管理思想的先驱者，但在此次变革中却明显地偏向于保守，这让很多人产生了疑虑。

事实上，壳牌的每一次重大变革都是在慎重的调查研究与充分准备的基础上进行的，这使壳牌的变革总是及时而有效。在每一次重大的变革之后，壳牌往往都要进行一些后续性的完善和调整，以达到最终目标和效果。在两次重大变革之间，壳牌也常常根据实时情况进行一些渐进的调整改善，在渐变与剧变中保持某种适当的平衡，以推进组织发展。这似乎也成为壳牌百余年来发展与变革的一种节奏。

二、用学习提升活力

壳牌是组织学习（organization learning）管

理思想的产生者和首先践行者，这也使壳牌成为产生"学习型组织"这一概念的土壤。彼得·圣吉（Peter Senge）在《第五项修炼》一书中明确谈到："壳牌公司是第一家了解加速组织学习好处的大企业"。壳牌前企划部主任阿里·德赫斯曾说："唯一持久的竞争优势，或许是具备比你的竞争对手学习得更快的能力。"

壳牌在1983年进行的一项调查研究表明：1970年名列《财富》杂志500强排行榜的大企业，有三分之一已经销声匿迹，而且，这些大型企业的平均寿命不超过40年！在总结正反两方面的经验后，壳牌发现，大部分企业失败的原因在于，企业的组织设置妨碍了整个企业的学习和成长。壳牌由此认为：只要不断地学习创新，并将新的构思运用到工作中去，当别人来效仿我们的时候，我们已经遥遥领先了。

在壳牌，每一个员工都会在公司的帮助下为自己制订发展计划，这个计划的执行过程就是不断学习的过程。公司每年根据员工的职业生涯规划，定期开展有针对性的培训，员工可以根据自己的工作特点和未来发展方向，在直接上级的辅导下设定自己的培训方向和目标。公司根据各个层次员工的需要，制定出详细的培训计划（其内容包括职业素质、专业技能等）并组织落实。壳牌要求员工不断学习新的知识，并培养员工终身学习的观念。

组织学习不单包括员工个人的学习与成长，更要在个人学习的基础上，通过组织成员间的交流、互动、促进与组合，形成组织整体知识体系、心智模式、行为能力的完善与提高，因此组织学习需要"表出化"(Externalization)、"联结化"(Combination) 和 "内在化"(Internalization)等模式，壳牌的学习明显形成了这样的特征。在壳牌，通过交流来分享知识和经验，是被员工们推崇的美德之一，也体现了个人的贡献。例如开会时，每个参加会议的人都要说出自己的意见，以便把众人的智慧贡献出来；而管理者和资深员工在工作中要充当教练的角色，分享自己的知识，随时随地将自己的成功经验和失败教训告诉他人。

为了促进交流，壳牌经常召开一些研讨会、协调会议等，通过深度的对话促进沟通。会议的主角多是员工，而领导则把自己定位于倾听的角色，营造"无障碍交流"的会议气氛。为促进员工的深入思考，会议的主持者常常用"挑衅"的方式提出问题，引导内容逐步深入。有时会采用"头脑激荡"一类的方式，让大家匿名写出自己的见解或意见，然后把这些意见展示出来，大家重新发表意见和进行讨论，在必要时进入新的循环，进一步提升知识的价值。

壳牌这种互动性的学习文化，能够让个人的知识、经验和思考被最大限度地分享出来，共同形成一个知识交流的平台。

在壳牌的组织学习中，非常注重从失败的经验中反思与学习。此外，壳牌还习惯于通过情景分析，设想未来出现的各种可能及其演变，规划可行的应对办法，在进行面对未来的规划中，达到预见性学习目的。壳牌一些有效的危机管理方法等，就是通过这一方式产生的。

同时，壳牌还善于从现存的实际问题入手，在解决整体问题的同时对其方案和结果进行评估，从而使员工更直接地增长经验和提高实际能力，达到行动学习的效果。同时，壳牌也通过工作轮换、代理职务、外派实习等其他形式，对员工进行培训。在壳牌各种各样的工作坊和项目小组中，员工可以得到充分的锻炼，在实际应用中，这种学习方法也得到了员工的普遍支持。

三、用创新改变环境

在壳牌，组织学习的管理思想是技术创新的基础，而创新也是组织学习的一种主要目的。

壳牌拥有专业的研发支持团队和服务团队，为研发机构提供技术方面的支持和交流经验的平台，壳牌总能走在国际技术的最前沿，也在很大程度上得益于此。研发团队的充分协作是壳牌技术创新的基础，同时又是项目研发与生产作业、商务推广、金融及网络技术等完整结合的前提条件。而正是由于壳牌组织学习管理思想的指导，研发团队的充分协作才得以实现。

壳牌的研发组织方式充分体现了知识平台整合的理念。在具体项目的研发中，这种方式可以调动起诸如技术、知识、相关评价和商业运营的力量，并将之有效整合。同时，壳牌还多次与外部的学术机构进行交流合作，使其成为壳牌创新思想的来源，并使自身的知识储备得以扩展。此外，壳牌还善于通过商业合作来分享经验，并建立起覆盖全球的信息交换网络、论坛和公司业务电视，从而激发创新的灵感。

壳牌的创新精神不仅为技术发展提供支持，也在不断推动着壳牌创新体制的进步，以及促进集团内部创新文化的传播与发展。为此，壳牌大力支持员工的创新活动，并时常为员工个人创新成果的展示提供机会，以及将一些可行的构想应用到具体的产品当中。

壳牌有一个取名"游戏改变者"（Game changer）计划，该计划首先从壳牌公司的开发与生产部门开始，挑选了一小批各具特长的中层员工，组成一个"游戏改变者"计划核心小组。这些人员既有创造性，又能充分利用企业各部门的技术资源，对各种创意进行评估。"游戏改变者"小组对各种计划创意进行第一轮评审。通过第一轮评审的计划会被送到"创新实验室"，由小组成员相互合作对这些改革创意进行加工与完善。通过这一关后，计划会进入下一阶段的"可行性实验室"接受检验。这里的工作不是检测计划本身，而是设计一个方案，使壳牌公司能够在控制风险的情况下真正具体实施创意。这一步骤解决的问题十分明确：实施这一创意需要何种技术支持？怎样才能在控制成本的情况下建立费用低廉的模拟系统？对这种原创计划的投资一般控制在1万到5万美元的水平。如果计划进展顺利，还能获得更多的资金。

"游戏改变者"项目从一个部门开始，现在已经普及到整个壳牌公司。公司直属的"游戏改变者"团队专门负责那些超出现有经营项目范围的创意。另外，每个部门也都拥有自己的

"游戏改变者"程序。

如果一位富有创新精神的员工向"游戏改变者"核心小组申请小笔启动资金，将在5天内得到答复。更为重要的是，大部分新创意都并非新的或有深远意义的点子，而主要集中在突破公司现有经营范围内的条条框框上。

广泛的创新必定产生于相应的创新文化环境。最主要的是创新的愿望和意识本身并不能构成完整的创新文化，它们只是单纯的思想动力，而适宜于创新行为的文化氛围，才是创新文化生长的土壤。壳牌在这一问题上深有体会——创新需要激励个性、包容异己、接纳挫败的人文环境和创新价值观，而这些，正是壳牌文化的基础和根髓。壳牌的多样性和包容性，以及正直、尊重他人的文化品性，恰为创新精神与创新行为提供了适宜生长的空间。

第六节　壳牌企业文化的核心观——诚实、正直、尊重

一、外部经营之本

在壳牌的整个文化观念的体系中，"诚实、正直和尊重他人"被视为具有根本意义的核心价值观。其中，壳牌将"诚实和正直"看作是一种基本的行为品质。而"尊重他人"则成为壳牌用以构建社会人际关系的核心。

以这三个要素为基础，壳牌先后制定了《壳牌商业原则》、《壳牌行为准则》和《道德准则》，并完善了整个文化管理体系，将这一核心价值观贯彻和落实到企业活动的方方面面。同时，壳牌也常常向合作伙伴分享这种准则，并得到了业界的广泛的认同与接受。如今，它们已经成为壳牌文化构建、发展的核心与基石。

在壳牌的早期经营中，曾经依靠特殊的国

际政治背景和自身强大的实力，以对资源国不合理的掠夺式开发与对市场的垄断来发展自己。如今，随着世界商业文明的发展，以及产油国石油产权的国有化，这条道路已经难以行通了。

20世纪70年代，石油输出国组织的崛起，彻底改变了世界石油业的规则和秩序。同时，与石油相关的商业活动也在全球范围内得到重新认知，石油产业的发展进入了一个新的阶段。

1976年，国际经济合作组织制定了《跨国公司行为准则》，要求跨国公司应该充分考虑到它们经营所在国的既定政策，并且考虑到其他利益相关者的意见。该准则包括一般政策、信息披露、就业和劳资关系、环境、禁止贿赂、消费者利益、科学和技术、竞争、税收等内容。其主要目标是希望多国企业的营运目标能与政

府一致，加强企业与其营运所在地之间的互信基础，以及协助改善外国投资气候及强化多国企业对永续发展的贡献。

1999年，非洲籍的美国人沙利文牧师与一些跨国企业的高级代表进行合作，提出具有深远影响的《全球沙利文原则》。如今，世界各地的几百家公司都已采用《全球沙利文原则》，如雅芳公司（Avon）、雪铁龙公司（Chevron）、壳牌公司（Shell）和可口可乐公司（Coca-Cola）。每个签约的组织都要向《全球沙利文原则》作出承诺并提交一份进度报告，内容包括政策、培训、程序文件和报告的建立情况。

2000年7月，由时任联合国秘书长安南所倡议的《全球契约》论坛第一次高级别会议召开，参加会议的50多家著名跨国公司的代表承诺，在建立全球化市场的同时，要以《全球契约》为框架，改善工人工作环境、提高环保水平。《全球契约》行动计划已经有30多个国家、200多家著名大公司参与。

我们看到，世界商业文明是随着社会的不断进步而发展的，并且引导着全球商业理念的发展。在新的商业时代，企业的形象不仅意味着它的商业价值，也包括它的社会价值和环境价值。其中，企业的社会责任、社会公共关系等，成为企业发展的重要环境关系因素，也成为新的商业理念当中的重要内容。而诚实、正直以及尊重他人的商业品质，正是确保这些行为的基础。

由于石油产业与公共自然环境及社会生活的广泛相关性，以及作为超大型跨国企业的影响力，社会各层面对跨国公司的石油开发作业所带来的影响极为敏感，这种反应直接关系到企业的商业形象和市场地位，壳牌曾为此付出巨大代价，也对此进行了深刻的反思。壳牌深

知，只有坚持诚实、正直的商业行为并尊重他人，才能赢得社会信任和受到欢迎。而以这种品质为基础，才能保证自己商业经营的客户价值和社会环境价值，从而确保自己走在正确的发展道路上。

壳牌是《跨国公司行为准则》的支持者和《全球契约》的倡导者，也是《全球沙利文原则》的积极响应者。壳牌意识到"有原则的经营方式是壳牌保持长期成功的关键"，而要确保这种原则，就要保持一种正确的"行事方式"，这种行事方式的核心正是坚守诚实、正直与尊重他人的价值理念。《壳牌商业原则》、《全球契约》、《全球沙利文原则》及《跨国公司行为准则》在指导思想上是相吻合的，而且拥有一个共同的价值观基础：诚实、正直和对人尊重。

经过长久坚持与发展，诚实、正直和尊重已经成为壳牌企业品牌最重要的内涵之一，而这种品牌内涵正是壳牌在全球各地进行商业竞争的重要基础。在《壳牌行为准则》中有这样一段话：

"世界领先的公司之所以发挥领导作用，是因为它们确立了他人所期望的表现和行为标准。这些公司十分清楚自身的信仰与希望达到的目标。……现在是更清晰地表述我们要求员工遵循哪些标准、实践何种行为的时候了。不仅是为了确保我们遵守所有相关的法律法规，而且也是为了确保我们每个人的个体行为符合壳牌的核心价值观——诚实、正直和尊重他人。"

二、内部行为之根

壳牌的核心价值观是企业内部行为的核心与基础，也是企业内在竞争力的重要根源。壳牌认为，行为方式决定于行为品质，要想从根本上保证企业及其成员具有良好的行为方式，

就需要求每个人都遵守基本的行为规范。此外，壳牌还通过员工的行为方式，进一步营建积极的内部组织关系，培育组织动力。

壳牌认为，诚实和正直是行为品质的基础，壳牌的员工必须在对待事物和人际关系方面建立正确的态度，从而能够在组织和工作中正确对待自己的职责和义务。因此，壳牌把这两种品质视为开展一切积极行动的基础，也是每个员工人格标准的底线。

在企业的文化环境中，诚实、正直与社会正义密切相关。在充满正义感的文化环境下，诚实和正直才能成为员工行为品质的主流，而反过来，它们也会成为推动正义文化环境建设和发展的根本力量。

同时，诚实和正直也使工作环境变得简洁和透明，大大降低了组织内部的沟通成本，简化了协作，使人们更专注于自己的工作职责，并有利于减少外界的干扰，保证组织关系的纯正与公平。对于壳牌这样的国际企业来说，跨文化管理是一个不容忽视的问题，而诚实和正直恰好为不同的文化因素确立了一个共同的基点。

内部组织关系一向被壳牌看做是保证组织效能、提高整体竞争力、保证组织健康发展的重要大事。这种关系主要包括两个要素：企业与员工的关系以及员工之间的关系。在组织的形成与发展过程中，信任是一切的开始，只有组织内部成员相互信任，组织效能才能得到充分的发挥。以诚实、正直和尊重他人为根基的企业文化，使壳牌能够建立起真诚相待、相互信任的内部组织关系，带动所有企业成员共同营造良好的工作氛围。

尊重他人既是壳牌人文精神的反映，也是壳牌力求建设高效能企业组织的一种管理理念。尤其在国际化管理背景下，为广纳英才、释放个性活力、培育组织动力，壳牌致力于发展多样性和包容性的企业文化，而这种多样性和包容性，正是以尊重为前提。

壳牌认为，随着人们的价值观日趋多元化，价值观体系也变得愈加复杂。在这种情况下，企业只有遵循开放、兼容的多元化思想，才能适应形势，吸纳到最优秀的人才。同时，只有秉承多元化的文化思想，才能兼容各种差异，汇聚各种智慧，从而增强凝聚力。如果抛弃这种思想，以专制的方式强迫思想统一，只会泯灭员工的个性，扼杀他们的创造力，整个企业也会因此丧失活力。

对个体而言，自尊是人们保持上进的根本源泉。人们只有在被尊重的环境中，才能激发出自主动力和自我责任感，而发挥出在被动状态下无法相比的潜力。同时，相互尊重能够加强员工间的信任与合作，而令企业保持一种高效能的组织状态。

曾任英国商务会主席的著名经济与管理学家阿里·德赫斯（Arie de Geus），通过自己在壳牌30多年的工作体验，及对其他一些长寿公司进行研究后，认为包容性管理对公司的长寿具有重要意义。

通过诚实和正直，从根本上树立正确的态度；通过互相尊重，来激发自主、创造责任、释放价值、缔结合作；通过多样性和包容性，保持活跃的创造个性，从而汇聚价值。壳牌的这种文化理念，已经成为其不可或缺的核心竞争力。

在壳牌，诚实、正直和相互尊重，被看成是职业道德的标准。虽然壳牌实行包容性的管理，但这并不意味着对原则的放纵。壳牌认为，一个人的技能低下，可以通过培训及训练进行提高，但如果一个人的道德品质出现问题，则很难纠正。因此壳牌将这种职业道德作为一种严格的人格底线，对不诚实和缺乏正直的行为，采取零容忍的原则；对员工背离公司价值观的行为，不做出任何妥协。无论任何人，只要他的行为背离了公司的核心价值观，就不能继续留在公司工作。

为了贯彻公司的价值观，在新员工报到时，都会得到一本员工手册，其内容涉及商业道德规范及公司利益冲突等方面。为了让员工加深对这些理念和原则的印象，公司还要对员工进行集中培训，详细讲解手册中的内容，使他们真正认识到道德规范的重要性和严肃性。

壳牌每年都会发给员工一份职业道德规范承诺书，员工阅读后要在上面签字。一旦签字，承诺书就会生效，并具有严肃性和约束力。这么做的目的，就是要让员工恪守职业道德，消除他们在工作中的侥幸与投机心理。而且，通过每年一次对员工的提醒，可以保证员工不会淡化或忘记职业道德规范。

值得一提的是，在这些原则的遵守与履行上，壳牌并不局限于员工个人，而是以之作为企业行为，促进企业文化的形成，其主要表现为：

（1）倾听：倾听是尊重的一个重要表现。壳牌把听上升到制度的层面，在管理中奉行普遍和深度的对话。

（2）尊重员工个人价值：壳牌切实尊重员工作为人力资源的价值，挖掘和开发人力资源，而不是损耗人力资源，并把公司发展切实建立在个人发展之上。

（3）核心价值观的传播：在企业经营和管理上，壳牌对客户、员工、利益合作者等等，处处体现出诚实、正直和尊重的原则，并在传递方式上，通过企业传递到员工，再经员工传递到其工作接触者。

为体现尊重原则和引申尊重的意义，壳牌鼓励员工在企业文化的框架内，营造员工所希望的工作氛围，建立由员工提名的绩效奖项，引导员工有一双发现美的眼睛，善于相互认可与激励，真正参与到公司的管理中来，努力建设一种支持性的工作环境。

业务篇

历经不断地发展，目前壳牌的业务已经遍布世界90多个国家。本篇着重对壳牌在全球60多个重点国家的业务进行了介绍。

第九章　壳牌在亚太地区

第十章　壳牌在欧洲

第十一章　壳牌在北美洲

第十二章　壳牌在南美洲

第十三章　壳牌在中东地区

第十四章　壳牌在独联体

第十五章　壳牌在非洲

第九章　壳牌在亚太地区

第一节　壳牌在亚太地区的业务概述

一、壳牌在亚太地区的发展历程

壳牌进入亚太地区是在19世纪末到20世纪初。进入亚太地区以后，壳牌的发展便与亚太地区密不可分。正是在印度尼西亚钻的第一口油井，使壳牌迈出了石油巨头之路的第一步。

此后，亚太地区不但成为壳牌的主要产油区之一，同时也是壳牌石油产品的主要销售区域。

随着亚太地区的经济发展，壳牌在该地区的投入也逐渐加大，业务范围也随之不断扩展。如今，壳牌已将亚太地区作为下一个阶段的发展重心。

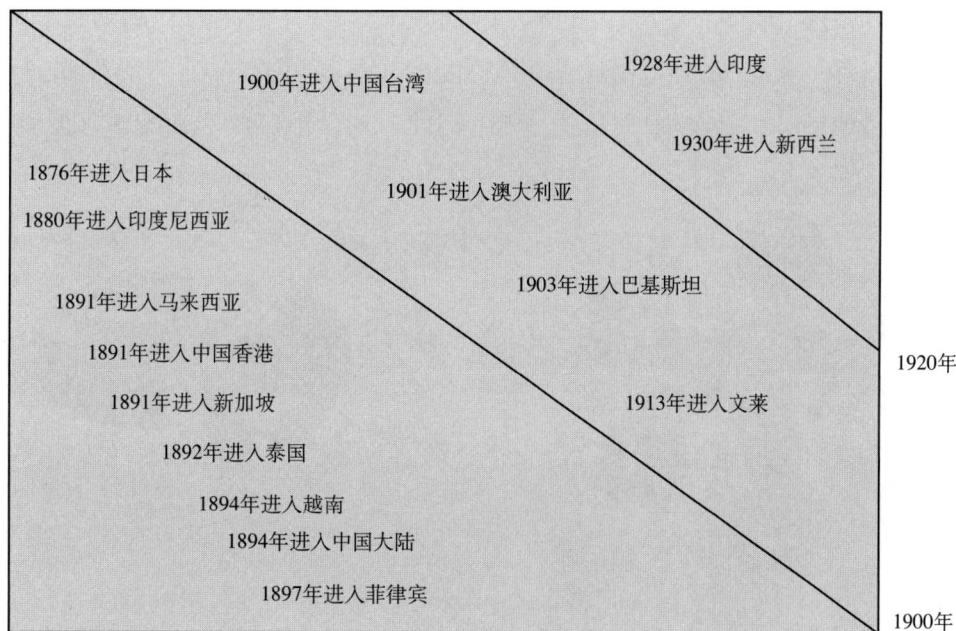

```
1900年进入中国台湾            1928年进入印度

                                      1930年进入新西兰
1876年进入日本
              1901年进入澳大利亚
1880年进入印度尼西亚

                             1903年进入巴基斯坦
1891年进入马来西亚

1891年进入中国香港                                        1920年

1891年进入新加坡             1913年进入文莱

1892年进入泰国

1894年进入越南

1894年进入中国大陆

1897年进入菲律宾                                          1900年
```

壳牌初次进入亚太地区各个国家和地区的时间

二、壳牌在亚太地区的发展战略

壳牌倡导"更多的上游，赢利的下游"，而其下游倚重"东方战略"正是来源于此。在壳牌的利润增长点中，下游业务有着毋庸置疑的重要性，但在全球炼油行业利润率整体下滑的背景下，壳牌也由于炼厂利润率和销售量下滑而

导致收益有所下降。

为了实现"赢利的下游"，壳牌开始实行"东方战略"，把投资重点转向亚太地区这样的全球高成长性市场（尤其是中国市场），培育新的利润增长点。向东方发展，一方面能够剥离回报率低、风险大的项目，如关闭一些炼油厂；另一方面，把投资目标放在中国、印度、土耳

其、印度尼西亚、马来西亚、俄罗斯、乌克兰、泰国等投资回报增长迅速的新兴市场，可以使壳牌从当地急速增长的石油产品需求中获益。

亚太地区的经济飞速发展使该区域的石油需求也随之强劲增长；相比之下，欧美地区因汽油零售价高、车辆燃油使用效率提高以及生物燃料等替代产品的使用而造成油品需求增长趋缓。从全球的石油资源分布来说，亚太地区的石油资源与石油产品消费不成正比，消费增长的速度和比例远超过石油资源勘探与开发的比例，这导致亚太地区的石油和石油产品严重依赖进口，也为壳牌的东扩提供了机遇。

在亚太地区，仅有中国排进了世界十大产油国；而在石油十大消费国中，中国、日本、印度和韩国都跻身其中。这一方面是由这些国家庞大的人口基数造成的，另一方面也是由于

亚太地区经济发展的强劲势头带动了石油消费的增长。

壳牌"东方战略"的主要目标市场包括土耳其、俄罗斯、乌克兰、印度、印度尼西亚以及中国等国家。目前，壳牌正在上述国家和地区投资加油站，并计划在东方建立强大的下游业务体系，而中国市场则是其"东方战略"的重点之一。

壳牌正将石油产业的重心逐渐向亚洲转移，至2010年底，壳牌在亚洲国家的炼油能力提高22%，亚洲被认为是未来几年中能源需求增长幅度最大的地区。壳牌实施向东方发展战略的重点在下游，对于壳牌来说，西方市场已经相对成熟，没有更高的利润增长，而包括中国在内的东方国家的石油产品需求正在不断增加，因此，亚太地区成为壳牌未来的重点市场。

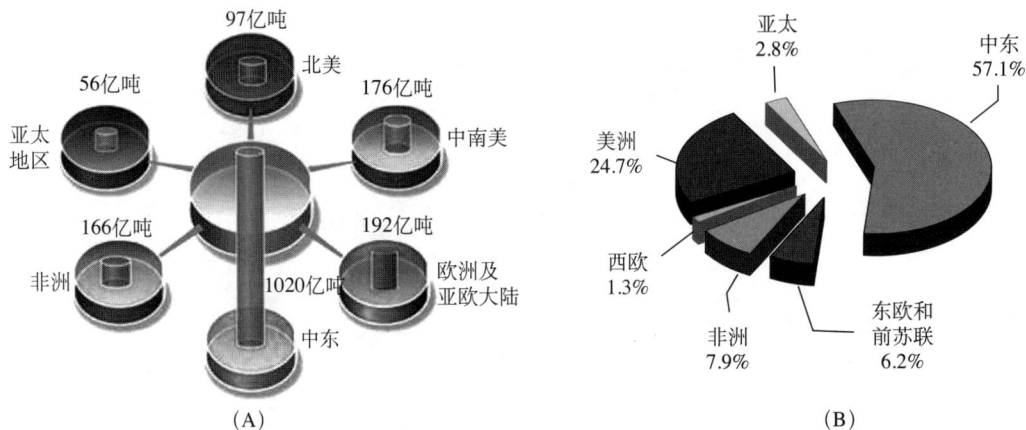

(A)

(B)

2009年世界石油探明储量（A）及各地区所占比例（B）

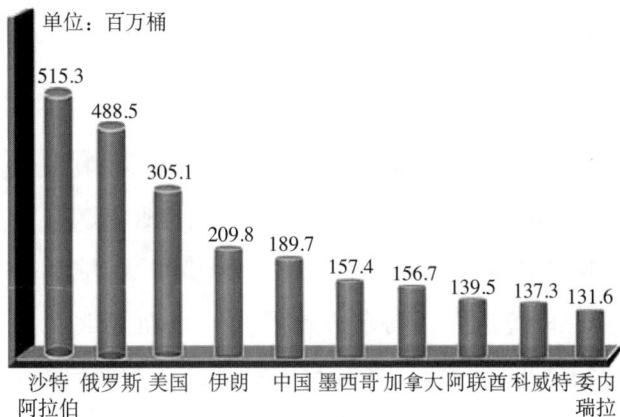

2009年世界十大产油国

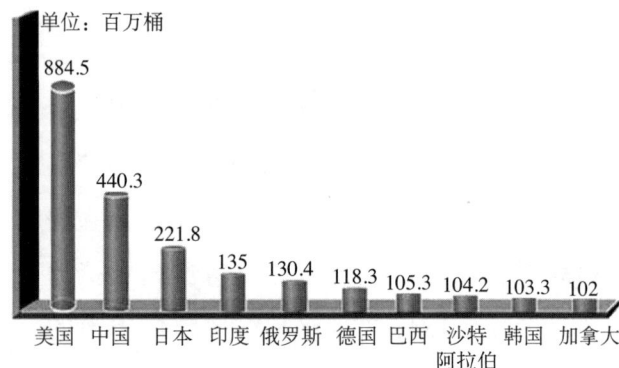

2009年世界十大石油消费国

三、壳牌在亚太地区的业务分布

（一）壳牌在亚太上游的勘探与开发业务

亚太地区原油探明储量约为45.7亿吨，是目前世界石油产量增长较快的地区之一。中国、印度、印度尼西亚和马来西亚是该地区原油探明储量最丰富的国家，分别为21.9亿吨、7.7亿吨、5.8亿吨和4.1亿吨。中国和印度的原油储量虽然丰富，但是每年仍需大量进口。

由于地理位置优越和经济的飞速发展，东南亚国家已经成为世界新兴的石油生产国。印度尼西亚和马来西亚是该地区最重要的产油国，越南也于2006年取代文莱成为东南亚第三大石油生产国和出口国。印度尼西亚的苏门答腊岛、加里曼丹岛，马来西亚近海的马来盆地、沙捞越盆地和沙巴盆地是主要的原油分布区。

壳牌一直非常重视亚太地区石油和天然气资源的勘探与开发。事实上，壳牌在亚太地区的勘探与生产业务在一个多世纪以前就已经开始。19世纪90年代，壳牌在苏门答腊和婆罗洲开始建立钻探井。现在，壳牌勘探与生产业务遍及亚太地区7个国家：马来西亚、文莱、中国、菲律宾、新西兰、澳大利亚和新加坡。

现阶段，在亚太地区的勘探与开发领域，壳牌最大的投资项目是澳大利亚的高庚项目（Gorgon）。高庚项目是雪佛龙德士古、壳牌和埃克森美孚集团在2003年启动的、总投资为110亿澳元的天然气开发项目。

（二）壳牌在亚太地区中游的炼化业务

由于壳牌全球战略对亚太地区的倾斜，壳牌不断增加对亚太地区中游炼化业务的投入，并扩展其炼油生产能力，壳牌的炼油产品无论从产量上还是从品种上都得到了充分的扩展，已经成为亚太地区石油产品生产和供应的主要跨国公司之一。

壳牌在亚太地区最主要的炼化产业是天然气制油项目，该项目在马来西亚的壳牌民都鲁馏分综合厂进行试点实施。

早在20世纪70年代，壳牌就已开始对天然气制油（GTL）技术的研究。壳牌研究机构致力于用更清洁、更丰富的原料为普通发动机制造清洁的替代燃料。经过多年的研究和小规模的商业生产，如今，壳牌的GTL燃料已经进入了大规模的商业生产阶段。

天然气制油技术，即通过对天然气进行气化处理，得到氢气和一氧化碳的合成气体，再将合成气体液化为液体碳氢化合物，从而得到优质燃油。这种合成油品最重要的优点是基本不含硫和芳香烃等杂质，同时具有超高的十六烷值。GTL燃料的燃烧具有清洁、高效的特点，完全符合现代发动机的严格要求和日益苛刻的环境法规。

GTL燃料无味、透明、清澈，能减少发动机的噪音，具备更高的生物降解性，且不具毒性，这些特性让壳牌GTL燃料在商业应用中大放光彩。在动力性能方面，根据在应用中的测算，壳牌GTL燃料具备更高的燃烧效率和清洁度。

GTL技术的工艺流程主要分合成器生产、费托合成和合成油处理三大部分。作为技术上的先行者，壳牌的SMDS（Shell Middle Distillate Synthesis）工艺技术，被认为是目前世界GTL技术中最成功的典范。壳牌气化工艺将天然气、氧气和水蒸气在气化炉中反应，生成的合成气经费托合成，生成重石蜡，再经加氢裂化、分馏，生产出不同种类的烃产品，如柴油、石脑油、优质石蜡等。

2009年世界主要石油公司在亚太地区的炼油能力 万吨/年

公司名称	炼厂数/座	炼油能力
中国石化	27	19855
中国石油	25	13075
埃克森美孚公司	10	9688
英荷壳牌	13	6524
新日本石油公司	7	6585
信任工业有限公司	2	6200
印度尼西亚国家石油	8	5059
SK公司	1	4085
印度石油	10	3969
中油公司（中国台湾省）	3	3850
GS加德士公司	1	3550
雪佛龙公司	6	3343
东燃／General Sekiyn Seisci KK 43 141	4	3141
出光兴产	4	3040

（三）壳牌在亚太地区的下游销售业务

壳牌在亚太地区的下游（石油和天然气产品)销售业务主要包括：液化石油气、沥青、润滑油、化学品和海洋产品等。通过其遍布亚太地区的加油站网络和经销商网络，壳牌将各种产品送到消费者和客户手中。

由于经济的迅速发展，亚太地区已经成为壳牌在世界范围内的营销重心。

1. 壳牌在亚太地区的加油站网络

在亚太地区，壳牌加油站的数量占其全球加油站总数的21.9%，并呈现逐年增加的态势，其分布与发展趋势是与壳牌在亚太地区的战略密不可分的。壳牌不断开发亚太地区的石油、天然气产品市场，通过合资的手段渗透到销售终端，铺建起营销网络。

2. 壳牌润滑油（润滑脂)在亚太地区的销售业务

自2007年以来，壳牌在润滑油销量上一直遥遥领先，占全球润滑油销量的13%，领先紧随其后的竞争者两个百分点。

从2007年起，壳牌在亚太新兴市场的业务增长强劲。如今，亚太地区已经超过北美，成为全球最大的润滑油消费地区。壳牌润滑油销量在中国的年增长是20%，在印度尼西亚是14%，在印度是8%。

由于全球经济危机的影响，全球润滑油市场一直增长缓慢，但在部分国家和地区仍然存在增长机遇。就市场需求量而言，亚洲将是未来增长的引擎，而西欧将出现需求下降，北美将出现增长停滞。

统计数据显示，中国市场成长最快，年销售额增幅可达两位数。据分析，从2013年开始，中国市场对润滑油的需求将以每年约3.5%的速度递增，如今已经超过了印度，成为全球利润增长最快的市场。根据预计，工业润滑油行业将在中国呈现最强的增长态势。

壳牌认为，中国具有成为全球最大的润滑油市场的潜力，这是因为中国经济一直在良好的轨道上持续发展，而中国持续增长的实力，尤其是在工业领域的实力是毋庸置疑的。

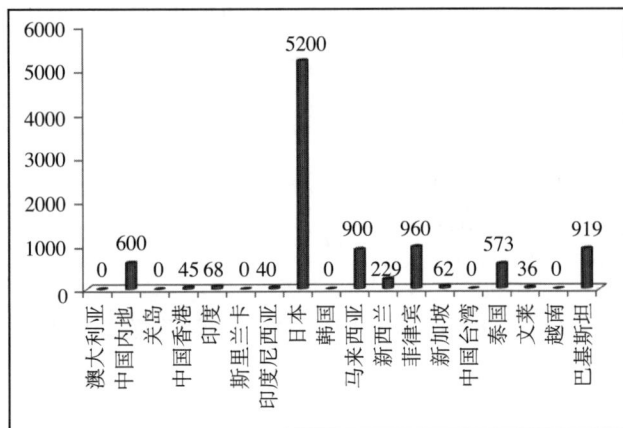

2010年亚太地区加油站数量分布图（单位：座）

第二节　壳牌在澳大利亚

壳牌在澳大利亚的历史已逾百年。经过一个世纪的经营，如今壳牌已经成为澳大利亚石油和天然气行业的领先者。在满足澳大利亚消费者需求的同时，壳牌也将澳大利亚作为向亚洲、非洲等地扩张的踏板，成为其全球战略的重要组成部分。

自1901年起，壳牌一直活跃在澳大利亚的石油和天然气行业。壳牌在澳大利亚的业务主要集中在石油和天然气的勘探与开采、炼油、供应，以及石油产品的制造和销售等方面，并由设在墨尔本的壳牌总部为各地区的业务提供支持。

在百余年的经营与发展中，壳牌在澳大利亚已经拥有了2个炼油厂、1个润滑油调配厂、800多座加油站以及遍布澳大利亚沿海的16座物流码头，澳大利亚政府和私人用于修建道路的沥青有三分之一来自壳牌，而壳牌石油产品则满足了澳大利亚整个市场需求的四分之一。

一、壳牌在澳大利亚的发展历史

1901年6月3日，壳牌的运输船第一次到达澳大利亚，带来了以俄罗斯的原油为原料生产的旭日牌散装柴油。

1903年，壳牌的默克斯号油轮运输的散装燃料首次抵达澳大利亚。

1905年，壳牌运输贸易公司和荷兰皇家石油公司进行合资，在澳大利亚成立了英国帝国石油有限公司（British Imperial Oil Company Ltd）。

1909年，福特 T 型车来到澳大利亚。海王星石油公司（Neptune Oil Company）成立，主要经营石油业务。

1910年，约翰费尔公司（John Fell &Co）开始从戈尔湾购买石油，以供应其距离戈尔湾不远的炼油厂进行加工。

1913年，约翰费尔公司收购了英联邦石油总公司（Commonwealth Oil Corporation）的资产，并开始在新南威尔士（NSW）提炼页岩油。

1914年，Lever 集团（Lever Group）收购了海王星石油公司。Euplectela 的第一船散装汽油抵达澳大利亚。

1916年，壳牌宣布将大批量为油库配备油泵设备，并引入著名的"Bowser"路旁泵。约翰费尔公司在悉尼以西16千米的帕拉马塔（Parramatta）和鸭河（Duck Rivers）的汇合点建立了油页岩炼油厂（即后来的壳牌公司的克莱德炼油厂）。

1922年，约翰费尔公司购买原油并在克莱德进行提炼。

1926年，克莱德炼油厂（Clyde Refinery）开始生产汽油、柴油和煤油以及其他石油产品。荷兰皇家壳牌集团收购了 Lever 集团的海王星石油公司。壳牌将公司所拥有的数百路旁泵以较低的押金和租金租赁给经销商并为他们安装。

1927年，鸭河码头建成，并开始接收由戈尔湾运送过来的原油，再运输到克莱德炼油厂。英国帝国石油有限公司成为壳牌澳大利亚有限公司（Shell Australia Limited）。壳牌开始提供有关石油工业的无声电影以促进相关知识的宣传。

1928年，壳牌收购了克莱德炼油厂。克莱德炼厂主要生产汽油、柴油、拖拉机馏分油和燃料油等。

1931年，英联邦政府开始对汽油征收每加仑4便士的消费税。

1932年，壳牌赞助了有声电影——《大型家禽养殖》，后来又赞助了乳业产业（1933）以及汽车、摩托车产业（1935）的有声电影。

1935年，壳牌教育电影图书馆开幕，并成为澳大利亚最重要的电影发行渠道之一。壳牌还无偿捐助了上百种教育片和纪录片。

1937年，壳牌在墨尔本的办事处建立了电影放映室。

1939年，壳牌澳大利亚开发公司（SDA）首次得到了澳大利亚勘探许可。在战争期间，壳牌投入了大量的资源和工作人员，为澳大利亚陆军和空军提供汽油、机油和润滑油等物资。

1941年，原油库存锐减，克莱德炼油厂成为战时重要产业。

1943年，壳牌澳大利亚开发公司暂停了各种业务，直到战争结束后才逐渐恢复勘探活动。

1946年，克莱德炼油厂重新开放。

1947—1951年，壳牌投入了100万英镑进行为期四年的石油勘探，在昆士兰的勘探面积超过5万平方英里。在这一段时间内，壳牌成立了壳牌旅游服务公司，推出了旅游服务。

1948年，壳牌流动影片放映公司首次为许多偏远地区播放电影。

1949年，壳牌制作了第30部电影，并为澳大利亚进行了首次电视演示。

1950年，约翰·埃耶尔（John Heyer）成为澳大利亚壳牌电影公司的第一个制片人，同年壳牌推出它的研究生奖学金计划。

1951年，壳牌推出了"经销商计划"，推动

了澳大利亚石油市场的成长进程，成为澳大利亚石油市场发展历史上的里程碑。该计划促进了壳牌石油产品专营店网络的建设，有助于降低分销成本以及降低汽油的价格。同年，壳牌决定在科里奥（Corio）兴建吉朗炼油厂（Geelong Oil Refinery）。

1953年，西澳大利亚石油（West Australian Petroleum，WAPET）在艾克斯茅斯海湾（Exmouth Gulf）附近的 Rough Range-1号井发现了可以进行商业开采的石油。据初步估算，油田的石油储量约为6百万桶。

1954年，壳牌化工（澳洲）有限公司成立，主要负责向澳洲市场推广其第一座石油化工厂（吉朗炼油厂的硫酸厂）的产品。同年，吉朗炼油厂的1号和2号原油蒸馏装置陆续投产。

1958年，壳牌收购了 WAPET 石油勘探公司28.6%的股权。同年，壳牌化工宣布在克莱德炼油厂建立环氧树脂工厂。同年，壳牌第一次扩建克莱德炼油厂，总投资额为1800万美元。

1959年，壳牌宣布在吉朗建立烷基化工厂，并在克莱德建立石化厂。

1960年，克莱德炼油厂进行第二次扩建，总投资额为3400万美元。同年，吉朗炼油厂进行第一次大规模扩建。

1960—1964年，壳牌澳大利亚开发公司的地质学家团队开始对澳大利亚陆上大部分地区进行勘探。

1962—1971年，壳牌澳大利亚开发公司对昆士兰州的马里伯勒（Maryborough）进行勘探。

1963年，壳牌澳大利亚开发公司与伍德赛德（Woodside）和伯曼（Burmah）公司合作，共同勘探澳大利亚西北大陆架。

1964年，壳牌赞助的甲壳虫乐队在澳大利亚进行电视节目表演。

1964—1968年，壳牌澳大利亚开发公司开始勘探新南威尔士的悉尼盆地。

1965年，壳牌澳大利亚开发公司分别开始在维多利亚的奥特韦盆地（1965—1975年）、阿拉弗拉海（1965—1977年）和巴斯海峡（1965—1975年）进行勘探。

1966年，西澳大利亚石油公司声明在巴罗岛发现了可以进行商业开发的油田，并开始在奥特韦盆地进行海上钻井。同年，克莱德炼油厂第三次扩建，总投资额2000万美元。

1966—1977年，壳牌澳大利亚开发公司在大澳大利亚湾（Great Australian Bight）进行勘探。

1968年，凯西夫人（澳大利亚总督的妻子）赞助壳牌建造其第一艘澳大利亚油轮。这艘油轮载重2.47万吨，命名为 Cellana。同年，壳牌澳大利亚委员会在新港码头建立了第一个轮机油工厂。

1970年，壳牌化工在克莱德炼油厂投资1600万美元建立了第一个聚丙烯装置。

1971年，壳牌在澳洲西北大陆架发现了第一个天然气田——北兰（North Rankin）天然气田。次年，壳牌在西北大陆架发现天使和古德温天然气田。

1973年，壳牌设立民俗节。同年，壳牌赞助举办了西澳大利亚壳牌青年音乐会。

1972—1973年，壳牌开始在坎宁进行海上勘探。

1972—1980年，吉朗炼油厂第二次扩建。

1975年，壳牌设立弗里曼特尔打印奖（Shell Fremantle Print Prize）。

1976年，壳牌引领澳大利亚工业进入电子自动化。

1978年，壳牌整合其在澳大利亚的业务，成立了壳牌澳大利亚有限公司（Shell Australia Limited）。

1980年，壳牌推出马拉松里程活动，鼓励节油技巧和技术的发展。

1981年，壳牌启动汽车护理，为司机提供专业汽车维修服务。同年，壳牌获得在巴斯海峡进行石油钻探的许可证，并启动了载重量3.2万吨的 Conus 油轮。

1982年，壳牌加大对勘探的投资，共投资了5250万美元（不包括西北大陆架勘探）。同年，壳牌推出 XM0 汽车润滑油，这是当时世界上最好的曲轴箱油。

1983年，壳牌完成了为期五年的，对新工厂、新设备，以及石油、天然气、煤炭和金属企业的高达20亿美元的投资计划。

1984年，西北大陆架第一阶段的开发开始投产。西澳大利亚国家能源委员会开始销售燃气。壳牌开始启动 Nivosa 油轮，载重量高达11.5万吨，可运输原油和成品油。同年，壳牌加油站开始提供电子转账（电汇）服务。

1984—1988年，壳牌开始在坎宁盆地进行陆上勘探。

1985年，壳牌完成了五年投资计划中的4.5亿美元，以完善其石油炼制和营销网络。壳牌在伍德赛德石油公司持有的股权由原来的21.34%上升到40.4%。同年，壳牌与八个日本的电力和天然气公用事业签署了液化天然气（LNG）的购买协议。

1986年，壳牌引进无铅汽油销售：壳牌超级汽油。同年，第三次石油危机的浪潮来临。

1986—1989年，壳牌对昆士兰的德拉蒙德进行陆上勘探，对西澳大利亚的比格尔（Beagle）进行海上勘探。

1987年，经过30万千米的全球路试，壳牌柴油进入澳洲市场。博丁顿（Boddington）金矿项目投产。同年，壳牌对西澳大利亚 Browse 盆地进行勘探，设立了考文特花园皇家歌剧院奖学金。

1988年，博丁顿金矿（壳牌占有其股份的30%）成为澳大利亚最大的黄金矿，不到一年就产出黄金。同年，壳牌收购了 CSR 煤炭的股份，还收购了在昆士兰的卡利德煤矿和德雷顿煤矿的大部分股权。壳牌也对维多利亚的托基进行了海上勘探，同时开始在昆士兰的 Eromanga 盆地进行勘探。吉朗炼油厂进行第三次扩建。壳牌还赞助第四届女子板球世界杯。

1989年，壳牌在澳大利亚墨尔本斯普林街的新总部正式投入使用。这一年，壳牌在澳大利亚进行石油勘探的投资超过10亿美元，西北大陆架液化天然气首次向日本交付。

1990年，壳牌开始在吉普斯兰（Gippsland）盆地和 Eromanga 盆地钻探石油。

1992年，吉朗炼油厂进行扩建，新建了催化裂化装置、中央控制系统和选择性加氢装置。

1993年，壳牌在澳第一阶段的4800万美元投资结束，同年在东海岸成立润滑油调配厂和润滑脂生产设施。

1994年，壳牌将其在伍德赛德的石油控股权从40.4%降低到34.3%，同年引入含铅量50%的汽油。吉朗炼油厂新建硫处理分厂。

1995年，蒙特尔（Montell）收购壳牌的聚丙烯业务。对西北大陆架最初计划勘探范围的项目完成。同年，壳牌推出了针对汽油发动机的喜力系列润滑油。这一年，壳牌成为三家加入绿色家园计划的公司之一；该计划倡议，到2000年，壳牌将致力于减少悉尼的空气污染，使空气更清洁。

1996年，壳牌煤炭资产报告收益达108.1

万美元。达特布鲁克、NSW 煤矿投产。壳牌对分布在澳大利亚、新西兰、巴布亚新几内亚和太平洋岛屿的石油产品业务进行整合，成为壳牌大洋洲业务。同年，壳牌投资昆士兰的 Moranbah 北煤项目，并宣布投资设立了土著艺术基金，由北领地的博物馆和美术馆进行管理。

1997年，壳牌和伍德赛德能源进行合作，成立北澳大利亚天然气合资公司。同年，载重量为4万吨的螺旋线号油轮抵达吉朗港。壳牌还在布里斯班（Brisbane）设立了壳牌国际煤炭业务发展中心。

二、壳牌在澳大利亚的勘探与开发业务

壳牌进入澳大利亚已经超过百年的时间。在百余年中，壳牌积极地参与澳大利亚石油产业的上游勘探和开发业务，并合资参与了西澳大利亚和北部地区的勘探和开发业务。目前，壳牌参与的大型天然气项目主要分布在澳大利亚西北大陆架，即丹皮尔、西澳大利亚、达尔文、北部地区之间。在这些项目中，壳牌分别组建了高庚合资企业（The Gorgon joint venture）、日出合资企业（The Sunrise joint venture）、The Evans Shoal 合资企业和 Browse 合资企业（Brecknock Calliance Torosa，BCT），并通过这些合资企业对澳大利亚西北大陆架进行勘探与开发。

值得一提的是，壳牌在 Browse 盆地的 WA-371-P 区块拥有100%股权的勘探开发许可证，该区块位于西澳大利亚布鲁姆州（Broome）东北偏北475千米处，覆盖面积大约1000平方千米。2007年，壳牌在该区块发现了前奏曲（Prelude）气田，在2009年3月又在本地区发现了协奏曲

(Concerto)气田。由于这些气田的天然气储量相对较小,位置又比较偏远,前奏曲和协奏曲气田非常适合壳牌 FLNG 技术的使用。

FLNG 即浮式液化天然气设施,也指安装有浮式液化天然气设施的船。壳牌公司耗资 11.9 亿美元建造了一艘巨型浮式液化天然气船,并首先应用到前奏曲气田上。船长 480 米,宽 75 米,液化天然气年度产量预计将为 360 万吨。除生产液化天然气外,在产出高峰时,每天还可以生产大约 3 万桶冷凝物,年产 40 万吨液化天然气。浮式液化天然气船采用 SBM 离岸公司建造的巨型内部井口建筑物,可以永久性地系泊在前奏曲气田。据 SBM 离岸公司介绍,系泊系统是为抵御千年一遇的飓风量而特别制造的。

壳牌 FLNG 技术改变了以往的加工模式,将天然气液化设施直接建立在海上气田上,节约了运输管道和大量的岸上设施。这种创新将替代传统的陆上液化天然气工厂,令远离海岸的小型油气田也可实现盈利。

浮式液化天然气项目生产计划在 2016 年开始。壳牌即将在澳大利亚境内进行的同类项目至少有 12 个,预计将推动供应国从全球第五大液化天然气供货商跃升至第二位。

壳牌在澳大利亚的上游项目主要有:

(一)西北大陆架项目

西北大陆架项目(The North-west Shelf, NWS)是澳大利亚最大的资源类项目,总投资额约 270 亿美元。NWS 项目是由现有股东,包括 BHP 柏灵顿(NWS)石油公司、BP 澳大利亚开发公司、雪佛龙德士古澳大利亚公司、日本澳大利亚 LNG 公司、壳牌(澳大利亚)开发公司及伍德赛德能源公司等大公司一起共同组建的合资实体,其中壳牌拥有 34% 的股权。

西北大陆架项目的主要内容是:勘探与开发澳大利亚西北大陆架油气田,生产和开发液化天然气、液化石油气、凝析油等产品。并为澳大利亚国内提供天然气,同时向日本、韩国、中国及中国台湾地区、印度、欧洲和美国等国出口液化天然气、凝析油和液化石油气。

(二)高庚项目

2003 年,雪佛龙德士古、壳牌和埃克森美孚共同启动总投资为 110 亿澳元的高庚天然气项目。雪佛龙德士古是项目运营方,持有七分之四股份,壳牌持有七分之二股份,埃克森美孚持有七分之一的股份。高庚天然气项目计划开采该气田可开采量中的 9.6 万亿立方英尺,在巴

浮式液化天然气船

若岛上加工成液化天然气并出口到亚洲和北美。最初，项目的年产量为500万吨（约2500亿立方英尺），到2011年达到了1000万吨，生产年限将超过25年。项目如果持续进行，将有望成为澳大利亚最大的资源项目。

（三）其他项目

壳牌在 Browse 盆地参与的其他项目包括：壳牌拥有 Browse 盆地布雷克诺克、Calliance 和托罗萨气田天然气开发的大约9%股份；拥有在 AC/P23 区块的 Crux 气田的天然气收购权。壳牌还持有日出（26.6%）和埃文斯滩（25%）在波拿巴盆地天然气田的股份，以及在 Carnarvon 盆地的几个许可证的股份。

三、壳牌在澳大利亚的运输与储存业务

（一）壳牌新港码头

新港码头是壳牌在维多利亚的主要燃料供应点。每年生产数百万升燃油，包括汽油、柴油、航空燃料、溶剂和基础油，通过该终端运输到维多利亚和新南威尔士州滨海沿岸地区。壳牌主要采用公路和铁路运输，将罐装和桶装的散装燃料和石油产品运送给客户。

新港码头位于维多利亚的伯利街（Burleigh Street），总占地面积为22公顷，共配有40个储罐，总容量为140万升，主要用来储存燃料油、溶剂和润滑油等。

新港码头设有行政大楼和调配车间，以及处理灌装润滑油和溶剂的设施。壳牌的产品从这里运送到澳大利亚东部地区，并远销海外。

每年通过新港码头运送到销售终端的石油产品约有28亿升，主要是燃料油、润滑油和

溶剂。同时，码头采用管道进行运输，将航空燃料送到澳大利亚墨尔本机场（Tullamarine Airport）。

新港码头通过管道接收来自吉朗炼油厂的燃料油，通过公路运输接收来自吉朗炼油厂的润滑油和溶剂，甚至还通过船舶运输接收燃料油。

（二）壳牌北弗里曼特尔码头

壳牌北弗里曼特尔码头（Shell's North Fremantle Terminal）始建于1927年，总占地面积为10公顷，位于北弗里曼特尔，靠近西澳大利亚的珀斯（Perth）。码头主要是接收、储存与运输成品油、润滑油、润滑脂和溶剂。

北弗里曼特尔码头的设施主要包括油库和灌装设备。壳牌公司的西澳大利亚的办公室也设立于此。

北弗里曼特尔码头通过管道接收来自克维纳纳的成品油，或通过船舶从吉朗和新加坡运输原油；而散装的润滑油、润滑脂和溶剂都来自于维多利亚、昆士兰的工厂，海外进口则主要来自新加坡和马尼拉的工厂。这些产品先期储存在码头，然后陆续运往整个西澳大利亚。

北弗里曼特尔码头大约有90名雇员，其中包括壳牌物流、润滑油供应系统及壳牌直接工作人员。北弗里曼特尔码头每年约吞吐

北弗里曼特尔码头

13万升的润滑油、560吨的润滑脂和1.1万升的溶剂。

北弗里曼特尔码头的燃料配送是由壳牌物流公司负责的，壳牌物流公司由壳牌和加德士合资建立，每年的吞吐量超过1500万升。此外，壳牌还雇佣了库茨运输公司，通过公路运输所有散装产品。

（三）壳牌帕拉马塔码头

壳牌帕拉马塔码头（Parramatta Terminal）始建于1964年，毗邻壳牌在悉尼的克莱德炼油厂。帕拉马塔码头是壳牌公司在新南威尔士的主要业务中心，基本上以陆上公路运输为主。

帕拉马塔码头拥有7个燃料装卸设施，年吞吐量为27亿升。这些设施是由壳牌与BP共同投资建设的，其中壳牌占有60%的股份，BP占有40%的股份。此外，码头还设有罐装工厂和润滑油、成品油仓库，其中成品油主要是由Pinkenba码头供应。

在帕拉马塔码头，壳牌的产品运输主要有两种方式，一种是雇佣物流运营商，另外一种是壳牌自己的车队。壳牌直销团队在帕拉马塔码头设有办事处。

（四）壳牌皮恩坎巴码头

自1958年起，壳牌澳大利亚公司就开始经营位于布里斯班的皮恩坎巴（Pinkenba）码头。

皮恩坎巴码头是壳牌在昆士兰州主要的燃料经销点，而壳牌澳大利亚在昆士兰州的办公室也设在这里。皮恩坎巴码头拥有完备的燃料（包括液化天然气）储存设施、沥青和特种产品的储存设施、一个润滑油和润滑脂生产厂和几个仓库。皮恩坎巴码头大约拥有250名雇员，年吞吐量为2.1亿升，其中以散装燃油为主，还包括化工产品、润滑油、溶剂、沥青产品和液化石油气等。皮恩坎巴码头共有40个储油罐，可以储存100万升的成品油和1000吨的液化天然气。

皮恩坎巴码头主要通过管道接收来自布里斯班的BP和加德士炼油厂的燃料，同时也接收（每年约46次）来自壳牌远洋油轮运来的一些精制柴油、汽油、沥青原料、液化石油气和基础油。布里斯班机场75%的航空燃料是由皮恩坎巴通过管道提供的。

在码头上的润滑油调制厂中，经过对基础油的调制，每年大约可生产8500万升的润滑油。作为原料的基础油是由壳牌在新加坡的炼油厂生产并船运过来的。码头上还有一个调配工厂，这个工厂负责调配各种溶剂与易燃油，并把产品进行罐装。此外，码头上还有一些小型工厂，用来制造其他专业产品，如变压器油。

在皮恩坎巴码头，壳牌还拥有一个沥青工厂，每年为昆士兰州和新南威尔士州的客户提供沥青，年产量达6.6万吨。

在皮恩坎巴码头的产品运输上，壳牌主要依靠自己的运输车队，同时也聘请了运营商运送一些散装和桶装产品。这些产品主要是在当地销售，同时也出口到新西兰、亚洲、非洲和太平洋群岛。

四、壳牌在澳大利亚的炼化业务

壳牌炼油厂所生产的石油产品占澳大利亚石油产品份额的四分之一，这些产品包括汽油、液化天然气（LPG）、柴油、航空燃油、丙烯、溶剂和沥青；主要来自于以下炼油厂。

（一）克莱德炼油厂和戈尔湾码头

克莱德炼油厂（Clyde Refinery）建于1920年，位于悉尼以西16千米的帕拉马塔（Parramatta）和鸭河（Duck Rivers）的汇合处。1928年，克莱德炼油厂被壳牌收购，成为壳牌在澳大利亚的7个炼油厂中经营时间最长的炼油厂。克莱德炼油厂主要向悉尼和新南威尔士提供石油产品，可分别满足其40%和50%的石油产品需求。

克莱德炼油厂的原油来自壳牌的戈尔湾（Gore Bay）码头，码头位于格林尼治（Greenwich）附近，占地面积达10公顷。在戈尔湾码头，原油通过直径为300毫米、总长度为19千米的地下管道源源不断地运到克莱德炼油厂，每年原油、原料的运输量可达400多万吨。

克莱德炼油厂的炼油装置包括：原油处理装置、减粘裂化装置、流体催化裂解装置、轻质油生产厂、聚合厂、胺厂、硫厂、杂质处理厂等，日处理原油可达8.5万桶。目前炼油厂及码头大约有330名雇员。

戈尔湾码头

壳牌克莱德炼油厂

（二）壳牌吉朗炼油厂

壳牌吉郎炼油厂位于维多利亚的吉朗，毗邻科里奥湾，迄今为止已经运作了55年，是澳大利亚生产碳氢化合物最多的炼油厂之一。炼油厂占地面积120公顷，拥有员工约470人以及数以百计的承建商，每年分别为维多利亚和南澳提供二分之一和三分之一的燃料。

壳牌吉朗炼油厂的原油处理能力可达12万桶／日，其用于炼制的原油和其他原料大约有90%是通过船舶运输抵达炼油厂，其原油的来源主要是：亚太（越南、马来西亚、文莱和印度尼西亚）、西非（如阿尔及利亚和加蓬）、阿联酋、新西兰以及澳大利亚自己的油田。这些原油通过西部终端—阿尔托纳—吉朗（WAG）管道和船运送到吉朗炼油厂。

吉朗炼油厂生产的主要产品包括：汽油、柴油、航空燃油、液化天然气、航空汽油、沥青和特种溶剂。

吉朗炼油厂约有45%的产品是由壳牌新港码头管道运送到整个维多利亚。另外40%的产品通过船运输到澳大利亚沿海城市和新西兰。其余的产品采取公路运输供应给吉朗和附近农村地区的客户。

五、壳牌在澳大利亚的销售业务

壳牌在澳大利亚的下游业务起步较早，时至今日，壳牌的石油产品已经在澳大利亚获得了广泛认同，其产品供应量已经达到市场份额的四分之一。

（一）壳牌在澳大利亚的零售网络与服务

壳牌在澳大利亚的零售服务站有两种经营模式：自有他营（CODO）和自有自营（COCO）。

1. 自有他营

2003年，壳牌与澳大利亚著名的零售公司——科尔斯迈尔公司（Coles Myer）签订了联盟协议，协议规定，壳牌在澳大利亚的主要加油服务站（625个）以租赁的方式交给科尔斯迈尔，由其下属的科尔斯快车（Coles Express）负责具体运营，而壳牌以独家供应商的身份为科尔斯快车提供产品。根据协议，科尔斯快车可以使用壳牌"pecten"标识、壳牌价格板和壳牌其他标识，并可根据需要调整燃油价格，以及负责加油站的经营管理。此外，科尔斯还可以通过自己的分销网络为设在加油站的便利店提供杂货商品。

科尔斯快车是澳大利亚著名的燃料和便利店经营商，以产品的价格优势（相对拥有一定的消费折扣）来竞争市场。在科尔斯快车，顾客不但可以买到优质的壳牌燃油（包括优质高档的壳牌 V-Power），还可以享受到洗车服务，购买到顾客喜欢的零食、杂志、馅饼、三明治和新鲜甜甜圈等食物。

2. 自有自营

根据战略调整，壳牌已将其在澳大利亚各大城市的主要加油服务站的经营权出售给了科尔斯迈尔公司，但在澳大利亚的其他地区（特别是在农村地区），壳牌仍保留了249座独立专营的加油服务站以及一些自助服务站，顾客可以使用壳牌卡在这些站点中获得各种服务。

（二）壳牌在澳大利亚销售的主要产品

在澳大利亚，客户可以通过专门的商用加油地点和壳牌品牌的服务站购买壳牌产品，并

科尔斯—壳牌加油站

通过壳牌网站获得产品信息和相关服务。壳牌在澳大利亚销售的产品主要是壳牌燃油和壳牌润滑油。

1. 壳牌燃油

壳牌在澳大利亚销售的主要燃油产品有：壳牌 V-Power、壳牌无铅汽油95#、壳牌无铅汽油91#、壳牌无铅汽油 E10、壳牌 Auto Gas 和壳牌柴油等。其中，壳牌无铅汽油95# 是专为在澳大利亚于1986年1月1日以后注册的所有机动车辆和一些1986以前的车型而推出的，而壳牌无铅汽油 E10 则属于清洁型燃油，目前已经在新南威尔士州、维多利亚、堪培拉和昆士兰地区进行推广。

此外，壳牌还通过管道为澳大利亚西部的客户提供液化天然气。

2. 壳牌润滑油

壳牌在澳大利亚的润滑油市场中，以壳牌喜力和壳牌爱德王子两个品牌为主，主要为汽车发动机和摩托车发动机提供润滑油。此外，壳牌还为澳大利亚客户提供种类丰富的工业润滑油，如壳牌得力士、壳牌可耐压、壳牌万利得、壳牌确能力等。

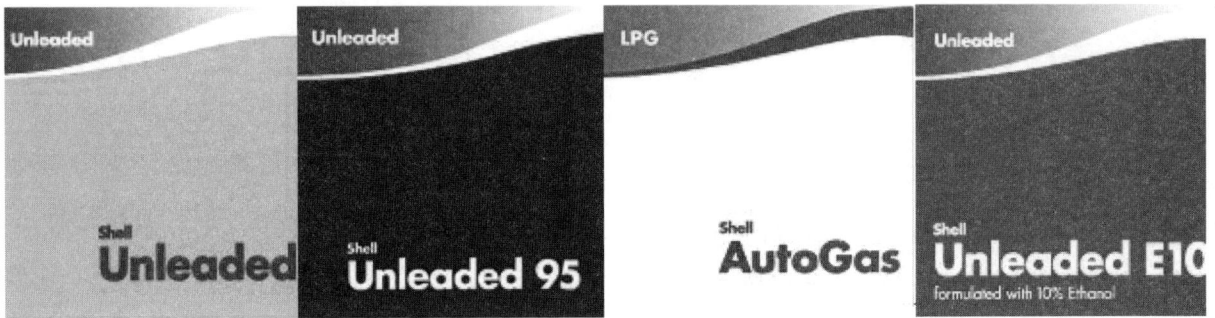

壳牌在澳大利亚的部分燃油产品标识

（三）壳牌在澳大利亚的其他下游业务

1. 航空

壳牌是澳大利亚航空燃料的主要供应商，主要为各大机场提供活塞式发动机润滑油和润滑脂，其航空燃油和润滑油在澳大利亚全国各机场中被广泛应用。

2. 船运

在澳大利亚，壳牌为约25个港口（包括墨尔本和悉尼两个最大的港口）提供船用燃料和润滑剂。壳牌主要通过驳船来为主要港口提供燃料，而较小的港口则通过卡车和管道运输。此外，壳牌也为澳大利亚和整个亚太地区的海上勘探和生产行业提供支持。

3. 工业化学制品

壳牌为澳大利亚100多个工业用地提供散装溶剂和特种化学品，这些产品主要用于制造涂料、树脂、胶粘剂、洗涤剂和塑料，以及应用于采矿业。

第三节 壳牌在新西兰

1930年，壳牌首次进入新西兰。经过近百年的运作，现在的壳牌已经在新西兰石油和天然气开发领域拥有了不可或缺的地位。通过在卡潘尼（Kapuni）、毛伊岛（Maui）和波霍库拉（Pohokura）天然气田的开采，壳牌石油和天然气的产量在新西兰油气总产量中所占的比例已经攀升至50%以上。此外，壳牌还通过合资以及其他方式参与当地天然气田的开发，其天然气的产量已经达到新西兰天然气总产量的80%。

壳牌新西兰是壳牌集团在亚太地区重要的油气供应基地，同时也为新西兰的石油和天然气行业做出了巨大的贡献。

一、壳牌在新西兰的发展历史

1930年，壳牌开始进入新西兰，并参与新西兰石油和天然气的勘探与开发。1955年，壳牌与新西兰签订了勘探的合资协议，开始进行陆上勘探以及塔拉纳基（Taranaki）的海上勘探，该协议直接促使现在的托德壳牌石油服务公司（STOS，一个由壳牌进行经营管理的公司）成立。

1959年，壳牌在新西兰发现了第一个商业性的陆上天然气田，该气田位于新西兰的卡潘尼（Kapuni）。

1969年，壳牌将勘探重心转移到海上，发现了毛伊（Maui）天然气田，毛伊天然气田是当时世界上最大的海上天然气田。

1993年，壳牌勘探在毛伊天然气田的下层发现了原油。1996年，壳牌在启用开采新技术的前提下，顺利开发毛伊油田。

2006年9月，波霍库拉（Pohokura）油气田开始投产。2007年，由于毛伊天然气田的产量下降，波霍库拉的产量超过了毛伊天然气田。

在2010年4月1日以前，壳牌拥有新西兰全国性的加油站网络，以及大型商业、航空、航海、沥青和化工方面业务的分销网络。不久，壳牌将在新西兰的燃料零售和炼油业务出售给了绿宝石能源有限公司（Greenstone Energy Limited）。

二、壳牌在新西兰的勘探与开采业务

（一）卡潘尼油气田

卡潘尼油气田位于新普利茅斯的南部、塔拉纳基山附近，距Kaponga小镇约65千米。卡潘尼油气田占地面积约25平方千米，气源主要埋藏在3400米至3600米深处的砂岩之间。

卡潘尼油气田是在20世纪60年代开发并投入使用的，是新西兰的第一个天然气田，直到现在仍在不断生产着天然气。

1959年，壳牌英国托德石油有限公司（Shell BP Todd Ltd.，SBPT，由壳牌、BP和托德能源合资组建）在卡潘尼首次发现天然气，为新西兰的天然气产业竖起一座里程碑。

1969年，卡潘尼油气田正式投产，不但为新西兰开创了新型的能源时代，也为塔拉纳基能源基础设施和进一步发现毛伊岛汽艇气田铺平了道路。卡潘尼是新西兰第一个生产天然气和凝析油的油气田，在规模上超过了毛伊岛油气田。

1991年，英国BP石油公司决定退出在新西兰的勘探和生产活动，并将其在卡潘尼油气田的份额出售给另外的两个合作伙伴。壳牌和托德能源收购了英国BP石油公司的股份，双方各自持股50%，并合资组成STOS公司，继续经营卡潘尼油气田。

卡潘尼通过基站对开采出的天然气进行加工分离形成液化天然气（LPG）和凝析油。产生的气体进入到国家天然气网络，凝析油通过管道运输到奥马塔罐区，从那里运输到新西兰的马斯登点炼厂（The Marsden Point Oil Refinery）及海外炼油厂。

（二）毛伊岛油气田

塔拉纳基海岸一直是石油和天然气储量非常丰富的地方。1865年，人们在新普利茅斯旺阿马图沙滩上第一次发现油气资源。

当时，由当地官员带领的集团试图在该地进行商业化石油生产，但只开采了三桶石油就放弃了。一个世纪以后，也就是1969年，壳牌、BP和托德石油组成的合资公司在毛伊岛发现了天然气田——这是当时世界上最大的六个天然气田之一，也是新西兰第二个可以进行商业开采的油气田。

1973年，新西兰政府和企业达成协议，共同投资，开始对油气田进行商业钻探，并于1979年5月投产。当时毛伊天然气田由壳牌英国托德石油有限公司经营，主要生产天然气。毛伊天然气田的平台位于离塔拉纳基海岸37千米的塔斯曼海近海处，塔高（从海床到平台基面）为122米。平台生产的天然气用管道输送到陆地上的奥努伊基地（Oaonui）。

毛伊岛油气田包括毛伊 A、毛伊 B 两个气田，以及一艘叫做"Whakaaropai"的 FPSO(浮式生产储卸油）船。毛伊 A 于1979年投产，毛伊 B 于1992年开始投产。毛伊 A 和毛伊 B 通过一个海底管道进行连接，以便进行天然气和凝析油的运输。

"Whakaaropai" FPSO 是在1996年建成的， 石油被直接送入船中进行处理和存储。

2006年，随着天然气田的枯竭，该船也宣布退役。

（三）波霍库拉油气田

波霍库拉油气田位于塔拉纳基盆地沿岸，新普利茅斯的东北部约50米深的水下，是新西兰最大的天然气产地。

波霍库拉气田是在2000年初由 Fletcher Challenge Energy 发现的。最初由三个合作伙伴组成的合资公司共同开发，它们分别是壳牌新西兰公司、OMV 新西兰公司和 Todd 波霍库拉有限公司，这三家公司在开发项目中分别拥有48%、26% 和26% 的股份。

波霍库拉气田于2006年8月开始投产，最高日产量达4万桶油当量。投资总额达10亿美元的波霍库拉开发项目于2008年6月全面完

壳牌新西兰的油气基站

波霍库拉钻井平台

成。波霍库拉气田生产的天然气将输送到 North Island 天然气系统中，生产的冷凝物将输送到新普利茅斯附近的 Omata 的储油罐中，然后用船运到炼厂里。

三、壳牌在新西兰的销售业务

壳牌曾在新西兰拥有一个全国性的加油站网络，并为新西兰的商业、海洋、航空、沥青和化工企业提供产品，新西兰三分之一的石油产品供应来自壳牌。2009 年，壳牌开始积极调整营销战略，加大天然气业务的资产比重，同时出售部分海外业务，新西兰也被纳入调整范围。

2010 年 4 月 1 日，壳牌以 6.25 亿纽元的价格，将其在新西兰的加油站和其他下游资产出售给了绿宝石能源公司 (Greenstone Energy)，该公司是由新西兰养老基金 (New Zealand Superannuation Fund) 和惠灵顿的英孚兰特有限公司 (Infratil) 组成的合资公司。到 2010 年 6 月，226 家原壳牌加油站已经开始更换新的名称和标志。

收购壳牌的资产之后，绿宝石能源公司仍继续出售壳牌的燃油和润滑油产品，如壳牌 V-Power、壳牌 91# 无铅汽油、壳牌柴油等。此外，在绿宝石能源的加油站，顾客仍然能够使用壳牌卡获得服务。

全球　新西兰

壳牌新西兰的产品标识变化

第四节　壳牌在新加坡

壳牌首次进入新加坡是在 1891 年。由于当时的新加坡并没有发现油气田，所以壳牌在当地的业务主要集中在炼化与销售上。壳牌在新加坡进行的第一项投资，是在毛广岛购买了土地并建造了三个储油库，这使壳牌成为新加坡最早的投资者之一。如今，壳牌已经成为新加坡最大的外来投资者之一，而毛广岛则成为壳牌在全球最大的炼油基地，炼油能力可达 50 万桶／日。

新加坡是壳牌在全球范围内的战略枢纽，更是其亚太业务的关键所在。它不但是壳牌集团在东方的主要区域供应和贸易中心，也是壳牌天然气与能源勘探及生产业务的区域办事处所在。

一、壳牌在新加坡的发展历史

1891 年，壳牌开始进入新加坡。

1961 年，壳牌公司在新加坡成立了第一个炼油厂，开始了在新加坡的石化产业。为此，壳牌公司被新加坡政府授予"先锋 1 号证书"。现在，壳牌的 Bukom 炼油厂在原油蒸馏能力方面堪称世界最强。

1991 年，壳牌进入新加坡的第一百年，基于壳牌在新加坡石油和石化工业中所作的重要贡献，新加坡政府颁发给壳牌"杰出的项目合作伙伴"等荣誉奖项。

2000 年 9 月，壳牌获得了新加坡政府颁发的"One-Time 千年贸易"奖，这是新加坡政府对壳牌多年来为新加坡国际贸易发展所作贡献的承认。

2006 年 7 月，壳牌公司宣布开始建设壳牌东方石油化工总厂 (SEPC)，这个综合项目是壳牌自 1891 年在新加坡投入服务以来，规模最大的单一投资项目。这一投资项目将进一步提高新加坡作为石化中枢的整体效率和竞争力。

二、壳牌在新加坡的炼化业务

1891年，壳牌进入新加坡；120年后的今天，壳牌已经成为新加坡石油化工行业中最大的国外投资商，同时，也成了新加坡石油化工行业的领先者。

（一）壳牌东方石化综合项目

壳牌东方石化综合项目（Shell Eastern Petrochemicals Complex）是壳牌在新加坡的最大的单一投资项目，预计总投资将达数十亿美元。此项工程包括：在新加坡毛广岛兴建世界级乙烯裂化（Ethylene Cracker Complex，ECC）、在裕廊岛（Jurong）兴建乙二醇（Mono-Ethylene glycol）以及为现有的毛广岛炼油厂进行设施添加及改造工程。这个综合项目在2010年已经开始投产。

新加坡壳牌东方石化综合项目的建设始于2006年10月。完工后开始生产乙烯、丙烯、苯、丁二烯和乙二醇。项目生产的乙烯约有二分之一将为壳牌在新加坡裕廊岛的乙二醇工厂提供原料，剩下的大多数将出售掉，以增加该区域的乙烯供应。乙烯工厂主要使用蜡油做原料，也使用重型柴油、液化天然气和小部分的石脑油做原料，这些原料主要来自壳牌在Bukom岛现有的精炼厂。

壳牌东方石化综合项目建成后，将会把壳牌在毛广岛的炼油厂和其在裕廊岛的业务连接起来，成为整个化工业的重心。

新加坡壳牌东方石化综合项目建成后，将大大地提升壳牌在新加坡石油化工产业的产能，可以使壳牌每年生产80万吨乙烯、45万吨丙烯、75万吨乙二醇、15.5万吨丁二烯和23万吨苯。

在项目兴建的高峰阶段，雇工达8500人，其中6000～7000人工作在毛广岛。项目完成后，还需要雇用200名左右的工程师及技术员工来支援壳牌公司在毛广岛的业务。

（二）卡塔尔石油国际公司

卡塔尔石油国际公司（Qatar Petroleum International，QPI）通过卡塔尔壳牌新加坡石油化工私人有限公司 QPI and Shell Petrochemicals (Singapore) Pte Ltd (QSPS)，参与了壳牌两个合资化工企业的股份，分别是新加坡石油化工私人有限公司（Petrochemical Corporation of Singapore，PCS）50%的股份和新加坡聚烯烃私人有限公司（The Polyolefin Company, TPC）30%的股份。

（三）壳牌公司的全资或独资子公司

壳牌公司目前在新加坡石化产品制造业中所拥有的全资或独资的子公司（除壳牌东方石化综合项目外）包括：

1. 新加坡石油化工私人有限公司

新加坡石油化工私人有限公司（Petrochemical Corporation of Singapore，PCS）位于裕廊岛，年产乙烯约110万吨、丙烯80万吨、芳香烃50万吨，以及丁二烯和甲基叔丁基醚（MTBE）30万吨。新加坡石油化工私人有限公司的产品主要是作为化学生产原料供应给其他的新加坡公司。

2. 新加坡聚烯烃私人有限公司

新加坡聚烯烃私人有限公司位于裕廊岛，年产约26万吨的低密度聚乙烯和60万吨聚丙烯。这些聚合物主要是应用于薄膜、注塑／吹塑、塑料保护层、电缆和管道的制作。

3. 新加坡乙二醇公司

新加坡乙二醇公司（Ethylene Glycols Singapore，EGS）位于裕廊岛，是壳牌东方石油有限公司与日本三菱化学株式会社财团的合资公司，其中壳牌东方石油有限公司拥有该公司70%的股权。新加坡乙二醇公司每年生产12万吨环氧乙烷，主要用于转换乙烯乙二醇和高纯度的环氧乙烷的原料。新加坡乙二醇公司每年还可生产高达4万吨的聚氧乙烯醚（ethoxylates）。新加坡乙二醇公司的产品主要应用于聚酯纤维、聚酯树脂和表面活性剂生产。

4. 壳牌化工公司

壳牌化工公司（Shell Chemicals Seraya）位于裕廊岛，是由壳牌东方石油有限公司100%控股的子公司，公司年生产约35万吨的苯乙烯（SM）和16万吨环氧丙烷（PO）。苯乙烯是生产聚苯乙烯塑料、可发性聚苯乙烯（EPS）和丙烯腈丁二烯苯乙烯（ABS）的原料。这些产品主要应用在汽车、电器、家电、包装等行业。环氧丙烷的应用范围比较广，主要是应用在化学衍生物的生产上，包括多元醇、丙二醇、乙二醇醚溶剂和阻燃剂等。

Ellba东方私人有限公司从2002年中期开始经营壳牌化工公司生产的苯乙烯和环氧丙烷，公司是SEPL和巴斯夫东南亚私人有限公司（BASF South East Asia Pte Ltd）的合资企业，两公司各占有一半的股份，具有年销售55万吨苯乙烯和25万吨环氧丙烷的能力。

5. 壳牌化工多元醇厂

壳牌化工多元醇厂（Polyols plants at Shell Chemicals Seraya）为壳牌东方石油有限公司拥有，年生产19.5万吨的多元醇。多元醇是环氧丙烷的衍生物，主要用于生产聚氨酯泡沫、弹性体、胶粘剂和密封剂。现在应用最广泛的是家具和床上用品、鞋底、家电和建筑保温材料和一般汽车行业。

6. 异丙醇和烃类溶剂厂

异丙醇和烃类溶剂厂（Isopropyl Alcohol and Hydrocarbon Solvents Plants）位于毛广岛，为壳牌东方石油有限公司100%控股的子公司。异丙醇的年产量为7.5万吨，碳氢化合物13.5万吨。异丙醇主要应用于表面涂料、稀释剂、印刷油墨、粘合剂、化妆品和清洁剂上。烃类溶剂主要应用于生产化妆品、药品和个人护理产品。

7. CRI 标准公司

CRI标准公司（CRI/Criterion）是壳牌催化剂投资公司通过国际CRI公司进行100%控股的子公司，主要为炼油和化工企业生产和供应催化剂。

8. Infineum 公司

Infineum公司是SEPL和埃克森美孚公司共同合资的企业，主要是生产高品质的燃料、润滑油和特种添加剂。

毛广岛壳牌东方石化综合项目

乙二醇净化厂

三、壳牌在新加坡的销售业务

壳牌拥有新加坡最大的加油站网络，顾客可以很方便地找到壳牌加油站，并在那里获得高品质的燃油和优质的服务。

为了方便管理，壳牌将其在新加坡的加油站网络分为5个区域。在这些加油站中，壳牌为顾客提供24小时的成品油销售服务，顾客还可以根据需要选择自助加油服务和洗车服务。此外，顾客还可以在壳牌加油站设置的7-Eleven便利店中购买到快餐、零食、杂志以及各种日常用品，并能通过壳牌卡获得各种优惠服务。

2009年，壳牌开始在新加坡推出壳牌 Fuel Save 燃油，其经济、环保的性能深受新加坡消费者的欢迎，与壳牌 V-Power、壳牌超低含硫量柴油一起成为壳牌在新加坡的主要产品。

由于壳牌在新加坡推行了燃油的差异化策略，采用了新技术、新配方的燃油，因此壳牌的燃油价格略高于普通燃油。2011年8月，壳牌在新加坡销售的燃油型号及价格见下表：

2011年8月壳牌在新加坡销售的油品型号及价格

燃油品牌	燃油型号	折扣后价格（美元）	实价（美元）
壳牌Fuel Save	98UL	$1.995	$2.100
壳牌Fuel Save	95UL	$1.938	$2.040
壳牌V-Power	98UL	$2.185	$2.300
壳牌柴油	AGO	$1.515	$1.595

第五节　壳牌在马来西亚

壳牌进入马来西亚是在1891年。经过100多年的发展，壳牌在马来西亚的石油和天然气业务已经遍及上下游，其项目与技术也得到了长足发展。

在马来西亚，壳牌是石油产品零售市场的领导者，其产品满足了马来西亚半岛三分之一的市场需求，以及沙巴、沙捞越一半的市场需求。通过与马来西亚国家石油公司(Petronas)签订的产品分成合同，壳牌已经成为马来西亚最大的天然气生产商。

现在马来西亚已经成为壳牌集团在亚洲、太平洋地区以及其他一些全球性业务的枢纽。

依靠马来西亚优越的地理位置和丰富的石油、天然气资源，壳牌马来西亚的业务得到飞速的发展，在100多年的运作中取得了骄人的成绩。如今，壳牌在马来西亚的炼油厂具有日产12.5万桶的生产能力，拥有900多座加油站，销售600多种不同类型的润滑油，供应沙巴和沙捞越零售市场50%的需求，能满足50万零售客户的需求。在马来西亚，壳牌拥有6800名员工、4000个工业和商业客户、15个油库（包括合资企业）、6个航空机场和4个液化天然气罐装厂。

一、壳牌在马来西亚的发展历史

1891年，壳牌首次进入马来西亚，并在马六甲海峡进行煤油贸易。19年后，壳牌在马来西亚开采出第一桶石油。

马来西亚在壳牌的发展历史上具有极为重要的地位。1891年，马科斯·塞缪尔公司进入马来西亚，以贝壳为标志开始了在马来西亚的业务，并且在马六甲海峡和北海建立了油库和港口。

1910年，壳牌首次在沙捞越勘探成功。同年8月10日，壳牌在沙捞越米里的加拿大山(Canada Hill)打出了第一口油井，并为其命名为"米里1号井"，当时油井每天可以生产83桶石油。如今，这口油井已经成为马来西亚石油产业发展史上的纪念碑，被亲切地称为"伟大的母亲"(Grand Old Lady)。

1914年，壳牌在米里建立了第一个炼油厂。

米里1号钻井

同年，壳牌采用创新性的海底管道技术，成功修建了原油输送管道。

1960年，东方勘探把第一个移动钻机引入到马来西亚，在沙捞越海域开始对巴拉姆（Baram）进行勘探。1963年，沙捞越的第一个海上油田——巴拉姆油田勘探成功。

20世纪60年代，壳牌在沙捞越近海发现了大量的天然气储备，这是壳牌在马来西亚发展的一个重要里程碑。随后，壳牌在马来西亚民都鲁（Bintulu）成立了一个液化天然气合资企业——马来西亚液化天然气公司。基于马来西亚丰富的天然气资源，1993年，世界上第一个液化馏分综合厂在民都鲁成立，工厂采用了壳牌公司的 SMDS（Shell Middle Distillate Synthesis）工艺。

二、壳牌在马来西亚的勘探与开发业务

自1891年以来，壳牌一直活跃在马来西亚的石油领域，距今已经超过100年的时间。如今，壳牌在马来西亚的上游业务主要集中于沙捞越和沙巴近海的原油和天然气开发。

壳牌于1910年在沙捞越首次勘探成功，并打出了第一口油井，成为马来西亚的石油天然气勘探和生产领域的开拓者。奠定了壳牌在马来西亚石油领域的领先地位。

1910年8月10日，壳牌石油公司在米里的加拿大山打出了第一口油井，从而开始了马来西亚的石油工业。现在壳牌在沙巴和沙捞越深海油田共拥有10多个产品分成合同。

（一）Gumusut-Kakap油田项目

2003年，壳牌石油公司在 J 区块发现了 Gumusut-Kakap 油田。油田向西延伸到相邻的 K 区块中，可能越过与文莱有争议的海上边界。Kakap 油田位于由墨菲石油公司作业的 K 区块，马来西亚与文莱之间的领土争端可能会使油田的开发前景变得复杂。

Gumusut-Kakap 油田位于1000多米深的水下，面临的工程挑战与基卡油田类似，成本可能会更高一些，这些工程挑战将延缓该油田的开发速度。据估计，Gumusut-Kakap 油田的石油储量总计为5亿桶，油田于2010年开始生产，到2011年生产能力达到8.3万桶／日。壳牌是该项目的作业者，持有33%的股份；康菲石油公司持有33%的股份，马来西亚国家石油公司和墨菲石油公司分别持有20%和14%的股份。

（二）Malika油田项目

Malikai 油田发现于2004年，位于沙巴近海海底1854英尺。在此项油田项目中，壳牌拥有35%的权益，康菲石油公司拥有35%的权益，马来西亚国家石油公司拥有30%的权益。

2009年8月，壳牌应邀参与项目的工程和设计服务。油田预计2012年投产，日产能有望高达15万桶。

（三）其他项目

2006年，壳牌马来西亚公司（Shell Malaysia）与其合作伙伴在沙巴（Sabah）海上的 G 区块发现了 Pisagan 油气田和 Jangas（壳牌），这些油田均位于1000米水下。计划拟定在2011年和2012年投产。

三、壳牌在马来西亚的炼化业务

（一）壳牌民都鲁馏分综合厂

民都鲁馏分综合厂落成于1993年，总投资额8.5亿美元，建成后日产量为1.25万桶。工厂实际上是四家股东组成的合资企业，其股东有：壳牌（持股72%），三菱（持股14%），马来西亚国家石油公司（持股7%）和沙捞越州（持股7%）。通过不断地注资进行改造和升级，民都鲁馏分综合厂日产量已经扩展到了1.47万桶，总投资额超过10亿美元。

壳牌正在建设的第二个天然气合成油工厂——"珍珠 GTL"项目（Pearl GTL），就是以民都鲁馏分综合厂的运作模式为基础的，但并不是民都鲁的翻版。除了应用相同的技术之外，很多设备的生产能力都会大规模地提高。

壳牌民都鲁馏分综合厂

四、壳牌在马来西亚的销售业务

（一）壳牌在马来西亚的零售网络与服务

壳牌的加油站网络遍布马来西亚全国，马来西亚的消费者可以很方便地享受到壳牌高品质的燃油和优质的服务。截至2010年，壳牌在马来西亚的加油站总数已经超过了900座。

为了满足消费者的需求，壳牌在其加油站中开设了选择 Select 便利店，让消费者在加油的同时享受到购物的乐趣。选择便利店的经营范围包括：各种小吃、点心、杂货和旅游用品，以及电话卡、报纸、杂志、热餐和冷饮等。

在壳牌选择便利店，顾客可以体会到宽敞、明亮、整洁的购物环境。商品都陈列在容易接触到的货架上。而且壳牌选择便利店都位于交通便利的地方，顾客可以享受到愉快而轻松的购物体验。

此外，在壳牌在马来西亚的所有加油站中，顾客都能够使用壳牌卡，包括 Bonus Link 卡、壳牌公司卡、壳牌花旗银行信用卡三种类型。顾客可以通过壳牌卡获得多种服务，如累积积分获得优惠、查看详细的交易报表、享受政府柴油补贴和享受消费折扣等。

（二）壳牌在马来西亚销售的主要产品

1. 壳牌燃油

壳牌在马来西亚是最大的燃料油经销商之一，为马来西亚的消费者提供各种特制的高质量的燃油。壳牌在马来西亚经销的燃料油主要有以下三种：壳牌 Fuel Save、壳牌 V-Power 和壳牌 V-Power 97。

2. 壳牌润滑油

壳牌在马来西亚的润滑油市场以壳牌喜力和壳牌爱德王子两个品牌为主，主要是针对于汽车发动机和摩托车发动机。

壳牌V-Power在马来西亚　　　　壳牌润滑油

（三）壳牌在马来西亚的其他下游业务

1. 项目与技术服务

2010年，壳牌在马来西亚启动了新的项目与技术（P&T）服务业务，在 P&T 的服务机构中，共有 700 多位壳牌专家，这些专家拥有广泛的专业知识和技术经验，主要为上游的重要项目与下游企业提供业务支持，并致力于壳牌产品技术的改进、创新以及降低生产成本，以及提供信息技术（IT）方面的服务。

2. 吉隆坡商业服务中心

壳牌在马来西亚的吉隆坡设有一个商业服务中心，服务中心拥有 2000 多名员工，为壳牌

在马来西亚的业务提供支持，包括信息技术、人力资源、金融业务、客户服务，以及合同和采购等。

吉隆坡商业服务中心标识

第六节 壳牌在印度尼西亚

印度尼西亚与壳牌的发展历史息息相关。如今，壳牌在印度尼西亚的业务主要集中在下游销售上，印度尼西亚的石油产品市场也是壳牌在亚洲的发展重心之一。

壳牌在印度尼西亚的下游业务主要包括成品油零售、海洋和商业燃料销售、沥青销售、汽车运输和润滑剂销售。

在印度尼西亚，壳牌拥有 300 多名员工、40 多座加油站、3 个润滑油仓库（Bekasi，Surbaya and Balikpapan）、西爪哇的 Cirebon 沥青储存加工工厂，以及在西爪哇的美莱克（Merak）和东爪哇的 Gresik 建立的 2 个装卸终端（分别是第三方终端和合资企业）。

一、壳牌在印度尼西亚的历史渊源

印度尼西亚石油工业的起源与荷兰皇家壳牌集团的发展是紧密相连的。在很长的一段历史时间内，壳牌与印度尼西亚都是密不可分的，最直接的体现就是——100 年前在苏门答腊岛发现的、可以商业化的原油，直接促使了荷兰皇家石油公司的建立。

1880 年，东爪哇烟草种植园的园主安昆·邵克（Aeilko Jans Zijlker）来到苏门答腊岛。在环岛旅行的过程中，他发现该地拥有大量的石蜡，觉得这是一个商机，于是辞去职务，从当地的苏丹手里买到了开发执照，打算在此开发资源。1884 年，他开始钻第一口井，但是一无所获。第二年，他试着在靠近北苏门答腊的庞卡兰·勃兰丹（Pangkalan Brandan）村钻井，取得了成功。他将这口新井命名为泰拉嘎坦戈尔（Telaga Tunggal）1 号，从此开始商业化生产。

1890 年，安昆·邵克成立了苏门答腊石油公司，同年的 6 月 16 日，他在海牙注册了皇家荷属东印度岛石油钻井开凿公司。

1890 年 12 月 27 日，安昆·邵克逝世，他的同事代盖德（De Gelder）继承他的遗志，接管发现的油田和公司的管理工作。

新公司的总部设立在庞卡兰·勃兰丹。同年，公司开始在 Pangkalan Susu 附近为远洋运输建设各种设施。

1898 年，荷兰皇家石油公司完成存储和港口设施建设，使庞卡兰·勃兰丹成为印度尼西亚的第一个石油运输港口。而在前一年，也就是 1897 年，壳牌运输贸易有限公司在东婆罗

洲（东加里曼丹）也发现了石油，并在巴厘巴板（Balikpapan）建立了一个小炼油厂，炼油厂于1899年开始投产。

19世纪末至20世纪初，北苏门答腊、南苏门答腊、爪哇的中部和东部地区、东加里曼丹等地又陆续发现了石油，炼油厂也随之纷纷建立。当时，共有18家公司在印度尼西亚进行石油勘探和生产。在20世纪初，荷兰皇家主要进行石油的生产与炼化，壳牌则负责运输和销售。

1902年，荷兰皇家石油公司和壳牌成立了一家合资公司（壳牌运输和荷兰皇家石油有限公司），来处理两家公司的运输和销售业务。经过数年的发展，荷兰皇家公司的经营规模已经远超壳牌，壳牌的领导人马科斯·塞缪尔与代盖德进行了商讨，建议两家公司进行合并。1907年2月24日，双方合并成立了荷兰皇家壳牌集团，简称壳牌公司。

三年后，也就是1910年，壳牌集团在印度尼西亚收购了另一个石油生产企业，并于1911年6月24日买下了印度尼西亚最后的一个石油生产商（The Dordtsche Petroleum Mij）。至此，壳牌公司在印度尼西亚石油工业确立了自己的优势地位。

二、壳牌在印度尼西亚的销售业务

（一）壳牌在印度尼西亚的零售网络与服务

2005年，壳牌在印度尼西亚坦格朗的卡拉瓦奇（Karawaci）开设了一座加油站，这是壳牌在印度尼西亚的第一座加油站，无论对壳牌还是对印度尼西亚来说都是具有历史意义的里程碑。当时，壳牌是印度尼西亚唯一一个经销燃料油零售业务的国际石油公司。

现在，壳牌在印度尼西亚的加油站已经超过了40个，遍布印度尼西亚全国。通过加油站网络，壳牌为印度尼西亚消费者提供高质量的燃料油和优质的服务。

（二）壳牌在印度尼西亚销售的主要产品

1. 壳牌燃油

壳牌在印度尼西亚经销的燃油种类比较集中，主要有壳牌95号超级汽油、壳牌92号超级汽油、壳牌柴油等。

2. 润滑油销售

壳牌在印度尼西亚的润滑油市场以壳牌喜力和壳牌爱德王子两个品牌为主，主要是针对于汽车发动机和摩托车发动机。

此外，壳牌还在印度尼西亚经销涡轮机润滑油，分为蒸汽和燃气涡轮机油、燃气涡轮机油、联合循环涡轮机油三个种类，以壳牌多宝品牌为主。

（三）壳牌在印度尼西亚的其他下游产品

在印度尼西亚，壳牌还为工业和特殊行业提供油品，如壳牌润滑脂、壳牌发动机油、壳牌绝缘油、壳牌沥青以及壳牌其他特殊产品和辅助产品。其中，壳牌的船用油品已经在印度尼西亚建立起一个非常出色的船用燃料和润滑油供应链，使壳牌能够为客户提供优质的产品，通过快捷、方便、可靠的服务，帮助客户优化船舶性能。壳牌现在已经拥有20种以上的燃料油和100种以上的润滑油，可以为船舶提供全方面的服务。

第七节　壳牌在菲律宾

壳牌于1897年开始进入菲律宾，至今已超过了一百年。最初，壳牌在菲律宾的业务主要集中在下游的煤油销售，而现在其业务范围已经涵盖了上、中、下游，产品范围已经扩展到燃料油、润滑油、成品油等领域。

如今，壳牌菲律宾公司在菲律宾的业务已经成为壳牌公司在亚洲地区的发展重心之一，对壳牌的发展有着不可忽视的作用。

一、壳牌在菲律宾的发展历史

1897年，壳牌煤油首次运至菲律宾。

1914年，壳牌在菲律宾成立贸易办事处，该办事处的主要业务是进口家用煤油以及在马尼拉和边远地区销售煤油。

到1940年，在菲律宾经济增长的刺激下，更多的壳牌产品被销往菲律宾各地，与此同时，壳牌开始在全国各地的重点区域设置仓库。

1960年，壳牌公司在八打雁省（Batangas）的Tabangao建立了自己的第一座炼油厂，并于1962年开始投产。炼油厂的建立，使壳牌在菲律宾的业务不再局限于贸易、运输和分销等下游业务上，而是扩展到了石油产品的制造和精炼领域。

20世纪60年代，随着菲律宾农业的快速发展，壳牌开始了在菲律宾的化学工业。

70年代后期，壳牌开始参与菲律宾的上游业务——石油天然气勘探和生产，以减少菲律宾对进口石油的依赖。

为了满足亚洲对液化天然气不断增长的需求，20世纪80年代初期，壳牌开始建设LPG终端，将冷冻液化天然气供应给菲律宾和其亚洲邻国。

壳牌的冷冻液化天然气码头自1983年开始运营。

1986年，壳牌菲律宾公司接手了大部分菲律宾石油天然气集团公司的下属企业，以及该国唯一的润滑油厂的所有权。

1990年，壳牌菲律宾勘探BV公司（Shell Philippines Exploration BV，SPEX）与菲律宾石油公司签署了服务合同，共同投资，并在巴拉望岛西北海域进行石油和天然气勘探。1992年，壳牌在马拉帕亚（Malapaya）的Camago领域取得了重大的发现，发现了石油和天然气田。

1993年，壳牌为满足菲律宾日益增长的燃料需求，开始在Tabangao附近建设了一个更大也更现代化的炼油厂。炼油厂在1995年完工，产能可达11万桶／日，将壳牌在菲律宾的炼油能力提高到了15.5万桶／日。

1998—2002年，SPEX开始发展马拉帕亚深水天然气发电项目，此发展项目被看做是在菲律宾商业史上规模最大也最重要的投资项目，总投资额约为20亿美元。根据预计，菲律宾政府通过在该领域的收入，可减少对进口燃料20%～30%的依赖。

二、壳牌在菲律宾的勘探与开发业务

壳牌菲律宾公司于1914年开始在菲律宾的运作，现在已经成长为菲律宾最大的投资者之一，员工数量超过3000人。壳牌菲律宾公司的主要业务包括石油和天然气勘探、开采、炼油、销售和经营各种成品油。

（一）壳牌菲律宾勘探BV公司

壳牌菲律宾勘探BV公司负责壳牌在菲律

宾的石油和天然气勘探项目，其勘探活动始终位于菲律宾各石油公司的前列。现阶段，SPEX的主要项目是马拉帕亚（Malampaya）深水天然气发电项目。

1991年1月21日，根据 SPEX 与菲律宾政府签订的合同，壳牌作为运营商在海上的巴拉望岛西北地区 SC38 区块开始勘探。1992年5月，SPEX 和合作伙伴在马拉帕亚的 Camago 地区发现了大量的天然气和石油。

（二）壳牌马拉帕亚项目

1. 石油开发

菲律宾马拉帕亚深水油田发现于巨大的马拉帕亚天然气田之下，是菲律宾目前最大的石油生产项目。菲律宾近年来其他的勘探和开采项目也都集中在海洋石油远景区。2005年，菲律宾能源部颁发了11个勘探许可证，主要集中在 Mindoro、Salawan 和 Sulu 海洋盆地。

马拉帕亚项目始于2001年10月，壳牌公司作为项目的运营商，拥有45%的股权，而作为合作伙伴的雪佛龙和菲律宾国家石油公司（PNOC）分别拥有45%和10%的股权。虽然马拉帕亚地区的天然气产量非常巨大，但在深水构造中的伴生石油产量却很难开采。在投入了20亿美元的勘探和开发成本后，壳牌和雪佛龙公司于2004年向 PNOC 提出放弃该石油项目的开发权，理由是此区域缺乏充足的石油储量，开采石油可能会损害到上层的天然气储藏。

2. 天然气开发

马拉帕亚气田位于巴拉望岛（Palawan）北部，根据预计，天然气的可开采总量可达3.7万立方英尺。马拉帕亚气田是菲律宾历史上最大的天然气开发项目，也是菲律宾国内已有的最大外资项目之一。

此项目是一项集深水天然气开发、燃气发电的综合项目，总投资额45亿美元，壳牌菲律宾勘探公司（SPEX）作为运营商与雪佛龙公司各占有45%的股份，菲律宾国家石油公司拥有其余10%股份。

马拉帕亚气田的输气方案是：通过一条504千米的管线，将气田的天然气输送到八打雁的3个燃气电厂。这条输气管线有一半的水深都超过600英尺，是世界最长的深水管线之一。

2001年10月16日，伴随着管线水下部分的铺设完成和3座电厂（由英国天然气公司与菲律宾第一天然气公司组建而成的 San Rita 公司经营）发电的成功，马拉帕亚项目也随之正式启动。根据菲律宾政府的估计，马拉帕亚气田的天然气最终将可以向3座电厂提供20年的燃气供应，并带来2700兆瓦的电力输出，由此为菲律宾节约2600万桶燃料油。此外，英国天然气公司与菲律宾第一天然气公司在2003年已将位于 San Lorenzo 的另一座电站改建为燃气电站。

三、壳牌在菲律宾的销售业务

（一）壳牌在菲律宾的零售网络与服务

壳牌是菲律宾最大的燃料油供应商之一，在菲律宾境内建立起一个拥有960座加油站的服务网络。通过这个网络，壳牌为菲律宾的消费者提供各种优质的燃料油、润滑油和优质的服务。

在菲律宾的壳牌加油站，消费者不仅能买到需要的油品，还能在24小时营业的壳牌选择（Select）便利店中轻松地享受购物乐趣。

加油站便利店的24小时服务概念最早是由壳牌引入菲律宾的。1993年，第一个壳牌选择便利店在北昌宋岛的开托尔韦壳牌加油站中成立。第一个壳牌选择咖啡厅于1998年8月在壳牌麦哲伦加油站开始营业。

壳牌选择便利店的经营范围包括：提供各种小吃、点心、杂货、旅游用品、电话卡、报纸、种类繁多的杂志，以及热餐和冷饮。有些壳牌加油站还设置了咖啡厅，顾客在咖啡厅里可以选择美味的咖啡和茶点，新鲜的烤面包和饼干，以及冷、热的三明治。

壳牌加油站同时也为孩子们提供了各种快餐食品，而且在加油站的周边地区，顾客可以轻易地找到 Jollibee、HenLin、肯德基、必胜客和星巴克的连锁店。

在壳牌选择便利店中，顾客还可以通过自动柜员机（ATM）提取现金，方便顾客消费。

此外，在菲律宾所有的壳牌加油站中，顾客都可以使用壳牌卡。通过壳牌加油卡，可以简化客户的管理，降低客户管理车队的费用，并可以随时取得车辆消耗费用的详细报告，以及帮助客户最大限度地减少欺诈行为。

（二）壳牌在菲律宾销售的主要产品

1. 壳牌燃油

壳牌在菲律宾销售的主要是 V-Power 系列燃油。2010年初，V-Power 系列开始进入菲律宾市场，其高效、节能的特点受到菲律宾消费者的喜爱。其他产品还包括壳牌 Velocita 和壳牌 E10 超级无铅汽油等。在菲律宾的壳牌加油站中，已经有超过130座加油站开始销售 E10 超级无铅汽油。

2. 壳牌润滑油

壳牌在菲律宾的润滑油市场以壳牌喜力和壳牌爱德王子两个品牌为主，主要是针对于汽车发动机和摩托车发动机。其中壳牌喜力系列主要包括壳牌超凡喜力全合成润滑油、壳牌非凡喜力、壳牌超级喜力和壳牌喜力多级黏度润滑油；爱德王子系列包括四冲程摩托车油和二冲程摩托车油的各种产品。

壳牌E10超级无铅汽油标识

壳牌菲律宾加油站的便利店

第八节 壳牌在文莱

文莱达鲁萨兰国位于东南亚的加里曼丹岛北部，素来以"东方石油小王国"著称，是当今世界上最富裕的国家之一，而天然气和石油是文莱的两大经济支柱。文莱在全球能源市场中占有重要地位：世界第四大天然气出口国、东南亚地区第四大产油国、亚洲第三大液化天然气生产国。

壳牌通过其四家子公司和合资公司的运作，在文莱石油和天然气市场上占有绝对的优势。同时，壳牌集团通过文莱的地理优势和石油天然气资源在亚洲成品油市场上不断扩展，市场份额逐渐提升。

一、壳牌在文莱的发展历史

壳牌进入文莱已达百年，是最早进入文莱的国际公司。自1913年壳牌石油公司进入文莱的油气勘探市场，文莱的石油经营权便一度完全由壳牌石油公司掌握。1974年，文莱政府取得了壳牌文莱公司20%的股权，到现在股权已经上升至50%。

二、壳牌在文莱的勘探与开发业务

文莱的石油工业完全由壳牌文莱石油公司（Brunei Shell Petroleum Co. Sdn. Bhd, BSP）垄断，壳牌文莱石油公司是荷兰皇家壳牌公司和文莱政府按50：50出资比例组建的合资公司，一直是文莱主要的石油和天然气生产和供应商。壳牌文莱石油公司还经营着文莱唯一的炼油厂。

壳牌文莱石油公司在文莱的海上和陆上石油勘探和开采面积为7392平方千米（海上）和2175平方千米（陆上）。现在，文莱90%的石油和天然气来自 BSP 所属的七个海上油田，这七个油田包括：Champion 油田（拥有文莱40%的石油储量，当前产量约为5万桶／日）、Southwest Ampa 油田（最老的油田，拥有文莱天然气储量和产量的一半以上）、Fairley 油田、Fairley-Baram 油田、Gannet 油田、Magpie 油田（自1977年开始投产，当前产量为1万桶／日）和 Iron Duke 油田。

壳牌文莱石油公司同时还拥有两个陆上油田：Rasau 油田和 Seria-Tali 油田。另一个陆上油田 Egret 于2006年投产，年生产约3000万桶石油。

Southwest Ampa油田

三、壳牌在文莱的石油运输业务

壳牌在文莱的石油运输业务主要由壳牌文莱油轮公司（Brunei Shell Tankers Sdn. Bhd, BST）负责，其主要业务是将文莱的液化天然气运送到海外市场。其下属共七艘油轮，所运送的液化天然气产品都是文莱液化天然气公司所生产的，并拥有文莱液化天然气公司的特许经营许可。这些业务的开展均由壳牌国际贸易和运输公司（Shell International Trading and Shipping Company，STASCO）管理和运营。

装卸码头

液化天然气的运输与装卸是非常复杂的，基本上每两到三天就可以装满一船，吞吐量为

7.5万立方米 / 船,其主要客户是日本,运输周期为14天。自1972年以来,已经向日本客户运输液化天然气超过4000船次。仅在1999年 BST就交付给日本186船次,运送到日本的东京、大阪、根岸和袖浦。

四、壳牌在文莱的炼化业务

(一)诗里亚炼油厂

壳牌文莱下属的诗里亚炼油厂(The Seria Oil Refinery)位于白拉奕区的诗里亚石油镇,每天的生产能力为1万桶,基本上满足了文莱国内大部分的石油产品需求。这家工厂主要生产各型号的无铅车用汽油、润滑油、航空汽油、沥青和煤油。

(二)文莱液化天然气公司

文莱的液化天然气几乎都在壳牌文莱公司的液化天然气厂(Brunei Shell's Liquefied Natural Gasplant, BLNG)进行加工处理。BLNG于1972年投产,建在文莱的卢穆特,是世界上最大的液化天然气厂之一。BLNG 是由文莱政府和壳牌海外贸易有限公司和三菱商事株式会社共同拥有的合资企业,其中文莱政府拥有50% 股份,壳牌海外贸易有限公司和三菱商事株式会社均为25% 的股份。

液化天然气控制室

现在,文莱液化天然气公司的年产量为720万吨。

五、壳牌在文莱的石油和天然气贸易业务

(一)石油贸易

2009年,文莱的原油出口对象主要是亚太地区的各个国家。其中,23.5% 的石油出口到印度尼西亚,其次是澳大利亚、韩国、印度、新西兰、中国、泰国、新加坡、日本、菲律宾和马来西亚。

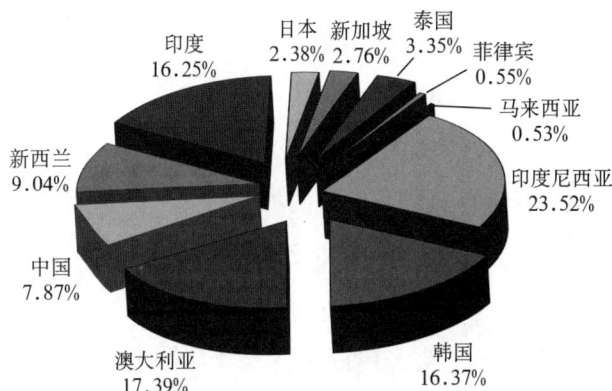

文莱2009年原油出口国份额

(二)天然气贸易

文莱液化天然气公司所生产的90% 液化天然气中均按照1993年签订的长期供给协议出口到日本。根据该协议要求,文莱每年向日本提供超过600万吨的液化天然气,主要供给日本的三家日本公用事业企业,即东京电力(东京电力株式会社),东京天然气公司和大阪煤气公司。自1995年以来,文莱液化天然气公司每年向韩国天然气公司(KOGAS)供应70万吨液化天然气。剩余少量的天然气用于国内发电。自2001年以来,日本仍然是文莱天然气的主要出口市场。

六、壳牌在文莱的下游销售业务

壳牌在文莱的下游零售业务由壳牌文莱销售公司（Brunei Shell Marketing Company Sendirian Berhad, BSM）负责，主要业务包括汽油、柴油、润滑剂、沥青和液化天然气的销售，以及润滑剂、化学品、沥青的进口。

壳牌文莱销售公司始建于1959年，最初命名为壳牌销售有限公司（Shell Marketing Company of Borneo Ltd.），1974年改为壳牌文莱销售有限公司（Shell Marketing Company of Brunei Ltd.）。1977年，壳牌文莱销售公司与文莱政府进行合资（各占股份50%），组成了壳牌文莱销售有限公司（Brunei Shell Marketing Company Ltd.）。

目前，壳牌文莱销售公司共有70多名员工，通过位于斯里巴加湾市的办公室管理着 Muara 油库和文莱国际机场油库。2010年3月，壳牌文莱销售公司采用了新的 logo，以一个全新的面貌展现在文莱人民面前。

壳牌文莱销售公司共拥有36座加油站，其中33座是陆上加油站，3座是水上加油站。壳牌的主要燃油和润滑油产品在文莱均有销售。

2006年，壳牌文莱销售公司推出了加油站的汽油零售自动化系统，该系统采用电子支付设备与无线功能（WIFI），并支持现金和信用卡支付，消费者可以选择自己喜欢的方式在文莱的壳牌加油站中加油。

壳牌在文莱的早期加油站

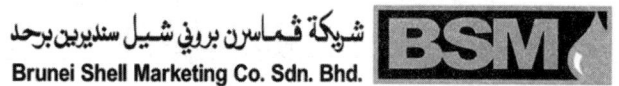

壳牌文莱销售公司的新LOGO

第九节　壳牌在斯里兰卡

一、液化天然气业务

2010年之前，壳牌在斯里兰卡的业务主要由壳牌天然气斯里兰卡公司（Shell Gas Lanka Limited, SGLL）负责。公司原名科伦坡天然气公司，为斯里兰卡国有，20世纪90年代，斯里兰卡通加政府开始实行私有化政策，在这一时期，壳牌以合资的形式入股科伦坡天然气公司，成立了新的壳牌天然气斯里兰卡公司，其中壳牌占有51%的股权，斯里兰卡政府占有剩余49%的股权。

2010年，斯里兰卡政府开始回购原国有企业中的私有股份。10月7日，斯里兰卡政府出资6300万美元回购壳牌在斯里兰卡的两个分公司——壳牌天然气斯里兰卡有限公司和壳牌储运斯里兰卡有限公司（Shell Terminal Lanka Limited, STLL）的股权，从此壳牌退出了斯里兰卡的液化天然气市场。

二、太阳能发电业务

1999年9月，壳牌太阳能斯里兰卡有限公司收购了斯里兰卡的太阳能电力和照明公司，从而进入了斯里兰卡的太阳能发电市场，为客户提供太阳能产生的电力。

斯里兰卡原有的太阳能企业的运营方式往往是一次性的，即如果客户与企业本部不在一个地区，那么企业为客户安装好太阳能设备后就会离开客户所在的地区，这使客户寻求售后服务变得尤为困难。壳牌进入斯里兰卡太阳能发电领域后，为了改变这一现状，选择了依托当地企业进行运营，作为一个稳定的运营商为客户提供长期的技术支持和设备维护服务。

2007年10月，出于整体的战略考虑，壳牌出售了在斯里兰卡的太阳能业务。

壳牌在斯里兰卡的天然气设施

第十节　壳牌在泰国

早在1892年壳牌就已进入泰国，并先后参与了泰国的石油勘探、开采、精炼和石化产品的销售。2004年，壳牌出售了在泰国的勘探与开采业务，此后壳牌在泰国的业务便集中在下游零售上。

在泰国，壳牌拥有超过570座加油站，并通过加油站网络使其零售业务遍布全国。壳牌为泰国消费者提供高质量的成品油和润滑油，并通过选择便利店销售非油品，取得了可喜的成绩，为壳牌在亚洲的业务打下了基础。

一、壳牌在泰国的发展历史

壳牌在泰国发展的历史较为悠久。

1892年9月23日，第一艘装载着壳牌散装煤油的油轮抵达了泰国，壳牌开始进入泰国市场。在随后的40年中，壳牌的皇冠牌煤油受到了越来越多的泰国消费者欢迎，煤油市场不断扩大，马克沃尔德（Markwald & Co.）公司成为壳牌在泰国所有产品的代理商。后来，壳牌委任婆罗洲有限公司（Borneo Co., Ltd）下属的子公司亚洲石油（暹罗）有限公司（Asiatic Petroleum）作为其在泰国的官方代表。此时，经营产品的品种已经从煤油逐步扩大到汽油和其他石油相关产品。由于第二次世界大战的爆发，亚洲石油（暹罗）有限公司停止了在泰国的所有业务。

第二次世界大战结束后，因受泰国政府的邀请，壳牌重返泰国，恢复了战前运作。1946年，壳牌将亚洲石油（暹罗）有限公司更名为壳牌（泰国）有限公司（The Shell Company of Thailand Limited），壳牌海外控股有限公司（Shell Overseas Holdings Ltd.）拥有该公司100%的股份。此时，公司的经营范围已经从石油及其相关产品销售扩展到油库存储、物流配送以及加油站零售网络经营。

1979年，壳牌泰国开始进军泰国石油工业，并通过壳牌泰国勘探与生产有限公司（Thai Shell Exploration and Production Company Limited）着手泰国石油的勘探工作。

1981年，壳牌泰国与泰国国家石油公司（PTT）勘探和生产股份有限公司（PTT Exploration and Production Public Company Limited）合作，发现了诗丽吉油田（Sirikit Oil Field）。2003年12月30日，壳牌将其在泰国的所有勘探与生产业务全部出售给PTT勘探和生产股份有限公司。

1991年，壳牌泰国与泰国国家石油公司共同组建了罗勇炼油有限公司（Rayong Refinery Company Limited），壳牌持有64%的股份，泰国国家石油公司持有36%的股份。罗勇炼厂为泰国第四家炼油厂，日处理原油能力为14.5万桶。2004年，壳牌将持有的罗勇炼油有限公司股份出售给泰国国家石油公司。

二、壳牌在泰国的勘探与开发业务

2004年1月，泰国PTTEP公司及其子公司（PTTEP公司海外投资有限公司）收购了壳牌泰国勘探与生产有限公司（Thai Shell Exploration Production, TSEP）100%股份。经过正式的股份转让，PTTEP公司成为壳牌泰国勘探与生产有限公司（TSEP）的新主人。壳牌泰国勘探与生产有限公司在泰国共有两个勘探和开采区块，分别是位于诗丽吉油田的陆上S1区块（壳牌泰国持有这个区块75%的股份）和海上的B6/27区块（壳牌泰国持有这个区块100%的股份）。

S1区块是在诗丽吉油田中最大的陆上油田，也是泰国的第一个主要油田。S1区块横跨Kamphaengphet、彭世洛和素可泰省。目前，它每天生产约1.9万桶原油、5500万立方米天然气和300吨的液化天然气。通过对S1区块的运营，壳牌泰国勘探与生产有限公司已经成为泰国最

大的石油供应商。

壳牌泰国勘探与生产有限公司经营的另一个Nang Nuan油田属于B6/27区块，位于泰国湾靠近Chumphon和Suratthani省份的海面上，但是这个海上油田自1997年8月起已经停止产油。

三、壳牌在泰国的销售业务

（一）壳牌在泰国的零售网络与服务

壳牌在泰国共有570座加油站，遍布泰国的城市、乡村，其石油产品的年销量可达160亿升，零售市场占有率保持在13%左右，仅次于PPT（32%）、埃索泰国（15%）、加德士，排名第四位。

2007年前5个月，壳牌在泰国的汽油和柴油销售量为11亿升，与上年同期相比减少3%。基于这种状况，壳牌斥资11.4亿泰铢，用于壳牌泰国加油站的设备更新，旨在提高销量以及提高零售市场占有率。

2011年，壳牌计划调整30～50座加油站的形象，预计每座加油站投资1000万铢，以提高服务质量，增加客户满意度。

自2003年以来，壳牌泰国开始加大在非油品零售业务方面的投入，增加了加油站便利店和食品店的数量，在公路边增建了大型便利店和餐饮服务中心，通过自主品牌便利店和连锁餐厅的扩张，提高了非油品业务的收入。

壳牌在泰国的非油品业务主要包括三个方面，即便利店、换油中心和洗车中心。便利店的品牌为Select（选择），换油中心的品牌为ProServ，洗车中心的品牌为CarWash。

此外，在泰国的壳牌加油站中，消费者均

可以通过壳牌加油卡获得各种优惠和服务。

1. 选择（Select）便利店

Select（选择）是壳牌集团自主品牌的便利店，目前，在全世界47个国家开设了大约7500多家店。在泰国，壳牌开设了100多家加油站便利店，分布在曼谷及泰国各主要城市。

Select便利店提出的经营口号是随时快捷的购物（Quick shopping anytime），在为消费者提供了一个安全、友善、现代、明亮和干净的体验式购物环境的同时，还为消费者提供了方便、愉快、轻松、自由的客户体验、停车以及快速结账服务系统。

Select便利店还为消费者提供快餐服务，以满足消费者即时需求。结合泰国市场消费者需求的特征，壳牌泰国开发了自主品牌的冰/热新鲜咖啡（Selecte Iced/Hot Fresh Coffee）、冰鲜茶（Selecte Iced Fresh Tea）、熏猪肉香肠（Smoked Pork Sausage）、鸡肉肠（Chicken Sausage）以及中国蒸饺（Chinese Bun）等，取得了不俗的销售业绩。

2. ProServ 换油中心

壳牌在泰国开设了340家 ProServ 换油中心，以促进壳牌润滑油的销售。截至2009年底，润滑油产品的销售收入已经占到壳牌泰国销售总收入的10%。

3. CarWash 洗车中心

壳牌泰国的 CarWash 洗车中心设备分为自动洗车机和人工洗车机两种。

自动洗车机清洗一台车辆需要6～8分钟，整个流程包括打泡沫、热蜡、冷蜡，清洗轮胎和内饰清洗。人工洗车机主要通过高压水混入清洁剂来清洗车辆。

另外，壳牌泰国还结合加油站场地的实际情况，设置了露天咖啡座，为顾客提供休息的空间。

4. 壳牌加油卡

消费者可以通过遍布泰国的500多座壳牌加油站享受到方便、快捷、周到的壳牌加油卡服务和优质的成品油服务。通过壳牌加油卡可以简化客户的管理，降低客户管理车队的费用，并可以随时取得车辆消耗费用的详细报告。壳牌加油卡可以帮助客户最大限度地减少欺诈行为。

（二）壳牌在泰国销售的主要产品

1. 壳牌燃油

在泰国的燃油零售市场中，壳牌采用了产品差异化营销策略，通过推出自主品牌的成品油产品，提升顾客的忠诚度，这些产品包括：壳牌强力汽油（Shell V-Power）、壳牌强力柴油（Shell V-Power Diesel）、壳牌95号乙醇汽油（Shell Fuel Save Gasohol 95）、壳牌91号乙醇汽油（Shell Fuel Save Gasohol 91）、壳牌柴油（Shell Fuel Save Diesel）。其中壳牌 V-Power、壳牌95#汽油和壳牌 B5柴油在泰国非常畅销，受到消费者的广泛认可。

2. 壳牌润滑油

壳牌在泰国经销的润滑油主要是壳牌喜力系列与壳牌爱德王子系列的各种产品。

2010年，由于受到泰国国内政局与自然灾害影响，壳牌在泰国的润滑油整体销量与去年同期相比减少了4%，但发动机润滑油的销量比去年增长了4%～5%。为响应泰国政府的清洁能源政策，壳牌开始主要销售乙醇汽油，这使乙醇汽油的销量提高了10%。

壳牌自动洗车机

壳牌人工洗车机

壳牌加油站露天咖啡屋

壳牌在泰国的主要润滑油产品

ProServ换油中心标识

第十一节 壳牌在越南

壳牌最早进入越南是在1894年，后来一度离开。1987年，壳牌回归越南，并参与到越南石油和天然气领域的上游业务和下游业务中。目前，壳牌在越南的主要业务集中在下游，并不断努力寻找机会扩大其市场份额。

壳牌一直致力于满足由于越南经济增长所带来的各种石油产品的消耗，而越南也成为壳牌集团在亚太地区重要的消费市场。

一、壳牌在越南的发展历史

1894年，壳牌开始进入越南，最初主要在越南进行煤油零售。其后，由于历史原因，壳牌退出了越南市场。1987年，壳牌再次进入越南，并开始参与越南石油产业的上、下游业务。

壳牌在越南的早期活动主要是石油和天然气的勘探，前后花费了8年的时间，却没有取得任何具有商业价值的成果。1987年，壳牌公司重新考虑其在越南的业务策略，以提高利润和商业价值。当时，壳牌在越南市场的战略重点还是在上游市场，壳牌发现，越南天然气产业的前景要优于石油。除了石油和天然气，壳牌还做好了进军电力行业的准备。一旦壳牌在越南发现具有商业价值的天然气井，那么壳牌将考虑在越南投资电厂。

1996年，壳牌退出了越南的上游市场，并制定了关于石油和天然气业务的长远目标和发展打算，计划在15年内完成下游市场份额占有率的20%。在越南，燃料油是最大的市场，虽然政府不允许外国投资者进入此行业，但壳牌已经开始通过市场需求较低的产品进行洽谈。

现阶段，壳牌在越南的主要业务集中在下游石油产品的生产和销售上。壳牌的业务通过壳牌越南有限公司作为业务代理进行销售，销售产品包括：液化石油气、沥青、润滑油、化学品和海洋产品等。

二、壳牌在越南的润滑油调配业务

2001年9月，壳牌在越南建成了第一个润滑油调配厂，位于越南同奈省南部的去斗工业区（The Go Dau Industrial Zone），于2000年7月开始建设，总投资1100万美元，设计初始生产能力为每年2万吨，大约能够满足越南润滑油年需求总量的15%。工厂提供工业和商业润滑油的生产和调配、运输、销售，这将有助于满足不同消费者对润滑油产品的需求。

三、壳牌在越南的销售业务

早在1894年，壳牌就在越南开始了贸易活动，主要是把装在铁罐里的煤油以零售的方式供应给越南消费者。1989年，壳牌分别在越南的河内市和胡志明市设立了壳牌国际代表处，并在越南多个地区开展业务。如今，壳牌在越南的销售业务主要由壳牌越南有限公司负责，其主要业务是润滑油、沥青、化学品和其他海洋产品的销售。此外，壳牌还与越南海防进行合资，组建了壳牌天然气（LPG）有限公司，负责越南全国的液化天然气供应。

壳牌液化天然气在越南的应用：

消费者可以很容易地在越南各地的餐厅、宾馆和酒店网络中找到壳牌的液化天然气，它往往被用于热水供应、烹饪、空气调节系统、游泳池加热系统，并能够很好地解决环境污染问题。此外，壳牌的液化天然气还被用在越南的工业、农业中，如冶金、陶瓷等手工艺品生产、食品生产和加工，以及畜牧业的供热系统等。

在越南，壳牌销售的润滑油品牌有：壳牌爱德王子、壳牌喜力、壳牌劲霸，其中，壳牌爱德王子是壳牌在越南的主要产品。

壳牌爱德王子系列产品

第十二节　壳牌在印度

1928年与1993年，壳牌曾两度进入印度，但是，壳牌在印度的业务范围一直集中在下游，至今没有任何上游业务。由于印度的经济发展带动了石油产品市场需求的不断增加，印度已经成为壳牌集团利润增长点中的重要部分。目前，壳牌在印度占有的润滑油市场份额大约为6%～

7%，还低于其全球市场份额（13%），但是壳牌印度公司（Shell India）在润滑油发展计划中，将未来的目标定为其市场总份额的20%。

一、壳牌在印度的发展历史

伯曼壳牌石油储存及销售印度有限公司成立于1928年，该公司是印度石油工业的开拓者之一，最早在印度开展的是煤油的进口和营销业务。

壳牌进入印度之后，逐渐在印度建立起覆盖全国的营销网络。消费者即使是在偏远的乡村，也能通过壳牌得到充足的煤油供应。随着汽车运输业的发展，壳牌在印度的业务逐步延伸至灌装汽油，并在20世纪30年代开始建立加油站。

1932年10月15日，随着第一架民航班机抵达印度，壳牌也开始了在印度的航空燃油供应业务。

50年代中期，壳牌引进了液化天然气，并以其作为燃料进入印度的家用燃料市场。在这一时期，壳牌除了在印度销售沥青，还率先在印度进行沙漠公路建设。

1955年，壳牌委托当时印度最大的炼油厂来处理印度发现的第一个油田——孟买高（Bombay High）油田产出的原油。

1976年1月24日，印度政府接管了伯曼壳牌公司，成立了巴拉特石油公司。

2002年，印度政府的市场政策发生了 U 形大逆转，开始允许跨国公司及其他私营公司重新进入印度市场。随着政策的转变，公、私营公司蜂拥而至，纷纷开设加油站，向越来越多拥有汽车的中产阶级销售汽油。2005年，壳牌在印度开设了再次进入该国之后的第一座加油站。

现阶段，壳牌在印度的业务包括：石油产品、化学品、技术、投资和润滑油、沥青、液化天然气、成品油等。

二、壳牌在印度的销售业务

壳牌公司是国际石油巨头中在印度能源部门投资最大、投资种类最多的石油公司，投资总额达10亿美元。同时，它也是全球唯一在印度拥有燃油零售许可证的外国石油公司。壳牌在印度除了作为一个主要的石油领域中产品、化学品和石油技术的供应商，同样也在印度下游产业中占有重要地位。其下游的业务包括：润滑油、沥青、液化天然气终端，以及一个重要的技术中心和一个金融商业服务中心。

（一）壳牌在印度的加油站

2004年7月，壳牌获得了印度政府批准的燃油销售许可证，允许其建立数量高达2000座的加油站网络，由此，壳牌成为唯一获准在印度兴建和经营加油站的国际石油公司。至今，壳牌在印度的加油站已超过68座。

在印度，壳牌集团的全资子公司壳牌印度市场私人有限公司（SIMPL）负责运营壳牌的零售业务。

壳牌的加油站网络覆盖了印度的如下地区：古吉拉特邦、马哈拉施特拉邦、卡纳塔克邦、泰米尔纳德邦和阿萨姆邦，并不断努力扩大其市场占有率。同时，壳牌也为印度提供各种就业机会，以解决印度的就业问题。壳牌还在其加油站中雇佣了印度的残疾人、妇女和社会弱势群体成员，到2006年底，壳牌的加油站平均每站雇佣17名妇女以及4名伤残人员。壳牌为这些弱势群体提供了各种工作方便，如：妇女只在白天工作，并拥有单独的休息室和洗澡间；

为残疾人安装轮椅坡道等。在壳牌的每个加油站，都有一个熟练应用手语交流的主管。

（二）壳牌在印度的润滑油销售

壳牌在印度西部临近孟买的 Taloja 建造了一座润滑油调配厂，该厂一度被认为是亚洲最优秀的润滑油调配厂之一。通过这个工厂，壳牌为印度的汽车和工业部门提供了一系列的品牌润滑油。

壳牌在印度经营的润滑油品牌有：壳牌喜力（Shell Helix）、壳牌爱德王子（Shell Advance）、壳牌劲霸（Shell Rimula）、润滑脂（Grease Lubrication）和壳牌专业（Shell Specialties）。

自1993年壳牌润滑油与巴拉特石油以合资的名义重新回到了印度，并成立了巴拉特壳牌有限公司以来，这种战略合作的伙伴关系持续了十多年。2007年底，通过收购巴拉特石油公司的股份，使壳牌润滑油成为壳牌100%股份的子公司。同时，壳牌印度润滑油公司将鹏斯品牌合并到其系列品牌中，成为其著名品牌之一。

壳牌润滑油公司在印度 Gurgaon 拥有一个办公室，并拥有6个区域办事处。在这些机构中，壳牌共雇用了400余人，并在印度建立起遍布全国的250个分销网点。

为了提高交易的便利性以及更贴近客户，壳牌润滑油于2008年在钦奈成立了客户服务中心（CSC），建立起一个有效的润滑油业务供应链。通过客户服务中心，壳牌为印度引进了一个新的标准化、简单化的工作方式。

现在，壳牌润滑油已经进入印度汽车联盟的营销市场，并通过了一系列汽车品牌的检测，如：Maruti Suzuki、Hyundai、Mahindra & Mahindra、Skoda、Ford、Wartsila、SAME 和 Thermax 等。

同时，壳牌在印度还拥有大量的企业客户，诸如：Tatairon & Stee、TELCO、Maruti Udyog、SAIL、ONGC、Jindal Group、Mahindra & Mahindra、Ford 等。

（三）壳牌在印度的沥青销售

通过建立在 Uluberia（东印度）和 Savli（西印度）的工厂，壳牌沥青为印度的公路网络建设、机场跑道建设提供最高级的路面解决方案以及一些特殊的应用。

2006年12月，壳牌在印度西孟加拉邦加尔各答附近的 Uluberia 建起了第一座沥青厂，主要生产改性沥青和乳化沥青，生产的产品包括：沥青乳液、聚合物改性沥青和胶粉改性沥青，以及不同等级的特殊应用沥青产品，总生产能力可达5万吨／年，此外，Uluberia 沥青厂也依据国际标准，根据不同的气候、道路条件和特殊应用来制造不同的沥青产品。

此外，壳牌沥青还在印度推出了公路即时修路预混料（Shell Shelmac PR 品牌），当道路损坏并需要及时修复时，这种产品在10～15分钟

古吉拉特Savli的沥青厂

内就能够修复并达到良好的强度。这些优质的产品使壳牌深受印度的承建商、道路维修机构和顾问机构所喜爱。

基于 Uluberia 厂的成功经验与壳牌优质产品在印度市场的接受程度，以及对印度北部和西部的沥青需求预测，壳牌在古吉拉特邦巴罗达附近的 Savli 建立了一座类似的改性沥青和乳化厂。这家工厂生产的沥青产品包括：沥青乳液、高性能聚合物改性沥青、胶粉改性沥青和其他特殊应用沥青产品等。

现在，印度正在建设国家高速公路、国道和乡村道路（总共约330万千米，仅次于美国）的庞大公路网络，为壳牌沥青的市场发展提供了更为广阔的空间。

（四）壳牌在印度的天然气销售

壳牌在印度的天然气销售业务得益于哈兹拉天然气码头和港口。此港口是由壳牌和法国道达尔两个世界上最大的私人液化天然气供应商共同合作投资建成的，其中壳牌占有74%的股份，道达尔占有26%的股份。壳牌和道达尔合资组建了哈兹拉集团公司（HGC），并由其运作哈兹拉液化天然气接收站和港口工程。

哈兹拉终端包括一个功能全面的港口，以及建在港口中的液化天然气储存装置和再气化终端。建立在古吉拉特邦苏拉特地区的总投资高达300亿卢比的哈兹拉液化天然气接收站和港口设施，是国际石油公司在印度能源领域投资最大的项目，得到了印度政府的关注。其年处理天然气能力为500万吨。

哈兹拉（苏拉特）港口被设计成一个深水、全天候、可直接停泊的港口。它坐落在印度古吉拉特邦西海岸，距苏拉特市约25千米，孟买北部约120海里的地方。哈兹拉（苏拉特）港口

被设计成为一个全功能的海滨码头，除了液化天然气装卸外，还可以装卸其他货物。哈兹拉港口拥有长约1000米的航道，转弯半径600米和12.5米适应潮汐变化的能力，以适应较大的船只。

哈兹拉港口被视为印度的门户港口，以配合印度北部、西部及印度中部的货柜运输，预计未来十年的货柜运输量增长将超过13%。

哈兹拉液化的天然气终端与印度在莫拉天然气管道相连接，实现了对印度西北地区和马哈拉施特拉邦的天然气供应。

哈兹拉（苏拉特）港口的位置

哈兹拉（苏拉特）港口

（五）壳牌海洋服务项目

壳牌在印度海洋服务项目主要包括提供燃料、润滑油和航运业及相关技术服务。其提供

的产品范围如下：

壳牌在印度海洋服务项目中所提供的产品

液压油	润滑脂	空气压缩机油	冷冻机油
齿轮油	变速箱油	汽轮机油	金属加工油

（六）壳牌在印度的技术服务公司

壳牌在印度的技术服务公司为壳牌印度技术有限公司，公司隶属于荷兰皇家壳牌集团公司，在壳牌全球技术中心中排名第三位，仅次于美国休斯敦和荷兰阿姆斯特丹技术中心。公司位于印度的班加罗尔，为壳牌集团和印度壳牌提供先进的技术研究、工程服务，以及来自全球各地的技术支持服务，其业务范围涵盖了上游的勘探和生产，以及下游的化工、天然气和炼油业务。到2007年底，壳牌印度技术中心雇佣了大约500名专业人才，并计划在不久的将来增加到1000人。

壳牌在印度的服务公司

第十三节 壳牌在巴基斯坦

早在壳牌运输贸易公司与荷兰皇家石油公司合并之前，壳牌就已经占领了巴基斯坦石油行业的销售市场，并于20世纪末开始进军石油勘探与开采业务。目前，壳牌在巴基斯坦的经营战略主要是：以上游业务为导向，投资重大项目及利润高的下游业务。

虽然壳牌在巴基斯坦经营上游业务的时间并不长，但随着其在巴基斯坦上、下游业务的不断扩张，壳牌已经成为巴基斯坦石油产业的重要经营机构。同时，这些业务也占壳牌总营业收入中很大的份额，是壳牌不可或缺的战略经营重点。

一、壳牌在巴基斯坦的发展历史

1903年，壳牌运输贸易公司（Shell Transport & Trading Company）与荷兰皇家石油公司以合作的方式开始向亚洲供应石油，这也是壳牌进入巴基斯坦的开端。

1928年壳牌与伯曼石油公司（Burmah Oil Company）合资组成伯曼壳牌石油经销公司（Burmah Shell Oil Storage & Distribution Company）。1947年，巴基斯坦独立。1993年，伯曼从公司撤走全部股份，公司正式更名为壳牌巴基斯坦有限公司（Shell Pakistan Ltd., SPL），壳牌拥有其51%的股权，到2001年股份已增长为71%。

进入巴基斯坦之初，壳牌主要从事下游业务——石油与天然气的销售。1998年，壳牌开始涉足巴基斯坦的石油勘探业务，包括陆地与海上勘探业务。但到目前为止，其主要业务还是集中在下游。

1903年至今，壳牌在巴基斯坦已经有一百余年的历史，可见巴基斯坦是壳牌经营战略中不可缺少的组成部分。

二、壳牌在巴基斯坦的勘探与开发业务

在巴基斯坦，壳牌的勘探业务开展时间较晚，其拥有勘探开采权的区块也因此较少。壳牌在巴基斯坦仅有的两个区块都在基尔塔地区，在这两个区块中的天然气相关项目（分别为 Bhit 气田和 Badhra 气田）中，壳牌都有参与。

1999 年 9 月，巴基斯坦政府发布了 Bhit 气田的商业开采声明。声明指出，2000 年，由荷兰皇家壳牌集团公司（股权 28%）与埃尼巴基斯坦有限公司（Eni Pakistan Ltd.，股权 40%）、油气发展有限责任公司（Oil & Gas Development Corp. Ltd.，股权 20%）、总理石油有限公司（Premier Oil Plc，股权 12%）共同承担 Bhit 气田开采项目。项目于 2003 年正式投产，其日产量达 2.7 亿立方英尺。

Bhit气田

2008 年，壳牌参与了 Badhra 气田开发项目与 Bhit 气田提速项目，此提速项目将 Bhit 气田的日产量从原来的 2.7 亿立方英尺提升到 3.15 亿立方英尺，处理速度提升了 17%。这一提速项目仍由各合资企业承担，其中荷兰皇家壳牌集团公司占 28%，埃尼巴基斯坦有限公司占 40%，油气发展有限责任公司占 20%，总理海上石油公司（Permier Oil Oversea B.V.）占 6%，科威特国外石油勘探公司（Kuwait Foreign Exploration Co.）占 6%。

目前，在巴基斯坦，壳牌已经把视线扩展到印度河盆地一带的近海大陆架石油勘探与开采许可权上。

三、壳牌在巴基斯坦的运输业务

在巴基斯坦，壳牌并没有独资铺设石油管线，而是以控制怀特石油管线项目（White Oil Pipeline Project，WOPP）26% 的权益来实现其在巴基斯坦运输通道的管理。怀特石油管线项目的其余权益分别为阿拉伯炼油公司（Pak-Arab Refinery Co.）拥有 51%、巴基斯坦国家石油公司（Pakistan State Oil Co.）与加德士石油（巴基斯坦）有限公司（Caltex Oil Ltd.）各拥有 11.5%。怀特石油管线项目的具体实施方是阿拉伯管线有限公司（Pak-Arab Pipeline Company Limited），主要负责铺设从昆新港到阿拉伯炼油公司的，用于成品油运输的石油管道。

昆新港全称为昆新国际集装箱码头（Qashim International Container Terminal），位于巴基斯坦重要的港口卡拉奇（Karachi）市的卡拉奇港，同时也是壳牌在巴基斯坦重要的进出口港之一。

除此之外，为了更好、更安全地为各航空公司不间断地提供航空燃料，壳牌在 Chaklala 油库与伊斯兰堡机场（Islamabad Airport）之间建立了一条 Jet A1 管线。

四、壳牌在巴基斯坦的炼油业务

巴基斯坦境内共有 8 个炼油厂，巴基斯坦炼油有限公司（Pakistan Refinery Limited）是其中之一，壳牌拥有该公司 30% 的股份。巴基斯坦炼油有限公司由 11 个公司及个人进行控股，巴基斯坦炼油有限公司每天可将 4.7 万桶原油加工成各种商业油，诸如：高速柴油、煤油、喷气燃

油和汽油等石油产品，并对以上产品进行销售。其产量为5万桶／日（7900立方米／日）。

五、壳牌在巴基斯坦的销售业务

壳牌在巴基斯坦占领了超过20％的燃料分销市场，并拥有超过1400个零售网点，其中包括加油站、润滑油的销售店、服务站等。除此之外，壳牌还在巴基斯坦经营天然气业务。

（一）壳牌在巴基斯坦的加油站

壳牌在巴基斯坦的加油站共919座，遍布在巴基斯坦的各个城市，每天24小时为巴基斯坦的消费者提供着各种高质量燃料的填充服务、客户服务，以及提供润滑油产品等。

（二）壳牌在巴基斯坦的润滑油销售

在巴基斯坦，壳牌主要经营的润滑油品牌与在其他国家所经营的大致相同，包括：

壳牌喜力（Shell Helix）、壳牌加德士（Shell Advance）、壳牌劲霸（Shell Rimula）以及壳牌一些特殊用途的润滑油。在润滑油的销售途径上，壳牌除了开设专营的零售店外，还在一些加油站里提供产品。

（三）壳牌在巴基斯坦的天然气销售

壳牌在巴基斯坦的天然气业务主要通过壳牌巴基斯坦天然气有限公司〔Shell Gas（LPG）Pakistan Limited〕来实现。壳牌巴基斯坦天然气有限公司主要是在专营店中销售液化天然气，为市场提供可靠而清洁的燃料。

（四）壳牌在巴基斯坦的航空燃油销售

壳牌在巴基斯坦向所有往返于巴基斯坦与其他国家之间的航空公司提供航空燃料。此外，壳牌还通过其建设的输油管线，更好、更安全地为客户提供相应的服务。

第十四节　壳牌在韩国

壳牌在韩国的活动可追溯至20世纪初。当时，由于韩国国内石油能源匮乏，所以壳牌的业务主要集中在下游。韩国是世界上第二大液化天然气进口国，这也使韩国成为壳牌液化天然气业务的重要地区。

一、壳牌在韩国的发展历史

壳牌于20世纪60年代开始进入韩国，最初壳牌在韩国的石油业务主要是润滑油销售。

1969年，壳牌与远东石油在韩国成立了一家合资企业。

1976年，韩国龙塘油藏，经营壳牌润滑油品牌和切削油。

1977年，壳牌太平洋企业有限公司（Shell Pacific Enterprises）韩国分公司成立，其总部设在西大门谷，由壳牌控制全部股份。

1988年，壳牌太平洋企业有限公司韩国分公司首次公开发行上市股票（壳牌占股份的50％，另50％来自公众及两千股东）。

1992年，壳牌太平洋企业有限公司韩国分公司获业界第一个ISO9002认证。

1999年，壳牌太平洋企业有限公司韩国分公司获ISO14001认证。

2004年，壳牌太平洋企业有限公司韩国分公司通过 ISO/TS16949 认证。

至今，壳牌已经在韩国经营了 50 年，虽然历史并不久远，但韩国已经成为壳牌一个重要的战略区域。

二、壳牌在韩国的销售业务

壳牌在韩国的零售业务主要由壳牌太平洋企业有限公司来承担，主要涉及液化天然气、润滑油、海事、化学品、环球贸易和壳牌煤气化及清洁煤能源。

（一）润滑油

1960 年，壳牌在位于釜山龙塘的总部开始了在韩国的石油项目，控制销售网络，并在龙塘厂开始了润滑油和润滑脂的生产。

壳牌在韩国经营多个系列润滑油品牌的产品，如商业车用润滑油系列品牌：壳牌劲霸 (Shell Rimula) 的系列产品、壳牌施倍力 (Shell Spirax) 的系列产品、壳牌 Retinax 的系列产品；工业润滑油系列品牌：壳牌得力士 (Shell Telraseu) 的系列产品、壳牌 Omala 的系列产品、壳牌 Corena 的系列产品等；船用润滑油系列品牌：壳牌 Alexia 50、壳牌 Alexia LS、壳牌 Argina S/T/X、壳牌 Gadinia 等。

（二）液化天然气

在韩国，壳牌与韩国天然气公司就韩国的液化天然气项目开展合作，前者是世界上最大的液化天然气运营商与供应商，而后者则是世界上第二大的液化天然气企业。

天然气项目是韩国最重要的项目之一，是1991 年由壳牌将其从马来西亚的液化天然气公司引进韩国的。目前，壳牌液化天然气与韩国天然气公司以一种长期的战略伙伴关系，共同开发能源、资源等未来领域，共同促进，共同发展。

此外，韩国不乏世界上最先进的造船和建筑技术。世界其他地区能源项目方面所应用的船用设备中，许多都出自于韩国。韩国的技术优势尤其表现在液化天然气领域上，很多浮动式液化天然气方面的项目（天然气的生产、液化、储存设施等）以及有关的造船项目，都是由韩国参与设计的。

液化天然气油轮

（三）化学品

壳牌太平洋企业有限公司（Shell Pacific Enterprises）主要生产散装化工产品，如：聚酯纤维和塑料，洗涤剂，以及我们在日常生活中遇到的各种产品中使用的原料 α - 烯烃和高醇，单乙二醇等。

（四）海事

韩国位于朝鲜半岛南端，拥有许多天然良港，有利于海上钻井、造船业和港口贸易等领域的发展，同时也拉动了燃料业的生产和销售。壳牌润滑油和船用燃料产品是被全世界所认可的，壳牌利用这种优势大大促进了其在韩国相应业务的发展。

壳牌劲霸系列产品

第十五节　壳牌在日本

早在1876年，壳牌就已经进入日本，至今已有一百多年的历史。现在，壳牌集团在日本的核心业务涵盖勘探与生产、天然气与电力、化工、可再生资源和氢气等领域。在日本，石油产品的业务由日本昭和壳牌石油公司（Showa Shell Sekiyu KK，简称昭和壳牌公司）负责，化工产业则由壳牌化工有限公司负责，天然气和电力由壳牌天然气及发电有限公司负责。壳牌全球解决方案（日本）有限公司则为其他业务提供技术支持与服务。

一、壳牌在日本的发展历史

1876年，马科斯·塞缪尔公司开始在横滨开展国际贸易业务。

1900年，马科斯·塞缪尔公司对其在日本的石油部门进行了拆分，成立了旭日石油有限公司（Rising Sun Petroleum Co. Ltd.）。

1912年，帝国 Sempaku 株式会社（昭和壳牌 Sempaku 株式会社的前身）正式成立。

1914年，旭日石油成为日本军方最大的燃油供应商。

1923年，关东大地震造成旭日石油的办公楼倒塌，其总部也随之从横滨迁移到了神户。

1941年，二战期间，旭日石油的所有资产被日本军方冻结和控制。

1942年，昭和石油有限公司成立，该公司是由叶山石油（Hayama Petroleum），朝日石油（Asahi Petroleum），新津石油（Niitsu Petroleum）合并而成的。

1948年，旭日石油恢复了在日本的业务，并改名为壳牌 Sekiyu。

1951年，壳牌石油集团与昭和石油公司签订了基本合作协议。

1955年，壳牌 Sekiyu 将总部迁移到东京的丸之内。

1958年，壳牌 Sekiyu 在昭和四日市建成了四日市炼油厂。

1963年，壳牌 Kagaku Seihin Hambai 株式

会社（即后来的壳牌兴产 Shell Kosan）宣布成立。

1964 年，新潟的昭和石油炼油厂由于新潟大地震而造成失火。

1967 年，壳牌化工株式会社 (Shell Kagaku KK) 成立，并成立了中央研究实验室。

1968 年，壳牌 Sekiyu 将总部迁移到东京的霞关。

1971 年，朱莉安娜 (Juliana) 原油油轮在新潟港外搁浅。

1981 年，昭和石油开始开发太阳能电池业务。

1985 年，昭和石油与壳牌 Sekiyu 合并为昭和壳牌 Sekiyu 株式会社。

1988 年，SOTIS 株式会社宣布成立。

1992 年，壳牌兴产、壳牌化工和日本必拓金属公司 (Billiton Metals Japan) 合并为壳牌日本有限公司。

1996 年，昭和壳牌 Sekiyu 将总部迁移到东京海湾的大人为海岛 (Odaiba)。

1999 年，SOTIS 株式会社的业务转型为壳牌国际服务。并成立壳牌国际服务（日本）有限公司。

2000 年，壳牌天然气和电力日本有限公司 (Shell Gas & Power Japan Ltd.) 成立。

2001 年，壳牌日本公司改名为"壳牌化工日本有限公司"(Shell Chemicals Japan Ltd.)。

2004 年，壳牌太阳能日本有限公司 (Shell Solar Japan Ltd.) 成立。

2005 年，壳牌全球解决方案（日本）有限公司 (Shell Global Solutions Japan Ltd.) 成立。

2006 年，壳牌太阳能日本有限公司改名为"昭和壳牌太阳能有限公司"(Showa Shell Solar Ltd.)。

同年宫崎厂（第一个 CIS 薄膜太阳能电池厂——CIS Photovoltaic Module Factory）建设完成。

2007 年，壳牌国际服务日本有限公司从壳牌集团剥离出来，成立了壳牌商务及 IT 解决方案有限公司 (Shell Business & IT Solutions Ltd.)。

二、壳牌在日本的炼油业务

日本昭和壳牌石油公司（Showa Shell Sekiyu K.K.）是日本最大的石油产品精炼企业，也是壳牌在日本的合资公司，壳牌拥有公司 33% 的股份。2004 年，沙特国家石油公司的子公司收购了昭和壳牌 (Sekiyu KK) 15% 的股份。昭和壳牌旗下共有三家炼油厂，总产能可达 51 万桶／日，为日本第五大炼油商。此外，该公司也是日本第一家进军太阳能发电事业的石油批发商。

日本昭和壳牌石油公司的主要石油产品包括：汽油、柴油、燃料油、煤油、飞机燃料、石脑油、液化天然气、润滑油、沥青。日本昭和壳牌石油公司在日本拥有三家炼油厂，分别是日本本州岛的四日市炼油厂 (Yo Kkaichi Refinery)，东亚石油有限公司 (Toa Oil Co. Ltd.) 的京滨炼油厂 (Keihin Refinery) 和西武石油有限公司 (Seibu Oil Co. Ltd.) 的山口炼油厂 (Yamaguchi Refinery)。日本昭和壳牌还在横滨和神户拥有两个润滑油工厂，在新潟拥有一个石油进口终端，以及遍布日本全国的约 5200 座加油站。2002 年，昭和壳牌在日本国内汽车燃油市场的占有率为 13.5%。现在，昭和壳牌已经开始进入替代能源领域，主要涉及太阳能发电系统及燃料电池的生产和销售。

昭和壳牌的三家炼油厂截至 2010 年的生产能力如下表：

壳牌在日本主要炼油厂生能表

日处理原油能力				
炼油厂名称	京滨炼油厂		四日市炼油厂	山口炼油厂
所属公司	东亚石油有限公司		昭和四日市Sekiyu有限公司	西武石油有限公司
分厂	Ohgimachi厂	Mizue厂		
日处理能力BBL	12万	6.5万	21万	12万

（一）四日市炼油厂

四日市炼油厂隶属于昭和四日市 Sekiyu 有限公司，成立于1957年11月，总投资为400亿美元，截至2010年4月1日雇员人数达到511名。

四日市 Sekiyu 有限公司总部和四日市炼油厂设在四日市的三重县，主要业务项目为：石油产品及其副产品的生产、加工、销售，以及各种石化产品的生产和销售。

壳牌四日市炼油厂主要设备及生产能力表

炼化设备	能力（万桶/日）
原油蒸馏装置	21
真空蒸馏装置	10.5
汽油脱硫装置	6.9
煤油加氢脱硫装置	4.75
柴油加氢脱硫装置	5.6
烷基化装置	1.7
汽油催化重整	2.28
连续催化重整再生	3.8
间接脱硫装置	4
燃料油脱硫装置	4.5
重油催化裂化装置	6.1

（二）京滨炼油厂

京滨炼油厂隶属于东亚石油有限公司，是昭和壳牌下属的石油精炼厂之一。京滨炼油厂共有两个分厂：Ohgimachi 厂和 Mizue 厂。这两个分厂的日产能分别是12万桶和6.5万桶。

东亚石油有限公司的前身是"联合石油公司"，成立于1924年2月6日，总投资84亿日元，其主要业务是炼油和发电。东亚石油有限公司的总部和炼油厂位于川崎市的神奈川县，截至2009年12月31日，雇员人数为620名。其下属有四个公司：基础油有限公司 Ougishima、新潟联合石油储存公司、Toua 特克斯公司和 Genex 公司。

低硫柴油生产设备

1965年，"联合石油公司"进入石油的销售和炼油行业，后来成为专业的销售和炼化公司。1980年该公司开始与昭和壳牌集团合作，其紧密的合作关系一直持续到现在。2003年，该公司开始运用炼油过程中燃料气体和剩余油进行发电，从而入股东京电力的子公司 Genex 公司，参与到电力的批发和零售业务中。

Genex 公司拥有约2700万千瓦的发电设施，公司下属的发电厂和京滨炼油厂有着亲密的合作关系，炼油厂向发电厂供应燃料，发电厂则送电到炼油厂。

（三）山口炼油厂

山口炼油厂隶属于昭和壳牌旗下的西武石油有限公司（Seibu Oil Company Limited）。西武石油有限公司成立于1962年6月25日，总投资额80亿日元，最初雇员人数368人，总部设在东京千代田区。西武石油有限公司由多家公司控股，其股东为昭和壳牌 Sekiyu K.K.、宇部兴产公司、Chugoku 电力公司、商船三井有限公司、瑞穗实业银行等27家公司。西武石油有限公司另设四家子公司，分别是：西方工程有限公司、西方船务有限公司、西方拖轮有限公司和西方海洋服务有限公司。

山口炼油厂

石油产品由宇部兴产株式会社、昭和壳牌 Sekiyu 负责经销和出口。昭和壳牌 Sekiyu 的出口贸易主要是从北陆、四国和九州山口炼油厂运到中国。

山口炼油厂的产品及其典型应用见下表。

山口炼油厂主要产品一览表

产品	典型应用
液化石油气	应用于家庭和汽车燃气
辛烯	增塑剂和其他材料
丙烯	基本原料，合成树脂
汽油	汽车燃料
石脑油	原料乙烯裂解装置
飞机燃料	飞机燃料
二甲苯	塑料瓶和聚酯纤维等的基本原料
苯	苯乙烯和苯酚等基础原材料

续表

产品	典型应用
煤油	家庭取暖燃油
轻油	公交车和卡车燃料
邦克阿	小型船只的燃料，以及建筑物和温室的取暖燃料
邦克C	工厂和发电厂的锅炉燃料
船用燃料	船用燃料
沥青	铺路
硫	硫酸，炸药，药品，农业化学品和其他原料

山口炼油厂的主要设置及设置对应的容量见下表。

壳牌山口炼油厂主要设备及生产能力表

设备名称	容量
原油带压蒸馏装置	12万桶/日
连续催化重整装置催化剂再生	2.5万桶/日
催化裂化装置	2.8万桶/日
轻石脑油异构化装置	5700桶/日
辛烯设备	2.2万吨/年
煤气回收系统	1170吨/天
石脑油加氢精制装置	3.4万桶/日
煤油加氢脱硫装置	2.7万桶/日
汽油加氢精制装置	1.3万桶/日
深层天然气石油脱硫装置	3万桶/日
加氢脱蜡装置	5000桶/日
真空蒸馏装置	4.4万桶/日
燃油直接脱硫装置	5.15万桶/日
氢气设备	120万Nm³/日
硫磺回收装置	340吨/日
芳香烃装置	4.4万吨/年
混合二甲苯生产设备	12万吨/年

三、壳牌在日本的化工业务

壳牌化工（日本）有限公司成立于1963年6月21日。2001年8月1日，壳牌通过对其在日本的化学工业与昭和壳牌 Sekiyu K.K. 拥有的企业进行整合，成立了壳牌化工日本有限公司。通过这种整合，壳牌可以充分发挥自身优势，使其资源管理变得更有效、更优化。

壳牌化工（日本）有限公司现在的总部设在东京，为壳牌集团 100% 控股，总投资额为 250 亿日元，主要业务为石油化工产品进出口和销售。

化工业务是壳牌集团的核心业务之一。壳牌作为全球能源行业的主要参与者，旗下的壳牌化工也是一家全球性公司，其化学品业务遍布世界各地。1998 年 1 月，壳牌化工建立了全球企业管理机构，在全世界范围内开展了广泛的业务重组及成本改善计划。2001 年上半年，壳牌完成了日本化工业务的重组工作，并积极采取新措施，在化工领域里充分利用企业与石油紧密联系的优势，以石化产品为业务的重点，以期实现核心业务的新增长。

四、壳牌在日本的天然气业务

2010 年 11 月 1 日，壳牌日本天然气及发电公司和壳牌日本全球解决方案公司正式合并，新公司被命名为"壳牌日本有限公司"。合并后的壳牌日本有限公司将继续致力于上游国际（天然气及发电业务）项目及科技业务（环球解决方案）的经营。

由于天然气资源的匮乏，日本必须依靠进口来满足其天然气需求。1969 年，日本开始从阿拉斯加进口液化天然气，使其在全球液化天然气市场内成为行业的先锋。2009 年，日本共消费 3.3 万亿立方英尺天然气，其中的 3.0 万亿立方英尺是依靠进口。在日本，电力部门是最大的液化天然气消费客户。

（一）液化天然气

日本是世界上最大的液化天然气消费市场。2006 年，日本进口 LNG 超过 6 千万吨。

2007 年，壳牌开始参与日本 LNG 进口的贸易，约能满足日本液化天然气需求的 36%。正

因如此，壳牌把日本看做其天然气业务的重要市场，并在日本迅速发展液化天然气业务。

壳牌天然气和电力日本公司的液化天然气部门作为液化天然气购买者和股东之间的联系纽带，为国内外的客户提供服务。

（二）天然气制油

作为替代燃料，GTL 燃料和生物燃料已被日本政府接受，并已经运用为运输燃料的替代品。在伦敦 GTL 团队营销策略的基础上，壳牌天然气和电力日本公司新能源事业部将 GTL 燃料引入日本市场，并积极与地方和中央政府进行接触并推广。GTL 的引进，将有助于提高日本运输燃料供应的多样化，减少日本对石油产品的依赖。

（三）煤气化

壳牌的煤气化技术已经成功引入日本并进行商业化生产，其内容主要是从褐煤、无烟煤和石油焦中生产出合成气，再把这种合成气用于发电和化学品的生产。

五、壳牌在日本的销售业务

（一）壳牌在日本的零售网络与服务

壳牌在日本的加油站统一由昭和壳牌公司来管理，公司通过由超过 5200 座加油站组成的壳牌零售网络来营销成品油，同时还营销诸如船舶燃料、润滑剂、沥青及液化天然气体等石化制品。

壳牌在日本的加油站种类有以下几种。

1. 壳牌品牌下的加油站

截至 2009 年 3 月 31 日，昭和壳牌在日本共拥有 4256 座壳牌品牌的加油站，并通过庞大的加油站网络为日本的消费者提供优质的产品和

服务。为了满足当地客户和他们多元化的需求，自助加油站的比例在逐年增加，现在已达到壳牌加油站总数的 20% 左右。

2. 新型加油站

2007 年，昭和壳牌开始在日本全国范围内开设配有超市、便利店的加油站，根据计划，这种新附设店将开设 100 家。新附设店的服务将被限定在加油和洗车服务上。随着低燃耗车份额的扩大和新车销售的减少，汽油市场预计将逐渐缩小，因此，昭和壳牌公司将强化与可吸引顾客店铺的合作，以维持销售量。

在此之前，昭和壳牌旗下的几乎所有的加油站都悬挂着黄色的"Shell"招牌。此后，昭和壳牌公司在地方超市及郊外型购物中心（SC）一角开设的加油站，将使用另一品牌"Fantasista"。这种新品牌是为了使消费者在购物途中能够顺路加油而设立的。2007 年，在大分县、新潟县等四处，新品牌加油站已经设置完毕，今后，昭和壳牌公司还将在日本其他地区继续开设新品牌店。

昭和壳牌不断推动加油站的发展，以满足日本客户的需求。它通过与全国 620 家经销商和公司进行紧密的合作，努力实现可持续增长的目标，并追求客户满意度的大幅提高。

昭和壳牌的加油站除了供应石油产品，如汽油、柴油、煤油、液化天然气，还将提供生物燃料和天然气制油燃料，并将配备加氢设备和高速充电设备以满足顾客多样化的能源需求。此外，昭和壳牌还为加油站提供设备维修服务，并在加油站内使用太阳能发电、燃料电池和LED 照明等新能源，以促进能源节约。

3. 防灾害加油站（Disaster-Proof Service Stations）

在重大灾害事故发生时，防灾害加油站将提供紧急救援车辆服务，包括燃料和其他重要的工具和服务。通过安装在这些车站内部发电机和水的采集设备，昭和壳牌公司将在灾害事故发生时提供成品油和水等基础设施服务。昭和壳牌石油集团拥有 18 个防灾害加油站（截至 2009 年 3 月 31 日），并将配置该公司自己生产的太阳能电池板系统装备，以促进加油站的发展。

（二）壳牌在日本销售的主要产品

作为一个致力于可持续发展的能源供应企业，昭和壳牌 Sekiyu 正致力于开发和供应环保产品，以满足不同客户的需求。

1. 壳牌燃油

壳牌在日本销售的燃油主要有：

（1）壳牌高辛烷值汽油——壳牌帕拉（Shell Pura High-Octane Gasoline）。

壳牌帕拉的推出得益于用来调研顾客满意度的车辆使用反馈系统，壳牌帕拉目前在日本26 个都道府县中十分畅销。

（2）生物汽油。

作为日本石油协会（Petroleum Association of Japan, PAJ）的一员，昭和壳牌于 2007 年 4 月作为 PAJ 的一个试点项目的一部分开始销售生物燃料。截至 2008 年底，销售范围已扩大到 16 座加油站。在这个项目中被采用的生物燃料是乙基叔丁基醚（ETBE）的复合物质，它是从植物中提取的乙醇和异丁烯作为生物汽油添加剂。此 PAJ 的试点项目于 3 月 31 日结束，但昭和壳牌通过不断研究如何将生物汽油添加剂加入其产品系列中，终于在 2010 年取得成功并开始全面推行新产品。

（3）无硫汽油。

昭和壳牌 Sekiyu 集团及其他 PAJ 成员的石油公司按照 2005 年 1 月以来政府对硫含量的

限制规定已采用含硫量低于10微克的汽油和柴油。

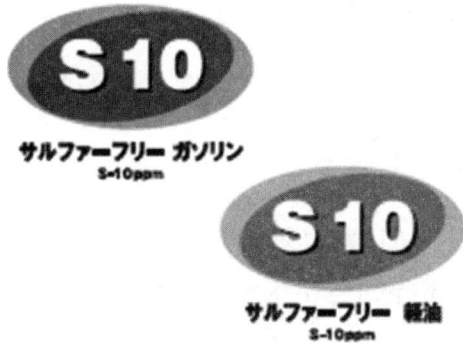

壳牌无硫汽油

（4）天然气制油——清洁柴油。

壳牌集团目前经营着在马来西亚的世界首家 GTL 厂，昭和壳牌公司于2009年3月底开始进行 GTL 使用一年验证测试，昭和壳牌通过往返中央研究实验室进行通勤巴士 GTL 的试运行。实验得到了丰田汽车公司和日野汽车的销售商的技术支持。昭和壳牌天然气制油燃料测试表明，在不同的环境温度和环境变化过程中完全可用，并保持无故障运行。从2009年2月，昭和壳牌沿东京都政府、丰田汽车公司和日野汽车有限公司进行道路实验。由东京都政府交通局主持，昭和壳牌计划通过供应两条线路的巴士（日本最先进的混合动力公交车）进行为期一年的试验项目，以展示其100％天然气制油燃料使用的有效模式。

2. 壳牌润滑油、润滑脂

昭和壳牌经营的润滑油脂主要包括：得力士、通拿、确能力、施达纳、爱万利等几大品牌。应用范围涵盖了车用、工业、电力、运输业、采矿业等行业。

（三）壳牌在日本的其他下游业务

昭和壳牌的其他下游业务还包括太阳能、沥青、应用于建材产品的化合物、船用燃料和润滑、精炼石油产品、石油化工产品和 CIS 太阳能电池板的销售，以及电力供应等。

第十章　壳牌在欧洲

第一节　壳牌在欧洲的概述

一、壳牌在欧洲的发展历程

欧洲是壳牌的起源地。壳牌以欧洲为基石，经过一百多年的发展，已经成为世界石油行业的巨头之一。壳牌集团的前身是荷兰皇家石油公司与壳牌运输贸易公司（英国），正是这两大公司的合并造就了壳牌的辉煌。

壳牌运输贸易股份有限公司（英国）成立于1897年，并在远东各销售中心建立了储运点，其后又同洛克菲勒集团签订了长期购油合同。荷兰皇家石油公司成立于1890年，最初只是开设在荷属东印度的小公司，为了同壳牌运输贸易公司竞争，公司也逐渐建立起自己的船队和销售网络。

1907年，两家公司为了同当时最大的石油公司——美国标准石油公司竞争，合并成立了荷兰皇家壳牌公司集团，成为一家实力雄厚的跨国公司。新的壳牌集团拥有两个母公司，总部分别设在荷兰海牙和英国伦敦。在权利分成上，荷兰皇家持有60%的股权，壳牌贸易运输持有40%的股权。

2005年7月20日，两大母公司的董事会通过最终合并方案，荷兰皇家和壳牌运输与贸易实现统一，新公司命名为荷兰皇家壳牌有限公司，总部则设在荷兰海牙。自此，壳牌延续了98年的"双董事会"结构宣告结束。

欧洲是壳牌的起源地，也是其业务的起点。在20世纪20年代，壳牌在欧洲的石油相关业务已经陆续展开，并为其日后的发展打下了坚实的基础。

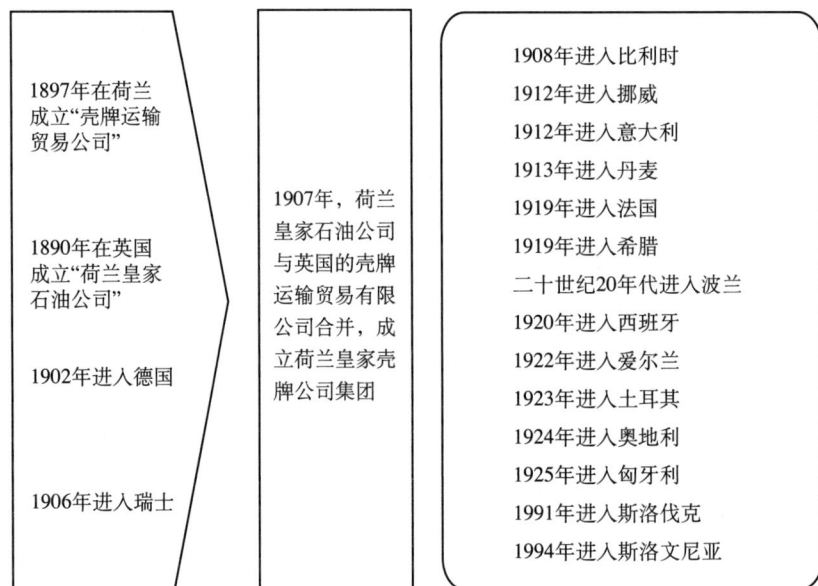

1897年在荷兰成立"壳牌运输贸易公司"

1890年在英国成立"荷兰皇家石油公司"

1902年进入德国

1906年进入瑞士

1907年，荷兰皇家石油公司与英国的壳牌运输贸易有限公司合并，成立荷兰皇家壳牌公司集团

1908年进入比利时
1912年进入挪威
1912年进入意大利
1913年进入丹麦
1919年进入法国
1919年进入希腊
二十世纪20年代进入波兰
1920年进入西班牙
1922年进入爱尔兰
1923年进入土耳其
1924年进入奥地利
1925年进入匈牙利
1991年进入斯洛伐克
1994年进入斯洛文尼亚

壳牌早期在欧洲的发展历程

二、壳牌在欧洲的发展战略

壳牌集团在世界33个国家拥有54座炼厂，其三分之二的加工能力集中在欧洲和北美。在经济危机中，全球经济的衰退减少了燃料的需求量，随之而来的行业生产能力过剩则直接导致了炼油与销售的不平衡。针对炼油业务的饱和状态，壳牌及时采取措施，将其在欧洲的中下游产业逐渐放弃，并压缩了欧洲的炼油能力；另一方面，壳牌又在亚非拉地区新建和扩建了一批炼油和石化装置，以期达到炼油与销售的平衡。壳牌的这一举措持续了数年时间，其中也包括在法国、芬兰、瑞典等国的中下游业务。

三、壳牌在欧洲的业务分布

（一）壳牌在欧洲的勘探与开发业务

世界石油资源分布极不均衡，在全球石油可采储量中，中东独占68%，其余依次为美洲、非洲、俄罗斯和亚太地区，分别占14%、7%、4.8%和4.27%。2000年，全球石油消费为34.6亿吨，发达国家占消费总量的80%，其中北美占30.2%（仅美国就占22%），欧洲占23%，亚太地区（不包括中国）占22%，南美占6.3%，中东占6%，而非洲仅占3.3%。

2007年全球石油探明储量为1686亿吨，其中：北美95亿吨（占世界总量的5.6%），中南美159亿吨（占世界的9.0%），欧洲和前苏联194亿吨（占世界的11.6%），中东1029亿吨（占世界的61.0%），非洲156亿吨（占世界的9.5%），亚太地区54亿吨（占世界的3.3%）。

2009年，这个数字又有了新的变化，欧洲及原苏联储量降为192亿吨，可见，欧洲的石油储量在世界范围内并不占优势，但其石油产

业极为发达。挪威、英国、丹麦是西欧已探明原油储量最丰富的三个国家，分别为10.7亿吨、5.3亿吨和1.7亿吨，但挪威已在2009年失去了世界十大产油国的位置。

北海是欧洲重要的石油、天然气产区。该海域油气资源丰富，已知石油储量约47亿吨，天然气约1.5万亿立方米，其海底石油储量仅次于波斯湾和马拉开波湾，位居世界第三位。北海产区于20世纪70年代开始产油，80年代开始大规模开采，现在年产原油已超过8630万吨，使英国成为世界重要产油国之一。

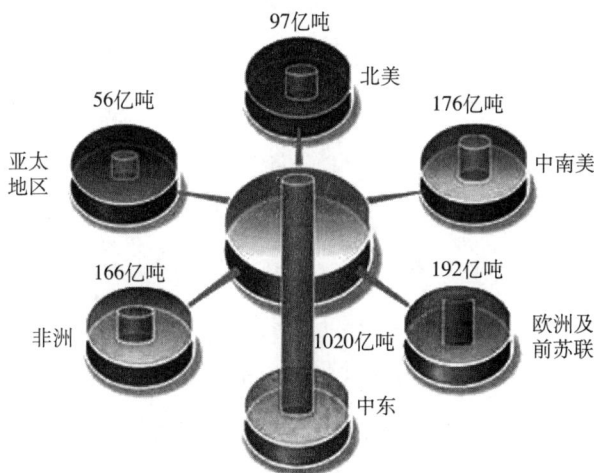

世界石油探明储量（2009年）

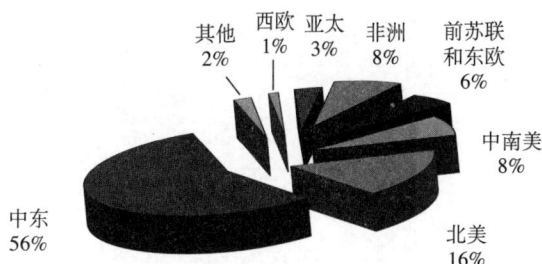

世界石油储量比例图（2009年）

壳牌在欧洲的石油和天然气勘探与开发业务发展较好，其业务已经遍布欧洲各地，目前壳牌仍积极与各国合作，致力于开发海上油气田。

欧洲近年石油探明储量一览表

时间	油－探明储量（桶）	百分比变化
2004年	74.670亿	
2005年	282.10亿	277.80%
2006年	72.940亿	−74.14%
2007年	74.170亿	1.69%
2008年	61.44亿	−17.16%
2009年	61.460亿	0.03%
2010年	54.140亿	−11.91%
2011年	54.530亿	0.72%

（二）壳牌在欧洲的炼化业务

出于业务重组和战略需求，壳牌出售了在欧洲的一部分炼化企业。根据总体战略，壳牌将出售其约8%的炼化业务，这样就可以将业务放在高速成长的大型、精密的炼化设备市场上。

近年来，壳牌出售的炼化业务有：

2008年，壳牌出售了法国的三座炼油厂，分别是：Petit Couronne炼厂，Reichstett Vendenheim炼厂和Berre L′Etang炼厂。

壳牌在欧洲的勘探业务

欧洲国家	勘探业务	欧洲国家	勘探业务
丹麦	★	挪威	★
法国	★	瑞典	★
爱尔兰	★	英国	★
意大利	★		

2010年10月，壳牌公司决定以6.4亿美元的总价格出售其在瑞典的大部分下游销售业务，其中包括重型运输和服务站（大约340个左右）。同时出售的还包括壳牌在哥德堡（Gothenburg)的炼油厂，该炼油厂主要从事工业生产和燃料销售活动，以及在瑞典的海洋作业活动，日加工原油8.7万桶。

至今为止，壳牌在欧洲所拥有的炼厂分布如下图所示。

壳牌在欧洲的炼化企业

欧洲国家	炼油厂
奥地利	Floridsdorfer油厂
德国	Schwedt炼油厂 科隆莱茵韦尔克Godorf炼油厂 科隆莱茵韦尔克Wesseling炼油厂 卡尔斯鲁厄炼油厂 汉堡哈伯格的炼油厂
荷兰	壳牌佩尔尼斯炼油厂
挪威	Mongstad炼油厂
土耳其	Anadolu Tasfiyehanesi AS
英国	斯坦洛综合加工厂

（三）壳牌在欧洲的销售业务

壳牌在欧洲各国的业务中，其下游业务占主导地位，是许多国家主要的石油和天然气产品供应商。

壳牌在欧洲各国的下游业务主要包括：加油站、燃油、润滑油、天然气、航空燃油、取暖油、沥青、电力、化学产品等。

1. 壳牌在欧洲的加油站网络

壳牌加油站在欧洲的分布极为广泛，但基于战略需要，近年来壳牌剥离了一些国家的加油站网络，以集中发展利润高的产业。

2009年，壳牌出售其在法国拥有的340座加油站中的240座。

2010年，壳牌公司开始出售其在瑞典的大部分下游销售业务，其中包括340座加油站以及一些重型运输业务。

2010年，壳牌宣布出售其在芬兰的下游销售业务，其中包括225座加油站。

通过战略整合，壳牌在欧洲各国的加油站分布如下。

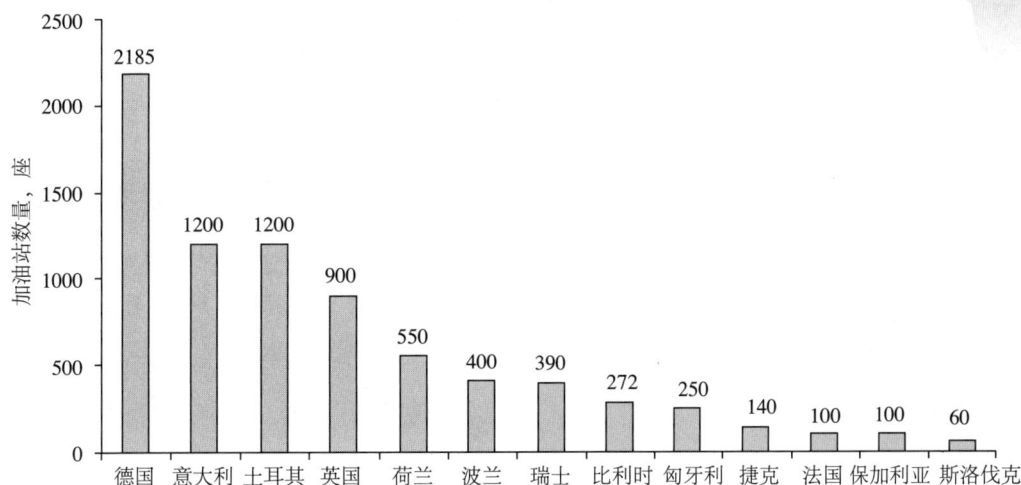

2010年欧洲各国壳牌加油站数量排名

2. 壳牌润滑油（润滑脂）在欧洲的销售业务

根据预测，2012年，全球润滑油需求预计将达到4050万吨，而亚洲／太平洋、非洲／中东和拉丁美洲将会是收益率最高的地区，这些地区快速发展的工业化进程和不断上升的汽车拥有率带动了润滑油需求的增长。

在经济危机的影响下，欧洲地区的润滑油销售最近几年一直呈下降趋势。据 EuropaLub 统计，2004年前三个季度与2003年同期相比下降了三个百分点。其中，汽车润滑油的销售相较于2003年下降了1.6%，工业润滑油下降不到1个百分点，其中工艺油销量下降幅度较大，达到13%。在工业润滑油中齿轮油销量增加了近11个百分点，但工业油脂销售下降了12个百分点。其中，德国在2004年前三个季度润滑油销量排第一位，但是销量呈下降趋势，与2003年同期相比下降8%；在意大利和英国的销售下降了大约4.5%。

2003年之前，欧洲的润滑油销售就呈现颓势。据 EuropaLub 统计数据显示，1979—2003年，润滑油销量下降了17%，每年约损失93万吨。其中，汽车润滑油销售下降了26%，工业润滑油下降了8%。令人惊讶的是，工艺用油销量反而增长了35%。2003年，欧洲的润滑油销量为470万吨，其中汽车润滑油占总额的46%，其次是油脂和工业润滑油，分别占17%和37%。

壳牌润滑油和润滑脂在欧洲市场上一直占有领先地位。经过100多年的运作，壳牌润滑油和润滑脂已经深入到各行各业中，成为欧洲消费者熟知的品牌，也是企业和消费者的首选品牌。

虽然壳牌在欧洲的润滑油销量受到经济危机的影响而有所下降，但是由于依照壳牌战略的指导思想，通过业务优化整合，壳牌在欧洲的润滑油利润并没有降低。

第二节　壳牌在奥地利

奥地利是位于中欧南部的内陆国家，是欧洲重要的交通枢纽，工业和农业都很发达，经济增长速度高于欧盟的平均水平。此外，奥地利的矿产资源和森林资源十分丰富，石油和天然气需求量巨大。

壳牌在1886年开始进入奥地利，其在奥地利的发展主要集中在销售业务上。

一、壳牌在奥地利的发展历史

1886年，壳牌在奥地利的首都维也纳建立了 Floridsdorfer 油厂，这是壳牌在奥地利最早期的活动。1907年，壳牌在奥地利的运输和贸易业务开始拓展。1924年，壳牌奥地利石油公司（Shell Austria）正式成立，这标志着壳牌在奥地利的业务发展正式开始。

第二次世界大战期间，奥地利被纳粹德国占领，壳牌业务停滞。直到1945年，壳牌才重新在奥地利西部恢复了部分业务。

1971年，Lobau 厂开始运营，由壳牌奥地利主营。

1976—1981年，壳牌奥地利参与了在埃及勘探天然气和石油的活动。

1989年，壳牌奥地利收购了 Avanti 公司在

萨尔茨堡施威夏特机场的航空业务。

1991年，壳牌产品获得 ISO 9002 质量认证。

2002年，壳牌奥地利石油公司正式更名为壳牌奥地利石油有限公司。

2008年，壳牌开始为在奥地利的工业客户提供天然气。

二、壳牌在奥地利的下游销售业务

壳牌在奥地利的业务主要集中在成品油、石油附属品和天然气的销售上，经过一百多年的发展，壳牌在奥地利的天然气销售业务得到了消费者的广泛认可。

（一）壳牌奥地利的加油站网络和主要产品

壳牌是奥地利重要的燃料供应商，壳牌 V-Power 柴油和汽油是其在奥地利的主打产品。

壳牌在奥地利约有272座加油站，拥有近250名员工。每天约有18万辆车在壳牌加油服务站享受服务。壳牌在奥地利的加油服务站服务周到，得到了客户的广泛好评。

壳牌润滑油是全球润滑油市场的首要品牌，在奥地利销售的主要产品是机油和工业。

壳牌在奥地利的早期发展

润滑油，此外，燃油分销和批发业务也是壳牌在奥地利发展的重要业务领域。奥地利机场航空燃油是壳牌在奥地利的主要业务之一。

（二）壳牌在奥地利的其他业务

除了成品油以外，壳牌还在奥地利销售天然气、航空燃油以及沥青产品。壳牌旗下的壳牌欧洲能源 BV 公司符合奥地利监管机构的各项要求，并获得进入奥地利天然气市场的商业许可证。BV 公司在奥地利的业务主要服务于工业和商业客户。壳牌在 2008 年开始扩大在奥地利的天然气业务，并在维也纳建立其中欧总部。

壳牌在奥地利的加油服务站

第三节　壳牌在比利时

比利时是位于欧洲西北部的小国，东与德国接壤，北与荷兰毗邻，南与法国交界，西临北海。壳牌在比利时的业务主要集中在下游销售上，其业务涉及多个领域的多种产品。壳牌是比利时燃油市场重要的生产商和供应商，得到了比利时民众的广泛认可和好评。

一、壳牌在比利时的发展历史

壳牌比利时公司设立于 1908 年，最初是与其合作伙伴——比利时煤气公司共同开展业务。20 世纪初，汽车风靡比利时，壳牌在比利时的发展出现了新的契机。

在 20 世纪前 20 年，比利时的汽车数量急剧增加，汽油需求量的增长促使壳牌在比利时建立起第一座加油站。在此期间，比利时的天然气及汽车运输行业也蓬勃发展。1930 年，壳牌比利时公司 (Shell Belgian) 成立，总部设在布鲁塞尔。

第二次世界大战后，壳牌在比利时的发展进入了一个新时期。壳牌开始以更加灵活的方式来应对消费者的需求，不断提高服务水平与服务质量，最终提高销售额——这已经成为壳牌经营方式的主旋律。

二、壳牌在比利时的销售业务

壳牌在比利时拥有 240 座加油站，其中 9 座是高速站。壳牌比利时公司平均每天接待 5.5 万人次的用户，其加油站内的便利店每天为超过

壳牌在比利时的早期发展

2.5万人次的客户提供服务。除汽车燃油外，壳牌比利时分公司的供应范围还包括壳牌润滑油和丁烷、丙烷等化学品。

在业务分配上，位于根特的壳牌 CRI 工厂主要生产油脂、改性沥青和催化剂，其生产的瓶装天然气和散装天然气由 Vilvoorde 公司负责销售。

第四节　壳牌在保加利亚

保加利亚位于欧洲东南部的巴尔干半岛，东临黑海，是中欧与中东间的交通枢纽。保加利亚本国自然资源匮乏，仅能生产极少量的石油和天然气，是能源原料的进口大国。随着工业建设的完善和外国对能源工业投资的增加，保加利亚有望成为巴尔干地区的能源中心。对壳牌来说，深入拓展保加利亚的石油产品市场，对其在巴尔干地区的未来发展具有重要意义。

一、壳牌在保加利亚的发展历史

1991年，壳牌进入保加利亚市场，其办公室设在索菲亚。如今，壳牌在保加利亚拥有80名员工，主要业务是石油产品销售、企业客户服务和 EuroShell 卡的零售。

1993年8月，壳牌在保加利亚的第一座加油站开始正式运营。如今，壳牌在保加利亚共有122座壳牌品牌的加油站，其中86座由壳牌公司经营，另外26座属于特许授权经营。

二、壳牌在保加利亚的销售业务

壳牌在保加利亚的业务主要集中在下游销售方面。壳牌在保加利亚销售的石油产品种类颇多，包括壳牌 V-Power 无铅汽油、V-Power 无铅柴油和 V-Power 赛车汽油等。

壳牌在保加利亚拥有122座加油站，全天24小时提供高质量的产品和服务，这使壳牌在保加利亚的发展有了保障。

壳牌在保加利亚的加油站

壳牌的燃油产品在保加利亚受到广大消费者的好评。其中，壳牌 V-Power 无铅汽油可以提高发动机效率；壳牌 V-Power 无铅柴油可以提高发动机的使用寿命；壳牌 V-Power 的清洁特性相当优异。这些产品为壳牌赢得了一定的利润和品牌知名度。

第五节　壳牌在捷克

捷克是欧洲中部的内陆国家，东连斯洛伐克，南接奥地利，北邻波兰，西与德国接壤。壳牌在捷克的业务活动主要集中在销售领域，其业务覆盖面极其广泛，涉及成品油销售、润滑油、航空燃料、化工产品等多个领域。

一、壳牌在捷克的历史

早在 20 世纪的上半叶，壳牌就在捷克开展了最初的业务。1991 年 4 月 26 日，壳牌捷克公司经布拉格市法院批准办理了成立手续，成为在捷克进行经营活动的第一家国际性石油公司。

20 年来，捷克发生了翻天覆地的变化，捷克市场对汽油、润滑油等石油产品的需求量迅速增长。面对时代的变革，壳牌捷克公司（Shell Czech Republic as）坚持创新，同时寻求在其他领域发展，并且取得了巨大的收获。

1999 年，壳牌捷克公司为了巩固自身内部组织结构，进一步实施其以业务为导向的活动区域管理策略。这意味着在壳牌集团把各种业务活动（如润滑油、航空燃料、化工产品）进行整合，并在区域层面（如欧洲或南美）进行绩效评估。

二、壳牌在捷克的销售业务

20 世纪 90 年代，壳牌正式进入捷克，其业务历史并不悠久。经过 20 年的时间，壳牌在捷克的业务得到了长足发展，并以其优质的产品和人性化的服务得到了捷克民众的广泛赞誉。

壳牌捷克公司的业务涉及成品油销售、润滑油、航空燃料、化工产品等多个领域。如今，壳牌公司在捷克拥有超过 140 座加油服务站，壳牌的汽车、摩托车润滑油及大量化工产品在捷克市场占有很高的份额，而且捷克超过 75% 的航空燃料及相关产品都来自壳牌。

1999 年，在捷克业务活动区域内，壳牌进一步实施其欧洲管理模式，将捷克纳入了其在欧洲的总体业务之中。

壳牌在捷克的工作人员将近 800 人，间接的商品和服务供应商超过 1000 个。在捷克，壳牌的产品和服务在同行业中名列前茅。

壳牌在捷克的加油站

第六节　壳牌在丹麦

丹麦是北欧的经济强国，是斯堪的纳维亚的组成国家之一，北部濒临大西洋、北海和波罗的海。丹麦有非常丰富的自然资源，其中海上石油的潜在储量十分巨大。对壳牌来说，丹麦与其在勘探、炼化、成品油销售、运输等多个领域都有着广泛的合作关系。

一、壳牌在丹麦的发展历史

1913年，壳牌进入丹麦并开展业务。

1945年，壳牌在丹麦哥本哈根的总办事处由于德国的轰炸而摧毁。

战争结束后，壳牌重新进入丹麦。通过几十年的发展，如今壳牌在丹麦的业务已经覆盖到炼化和销售等多个领域的各个方面。

二、壳牌在丹麦的勘探与开发业务

壳牌在丹麦的石油勘探活动与马士基石油公司 (Maersk Oil)密切相关。马士基石油公司成立于1962年，是负责丹麦石油和天然气勘探开发的重要公司，拥有丹麦北海石油天然气开发的特许权。

马士基石油公司多以合作的形式来开展业务，公司每天的石油总产量超过60万桶，天然气总产量约为10亿立方英尺，这些产品大部分源自北海。在北海的石油开发上，壳牌与马士基公司有着密切的合作。

壳牌在丹麦北海的石油勘探活动涉及多个区块。1962年，丹麦政府授予马士基公司1754AP区块的开发权，壳牌占有其中46%的股份。2007年9月，在丹麦北海的新一轮石油勘探合作中，壳牌占有36.8%的股份。

三、壳牌在丹麦的炼化业务

丹麦共有2座炼油厂，分别为隶属于挪威石油公司的卡伦堡炼油厂 (Kalundborg Refinery)和隶属于壳牌的 Fredericia 炼油厂。

Fredericia 炼油厂 (Fredericia Refinery)成立于1966年，日产6.8万桶石油和1.08万立方米天然气。Fredericia 炼油厂的石油供应主要来源于丹麦北海油田，主要产品包括：液化天然气、航空燃油、燃料油、汽油、柴油、煤油等。

壳牌在丹麦北海的石油勘探

壳牌在丹麦的炼油厂

四、壳牌在丹麦的销售业务

壳牌在丹麦的销售业务集中在成品油销售、润滑油、沥青、液化天然气等多个方面，其中涉及航空服务、运输、港口等领域。

壳牌在丹麦共有314座加油站，其成品油零售网络覆盖丹麦全国，为丹麦的消费者提供优质的油品和高质量的服务。

此外，壳牌还为丹麦的石油行业提供技术和研发支持，其中涉及上中下游多个不同领域的研发合作。

壳牌在丹麦的加油站

第七节　壳牌在冰岛

冰岛位于欧洲北部，是欧洲的发达国家之一，人均国内生产总值在世界排名第五，强大的经济实力为壳牌的业务发展奠定了坚实的基础。

壳牌在冰岛

一、壳牌在冰岛的发展历史

20世纪30年代，壳牌开始了在冰岛的业务拓展，其业务以下游销售为主，主要是成品油零售、油库、润滑油业务，以及海洋和航空燃料销售业务。

1999年壳牌与 Norsk Hydro、戴勒姆·奔驰以及冰岛的生态能源公司联合成立了名为冰岛氢与燃料电池公司的合资公司，进行氢能源的开发，世界上第一个"氢经济"体系诞生。

2003年4月，以经营石油为主的壳牌石油公司在冰岛首都雷克雅未克开设了世界第一个路边充氢站。

二、壳牌在冰岛的销售业务

壳牌在冰岛的销售业务主要集中在汽车燃油零售、油库（石油储存）、润滑油业务以及海洋和航空燃料销售等一系列活动上。2006年，壳牌与冰岛的 Skeljungur 石油有限公司（Skeljungur Ltd.）签订协议，宣布出售其下属的加油站网络。根据协议内容，Skeljungur 公司可以继续使用壳牌品牌经营加油站，并销售壳牌品牌下的各种石油产品，如壳牌 V-Power 燃料等。

Skeljungur 石油有限公司是一家冰岛的石油进口公司，其业务范围主要是在冰岛进行石油产品的零售及服务业务，公司拥有43座加油站和13座油库。

Skeljungur石油有限公司的标志

第八节　壳牌在芬兰

芬兰与瑞典、挪威、俄罗斯接壤，南临芬兰湾，西濒波的尼亚湾，海岸线长达1100千米，海洋面积广阔，矿产资源与潜在能源储量丰富，是壳牌在北欧的重要合作国家。

一、壳牌在芬兰的早期历史

壳牌在芬兰的早期业务是通过芬兰煤油燃料进口公司（Suomalainen Petrolintuonti Osakeyhtiö Masut）介入的，此公司成立于1911年9月4日，其主要股东是圣彼得堡的 Naphta 工业公司（Naphta Industrie & Handelsgesällschaft）与赫尔辛基的商人 Wilhelm Bensow。1912年，壳牌将芬兰煤油燃料进口公司并入旗下，开始在芬兰从事煤油的进口与销售业务。

二、壳牌在芬兰的销售业务

壳牌在芬兰没有炼油业务，从始至终，其业务重点一直是下游零售，主要从事壳牌汽油及润滑油产品的进口、加工、出售及营销等活动。截至2010年，壳牌在芬兰共拥有约290家零售网点，其中包括225座加油站及其附属的维修服务站，员工总数约为325人。

2009年12月，壳牌与著名的化学品公司——尤尼威尔公司（Univar）签订了一项长期的分销协议，根据协议，壳牌将其在丹麦、芬兰、挪威和瑞典市场的壳牌润滑油产品的销售权转让给尤尼威尔公司，使其成为壳牌在北欧的重要分销商。为了保持业务的延续性，原壳牌员工也被转移到尤尼威尔旗下，为新公司提供他们的专业知识与技术诀窍。

2010年，为适应公司发展战略，使业务重心向盈利能力更大和更有潜力的市场转移，壳牌决定对其在芬兰的业务格局进行战略调整。2010年4月，壳牌宣布，将以整体的方式出售其在芬兰的下游业务。2010年9月2日，壳牌与芬兰能源公司（ST1）签订意向书，将就壳牌在瑞典和芬兰的下游资产出售事宜进行谈判，其中包括壳牌在芬兰的零售、商业和散装燃料业务等。2010年10月27日，壳牌正式宣布，同意将芬兰的大部分行销股权出售给芬兰能源公司的第一大股东芬兰基尔公司（Keele Oy），其中包括其在芬兰的225座加油站以及商业道路运输业务，交易数额高达640万美元（462万欧元）。壳牌表示，所有的加油站业务和道路运输业务仍然保留壳牌的品牌标识。

芬兰能源公司标识

第九节　壳牌在法国

法国位于欧洲西部，是世界主要发达国家之一，国内生产总值位居世界前列。法国的农业和科技最为发达，工业中则由钢铁、汽车和建筑业占主导地位，能源需求量巨大。

壳牌在法国的发展历史悠久，基础雄厚且具有广泛的认知度，目前是法国重要的石油和天然气供应商。

一、壳牌在法国的发展历史

1919年，壳牌开始进入法国。1922年，壳牌与法国联合建立了木星学会石油公司。1947年，壳牌收购了法国 Berre 亿唐炼油厂，并于同年投入运营。1949年，壳牌开始了在法国的化工业务。2008年，壳牌出售了在法国的石油炼化业务。

Berre亿唐炼油厂（Berre L´Etang Refinery）

二、壳牌在法国的勘探与开发业务

截至2009年，壳牌在法国重要的上游勘探项目有：

（1）壳牌与 Vopak（荷兰）公司合作，建立 Fossur-Mer 液化天然气码头；

（2）在获得勘探许可证33% 股权后，壳牌在法属圭亚那海岸的大约150口油井开始深海钻探；

（3）壳牌与 Technip（法国）和三星（韩国）财团合作，建造和运行浮动式液化天然气储存装置。

三、壳牌在法国的炼化业务

法国炼油工业发达，全国共有14座炼油厂，其中，日产8万桶石油和1.3万立方米天然气的 Berre 亿唐炼油厂（Berre L´Etang Refinery）由壳牌石油公司负责管理。

Berre 亿唐炼油厂成立于1928年，该厂的原油供应主要来自委内瑞拉国家石油公司，主要产品包括：液化天然气、航空煤油、汽油、取暖油、沥青、燃料油和瓦斯油等。

四、壳牌在法国的销售业务

壳牌在法国的业务活动开始于1919年，早期主要以石油和天然气勘探开发为主。随着业务的拓展，壳牌在法国的业务活动也变得多种多样，其服务覆盖范围和顾客满意度都有了快速的扩大和提升。

壳牌在法国市场销售的产品主要包括：燃料、润滑油、沥青、液化天然气等。

目前壳牌在法国大约拥有1200名员工，是法国润滑油、沥青销售的第二大销售商，加油站数量居法国第二位。壳牌还是法国勒芒燃料的24小时供应商。

2009年，壳牌出售了其在法国70% 的加油站，把在法国原有的340座加油站剥离了240座，现在壳牌在法国仅有100座加油站。

正在运输石油的壳牌运输车（法国）

第十节　壳牌在德国

德国是欧洲乃至世界的经济强国，国民生产总值排在世界前列，同时也是世界贸易大国。壳牌在德国的发展涉及多个领域，尤其是在炼化和销售方面，壳牌已经成为德国重要的石油和天然气产品的生产商和供应商之一，如今德国已经成为壳牌在欧洲及其整体战略中不可或缺的一部分。

一、壳牌在德国的发展历史

壳牌在德国的历史开始于1902年，最初以简单的销售业务为主。1919年，壳牌在德国的蒙海姆成立了第一家炼油厂。1924年，壳牌的业务网络已经覆盖整个德国，拥有7500多名雇员。

第二次世界大战期间，壳牌在德国所有的工厂都遭到了巨大破坏，业务活动也受到毁灭性打击。1947年，壳牌在德国的管理机构正式更名为德国壳牌股份公司，这也标志着壳牌在德国业务重建的开始。

1990年，德国获得统一，而壳牌也开始了在德国的矿物油生产，同时也将天然气和化工业务扩展到原东德地区。

2002—2003年，壳牌在德国与 RWE-DEA 公司共同建立了合资企业，其业务包括炼油厂、物流、分销、石油产品销售和其他下游石油业务等。2002年7月1日，壳牌收购了其他的股份，拥有了该企业100%的所有权。

壳牌在德国的早期发展

2003年，壳牌在德国的管理机构正式更名为壳牌德国石油公司（Shell Germany），并沿用至今。

二、壳牌在德国的炼化业务

德国是欧洲大陆上的经济强国，石油炼化工业极为发达，共有14座大型炼油厂。其中，壳牌所涉及的炼油厂共有5座，分别为 Schwedt 炼油厂、科隆莱茵韦尔克 Godorf 炼油厂、科隆莱茵韦尔克 Wesseling 炼油厂、卡尔斯鲁厄炼油厂和汉堡哈伯格的炼油厂。

Schwedt 炼油厂（Schwedt Refinery），又名 PCK 炼油厂，成立于1958年，由多家公司共同拥有并管理（其中壳牌占有37.5%的股份），每天可生产21万桶石油和3.3万立方米天然气。

科隆莱茵韦尔克 Godorf 炼油厂是壳牌公司旗下的一座大型炼油厂，日产油量16万桶，天然气3万立方米。主要产品包括：航空燃料、柴油、取暖油、重油、丙烷、丁烷、沥青、化工等。

2002年，壳牌所属的科隆莱茵韦尔克 Godorf 炼油厂和科隆莱茵韦尔克 Wesseling 炼油厂合并为莱茵兰炼油厂。莱茵兰炼油厂占地440公顷，是德国最大的炼油厂，年产量17万吨，

Schwedt炼油厂

莱茵兰炼油厂（Rheinland Refinery）

日产油量34万桶。

卡尔斯鲁厄炼油厂位于莱茵河上游的卡尔斯鲁厄，成立于1963年，是德国第二大炼油厂，员工超过千名。该炼油厂由多个大型公司共同所有并管理，壳牌是第一大股东，占有32.25%的股份。

卡尔斯鲁厄炼油厂的原油主要来自俄罗斯、非洲、波斯湾和委内瑞拉，日产油量28.5万桶，其主要产品还包括：丙烷、丁烷、汽油、柴油、燃油、沥青、石油焦等。

汉堡哈伯格的炼油厂位于德国汉堡市，年生产能力为5.5万吨，其前身是1929年成立的一家石油精炼厂。该炼油厂的主要产品包括：液化天然气（丙烷、丁烷）、汽油、煤油、白酒、柴油燃料、轻油基础油（石蜡、环烷酸）、蜡、沥青和硫磺等。

三、壳牌在德国的销售业务

壳牌在德国的销售业务始于1902年。如今，壳牌德国共拥有4600名员工，总部设在汉堡，主要业务包括：天然气、天然气销售，以及石油产品、石化产品的开发加工等。

壳牌在德国共有2185座加油站，每天为200万德国司机提供加油服务，优质的产品是壳牌立足于德国石油零售业的保障。壳牌在德国的石油零售产品包括：壳牌 V-Power95、壳牌 V-Power 赛车 100、壳牌 V-Power 柴油等。相对于其他竞争者，壳牌在燃料供应方面有着独特的优势。

此外，德国的壳牌加油站还为消费者提供各种服务，如针对客户的俱乐部等服务，这些服务使壳牌在加油站行业中居于领先地位。

在润滑油业务上，壳牌同样具有领先其他供应商的优势——壳牌拥有约1650个不同的润滑油种类供客户选择。

同时，壳牌也销售取暖油、飞机燃料、沥青和船用燃料，并在化学和石化产品方面有着广阔的发展，以及为超过200家的石油公司提供服务和支持。

德国是世界第三大天然气消费国，壳牌在德国的天然气销售量占德国天然气使用量的15%。

四、壳牌在德国的研发

壳牌在德国的科研发展迅速，其内容涉及多个领域。壳牌在德国汉堡市拥有研究实验室，研究内容除了新产品的开发更新外，还涉及如何改善产品的性能和减少对环境的影响（如减少二氧化碳排放等）。

此外，壳牌在德国的研发工作还包括与设备制造商合作开发项目，如汽车、工程等行业。

壳牌在德国与设备制造商合作

第十一节 壳牌在英国

英国位于欧洲大陆西北面的大不列颠群岛，被北海、英吉利海峡、凯尔特海、爱尔兰海和大西洋包围。英国的国土面积约24.36万平方千米，人口约6000万。英国是世界上第一个工业化国家，多元文化盛行。

英国的矿产资源丰富。其北海大陆架的石油蕴藏量约为10至40亿吨，天然气蕴藏量约为8600至2.585万亿立方米。

壳牌起源于英国，并经过近200年逐步成长为世界最大的跨国石油和天然气公司之一。现在壳牌所拥有的业务公司达到300余家，遍布世界100多个国家，经营范围包括石油、天然气、煤炭、化学品、金属及其他领域。

一、壳牌在英国的历史渊源

大约在200年前，英国商人马科斯·塞缪尔在伦敦开了一家专营古董及装饰品（以海洋贝壳装饰品为主）的商店。塞缪尔的商店货源稳定，在东方有专门的订货渠道，因此依靠进出口业务获利颇丰。由此，塞缪尔的企业为其后辈的经营奠定了坚实的基础。

塞缪尔去世后，他的两个儿子小马科斯和萨姆·塞缪尔（San Samul）进一步发展了商店的进出口业务，不久便建立了一家进出口公司。

塞缪尔兄弟于1890年涉足石油业务。这个时候，石油主要是用于照明和润滑油行业。塞缪尔兄弟了解到，俄罗斯的巴库拥有高品质的石油、天然的良港和庞大的石油战略储备。基于这种情况，塞缪尔兄弟扩展了公司的运输业务。在东方，他们增加了港口间的短途商运业务。在长途商运线上，他们增加了煤油运输业务，即从俄国向东方运输煤油。煤油是一种薄而无色的油，用来点灯照明。当时惯用的运输方法是把煤油装在容量为五加仑的镀锡铁皮罐里，再成对装入木箱。这种小量分装的方法虽然方便了用户，但运送铁罐及木箱的费用却相当高。鉴于这种情况，1890年，马科斯发明了一种方法——用特制的油轮运输散装煤油，从而节省运输成本。这个方案不仅需要巨额投资，还需要承受巨大的风险。尽管如此，马科斯的弟弟萨姆·塞缪尔还是认可了哥哥的想法。为了纪念父亲的商业成就，塞缪尔兄弟决定用不同种类的贝壳为油轮命名——这种命名传统一直保留至今。

塞缪尔兄弟的第一艘油轮是重达5010吨的骨螺号。这是第一艘获准运载大容量散装煤油通过苏伊士运河的油轮，该油轮于1892年8月成功驶过该运河。不得不说，这是一次大胆的尝试。到1895年底，已有69个航次的大容量散装油轮驶过苏伊士运河，其中65个航次的油轮都归塞缪尔兄弟所有。

1897年10月18日，兄弟俩创立了壳牌运输贸易有限公司（以下简称"壳牌运输"），专门从事油品及航运业务。此前该公司在远东各销售中心建立了储运点，并同洛克菲勒集团签订了长期购油合同。

1903年，经过几年谈判后，荷兰皇家石油公司与壳牌运输贸易有限公司终于达成协议，同洛克菲勒集团（后来退出）组成了亚细亚石油公司，把各自在远东的销售网联合起来。但两家公司在其他方面上的业务仍各自经营。

1907年，壳牌运输贸易公司在经营活动出现严重困难的情况下被迫同意与荷兰皇家石油公司合并，并且接受了在该集团中占40%股权的条件，正式成立了荷兰皇家壳牌公司集团。

到了19世纪20年代末，壳牌成为世界领先的石油公司，其原油产能占全球总产能的11%，拥有世界运输总量10%的油轮吨位。

20世纪30年代，壳牌集团在墨西哥的资产冻结，集团被迫转向委内瑞拉的油田开发。

第二次世界大战后，世界和平促使汽车行业蓬勃发展，壳牌的业务扩展到了非洲和南美洲。壳牌拥有了吨位更高和动力更强劲的运输船舶。

1947年，壳牌在墨西哥湾的近海油田打出了第一口钻探井，证明了此区域石油商业开采的可行性。

1955年，壳牌已经拥有300口油井。

1958年，壳牌在尼日利亚开展勘探生产业务。

1969年，壳牌遭遇了石油危机。卡扎菲在利比亚夺权，削减了石油产量，并且提高了石油价格。1973年的中东战争使石油危机达到顶点。该事件对西方经济的影响是灾难性的。

20世纪70年代，中东方面的石油供应逐渐减少，石油价格逐渐提升，壳牌转向大力开发在北海的油田，并且寻求在南美洲的石油领域的发展。

1978年，壳牌完成了在墨西哥海湾的钻探，这是世界上最深的一次海上钻探，其钻探深度达到水深35米（1100英尺）。

90年代中期，壳牌在尼日利亚开始了石油勘探与开发业务。

2000年以后，壳牌开始扩展在中国和俄罗斯的业务。

2005年，壳牌公司进行业务重组。

二、壳牌在英国的勘探和开发

壳牌在英国勘探与生产的基地位于阿伯丁，

壳牌在当地直接和间接雇用的员工达6500人，这些员工被分配到陆上油田或者海上油田。同时，壳牌公司也是最早开发北海石油和天然气田的公司之一，壳牌自1965年以来在石油资源方面不断进行投资，一直保持稳步的发展。

英国国内的石油和天然气基本都产自北海。壳牌在大西洋地区的设得兰群岛西部拥有克莱尔油田和Loyal油田的股权。同时，壳牌还拥有苏格兰圣弗格斯和Fife的天然气加工厂。

2008年，壳牌与其合作伙伴在北海投产了四个新的油气田，按照双方的五年合作投资计划，数额达3亿5千万英镑的资金将用于振兴和扩大两个陆上天然气处理厂。

英国壳牌有限公司在北海拥有和经营着大量的油气田，这些油气田有的是壳牌公司自有的，有的是与其他公司合资开发的。

（一）北部油田

北部油田主要是指位于设得兰群岛东北地区的布伦特油田。它由四个海上钻井平台组成：布伦特·阿尔法（Brent Alpha）、布伦特·布拉沃（Brent Bravo）、布伦特·查理（Brent Charlie）、布伦特三角洲（Brent Delta）。

（二）中部油田

壳牌经营的所有关于合作的油田基本上都位于中部油田，也是资源开发利用最大化的地区。在中部油田，壳牌通过其在过去25年来的发展，已经形成了一个复杂、高效的基础设施和管道网络。它由以下部分组成：

壳牌在英国中部所属油田

卤水 Bittern	Guilletmot	翠鸟 Kingfisher	海鸥 Shearwater	海卫一的浮动式 存储装置Triton FPSO
鸬鹚 Gannet	柯卢Curlew	赫伦/白鹭/ 斯凯Heron/ Egret/Skua	蒂尔Teal	戈尔德奈 Goldeneye

Brent Alpha钻井平台

Brent Bravo钻井平台

Brent Charlie钻井平台

Brent Delta钻井平台

（三）南部油田

壳牌在英国的天然气产出约有一半来自北海的南部地区，即英吉利海峡的东海岸，这也是英国的海上石油工业开始的地方。南部油田由以下部分组成：

壳牌在英国南部所属油田

不倦油气田Indefatigable Field	莱芒油气田Leman Field
肖恩油气田Sean Field	Sole Pit Field

三、壳牌在英国的主要炼厂——斯坦洛综合加工厂

斯坦洛综合加工厂（The Stanlow Manufacturing Complex）是英国石油和化工生产行业的中心，也是壳牌在英国唯一的炼油厂，壳牌通过该厂将原油转化为产品。这些产品成为英国工业的命脉。

斯坦洛综合加工厂

Indefatigable油气田

Leman油气田

斯坦洛综合加工厂位于柴郡埃尔斯米尔港附近曼彻斯特运河的南岸，拥有约800名员工，每年处理原油1200万吨，这些原油主要来自北海，通过油轮送抵默西河南岸的特兰米尔石油终端，再由特兰米尔石油终端运输到15英里外的斯坦洛。

斯坦洛综合加工厂的产品运输主要是通过三种途径：50%的产品通过公路运输，30%的产品通过管道运输，剩余20%的产品通过曼彻斯特运河运输。

四、壳牌在英国的销售业务

（一）零售网络与服务

壳牌在英国的零售业务主要以销售石油产品为主。壳牌通过其在英国庞大的加油站零售网络，销售各种石油产品。壳牌在英国大约有900座加油站，每天为数百万客户提供各种优质的产品和服务。

英国的壳牌加油站提供洗车和便利店消费等服务，可以满足客户的基本需求。

壳牌的便利店里为顾客提供了方便的饮食解决方案，如：优质新鲜的水果、蔬菜和准备好的沙拉、啤酒、葡萄酒和烈酒，烤好的糕点和面包等。

除了壳牌公司的汽车保养用品和润滑油产品，便利店里还经营各种日常用品，可以让消费者在享受优质燃料的同时能够方便地购物。

在英国，壳牌推行的主要是 EuroShell 商务

壳牌在英国的油品宣传广告

加油卡服务，壳牌通过 EuroShell 商务加油卡为消费者提供方便快捷的服务。而且消费者在享受高品质的壳牌服务的同时，还能享受到各种促销活动和积分活动。

（二）壳牌在英国销售的主要产品

1. 壳牌燃油

通过强大的零售网络，壳牌为客户提供各种石油产品，其中包括燃料油，如壳牌 V-Power 和壳牌 Fuel Save 这两个优质的燃油品牌。

2. 机油和润滑油

壳牌在英国的机油和润滑油产品市场以壳牌喜力和壳牌爱德王子两个品牌为主，主要针对汽车发动机和摩托车发动机以及各种车辆养护用品。

3. 液化天然气

壳牌在英国的天然气业务主要由（Shell Gas Direct）负责。壳牌通过其专业知识和先进技术，为英国的企业和家庭用户提供了更清洁、更安全和更可靠的燃料。

2011 年 10 月，壳牌调整了其在英国天然气销售市场的策略，将壳牌英国天然气销售与营销公司，以 3000 万英镑（约合 4730 万美元）的价格，出售给丹麦国有能源企业东能源公司（DONG Energy）。

壳牌在英国销售的润滑油

第十二节　壳牌在希腊

希腊位于巴尔干半岛南端，是地中海沿岸的重要国家。壳牌在希腊的业务主要集中于下游销售领域，涉及多个行业的多种石油相关产品。

一、壳牌在希腊的发展历史

从 1919 年开始，壳牌进入希腊开展业务，主要销售汽油。

1926 年 3 月，壳牌公司在希腊成立了煤气电力公司，公司的首批产品包括煤油、汽油、航空燃油、机油、润滑油、化学品以及农药。同年 5 月，公司更名为壳牌希腊石油公司（Shell Greece），7 月间开始了第一次商业广告活动。

二、壳牌在希腊的销售业务

壳牌在希腊的销售业务主要包括工业燃料、沥青、化工产品销售、天然气供应、成品油以及润滑油销售等。

2010年7月，壳牌将其在希腊的下游企业出售给赫拉斯集团的柯林斯炼油公司，协议包括出售壳牌的零售营销业务，这意味着柯林斯炼油公司将在壳牌的品牌商标使用许可协议下展开运作，运作的内容包括商业燃料和沥青的供应及批发，液化天然气业务的开展，还包括Perama石油润滑油调配厂的业务，以及在希腊开展的化工业务。此协议还包括共同建立合资企业，运营壳牌机油品牌和赫拉斯集团代理的壳牌品牌，并且继续经营希腊航空燃料的营销业务等内容。

在同一个月，壳牌与彼得罗斯公司（Petropoulos AEBE）签署了一份协议，协议中确定彼得罗斯公司成为壳牌润滑油在希腊的经销商。

壳牌在希腊

第十三节　壳牌在爱尔兰

爱尔兰是一个西欧国家，西临大西洋，东靠爱尔兰海，与英国隔海相望，是北美通向欧洲的通道。爱尔兰的天然气储量十分丰富，经专家估计有328亿立方米，但爱尔兰所需能源的70%仍然依靠进口。

壳牌在爱尔兰的业务主要包括勘探开发和销售两个方面，勘探项目主要是指壳牌与其他合作者共同合作开发的海上能源；销售项目主要集中在爱尔兰国内成品油及石油相关产品上。这些业务涉及壳牌爱尔兰公司（Shell Ireland）的多个工作领域。

一、壳牌在爱尔兰的发展历史

壳牌在爱尔兰的历史可以追溯到一个世纪以前，那时壳牌在都柏林的亚历山大路建立了爱尔兰第一个壳牌总部。同一时期，壳牌在福因斯建立了爱尔兰的第一个散货码头，而利默里克公司（壳牌下属）的贝尔法斯特办事处于1922年开业。自1997年以来，壳牌在爱尔兰共和国和英格兰北爱尔兰地区的业务已经合二为一了。

二、壳牌在爱尔兰的勘探与开发业务

壳牌勘探爱尔兰有限公司（Shell E&P Ireland Limited，SEPIL）目前已在爱尔兰海岸获得了五个勘探许可授权，并以合资的形式进行运作。壳牌公司主营其中三个许可授权，挪威国家石油公司主营其中两个许可授权。壳牌其他的勘探经营许可证（RAL1/05）已于2008年12月废弃。

用于开发斯莱恩盆地的勘探许可证有三张，它们的牌照号码分别是：3/94，5/94和2/06。用

壳牌在爱尔兰的石油勘探

于开发洛卡尔盆地的勘探许可证有两张：其许可范围包括 Dooish Acreage 的 2/94 和洛卡尔盆地在 2005 年招标时颁发的 2/05。

2/05 许可包括 4 个油气区块和位于深水区的爱尔兰洛卡尔盆地（约 2000 米水深），距离多尼戈尔海岸 150 千米。

2008 年，壳牌的合作伙伴获得了两个勘探许可证。STX Energy Farmed 在 2/94 及 2/05 许可证，其中壳牌占有 25% 的股权。

公司在 2008 年获得勘探许可权以后的主要工作是开采 Dooish Acreage 西部水深达 1720 米的水域。不幸的是，十周以后，油井堵塞致使勘探计划失败，油井被迫废弃。

壳牌在爱尔兰最有名的勘探项目是科立布天然气田。此天然气田由爱尔兰能源有限公司 (Irish Energy Company) 于 1996 年发现，随后由壳牌勘探爱尔兰有限公司在 2002 年收购。

科立布天然气田的合作伙伴包括壳牌勘探爱尔兰有限公司（作为项目运营商，拥有 45%

的股份），挪威国家石油公司勘探（爱尔兰）有限公司（拥有 36.5% 的股份）和朱砂能源（拥有 18.5% 的股份）。

科立布天然气田主要由四个部分组成：科立布气田的离岸海底基础设施、海底管线、陆上管道和陆上位于 Bellanaboy 梅奥郡桥的天然气处理终端设备。

目前，爱尔兰 90% 天然气都需要进口来满足需求，科立布天然气田在生产高峰期可提供爱尔兰天然气总需求的 60%。

三、壳牌在爱尔兰的销售业务

2005 年 7 月，壳牌公司宣布，它已签署在爱尔兰共和国和北爱尔兰地区的大部分销售与分销业务以及物流与购买业务的撤资协议。这些协议涉及壳牌的零售、商业燃料、润滑油、海洋、供应及分销业务。壳牌公司在爱尔兰的其他业务（包括航空燃料和化学品）仍继续经营。

爱尔兰的壳牌加油站

第十四节 壳牌在意大利

意大利是欧洲南部的重要国家，经济实力雄厚，人均生活水平居世界前列。意大利的工业和科技极为发达，石油生产能力年平均1亿吨，素有"欧洲炼油厂"之称。壳牌在意大利的发展主要以下游销售为主，涉及意大利多个领域的多种石油及相关产品。

一、壳牌在意大利的发展历史

1912年，壳牌开始进入意大利，在热那亚建立了第一家商店，销售壳牌石油产品。

20世纪50到60年代，随着意大利工业化和机械化的发展，壳牌成为意大利人熟悉的品牌。在这段时间，壳牌开始参与意大利一级方程式赛车的比赛。

60年代后期，壳牌在意大利的发展主要集中在石油化工行业。

80年代，壳牌集团收购康菲石油。1987年，壳牌创建合资公司 MonteShell 公司。

二、壳牌在意大利的勘探与开发业务

壳牌勘探与生产公司是意大利第一家从事石油和天然气勘探、开发和生产的外国公司。壳牌在意大利的勘探与开发为壳牌集团在欧洲的发展起到了重要的作用。

壳牌在意大利的勘探活动主要集中在巴西利卡塔，这是壳牌在欧洲大陆发现的最重要的陆上油田。到目前为止，壳牌已经收购了西西里岛西部海岸6个油气区块的勘探权。

三、壳牌在意大利的下游销售业务

壳牌在意大利的下游活动是由加油站、润滑油、加油卡和燃料的销售业务，以及航空和海上运输等业务组成。壳牌有着排名世界第一的燃油分销网络，在意大利拥有超过1200座的加油站，广受意大利消费者的好评。

壳牌在意大利的销售产品包括：壳牌V-Power 柴油、壳牌 V-Power 汽油及壳牌V-Power100 等。2001年以来，壳牌在意大利市场极为活跃，无论是从产品革新还是技术研发，壳牌石油都在同行业中保持领先地位。

壳牌公司与意大利国家赛车协会建立了长期的合作伙伴关系，还与玛莎拉蒂汽车公司签署了科技合作协议。

壳牌的喜力润滑油在意大利的汽车和摩托车市场获得了喜人的销售业绩。

壳牌在意大利

第十五节　壳牌在荷兰

荷兰位于欧洲西部，东与德国为邻，南与比利时接壤，西、北濒临北海，地处莱茵河、马斯河和斯凯尔特河三角洲，国土总面积为4.1864万平方千米，海岸线长1075千米。荷兰境内均为低地，"荷兰"在日耳曼语中即有"低地之国"的含义。

荷兰虽然自然资源并不多，但水资源充沛，风能利用十分广泛，天然气和石油储量比较丰富（已探明的天然气总储量约1.93万亿立方米），还有数量可观的煤炭资源。荷兰的天然气开发仅次于俄罗斯、美国和加拿大，居世界第四位。

荷兰皇家石油集团公司始创于19世纪初期，现已成为荷兰乃至全欧洲最具影响力、规模最大、科技含量最高的国际大型跨国公司之一。集团的业务遍及大约130个国家，合作伙伴非常广泛。它是国际上主要的石油、天然气和石油化工的生产商，而且是石油化工、燃料油、润滑油销售商。目前，荷兰皇家集团的业务已遍及全球，拥有雇员数万人，同时也是环保能源产品倡导者与领先者，为全球提供清洁和可持续发展的能源解决方案。

在世界500强中的诸多荷兰公司中，荷兰壳牌名列前茅。在荷兰海牙的服务公司中，壳牌共拥有1.1万名员工，约占其全球员工总数的10%。从功能来看，壳牌在海牙的服务公司侧重于技术性服务。

一、壳牌在荷兰的发展历史

1890年，荷兰皇家石油公司在阿姆斯特丹市成立，由 Macomosen 男爵出任第一任执行官。

1898年，荷兰皇家石油公司与英国合作购买了伊朗西部油田的开采权，企业更名为英波石油公司。同年接受皇家燃料委员会委托，为英荷皇家部队提供燃料。

1907年，荷兰皇家石油公司和英国壳牌运输贸易公司合并，成立荷兰皇家壳牌公司。

1918年，荷兰皇室授予荷兰皇家壳牌公司乔治十字勋章，使其成为驰名世界的"劳氏船舶年鉴"(Lloyd's Shipping and Nautical Yearbook）中唯一收录的石油公司。

1927年，壳牌在荷兰的阿姆斯特丹设立研究中心，致力于石油开采技术与加工技术的研究与开发，并于同年成立动力研究院，主要进行化工产品的应用研究。

1928年，壳牌签署伊朗、伊拉克、沙特等国家地区的石油开采权。

第二次世界大战期间，壳牌集团蒙受了惨重的损失，其所有油轮都被政府实行了管制，到第二次世界大战结束时，共损失87艘油轮。1948年，壳牌将总部迁回阿姆斯特丹市，开始了经济重建，至今发展迅速。

二、壳牌在荷兰的炼化业务

（一）壳牌佩尔尼斯炼油厂

1. 壳牌佩尔尼斯炼油厂概况

壳牌佩尔尼斯炼油厂（Shell Pennis Refinery）是欧洲最大的炼油厂，同时也是世界最大的炼油厂之一。该厂总占地面积达550公顷，相当于1000个足球场，其中厂区占地最多，为425公顷；其余的面积还包括欧罗波特储运站在内的外围部分。

佩尔尼斯炼油厂拥有雇员2100人。除了内部员工，每天还有大约一千多名各承建商的雇员在炼厂的工地工作，再加上大量的设备承包商服务人员，其外来承包商雇员可达到3000名。

发展至今，壳牌佩尔尼斯炼油厂已经成为集生产和销售为一体，并拥有数个分厂的大型炼油厂，其位于佩尔尼斯分厂的产量可占总产量的60%。

炼油厂每天的原油加工能力为41.6万桶，每年几乎可以达到2100万吨。如果达到满负荷运行，每秒可以通过蒸馏处理原油800升。通过800个储罐，存储超过50亿升燃料（包括欧罗波特终端），并通过管道把产品运输到全国各地，甚至有一个专门的管道直接运输飞机燃料到机场。其管道总长度为16万千米。

在佩尔尼斯，壳牌已经发展成一个集生产和销售为一体的企业。欧罗波特终端是佩尔尼斯炼油厂的一部分，通过这一终端，炼油厂可以接收、储存和运输原油及各种石油产品。

2. 壳牌佩尔尼斯炼油厂的产品

壳牌佩尔尼斯炼油厂的产品有两个特点：

一是成品油的种类很多，既有轻质油品，也有重油。这种产品链具有很强的灵活性。

二是拥有润滑油、蒸汽、电力和硫等各种特殊产品。

其主要产品为：瓦斯油／柴油、汽油、煤油、基础油（润滑油）、液化天然气和燃料油。化学公司生产的主要产品主要是多元醇、溶剂（如丙酮、醇类、乙二醇）和丙烯。

3. 壳牌在佩尔尼斯的历史

1902年，鹿特丹的 Waalhaven 炼油厂投产，主要加工来自苏门答腊的原油。

1936年，壳牌在鹿特丹 Waalhaven 炼油厂

迁移到 Vondelingenplaat，靠近佩尔尼斯。

1949年，佩尔尼斯炼油厂第一次开展化工业务，主要生产聚氯乙烯和 Teepol。

1969年，佩尔尼斯炼油厂成为世界上最大的炼油厂，年加工原油2500万吨。

70年代初期，壳牌建设了 Moerdijk 化工厂，以满足行业内化学产品日益增长的需求。

1989年，佩尔尼斯炼油厂开始氢转换项目。

1997年，佩尔尼斯炼油厂开始 PER+ 现代化项目。

2000年，壳牌出售 Moerdijk 化工厂。

（二）壳牌穆尔代克化工厂

1. 壳牌穆尔代克化工厂简介

荷兰壳牌化学 BV 公司（SNC）以石油化工产品生产为主，其主要产品都来自于壳牌的穆尔代克（Moerdijk）化工厂。

壳牌 Moerdijk 化工厂于1970年开始建设。由于壳牌想要加强 Moerdijk 化工厂和佩尔尼斯炼油厂之间的联系，必须要缩短两者之间的距离，因此选择了位于鹿特丹和安特卫普工业中心之间的中央位置。此地原本就是交通便利之地，壳牌更在两个工厂之间建立了地下管道，使得 Moerdijk 化工厂和佩尔尼斯炼油厂之间的联系更加紧密。

壳牌 Moerdijk 化工厂总占地面积为320公顷，总生产能力为450万吨／年，拥有750名正式雇员和350名承建商。Moerdijk 化工厂将近50%的原料都是通过管道运输的（主要往返于佩尔尼斯），其余的45%通过船舶运输，剩下的5%通过铁路和公路运输。

2. 壳牌穆尔代克化工厂的主要产品

壳牌化学 BV 公司主要运用石油原料生产各种化学品。石油原料主要是指石油蒸馏后产

出的原料，其成分主要是石脑油、柴油以及液化天然气，它是化工厂的关键原材料。

佩尔尼斯炼油厂生产石油原料，然后通过管道把原料运送到 Moerdijk 化工厂加工成基本的化学品，其中部分产品要运回佩尔尼斯炼油厂作进一步处理。

壳牌 Moerdijk 生产的基本化学产品主要用于塑料、化妆品、汽车配件、医药、合成纤维、保温、乳胶漆和防冻等行业的生产原料。

壳牌化学 BV 公司主要生产的产品有多元醇、溶剂（如丙酮、醇类、乙二醇）和丙烯。

此外，壳牌在荷兰还拥有其他几个化工厂。但是在90年代后期，壳牌已经将其中一些化工厂出售给瀚森化工 BV 公司（Hexion Specialty Chemicals BV）、信越公司（Shin-Etsu）、巴塞尔公司（Basell）、科腾公司（Kraton）和孚宝公司（Vopak）等。

Moerdijk化工厂

三、壳牌在荷兰的销售业务

（一）零售网络与服务

1. 壳牌在荷兰的加油站

壳牌在荷兰的加油站网络主要由荷兰壳牌贸易公司负责运营。公司主要职能是销售燃料和润滑油，还负责原料购买和产品的运输与储存。其中最引人注目的是成品油销售网络，该网络由大约550座遍布荷兰道路沿线的加油站组成。在这些加油站里，消费者除了购买燃料，还能享受到各种服务。

通过这个网络，壳牌为客户提供市场上最常见、使用最广泛的燃料油产品，其中包括壳牌 V-Power 和壳牌 Fuel Save 两种优质的燃油品牌。

2. 壳牌在荷兰的便利店

在荷兰，壳牌在其加油站零售网络中，基本建立起了洗车、便利店等服务，以满足客户的需求。

壳牌加油站的便利店为顾客提供便捷的饮食，如优质新鲜的水果、蔬菜，美味的沙拉、啤酒、葡萄酒和烈酒，以及烤好的糕点和面包等。

壳牌便利店还为顾客提供各种日常用品，可以让消费者在享受优质燃料的同时能够方便的购物。

壳牌加油站的其他服务包括：

（1）洗车。

壳牌采用 Wash Tec Softtecs 洗车技术，可以为消费者提供最便捷、最安全的洗车服务。

（2）自助加油机。

壳牌自助加油机使消费者可以用更快、更简单和更安全的方式加油。

3. 壳牌的加油卡

消费者可以通过信用卡或借记卡在壳牌品牌加油站直接自助加油，不用排队，这样可以节省顾客的时间。此外，壳牌自助加油机启用了终端职能芯片，保证消费者可以得到足额的燃料。

壳牌在荷兰的服务还包括 EuroShell 商务加油卡，通过这种卡，壳牌可以为客户提供更方便、更快捷的服务，同时客户还可以享受到各种优惠措施。

（二）壳牌在荷兰销售的主要产品

1. 壳牌燃油

壳牌在荷兰主要是负责销售壳牌 V-Power 系列和壳牌 Fuel Save 系列燃油，包括：壳牌 V-Power 汽油和柴油、壳牌 Fuel Save 汽油和柴油等。壳牌在荷兰推出的各种燃油都是属于清洁型燃油，在客户可以享受到壳牌的高品质燃油的同时，还能够起到保护当地环境的作用。

2. 壳牌润滑油

壳牌在荷兰的机油和润滑油产品主要分为工业润滑油和车用润滑油两大类。针对于几乎所有情况下的工业润滑应用，壳牌都能够提供适当的技术解决方案。壳牌润滑油可以满足任何行业的机器需求。

壳牌的工业润滑油产品有：液压油、压缩机油、齿轮油、涡轮机油、燃气发动机油、传热油、气缸油、白油、工艺油、真空泵油、流通和工业用油、变压器油、润滑脂等。

壳牌车用润滑油以壳牌喜力和壳牌爱德王子两个品牌为主，主要是针对于汽车发动机和摩托车发动机，以及各种车辆养护用品。

3. 液化天然气

壳牌在荷兰的液化天然气销售主要针对企业和家庭用户，所涉及的用途包括：工业、农业、酒店、餐厅、车队、家庭烹饪、取暖和室外应用。

四、壳牌在荷兰的技术服务中心

壳牌在阿姆斯特丹有着悠久的历史，早在1914年就在此成立了阿姆斯特丹皇家壳牌实验室。2009年，壳牌正式启用了新的技术中心——壳牌阿姆斯特丹技术服务中心（Shell Technology Centre Amsterdam，STCA）。

阿姆斯特丹的壳牌技术中心拥有超过1300名雇员，其中包括：工程师、实验室助理、顾问和其他业务人员。这些技术人员致力于产品的研发工作，为壳牌当前和未来的能源问题提供技术解决方案，并通过密切的合作改善现有的石油、非石油原料，以及化工产品的生产技术。

阿姆斯特丹技术服务中心目前的研究项目有：

（1）清洁型燃料。清洁型燃料是指第二代生物燃料，它是一种极佳的石油产品替代品（非粮食制造），可以极大地降低二氧化碳的排放和空气污染。在阿姆斯特丹的技术中心，壳牌技术人员在传统能源的基础上研发这种更加清洁、廉价的燃料，此燃料的研发与应用更多得益于阿姆斯特丹的气化技术。

（2）天然气制油（GTL-XTL）。天然气制油是壳牌阿姆斯特丹技术服务中心最成功的一项研究成果。项目在大约30年前就已立项，壳牌技术中心发现，通过此技术研制成功的液体燃料比普通燃油的清洁效果更明显。如今，壳牌将这种研究成果命名为 XTL，即合成油，就是通过化学方法将天然气原料转化为高品质的液体燃料。这种创新性的技术能够使壳牌充分挖掘天然气的资源潜力，并从现有油田中提取更多的石油。

壳牌技术中心

第十六节　壳牌在挪威

挪威位于斯堪的纳维亚半岛西部，东与瑞典接壤，西邻大西洋，是北欧重要国家之一，其海洋资源丰富，潜在矿产资源储量巨大，是壳牌在北欧的重要合作国家。

壳牌在挪威的总部设在索拉，上游业务的办事处分别设在克里斯蒂安和 Aukra，下游业务的管理机构主要集中在挪威的首都奥斯陆。

一、壳牌在挪威的发展历史

壳牌在挪威的业务最早开始于 1912 年，壳牌于 1912 年 10 月成立了 Norsk Engelsk Mineralolie Aktieselskap（NEMAK）公司，在此之前，壳牌产品主要通过印度炼油公司销售到挪威。在 1940 年 1 月，NEMAK 公司更名为 A/S 壳牌挪威公司，此名称一直沿用至今。

1920 年夏天，NEMAK 公司在奥斯陆建立了第一座加油站，当时只能提供三种油品。但在这之后的几年里，NEMAK 进入了发展的快车道，平均每年以新建 20 座加油站的速度递增，当时的加油站比较简陋，是由一个泵和小加油机组成。

NEMAK 公司的储存中心也在奥斯陆地区建立起来，主要是从印度石油公司进口各种石油产品。然后相继在腓特烈斯塔的 Kallera、Langøya、Stavanger、Dolvikv/Bergen、Bjørnøya 等地建立起储存中心。

20 世纪 60 年代，随着挪威石油和天然气勘探活动的开展，壳牌相应建立起石油和天然气勘探部门，壳牌挪威公司也成长为一个全面的综合性公司。

现在壳牌挪威公司已经成为挪威最大的石油和天然气产品的供应商。

壳牌于1912年在熊岛附近的奥勒松开始修建
第一座储油罐

二、壳牌在挪威的油气开采

（一）维图斯油田项目

维图斯油田是挪威较大的油田之一，于1993年正式运行，日产22.5万桶石油。油田共有11口油井，其中6口是平台井，5口是海底油井。壳牌持有该油田26.2%的股份。

挪威维图斯油田

（二）Ormen Lange天然气田项目

Ormen Lange 天然气田发现于1997年，是挪威第一个真正意义上的深海气田，深度达到850～1100米，位于挪威海，由壳牌、挪威国家石油公司（Norway's Statoil）及埃克森美孚等公司共同管理开发。壳牌持有气田17.0375%的股份。

挪威国家石油公司和壳牌公司共同经营管理，其中壳牌持有21%的股份。壳牌对挪威市场销售的成品油一部分来自本厂，另一部分为集团内部的资源调配，即从集团在其他国家的炼油厂进口。

三、壳牌在挪威的石油炼化业务

挪威有两座规模较大的炼油厂，壳牌持股的 Mongstad 炼油厂是挪威最大的炼油厂。Mongstad 炼油厂每日生产20万桶石油和3.2万立方米天然气，每日比挪威第二大的 Slagen 炼油厂多生产9万桶石油和1.5万立方米天然气。炼油厂最初建于20世纪70年代，1989年进行扩建，炼油能力从每年生产6.5万吨石油增长到每

挪威Mongstad炼油厂

年生产10万吨石油。Mongstad 炼油厂的原油来源于挪威大陆架，主要生产汽油、柴油、航空燃料和其他轻石油产品。

Mongstad 炼油厂是一座现代化的炼油厂，由

四、壳牌在挪威的销售业务

壳牌自1912年开始在挪威开展销售业务，其主要产品都是通过印度石油公司（Indian Oil Corporation）进行销售，当时主要销售的是轻质油。由于业务的快速发展，壳牌汽油和润滑油产品也逐渐进入挪威石油产品市场。

目前壳牌在挪威拥有品牌加油站585座，占据成品油市场28.8%的份额，占据汽油市场25.5%的份额。

2010年，壳牌和7-Eleven 公司已经签署了一份在北欧合作的协议。对于壳牌挪威而言，这份协议确保了壳牌燃料设施的运营，并且还可以使壳牌通过7-Eleven 公司开设的便利店开展零售业务。

按照合作协议，7-Eleven 公司在挪威的90座壳牌加油站开设了便利店。如果两家公司联手，将会为客户提供各种性价比较高的商品。

壳牌在挪威的加油站

第十七节　壳牌在波兰

波兰位于中欧东北部，是欧洲国土面积最大的国家之一。壳牌在波兰的业务主要集中在下游销售领域，主要涉及：成品油、天然气、航空燃料、润滑油、燃料油、沥青等。

一、壳牌在波兰的发展历史

壳牌早在20世纪20年代就已进入波兰。第二次世界大战结束后，壳牌在波兰建立了营销机构，主要负责石油产品和化学产品的销售。自20世纪90年代开始，壳牌在波兰进入全面发展时期，其在波兰的规模和市场占有率快速增加。在这一时期，壳牌在波兰成立了壳牌波兰公司（Shell Polish），总部设在华沙。

二、壳牌在波兰的销售业务

（一）零售网络与服务

壳牌在波兰的零售业务主要以石油产品销售为主，并通过其庞大的加油站零售网络，将各种石油产品销售到波兰的消费者手中。在波兰，壳牌大约有400座加油站，每天为消费者提供各种优质的产品和服务。

通过覆盖波兰全国的加油站网络，壳牌为波兰客户提供市场上最常见、使用最广泛的石油产品，其中包括诸如壳牌 V-Power 等优质燃油品牌。

壳牌还在波兰的加油站网络中实行了壳牌 EuroShell 加油卡，让波兰的消费者在享受高品质的产品和服务的同时，可以享受到各种优惠的促销政策。

（二）壳牌在波兰销售的主要产品

1. 燃油产品

壳牌在波兰销售的燃油产品比较多，其中包括了壳牌 V-Power、壳牌特级柴油 Shell Diesel Extra、壳牌的 AdBlue®、生物燃料和天然气制油燃料等。

（1）壳牌 V-Power 燃油主要是壳牌 V-Power 的汽油和柴油产品。

（2）壳牌特级柴油 Shell Diesel Extra 是壳牌开发出一种新配方柴油，能够降低车辆油耗，这有助于客户减少车队维护的相关的费用。能够长期有效的维护车辆的发动机，并保证发动机的性能，从而最大限度地提高企业效益。此产品在不同的市场拥有不同的名称，包括壳牌柴油和新壳牌特级柴油。

这种先进的柴油内含有清洁剂，优化了发动机的燃烧过程，并有助于提高车辆中燃油的效率（可提升达3%），并保持没有油污的积聚。

壳牌在波兰的加油站

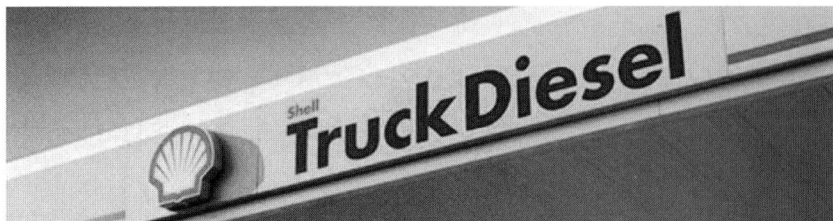
壳牌在波兰加油站的标识

壳牌特级柴油的功能有：①避免高油耗；②防止尾气排放的增加；③减少发动机功率损失；④降低对燃油系统的腐蚀；⑤减少加油过程中的泡沫产生；⑥优化燃烧系统；⑦降低维护成本。

（3）壳牌的 AdBlue® 是为了适应欧洲的欧4和欧5排放标准而推出的，壳牌在波兰率先推出了壳牌 AdBlue®。AdBlue® 的主要销售对象是卡车和客车用户。现在消费者可以使用 EuroShell 卡随时购买到壳牌 AdBlue®。

壳牌已经在波兰国内建立起包括180座加油站和500多个销售网点的 AdBlue® 销售网络。

AdBlue®，即欧洲车用尿素溶液的一项标准。Adblue® 溶液指的是符合 Adblue® 标准的车用尿素溶液，其成分为32.5%的尿素溶液和67.5%的水，在中国俗称"添蓝"。作为还原剂，AdBlue® 是 scr 系统的必须消耗品，它在催化剂的作用下将汽车尾气中的氮氧化物转化为无污染的氮气和水，从而使尾气达到欧4、欧5的排放标准。

（4）生物燃料。生物燃料是由植物或有机废弃物生产出来的。和一般传统汽油、柴油相比，生物燃料能够减少二氧化碳的排放，但是生物燃料通常比传统燃料价格昂贵。

近30年来，壳牌一直从事生物燃料的研究，并研制出了先进的生物燃料（非粮食作物），它可以有效地减少二氧化碳排放量（可减少30%），而且不会影响到粮食作物的种植。

（5）天然气制油燃料。GTL燃料的含硫量非常低，并且无色、无味，不仅有利于改善空气质量，也有助于减少对石油的依赖。

特别是，壳牌天然气制油燃料能够在城市地区提供更低廉的成本和更清洁的运输解决方案。许多国家的政府已表示有兴趣采用 GTL 燃料，使其作为一种可行的传统燃料的替代品。

Connexxion 公司是欧洲最大的运输公司，首先试验天然气制油燃料和柴油混合的燃料油。目前，Connexxion 公司已和壳牌形成战略合作的伙伴关系。

2007 年，Connexxion 旗下的 7 家巴士公司采用了 100% 的 GTL 燃料动力，6 个月后，Connexxion 在荷兰代尔夫特市的巴士公司也开始了这种燃料的使用。

2. 机油和润滑油

在波兰的机油产品和润滑油产品市场中，

壳牌在波兰销售的润滑油产品

壳牌以喜力和爱德王子两个品牌为主，主要是针对于汽车发动机和摩托车发动机，以及各种车辆养护用品。

（三）壳牌在波兰的其他下游业务

壳牌在波兰的其他下游业务主要包括航空服务和技术服务。

壳牌的航空服务主要为机场和航班提供各种航空产品和全方位的服务，其中包括提供飞机发动机燃料、燃油添加剂、润滑油和润滑脂以及液压油和特殊用油。

壳牌所提供的技术服务主要以技术和项目咨询为主，也提供部分技术设备，比如壳牌水位仪等。

第十八节　壳牌在斯洛伐克

斯洛伐克是欧洲中部国家，北临波兰，东接乌克兰，南接匈牙利，西连捷克，西南与奥地利接壤。壳牌在斯洛伐克的业务主要集中在下游销售领域，包括成品油零售、汽车和工业用油、润滑油等，壳牌的石化产品在斯洛伐克市场也广泛普及。

一、壳牌在斯洛伐克的历史

在斯洛伐克未独立前，壳牌于1991年4月在捷克斯洛伐克首都布拉格设立了经营管理机构。1993年1月1日斯洛伐克独立后，壳牌公司在1991年4月恢复其在斯洛伐克的运作，并成立了独立的管理机构，总部设在布拉迪斯拉发。

1998年10月，壳牌公司在斯洛伐克市场推广壳牌智能卡业务，同时启动客户忠诚度计划。

二、壳牌在斯洛伐克的销售业务

发展至今，壳牌在斯洛伐克的业务已经涉及多种行业，其主要业务包括：零售服务、汽车和工业用油销售、润滑油以及石化产品销售等。壳牌的最新车用汽油、壳牌喜力润滑油以其优异的质量、易于普及的经济性和低排放污染物的环保设计得到了顾客的广泛好评。此外，壳牌还在斯洛伐克致力于沥青和天然气市场的拓展，并为布拉迪斯拉发机场提供长期有效的航空燃油供应。

壳牌公司在斯洛伐克市场推广了壳牌智能加油卡，驾驶者可在任何时间通过这种智能卡获得商品和服务，在累计积分的同时，也可完成慈善捐助，方便客户社会公益权力的履行。

壳牌在斯洛伐克共有75座加油站，遍布斯洛伐克全国，为斯洛伐克的消费者提供优质的燃油和服务。

壳牌在斯洛伐克的加油站

第十九节 壳牌在斯洛文尼亚

斯洛文尼亚位于中欧南部，是一个比邻阿尔卑斯山的小国。斯洛文尼亚在1991年之前为前南斯拉夫的一个加盟共和国，1991年6月25日获得独立。

一、壳牌在斯洛文尼亚的历史

壳牌在斯洛文尼亚的业务始于1994年，主要集中在下游销售领域，包括成品油、润滑油、天然气等产品的销售，同时推出加油卡等先进服务。

二、壳牌在斯洛文尼亚的销售业务

壳牌在斯洛文尼亚的发展时间虽然不长，但这并不意味着壳牌在斯洛文尼亚的业务开展落后，相反，壳牌在斯洛文尼亚积极推出领先的产品和服务，与斯洛文尼亚多种领域、多种行业的公司形成了合作伙伴关系，为壳牌在斯洛文尼亚的未来发展打下了坚实的基础。

壳牌在斯洛文尼亚的加油站

第二十节 壳牌在西班牙

西班牙位于欧洲西部的伊比利亚半岛，属于世界经济强国。西班牙历史悠久、国家富饶，是壳牌在欧洲发展业务的重要国家。

壳牌在西班牙以销售业务为主，业务涉及天然气、电力、海洋、航空、润滑油、化学品等。壳牌在西班牙的总部设在首都马德里。

一、壳牌在西班牙的发展历史

20世纪20年代，壳牌开始在西班牙的拉斯帕尔马斯开展业务活动。

1936—1939年，西班牙发生了长达三年的内战，这使壳牌在西班牙的发展受到了重创，进口活动和产品流通都十分困难，但壳牌依然顶着压力开展其业务活动。

1955年，西班牙加入联合国，对外实施经济开放的策略，使壳牌在西班牙的业务得以恢复正常。

1980年6月，壳牌公司开始在西班牙进行石油勘探，并开始在西班牙组建壳牌管理机构。

1992年，西班牙加入欧共体，这意味着从1993年1月开始，西班牙政府对石油部门长达60多年的垄断行为宣告结束，壳牌在西班牙的发展有了更多的机会。

进入21世纪，壳牌在西班牙完成了更多的战略目标。同时，壳牌也面临着新的挑战。

二、壳牌在西班牙的销售业务

壳牌在西班牙的销售活动主要涉及天然气、电力、海洋、航空、润滑油和化学产品等。

壳牌在西班牙的化学品业务始于20世纪50年代，目前在西班牙的主要业务集中在多元醇、乙二醇聚丙烯、化学溶剂、脂肪醇和烯烃的供应上。

壳牌自1920年以来开始在西班牙经营润滑油业务，主要供应西班牙国内和停泊在西班牙34处港口的国外船舶。

1926年，壳牌在西班牙首次开展航空业服务，目前为西班牙23座机场提供航空润滑油，并以8%的市场份额成为西班牙首席航空燃料供应商。

1990年，壳牌在西班牙的塔拉戈纳建立了一个润滑油调配厂，该厂是欧洲现代化程度最高的润滑油调配厂，年产量6万吨润滑油。

目前，壳牌在西班牙的润滑油销售业绩在行业内排名第三，在工业市场和商业市场均占有优势，拥有广泛的品牌认知度。

2000年10月，壳牌开始向西班牙提供天然气服务。

2004年，壳牌将下属的338座加油站出售给西班牙迪萨石油公司。目前，壳牌在西班牙仅拥有119座加油站，但是这些加油站凭借提供优质的产品和高品质的服务，在西班牙行业内仍然有一定的影响力。

壳牌在西班牙采用设施抵御自然灾害的场景

第二十一节 壳牌在瑞典

瑞典位于斯堪纳维亚半岛的东部，是北欧最重要的国家之一，其东北部与芬兰接壤，西部和西北部与挪威为邻，东部濒临波罗的海，西南临北海，自然资源储量丰富，是壳牌欧洲业务发展战略中的一个重要国家。

近些年来，瑞典越来越重视能源发展的规划。2009年，瑞典政府宣布计划在2020年前实行无油化，以减少对气候的影响，并且从长远角度消除石油能源供应的不安全性。这一计划完全符合壳牌的天然气发展战略，为双方的合作打下了良好的基础。

一、壳牌在瑞典的天然气勘探与开发

2007年，壳牌决定研究在 Scanian 页岩中天然气商业化开采的可能性。2008年5月，壳牌获得了两个相关勘探许可证。壳牌对页岩气的调研持续了近三年，在三个直辖市（Sjöbo、Hörby 和 Tomelilla）不同的位置分别取得了钻井的岩石样品，收集了许多地质数据和信息。

2010年，壳牌公司开始在瑞典进行页岩气钻探。2010年3月，第一口页岩气井在瑞典建成，页岩气井附近地区蕴藏着的页岩天然气储量至少可以满足瑞典10年的天然气需求。

二、壳牌在瑞典的炼化业务

1946年，壳牌在瑞典建立了哥德堡炼油厂（Gethenburg）。哥德堡炼油厂日产油量8万桶，占瑞典日产油总量不足五分之一。2010年，壳牌出售其在瑞典的大部分业务，其中包括哥德堡炼油厂。

三、壳牌在瑞典的销售业务

壳牌在瑞典的零售业务运行多年，涉及运输及工业燃料、天然气、润滑油和沥青等业务。

2010年10月，壳牌公司决定以6.4亿美元的总价格出售其在瑞典的大部分下游销售业务，其中包括零售、商业和业务、海运业务、散装燃料和服务站业务（壳牌在瑞典的加油站数量大约在340座左右），这些业务和哥德堡炼油厂被一并出售。

壳牌在瑞典的第一口页岩井

第二十二节　壳牌在瑞士

壳牌在瑞士的业务活动主要集中在下游销售领域。瑞士是欧洲中部的小国，在政治上长期保持中立，如今是全球最富裕、经济最发达、生活水准最高的国家之一，其人均国民生产总值居世界前列。壳牌在瑞士的下游业务发展基础雄厚，在瑞士具有广泛的品牌认知度。

一、壳牌在瑞士的发展历史

壳牌在瑞士的发展历史超过100年。1906年4月，壳牌第一次在瑞士开展业务活动，早期主要以汽油、柴油等石油产品销售为主。1920年，壳牌开始在瑞士进行销售代理业务。1966年，壳牌持有瑞士最大炼油厂——Cressier炼油厂的股份，最初持股75%，到后来缩减为25%。

1983年，壳牌在瑞士石油行业的发展地位得到进一步巩固，Cressier炼油厂成为壳牌独有的炼油厂。1984年，壳牌成为瑞士润滑油领域的主要制造商。2000年，壳牌出售 Cressier炼油厂。2007年，壳牌将天然气业务出售给Vitogaz瑞士公司。

二、壳牌在瑞士的石油炼化业务

瑞士的炼油厂只有两座，分别为日产油量6.8万桶的 Cressier炼油厂和日产油量4.5万桶的Collombey-Muraz炼油厂。

Cressier炼油厂是瑞士最大的一座炼油厂，始建于1966年，位于 Cressier附近的纳沙泰尔，占地74公顷，生产成品油数量约占瑞士销售成品油总量的25%。Cressier炼油厂的原油主要来源于法国南部。产品包括：汽油、柴油、混合柴油和飞机燃料，主要在瑞士国内销售。

2000年5月，壳牌将 Cressier炼油厂和油库出售给了荷兰的 Petroplus公司。

Cressier炼油厂

三、壳牌在瑞士的销售业务

（一）零售网络与服务

壳牌在瑞士的销售业务发展较快，特别是在加油站业务领域处于领先地位。

壳牌在瑞士共经营390座加油站（截至2010年5月），有雇员140名。壳牌在瑞士的加油站网络遍布瑞士的各个角落，为瑞士的消费者提供高品质的服务和燃油产品。

（二）壳牌在瑞士销售的主要产品

壳牌在瑞士销售的主要燃油为壳牌 V-Power品牌的汽油和柴油，由于燃油的品质和所包含的科技含量，这种清洁型燃油受到瑞士消费者的喜爱。

壳牌在瑞士销售的润滑油也得到了大众的广泛好评，其推出的系列产品用于食品加工业、航空工业以及建筑和农业等多个领域。

（三）壳牌在瑞士的其他下游业务

壳牌在瑞士的销售业务中涉及的产品还包括：沥青、化工产品以及航空燃料等。

第二十三节　壳牌在土耳其

壳牌在土耳其的主要业务以下游石油及相关产品的销售为主，涉及多种领域的多类产品，是土耳其较重要的石油类产品销售品牌，壳牌提供的液化天然气、天然气等都在土耳其市场占有一定的份额。

壳牌化工公司和壳牌能源公司是壳牌在土耳其的主要管理机构，如今，壳牌在土耳其的员工总数超过700名。

一、壳牌在土耳其的发展历史

壳牌在土耳其的发展始于1923年，并一直致力于在土耳其开展石油燃料销售业务。2006年，壳牌土耳其经历了重组，与 Turcas Petrol 成立合资公司 Shell & Turcas Petrol A.S.，并以此名称继续开展业务。在合资公司中，壳牌持有70%的股份，成为控股方。壳牌经过不断的投资和业务活动的拓展，如今已经成为土耳其领先的外国能源公司之一。

壳牌早期在土耳其的工作人员

二、壳牌在土耳其的销售业务

壳牌在土耳其的业务都是通过 Shell & Turcas Petrol A.S. 公司运作的，公司拥有零售、商业燃料与润滑油的所有权、运营权和管理权。2006年，壳牌与 Turcas 合并，将资产、业务和物流全部整合到一个公司名下，共同使用一个品牌——壳牌。合资企业凭借1200个网点组成的零售网络（壳牌最大的三个网络之一），发展十分迅速，取得了非常显著的经营效益。

Shell & Turcas Petrol A.S. 公司拥有800名员工，业务活动主要分为四个领域：零售、商业销售、润滑油和供应／分销。据土耳其石油行业协会（Jurkish Petroleum Industry Association PETDER）报告，截至2008年，壳牌已稳坐土耳其润滑油销售领域的首位。

壳牌在土耳其的加油站

第十一章　壳牌在北美洲

第一节　壳牌在北美洲的概述

一、壳牌在北美洲的发展历程

壳牌进入北美洲是在20世纪初，最早主要是开展燃油销售业务。随着时间的推移，壳牌在北美的业务也不断拓展，如今已成为北美洲主要的石油勘探和开发商、产品供应商。

随着壳牌在北美洲的发展，其国际业务也大踏步前进，其中，北美洲的市场和石油资源为壳牌的发展起到了不可忽视的推动作用。随着技术一次又一次的突破，壳牌已经成长为北美洲的石油巨头之一。

1907	1911	1912	1915	1918	1921	1944
壳牌公司成立	壳牌进入加拿大并建成隆格特炼油厂	壳牌进入美国并创立了美国汽油公司	壳牌在美国建成马丁内斯炼油厂	壳牌收购墨西哥鹰公司，开始进入墨西哥	壳牌首次发现了位于美国加利福尼亚州的信号山（Signal Hill）油田	壳牌首次在加拿大阿尔伯塔省的Jumping Pound发现了大型天然气田

壳牌早期在北美洲的发展历程

二、壳牌在北美洲的发展战略

壳牌在北美洲最新的战略调整是"在未来几年内投入巨额资金以提高油气产量"，壳牌此举的用意是减轻产业链下游的资产比重，逐渐向产业链上游倾斜，并由此进入一个新的发展阶段。

经历了经济危机，壳牌发现全球经济的衰退使燃料的需求量大幅度减少，行业生产能力过剩（尤其是北美和欧洲这些发展较快的国家），直接影响了石油产品的经济性。因此壳牌决定逐渐放弃在北美的下游产业，而把天然气及油气开采列为重要关注对象。

经过业务调整，壳牌预计在2012年将北美的油气日产量提升至350万桶当量，比2009年增长11%。到2014年，壳牌将投入高达1000亿美元的资金用于北美洲的油气勘探和开采。

为实现长期目标，壳牌还将对墨西哥湾深水区、北美致密地层天然气和澳大利亚液化天然气和煤层气进行大力的勘探与开发。

三、壳牌在北美洲的业务分布

（一）壳牌在北美洲的勘探与开发业务

壳牌在北美洲的石油和天然气勘探与开发业务主要分布在墨西哥湾、美国的加利福尼亚和澳大利亚的艾伯塔（Alberta）地区。由于天然气的开发利用率逐年上升，导致国际市场的需求逐渐加大，且天然气的成本远远低于石油的成本，于是壳牌在北美洲加大了天然气的勘探与开采力度。

北美洲原油储量最丰富的国家为加拿大、美国和墨西哥。加拿大原油探明储量为245.5亿吨，居世界第二位。美国原油探明储量为29.8亿吨，主要分布在墨西哥湾沿岸和加利福尼亚湾沿岸，以得克萨斯州和俄克拉何马州最为著名，阿拉斯加州也是重要的石油产区。

从石油产量上来看，美国是世界第二大产油国，但因消耗量过大，每年仍需进口大量石油。墨西哥原油探明储量为16.9亿吨，是西半球第三大传统原油战略储备国，也是世界第六大产油国。

1. 加拿大勘探、开采业务的特点

加拿大已探明的油砂和重油资源多达4000亿立方米（合2.5万亿桶原油），占世界油砂资源已探明总量的95%，相当于整个中东地区的石油储量。目前，加拿大在艾伯塔省共有26个油砂项目投入生产，总生产规模达到每天83万桶，占加拿大石油总产量的43%。

事实上，从油砂中开采出的石油产品并非常规的原油，而是一种在常温状态下成凝结状的石油沥青（Bitumen）。这种石油沥青变成石油产品还需要一系列的复杂加工过程：首先是通过升级提炼转变成和普通原油品质近似的合成原油（Synthetic Crude Oil），然后再送到炼油厂加工成消费需求大的汽、煤、柴油和其他石油制品。

2. 墨西哥湾石油分布

墨西哥湾位于美国东南角的近海地区，其中钻井平台星罗棋布，717个海上钻井平台每天可生产130万桶原油、2亿立方米天然气，占美国原油产量的26%、天然气产量的11%。同时，墨西哥湾也是墨西哥石油工业的集中地。2006年，墨西哥的坎塔雷尔（Cantarell）巨型油田（位于墨西哥湾西部尤卡坦（Yucatan）地区的坎佩切湾 Campeche Bay）每天的原油产量达到惊人的370万桶，占墨西哥原油总产量的80%。

（二）壳牌在北美洲的炼化业务

由于资源开发重心不同，壳牌在北美洲的炼化业务也有着自己的特点。在加拿大，壳牌围绕着艾伯塔省的天然气田，共建立了四家天然气加工厂，生产各种天然气深加工产品，用于满足加拿大日益增长的能源需求。

壳牌在北美洲的炼化企业

国家	加拿大		美国	
工厂	工厂名称	工厂地址	工厂名称	工厂地址
天然气厂	Jumping Pound综合加工厂	艾伯塔省		
	活特瓦斯综合加工厂	艾伯塔省		
	壳牌焦化综合加工厂	艾伯塔省		
	卡罗琳综合加工厂	艾伯塔省		
炼油厂	蒙特利尔东部炼油厂	魁北克省	耶洛汉默厂	阿拉巴马州
	斯特福德炼油厂	艾伯塔省	壳牌鹿园	得克萨斯州
	萨尼亚制造中心（壳牌科伦纳炼油厂）	安大略省	盖斯马厂	路易斯安那州
	布罗克维尔润滑油厂	安大略省	诺科炼油厂	路易斯安那州
	卡尔加里润滑油和润滑脂	艾伯塔省	壳牌马丁内斯炼油厂	圣弗朗西斯科

（三）壳牌在北美洲的销售业务

在北美洲，壳牌的下游销售业务主要集中在石油和天然气产品的营销上。壳牌通过其遍布北美的加油站和经销商网络，将各种石油和天然气产品送到消费者和客户手中。

1. 壳牌在北美洲的加油站网络

壳牌在北美洲的加油站数量占全球壳牌加油站总数的36.3%，这使北美成为壳牌加油站分布最为密集、网络建设最发达的地区。因此，壳牌品牌也成为北美洲消费者最为信赖的成品油品牌之一。

2. 壳牌润滑油（润滑脂）在北美洲的销售业务

北美洲（包括美国，加拿大和墨西哥）2009年成品润滑油的市场需求达到26亿加仑，比2008年的30亿加仑下降了12%；商用车润滑油市场需求量达6.245亿加仑，比2007年同期下滑了14%；整个车用润滑油市场的需求量为7.025加仑，比2007年同期下滑13%。造成润滑油需求量下滑的主要因素有：换油周期的延长、里程数的减少与合成润滑油的使用。若将工艺油和船用油算在润滑油的总体销量中，这两种产品可占北美洲润滑油总消费量的50%左右。

美国润滑油市场的需求量约占北美市场总需求量的85%（约22亿加仑），其中51%是工业润滑油（11.3亿加仑），26%是个人车用润滑油（约5.759亿加仑），23%是商用车润滑油（约5.095亿加仑）。根据预测，到2014年，美国润滑油市场需求量将达到25亿加仑。在2009年到

2014年间，美国工业润滑油市场、个人汽车润滑油消费市场和商用车润滑油市场的增长率将分别达到1.5%、2.4%和3%。

2009年，受经济衰退影响，加拿大润滑油市场的需求量占北美市场总量的8%，与2008年相比下降了约9%。而墨西哥约占北美市场总量的7%（约1.8亿加仑）。根据预测，墨西哥市场的需求量到2014年才能恢复正常（约2.093亿加仑）。

在美国，壳牌的车用润滑油销量占美国整个车用润滑油消费量的24%，是美国领先的润滑油供应商。其次是胜牌（Valvoline）和BP石油，分别拥有13%的市场份额，其他如埃克森美孚占9%，康菲占7%，雪佛龙（Chevron）占6%。雪铁戈（Citgo)1%，而Pinnacle、Warrenoil、Amalie、美国炼油集团（Amcrican Refining Group)和其他的州际或区域润滑油公司占27%。

壳牌在北美洲经营的润滑油（润滑脂）品牌主要有：鹏斯、桂冠达、Formula Shell、壳牌得力士、壳牌罗泰拉、壳牌施倍力等。这些品牌的润滑油（脂）深入到各行各业中，深受客户的喜爱，其中鹏斯品牌在美国的市场占有率排名第一位。

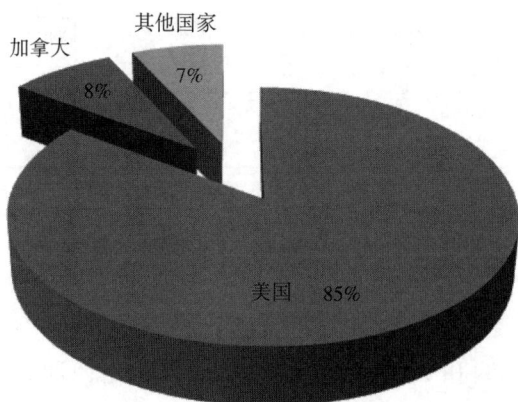

2009年壳牌在北美各国润滑油总销量的比例分布

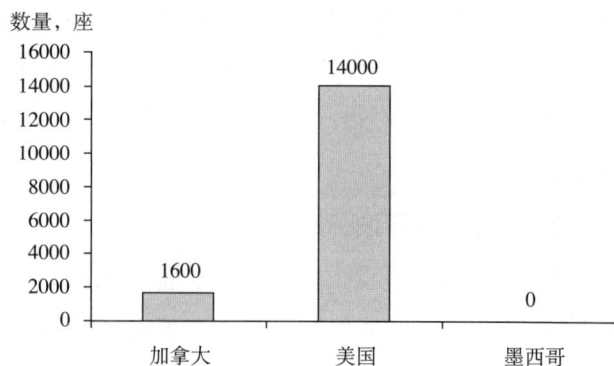

2010年北美洲壳牌加油站数量分布

第二节　壳牌在加拿大

壳牌早在1911年就已进入加拿大，现在已经是加拿大最大的综合性石油和天然气公司之一。壳牌在加拿大的员工总数超过8200人，总部位于加拿大艾伯塔省南部的卡尔加里。壳牌在加拿大的业务主要是勘探与生产，以及炼化和营销。

目前，壳牌在加拿大的艾伯塔省拥有四个天然气厂、一个重油生产设施和一个化工厂，在新斯科舍（Nova Scotia）的海上拥有天然气生产设施（Sable-jointventure），在北艾伯塔进行油砂矿山开采并建立了提取工厂（阿萨巴斯卡油砂项目——合资），在艾伯塔省、安大略省和魁北克省拥有三个炼油厂，在艾伯塔省和安大略省拥有两个润滑油生产工厂，并有1600多座壳牌加油站分布于加拿大全国。

壳牌加拿大所拥有的资源占壳牌全球资源的30%左右，加拿大也因此成为壳牌北美业务的发展重心之一。

一、壳牌在加拿大的发展历史

壳牌在加拿大的业务是从1911年开始的，最初的注册资本只有5万美元。当时，壳牌合并成立刚满四年，公司刚开业时，在蒙特利尔的隆格特供油厂只拥有6名员工。

当时，壳牌总部的办公室设在蒙特利尔魁北克的圣凯瑟琳大街和皮尔交界处。在壳牌进入加拿大市场时，加拿大全国仅有3.4万辆汽车，每年汽油需求量不足22万升，壳牌销售的主要石油产品仅仅是用于照明的煤油和船用柴油。

1914年，英国海军部接管了壳牌隆格特炼油厂，用作船舶加油站。隆格特是壳牌当时在加拿大唯一的炼油厂，炼油厂被接管后壳牌无力发展相关业务，而竞争对手却在大量开采石油，利用战时的机遇飞速发展石油工业。

1921年，隆格特终于回到壳牌手中，而此时的壳牌已经被加拿大的对手远远抛在后面。当时，英波石油公司美国公司（后来的海湾石油公司，最后部分被加拿大石油公司收购）和麦科尔—夫隆特纳克（McColl-Frontenac，后来成为德士古公司，并最终被加拿大的埃索公司收购）是当时加拿大石油和天然气市场的领导者。

1930年，壳牌再度开始了在加拿大的业务拓展，并将其总部从蒙特利尔迁移到安大略省的多伦多。在这一时期，壳牌新建了一些加油站，积极扩展其加油站网络。此外，壳牌还在加拿大西部的温哥华附近建立了一个燃料工厂。

1928年，壳牌在加拿大的不列颠哥伦比亚省（British Columbia, BC）已经拥有19座加油站，到了1929年，壳牌又在该省成立了壳牌石油公司，并且于1932年建立了壳牌焦化工厂。

1932年，壳牌的 Burn 炼油厂（Shell Burn Refinery）投产，日处理原油能力为3500万桶。一年后，具有先进技术的蒙特利尔东方炼油厂投产，年产量5000万桶。

1932年，壳牌开始对较大的客户提供特别优惠卡，到了1939年，这种优惠卡已经成为一种成熟的信用卡模式（早期的卡是用并不结实的纸板制成的，甚至没有到期日期）。

1939年，壳牌开始在加拿大西部进行勘探（勘探是由壳牌纽约石油公司负责的，而不是壳牌加拿大公司）。壳牌纽约石油公司在艾伯塔省的卡尔加里设立了一个勘探办公室，负责具体勘探事宜。

第二次世界大战期间，壳牌公司全力支持战时的供应，并通过英国和加拿大的油轮为英国提供原油。

在战争期间，壳牌经过不懈的勘探，终于在艾伯塔省的 Jumping Pound 发现了大型天然气田，随后在加拿大的其他地区也取得了重大进展。

1957 年，壳牌加拿大公司成为了一个集团性质的石油公司，它收购了壳牌美国在加拿大所有的勘探和生产业务，并继续扩大其零售业务。

1961 年，壳牌收购了北星有限公司 (North Star Oil Ltd.)，北星公司拥有 1000 座加油站、350 个储油罐和一个位于马尼托巴省 (Manitoba) 圣博尼费斯街的炼油厂。一年后，壳牌又收购了加拿大石油，其中包括 2900 个终端零售网点、位于萨尼亚、安大略省、鲍登和艾伯塔省的炼油厂，以及该公司其他石油和天然气的相关资产。

1963 年，公司正式更名为壳牌加拿大有限公司 (Shell Canada Limited)，一年后首次公开出售壳牌股份。

20 世纪 60 年代至 70 年代，壳牌的业务持续增长，其在加拿大一些地区的石油勘探业务有了很大进展，并向加拿大市场引进了新的技术和产品。

此后，壳牌投资 14 亿美元在艾伯塔省附近的埃德蒙顿 (Edmonton) 兴建了具有先进技术的斯科特福德炼油厂 Scotford 炼油厂，并于 1984 年正式投产，成为世界上第一个从油砂中提炼合成石油的炼油厂。同年，公司总部从多伦多迁移到卡尔加里。

1989 年 10 月，壳牌在 1986 年进行的一级方程式火花塞研究取得了成功，壳牌加拿大公司成为第一家在最终期限到达一年前就能提供无铅汽油的公司。

1990 年，壳牌创立了壳牌环境基金 (Shell Environment Fund)，以解决加拿大的环保问题。基金主要以社区为主导，用于基层捐款和以行动为导向的环保项目。

1992 年，壳牌发现了加罗林油田 (Caroline)。同年，壳牌在不列颠哥伦比亚省捐款，用于加拿大 8900 公顷土地的自然保护。

1993 年，壳牌加拿大公司收购了加拿大涡轮煤气有限公司 (Canadian Turbo Inc.) 与帕尔斯天然气有限公司 (Payless Gas Company Ltd.)。

20 世纪 90 年代后期，壳牌加拿大进行了大幅度的变革。在 1996 年，公司对化工业务进行了剥离，使其合并到壳牌国际化学品公司，并在 1999 年将位于加拿大西部平原地区的常规原油业务出售给加拿大阿帕奇公司 (Apache Canada)。这一年，位于新斯科舍省的塞布尔海上能源离岸项目运送出第一批天然气，壳牌在此项目中拥有 31.3% 的股份。在零售方面，壳牌加拿大引进了自助式加油服务，并成为加拿大第一个将智能卡应用于加油站中的石油公司，使客户能够简化加油程序和付款程序，能够自行加油和自助付款。

1999 年，壳牌做出一个重大决策，决定合资建立一个油砂项目，即所谓的阿萨巴斯卡油砂项目 (The Athabasca Oil Sands Project, AOSP)。合资项目包括在艾伯塔省北部的阿萨巴斯卡地区的马斯基格矿，以及埃德蒙顿附近的 Scotford 油田的升级设施。

2002 年，马斯基格矿生产出第一桶沥青。同年，壳牌的萨尼亚和蒙特利尔东方炼油厂完成了新汽油加氢设施——超低硫汽油生产建设。

壳牌公司宣布成为加拿大第一个通过 ISO14001 国际环境标准认证的石油和天然气公司。

2005年，距 AOSP 项目产出第一桶沥青仅仅两年多的时间，AOSP 项目就取得了产出100万桶的成就，壳牌为此举行了盛况空前的庆祝活动。同年，壳牌在加拿大推出了新的优质汽油"V-Power"，并发现了泰河（Tay River）天然气田（当年即已投产）。

2007年，壳牌公司获得了壳牌加拿大公司100%的股份。同年4月25日，壳牌加拿大公司的普通股在多伦多证券交易所正式退出交易。

二、壳牌在加拿大的勘探与开发业务

壳牌在加拿大西部的石油勘探开始于第二次世界大战期间（1939年）。当时，壳牌石油公司在加拿大的卡尔加里开设了一个办事处，负责西部勘探的具体事宜。随着战争的进行，壳牌加拿大公司参与了石油能源的运输工作。为了保证战时石油供应，壳牌和加拿大方面加大了勘探力度，并于1944年在西部地区的艾伯塔省发现了天然气田。

1957年，壳牌买下了美国壳牌在加拿大的所有勘探和开采业务，从而成为一个集团公司。如今，壳牌加拿大已经成为加拿大最大的综合性石油和天然气公司之一。

在加拿大，壳牌的上游业务主要集中在天然气的勘探与开发上。同时，壳牌也是加拿大最大的硫磺生产商。壳牌在加拿大的业务重点还包括对非常规石油能源的开发——即对油砂进行开采、收集和提取（当开采面过深时便开始进行对沥青的开采）。

（一）SOEP项目

SOEP (Sable Offshore Energy Project) 是加拿大在大西洋的第一个海上天然气项目，通过滨海（Maritimes）管道向滨海和美国东北部地区提供天然气，而壳牌是此项目的投资方之一。

SOEP 包括5个海上天然气田，其中 Venture 气田、Thebaud 气田和 North Triumph 气田于1999年12月31日开始投产，Alma 气田于2003年底投产，South Venture 气田于2004年底投产。2010年，壳牌在 SOEP 的天然气产量约为1亿立方英尺每日，占壳牌加拿大的天然气总产量的15%。

SOEP 属于合资企业，其股东有：埃克森美孚加拿大（持股50.8%），壳牌加拿大（持股31.3%），帝国石油资源有限公司（Imperial Oil Resources，持股9%），Pengrowth 公司（持股8.4%）和 Mosbacher Operating Ltd.（持股0.5%）。

（二）阿萨巴斯卡油砂项目

阿萨巴斯卡油砂项目是一个合资项目，壳牌占有其中60%的权益，雪佛龙公司则占有20%，Marathon 公司占有20%。该项目主要位于艾伯塔省北部地区的马斯基格河床，随着马斯基格河床的项目拓展与杰克派恩（Jack Pine River）河床的开发，该项目的石油沥青产量可达47万桶／日。

在加拿大的油砂项目中，壳牌大规模采用

油砂

蒸汽动力驱油法。这种方法主要应用于水平井技术，将两个钻井以上下水平方向钻入油砂资源层。钻井间距离数米，上面的钻井注入高压蒸汽，下面的钻井抽采石油沥青，以保证连续生产。

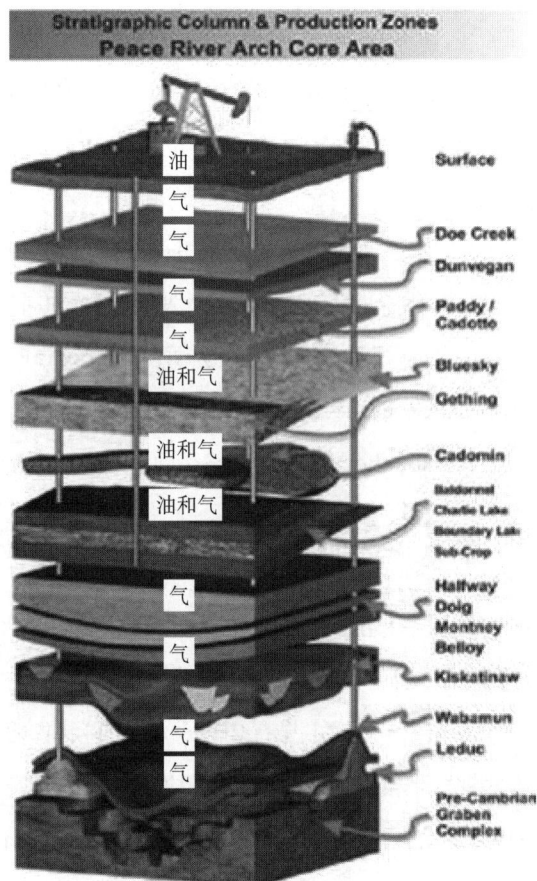

加拿大油层示意图

（三）Orphan 盆地

加拿大在 Orphan 盆地颁发了 8 个勘探许可证，壳牌加拿大公司获得了其中的 20%。Orphan 盆地位于圣约翰东北约 350 千米的近海，是一个新的、未开发的深水盆地。

Orphan 盆地的其他勘探开发商为：Chevron Canada Resources（持股 50%），美孚加拿大公司（持股 15%），Imperial Oil Resources（持股 15%）。

三、壳牌在加拿大的炼化业务

（一）天然气加工

1. 卡罗琳综合加工厂

壳牌卡罗琳综合加工厂（Caroline Gas Complex）位于加拿大艾伯塔省的卡尔加里，距离卡罗琳西北约 170 千米，是壳牌在加拿大西部拥有的最先进的酸气处理厂。卡罗琳综合加工厂拥有员工 120 人，每天可加工 1085 万立方米的天然气原料，主要产品为天然气、液化天然气、凝析油和硫磺。

壳牌加拿大是卡罗琳综合加工厂的主要所有者和经营者，拥有一个天然气田、14 口井、3 个压缩站、1 个重要的天然气处理厂和硫处理、储存设施。

卡罗琳综合加工厂每天可销售 3000 立方米的天然气（甲烷）和 2000 立方米的液化天然气，其天然气产品通过管道运送到加拿大东部和美国市场，主要用于供暖和发电。加工厂生产的丙烷主要出售给加拿大和美国的分销商，用于暖气、农作物干燥、汽车燃料和石化燃料。丁烷被运送到炼油厂，作为汽油调和原料以及石化厂的原料。乙烷通过管道运送到石化工厂，作为各种化学品和塑料的原料。

此外，加工厂每天还能生产 500 立方米的凝结水，以及 3455 吨的硫磺（用来制造磷肥，药品和其他产品，包括农业和工业化学品、尼龙等）。

2. Jumping Pound 综合加工厂

Jumping Pound 综合加工厂（Jumping Pound Complex）位于西艾伯塔省卡尔加里附近大约 33 千米处的科克伦，由壳牌加拿大公司负责运作。该厂主要为卡尔加里和其他地区提供天然气供热。

该厂日处理能力为770万立方米天然气,其产品包括天然气、液化天然气、凝析油和硫磺。

壳牌于1944年在 Jumping Pound 发现了天然气田。有关专家根据4个开发井的产量估计,该天然气田的天然气储量,完全可以支撑一个天然气厂的建设。

1951年,Jumping Pound 综合加工厂天然气销售业务开始运作,每天可以出售0.7万立方米的天然气。

在加拿大天然气产业迅速发展的阶段,Jumping Pound 天然气田也得到了进一步发展,与此同时,另外3个天然气田的发现和天然气及其副产品市场需求的增加都为加拿大天然气工业的发展带来各种机遇。这些机遇带来了工厂的扩建,促使工厂提高生产能力和生产效率,同时促进了天然气副产品回收业务的拓展(如乙烷、丁烷、丙烷和硫磺)。2005年,Jumping Pound 综合加工厂开始硫磺回收技术设备的应用,环保能力得到大幅度提高。

壳牌的 Jumping Pound 综合加工厂将天然气原料加工成甲烷、乙烷、丙烷、丁烷、凝结水及硫硫等。

3. 沃特瓦斯综合加工厂

沃特瓦斯综合加工厂(Shell's Waterton Complex)位于艾伯塔省南部,距平彻河西南部约30千米。加工厂的建立主要是为了服务壳牌在沃特的酸性天然气田(发现于1957年),如今壳牌已拥有75个生产井。

沃特瓦斯综合加工厂每天能够处理13.3万立方米的天然气原料。实际生产产品达5.0万立方米/日。主要产品有甲烷、丙烷、丁烷和乙烷、凝析油和硫磺。

沃特瓦斯综合加工厂由壳牌拥有并负责运营,主要用来加工沃特瓦斯气田产出的含硫天然气。加工厂始建于1960年,于1962年1月开始投产。建成初期,加工厂就不断通过改进来增加整体加工能力和提高效率,并致力于环境保护。

工厂每天处理包括天然气(甲烷)、液化天然气、凝析油和硫磺产品在内的原料总数约为550万立方米。

4. 壳牌焦化综合加工厂

壳牌焦化综合加工厂(The Shell Burnt Timber Complex)位于艾伯塔省中部山麓,日处理天然气原料为360万立方米,主要产品为甲烷、丙烷、丁烷和乙烷,以及冷凝水和硫。

壳牌焦化综合加工厂于1970年开始投产,壳牌加拿大是其主要的所有者和经营者。加工厂包括天然气处理厂、压缩站和7个油气田,并拥有大约35口井,开采的天然气中硫化氢含量为0~28%。开采出的天然气通过管道运输到工厂进行进一步加工。

壳牌焦化综合加工厂包括两个建设在同一地点的独立天然气发电厂。其中1号电厂在1970年1日开始运营,2号电厂在1976年开始运营。

(二)炼油工业

壳牌的石油产品和成品油的生产、销售网络遍布加拿大全国。石油产品业务的拓展促进了壳牌在加拿大炼油工业的发展,壳牌分别在魁北克省的蒙特利尔,安大略省的萨尼亚和艾伯塔省的萨斯喀彻温堡(Fort Saskatchewan)建立了炼油厂,通关过这些炼油厂,壳牌将原油转化为基本日常生活用产品,包括汽油、柴油、航空燃料、溶剂、润滑油、沥青和重燃料油。

1. 蒙特利尔东部炼油厂

壳牌的蒙特利尔东部炼油厂(Shell's Montréal East Refinery, MER)位于魁北克省的蒙特利尔地区，在1933年投产。炼油厂的员工总数为450人，日处理原油能力为16万桶（2007年）。主要产品为液化石油气、馏分油、重油、润滑油、石蜡、沥青。

壳牌蒙特利尔东部炼油厂的投产日期是1933年3月24日。炼油厂拥有当时一流的设备和一个热裂解装置加工厂，日处理原油5000桶，使壳牌成为加拿大国内第一个生产低硫汽油的炼油厂。壳牌在2002年底投资1.5亿美元，为炼油厂引进汽油加氢设备。

MER所生产的沥青、润滑油、石蜡和航空燃料等产品全部符合 ISO9002产品质量认证的国际标准。并且自2001年以来，壳牌加拿大公司的主要经营设施一直保持着 ISO14001的认证标准。

蒙特利尔东部炼油厂的主要设施功能包括产品质量监测、污水处理设施、排放监测、过程控制、管道、公用设施以及各种原材料和成品储存设施。

蒙特利尔东部炼油厂的主要产品见下表。

壳牌蒙特利尔东部炼油厂产品一览表

低硫汽油Low Sulphur Gasoline	馏分油（柴油燃料）Distillates (Diesel Fuels)
柴油Diesel	高炉燃油Furnase Oils
航空涡轮燃料（喷气燃料）Aviation Turbine Fuel (Jety Fuel)	重油Heavy Oils
液化石油气Liquified Petroleum Gas	内烷Propane
丁烷Butane	润滑油/蜡Lubricating Oils/Waxes
海事用油Marine Oils	沥青Bitumen

2. 斯科特福德炼油厂

斯科特福德炼油厂（Shell's Scotford Refinery）位于艾伯塔省的埃德蒙顿东北40千米处，于1984年建成投产，包括一个质量改善装置和主要的炼油设施。它是北美最有效和最现

代化的油气加工基地之一，专门处理来自艾伯塔省的油砂，将其合成原油。日合成原油能力为10万桶，主要产品有：汽油、航空煤油、柴油、丙烷、丁烷和提取硫磺，并为全艾伯塔省提供合成原油产品。

在质量改善装置的帮助下，炼油厂的合成原油生产能力可提升到15.5万桶。

壳牌斯科特福德炼油厂的主要产品见下表。

壳牌斯科特福德炼油厂产品一览表

低硫汽油Low Sulphur Gasoline	该汽油中的硫含量仅为百万分之5
馏分油Distillates	馏分油包括不同档次的柴油、航空煤油和高炉燃油。这些燃料被称为馏分油，主要是因为它们是在进行原油蒸馏塔被分离出来的
柴油	壳牌斯科特福德炼油厂生产的柴油均为低硫柴油，其中含硫量少于百万分之10。2006年，壳牌斯特福德炼油厂投资4亿美元，以满足新的联邦法案减少燃油中的硫含量，通过壳牌的努力，柴油中的硫含量降低了90%。壳牌加拿大供应不同档次和类型的壳牌柴油，壳牌柴油通常用于商业道路交通、公共交通运输、工业和农业应用
丙烷	用于住宅和商业供热，汽车和工业丙烷燃料
丁烷	主要用于季节性汽油混合，并通过高压储存在炼油厂
其他产品	航空涡轮燃料（喷气燃料）Aviation Turbine Fuel (Jet Fuel)
	液化石油气
	纯化学品—苯Benzene

3. 布罗克维尔润滑油厂

布罗克维尔润滑油厂（The Brockville Lubricants Plant）是加拿大唯一的润滑油调和包装厂，由一个润滑油调配设备、自动包装生产线和一个配送仓库组成。润滑油厂位于安大略省的布罗克维尔。

布罗克维尔润滑油厂是加拿大最大的润滑油调和及包装工厂，拥有最新型的设备，为北美地区生产和提供超过2500多种润滑油产品。

润滑油厂的大部分产品都是为壳牌、桂冠达公司（Quaker State）和鹏斯（Pennzoil）品牌生产的。此外，还对外加工许多国内外其他销售公司的品牌。壳牌在2002年收购了鹏斯公司和贵格国营公司，将这两个品牌整合到壳牌润滑油品牌中，成为壳牌品牌组合的一部分。

几年前，布罗克维尔厂被选为北美唯一的飞机用润滑油供应商，主要是提供小活塞发动机的润滑油。基于这项新增的业务，以及鹏斯公司和贵格国营公司这两个品牌市场需求的增加，壳牌投资2000万美元对工厂进行了扩建，扩建工程已于2007年完成。这项工程包括安装12个新的大容量储存罐，扩大铁路侧线及卸油设施，安装通过计算机控制的高度自动化的生产线（如机器手臂、升降机）等。

工厂的配送仓库位于安大略省布罗克维尔的劳里尔大道250号，面积为15万平方英尺，仓库设有一个全面电脑化库存管理系统，电脑派遣叉车，通过条形码将产品交付给合作伙伴，完成的准确性达到99%。

4. 萨尼亚制造中心

壳牌公司的萨尼亚制造中心（Shell's Sarnia Manufacturing Centre，SMC，也被称为壳牌科伦纳炼油厂）位于安大略省萨尼亚南部约10千米的地方，员工总数为350人。萨尼亚制造中心日处理原油能力为7.5万桶，主要产品有汽油、馏分油、液化天然气、重油、纯化学品和溶剂。

中心最初建于1952年，由加拿大石油有限公司所有，在1963年被壳牌收购。1963年之后，完成了多次升级，采用了现代化的设备并增加新的设施和技术，以满足当地的产品法规和环境保护法。

萨尼亚制造中心的主要产品见下表。

壳牌萨尼亚制造中心产品一览表

低硫汽油Low Sulphur Gasoline	馏分油（柴油燃料）Distillates (Diesel Fuels)
柴油Diesel	高炉燃油Furnase Oils
航空涡轮燃料（喷气燃料）Aviation Turbine Fuel (Jety Fuel)	重油Heavy Oils
液化石油气Liquified Petroleum Gas	内烷Propane
丁烷Butane	苯Benzene
甲苯Toluene	二甲苯Xylene

萨尼亚制造中心远景图

5. 卡尔加里润滑油和润滑脂厂

壳牌公司在英格伍德（Inglewood）地区历史悠久，最早可追溯到20世纪50年代。1982年以来，壳牌的卡尔加里润滑油和润滑脂厂（Calgary Lube & Grease Plant）一直是卡尔加里英格伍德地区的重要企业之一。

卡尔加里润滑油和润滑脂厂的设施包括一个油脂生产厂、包装车间和一个配送仓库。工厂生产大约30个不同的配方和14种不同颜色的油脂。工厂毗邻加拿大太平洋铁路，原材料和成品通过铁路或卡车源源不断地运送到全国各地。

壳牌加拿大现在已成为航空润滑油的正式供应商，供应全球市场航空润滑脂需求的60%。壳牌通过一个现场质量控制实验室，以及一个维修部来支持其油脂产品的生产。

四、壳牌在加拿大的销售业务

（一）壳牌在加拿大的零售网络与服务

截至2010年，壳牌已经在加拿大建立起1600多座加油站，其加油站网络覆盖加拿大全国。消费者可以在任何地方找到壳牌加油站，并通过这些加油站享受到壳牌优质的燃油和热情周到的服务。

在加拿大的壳牌加油站中，消费者都可以使用壳牌加油服务卡。通过壳牌加油服务卡，顾客能够以无现金、方便、安全的方式来购买燃料和其他汽车相关产品。壳牌在加拿大的加油服务卡共有两种类型：蒙特利尔银行万事达卡与壳牌加油卡。

此外，在加油的同时，消费者还可以到设在加油站中的选择便利店中享受购物乐趣。

壳牌选择便利店为顾客提供的产品和服务如下：

1958年，壳牌在加拿大首次推出洗车服务，

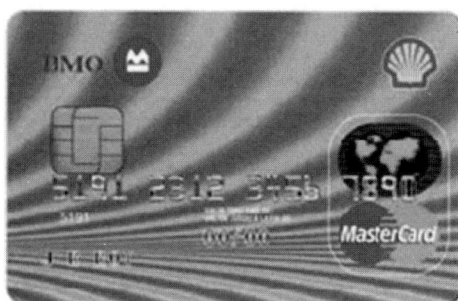

并且一直是该领域的领导者。如今，壳牌在加拿大拥有超过260个洗车服务网点。壳牌洗车服务的优点见下表。

壳牌在加拿大便利店的产品、设施及所提供的服务一览表

最新鲜的食品和饮料	ATM机器	洗手间
各种汽车产品	在货架上摆放了各种生活必需品	

壳牌洗车服务的优点

节省时间	会让顾客感觉更好
方便顾客，通过高压喷雾，冲洗车上的污垢，消除车轮、悬挂内积累的污垢和油污	
防止生绣	清除盐垢
保护顾客的投资	防止鸟粪、昆虫、树液、雨水甚至是有害的材料染色或损害您的车
保护环境，使用商业洗车，把清洗过程中的水得到了全面处理，进入下水道系统中的水经过处理后，储存到供水系统中	
防止晒伤	体现车主的关心

（二）壳牌在加拿大销售的主要产品

在加拿大，壳牌推出的燃料油主要是V-Power汽油和柴油。壳牌通过遍布全加拿大的加油站和零售网点为消费者提供优质的燃油。

蒙特利尔银行万事达卡——航空里程奖励卡 蒙特利尔银行万事达卡——现金回扣卡

第三节　壳牌在美国

壳牌在美国的历史长达百年，如今已经成为墨西哥沿岸和美国中西部第一大汽油销售商和石油生产商，也是深海石油和天然气勘探生产技术上的领先者。

一、壳牌在美国的发展历史

（一）早期的里程碑（1912—1941年）

1912年，荷兰皇家壳牌集团创立了美国汽

油公司（American Gasoline Company），在太平洋沿岸出售汽油和石油；同年，壳牌建立了罗克桑纳石油公司，在俄克拉何马州经营石油产品业务。

1915年，壳牌建成马丁内斯炼油厂，这是美国第一个现代化的炼油厂。多年来，它一直是美国其他炼油厂的学习榜样。

1921年，壳牌发现了位于加利福尼亚州的信号山（Signal Hill）油田，不久，信号山油田就成为美国当时生产能力最强的油田。

美国早期的石油开发

1928年，壳牌开发公司（Shell Development Company）成立，主要研究从炼油厂的副产品中制造化工产品。第二年，壳牌化工公司获得政府批准，开始制造化工产品，其业务范围包括工业化学品聚合物以及消费产品的催化剂等。

1931年，壳牌化工公司在加利福尼亚州匹兹堡附近开设了壳牌点合成氨厂（世界上第一家使用天然气合成氨的工厂。合成氨的高产量和低价格从根本上简化了农业正常的施肥程序，使得壳牌的产品深受美国客户欢迎。

1941年，壳牌的科学家发明了合成具有100辛烷值的燃料油，这种燃油可以满足新一代航空发动机的需求。这一发明对第二次世界大战具有历史性的影响——在第二次世界大战中，

壳牌制造的100辛烷值燃油占美国军队航空用油的25%。

（二）发现和发明（1942—1991年）

1943年，壳牌发明了丁二烯，这是合成橡胶的重要组成部分。壳牌的这一发明为建立一种新的合成橡胶工业起到了奠基的作用。

第二次世界大战后，人们对石油产品的需求急剧增加。这种需求促使壳牌积极勘探新油田。1946年，壳牌发现了路易斯安那州和得克萨斯州的石油及天然气田。其中，路易斯安那的周岛油田拥有当时世界上最深的油井。

1958年，壳牌公司重新设计了加油站，并推出了牧场式加油站。这种加油站新颖别致，与当地环境和谐共容，其设计理念堪称前卫。

1963年8月5日，使用壳牌燃料和润滑产品的三轮喷气动力汽车在犹他州巴纳维亚（Bonneville）的盐湖打破了陆地上的速度纪录。此项纪录是由一个名叫布里德拉夫的加州年轻人创造的，官方纪录时速为407.45英里／小时。

1972年，壳牌在西得克萨斯州的油田进行二氧化碳注入技术测试，该技术可以提高油田采收率。测试主要通过科尔特斯管道（The Cortez Pipeline）——一个500英里长的合资的管道——从科罗拉多的McElmo Dome油田运输二氧化碳到西得克萨斯州和新墨西哥州的油田。

1974年，壳牌化工成为美国最大的环氧树脂加工厂，环氧树脂广泛应用于涂料、黏合剂和结构材料中。壳牌的科腾聚合物——热塑性橡胶特别受到美国市场的欢迎，因为它是制造休闲鞋和玩具的重要原料。

1978年，壳牌在墨西哥湾发现了水深1025英尺的干邑石油和天然气田。油气田比以往发现的任何海上油田都深，这项纪录一直保持了

10年。为了开发这一油气田，壳牌公司设计并建造了世界上最高、最重的钻探和生产平台。

1979年，壳牌推出了两个等级的无铅汽油，用来升级其原有的无铅汽油，这种无铅汽油的辛烷值超过了壳牌曾经销售的无铅汽油的最高辛烷值。这种燃料后来被称为超常规无铅汽油。

1983年，壳牌在美国推出了首个地震勘探船，这艘300英尺的船能够迅速帮助壳牌寻找潜在的石油和天然气田。船只如果遇到问题，可以在休斯敦得到及时处理。

1988年，壳牌在墨西哥海湾的布温克尔生产平台创造了新的世界纪录——在1350英尺深的水中开发油气资源。1991年，平台的生产设施安装成功，使布温克尔每天可以生产4.4万桶石油和100亿立方英尺的天然气。

壳牌在美国的早期加油站

（三）更大的发展（1992年至今）

1994年，壳牌在墨西哥湾安装了世界上第一个张力腿平台（Tension Leg Platform，TLP）——奥格平台。这一平台创造了新的纪录——在2860英尺深的水下开发油气资源，平台类似于浮动的船体，拥有面积约两个足球场大小的五层甲板。

1995年，壳牌位于休斯敦北部的学习中心开幕。学习中心主要用于启发壳牌人的思维，作为一个思想碰撞和新技术研究的综合载体而运行。

1996年7月，壳牌的火星平台再次创造了纪录——在2940英尺深的水中开发油气资源。火星平台是墨西哥湾20年来最大的石油和天然气钻探平台。

1996年，壳牌化学开发了合成纤维，它们在地毯及纺织市场得到了广泛的应用。合成纤维结合了聚酯的耐化学性的特点和尼龙的恢复性质。

1997年，壳牌为休斯敦高尔夫公开赛赞助了210万美元，创造了当地慈善机构的赞助纪录。自从壳牌在1992年开始担任本比赛的赞助商以来，壳牌已经赞助了超过720万美元的款项。

1997年3月，壳牌、德士古公司和沙特阿拉伯石油公司（Saudi Arabian Oil Company）宣布了双子座计划，按照计划建立一个合资企业，联合它们在美国东部和美国墨西哥湾沿岸的炼油与销售业务。此计划经美国联邦贸易委员会（Foderal Trade Commission）批准实施，并且最终使新的合资企业得以符合三家公司的共同利益，完成了下游经营的根本性转变。

壳牌打破了近2000英尺的深水纪录时，就开始研制水下管道运输技术。1997年7月12日，壳牌启用 Mensa 铺管项目，运送位于墨西哥海湾水深5300英尺的天然气。

1998年，壳牌成为哥伦比亚广播公司电视台在日本长野冬季奥运会17天转播中唯一的石油产品广告客户，这使壳牌进一步扩大了自己的影响力。

二、壳牌在美国的勘探与开发业务

美国壳牌勘探与开采公司是壳牌勘探与开

采公司中所占比例最大的公司，在壳牌全球石油和天然气生产业务中占有15%的比例。

壳牌在美国的石油勘探与生产主要集中在以下几个地区。

（一）墨西哥湾

壳牌在墨西哥湾的勘探和开采业务有50年的历史。如今，壳牌在墨西哥湾的日产量达到27万桶，占美国壳牌总产量的60%。

壳牌目前主要在距离得克萨斯南部自由港320千米（200英里）的墨西哥湾地区的珀迪多湾进行石油开发项目。

壳牌在墨西哥湾的油气开采设施

壳牌墨西哥湾油气开采

（二）得克萨斯州

1953年，壳牌在南得克萨斯打出了第一口油井。现在，壳牌在萨帕塔、伊达尔戈、斯塔尔三个地区经营着400多口井，日产天然气量约210亿立方米。近年来，壳牌已加大对得克萨斯州南部钻探新井的投入，同时对老井进行升级改造来增加老井的产出量。

壳牌还经营着大约600多英里横跨格兰德河流域的输油管道。

得克萨斯钻井

（三）怀俄明州

壳牌在怀俄明州的勘探和开采活动主要集中在洛基山脉地区，具体位置是西部怀俄明州

落基山脉钻井

的派恩代尔背斜构造带。据有关专家估计，此地区的气田是壳牌公司在美国租赁的第三大气田。

通过不断的勘探、开发，此地区气田的天然气日产量达到3.5亿立方英尺，并保持着不断增长的势头。

（四）科罗拉多州

据美国能源部估计，有1万亿桶以上的石油被困在科罗拉多州的油页岩中等待开采。壳牌正在采用新技术对科罗拉多州的油页岩进行开采、提炼和加工。壳牌相信随着技术的进步，油页岩的商业性开采将成为现实。

三、壳牌在美国的炼化业务

（一）耶洛汉默厂

壳牌耶洛汉默厂（The Shell Yellowhammer Plantand Fairway Field）建于1991年，位于阿拉巴马州 Coden 附近大约20英里以南的位置，占地面积达700英亩，是由壳牌勘探与生产公司（持股64%）、丸红石油和天然气公司（持股36%）共同拥有的。

耶洛汉默厂每天可以处理2亿立方英尺的酸性气体，主要生产三种商业化产品：家庭和工业燃料、液化天然气、硫磺。工厂的酸气来源是壳牌/丸红航道油气田，油气田位于阿拉巴马州多芬岛以南4英里，耶洛汉默厂东南大约17英里的地方。从航道油气田生产出来的产品由管道直接运输到中央生产设施（Central Production Facility, CPF）。在中央生产设施中，酸气从液体中分离出来，然后送入气田平台的天然气压缩机内或直接引入到16号天然气运输管道中，液体则送入8号管道。所有这些酸性气体和液体都是通过管道运输到耶洛汉默厂做进一步加工的。

耶洛汉默厂还和雪佛龙公司达成协议：由工厂收集和处理由 Viosca 山庄海上油田（雪佛龙公司运作）生产的原料气体。雪佛龙公司会将油田生产的气体运送到航道气田的平台，然后通过12号管道运输到耶洛汉默厂。

壳牌首先对原料气体进行处理，去除硫化氢和其他杂质（包括二氧化碳和水）。完成初步处理后，壳牌对这种脱水天然气进行下一步的处理（比如冷藏），然后进行包装，进入市场。

在生产脱水天然气的过程中，移除的硫化氢和二氧化碳被称为"酸气"。克劳斯硫磺回收装置（Claus Sulfur Recovery Unit）会处理酸气，从硫化氢中生产出液体硫磺。为了提高硫磺回收效率，回收的单位配备了壳牌克劳斯尾气处理（Shell Claus Off Gas Treating, SCOT）及净化装置，以减少二氧化硫的排放。这一过程能够回收大约99.7%的硫。

最终，重烃成分气体和液化天然气将通过油轮和卡车运到顾客手中，或者针对市场被分离成乙烷、丙烷和丁烷等不同的气体。

（二）壳牌迪尔帕克炼厂

壳牌迪尔帕克（Shell Deer Park）成立于1929年，位于得克萨斯州休斯敦以东大约20英里的地方，占地面积达1500英亩，是一个综合性加工厂，由一个炼油厂和一个石化工厂组成。

1929年，恰逢美国经济大萧条，壳牌在休斯敦附近开设了一家名叫"迪尔帕克"的工厂，当时此地荒无人烟。发展到今天，迪尔帕克炼油厂已经成为美国第六大炼油厂。1993年2月，壳牌石油公司和墨西哥国家石油公司的子公司 PMI Norteamerica, S.A.deC.V. 公司成立了双方各占50%股份的合资企业——迪尔帕克炼油合资有限公司（Deer Park Refining Limited

Partnership, DPRLP），并于2001年3月完成了1亿美元的投资升级。

壳牌石油公司是迪尔帕克炼油公司的管理者和经营者。如今，迪尔帕克炼油厂日处理原油的能力为34万桶。炼油厂加工的原油有一半是从墨西哥进口的，剩下的基本来自非洲、委内瑞拉和其他国家。

迪尔帕克炼油厂的地理位置极为优越，具有能源供应的战略意义，并具有良好的产品分销和存储条件。炼油厂先后建立了多个原油和产品运输管道。这些管道将休斯敦的船运以及各种码头的设施联成网络，方便原油和产品的接收和交付。

迪尔帕克炼油厂生产的产品主要以汽油、航空燃料、船舶和公用事业燃料、高炉燃油、柴油燃料为主。

（三）盖斯马化工厂

盖斯马化工厂（The Geismar Plant）位于密西西比河东岸路易斯安那州巴吞鲁日下游的20英里处。1965年1月18日，壳牌收购了盖斯马工厂。化工厂占地面积为700英亩，原属于美国亚什兰集团的一部分。1966年，化工厂展开全面建设。1967年2月，壳牌将工厂的办事处搬到

壳牌盖斯马化工厂生产设施

巴吞鲁日政府街721号。

壳牌盖斯马化工厂主要生产洗涤剂醇、乙二醇、烯烃，以及在现代广泛应用于工业化学品生产的乙烯多元化系列产品。壳牌盖斯马化工厂目前占地约800英亩，其中的400英亩土地已经开发。

（四）诺科炼油厂

1929年，壳牌收购了诺科炼油厂（Shell Chemicals' Norco Facility），从此炼油厂成为壳牌的全资子公司（隶属于壳牌化工公司），该厂位于路易斯安那州圣查尔斯教区的诺科。工厂主要生产低烯烃（乙烯和丙烯）、丁二烯、芳香原料，以及二级丁醇和烯烃裂解原料。

（五）壳牌马丁内斯炼油厂

壳牌马丁内斯炼油厂（Shell Martinez Refinery）从1915年开始运作，是美国炼油行业的先锋和标兵。炼油厂汇聚了尖端的技术成果，是目前世界上最大的综合性炼油厂之一。

马丁内斯炼油厂位于圣弗朗西斯科东北约30英里的地方，占地面积达1000英亩土地。马丁内斯炼油厂拥有先进的设施和设备，日处理原油能力为16.5万桶。炼油厂的产品主要供应美国整个西部和西北中部，为壳牌品牌的零售网点提供产品。

马丁内斯炼油厂生产的产品整体上分为三大类：燃料油、润滑油和沥青。其中，燃料油占产品总量的比例最大。大约有85%的石油在这里加工成车用汽油、航空煤油、柴油。具体而言，马丁内斯炼油厂生产如下产品：车用汽油、喷气涡轮机燃料、柴油、石油焦、重油、道路沥青、润滑油产品和基础油、丙烷、硫磺。这些产品广泛应用于美国的制造业，深受美国客户的好评。

壳牌马丁内斯炼油厂的主要产品

汽油	普通和高档车用无铅汽油，该厂生产的传统汽油主要供应国内和国际市场
航空燃料和煤油	商业和军用航空
柴油和取暖油	其中较常用的是2号柴油。低硫柴油主要用于货运业和重型机械。取暖用油主要用于美国东北部的燃油锅炉燃料
丙烷和丁烷	民用和工业用液化石油气
沥青	公路建设和屋顶材料
6号柴油	油轮的燃料，发电和机车应用
化工原料	乙烷、丙烷和丁烷用于制造乙烯等化学品的主要原料
石油焦	主要作为公用事业的燃料和工业的燃料或原材料
电力	内部消费和出售给休斯敦附近的家庭和工业企业

壳牌马丁内斯炼油厂

四、壳牌在美国的销售业务

（一）壳牌在美国的零售网络与服务

1. 壳牌在美国的加油站网络

壳牌在美国的加油站（包括阿拉斯加和夏威夷）多达1.4万多座，分布在美国各地。80%的美国人都可以在自己周边5英里范围内找到壳牌或 Motiva 品牌的加油站，壳牌或 Motiva品牌的加油站每天服务客户人数超过450万，每年销售约14.5亿加仑成品油。

Motiva 是由壳牌石油公司和沙特的炼油公司共同投资的合资品牌，双方各占50%的股份。Motiva 品牌的加油站大约有8300多座，主要分

布在美国的东部和南部。壳牌品牌的加油站大约有6100多座，由美国壳牌油品公司（Shell Oil Products US）拥有，主要分布在美国西部各州。美国壳牌油品公司是美国炼油、运输和成品油营销领域的领导者。其主要经营的产品有汽油、柴油、燃油和信用卡服务，以及勘探、生产和炼制石油产品等业务。

壳牌在美国的加油站

2. 壳牌加油服务卡

壳牌为了方便美国顾客消费，针对不同客户的需求，推出了多种壳牌卡。壳牌卡主要分为两大类：非信用卡和信用卡。非信用卡包括礼品卡（Gift Card）、充值卡（Refillable Card）和节能卡（Saver Card）；信用卡则包括五分卡（Drivefor Five）、万事达白金卡（Platinum Mastercard）、车队／商务卡（Fleet/Business Cards)和 Stop & Shop 卡。每种卡都是针对固定的客户群体，并提供相应的服务。如使用礼品卡购买礼物时可以享受到各种便捷服务，使用五分卡购买一定量的汽油或柴油可以享受到每加仑5美分的优惠等。

壳牌五分卡　　　　壳牌万事达白金卡

3. 壳牌便利店

壳牌在美国的许多加油站都提供便利店服务，顾客可以在加油的同时享受愉快的购物时光，并在咖啡厅里得到身心的放松。

目前，Stop & Shop 超市有限责任公司和美国壳牌油品公司进行合作，联手为客户提供节省燃料服务。

双方合作的项目如下：从 2010 年 5 月 14 日开始，消费者在美国马萨诸塞州的选择便利店内和 Stop & Shop 超市内使用 Stop & Shop 卡时，都可以参与燃油节省计划。也就是说，消费者在 Stop & Shop 超市的消费积累达到 100 分时，就可以在壳牌加油站享受到每加仑 10 美分的优惠，此项优惠最多能够购买 35 加仑的油品。消费者在使用 Stop & Shop 卡进行消费时，每消费 1 美元，就可以积累 1 个积分，当积累到 100 分的时候，就可以享受到加油时每加仑 10 美分的优惠（最多 35 加仑）。

（二）壳牌在美国销售的主要产品

1. 壳牌燃油

壳牌在美国销售的主要燃油产品有壳牌 V-Power、壳牌超低含硫量柴油（Ultra Low Sulfur Diesel, ULSD）以及壳牌生物柴油。其中壳牌超低含硫量柴油是专门针对美国用户推出的，这种柴油可用于所有公路用柴油发动机，符合美国政府在 2010 年 12 月 1 日推出的《公路用柴油超低含硫量标准》。

2. 润滑油销售网络与产品

（1）捷飞络换油中心。

捷飞络在 1979 年率先建立快速换油行业的第一个服务中心。捷飞络的使命是为客户车辆提供快速、专业的服务，并且在为车辆提供预防性维修等方面积累了 30 年的经验。

捷飞络在北美拥有超过 2000 家专营的服务中心，每年为大约 2400 万用户提供服务。捷飞络的总部位于得克萨斯州休斯敦，是壳牌石油公司的全资子公司。在快速润滑油产业体系中，捷飞络是最大的专营服务中心，在《企业家》杂志评选中荣获 2010 年特许经营商 500 强的第 37 名。

捷飞络标识

捷飞络换油中心

捷飞络主要包括以下服务：签名换油服务、空调服务、空气过滤服务、冷却系统服务、传动系统服务、机电系统服务、引擎服务、燃油系统服务、检查和排放、轮胎自转服务、传送服务、挡风玻璃服务。

（2）壳牌在美国的润滑油品牌及产品。

①壳牌罗泰拉（Shell ROTELLAT）。

壳牌罗泰拉是壳牌推出的一种高品质的润滑油和重型发动机油，可以在任何艰难的环境里保护好车辆的引擎。它使用了效用稳定的化学配方，深受美国用户的好评。

壳牌罗泰拉产品标识

壳牌罗泰拉系列产品包括壳牌罗泰拉 ®T6 全合成机油、壳牌罗泰拉 ®T5 混合合成机油、壳牌罗泰拉 ®T 三重保护机油、壳牌罗泰拉 ® ™ T3 带电保护机油以及壳牌罗泰拉 ®T1 润滑油等。此外，壳牌罗泰拉还为顾客的每一个设备部件都提供了全系列的润滑油。

②壳牌桂冠达（Shell Quaker State）。

壳牌桂冠达是机油和汽车护理产品领域的世界著名品牌。壳牌桂冠达已经在世界上 45 个以上的国家进行销售。

壳牌桂冠达公司创建于 1931 年，由 19 家公司合并而成。1998 年，壳牌桂冠达公司与鹏斯公司合并，公司的营销、制造和快速换油等业务进行合并，组成壳牌鹏斯—桂冠达公司，迅速成为汽车产品和汽车消费保健领域的佼佼者。2002 年，壳牌鹏斯—桂冠达公司由壳牌石油公司收购。2003 年，壳牌鹏斯—桂冠达公司开始从事美国壳牌油品公司产品的生产。

通过长期的发展，壳牌桂冠达在汽车和发动机维护领域里已经建立起了一系列成熟消费产品品牌，其中壳牌桂冠达机油在美国是最畅销的汽车机油品牌之一。作为壳牌公司的一部分，壳牌针对壳牌桂冠达进行了合并管理，包括整条生产线。壳牌桂冠达还有如下产品：Auto Expressions 品牌的汽车配件、蓝色珊瑚（Blue Coral）品牌的蜡和洗涤剂、黑色魔术（Black Magic）和威利（Westley）品牌的轮胎和车轮护理产品、Rain-X 品牌的玻璃清洗维护和雨刷产品、Gumout 品牌的清洗剂系列产品、Snap 品牌的修车工具、奥特洛（Outlaw）品牌的汽车保养品、壳牌 V-Power 燃油系统清洗产品和斯利克（Slick）品牌的引擎处

壳牌桂冠达产品标识

理产品等。

③壳牌鹏斯。

鹏斯公司是一家成立于 1913 年的石油公司，总部位于加州洛杉矶。1955 年，原标准石油公司的分公司——宾夕法尼亚州南佩恩石油公司（Pennsylvania Company South Penn Oil）收购了鹏斯公司。1963 年，南佩恩石油公司与萨帕塔石油公司（Zapata Petroleum）合并，合并后的公司重新命名为鹏斯公司。20 世纪 70 年代，公司将总部搬到得克萨斯州的休斯敦。1998 年，鹏斯公司与竞争对手桂冠达公司合并，成立了鹏斯—桂冠达公司。2002 年，壳牌集团收购该公司。

壳牌鹏斯产品标识

鹏斯公司将旗下的机油品牌作为主打品牌销往市场，在 2007 年之前，鹏斯公司的机油在美国一直都很畅销，能与之匹敌的只有嘉实多、胜牌（Valvoline）和金富力（Havoline）。鹏斯公司的主要产品是汽油，主要在宾夕法尼亚州的西部销售。此外，公司在 1990 年收购了捷飞络，在美国和加拿大分别开设了特许经营店，向消费者提供快速换油等汽车服务项目。

④ Formula Shell。

Formula Shell 属于壳牌旗下的汽车用润滑油产品，壳牌车用润滑油也像壳牌的传动系统润滑油一样，由壳牌科技人员设计，为车辆提供卓越的保护和提升车辆性能。使客户即使在最恶劣的状况下，也能够保证车辆的良好运转。

Formula Shell 的主要产品包括 Formula Shell 制动液、Formula Shell 合成机油、Formula Shell 自动变速箱油、Formula Shell 多车自动变

速箱油和 Formula Shell 助力转向液等。

FormulaShell
MOTOR OIL

FormulaShell产品标识

（三）壳牌在美国的其他下游业务

1. 航空

壳牌为美国各地的机场提供航空燃料，从私人飞机到美国最大的航空公司都在使用壳牌的产品。

2. 化学品

壳牌化学 LP 每年生产约20亿磅的化学品，主要销往美国工业市场。这些产品主要包括环氧乙烷／乙二醇、烯烃及其衍生物、芳烃、苯酚／丙酮，以及其他化学溶剂等。

3. 商业燃料

根据市场需求，壳牌为美国客户提供无商标的柴油、取暖用油和汽油等。

4. 船用燃料

在美国，壳牌还经营船用产品的营销业务，为海洋产业提供燃油、润滑油以及技术支持服务。

第四节　壳牌在墨西哥

壳牌自1954年进入墨西哥，其业务涵盖了勘探、生产和销售等领域，向墨西哥市场提供各种石油和天然气的产品和服务。

墨西哥壳牌的总部设在墨西哥城，莱昂和瓜纳华托都有壳牌设立的润滑油厂。壳牌还在塔毛利帕斯州建立了阿尔塔米拉液化天然气终端，于2006年开始运营。如今，壳牌在墨西哥共有250多名员工，已经成为墨西哥石油和天然气行业的主要生产商和供应商。

一、壳牌在墨西哥的发展历史

壳牌进入墨西哥是从收购墨西哥鹰石油公司开始。1901年，英国考德雷勋爵创立墨西哥鹰石油公司，后来打出了波特罗德拉诺4号井，油井日产11万桶石油，是当时世界上产量最高的油井。由此，墨西哥鹰石油公司成为墨西哥的第一大石油公司。1918年10月，在第一次世界大战结束前一个月，荷兰皇家壳牌石油公司找到考德雷勋爵，表示想购买墨西哥鹰公司的大部分股份并且接管其管理，并最终达成了交易。于是，在1919年，壳牌全面掌控了墨西哥鹰石油公司，并于两年后改名为"壳牌墨西哥有限公司（Shell Mexico Ltd.）"。

由于油井渗水和当时技术所限，壳牌公司没有对油井投入过多的资金进行技术改进和升级，这造成石油产量大幅度下降，成本上升。不久，壳牌与墨西哥政府爆发了石油冲突。这使得壳牌在墨西哥的勘探和生产业务全面停顿，并且被墨西哥政府收回了油田所有权。至此，壳牌退出了墨西哥的

威特曼·皮尔逊（Weetman Pearson，即考德雷勋爵）

石油勘探和开采行业。

二、壳牌在墨西哥的销售业务

壳牌系列的润滑油在墨西哥市场深受欢迎，壳牌在墨西哥主推的润滑油品牌包括：劲霸、得力士、斯派莎克（Spirax）及 Retinax、鹏斯、桂冠达。

壳牌与墨西哥有着广泛的合作关系。壳牌在莱昂、瓜纳华托市的生产工厂每年可生产4400万桶润滑油，满足了壳牌在墨西哥主要企业客户的润滑油需求。壳牌在墨西哥销售渠道广泛，涵盖了交通运输、汽车零售、工业部门订购以及其他特殊渠道。

此外，壳牌在墨西哥的阿尔塔米拉液化天然气接收站是南美洲最大的液化天然气接收站，此接收站进一步拓展了壳牌在墨西哥的零售业务。

2010年，壳牌为加强自身润滑油品牌在墨西哥市场的影响，与 Pochteca 集团签订了合作协议，从2010年12月1日起，Pochteca 集团将在墨西哥全国范围内销售、储存及分销壳牌品牌的润滑油。

墨西哥液化天然气码头

第十二章 壳牌在南美洲

第一节 壳牌在南美洲的概述

一、壳牌在南美洲的发展历程

壳牌进入南美洲的时间相对集中，基本上都是在20世纪20年代。进入南美的初期阶段，壳牌在不同的国家开展了不同的业务。在巴西，壳牌的业务开始于工业燃料、润滑油、煤油、柴油和汽油的经营；在阿根廷主要是原油精炼、燃料及润滑油销售；在委内瑞拉主要是勘探和开采作业。

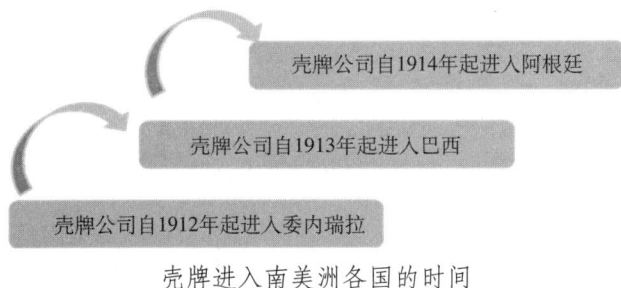

壳牌公司自1914年起进入阿根廷

壳牌公司自1913年起进入巴西

壳牌公司自1912年起进入委内瑞拉

壳牌进入南美洲各国的时间

二、壳牌在南美洲的发展战略

壳牌在南美洲采取的发展战略同壳牌公司的整体战略是一致的，但根据实际情况的不同有所倾斜。由于壳牌在南美洲的业务主要集中在上游的石油和天然气勘探，以及下游的石油产品销售上，壳牌便在近年来逐渐加大对上游产业的投资，积极参与到南美国家的石油和天然气勘探与开发业务中。

三、壳牌在南美洲的业务分布

（一）壳牌在南美洲的勘探与开发业务

南美洲是世界重要的石油生产和出口地区，也是世界原油储量和石油产量增长较快的地区之一，在南美洲探明油气储量的国家有9个，主要资源国为委内瑞拉、巴西、厄瓜多尔、哥伦比亚、阿根廷等。其中，委内瑞拉、巴西和厄瓜多尔是本地区原油储量最丰富的国家。

截至2010年年底，委内瑞拉（探明）原油储量为2170亿桶。依照欧佩克数据，沙特阿拉伯探明原油储量为2660亿桶，为全球第一大探明原油储备国，同时是全球最大的石油开采国和输出国。在欧佩克现有排名中，委内瑞拉探明石油储量仅次于沙特阿拉伯，居全球第二，也是南美洲石油储量最大的国家。巴西原油探明储量仅次于委内瑞拉，巴西东南部海域坎坡斯（Campos）和桑托斯（Santos）盆地的原油资源，是巴西原油储量最主要的构成部分。厄瓜多尔位于南美洲大陆西北部，是南美洲第三大产油国，境内石油资源丰富，主要集中在东部亚马逊盆地，另外，厄瓜多尔在瓜亚斯省西部半岛地区和瓜亚基尔湾也有少量油田分布。

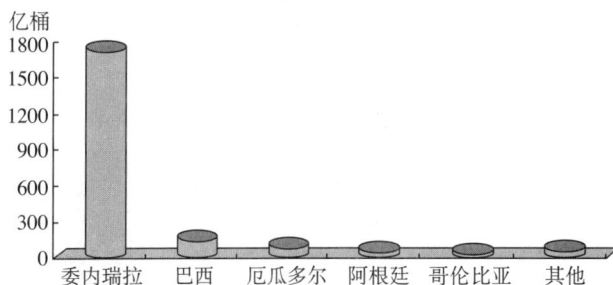

2009年南美主要油气资源国石油储量

其中，壳牌在委内瑞拉、巴西投入了大量的资金进行石油和天然气的勘探与开发。

（二）壳牌在南美洲的炼化业务

布宜诺斯艾利斯炼油厂（Buenos Aires Refinery）是壳牌公司在南美洲唯一的一座炼油厂，同时既是阿根廷第二大炼油厂，也是一家综合性炼油厂，开始运行于 1931 年 5 月 7 日，占地面积 106 公顷。

炼厂的主要产品为液化天然气、壳牌燃油（V-Power 汽油和柴油）、煤油和航空燃油、溶剂、瓦斯油、船用燃油、润滑油、沥青等。

阿根廷拥有 62.5 万桶 / 日的炼油能力。其中 Repsol-YPF 公司占有全国炼油能力的 50%，壳牌和埃索公司分别占有约 18% 和 14%。其中，壳牌布宜诺斯艾利斯炼油厂所生产的柴油占阿根廷柴油总产量的 12%。

（三）壳牌在南美洲的销售业务

壳牌在南美洲的下游销售业务主要是石油和天然气产品的营销。由于受到当地经济的影响，壳牌在南美的业务逐渐剥离。南美洲的人口较少，经济不发达，人均收入水平较低，消费能力低，这些都造成了壳牌石油产品销售业务的萎缩，利润率逐年下降。根据壳牌战略的指导，壳牌逐步出售和剥离在南美的下游业务。

自 2009 年以来，壳牌出售了在多米尼加共和国的 137 座加油站，2011 年，壳牌又出售了在智利的 300 座加油站。壳牌在南美洲的成品油零售终端网络逐渐减少，其业务重点主要集中在几个相对发达的地区和国家。

1. 壳牌在南美洲的加油站网络

壳牌加油站在南美洲的数量越来越少，主要分布在巴西、阿根廷等国，并且成为这几个国家成品油零售市场的领导者，为这些国家的成品油和石油产品的供应提供了大力的支持。

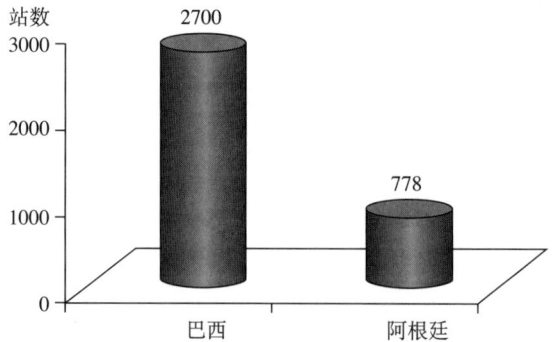

2010 年壳牌在南美洲的加油站数量分布

2. 壳牌润滑油（润滑脂）在南美洲的销售业务

由于南美洲润滑油市场的需求较低，造成壳牌在南美洲的润滑油销量一直无法提升，市场利润过低。根据战略需要，壳牌于 2005 年末出售了在哥伦比亚、巴拉圭和乌拉圭的润滑油业务和其他的下游资产，收购方为巴西国家石油公司 Petrobras。交易涉及壳牌在哥伦比亚的燃油业务、乌拉圭和巴拉圭境内的全部业务，还包括位于哥伦比亚首都波哥大的一座年生产能力约 3.8 万升（约 3.36 万吨）的润滑油调和厂，以及位于乌拉圭和巴拉圭的年销售能力约 5000 升和 2000 升的润滑油销售市场。

第二节　壳牌在巴西

巴西是南美洲的第一大国，石油储量居南美洲第二，是壳牌在南美洲的重要合作伙伴。壳牌在巴西的历史开始于20世纪初，起步于零售业务，自2003年起，壳牌开始全面参与到巴西石油和天然气的上中下游业务中。

壳牌在巴西的总部设在里约热内卢，目前在各个业务领域拥有2000名员工，日生产2.8万桶石油和445万立方米天然气。

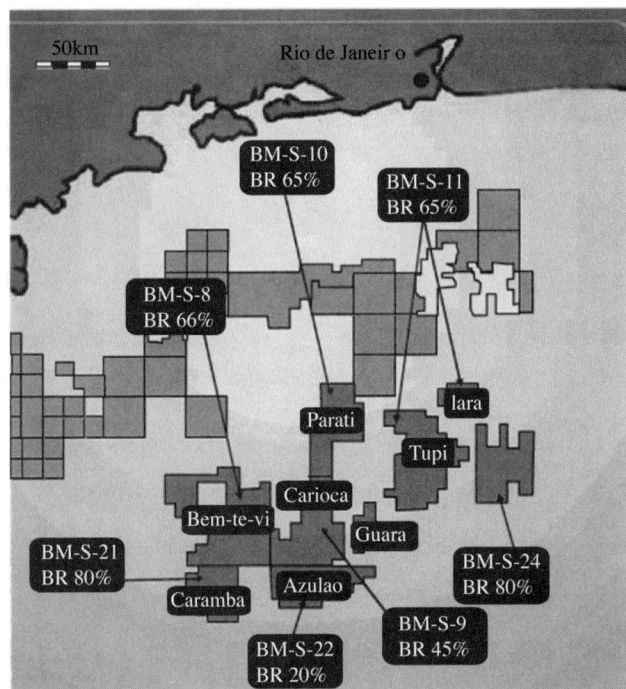

巴西的盐下石油分布图

一、壳牌在巴西的发展历史

壳牌自1913年开始进入巴西，至今已有近百年的历史。在发展初期，壳牌主要经营工业燃料、润滑油、煤油、柴油和汽油，业务范围覆盖巴西的航空、商业、海洋、化学和零售行业。自2003年起，壳牌开始参与到巴西石油、天然气的勘探与生产中。

1913年，壳牌以英美墨西哥产品公司的名义开始了在巴西的活动。

1914年，壳牌在巴西的第一罐燃料油诞生，随之开始了工业燃料、润滑油、极光煤油、柴油和汽油的生产。

1922年，壳牌在巴西的第一座加油站开始运营。

1927年，壳牌为巴西的首次商业飞行提供了燃料支持，开始了在巴西的航空业务历史。

1952年，壳牌在巴西的公司正式命名为壳牌巴西有限公司。

1961年，壳牌收购了巴西的SA公司。

1987年，壳牌在圣保罗建立了第一个加油站便利店。

1995年，壳牌在巴西的第一家选择便利店开始正式运行。

2000年，壳牌作为第一家外国石油公司，开始在巴西的坎坡斯盆地进行石油勘探。

2003年，壳牌V-Power汽油抵达巴西。

2009年，壳牌出售其在巴西的第一批液化天然气（LNG）。

二、壳牌在巴西的勘探与开发业务

壳牌在巴西的上游业务包括石油和天然气的勘探、开采以及发电，自1998年以来，壳牌在以上业务方面的投资超过了60亿美元。

（一）拜居派拉·萨勒马项目

壳牌在坎坡斯盆地的拜居派拉·萨勒马（Bijupira-Salema）项目，是巴西第一家由巴西石油公司以外的公司运营的油田项目。项目于2003

年投产，产量约为5万桶／日，至2008年，该项目的日产量提升为2.8万桶原油和445万立方米的天然气。

（二）BC-10深水重油项目

2009年7月，壳牌开始开发 BC-10深水项目，已于2010年开始生产石油。

BC-10深水区块位于圣埃斯皮里图海岸的坎坡斯盆地，距离维多利亚市大约120千米，是壳牌与巴西国家石油公司和印度石油天然气公司的合作项目。项目日产量约为10万桶原油（重油）和1.4亿立方米的天然气。

BC-10深水区块的水深在1500米和2000米之间。第一阶段的开发主要集中于奥斯特拉油田、阿巴洛纳油田和阿尔戈诺塔油田。

第二阶段的开发将包括第四个油田。作为BC-10深水区块的作业者，壳牌拥有该区块50%的股份，而其合作伙伴巴西国家石油公司和印度石油天然气公司分别拥有35%和15%的股份。

BC-10深水区块的开发是巴西深水区重油商业化一个关键性的里程碑，它也是壳牌公司拓展能源开发领域、扩大原料来源，以及在所确立的巴西上游核心业务发展目标上迈出的重要一步。

三、壳牌在巴西的销售业务

（一）壳牌在巴西的零售网络与服务

壳牌在巴西拥有2700多座零售服务站，其零售网络覆盖城市和乡村。壳牌石油产品占整个巴西石油产品市场份额的16%，在过去的10年共售出创纪录的73亿加仑的燃料。其中，壳牌成品油的市场占有率高达31.6%。

此外，在壳牌在巴西的加油站中，顾客均可使用壳牌 Credicard Visa 卡获得折扣优惠服务。

壳牌在巴西的加油站

壳牌在巴西的油罐车

（二）壳牌在巴西销售的主要产品

1. 壳牌燃油

壳牌在巴西的主要燃油产品包括壳牌新配方柴油（Shell Formula Diesel）、壳牌冬季柴油（Shell Diesel Inverno）和清洁性能极佳的壳牌OC PLUS 燃油，以及诸如壳牌 V-Power 等壳牌著名的燃油品牌。其中，壳牌冬季柴油是壳牌根据巴西的市场需求，主要在巴西南部地区推出的特种柴油，其含有的特殊配方可以减轻在寒冷天气下车辆的点火问题，并减少在低温下过滤器的堵塞，让车辆在巴西寒冷的冬季也能发挥良好的性能。

2. 壳牌润滑油

壳牌在巴西的润滑油产品主要包括壳牌喜

力系列和壳牌爱德王子系列。

3. 乙醇燃料

2010年2月1日，巴西著名的蔗糖和乙醇燃料生产商科桑公司（Cosan）与壳牌签署合作意向书，将在巴西成立一家大型合资乙醇燃料厂。

壳牌集团将在未来两年内投资16.5亿美元用于项目的建设，并与科桑公司一起从事乙醇燃料、蔗糖和清洁能源的生产和销售。据估计，合资工厂乙醇燃料的年产量将达20亿升，销售额将达400亿雷亚尔（约合210亿美元）。

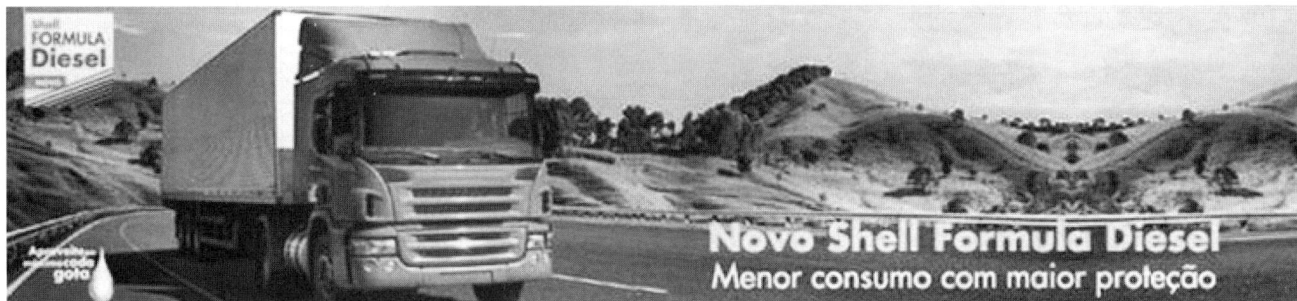
壳牌新配方柴油在巴西

（三）壳牌在巴西的其他下游业务

壳牌在巴西的其他下游业务还包括以下几项。

1. 航空

早在1927年，壳牌就为巴西的首次商业飞行提供燃料，并载入巴西航空业的史册。如今，壳牌在巴西共拥有56个航空燃料供应点，每年可为巴西各大机场提供16亿加仑的航空燃料，深受客户的信赖与赞誉。

2. 海洋

壳牌为巴西的海洋产业提供燃油、润滑油服务，并通过丰富的行业经验成为船只油品供应市场的领导者。

3. 工业润滑油

壳牌为巴西的各工厂、企业提供优质的工业润滑油，其主要产品包括壳牌得力士、壳牌OMALI、壳牌确能立、壳牌润滑脂等。

4. 壳牌化学品

壳牌在巴西主要销售4种化学产品，包括Linha Caradol（用于生产泡沫）、Linha Neodol（用于国内生产）、Linha Corterra（用于纺织品和地毯生产）和苯乙烯单体（用于塑料生产）。

壳牌在巴西的炼油设施

第三节　壳牌在阿根廷

阿根廷拥有丰富的矿产资源，石油、天然气储量巨大，国力雄厚，地理位置重要，对于壳牌在南美洲的发展意义重大。壳牌在南美洲的唯一一座炼油厂就在阿根廷，即布宜诺斯艾利斯炼油厂（Buenos Aires Refinery），这促阿根廷在壳牌的全球战略中拥有不可或缺的地位。壳牌在阿根廷的业务既是其南美洲业务的重要组成部分，在战略上又是南美洲中下游业务的重要来源。

一、壳牌在阿根廷的发展历史

壳牌早在1914年就已进入阿根廷，并一直活跃在阿根廷的石油市场。壳牌在阿根廷的主要业务是原油精炼、燃料及润滑油销售。其阿根廷总部设在布宜诺斯艾利斯市。

1914年，壳牌的墨西哥鹰公司带来了第一批燃油和沥青，并在布宜诺斯艾利斯设立总部。1914年9月10日，壳牌开始了在阿根廷的运营历史，其第一项业务是沥青产品出售。到1914年底，壳牌建立了6个储存罐供应阿根廷市场。1915年，壳牌开始建立管道网络，为阿根廷的工业客户提供各种燃料。

壳牌从1920年开始在阿根廷内地销售柴油，当年总销量为800升。1921年，壳牌开始为阿根廷进口汽油、煤油，并在1922年推出了第一个汽油品牌"Energina"。针对阿根廷国内的家庭用户，壳牌还出售煤油"极光"(Aurora)。

1924年，阿根廷开始进行大规模建设，开始建设全国的公路网络，由壳牌提供沥青和各种基础材料。同年，在阿根廷迪亚德马发现石油，壳牌于1925年开始在阿根廷迪亚德马进行钻探。

1931年，壳牌在布宜诺斯艾利斯的 DockSud 的炼油厂开始投产。

1936年，壳牌的天然气处理厂开始运行。

1946年，壳牌在阿根廷开设了第一座加油站。

1947年，壳牌公司开始生产涡轮发动机油，并提供给阿根廷的空军和英国空军。这一年，壳牌阿根廷开始了液化天然气销售业务。

1952年，壳牌在阿根廷开始了润滑油业务。

1969年，壳牌在阿根廷的加油站数量达到700座，并建立了第一家便利店。

1975—1977年，阿根廷所有加油站网络被国有化。壳牌至此开始专注于精炼。

1986年，壳牌开始在阿根廷建设第一座压缩天然气专用加油站。

到了20世纪80年代末，壳牌成为阿根廷最大的私营公司和销售公司。在1994—1998年，壳牌在阿根廷的投资高达1000万美元。

二、壳牌在阿根廷的炼化业务

目前，阿根廷共有8座规模不等的炼油厂，其中最大的是拉普拉塔炼油厂（La Plata Refinery），壳牌的布宜诺斯艾利斯炼油厂名列阿根廷炼油厂的第二位。布宜诺斯艾利斯炼油厂的原油日产量约为11万桶，是壳牌在阿根廷炼化业务的主要依托。根据阿根廷工业统计数据显示，阿根廷15%的原油产出来自壳牌，此外，阿根廷国内所需12%的粗柴油和19%的汽油由壳牌提供。

布宜诺斯艾利斯炼油厂开始运行于1931年

5月7日，占地面积106公顷，是壳牌公司在南美洲唯一的一座炼油厂。为了加强和巩固经营，在过去的六年中壳牌在布宜诺斯艾利斯炼油厂有关的投资已高达345.20亿比索。

布宜诺斯艾利斯炼油厂的存储容量达到77万立方米，是壳牌在南美洲燃料和润滑油生产的重要基地，炼油厂生产的燃料和润滑油久负盛名。

壳牌布宜诺斯艾利斯炼油厂产品

液化天然气	壳牌V-Power汽油	柴油
航空煤油和Jet-Al航空涡轮机油	溶剂	汽油
船舶燃料油	润滑油	沥青

三、壳牌在阿根廷的销售业务

壳牌在阿根廷的石油产品销售主要集中在成品油、润滑油、燃料、化学品、液化天然气和沥青等方面。

由于近年来销量的增加，2010年8月，壳牌公司和巴西国家石油公司在阿根廷联合设立工厂增加燃料产量，以应对阿根廷国内对燃料的大量需求。

截至2007年，壳牌阿根廷销售额为52亿美元，已在阿根廷全国建立了778个加油站零售网点。壳牌在阿根廷占有19.3%的石油产业市场份额。

壳牌布宜诺斯艾利斯炼油厂

壳牌布宜诺斯艾利斯炼油厂

壳牌在阿根廷的加油站

第四节 壳牌在委内瑞拉

委内瑞拉是南美洲最重要的产油国家之一，拥有着中东以外最大的石油储备，濒临加勒比海和大西洋，交通极为便利。丰富的矿产资源是壳牌在委内瑞拉业务发展的主要基础，同时壳牌在委内瑞拉也有着发达的石油炼化和蓬勃开展的油品销售业务。

一、壳牌在委内瑞拉的发展历史

壳牌自1912年进入委内瑞拉，至今已有近百年的历史。1912年，壳牌在委内瑞拉开始勘探和开采作业。1914年，壳牌在委内瑞拉的第一口钻井开始运行，并发现委内瑞拉的第一个油田（马拉开波盆地梅尼格兰德油田 Mene Grande），同年开始生产石油，由此委内瑞拉开始了商业石油时代。至1975年，壳牌在委内瑞拉的原油日产量多达百万桶。

二、壳牌在委内瑞拉的勘探与开发

1994年，壳牌参加了乌达内塔油田的勘探与开发，油田位于委内瑞拉苏利亚州的马拉开波湖西部。

2006年，壳牌委内瑞拉公司与委内瑞拉国家石油公司合资成立 Petroregional Lake HS 公司，合作开发马拉开波湖的乌达内塔西油田，其中委内瑞拉国家石油公司占60%股份，壳牌占40%股份。

三、壳牌在委内瑞拉的销售业务

1997年，壳牌在委内瑞拉的润滑油厂成立，负责调配、生产和分销润滑油产品，润滑油厂的产品广泛用于委内瑞拉的工业和汽车领域。

2004年，由于委内瑞拉加强对国内成品油批发的控制，所有的加油站只能使用自己的品牌和设备，其经营的成品油都要从委内瑞拉国家石油 PDVSA 公司批发，因此，壳牌于当年退出了委内瑞拉的成品油零售市场，出售了壳牌旗下的154座加油站。

壳牌在委内瑞拉的其他服务业务还包括：奥里诺科河桥梁施工、委内瑞拉全国铁路系统（培养和培训中心）、大众运输系统（加拉加斯地铁、马拉开波地铁）、建筑业以及发电等。

壳牌公司还与委内瑞拉国家石油公司签订技术援助协定，用以支持 Paraguana 炼油厂（CRP）等。

委内瑞拉正在进行的海上石油勘探

第十三章　壳牌在中东地区

第一节　壳牌在中东地区的业务概述

一、壳牌在中东的发展历程

壳牌最早进入中东地区是在1912年，但业务的发展并不是一帆风顺的。特殊的历史与政治环境，造成了中东市场不同于其他地区石油市场的发展特点。在中东，壳牌主要以合资的方式进入各国，其业务集中在上游的石油和天然气勘探与开发上。

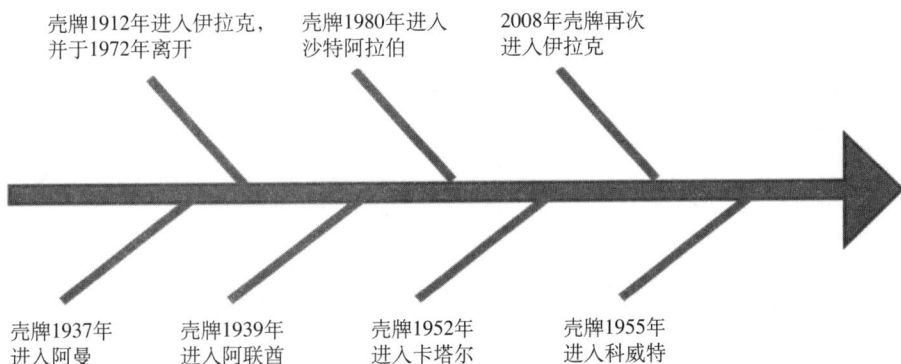

壳牌1912年进入伊拉克，并于1972年离开
壳牌1980年进入沙特阿拉伯
2008年壳牌再次进入伊拉克

壳牌1937年进入阿曼
壳牌1939年进入阿联酋
壳牌1952年进入卡塔尔
壳牌1955年进入科威特

壳牌进入中东各国的时间

二、壳牌在中东的发展战略

（一）中东油气资源的特点

中东地区大型油田多，油井产量高、质量好。其中储量6亿吨以上的超大型油田数量占世界总数的68%，包括原始石油储量位居世界前三的超大油田：沙特阿拉伯的加瓦尔油田（114.8亿吨）、科威特的布尔干油田（105亿吨）和沙特阿拉伯海上萨法尼亚油田（50.5亿吨）。此外，中东地区还拥有天然气储量位居世界前两名的天然气田：卡塔尔的北部气田（North Field，11万亿立方米）和伊朗的南帕尔斯气田（8万亿立方米）。中东地区油井并不多，但产量非常高，沙特阿拉伯、伊朗和伊拉克的单井产量都超过了5000桶/日。

中东地区的石油产量主要来自80个大型和超大型油田，这些油田的产量占中东地区石油总产量的80%，其中沙特阿拉伯和伊拉克大型和超大型油田的产量所占比重更高，分别为96%和92%。这些油田对本地区未来石油产业的发展极为重要，目前占中东地区石油产量42%的三大油田在2030年仍将是主力油田。

中东地区油气层浅、钻井深度小，地质条件简单、开采成本低。1986—1989年，中东地区的平均钻井深度不超过3700米，其中沙特阿拉伯的钻井深度不超过2200米。由于地质条件

2004年中东地区大型和超大型油田统计表

项目	油田数（个）	证实储量（亿吨）	产量（万桶/日）	占总产量（%）
中东地区合计	80	73.7	2020	81
伊朗	25	14.5	340	82
伊拉克	13	9.2	190	92
科威特	6	6.8	120	47
卡塔尔	4	0.5	50	49
沙特阿拉伯	19	35.6	1000	96
阿联酋	9	6.0	220	79
其他中东国家	4	1.1	100	53

注：储量大于6600万吨为超大型油田，大于1400万吨为大型油田储量；储量和产量包括合成石油（KGL）和凝析油

中东地区主要生产油田原油生产展望

时间	2004	2010	2020	2030
合计	840	860	820	600
加瓦尔（沙特阿拉伯）	580	600	550	370
大布尔甘（科威特）	140	150	160	150
鲁迈拉（伊拉克）	120	110	110	80

资料来源：根据IEA World Energy Outlook 2005整理

的优势和资源的优质，中东地区的油气开发成本堪称世界最低。

中东地区地处欧亚交通要道，地理位置极为优越。通过管道和油船，中东产出的石油可以方便快捷地输送到欧洲或远东。

（二）壳牌中东的发展策略

由于中东地区油气资源独特的先天优势，世界各大石油巨头都将中东作为能源供应的基地，并不断参与到中东的石油和天然气的勘探与开采中来——壳牌正是其中之一。

由于壳牌进入中东地区的时间比较晚，经营时间也比较短，致使其在中东石油业中所占的比例并不是很高。尽管如此，壳牌也凭借着雄厚的经济实力和先进的技术，以各种方式参与到中东的石油和天然气业务中，并取得了丰硕的成果。

壳牌在中东尤为突出的是天然气业务。随着壳牌对天然气的利用和研究，以及天然气液化项目的成功，使壳牌将其在中东的发展重心放在天然气的开发与利用上。

天然气是在气田中自然开采出来的可燃气体，主要成分是甲烷。液化天然气（LNG）是通过在常压下将气态的天然气冷却至 −162℃，使之凝结成液体。天然气液化后可以大大节约储运空间和成本，而且具有热值大、性能高等特点。

作为一种清洁能源，天然气越来越受到人们的青睐，许多国家都将液化天然气列为首选燃料，其在能源供应中的比例也迅速攀升——液化天然气的供应量正以每年约12%的速度高速增长，成为全球增长最迅猛的能源行业之一。尤其是近年来，全球 LNG 的生产和贸易更加活跃，LNG 以稀缺清洁能源的姿态，正成为世界油气工业新的热点。为保证能源供应多元化和改善能源消费结构，一些能源消费大国越来越重视 LNG 的引进，日本、韩国、美国、欧洲都

在大规模兴建 LNG 接收站。

在 LNG 业务上，壳牌已经走到了国际大石油公司的前列，LNG 成为壳牌继石油之后的另一个利润增长点。

在卡塔尔，壳牌与卡塔尔石油公司共同开发的 Pearl 天然气液化项目，已经成为壳牌在中东地区天然气产业的重心。2006 年，壳牌与卡塔尔国家政府达成"开发和生产共享协议"（Development and Production Sharing Agreement），并由此开始了 Pearl 天然气液化项目进程。项目由壳牌全额投资 180 亿～190 亿美元，并已于 2009 年完成项目第一阶段的基础建设，其间在卡塔尔的北部气田上建起目前世界上最大的液化天然气工厂，设计总产能约 3 亿桶液化天然气。2010 年 9 月底，该项目的第二阶段也全面竣工。

三、壳牌在中东的业务分布

（一）壳牌在中东的勘探与开发业务

中东地区是地中海东部到波斯湾的大片地区，是世界常规油气资源最丰富的储藏地。中东地区的国家包括沙特阿拉伯、伊朗、伊拉克、科威特、阿联酋、阿曼、卡塔尔、也门、约旦、叙利亚、巴林、黎巴嫩和以色列。在石油输出国组织（OPEC）的 11 个成员国中，中东独占 6 个席位（沙特阿拉伯、伊朗、阿联酋、伊拉克、科威特和卡塔尔）。

中东地区的油气资源主要分布在沙特阿拉伯、伊朗、阿联酋、伊拉克、科威特、卡塔尔 6 个 OPEC 成员国中，储量极为丰富，储采比非常高。据统计数据显示，2006 年，中东地区石油储量达 1012 亿吨，占世界石油总储量的 61.5%，储采比为 79.5 年。其中，伊拉克和科威特的石油储量按现有产能来算，足可生产百年以上。中东地区的天然气储量为 73.47 万亿立方米，占世界天然气总储量的 40.5%，储采比也超过了 100 年。中东地区每年的石油产量都在 10 亿吨左右，但新增的石油储量超过采出量，其石油储量仍以较快的速度增长。1998—2005 年，中东地区共生产石油 80 多亿吨，而据证实，其储量增加了 96 亿吨，石油储量净增长 16 亿吨。

据美国《油气杂志（The Oil & Gas Joural）》的统计数据显示，截至 2009 年 1 月 1 日，中东地区各产油国的探明石油储量排名如下：沙特阿拉伯以 2642 亿桶排名第一、伊朗以 1362 亿桶排名第二、伊拉克以 1150 亿桶排名第三、科威特以 1015 亿桶排名第四、阿联酋以 978 亿桶排名第五、卡塔尔以 152 亿桶排名第六、阿曼以 55 亿桶排名第七、也门以 30 亿桶排名第八、叙利亚以 25 亿桶排名第九。

2006 年中东地区产油国石油和天然气储量表

国家	石油储量（亿吨）	占世界（%）	储采比（年）	天然气储量（万亿立方米）	占世界（%）	储采比（年）
沙特阿拉伯	363	21.9	66.7	7.07	3.9	96.0
伊朗	189	11.4	86.7	28.13	15.5	>100
伊拉克	155	9.5	>100	3.17	1.7	>100
科威特	140	8.4	>100	1.78	1.0	>100
阿联酋	130	8.1	90.2	6.06	3.3	>100
卡塔尔	20	1.3	36.8	25.36	14.0	>100
其他中东国家	15			1.90	1.1	
中东合计	1012	61.5	79.5	73.47	40.5	>100

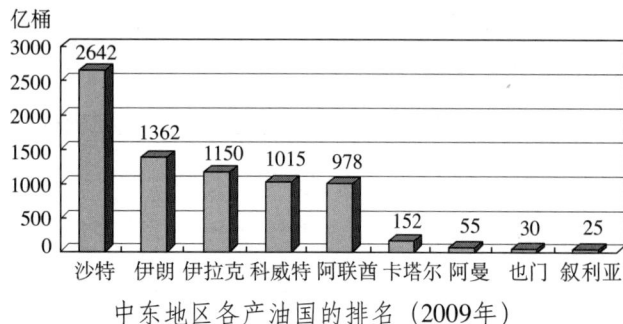

中东地区各产油国的排名（2009年）

在中东地区，壳牌的石油勘探与开发业务主要集中在沙特阿拉伯、阿曼、伊拉克、卡塔尔、阿联酋、科威特等国。在业务的开展方式上，壳牌在中东地区与在其他区域有着很大的区别。在中东，壳牌主要以合作方式开展上游业务，通过与产油国的国家石油公司进行合资，或者参股到其他跨国石油公司的当地企业，或者提供上游业务相关的技术支持，以达到进入中东各产油国的目的。

壳牌在中东石油勘探和技术合作一览表

中东	石油勘探	技术合作
沙特阿拉伯	★	
阿曼	★	
伊拉克	★	
卡塔尔	★	
阿拉伯联合酋长国	★	
科威特		★

（二）壳牌在中东的炼化业务

壳牌在中东的炼化业务同样是以合资的形式展开的。由于壳牌进入中东的时间较晚，以及地区特殊环境的限制，壳牌炼化业务的开展速度并不快。近年来，壳牌在中东的炼化业务主要集中在沙特阿拉伯、阿联酋和卡塔尔三个国家。在中东，壳牌一直将上中游业务集中在天然气的开发和利用上，并配合壳牌在天然气领域中所取得的先进技术，在中东大力开展天然气的加工业务。

壳牌在中东的炼化业务相对集中，沙特阿拉伯的炼油厂是壳牌在中东的唯一的炼油厂，而壳牌在卡塔尔建设的 Pearl 天然气液化项目更是壳牌在中东的炼化业务的重心。

壳牌在中东的炼化业务一览表

中东	炼厂		企业类型
沙特阿拉伯	沙特阿美壳牌炼油公司		合资
	沙特石化公司		合资
阿曼			
伊拉克			
卡塔尔	Pearl天然气液化项目		合资
阿联酋	阿布扎比天然气工业有限公司	Habshan-Bab 提取厂	合资
		Ruwais厂	
		Bu Hasa提取厂	
		Asab提取厂	
科威特			

（三）壳牌在中东的销售业务

壳牌在中东的下游业务主要集中在润滑油和天然气产品的营销上，而由于中东国家壁垒的存在，壳牌在中东的下游产品销售受到了一定的制约。壳牌在中东销售业务的产品范围相对较窄，以至于壳牌将其在中东的加油站网络出售和剥离，现在壳牌在中东唯一拥有加油站网络的国家就是阿曼。在阿曼，壳牌于1976年建立起第一座加油站，至今已发展到一百多座，这些加油站主要集中在阿曼的东北地区。现在，壳牌在阿曼的燃油销售市场处于主导地位。

壳牌在中东的零售业务一览表

中东	加油站网络	润滑油销售	天然气销售
沙特阿拉伯		★	★
阿曼	★	★	★
伊拉克			
卡塔尔		★	★
阿联酋		★	★
科威特			

第二节　壳牌在阿联酋

壳牌于1939年进入阿联酋，至今已有超过70年的历史。壳牌在阿联酋经营的业务主要有：勘探与生产、天然气与电力、全球解决方案和营销业务。

目前，阿联酋已成为壳牌的重要战略区域。虽然阿联酋的石油国有化程度很高，但壳牌仍通过与相应企业合资的方式实现其在阿联酋的战略目标。

一、壳牌在阿联酋的发展历史

1939年，壳牌开始参与阿联酋阿布扎比酋长国的石油业务，获得阿布扎比陆地及其三海里以内海域的石油勘探和开采权，并与英国石油公司（BP）、美国美孚石油公司（Mobil）、美国埃克森公司（Exxon）、合资开采公司（Partexg）以及法国石油公司（CFP）合资成立了"石油开发有限公司（Petroleum Development Ltd）"，壳牌从此正式进驻阿联酋。但是到第二次世界大战结束之前，公司并未在阿联酋进行相关的地质勘探工作。

1947年，石油开发有限公司在阿联酋开始地质勘探工作。

1950年，石油开发有限公司在拉斯萨德尔（Ras Sadr）开始钻第一口井。

1957年，壳牌在迪拜成立了在阿联酋的第一个代理总部。

1960年，随着石油开发有限公司在阿联酋发现第一个商业油田——Bab油田，壳牌在阿联酋地域上的石油勘探与开采工作也正式展开。

1973年，阿联酋石油国有化，由阿布扎比国家石油公司（Abu Dhabi National Oil Company,

ADNOC）代表阿布扎比政府持有阿布扎比石油公司（ADPC——由壳牌与其他公司合资）25%的股权，并于次年增长为60%。

1978年，阿布扎比石油公司（ADPC）更名为阿布扎比陆上石油公司（Abu Dhabi Company for Onshore Oil Operation, ADCO），壳牌在阿联酋的石油勘探与开采业务也全部由合资公司承担，壳牌拥有其9.5%的权益。

二、壳牌在阿联酋的勘探与开发业务

阿联酋的石油业由其国家石油部全权管理，所有石油产业全部归为国有，因此，壳牌在阿联酋的石油业务无法通过独资的企业来承担。但壳牌进入阿联酋的时间较早，1939年壳牌就以合资公司的形式在阿联酋从事石油上游业务，如今壳牌仍通过合资公司——阿布扎比陆上石油公司（ADCO）、阿布扎比天然气工业公司（GASCO）、沙特石油化工公司（SADAF）来实现其在阿联酋地区的战略目标。

壳牌在阿联酋的勘探与开采业务就是通过合资公司——阿布扎比陆上石油公司来进行的。

阿联酋的石油勘探、开采与生产工作全部由阿布扎比陆上石油公司来承担。公司拥有对阿联酋多个油田，包括 Bab, Bu Hasa, Huwaila, Sahil, Asab, Shah 以及 North-East Bab(NEB)等油田的勘探与开采权。据统计，Bu Hasa 和 Bab 油田在2009年全球油田日产量排名中分别排在11位和20位，其日产量分别为50万桶／日和32万桶／日。以上各油田带来的营业收入按股份比例分配给包括壳牌在内的各投资公司。

Bab 油田发现于1960年，是阿布扎比的第一个商业油田，位于阿布扎比市西南方向160千米处。1963年，阿布扎比陆上石油公司石油生产设备开始安装。到目前为止，Bab油田的石油生产设备的安装经历了两个阶段：第一阶段执行于1993年，包括在中心脱气站（Central Degassing Station）的5个加工点（名称为1、2、3、4 & 5站），以及5个远程站点（编号为RDS-1、2、3、4、5）的建设；第二阶段于2004年完成，包括6、7站和RDS-6的建设。

Bu Hasa油田于1962年被发现，并于1965年开始投产，是阿布扎比陆上石油公司的所有油田中生产能力最高的油田，其石油生产力位居世界前20名。Bu Hasa油田涵盖了石油的整个上游生产部分，包括在远程站点的石油生产井的生产以及在中心脱气站的原油分离与稳定。在Bu Hasa油田，原油经过分离、脱水、脱盐三个加工阶段，然后通过主要石油管线（Main Oil Line）输送到杰贝尔丹那（Jebel Dhanna）码头出口。

三、壳牌在阿联酋的运输与储存业务

由于拥有阿布扎比陆上石油公司与阿布扎比天然气工业有限公司（GASCO）的相应股权，使壳牌获得了阿联酋部分运输与储存设备的管理和使用权限。

（一）阿布扎比陆上石油公司的运输与储存

1963年，阿布扎比陆上石油公司的首艘原油货船——墨本号（Murban）从杰贝尔丹那码头起航。杰贝尔丹那码头位于阿布扎比酋长国的杰贝尔丹那地区，是阿布扎比陆上石油公司储存与出口原油的主要终端。

1962年，杰贝尔丹那码头建设了6个安全操作容量为22.89万桶的小型石油储罐；同年，1号泊位也已建设完成。至今，码头已有4个停泊位、7个中型储油罐（其每个操作容量为56.74万桶）以及3个大型储油罐（其每个操作容量为90.19万桶）。

1963年，阿布扎比陆上石油公司修建了第一条主输油管线，从Bab油田连接到杰贝尔丹那码头，总长达114千米。经过不断的建设，现共有4条主输油管线和2条分支管线，从哈萨布、巴布、卜哈萨以及NEB油田将原油送往杰贝尔丹那码头，总长度达450千米。

阿布扎比陆上石油公司油罐

阿布扎比陆上石油公司管道

（二）阿布扎比天然气工业有限公司的运输与储存

2002年，阿布扎比天然气工业有限公司（GASCO）成立管道科（Pipeline Division），对总长约2500千米的管道进行管理、操作和维护，以保障产品运输的畅通。

公司的管道贯穿整个阿联酋，围绕 Maqta、Habshan 和 Bab 三个配气歧管（Gas Distribution Manifold）向诸如 Ruwais、Asab、Bu Hasa、Mirfa、Maqta、Taweelah 和 Al Ain 等地辐射，主要用于向客户输送天然气。

阿布扎比天然气工业有限公司管道

四、壳牌在阿联酋的炼化业务

壳牌在阿联酋的石油及天然气的炼化业务主要通过阿布扎比天然气工业有限公司和沙特石化公司来实现。

阿布扎比天然气工业有限公司拥有四个化工厂，分别为 Habshan-Bab 提取厂、Ruwais 厂、Bu Hasa 提取厂、Asab 提取厂。

Bu Hasa 提取厂是阿布扎比天然气工业公司的第一个天然气提取厂，于1980年12月开始正式运行。工厂由两个同样的天然气液化站组成，加工来自附近油田的伴生气，其最大加工容量约为每天6亿立方英尺。工厂平均每天可生产7000吨液化天然气。

Habshan-Bab 提取厂是阿布扎比天然气工业有限公司的早期工厂之一，于1981年获得许可，它拥有一个单一的天然气液化提取站，加工收集于附近油田的伴生气。

Asab 提取厂于1981年正式运行，其所加工的伴生气全部从阿布扎比陆上石油公司提供，每个液化天然气站的容量为3亿立方英尺。Asab 提取厂是该地区第一个安装透平膨胀机（Turbo-Expander）以确保液化天然气回收率的工

Ruwais工厂

厂。2001年，提取厂开始加工富凝析油，其处理能力为8.7亿立方英尺。

Ruwais 工厂从 Habshan-Bab 提取厂、Bu Hasa 提取厂、Asab 提取厂获得液化天然气的原料，以及从 Takreer 炼油厂获得液化石油气的原料。工厂每天可以加工处理4.8万吨（约合每年1600万吨）的液化天然气。

Ruwais 工厂拥有三个分离站、一个存储设备和三个用于出口的装货码头。主要生产乙烷、丙烷、丁烷以及石脑油。

除此之外，壳牌还在阿联酋的迪拜总部设立

了化工部，专门负责壳牌在阿联酋的化工业务部分，以及支持壳牌化工公司在中东地区的活动。

五、壳牌在阿联酋的销售业务

（一）壳牌在阿联酋的天然气销售业务

壳牌在阿联酋的天然气销售业务主要是通过阿布扎比天然气工业公司来实现的，销售对象主要是企业。壳牌通过该公司向阿布扎比水电公司（Abu Dhabi Waterand Electricity Company）、阿布扎比工业城（Industrial City of Abu Dhabi）、阿联酋铝业公司（Emirates Aluminium Company）、阿联酋钢铁工业公司（Emirates Steel Industries）等企业提供天然气。

（二）壳牌在阿联酋的润滑油销售业务

壳牌在阿联酋除了销售其主要的润滑油品牌外，还将其业务重点放在了车用润滑油产品上。壳牌在阿联酋销售的润滑油品牌主要是壳牌劲霸的系列产品，如：劲霸 10W-40（Rimula Ultra 10W-40）、劲霸 XT5W-40（Rimula Ultra XT5W-40）、劲霸 15W-40（Rimula Super 15W-40）、劲霸 X15W-40（Rimula X15W-40）等。

第三节　壳牌在阿曼

1937年，壳牌进入阿曼，在阿曼开展石油勘探与开采业务。1958年，壳牌开始在阿曼从事石油与成品油销售业务。至今，壳牌在阿曼已有70余年的历史。

在这70年间，壳牌借助阿曼石油开发公司（Petroleum Development Company (Oman), PDO）和壳牌阿曼营销公司（Shell Oman Marketing, SOM）在阿曼经营上、中、下游业务。壳牌阿曼的经营业绩在壳牌集团总营业收入中占有重要地位，对壳牌的发展起着举足轻重的作用。

一、壳牌在阿曼的发展历史

1937年，壳牌获得了阿曼石油的勘探权与开采权，当时壳牌是以伊拉克石油公司（Iraq Petroleum Company, IPC）的股东身份而进入的。第二次世界大战期间，伊拉克石油公司中止了其在阿曼的勘探工作，于是项目由壳牌和BP等公司合资成立的石油开发有限公司（阿曼与佐法尔）接替。

1958年，壳牌获得一份为石油开发公司供应燃料的合同，在 Mina Al Fahal 建起第一座燃料油库，从此开启了壳牌在阿曼的下游业务，继而成立了壳牌阿曼营销公司（Shell Oman Marketing Company, SAOG）。

1962年，壳牌阿曼开始出售航空燃料。同年，壳牌在阿曼西北部发现了具有商业开采价值的、阿曼迄今为止最大的油田——耶巴尔油田，正式揭开了阿曼石油工业发展的序幕。

1967年，壳牌在阿曼的石油开发有限公司更名为阿曼石油开发公司，壳牌持有其85%的股份，至70年代，阿曼政府将其石油产业国有化，壳牌在阿曼石油开发公司的股份变为34%。

1968年，壳牌在 Mina Al Fahal 成立了一个新办公室。

1974年，壳牌为阿曼设计了一个新型的燃料仓库，仓库位于 Raysut。

1976年，壳牌在阿曼的 Ruwi 加油站月销售超过100万升，是当时壳牌集团全部加油站中单站吞吐量排名的第三位。

1982年，壳牌与 Sultanate 的当地投资者共同建起一座生产润滑油的润滑油调配工厂 (Lube Oil Blending Plant)，开始在阿曼经营润滑油。

1990年，壳牌在阿曼的第100座加油站正式营业。

1993年，壳牌成为阿曼第一个 ISO 9002 的企业，同时得到阿曼国王的嘉奖。

1996年9月，壳牌在 Khuwair 建立了第一个24小时便利店。

2000年7月，在壳牌阿曼营销公司的总部成立了专门的客户服务中心。同年8月，壳牌喜力快速换油中心 (Shell Helix Express) 成立，成为阿曼第一家拥有高科技换油设施的专业换油中心。

二、壳牌在阿曼的勘探与开发业务

壳牌凭借其在阿曼石油开发公司的股权，在阿曼拥有120多座油田和3700多口油气钻井。其石油与天然气的产出量可达阿曼总量的80%。阿曼石油开发公司拥有阿曼90%的石油储量。

壳牌在阿曼的油田分布大致如下：位于阿曼南部的 Dhahaban 油田距离阿曼石油开发公司总部最远，达1000千米；Qarn Alam 油田和 Bahja 油田位于阿曼中部；费胡德 (Fahud) 油田、耶巴尔 (Yibal) 油田和 Lekhwair 油田位于阿曼北部，这三个油田是阿曼石油开发公司的重点油田。此外，阿曼石油开发公司还打算将 Marmul 油田、Nimr 油田和 Rima 油田作为自己未来要发展的重点油田。这些油田主要帮助壳牌在阿曼实现其战略目标。

其中，耶巴尔 (Yibal) 油田是壳牌在1962年发现的，至今仍是阿曼最大的油田。油田于1968年开始正式投产，产量为25万桶／日，但近几年油田的产量开始有所下降，到2005年产

量已降为8.8万桶／日。油田的操作主要由壳牌来完成。

费胡德 (Fahud) 油田是壳牌在1964年发现的，阿曼石油开发公司于1967年就利用油田开发油田与商业出口等业务，至今油田日产量为7万桶。2006年，阿曼石油开发公司开展费胡德油田提高回收率项目 (Fadut EOR)，计划于2014年完成。

如今，壳牌又获得了阿曼6号区块 (Block 6) 的石油勘探许可权，此区块面积达10平方千米（许可权将于2044年终止）。

三、壳牌在阿曼的运输与储存业务

壳牌在阿曼的运输与储存业务开展得并不算晚，1958年，壳牌在阿曼的 Mina Al Fahal 建起了燃料油库，用于存储燃料。

壳牌在阿曼没有自己铺设的输油管线，而是使用由阿曼石油开发公司控制的输油管道。这条输油管道从 Mina Al Fahal 附近的马斯喀特 (Muscat) 延伸至阿曼石油开发公司所控制的石油区块（即其南北两端），途经阿曼石油开发公司的重要油田，如：Natih 油田、耶巴尔油田、费胡德油田、Qarn Alam 油田等，区块北部端点为 Ufuq 油田，南部端点为 Dhahaban 油田，全长共4500千米。阿曼所有油田的原油全都注入

壳牌在阿曼的原油运输

到这条主油管线当中，输送到 Mina Al Fahal 附近的马斯喀特。

除此之外，壳牌阿曼营销公司（SOM）还提供船舶和汽车为销售对象的车用润滑油。壳牌还为阿曼各地的加油站提供燃料运输服务。

四、壳牌在阿曼的贸易业务

壳牌在阿曼的上游业务几乎全都依靠其控股企业阿曼石油发展公司来实现，所以壳牌阿曼的出口业务也归属于该公司。

阿曼石油发展公司的原油出口业务全都是在马斯喀特进行的。阿曼石油发展公司开采的原油通过阿曼境内最主要的输油管线输送到马斯喀特后，再经过简单的脱水处理，运出国外。

马斯喀特港每年吞吐量为 500 艘油轮的原油，其出口的主要国家是日本和远东国家。这些原油主要用于生产日常生活中常见的成品油。

原油除了出口之外，还有一部分被阿曼本国的炼油厂收购，主要用于生产燃料、工业用油、航空用油和润滑油等，以保持阿曼本国社会和工业的正常运转。

五、壳牌在阿曼的销售业务

壳牌阿曼营销公司在阿曼的零售业务非常繁多，其中包括加油站、便利店、加油信用卡服务、润滑油等。

（一）壳牌在阿曼的零售网络与服务

1. 壳牌在阿曼的加油站

1976 年，壳牌在阿曼成立第一座加油站，到 1990 年增加到 100 座，现在已有 139 座加油站，虽然其中个别加油站已经关闭，但壳牌的加油站在阿曼仍居于主导地位。壳牌的加油站主要集中在阿曼的东北地区。个别壳牌加油站

还提供汽车保养服务（Al Sarooj 加油站于 2000 年 8 月开始提供此服务）。

壳牌在阿曼的加油站

2. 壳牌在阿曼的便利店服务

壳牌阿曼营销公司在阿曼除了经营服务站之外还经营 Selext 便利店，这种便利店全天 24 小时为消费者提供高质量服务，所提供的商品从食品到润滑油应有尽有。壳牌阿曼便利店的店面选在交通便利的场所，采用统一的外观和超市的货物陈列方式，便于消费者挑选。壳牌从 1996 年在 Al Khuwair 开始经营第一家便利店以来，至今已经开设了 56 家便利店，并且还会不断地开设新店。

壳牌选择便利店

3. 壳牌在阿曼的加油卡服务

壳牌阿曼的 139 座加油站都支持壳牌发行的

加油卡，加油卡分为三种：壳牌燃料卡（Shell Fuel Card）、壳牌车队卡（Shell Fleet Card）、壳牌金卡（Shell Gold Card）。

壳牌在阿曼的信用卡

（二）壳牌在阿曼销售的主要产品

1. 润滑油

壳牌在阿曼主要为阿曼的工业、汽车、建筑等行业提供润滑油，其产品品牌包括壳牌劲霸、Shell Retinax、斯派沙克和 Shell Donax。

2. 壳牌在阿曼的天然气销售

壳牌在阿曼的液化天然气销售业务由其所属的合资公司阿曼液化天然气公司（Oman Liquid Nature Gas Company, OLNGC）来运作，壳牌在公司拥有30%的股权。阿曼液化天然气公司于1994年成立，主要向阿曼提供清洁燃料。公司主要开展天然气的液化业务和液化天然气的销售业务。

第四节　壳牌在卡塔尔

壳牌自1952年进入卡塔尔，至今已有近60年的历史。卡塔尔壳牌有限公司（Qatar Shell Limited Corporation）最初在卡塔尔开展的活动是勘探卡塔尔境内的石油，卡塔尔壳牌有限公司参与了卡塔尔的多个石油项目，并与卡塔尔多家石油行业公司合作，如卡塔尔石油公司、卡塔尔天然气运输有限公司（Qatar Gas Transport Company Ltd.）和卡塔尔燃料公司（Qatar Fuel-WOQOD）等。

卡塔尔石油储量丰富，所以壳牌将其作为重要的战略合作国。

一、壳牌在卡塔尔的发展历史

1952年11月，壳牌正式进入卡塔尔的石油行业，从事石油、天然气的勘探业务。当时，壳牌主要在卡塔尔的海上区域拥有勘探许可权。

1971年，壳牌在卡塔尔海域北部发现了世界上最大的非伴生气气田。同年，卡塔尔独立，卡塔尔政府将石油产业全部收归国有，壳牌从此逐渐向卡塔尔石油业的中、下游业务发展。

2005年，壳牌参与卡塔尔天然气4期项目（Qatar Gas 4），第一次在卡塔尔开展液化天然气业务。

2006年，壳牌与卡塔尔石油部直接管辖的石油公司——卡塔尔石油公司签署协议，开展Pearl 天然气液化项目，并于2009年在卡塔尔北部油气田建设了世界上最大的天然气液化工厂。

2006年11月，壳牌与卡塔尔天然气运输有限公司签署了一份协议，协议的主要内容是壳牌为卡塔尔天然气运输有限公司提供液化天然气运输船及相关全部服务。

2008年，壳牌与卡塔尔燃料公司签署了一份协议，协议内容是卡塔尔燃料公司在卡塔尔独家代理销售壳牌船用润滑油（Shell Marine

Lubricants）。

2010年5月16日，壳牌联手中国石油与卡塔尔石油公司共同签署一份合同期长达30年的合同。合同的主要内容是三大公司联合勘探 D 区块的天然气，勘探地区靠近卡塔尔的工业城市拉斯拉凡（Ras Laffan）。

二、壳牌在卡塔尔的勘探与开发业务

壳牌在1952年刚进入卡塔尔的时候就拥有卡塔尔海上区块的勘探许可权，但其所拥有的石油勘探许可权涉及的区块并不多，只能在卡塔尔的北部油气田集中勘探。

2005年，壳牌参与到卡塔尔天然气4期项目（Qatar Gas 4)后，便开始从事在卡塔尔的天然气开采业务，项目升级了卡塔尔天然气3期项目（Qatar Gas 3)的天然气生产设备，以保证在北部海上气田获得更高的回收率。

三、壳牌在卡塔尔的运输与储存业务

壳牌在卡塔尔的运输业务主要集中在商船供应及其相关服务等方面，具体业务是为卡塔尔天然气运输有限公司提供船舶。

2006年11月，壳牌与卡塔尔天然气运输有限公司签署并生效了一份协议，协议为期25年。协议的主要内容是壳牌为 Nakilat 提供25艘液化天然气运输船舶，同时提供全面的相关服务：员工招聘、培训和船只的经营管理等。至2010年5月，壳牌已招募了1200名海员为卡塔尔天然气运输船队提供相应服务。

壳牌为卡塔尔天然气运输有限公司提供的25艘液化天然气运输船主要为卡塔尔的4个天然气项目提供液化天然气运输服务，这些项目是：卡塔尔天然气2期项目、卡塔尔天然气3期项目、卡塔尔天然气4期项目、拉斯天然气

3期项目（Ras Gas III），对应这4大项目的运输船只，数量分别为5艘、6艘、7艘和7艘。2010年12月，卡塔尔天然气运输公司为卡塔尔天然气4期项目提供了一艘目前最大容量的液化天然气运输船——Rasheeda 号，其容量为26.6万立方米。卡塔尔天然气运输公司提供的运输船舶的运输能力均在21万至26.6万立方米范围内。

用于支持卡塔尔天然气项目的运输船只

四、壳牌在卡塔尔的炼化业务

壳牌在卡塔尔的炼化主要以天然气的液化为主，两个重点项目分别为 Pearl 天然气液化项目和卡塔尔天然气4期项目。

（一）Pearl天然气液化项目

Pearl 天然气液化项目是由壳牌与卡塔尔石油公司共同建设与开发的。2006年，壳牌与卡塔尔政府达成"开发和生产共享协议"，由壳牌全额投资180亿～190亿美元。2009年，项目第一阶段的基础建设完成。其间，壳牌在卡塔尔的北部气田建立了目前世界上最大的液化天然气工厂，预计其总产能约为3亿桶液化天然气，2010年9月底，项目第二阶段也全面完成。

工厂主要生产环保柴油、煤油、顶级润滑油的基础油、石脑油以及用于生产洗涤剂的正

构烷烃。工厂每年可以生产出足够16万辆车用的燃料和足够2.25亿辆车所用滑润油的基础油。

Pearl天然气液化项目

（二）卡塔尔天然气4期项目

2005年，壳牌与卡塔尔石油公司在多哈的业主协会（Heads of Agreement, HOA）签署了一份项目协议，协议的主要内容是双方在卡塔尔的拉斯拉凡城（Ras Laffan City）建设一个大型的液化天然气项目，即卡塔尔天然气4期项目。项目主要由卡塔尔石油公司运作。

卡塔尔天然气4期项目是壳牌涉足卡塔尔液化天然气业务的开端。2007年，壳牌与卡塔尔石油公司合资成立了卡塔尔天然气4期项目合资公司，壳牌持有公司30%的股份，卡塔尔石油公司持有公司70%的股份。双方共同拥有项目的陆地与海上资产。壳牌与卡塔尔石油公司签署了液化天然气的购销协议（Saleand Purchase Agreement, SPA），协议约定项目产出的液化天然气全部由壳牌收购。

卡塔尔天然气4期项目的主要内容是：在25年的期限内，每天生产约2.4万桶的液化天然气和2.6万桶的凝析油，并且建设一个年产780万吨液化天然气的液化天然气工厂。

五、壳牌在卡塔尔的贸易业务

壳牌在卡塔尔的贸易包括液化天然气的出口以及供应船用润滑油。

（一）液化天然气

壳牌在卡塔尔通过参与卡塔尔天然气4期项目开展其在卡塔尔的贸易。项目主要将天然气液化，所有产品均由壳牌收购。壳牌在收购这些液化天然气后，就进行出口贸易的操作，销往正在不断扩大的液化天然气市场——包括中国、迪拜以及北美和欧洲等国家。

（二）船用润滑油

2008年10月，壳牌与卡塔尔燃料公司签署了一份独家供应协议，协议表示壳牌为卡塔尔

壳牌在卡塔尔的天然气生产设施

燃料公司提供壳牌船用润滑油及其物流、技术以及健康、安全、环保等服务,以保证卡塔尔燃料公司在卡塔尔市场上的润滑油供应。

六、壳牌在卡塔尔的零售业务

壳牌在卡塔尔的下游业务比较少,主要以润滑油零售业务为主。壳牌在卡塔尔市场上销售的润滑油品牌为壳牌喜力、壳牌爱德王子、壳牌劲霸等。

除此之外,壳牌凭借其与卡塔尔燃料公司的独家供应合同,将其壳牌船用润滑油供应给卡塔尔天然气运输有限公司。

第五节　壳牌在科威特

壳牌在科威特的活动已经超过60年,与科威特始终保持着良好的合作伙伴关系,并帮助科威特在国际市场销售原油。壳牌在科威特的早期合作业务包括勘探、石油贸易、润滑剂、技术服务及化学品销售。

在上世纪30年代末期,壳牌由于听信了英国能源专家对科威特能源储量的错误判断,没有积极获取科威特石油的勘探权和开采权。80年代后,科威特又将石油全部归为国有,成立了石油勘探、开采、炼化等中、上游业务公司。因此,壳牌在科威特的上中游业务居于劣势。不过,壳牌仍然发现了许多与科威特石油公司在当地或者国际市场的商业合作机会,诸如技术服务合作、液化天然气供应等。通过合作,壳牌依然可以达成其在科威特的战略目标。

壳牌在科威特成立了科威特壳牌有限公司(Kuwait Shell Limited, KSL)和壳牌科威特勘探与生产公司(Shell Kuwait Exploration and Production, SKEP),不断向科威特提供其先进的勘探、开采等技术支持,并提供液化天然气等能源。

一、壳牌在科威特的发展历史

1955年,壳牌凭借其强大的运输能力,与科威特石油公司(海湾石油公司与 BP 石油公司各占该公司50% 的股份)达成对科威特部分原油的运输及销售协议,正式进入科威特的石油领域,同时也满足了壳牌在东半球的石油需求。协议于1969年期满。凭借该协议,壳牌一直与科威特保持着密切友好的关系。

2009年,壳牌开始为科威特提供液化天然气,以保证科威特在夏季用电高峰期时的清洁能源使用量。

二、壳牌在科威特的勘探与开发业务

壳牌在科威特并没有自己独有的勘探与开采许可区,所以在科威特一直无法开展上游业务,只能通过其他方式参与科威特的石油与天然气上游业务。

壳牌通过向科威特石油公司(Kuwait Oil Company, KOC)提供技术服务参与到科威特石油和天然气的勘探与开发业务中。2010年2月,壳牌与科威特石油公司签署了一份为科威特侏罗纪气田(Jurassic Gas Fields)提供加强技术服务的、为期5年的协议。协议约定由壳牌向科威特派出多个技术专家,以壳牌科威特勘探与生产公司(SKEP)的名义向科威特石油公司提供技术支持,确保侏罗纪气田项目可以顺利开发。

三、壳牌在科威特的贸易业务

壳牌于2009年6月第一次与科威特石油公司（KOC）签署了一项液化天然气供应协议，旨在满足科威特发电厂的夏季发电需要，壳牌将液化天然气运往科威特的 Mina Al Ahmadi 液化天然气浮动码头。

2010年4月，壳牌国际中东贸易有限公司（Shell International Trading Middle East Limited）与科威特石油公司签署了一项确保科威特进口液化天然气的供应协议，以帮助科威特满足2010年到2013年间4—10月夏季能源使用高峰期的需求。

四、壳牌在科威特的销售业务

壳牌在科威特通过分销商——Al Hafez 贸易公司，向当地润滑油市场供应产品，以实现其在科威特的润滑油销售目标。目前，壳牌润滑油在科威特的润滑油市场已经占有超过15%的市场份额。

第六节　壳牌在沙特阿拉伯

壳牌在沙特阿拉伯的业务开始于1980年。由于进入的时间比较晚，经营时间比较短，以及沙特阿拉伯石油业的高度国有化管理等因素，使壳牌很难在沙特阿拉伯的石油业占据有利位置，这也是壳牌在沙特阿拉伯无法组建独资经营企业的原因。但从石油产业发展角度来看，沙特阿拉伯是世界上石油储量最大、天然气储量位居第四的能源大国，其能源产业的发展是不可限量的。基于战略考虑，壳牌在沙特阿拉伯致力于以合资企业（Saudi Aramco Shell Refinery Company）的形式来进入该国的部分石油产品市场。壳牌在沙特阿拉伯的合资企业有：沙特阿美壳牌炼油公司（SASREF）、沙特阿拉伯石化公司（Saudi Petrochemical Company）和南鲁卜哈利公司（South Rub Al Khali Company）等。

一、壳牌在沙特阿拉伯的发展历史

由于沙特阿拉伯政府石油政策的制约，壳牌在20世纪80年代才以合资企业的形式进入该国。

1980年，壳牌以壳牌化工阿拉伯有限责任公司（Shell Chemicals Arabia L.L.C.）的名义与沙特基础工业有限公司（Saudi Basic Industries Corporation, SABIC）合资成立沙特石化公司。

1981年，壳牌与沙特油矿局签署合作协议，并于1984年开始建立炼油厂。

1993年，壳牌与沙特阿美（Saudi Aramco）以各自50%的股份正式合资成立沙特阿美壳牌炼油公司。

2003年，沙特阿拉伯自独立以来第一次向外国投资公司开放，壳牌开始以合资企业和承担项目的方式，进军沙特阿拉伯的天然气上游业务。

虽然壳牌在沙特阿拉伯的时间较短，但在沙特这样一个油气资源丰富的能源大国，壳牌仍然可以在某些领域获取可观的利益。

二、壳牌在沙特阿拉伯的勘探与开发业务

在沙特阿拉伯，壳牌投资并获得石油与天然气勘探开发许可证的区块主要有两块，这两个

区块分别位于沙特阿拉伯鲁卜哈利沙漠南部和东部，通过合资企业南鲁卜哈利公司与壳牌的合作项目来实现。

2003年6月，沙特阿拉伯与外资企业关于"沙特气体倡议（Saudi Gas Initiative, SGI）"的谈判正式结束，这是沙特阿拉伯在20世纪70年代石油业国有化之后第一次重新向外国投资者开放上游业务。其中包括三个"核心项目"——南加瓦尔、红海和 Shaybah，壳牌参与了其中的两个项目（南加瓦尔和 Shaybah），分别持有其25% 和40% 的股份。

（一）南加瓦尔项目

南加瓦尔项目是世界上最大的综合天然气项目之一，总投资达150亿美元，包括勘探、管道、两个燃气电厂、两个石化厂和两个海水淡化装置等。项目中，埃克森美孚持股35%，壳牌持股25%，BP 持股25%，菲利浦（Phillips）持股15%。

（二）谢巴赫项目

谢巴赫（Shaybah）项目的主要内容是：勘探 Empty Quarter 区域的 Shaybah 周边地区，开发基丹（Kidan）气田，铺设从 Shaybah 通往利雅德东侧 Haradh 和 Awiyah 的天然气处理厂的管道，并耗资40亿美元在朱拜勒（Jubail）修建石化工厂。在项目中，壳牌占40% 的权益，道达尔（Total）占30% 的权益，康菲（Conoco Phillips）占30% 的权益。

2003年7月，随着"沙特气体倡议"的撤销，原来的综合项目被重新分成一系列较小的项目——上游、中游、下游。其中大部分由沙特阿美和沙特基础工业公司承担。而壳牌在沙

特阿拉伯的勘探与开采业务也转而由鲁卜哈利公司承担。

Shaybah油田

三、壳牌在沙特阿拉伯的运输与储存业务

壳牌在沙特阿拉伯的运输与储存设备，主要通过沙特阿美壳牌炼油公司来管理与使用。

沙特阿美壳牌炼油公司的产品通过7条专用管线输送到铜锣湾罐区，这一罐区由成品罐、压载舱和污水罐组成，总容量达13亿立方米。产品出口之前，将在罐区按类别装在不同的油罐中进行储存。

公司在法赫德国王工业港（King Fahad Industrial Port）设有两个专用码头，船舶可从14个泵站以5000立方米／小时的速度进行装载。炼油厂通过管线向沙特阿美供应液化天然气和硫，并向沙特石化公司供应苯，同时通过船舶运送石脑油、煤油、瓦斯油和燃料油。

四、壳牌在沙特阿拉伯的炼化业务

壳牌在沙特阿拉伯的炼化业务主要通过沙特阿美壳牌炼油公司和沙特石化公司负责。

（一）沙特阿美壳牌炼油公司

沙特阿美壳牌炼油公司主要生产苯、燃料油、瓦斯油、煤油、石脑油、硫和航空燃油等。1988年，随着热油组（Thermal Gas-Oil Unit）的建设完成，企业的产能从25万桶／日增长到30.5万桶／日。

（二）沙特石化公司

沙特石化公司主要生产用于制造氯乙烯单体、聚氯乙烯、氧化铝、聚苯乙烯以及汽油添加剂等产品的化学原料。其主要化学产品包括：乙烯，年产量110万吨；原油工业乙醇（CIE），年产量3万吨；二氯乙烷（EDC），年产量84万吨；苯乙烯单体（SM），年产量110万吨；烧碱，年产量67万吨；甲基叔丁基醚（MTBE），年产量70万吨。

五、壳牌在沙特阿拉伯的零售业务

在沙特阿拉伯，壳牌主要通过半岛航空服务有限公司（Peninsular Aviation Services Company Ltd., PASCO）、Al Jomaih 壳牌润滑油有限公司（Al Jomaih and Shell Lubricating Oil Co. Limited）和沙特阿拉伯与壳牌润滑油销售有限公司（Saudi Arabian Markets & Shell Lubs Co. Limited）销售壳牌的部分品牌润滑油和润滑脂等产品，如喜力润滑油。

沙特阿美壳牌炼油公司产品组成

第七节　壳牌在伊拉克

壳牌在伊拉克已经经营将近100年，但直到2008年，壳牌才与伊拉克签署一项协议，以独资的方式参与到伊拉克石油产业中。

其实，壳牌在伊拉克的上游业务中所占的份额并不多，但是壳牌因为伊拉克位居全球第三位的石油储量，仍然将之作为重要的战略区域。

一、壳牌在伊拉克的发展历史

1912年，壳牌凭借其在土耳其石油公司的股份（壳牌持有45%的股份），开始参与伊拉克的石油行业。

1929年，土耳其石油公司更名为伊拉克石油公司，壳牌所持的股份变为23.75%。

1972年，伊拉克石油公司实行国有化，为壳牌在伊拉克的发展带来一定的阻碍。

2008年，壳牌与伊拉克石油部签署一项天然气协议，以西方石油公司的名义，独资参与伊拉克的石油业。

时至今日，壳牌在伊拉克已经有近百年的历史。

二、壳牌在伊拉克的勘探与开发业务

壳牌在伊拉克的业务主要集中在上游，由

于进入时间较短，目前壳牌在伊拉克的上游业务全都依靠与伊拉克石油部签署的几项协议来实现。

（一）天然气协议

壳牌于2008年9月与南方煤气公司（South Gas Company）建立合资公司。南方煤气公司作为合资公司最主要的投资者，在合资公司持有51%的股份，壳牌持有44%的股份，三菱商事株式会社（Mitsubishi Corporation）持有5%的股份。合资企业主要业务是收集、处理和加工由巴士拉油田（Basrah Oil Field）产出的天然气，并在国内和国际市场销售天然气（包括凝析油和液化天然气等相关产品）。

巴士拉油田

2011年11月，壳牌及三菱公司在伊拉克南部三块油田价值170亿美元的天然气开采相关的交易，获得伊拉克内阁批准。不过，伊拉克政府在这个合作伙伴关系中占有51%股权，壳牌占有44%股权，三菱公司占有5%股权，合同期限为25年。

（二）马杰农油田项目

2009年11月，伊拉克石油部授予壳牌和马来西亚国家石油公司（Petronas）对马杰农油田（Majnoon Oil Field）长达20年的开发权。2010年1月，此合同正式由伊拉克部长理事会与壳牌签订，其中伊拉克政府持有25%的股份，壳牌持有45%的股份，马来西亚国家石油公司持有余下30%的股份。

马杰农油田位于伊拉克南部，是世界上最大的油田之一。油田目前的石油生产水平约为4.5万桶／日，其发展计划的第一阶段是预计通过扩大现有的设施和修建油库存储区，于2012年提高其石油生产能力，以达到17.5万桶／日的产能目标。计划预计下一个十年的后期，将石油生产能力提高到180万桶／日。

马杰农油田

（三）西古尔纳油田1期项目

2009年11月，壳牌与埃克森共同投资5000万美元实施西古尔纳油田第一阶段的项目（West Qurna 1 Field）。在此阶段，西古尔纳油田要生产2100万桶的石油。其中，壳牌持有15%的股份。根据合同规定，壳牌公司所持有的股权份额将低于壳牌的投资份额，伊拉克政府以1.9美元／桶的价格收购埃克森壳牌产出的原油。西古尔纳油田是伊拉克最大的油田，也是世界第二大油田，预计完成计划可以回收4300万桶的石油。

第十四章 壳牌在独联体

第一节 壳牌在独联体的概述

一、壳牌在独联体的发展历程

壳牌进入独联体的时间较早，可以说独联体是壳牌起步和发展的地方。在19世纪后期，俄罗斯就成为了世界上主要的产油国。壳牌的创始人马科斯·塞缪尔注意到了俄罗斯石油资源的重要性，通过与罗斯柴尔德家族的合作，开始了壳牌的建立和成长历程。

然而，壳牌在独联体的发展并不是一帆风顺的。1917年10月，俄国爆发十月革命，壳牌在俄国的所有资产被没收，但壳牌并没有终止与俄国的业务联系，反而和俄国政府签订合同，继续购买石油。第二次世界大战期间，壳牌根据租借法案，积极地为苏联提供石油产品和食物。从战争结束到80年代中期，壳牌一直从苏联买进石油和原料，再将各种石油产品出售给苏联。

20世纪初期，壳牌再次进入独联体。

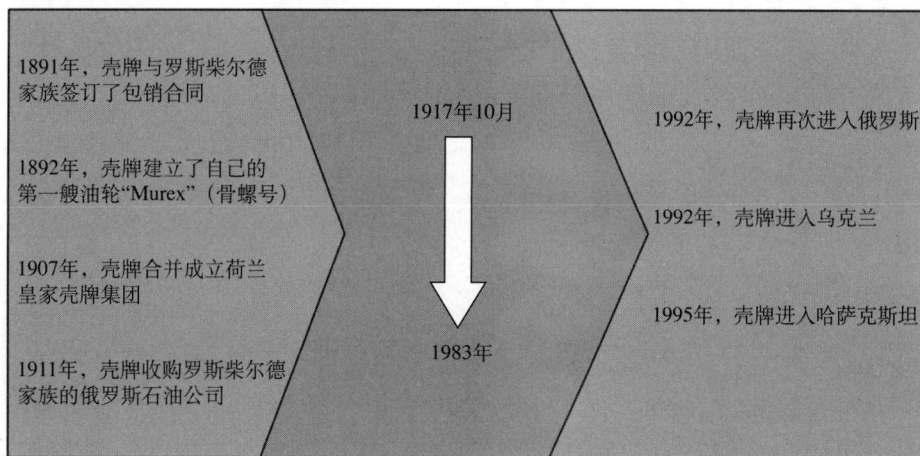

1891年，壳牌与罗斯柴尔德家族签订了包销合同

1892年，壳牌建立了自己的第一艘油轮"Murex"（骨螺号）

1907年，壳牌合并成立荷兰皇家壳牌集团

1911年，壳牌收购罗斯柴尔德家族的俄罗斯石油公司

1917年10月

1983年

1992年，壳牌再次进入俄罗斯

1992年，壳牌进入乌克兰

1995年，壳牌进入哈萨克斯坦

壳牌的建立与发展　　　　壳牌的退出　　　　壳牌的再次进入

壳牌在独联体的发展历程

二、壳牌在独联体的发展战略

1992年，壳牌重新进入独联体的石油和天然气领域，由于时间较短，壳牌在独联体的业务开发并没有取得显著成效。由于独联体的石油资源丰富，壳牌对独联体的业务开发非常重视，迅速地参与到独联体国家的石油和天然气行业中。1991年，乌克兰宣布独立，壳牌即于1992年进入乌克兰并展开业务。

由于政治的原因，壳牌直接参与独联体国家的石油和天然气业务较为困难，于是采取了迂回策略和上下游两端夹击的策略。在上游的业务中，壳牌提供技术与支持参与到勘探与开发活动中，并寻找机会参股经营。在下游业务中，壳牌将先进的石油和天然气产品引入到独联体国家中，树立壳牌的品牌形象，得到了消费者的广泛认同。

三、壳牌在独联体的业务分布

(一) 壳牌在独联体的勘探与开发业务

独联体的石油资源非常丰富,主要分布在里海沿岸。里海的油气盆地是世界第三大油气资源富集区。据美国能源部估计,这个地区的石油地质储量约为2000亿桶,占世界总储量的18%。里海西岸的巴库、东岸的曼格什拉克半岛地区和里海的湖底是重要的石油产区。里海湖底的石油生产已扩展到离岸数十千米的水域。随着海洋石油开采技术的进步以及全球石油需求的进一步扩大,里海近年再度掀起了一股"淘金热"。

壳牌在独联体的上游勘探与开发业务因为受到政治阻碍,发展较为困难。如今,壳牌在独联体上游业务只能与国家级的部门进行合作,提供技术支持与服务,以此进入独联体并进入到上游的开发领域。

2006年,壳牌与乌克兰国内石油公司以合作的方式共同开发乌克兰油气资源。

在哈萨克斯坦,壳牌参与的上游项目主要是:北里海产量分成协议(壳牌持股16.81%)、阿曼合资(壳牌持股50%)、珍珠项目(壳牌持股55%)和里海管道项目(壳牌持股5.5%)。

(二) 壳牌在独联体的销售业务

壳牌在独联体的下游销售业务主要以加油站网络建设和润滑油销售为主。通过短短的几年时间,壳牌已经在俄罗斯和乌克兰建立起完整的加油站营销网络。自1997年起,壳牌在俄罗斯逐步建立了数量为67座的加油站网络。

在乌克兰,壳牌和乌克兰燃料零售联盟合资成立燃油零售企业,从而使壳牌在乌克兰建立起150座壳牌品牌的加油站。其中,壳牌将拥有该合资企业经营控制权,并持有51%的股权,而联盟将持有其余49%。

壳牌在独联体的润滑油销售主要以壳牌喜力系列和壳牌劲霸系列为主。通过几年的努力,壳牌的润滑油已经拓展到独联体国家的各行各业中。

第二节　壳牌在俄罗斯

壳牌进入俄罗斯的时间较早,至今已有一百多年的历史。由于俄罗斯的石油储量基础深厚,壳牌始终没有放弃对俄罗斯的投资。

虽然在俄罗斯的业务开展经受了挫折,但是壳牌在1992重新进入该国,并通过开展下游业务来渗透到俄罗斯的石油行业中。

一、壳牌在俄罗斯的发展历史

早在19世纪后期,俄罗斯就成为石油生产的主要中心之一。在高加索地区和里海地区的矿产探索,引起了许多外国石油生产商的关注,

而壳牌的创始人马科斯·塞缪尔就是其中之一。1891年,马科斯·塞缪尔与罗斯柴尔德家族签订了为期9年的包销合同,成为该家族经营俄罗斯煤油的唯一经销商。当时罗斯柴尔德家族控制了俄罗斯近一半多的煤油出口。后来,马科斯·塞缪尔在巴库发现诺贝尔兄弟公司用散装油轮可以大大降低运费,于是决定采用油轮的方式运输煤油。1892年,他建立了壳牌的第一艘油轮骨螺号,油轮载重5010吨,上面悬挂着壳牌的标志,油轮驶出翰德普尔造船码头,通过苏伊士运河,经由地中海进入黑海,到达巴

库开始装载并运送石油。壳牌通过第一艘油轮逐渐发展到运输船队，很快就拥有了当时世界上最大的私人运输船队。

1907年，根据俄罗斯和英国在亚洲划分势力范围的协议，壳牌强化了自身在高加索地区和里海地区的地位，并且开始收购俄罗斯企业的股份。

1911年，壳牌买下了属于罗斯柴尔德家族的俄罗斯石油公司，控制了俄罗斯超过20%的石油产业，其石油产量约占俄罗斯石油总产量的三分之一。

1917年，壳牌在俄罗斯的资产总额超过100万卢布，石油产量已经达到1.45万吨。

1917年10月，俄国爆发十月革命，后来壳牌在俄罗斯的所有资产被苏联政府没收，但其并没有终止与俄罗斯的业务联系，双方签订石油供应合同，继续进行石油业务。

第二次世界大战期间，壳牌根据租借法案积极为苏联提供石油产品和食物。在战争结束后多年，直到80年代中期，壳牌皆从苏联买进石油和石油产品，同时，向苏联供应各种经过深加工的石油产品。

1983年，壳牌在苏联开设了一个办事处，并于1992年在莫斯科注册壳牌石油公司，负责壳牌在苏联的润滑油销售。

目前，壳牌是俄罗斯最大的外国商业投资者之一。迄今为止，壳牌已经通过合作的方式渗入到俄罗斯石油行业的各个业务领域：勘探、采矿、石油和天然气运输、销售、润滑油、化学品和石油产品、汽车和工业用油，以及加油站网络的建设和运作。

壳牌在俄罗斯的加油站

巴库油田

二、壳牌在俄罗斯的勘探业务

（一）萨哈林－2号天然气项目

1994年，壳牌携手日本三井财团的三井物产、日本三菱财团的三菱商事成立萨哈林能源公司（Sakhalin Energy），共同开发萨哈林－2号天然气项目，其中，壳牌是该项目最大的股东，拥有该项目55%的股份，另外45%的股份分别由三井物产（25%）和三菱商事（20%）持有。萨哈林－2号的石油储量为6亿吨，天然气储量为7000亿立方米。鉴于当时俄罗斯政府并没有开发该项目的资金实力，萨哈林－2号油气项目完全由外国公司参与开发。

2006年，俄罗斯政府强势介入该项目，并对萨哈林能源公司实施控股，新股本结构为俄罗斯天然气股份公司（Gazpron）持股50%、壳牌持股27.5%、日本三井公司持股12.5%、日本三菱公司持股10%。

2012年3月，该项目已经实现盈利。俄罗斯已经开始收取项目中自己那部分的产品利润，并按照之前签署的"产品分配协议"，在偿还完所有245亿美元的费用（包括项目第一、二阶段的投资和运营费用）后，开始对该项目进行产品分配。

（二）季曼—伯朝拉地区油气勘探项目

2011年11月，壳牌获得了俄罗斯拥有丰富石油储量的季曼—伯朝拉地区（Timan Pechora province）的第一份油气勘探许可证，开始进军俄罗斯上游勘探业务。

该区域为俄罗斯国内石油巨头传统强势区域，壳牌麾下的子公司壳牌油气开发公司以6050万卢布的价格获得了 East Talotninsky 油田的勘探许可证，成为壳牌在该区域的第一份勘探许可证。

三、壳牌在俄罗斯的销售业务

（一）壳牌在俄罗斯的零售网络与服务

1997年，俄罗斯圣彼得堡出现了第一座壳牌加油站，到现在，壳牌在俄罗斯圣彼得堡、圣彼得堡地区、莫斯科、莫斯科周边地区以及在沃洛格达、利佩茨克、特维尔、图拉和雅罗斯拉夫尔地区已经设立了近百座加油站，所有的加油站都符合俄罗斯的环境和工业安全标准。

壳牌还在加油站中开设咖啡馆和便利店，为司机提供休息之处。便利店中陈列食品、饮料和相关产品，以供人们进行选择。

壳牌在全世界34个国家开展了加油卡业务，俄罗斯就是其中之一。壳牌将俄罗斯纳入"EuroShell"卡的业务范围，使壳牌卡的持有人拥有更广泛的加油空间。壳牌通过壳牌卡业务为企业和个人提供更安全更有效的燃油购买方式，可以使客户更方便地控制运输成本。

布龙尼齐的壳牌加油站

壳牌在俄罗斯的加油卡

2010年壳牌在俄罗斯的加油站分布表

壳牌加油站所在地区	地区总数（个）
莫斯科	6
莫斯科周边地区	10
圣彼得堡	22
圣彼得堡地区	2
沃洛格达	4
沃洛格达地区	10
利佩茨克地区	2
诺夫哥罗德和诺夫哥罗德地区	2
斯摩棱斯克地区	3
特维地区	2
图拉地区	3
雅罗斯拉夫尔地区	1

（二）壳牌在俄罗斯销售的主要产品

壳牌积极开发其在俄罗斯的石油产品业务，在俄罗斯壳牌经营的主要燃油型号为98号、95号、92号、80号汽油和壳牌柴油。壳牌在俄罗斯车用润滑油市场的占有率高达20%。并且壳牌和 Aerofuels 的合资公司在莫斯科的多莫杰多沃机场提供飞机加油服务。

壳牌在俄罗斯销售的润滑油主要是壳牌喜力系列和壳牌劲霸系列。其中壳牌劲霸系列以柴油发动机用润滑油为主，其主要型号有 R2 增强型、R3、R4、R5、R6系列。

第三节　壳牌在哈萨克斯坦

1995年，壳牌开始进入哈萨克斯坦发展业务。在此期间，壳牌主要开发发动机油和润滑油市场，并取得了显著的成绩。壳牌喜力、壳牌劲霸成为哈萨克斯坦最受欢迎的润滑油品牌。

壳牌通过在哈萨克斯坦成立的8家分销公司雇佣当地工作人员，与哈萨克斯坦建立起合作伙伴关系。在哈萨克斯坦，壳牌的主要客户是 Kazakhmys 财团、ENRC 公司和哈萨克斯坦 Temir 乔利等大型企业。

如今，壳牌不但是哈萨克斯坦的主要石油产品供应商之一，还是哈萨克斯坦社会建设的支援者。

一、壳牌在哈萨克斯坦的历史

对于壳牌公司而言，其在哈萨克斯坦的初期活动并不是一帆风顺的。可以说，壳牌公司是哈萨克斯坦石油业的最早探路者。早在20世纪初期，壳牌公司就与其他一些公司来到里海地区，与圣彼得堡沙皇政府指定的租让企业进行合作。后来因苏联政府加强对里海的监控，拒绝外国公司在此工作，壳牌公司就在十月革命后离开了哈萨克斯坦。苏联解体后，壳牌公司第一个重返哈萨克斯坦市场。1999年，壳牌公司在阿拉木图市的多斯迪克宾馆设立了代表机构，代表

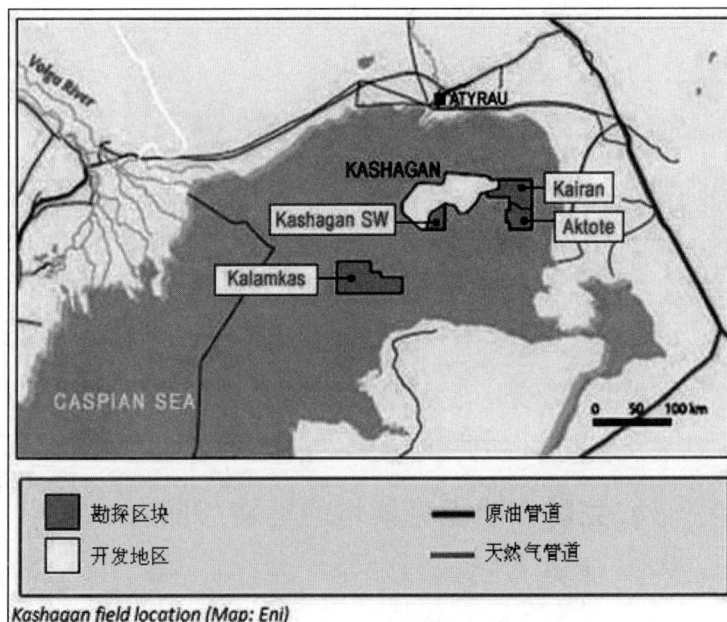

哈萨克斯坦里海油田

367

机构的活动限于里海南部地区。壳牌公司为了扩大销售业务，从比利时进口汽车润滑剂，甚至将一种用于石油产品深加工的原料带入哈萨克斯坦市场，这些原料中的化学添加剂能增加沥青表面的坚固性。1998年11月，壳牌开始在哈萨克斯坦共和国塞加克油矿钻井。如今，公司已重新参与到对哈萨克斯坦西北部陆地进行石油勘探开采的重要项目中。

二、壳牌在哈萨克斯坦的勘探开发合作项目

在 KMOK 联合经营公司所运营的"珍珠"项目中，壳牌持有55%的股份，与其合作伙伴阿曼石油公司共同经营这一项目。2008年底，在完成了 Auezov-1号井的勘探以后，Meruerty 里海作业 BV 公司（KMOK）证实在合约所包含的领域范围内第二次发现石油——"珍珠"油田。于是，KMOK 公司开始在"珍珠"油田进行第三次钻井。其工程深度为2075米。这个钻井勘探计划将使用移动自升式钻井平台（SFDR）。在 KMOK 公司中约有95%的员工来自哈萨克斯坦。

"珍珠"项目

三、壳牌在哈萨克斯坦的运输与储存业务

里海管道财团主要负责从哈萨克斯坦的田吉兹油田和卡拉查干纳克油田输送原油到俄罗斯黑海港口新罗西斯克港。该财团股东包括美国雪佛龙公司、俄罗斯卢克石油公司、俄罗斯国家石油管道运输公司（Russian's State Oil Pipeline Company）、荷兰皇家壳牌公司、埃克森美孚公司、哈萨克斯坦国家石油和天然气公司和意大利埃尼公司。

里海管道财团最初创建于1992年，当时，俄罗斯、哈萨克斯坦和阿曼政府建立了一个将原油从哈萨克斯坦运输到黑海出口的专用管道。雪佛龙公司被邀请加入，但是由于过高的财政负担，谈判破裂，管道被迫关闭。经过几年的停顿状态，直到1996年，项目拆分为8个项目开始了新的建设。2003年，雪佛龙公司、美孚公司、卢克石油公司、荷兰皇家壳牌石油公司和俄罗斯石油（Rosneft）公司、BP 公司加入里海管道财团。股份分为两部分，3个政府和8个公司各占50%的股份。3个政府所拥有的股份包括：俄罗斯联邦财产基金会（持股24%）、哈萨克斯坦国家石油控股公司（持股19%）、阿曼国家石油公司（持股7%）；8个公司的股份为：美国雪佛龙里海管道联合公司（持股15%）、美孚里海管道公司（持股7.5%）、Oryx 里海管道公司（持股1.75%）、俄美合资卢克公司（持股12.5%）、俄英合资俄油—壳牌里海投资有限责任公司（持股7.5%）、意大利阿吉普国际集团公司（持股2%）、英国天然气公司海上作业有限责任公司（持股2%）、哈萨克斯坦管道投资公司（持股1.75%）。

2007年4月，俄罗斯政府向俄罗斯国家石油管道运输公司 Transneft 公司转让其股份。2008年10月，阿曼政府以7亿美元的价格将7%的股份出售给 Transneft 公司。2008年12月17日，各股东之间签署了备忘录，准备扩大管道。

里海管道财团股份分布表

Transneft公司（持股31%）	哈萨克斯坦（持股19%）
雪佛龙里海管道财团有限公司（持股15%）	Luk Arco BV（持股12.5%）
美孚里海管道有限公司（持股7.5%）	俄罗斯石油公司—壳牌里海Ventures公司（持股7.5%）
阿吉普国际（NA）NV（持股2%）	Oryx里海管道有限责任公司（持股1.75%）
BG海外控股有限公司（持股2%）	哈萨克斯坦管道投资有限责任公司（持股1.75%）

里海管道财团的输送管道全长1582千米，将西哈萨克斯坦的田吉兹油田与俄罗斯新罗西斯克的海上终端连接起来。它于2001年投入使用，每年可以为哈萨克斯坦运输2170万吨出口石油。如果将它与俄罗斯石油运输集团的管道系统连接起来并接入俄罗斯的原油，那么它的通过能力可以增加到每年2800万吨。

四、壳牌在哈萨克斯坦的销售业务

壳牌在哈萨克斯坦的零售业务主要集中在润滑油销售上，其产品主要以喜力系列和劲霸系列为主。在喜力系列中主打产品为喜力HX8；在劲霸系列中的主打产品是劲霸R6 LME。

第四节　壳牌在乌克兰

乌克兰位于欧洲东部，黑海、亚速海北岸，大部分地区属东欧平原。1991年宣布独立。

壳牌在乌克兰的活动始于1992年，其主要业务包括：地质勘探、开采碳氢化合物、天然气、燃料、润滑油销售以及建设和经营加油站。壳牌在乌克兰拥有约两千名乌克兰籍员工，总部设在基辅。

一、壳牌在乌克兰的勘探与开采业务

壳牌在乌克兰的勘探业务主要以与乌克兰国内石油公司合作的方式开展，共同开发乌克兰油气资源。

2006年，壳牌与乌克兰国家石油公司子公司达成协议，共同进行油气开采，协议内容包括联合勘探哈尔科夫和波尔塔瓦地区。

在勘探合作中，壳牌的技术优势得到了进一步的体现，这也是乌克兰进行深层次能源勘探和开采所需要的。2008年，壳牌与乌克兰石油公司的子公司开始了勘探作业，并计划在不久的将来开始钻探第一口油井。

2012年7月，壳牌与乌克兰天然气公司（Ukrgazvydobuvannya）签署合作协议，壳牌计划耗资2亿美元在乌克兰 Kharkiv 地区钻取3口天然气井。

壳牌在乌克兰的石油勘探

二、壳牌在乌克兰的销售业务

壳牌在乌克兰的活动始于1992年，主要业务包括：地质勘探、开采碳氢化合物、天然气、燃料、润滑油销售以及建设和经营加油站等。

壳牌在乌克兰的加油服务站夜景

（一）壳牌在乌克兰的加油站网络

壳牌在2007年与乌克兰的一家石油公司——Alliance石油公司组成了一家合资公司来共同经营管理乌克兰国内的加油站网。

在这家加油站合资公司中，壳牌公司拥有51%的股份，而乌克兰 Alliance 石油公司将控制49%的股份。

新的合资公司成立后，壳牌对 Alliance 石油公司旗下的150座加油站进行了合并、重建和现代化改造。合资公司占到乌克兰精制石油产品市场15%～20%的份额。根据协议，乌克兰方面将提供150座加油站，而壳牌公司将提供资金、许可证和商标名称。合资公司用了2—3年的时间对这些加油站进行重新更换商标名称。

（二）壳牌在乌克兰销售的主要产品

1. 壳牌销售的燃料

壳牌根据乌克兰的地区特点，推出了壳牌V-Power 系列燃油，包括壳牌 V-Power 汽油和柴油。并专门提供了适应当地低温条件的北极柴油，来满足当地客户的需求。

北极柴油是一种石蜡含量最低的柴油，使汽车发动机在室外温度为 −32℃时能够正常运转。

2. 壳牌天然气业务

2006年8月，壳牌在乌克兰开始了天然气的供应业务，可以为乌克兰的广大用户提供多种可供选择的天然气产品。壳牌在乌克兰的能源市场具有不容置疑的销售优势，已经开始以乌克兰天然气制造商的身份进行销售活动。如今，壳牌在乌克兰能源市场中成为占有比例和满意度最高的公司。

第十五章　壳牌在非洲

第一节　壳牌在非洲的概述

一、壳牌在非洲的发展历程

壳牌进入非洲的时间并不晚，但发展速度却不快，从20世纪初到20世纪70年代一直处于缓慢发展阶段。壳牌最早是以煤油销售商的身份进入非洲的，随着业务的拓展，其在非洲的业务已经遍布上中下游。但从2008年开始，基于壳牌集团的整体战略，剥离了部分在非洲的低利润产业，将业务重点放在上游的勘探与开发上。

1905年毛里求斯
20世纪20年代坦桑尼亚
1911年埃及
1904年南非
1900年肯尼亚

1928年突尼斯
1928年阿尔及利亚
20世纪30年代尼日利亚
1928年加纳
1922年摩洛哥

1965年科特斯瓦
1960年加蓬
20世纪50年代塞内加尔

壳牌进入非洲各国的时间

二、壳牌在非洲的发展战略

2010年4月，壳牌宣布将剥离其在非洲的部分业务。这是2008年壳牌放弃了其在非洲15个国家的相关业务之后，第二次重新评估其非洲业务。目前，壳牌非洲油品公司宣布，正在重新评估在非洲21个国家的下游业务，并可能再次出售其在非洲的多数资产。

在壳牌2010年的非洲评估中，并不包括勘探、开采液化天然气以及多数国际贸易业务，此外，在南非的燃料油、润滑油销售业务和炼制加工业务，以及在埃及的润滑油业务均不在此次评估范围内。壳牌的此次评估是出于赢利和未来发展的考虑，将下游业务集中于利润较大或具有发展潜力的市场，从而获得更重要的市场地位和充分的发展空间。

壳牌评估的下游业务包括：零售业、商业燃料、润滑油、液化天然气、沥青、航空燃料及航海燃料。涉及的国家有：摩洛哥、阿尔及利亚、突尼斯、埃及、科特迪瓦、布基纳法索、加纳、多哥、塞内加尔、马里、几内亚、佛德角、肯尼亚、乌干达、坦桑尼亚、勃茨瓦纳、纳米比亚、马达加斯加、毛里求斯、留尼汪。南非的液化天然气业务也在此次评估范围之内。

此次评估与壳牌集中下游业务的整体战略一致，此后壳牌还要对其全球其他地区的业务进行评估和剥离，继续实施出售下游资产的计划。壳牌预计，将出售其全球15%的炼制业务和35%的零售市场，并撤掉分布在世界各地5%的壳牌品牌店。

壳牌是继雪佛龙和埃克森美孚公司之后，又一个因为利润微薄，打算退出非洲石油下游业务的跨国石油公司。准备竞购壳牌资产的企业包括：印度埃萨尔信实集团（Essar Reliance）、利比亚 Oilibya 公司和南非 Engen 公司。肯尼亚美孚公司 CEO 帕特森认为，埃萨尔的胜出可能性较大，因为埃萨尔已经拥有肯尼亚石油公司炼油厂50%的股份，如果收购成功，就能把非洲的炼厂变成进口终端，进口印度生产的油品。

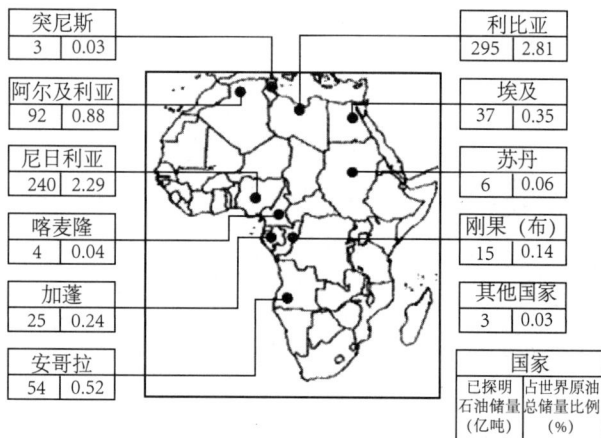

突尼斯		利比亚	
3	0.03	295	2.81

阿尔及利亚		埃及	
92	0.88	37	0.35

尼日利亚		苏丹	
240	2.29	6	0.06

喀麦隆		刚果（布）	
4	0.04	15	0.14

加蓬		其他国家	
25	0.24	3	0.03

安哥拉		国家	
54	0.52	已探明石油储量（亿吨）	占世界原油总储量比例（%）

2002年非洲各国石油储量与比例示意图

三、壳牌在非洲的业务分布

（一）壳牌在非洲的勘探与开发业务

非洲共有20个产油国，其中尼日利亚、阿尔及利亚、安哥拉、埃及和利比亚5国的产量约占非洲石油总产量的85%。截至2010年，非洲国家的石油产量占世界石油总产量近20%，占世界石油探明储量的11%。

从石油储量上来看，非洲虽然无法取代中东的地位（位居世界第四位），但其巨大的开发潜力同样不容忽视。非洲地区不仅有丰富的油气资源（已探明而未开采），同时还具备发现世界级新油气田的巨大潜力。截至2007年1月，

利比亚、尼日利亚、阿尔及利亚、安哥拉和苏丹的原油储量分别为415亿桶、362亿桶、123亿桶、80亿桶和50亿桶。非洲石油具有含硫量低、油质好、开采成本低、投资回报率高等特点，根据专家预计，未来几年中世界石油产量增幅的四分之一将来自非洲。在经济全球化进程中，非洲国家正努力改善投资环境，并在引进外资开发石油方面取得了明显成效。与此同时，全球各大石油公司也加速开发非洲油气资源，非洲国家石油领域的国际合作正在深化，海上和陆上的石油勘探程度逐步加深，探明储量不断增加，非洲的石油产量也随之进入了迅速增长的阶段。

从油气资源的分布上来说，非洲的石油资源主要集中在陆上，占其石油资源总量的三分之二，而海上的石油资源则集中在几内亚湾一带（约占非洲海上石油资源总数的四分之三），尤其是尼日利亚至安哥拉一带近海海域。

从发展形势上来说，非洲油气勘探程度相对较低，待发现资源量较多，远景区域主要分布在北非陆上和西非深海海域。目前，西非深海地区日益成为关注焦点，特别是在安哥拉内战结束后，西非形势日趋稳定，各大石油公司均积极开展西非深海地区的勘探与开发活动。

壳牌在非洲的石油和勘探业务主要集中在突尼斯、塞内加尔、尼日利亚、南非、摩洛哥、肯尼亚、加蓬、埃及等国家。

（二）壳牌在非洲的炼化业务

1954年以前，非洲没有一座炼油厂，炼化产品主要靠壳牌和美孚两大石油巨头从欧洲和美洲引进。

1954年，法国石油公司道达尔公司和美孚真空石油公司分别在阿尔及尔（阿尔及利

亚首都)和德班(南非海港城市)建立了炼油厂,它们是非洲的第一批炼油厂。之后的数年中,各大石油公司纷纷在非洲建厂:1958年,Pettrofina 公司在安哥拉首都罗安达建立炼油厂;1963年,壳牌/BP 公司、ENI/Agip 公司、Consortium 集团分别在肯尼亚、加纳和塞内加尔建立了炼油厂。20 世纪 60 年代,建立炼油设施的国家还有科特迪瓦、加蓬、坦桑尼亚、尼日利亚(哈科特港第一炼油厂)和南非(开普敦)。

70 年代以来,伴随着石油工业国有化浪潮,很多非洲国家建立起国家控制的炼油厂,比如阿尔及利亚在阿尔泽(Arzew)、尼日利亚在瓦里(Warri)、刚果在 CORAF、喀麦隆在 Sonnara 建立的炼油厂。20 世纪 80 年代,非洲再次迎来炼油厂建设高潮,尼日利亚的瓦里炼油厂和哈科特港第二炼油厂就是在这一时期建立起来的。

从 1954 年到 2004 年的 50 年间,非洲曾经拥有过 48 家炼油厂。但是近 10 年来,尽管也出现了一定数量的现代化项目,但新建的炼油厂却屈指可数——仅有 Khartown 炼油厂(2001 年)和位于埃及的 MIDOR 炼油厂(2002 年)。

新炼油厂越来越少,而倒闭的炼油厂却越来越多。1966 年,津巴布韦炼油厂因受制裁而关闭。从 1980 年到 2003 年,非洲 10 家炼油厂因效益不佳而永久性停产。非洲炼油厂纷纷倒闭的主要原因在于:世界炼油市场利润不高、国内燃油产品市场狭小、运营成本居高不下(炼油规模过小导致)以及产量过低等。20 世纪 80 年代开始,世界银行和国际货币基金组织坚持推行市场自由化,非洲现存的炼油厂面临着更加严峻的挑战。

壳牌在非洲中游的炼化业务分布见表。

壳牌在非洲的炼化业务分布表

加蓬	Sogara炼油厂
科特迪瓦	阿比让炼油厂
肯尼亚	蒙巴萨炼油厂
南非	Sapref德班炼油厂
尼日利亚	液化天然气厂
塞内加尔	非洲炼油公司

(三)壳牌在非洲的销售业务

基于整体的发展战略,壳牌于 2008 年、2010 年分两次出售非洲的相关业务,并于 2011 年 2 月宣布,将出售非洲 14 个国家的燃料零售业务。

据悉,著名的维多石油集团(Vitol Group)与赫里奥斯投资合伙人法律事务所(Helios Investment Partners)将组建一个合资公司,以接手并控制壳牌在非洲大陆的大部分燃料营销业务。前者是总部设在瑞士的全球能源巨头,后者则是以非洲为重点的私人股权投资公司。壳牌有可能把 5 个以上非洲国家的燃料零售业务出售给这个合资公司。

2011 年,壳牌的总体目标是出售 50 亿美元的资产,而壳牌在过去的 5 年里在全球范围内已出售了大约 300 亿美元的资产。

如今,壳牌在非洲的成品油零售业务已经基本剥离,仅在消费能力较强和利润理想的地区保留了一部分的成品油零售业务(主要是在南非)。壳牌在南非的汽油和柴油市场占有强势地位,拥有超过 800 个零售网点,占整个南非成品油零售市场的 17.8%。

第二节　壳牌在阿尔及利亚

阿尔及利亚是非洲重要的产油国，素有"北非油库"之称，是欧佩克十个成员国之一。阿尔及利亚的石油储量极为丰富，对壳牌在非洲的石油战略具有特殊意义，是壳牌未来发展的重要组成部分。

一、壳牌在阿尔及利亚的发展历史

早在1928年，壳牌就已在阿尔及利亚开始了业务活动，当时主要是为汽车和航空业提供燃料和润滑油。今天，壳牌主要在阿尔及利亚从事陆上勘探业务，并为零售市场提供润滑油。此外，壳牌全球解决方案也活跃在阿尔及利亚。

2002年，壳牌与阿尔及利亚国营碳氢化合物运输和销售公司（Sonatrach）签署了一份液化天然气销售协议，并签订了合作备忘录，决定将在阿尔及利亚的能源开发领域进行深度合作，并为此成立了一个联合项目集团。

2007—2008年，壳牌在阿尔及利亚投入1亿美元，以扩大在该国的上游勘探业务。2007年2月，壳牌与阿尔及利亚国家石油公司签署了多个合作备忘录，合作的领域包括就合作开发阿尔及利亚项目进行商业和技术的可行性研究、项目设计、上游开发、液化天然气以及油品和销售，双方还将合作研究评价交换上游勘探开发资产的可能性。

二、壳牌在阿尔及利亚的销售业务

壳牌在阿尔及利亚的销售主要集中在成品油、天然气、润滑油、沥青等方面，销售方式包括：零售服务站、加油站、销售网点等。

2010年4月，壳牌宣布，将撤出包括阿尔及利亚在内的非洲21个国家的下游销售业务。

第三节　壳牌在科特迪瓦

科特迪瓦位于西非几内亚湾地区，天然矿产资源非常丰富，其国土总面积32.24万平方千米，号称"象牙海岸"。

壳牌在科特迪瓦的业务主要集中在炼化与销售方面，科特迪瓦成为壳牌在非洲成品油市场的一个重要补充。

一、壳牌在科特迪瓦的勘探与开发业务

壳牌一直努力与科特迪瓦政府进行合作，以进入科特迪瓦的上游勘探与开发业务，1996年9月20日壳牌公司与科特迪瓦政府签署了该国第一个深海勘探业务。

二、壳牌在科特迪瓦的炼化业务

阿比让炼油厂（SIR Refinery）建于1965年，是科特迪瓦最大的炼油厂，也是非洲最重要的炼油厂之一，原油日产量6.5万桶，年产量290万桶。壳牌是该炼厂重要的股东之一，持有10.3%的股份。

三、壳牌在科特迪瓦的销售业务

壳牌科特迪瓦股份公司是负责壳牌在科特迪瓦销售活动的管理公司，其主要业务包括：成品油销售、燃料销售、润滑油销售、汽车护

理用品等。2010年4月，壳牌宣布撤出包括科特迪瓦在内21个非洲国家的大部分下游销售业务，只保留重点地区的产品供应。在这一期间，科特迪瓦燃油价格居高不下，为了提高市场竞争力，壳牌于2010年4月向科特迪瓦市场投放两款新的燃油产品——"壳牌超值柴油"(Shell Diesel Extra)和"壳牌超值高标汽油"(Shell Super Extra)。这两款燃油专为汽车族设计，使车辆在单位价格中行驶里程更长。

2011年，科特迪瓦推行新的石油政策，着手振兴石油行业。在这一背景下，壳牌将获得更多的机会，以及更多的新增利润点。

第四节　壳牌在埃及

埃及地处亚、非、欧三大洲交界处，北临地中海，东临红海，是沟通地中海与红海、连接大西洋和印度洋的交通要冲，具有重要的经济意义和战略意义。

埃及的石油、天然气资源极为丰富。伴随着苏伊士地中海战略管道工程的实施，埃及已经成为世界石油市场的重要交通走廊。

在壳牌的全球运营战略中，埃及具有重要地位，壳牌在埃及的业务状况也值得重视。埃及虽然是一个炼油工业发达的国家，是非洲重要的石油炼化大国，但其工厂大多归为国有，因此壳牌在埃及并没有炼化工业，其业务主要集中在勘探、开发与零售上。

一、壳牌在埃及的历史发展

壳牌在埃及的历史已有百年。1886年，埃及首次发现石油；1911年，壳牌在埃及的石油业务正式拉开序幕。壳牌早期的业务活动与埃及密切相关，壳牌埃及也是埃及最大的营销和国家经销公司。在埃及石油产业的发展初期，其上游领域近一半的业务归壳牌所有。

1960年，埃及将石油公司收归国有，壳牌不得不离开埃及市场；1974年，壳牌重返埃及，并于1979年发现了 Badr El 油田和 Sitra 油田。20世纪80年代，壳牌与埃及石油总公司（EGPC）合资成立了巴德尔石油公司（Bapetco），公司负责壳牌在埃及地区的业务。1998年，壳牌和埃及签署了埃及东北地区的地中海深水特许协议。2001年，壳牌国际天然气有限公司将壳牌煤气（NATGAS BV）18%的股份出售给埃及科威特控股公司。

埃及早期勘探

二、壳牌在埃及的勘探与开发业务

壳牌在埃及的上游业务大部分位于埃及西

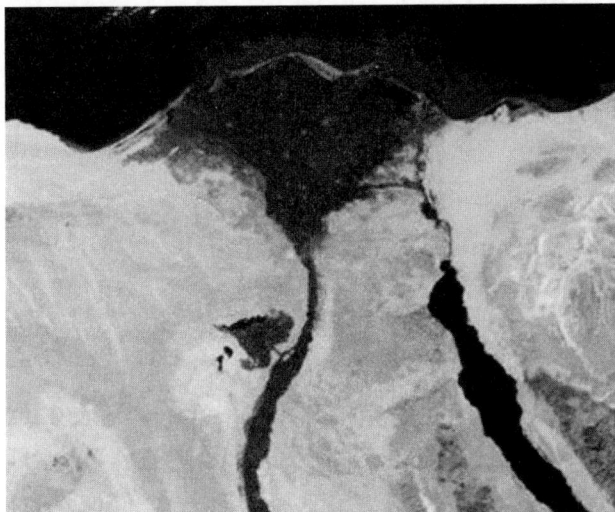
埃及尼罗河三角洲地区

部沙漠，主要包括以下拥有特许权股份的地区：巴德尔厄尔尼诺、Obayied、马特鲁、东北地中海和陆上西部沙漠。此外，壳牌在尼罗河三角洲、罗塞塔和达米埃塔还拥有超深水钻井

壳牌在埃及的石油勘探

平台。在埃及，壳牌每天的石油产量可达3.7万桶。

迄今为止，壳牌在埃及的总投资超过30亿美元，并且制定了一套具有前瞻性的运营计划，此计划以可持续发展为核心，进行持续、快速的业务扩张。

三、壳牌在埃及的销售业务

1997年4月，壳牌埃及营销有限公司成立，公司总部设在埃及首都开罗。公司主要负责壳牌在埃及的下游营销业务及销售管理业务。2010年4月，壳牌宣布退出包括埃及在内的非洲21个国家的零售业务。

第五节　壳牌在加蓬

加蓬自然资源丰富，是撒哈拉以南非洲的第四大石油生产国。石油工业在加蓬的经济中起着关键作用，约占全国出口收入的80%，原油出口约占国家财政预算的60%，超过 GDP值40%。相对于石油，加蓬的天然气开发力度就显得微不足道，如今还是一种相对未开发的自然资源。

虽然壳牌进入加蓬的时间才几十年，但是加蓬石油的丰富储量已经成为壳牌在非洲的供应基地之一。

一、壳牌在加蓬的发展历史

1960年，壳牌开始在加蓬开展业务，最初主要是勘探加蓬的石油资源。1963年，壳牌发现了岗巴油田，同时也打下了壳牌在加蓬的第一口油井。为了方便原油出口，壳牌兴建了航运码头。4年后，码头装载了第一批原油。

1977年，岗巴油田的日产量是23.9万桶，为了加大产出，壳牌增加了岗巴地区的劳动力，同年油田的产量达到500万桶。2000年，壳牌在加蓬的业务公司成立，壳牌在加蓬的发展揭开了新的一页。

二、壳牌在加蓬的勘探与开发

到目前为止，加蓬共颁发了9份勘探许可证，壳牌拥有其中的6份。加蓬是非洲最大的石油生产国之一，壳牌加蓬的石油产量约占加蓬总产量的66%。

目前，一份关于科拉油田和路易威登油田开采权的许可证正在审核中，壳牌拥有3个区块的开采权，这3个区块是 Avocette、库卡尔和 Atora。许可证的有效期是11年（2010—2021年）。同时，壳牌还持有在 Igoumou 马林（加蓬海域）的两份深海勘探合同（BC9和BCD10）。

壳牌在加蓬的石油炼化

壳牌在加蓬的石油勘探

壳牌在加蓬的石油销售

壳牌在加蓬的发展

三、壳牌在加蓬的炼化业务

壳牌在加蓬的炼化业务是通过 Sogara 炼油厂进行的。Sogara 炼油厂位于让蒂尔港，是加蓬唯一的一座炼油厂。它建于 1967 年，原油日产量 2.1 万桶，是一家合资炼油厂。其中，壳牌持有 17% 的股份。Sogara 炼油除了生产石油还生产沥青，但质量相对不高，因此还需要依赖进口来满足加蓬国内市场的需求。

四、壳牌在加蓬的销售业务

壳牌公司是加蓬的第二大石油运营商，在加蓬拥有 530 名员工，是加蓬重要的经济合作伙伴。壳牌在加蓬开展的销售业务主要包括成品油销售、天然气销售和润滑油销售等。2010年 4 月，壳牌因为发展战略和经营利益关系的变化，宣布退出包括加蓬在内非洲 21 个国家的下游销售业务。

第六节　壳牌在加纳

加纳位于非洲西部、几内亚湾北岸，西邻科特迪瓦，北接布基纳法索，东与多哥接壤，南临大西洋，海岸线长约 562 千米。加纳是非洲重要的石油生产国，能源储量雄厚，位置优越，是壳牌在非洲重要的合作国家之一。

一、壳牌在加纳的发展历史

1928 年，壳牌开始了在加纳的早期活动，但其正式开展业务是在 1963 年之后。

1963 年，壳牌在加纳成立了加纳壳牌有限

加纳石油开发

公司，公司的总部设在阿克拉，旗下还包括两个包装润滑油厂，分别设在特马和库玛西，此外，公司还拥有一个沥青厂及其销售办事处，设在塔科拉迪。

壳牌是加纳采矿业碳氢化合物产品的主要供应商，其在加纳的石油销售方面约占加纳整体市场份额的23%。

二、壳牌在加纳的销售业务

壳牌在加纳的石油产品主要来自于加纳国家石油公司（GNPC）旗下的特马炼油有限公司，壳牌在加纳的销售业务主要包括：零售、燃料、沥青、餐饮、矿业、润滑油销售等。

2007年，加纳壳牌石油公司获加纳标准局许可，开始在加纳市场销售无铅汽油，这在撒哈拉沙漠以南的非洲地区尚属首次。

2010年4月，壳牌宣布撤出包括加纳在内的非洲21个国家的下游业务。

壳牌在加纳的服务站

第七节　壳牌在肯尼亚

肯尼亚位于非洲东部，东邻索马里，南接坦桑尼亚，西连乌干达，北与埃塞俄比亚、苏丹交界，东南濒临印度洋，海岸线长达536千米。肯尼亚矿产资源丰富，近年来，地质专家已在肯尼亚东北地区探明4处沉积盆地，总面积达40万平方千米，潜在油气资源丰富。

壳牌进入肯尼亚的时间已经超过百年。经过壳牌的不断努力，在肯尼亚已经获得了极大的成功。

一、壳牌在肯尼亚的发展历史

壳牌在肯尼亚的业务活动始于1900年，当时壳牌主要从事散装照明煤油的销售。1954年，壳牌公司第一次在肯尼亚进行石油勘探。发展到今天，壳牌已经成为肯尼亚主要的石油品牌。

二、壳牌在肯尼亚的勘探与开发业务

1954年，壳牌公司第一次在肯尼亚的拉穆湾畔与英国石油公司（BP）共同进行勘探，共打了十口钻井。

1992年，壳牌派地质学家在肯尼亚东北部的洛德瓦尔镇以南约100千米的 Loperot-1 测试井中提取了9升原油样本进行测试，测试一直持续到1993年1月。壳牌公司在本地区投资上亿英镑，花费了82天的时间，在 Loperot-1 测试井下勘探了3000米，虽然发现的原油并不丰富，但却具有极高的商业价值，壳牌在肯尼亚将近30年的积极探索终于有了回报。

2012年2月，为获得更多的肯尼亚和莫桑比克的油气资产，壳牌提出出价15.7亿美元收购了英国科夫能源公司（Cove Energy PLC）的要约。4月，壳牌最终以11.2英磅（约合18.1亿美元）收购成功，此成交价格较壳牌首次竞标的股价溢价42%。

壳牌在肯尼亚的石油勘探

三、壳牌在肯尼亚的炼化业务

肯尼亚炼油有限公司（Kenya Petroleum

壳牌在肯尼亚的石油炼化

Refinery Ltd）负责肯尼亚的炼油业务，其下属的蒙巴萨炼油厂（Mombasa Refinery）是肯尼亚最主要的炼油厂，年产量约为3000万桶。

蒙巴萨炼油厂是由肯尼亚政府和投资商共同拥有的，主要股东有肯尼亚政府、壳牌有限公司、雪佛龙公司和埃克森美孚公司，其中肯尼亚政府拥有炼油厂50%的股份，雪佛龙公司拥有炼油厂11.25%的股份，埃克森美孚和壳牌公司各拥有炼油厂12.75%的股份。

2008年，由雪佛龙、埃克森美孚和壳牌将其共同持有的蒙巴萨炼油厂的半数股份转让给了印度埃萨尔石油公司。

四、壳牌在肯尼亚的销售业务

壳牌从1900年进入肯尼亚以来，一直保持并持续发展在肯尼亚的零售业务，主要为肯尼亚市场提供成品油、润滑油、航空运输燃油、液化天然气和沥青。

2010年11月，壳牌和英国石油公司肯尼亚有限公司在肯尼亚通过连锁加油站的合作方式从事石油和天然气的分销，主要销售航空燃料、润滑油、天然气和沥青等。壳牌和英国石油公司肯尼亚有限公司的前身为阿吉普肯尼亚有限公司。

位于肯尼亚的内罗毕。该公司一直由壳牌和英国石油公司共同所有和管理，2007年4月26日，壳牌公司成为壳牌和英国石油公司（马林迪）肯尼亚有限公司的唯一拥有者。

壳牌在肯尼亚拥有零售服务站，在内罗毕和蒙巴萨主要的港口有运输服务，为各主要机场的航空提供各种服务，还在蒙巴萨油调配厂拥有润滑油业务。

第八节　壳牌在毛里求斯

毛里求斯是位于印度洋西南部的岛国，首都路易港，海岸线长 217 千米。壳牌自 1905 年开始进入毛里求斯，至今已有一百多年。壳牌是毛里求斯最早也是最大的外国石油企业，由于毛里求斯没有石油和天然气储备，壳牌的业务主要集中在下游。目前，对壳牌来说，毛里求斯是非洲石油产品的交易和中转中心。

一、壳牌在毛里求斯的发展历史

1905 年，壳牌东非有限公司开始进入毛里求斯。壳牌最早通过与布莱斯兄弟有限公司（Blyth Brothers & Company Limited）进行合作，以公司作为代理商来进行毛里求斯的市场运作。壳牌是第一个在毛里求斯岛上开展业务的国际石油公司，并通过与布莱斯兄弟有限公司的紧密合作使其业务顺利拓展。20 世纪 50 年代后期，作为壳牌非洲区域市场的重要组成部分，壳牌进行了区域公司重组，由壳牌群岛有限公司（Shell Company of the Islands Limited）取代了东非壳牌有限公司，成为壳牌在这一区域的代言人。

20 世纪 70 年代初，国际石油价格发生动荡，世界各大石油公司随之认识到在产油国设立子公司的重要性，因为可以通过子公司直接与产油国政府对话。在这一时代背景下，壳牌与布莱斯兄弟有限公司（历史最悠久的壳牌代理商）进行谈判，商讨毛里求斯的代理协议条款。终于，在 1976 年，壳牌接管了布莱斯在毛里求斯的业务，开设了自己的办事处，并雇佣了自己的工作人员。至此，壳牌开始直接经营

和管理毛里求斯的业务。

1982 年，由于业务的盈利能力过低，BP 集团决定撤出其非洲业务。随后，壳牌收购了 BP 集团下属的 BP 海洋群岛有限公司（BP Ocean Islands Limited）在毛里求斯的业务，组建了壳牌海洋群岛有限公司（Shell Ocean Islands Limited）。由于英国公司法的规定，壳牌群岛有限公司和壳牌海洋群岛有限公司被定义为公众有限公司 Public Limited Company（PLC）。1991 年 1 月 1 日，新注册的壳牌毛里求斯有限公司宣布成立，并接收了原有两个有限公司的业务，同时两个公司进行了股票交换。如今，在新成立的公司里，毛里求斯证券交易所和毛里求斯市民拥有其 25% 的股份。

目前，基于壳牌的整体战略，其在毛里求斯的多数加油站、油库和客户业务将被出售。

二、壳牌在毛里求斯的销售业务

在毛里求斯发展的一百多年中，壳牌通过其雄厚的资金、良好的技术知识和专业精神，建起一个综合性的能源业务网络。毛里求斯一半以上的能源需求供应来自壳牌。

壳牌通过遍布毛里求斯全岛的加油站为各种商业客户提供汽车燃料和润滑油，是当地石油产品市场的领导者，同时也是普莱桑斯机场航空燃料的供应商。此外，壳牌还在毛里求斯的路易港拥有一个油库，并通过国际和国内航线将燃油和润滑油运送到路易港的仓储中心和周边地区。

壳牌毛里求斯有限公司还是毛里求斯最

壳牌在毛里求斯的加油站

大的液化天然气供应商，主要针对家庭烹饪和商业应用。为了保证液化天然气的充足供应和对周边国家的出口，壳牌毛里求斯有限公司将通过联营的方式，对位于罗氏博伊斯（Roshe Bois）一个存储容量超过3000吨的油库进行投资，油库隶属于能源存储有限公司（Energy Storage Company Limited, ESCOL）。

1. 加油站网络

壳牌毛里求斯有限公司是毛里求斯最大的石油燃料经销企业，拥有40多座加油站和修理服务网点。

在毛里求斯的壳牌加油站中，顾客不仅可以买到燃料，还能在 Select 便利店中找到多种多样的生活必需品。

壳牌在毛里求斯加油站便利店经营品种一览表

饮料和果汁	化妆品及头发护理产品	小吃	烟草
罐头食品	婴儿护理用品	冷冻食品	点心和饼干
家居用品	牛奶，咖啡和茶	汽车护理用品	调味汁，调味料，香料
冰淇淋，冰块	葡萄酒和烈性酒	全鸡	三明治和热狗

在位于居尔皮普的加油站中，壳牌还开办了一家餐厅，消费者可以在加油的同时，在餐厅就餐。

壳牌 Select 便利店每周7天营业，营业时间为上午06:00至晚上10:00。

壳牌还在毛里求斯推行了加油卡业务，通过加油卡为顾客提供安全、安心、便利的付款方式，使顾客可以在加油站中买到优质的燃料和物美价廉的商品。

2. 壳牌润滑油销售

壳牌在毛里求斯销售的润滑油产品主要是车用和工业用润滑油两大类。其中，壳牌的工业润滑油在毛里求斯润滑油市场的份额排名第一。壳牌提供的工业润滑油广泛应用于毛里求斯的各个行业和产业中，得到毛里求斯客户和消费者的喜爱。

第九节　壳牌在摩洛哥

摩洛哥位于非洲西北端，东接阿尔及利亚，南临西撒哈拉，西濒大西洋，北隔直布罗陀海峡与西班牙相望，海岸线长达1700多千米，是地中海进入大西洋的门户。摩洛哥的潜在石油资源丰富，地理位置重要，是壳牌在非洲重点开发的国家之一，对于壳牌未来的发展意义重大。

一、壳牌在摩洛哥的发展历史

壳牌在摩洛哥的业务活动最早始于20世纪20年代。

1922年，壳牌摩洛哥有限公司在摩洛哥的卡萨布兰卡成立。

20世纪50年代，壳牌开始对摩洛哥进行石油勘探。1965年，摩洛哥的第一座炼油厂在壳牌的帮助下顺利建成并投入使用。此后壳牌在摩洛哥的业务不断扩大。

20世纪70年代至今，壳牌在摩洛哥的业务从陆地石油勘探到海洋石油勘探，从单一的成品油销售到产品项目的多元化销售，在不断发展的同时，也对摩洛哥石油市场的开发起到了重要作用。

二、壳牌在摩洛哥的勘探与开发业务

2000年，壳牌与原摩洛哥国营的 Onarep 公司签订了 Rimella 5 个区块为期 8 年的勘探协议。2002年，壳牌收购英国的 Enterprise 石油公司，获得了 Cap Draa Haute Mer 许可证。

2004年5月，壳牌公司开始对摩洛哥深水区块进行勘探钻井工作。

壳牌在摩洛哥的石油勘探

三、壳牌在摩洛哥的炼化技术服务

2008年2月，壳牌全球解决方案公司与摩洛哥政府签订了一份为期4年的技术服务协议，内容是公司为摩洛哥德欧莱雅工业公司所属的萨米尔炼油厂提供技术咨询和业务服务。萨米尔炼油厂通过壳牌公司的全球炼油经验和技术解决方案来实现现代化的精炼业务。

摩洛哥共有两座炼油厂，均由德欧莱雅工业公司运营。其中，萨米尔炼油厂是摩洛哥唯一的成品油炼油厂，成品油的产量约占全国需求的80%。而另一家炼油厂主要生产润滑油。

萨米尔炼油厂

第十节 壳牌在尼日利亚

尼日利亚是非洲最大的石油生产国，石油储量极为丰富，是壳牌在非洲最重要的开发对象与主要的石油供应国，对于壳牌在整个非洲的区域发展战略和全球发展战略具有重要意义。

壳牌在尼日利亚的业务主要集中于勘探开发和油品零售两方面，一直以来，壳牌在尼日利亚都没有涉及石油炼化业务。

一、壳牌在尼日利亚的发展历史

20世纪30年代，壳牌开始进入尼日利亚的石油勘探领域；

1956年，壳牌在尼日利亚打出第一口油井；

20世纪50年代以后，壳牌在尼日利亚开始进行大规模的石油勘探；

20世纪70年代以后，随着上游业务的顺利开展，壳牌在尼日利亚的销售业务也正式展开。

二、壳牌在尼日利亚的勘探与开发业务

壳牌是尼日利亚境内最大的西方石油公司，在当地已经营了七十余年。其间，壳牌石油公司一直是尼日利亚石油产业的支柱。尽管尼日利亚的政局并不稳定，但是壳牌一直坚持进行投资开发。

1956年，壳牌在尼日利亚打出第一口油井，壳牌的大规模石油勘探业务随之展开，至今已发现油田90多个，开钻油井100多口。目前，壳牌在尼日利亚的重点项目是面积达3.1万平方千米的OML区块。

2007年，壳牌在尼日利亚的原油日产量为90万～110万桶，占尼日利亚原油日产量的52%，到2010年其原油日产量达到130万桶。

壳牌在尼日利亚的海上石油勘探

三、壳牌在尼日利亚的天然气加工业务

壳牌在尼日利亚经营着最大的液化天然气厂，产品出口世界各地，其中壳牌持有25.6%的股份，并担任其技术顾问。壳牌在尼日利亚的合作伙伴还包括尼日利亚国家石油公司和阿吉普公司。

四、壳牌在尼日利亚的销售业务

壳牌在尼日利亚的销售业务开始较早，主要涉及成品油、天然气、多种品牌的润滑油和沥青等。销售方式包括：零售服务站销售、加油站销售、销售网点销售等。

壳牌尼日利亚天然气有限公司是一家全资公司，于1998年被纳入壳牌在尼日利亚的天然气下游分销体系。其主要业务是提供清洁、可靠、低成本的液体燃料，并对尼日利亚社会经济的改善提供帮助。

2010年4月，壳牌宣布计划撤出包括尼日利亚在内的非洲21个国家的下游销售业务，其中涉及尼日利亚石油业务的资产高达50亿美元。

第十一节　壳牌在塞内加尔

塞内加尔位于非洲西部的几内亚湾，首都为达喀尔。塞内加尔西濒大西洋，北接毛里塔尼亚，东邻马里，南与几内亚和几内亚比绍交界。塞内加尔的石油开采潜力巨大，对壳牌未来石油储量的增加具有重要意义。

一、壳牌在塞内加尔的发展历史

壳牌在塞内加尔的石油勘探始于20世纪50年代。

1963年，在壳牌的支持和帮助下，塞内加尔建成本国历史上的第一座炼油厂，并很快投入运营。

20世纪70年代至今，壳牌在塞内加尔的发展十分迅速，覆盖了上游的石油勘探与开采领域和下游的石油产品销售领域，由此，壳牌也成为塞内加尔的主要经济合作伙伴。

二、壳牌在塞内加尔的主要炼厂

1963年，包括壳牌在内的多家跨国石油公司联合建立了非洲炼油公司（Société Africaine de Raffinage, SAR），公司拥有塞内加尔历史上第一座炼油厂。炼油厂最初的生产能力为每年90万吨，经过设备升级，炼油厂的生产能力增加至每年110万吨。随着产能项目不断实施扩大，公司的生产能力将达到每年135万吨。

非洲炼油公司位于距离塞内加尔首都达喀尔23千米的 Mbao，由政府和投资商共同拥有，壳牌公司是公司股东之一，持有23.6%的股份，其他股东还包括 BP、埃克森美孚、德士古。壳牌和埃克森美孚是公司最大的两个股东。

三、壳牌在塞内加尔的销售业务

由于利润率一直较低，壳牌在2010年宣布出售了塞内加尔的零售业务，并将资本集中在塞内加尔的大型勘探与开采项目上，进而提高石油和天然气产量。

塞内加尔炼油厂（非洲炼油公司）

第十二节 壳牌在南非

南非的矿产资源极为丰富，GDP占非洲的四分之一，以盛产黄金和稀有矿产著称，是非洲大陆上名副其实的发达国家。南非是壳牌在非洲的重要服务对象，从发展战略上来说，南非对壳牌的未来有着极为重要的意义。

一、壳牌在南非的发展历史

壳牌在南非的业务开始于1904年，早期业务主要集中在下游的销售领域，主要以销售煤油为主。

20世纪50年代，壳牌在南非的勘探业务正式拉开序幕，随着南非经济的不断发展，壳牌在南非的业务也在不断壮大，已经覆盖石油业务的上、中、下游，真正成为南非不可或缺的一部分。

二、壳牌在南非的勘探与开发业务

壳牌在南非的石油勘探活动始于1950年，经过半个多世纪的时间，壳牌在南非的勘探活动不断发展壮大，成为南非社会经济发展重要的能源开发者与供应商。

2009年11月，壳牌取得了南非西海岸的一块深水区油田块的开采权，区块面积约3.7万平方千米，相当于整个荷兰的面积，这也是壳牌第一次在南非取得油气田区块的开采权。

2012年2月，该项目获得了南非政府油气勘探权，壳牌将在位于南非西岸以外海域的奥兰治盆地（Orange Basin）勘探石油和天然气。尽管奥兰治盆地深水部分迄今没有获得大量勘探，然而，奥兰治盆地深水部分已证实拥有具有大量商业油气发现潜力的生油岩。壳牌拥有此勘

探许可证100%股份，并在未来3年里将投资1500万～2500万美元来勘探这个盆地。

壳牌在南非的海上石油开采

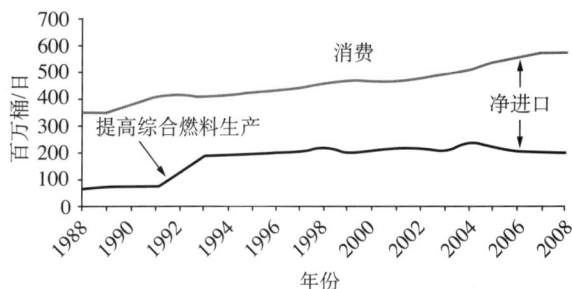

南非石油生产和消费

随着该油气田的开采运行，壳牌在南非的未来发展进入了一个新的篇章。

三、壳牌在南非的炼化业务

南非的炼油业极为发达。截至2008年，南非已经拥有6座炼油厂，这些炼厂分布在德班、开普敦等地，总的炼油能力为48.5万桶／日，产出的原油以内销为主。壳牌在南非的业务以石油炼化为主，其中，Sapref德班炼油厂建成于1963年，位于南非德班市，每天可生产18万桶原油和2.9万立方米天然气，年产量超过900万吨，是南非最大的炼油厂，壳牌和BP分别持有

Sapref德班炼油厂

该炼油厂50%的股份。

四、壳牌在南非的销售业务

壳牌在南非的业务最早开始于1904年，由于南非经济在非洲最发达，并且在近年来快速发展，壳牌在南非的下游业务的发展也更加迅速。

壳牌在南非所经营的产品包括燃料、润滑油、沥青、溶剂和其他化学品，并以这些产品为基础，占有了很大的市场份额。

壳牌在南非的汽油和柴油市场占有强势地位，拥有超过800个零售网点，占整个南非成品油零售市场的17.8%。

第十三节　壳牌在坦桑尼亚

坦桑尼亚位于赤道以南的非洲东部，北与肯尼亚和乌干达交界，南与赞比亚、马拉维、莫桑比克接壤，西与卢旺达、布隆迪和刚果（金）为邻，东濒印度洋，大陆海岸线长达840千米。坦桑尼亚的天然气资源比较丰富，迄今为止，有关人员已在坦桑尼亚大陆河流入海口附近及近海大陆架发现了3块天然气田，其中松戈松戈（Songo Songo）岛的气田最大。2007年，专家估计松戈松戈岛气田的天然气储量约为134亿立方米。

近年来，坦桑尼亚经济发展迅速，投资环境更加安全，政府积极鼓励国外企业参与开发坦桑尼亚的能源，带动坦桑尼亚整个行业的发展。这些有利因素促使壳牌在坦桑尼亚的业务得以顺利开展，使壳牌在坦桑尼亚的业务成为壳牌在非洲大陆整体业务中的重要组成部分。

一、壳牌在坦桑尼亚的发展历史

壳牌很早就进入了坦桑尼亚，20世纪20年代，壳牌就在坦桑尼亚成立了壳牌坦桑尼亚石油天然气公司。

1952年，壳牌在坦桑尼亚开始第一次石油勘探。

20世纪80年代，壳牌在坦桑尼亚石油产业上游业务的发展进入高峰期，随即开始在坦桑尼亚进行大规模的石油勘探。

进入20世纪90年代，壳牌在坦桑尼亚的石油下游销售业务得到了极大的发展。

二、壳牌在坦桑尼亚的勘探与开发

1952年，壳牌获得了沿海和岛屿的勘探权，第一次在坦桑尼亚进行石油勘探。壳牌打了一百多个浅层钻孔，做了大量重力、空气磁力、映象和折射（Reflection and Refraction）等方面的研究，发现了一个厚沉积层，并且在桑岛、奔巴岛、玛非亚岛和曼达瓦盆地各打了一眼初探井。虽然壳牌没有从这些井中发现石油，但还

壳牌在坦桑尼亚的石油勘探

是发现了含油地层。

坦桑尼亚石油的暴利吸引了多家石油跨国公司进入坦桑尼亚进行勘探行动。由此，坦桑尼亚在1980年颁布了《1980年石油勘探和生产法》。这是坦桑尼亚历史上勘探活动最集中的一个时期，壳牌在勘探活动中表现积极。

三、壳牌在坦桑尼亚的销售业务

壳牌在坦桑尼亚的石油销售业务始于20世纪80年代后期，90年代则进入黄金期，其主要业务集中在成品油销售、润滑油销售、沥青销售等方面。

2010年4月，壳牌宣布撤出包括坦桑尼亚在内非洲21个国家的部分下游业务。

第十四节　壳牌在突尼斯

突尼斯地处非洲北部，地中海沿岸，地理位置重要，石油资源储量丰富，是非洲重要的石油生产国之一，也是壳牌在非洲重点进行能源开发活动的国家之一。壳牌在突尼斯拥有2500多名员工。

一、壳牌在突尼斯的发展历史

1928年，壳牌进入突尼斯，主要从事油品销售业务。

1949年，壳牌开始在突尼斯开展勘探和开发活动，但直到20世纪90年代，其勘探与开发活动才日趋活跃。

2010年，壳牌获得突尼斯颁发的海上石油和天然气勘探的两份勘探许可证，开启了新的业务篇章。

二、壳牌在突尼斯的勘探业务

壳牌在突尼斯的上游勘探活动始于1949年，从1949年到今天，壳牌一直活跃在突尼斯的上游石油勘探和开发领域。

2010年4月8日，突尼斯向壳牌突尼斯海上公司颁发了两份在突尼斯进行海上石油和天然

壳牌在突尼斯的海上石油勘探

壳牌在突尼斯的石油勘探

气勘探的许可证。这两份许可证涉及两个海上油田：Raf 油田和 Azmour 油田，其面积分别为2160平方千米和3416平方千米。这两个海上油田位于突尼斯的加比斯省，此区块的先期投资为300万美元，期限为两年，此后进入勘探期，投资达1400万美元。

三、壳牌在突尼斯的销售业务

壳牌公司自1922年以来一直活跃在突尼斯的下游领域，主要为驾车人士和工业客户提供产品和服务。其业务活动主要包括润滑油销售，燃料的储存分配和液化天然气及沥青的储存生产和包装。2010年4月，壳牌宣布退出包括突尼斯在内非洲21个国家的大部分下游销售业务。

发展篇

本篇着重对壳牌未来发展的路线进行了深入研究，研究主要从能源发展、业务调整以及技术创新三个方向展开。

第十六章　壳牌的能源发展策略

第十七章　壳牌的业务调整路线

第十八章　壳牌的技术创新路线

第十六章 壳牌的能源发展策略

面对全球日益紧张的能源形势和环境保护的压力，壳牌近年来对能源发展的未来前景进行了深入的分析与瞩望。壳牌根据未来能源发展在各个方面的需求与表现趋势，逐渐形成了较系统的应对策略与发展路线。这些策略已经成为壳牌在投资组合、业务与产品结构、运营方式和技术研发等方面指导未来发展的重要方针。

第一节 探寻未来业务主导

一、天然气引领壳牌未来发展

在石油供应日趋紧张，环保排放限制已提上日程，世界经济必须实现可持续发展的大背景下，对未来能源的供应要求也随之提高。一方面，要求未来能源具有相应的清洁性，另一方面，还需要未来能源在供应量上能够满足全球经济发展规模的需求。虽然随着科技的进步，各种新能源不断涌现，据壳牌预测，由于经济性和供应能力等方面的原因，在较长的一段时间内，各类新能源还只能在能源结构中占据较小的比例。在此期间，全球能源供应仍将以传统的化石类矿物能源为主。因而对于壳牌这样的跨国石油公司而言，仍然需要将传统油气能源作为未来一定时期的主营业务。

在传统油气能源中，天然气具有相对清洁性好、开采成本较低、全球分布均匀的特点。据国际能源署（IEA）估算，世界天然气的地下储量较为丰富，以当前的全球需求量计算，已知的天然气储量尚可够人类使用250年。同时，国际能源署预测未来20年是"天然气的黄金时代"。壳牌与国际能源署的看法相似，壳牌认为，全球天然气产量到2030年将增加50%以上。天然气不是作为"过渡燃料"，而是作为长期的"终极燃料"，将在市场上形成强有力的竞争力。

目前，世界很多国家已经开始或准备大幅提高天然气在未来能源中的比重，尤其在一些能耗及减排压力大、天然气利用率比较低的国家，都将天然气业务的开发作为未来发展重点。对于壳牌来讲，由于其在天然气领域处于全球领先地位，技术优势明显，这为其在全球天然气业务的开拓与发展增添了筹码。例如，瑞典已经提出，利用十年时间，在全国实施"无油化"计划，而壳牌正在利用自己的非常规天然气开采技术，帮助瑞典实现这一计划。

壳牌是最早进行天然气开发和利用的国际能源企业，一直以来在天然气领域具有很好的业务发展积累和竞争优势。为使天然气能够得以灵活和广泛地应用，壳牌解决了天然气的运输、存储等方面的问题，并改变了天然气的交付形式和产品应用形态。世界上第一座商用液化天然气工厂和天然气制油企业均出自壳牌。

自2004年以来，壳牌开始加大在天然气领域的投资力度。按照壳牌的业务结构发展计划，到2012年，壳牌的天然气产量将超过石油产量，在公司的整个能源业务比重中将达到52%，以后还将继续增长。这对于以上下游一体化石油资产为主要基础，产品及业务体系复杂，已有百年历程的超大规模企业而言，无疑是一次重大的战略转型。尽管在转型前，壳牌在天然气领域已经拥有一定的业务基础，但在新的形势下，仍需认真分析市场需求及结构，并在相关产品及业务的最有效组合、资产调配等方面，开展深入细致的市场细分工作。而壳牌的这些工作，已经体现在上下游业务的重新构建当中。

二、壳牌在天然气领域路线图

壳牌在天然气领域的开发历史悠久，业务优势明显。目前，在天然气资源储备、生产规模、基础设施、关键技术能力等方面，壳牌都是国际能源巨头中最具实力的企业之一。自2005年实施"更多的上游，赢利的下游"战略以及彼得·沃瑟（Peter Voser）继任以来的上下游持续战略规划中，壳牌重点加强了天然气业务在全球的发展布局，目前，已经形成了相应的战略性业务格局。

从组织策略上看，壳牌曾在一段时期内将天然气作为一项独立业务单独开展，以利于整体的促进发展。到2009年，壳牌将天然气业务划入统一的上下游业务体系中，从而更利于天然气作为主营业务对资源的充分利用和更有效发展。

随着在能源领域发展路线逐步明确清晰，近年来壳牌加快了以天然气业务为核心的转变步伐，其在天然气领域的发展路线图也逐渐清晰。

壳牌认为，在节能减排的大势下，天然气领域必将成为跨国石油公司的必争之地。因此，壳牌在实施天然气发展战略时，将加强壳牌在天然气领域的业务能力作为重点。一方面，加大上游勘探与开采投入，提高天然气储量与开发比重。另一方面，推进天然气制品的深度研发和产品应用的形态转化，完善产业功能与业务配置，并依托壳牌的先进技术，提升生产效率和降低运营成本。经过一系列的努力，壳牌成功塑造了自己在天然气业务领域的领先形象，并成为该业务领域效率最高、成本最低的公司之一。

（一）在俄罗斯的萨哈林项目

壳牌通过俄罗斯萨哈林项目的推进，进入了俄罗斯市场，同时，高储备的油气资源供应为欧洲和其他地区的市场提供了保障。

2010年末，俄天然气工业公司与壳牌签署了全球战略合作协议。协议规定，俄天然气工业公司将参与壳牌在第三国的所有油气勘探和开采项目，两公司将在俄罗斯和欧洲联合实施油气加工和分配项目，并加强在俄西西伯利亚和东部地区的油气勘探和开采合作。

战略合作协议签署后，壳牌加大了参与俄萨哈林3号项目的力度，俄天然气工业公司也获得3号项目3个区块的开采权，上述区块天然气储量预计将超过1.3万亿立方米，石油储量将超过8.5亿吨。

（二）在大洋洲的天然气项目

壳牌在澳大利亚拥有较多的大型天然气项目，主要分布在澳大利亚西北大陆架，在丹皮尔、西澳大利亚、达尔文、北部地区之间。为有效实施这些项目，壳牌分别组建了高庚合资企业、日出合资企业、the Evans Shoal 合资企业和 Browse 合资企业，并通过这些合资企业对澳大利亚西北大陆架进行勘探与开发。壳牌在新西兰拥有卡潘尼油气田和在2006年投产的波霍库拉油气田。

2010年3月，澳洲壳牌能源控股有限公司与中国石油国际投资有限公司以35亿澳元联合收购澳大利亚 Arrow 公司，并组建新合资公司，该公司拥有 Arrow 公司在澳大利亚昆士兰州的煤层气资产和国内电力业务、澳壳牌在昆士兰州的煤层气资产，以及澳壳牌在格拉德斯通市柯蒂斯岛的拟建液化天然气生产项目。壳牌还计划在今后的10年里向澳大利亚天然气项目投资500亿美元，远远超过向其他任何地区的投资，这些液化天然气项目主要向亚洲出口液化天然气。

2011年5月，壳牌做出投资位于澳大利亚的前奏曲浮式液化天然气项目（壳牌持股100%）的决定，建设世界第一个 FLNG 设施。该设施将在海上作业，在离澳大利亚最近的陆地有200千米的地方，从海上气田生产天然气，然后直接将其液化成液化天然气。该项目计划在2016年开始生产。壳牌还将在澳大利亚境内进行同类项目至少超过12个，这些项目将推动澳大利亚从全球第五大液化天然气供货商跃升至第二位。

（三）在卡塔尔天然气4期项目

壳牌在亚洲天然气业务上，近年最重要的一个项目当属卡塔尔的 Pearl 天然气液化项目和天然气4期（Qatar Gas 4）项目。

2006年，壳牌与卡塔尔政府达成"开发和生产共享协议"，由壳牌全额投资180亿～190亿美元，于2009年完成该项目第一阶段的基础建设，其间在卡塔尔的北部气田上建起了目前世界上最大的液化天然气工厂，预计其总产能约为3亿桶液化天然气，2010年9月底，该项目

第二阶段也全面完成。

卡塔尔天然气4期项目（Qatar Gas 4）合作协议签订于2005年，2007年壳牌与卡塔尔石油公司成立了壳牌占有30%、卡塔尔石油公司占有70%的合资公司，即卡塔尔天然气4期合资公司。双方以各自股份共同持有该项目的陆地与海上资产，同时，壳牌以作为这个大型项目中产出的所有液化天然气的买方身份，与卡塔尔石油公司签署了液化天然气的购销协议。

卡塔尔天然气4期项目主要内容有：在25年合作期限中，每天生产1.4亿立方英尺的天然气，其中包括平均每天约2.4万桶的液化天然气和2.6万桶的凝析油；该项目还包括一座年产780万吨液化气的工厂，预计第一批液化天然气将于项目的第一个10年末期交付；该项目液化天然气的运输由卡塔尔天然气运输有限公司来承担，2006年11月，壳牌与卡塔尔天然气运输有限公司，签署了一份关于壳牌为卡塔尔天然气运输有限公司提供液化天然气运输船及相关全部服务的协议。

2010年5月，壳牌联手中国石油（China Petroleum）与卡塔尔石油公司共同签署了对分布在卡塔尔海陆8089平方千米范围内，靠近卡塔尔工业城市拉斯拉凡市 D 区块的天然气联合勘探协议，协议有效期为30年。

（四）在天然气制油领域的发展

天然气的关键技术能力不仅体现在开采和液化上，天然气制油同样是一项关键技术。通过对天然气进行气化处理，得到氢气和一氧化碳的合成气体，再将合成气体液化为液体碳氢化合物，从而得到优质燃油。这种合成油品最重要的优点是基本不含硫和芳烃等杂质，同时具有超高的十六烷值。GTL 燃料燃烧清洁并高

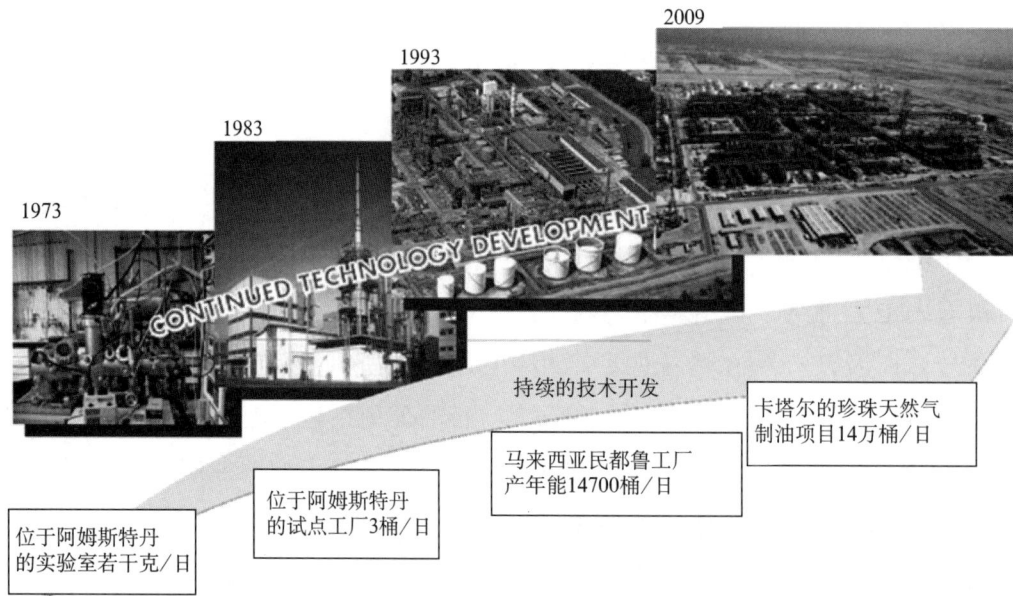

图中文字：
2009
1993
1983
1973
CONTINUED TECHNOLOGY DEVELOPMENT
持续的技术开发

卡塔尔的珍珠天然气制油项目14万桶／日

马来西亚民都鲁工厂产年能14700桶／日

位于阿姆斯特丹的试点工厂3桶／日

位于阿姆斯特丹的实验室若干克／日

壳牌天然气制油发展历程

效，完全符合现代发动机的严格要求和日益苛刻的环境法规，该项技术使天然气具有了更为灵活的产品形态和更广阔的应用前景。

历经30多年对GTL技术的研究和小规模商业生产，壳牌的GTL燃料正在进入大规模商业生产阶段。GTL燃料无味、透明、清澈，能减少发动机的噪音，具备更高的生物降解性，且不具毒性，这些特性让壳牌GTL燃料在商业应用中优势明显。在动力性能方面，据测算，壳牌GTL燃料具备更高的燃烧效率和清洁度。作为技术上的先行者，壳牌的SMDS工艺技术，被认为是目前世界GTL技术中的典范。

1993年，壳牌在马来西亚民都鲁通过合作形势建立了世界上首座天然气制油工厂，该厂总投资额超过10亿美元，其中壳牌占有72%的股份，日本三菱占14%，马来西亚国家石油公司7%和沙捞越州占7%。该厂通过不断地注资进行改造和升级，日产量已经扩展到了1.47万桶。

2006年，壳牌在卡塔尔开始了"珍珠GTL"项目，建立第二个天然气合成油工厂。这是目前世界最大的天然气制油工程，每天可产油14万桶。该项目总投资为100亿美元，并于2010年底开始生产。

（五）非常规天然气资源的开发

在北美，壳牌的天然气业务资源主要来源于页岩气和致密气开发。壳牌在北美的天然气产量约占壳牌全球油气总产量的7.8%。2009年，针对在墨西哥湾深海的探明储量以及在加拿大西部落基山脉和墨西哥湾沿海地区的巨大页岩储量，壳牌提高了其在北美的天然气产量。2010年5月，壳牌以47亿美元，买入了美国独立油气公司东方资源的页岩气资产，由此获得了美国东北各州和落基山脉1.05百万英亩的页岩气资产，预计可产出16万亿立方英尺天然气。

2009年，美国由于在页岩气开发上的巨大成功，以6240亿立方米的产量首次超过俄罗斯成为世界第一大天然气生产国，使美国天然气消费长期依赖进口的局面发生逆转。

由此引发世界很多国家对在本国勘探和开发页岩气、致密气、煤层气等非常规能源的重视。由于壳牌在非常规能源开发上所掌握的先进技术，使得壳牌在此方面拥有合作的资本和一定的竞争优势。2010年，壳牌开始在瑞典钻探页岩气，而中国也将非常规能源的开发作为一个重要发展方向，这为壳牌赢得了进入中国上游市场的一个宝贵机会。

（六）壳牌其他天然气项目分布

2006年，壳牌与乌克兰国家石油公司子公司达成协议，在乌克兰拥有了天然气开发项目。在欧洲，壳牌作为爱尔兰科立布天然气田运营方，拥有45%的股份；在挪威，壳牌参与挪威深海天然气项目；在丹麦，壳牌参与北海天然气合作开发项目；壳牌也是英国北海首批油气开发者之一，2008年，壳牌与合作伙伴在北海投产了4个新的油气田，同时，确立了一个新的五年投资计划，计划投资3.5亿英镑扩建两个陆上天然气处理厂。

壳牌还在马来西亚的沙捞越和沙巴拥有较大规模的近海天然气开发和液化天然气项目，在菲律宾和文莱拥有天然气上游开发项目。

自2003年起，壳牌在南美参与了巴西的油气勘探开发，现在已拥有派拉·萨勒马油气项目和规模较大的 BC-10 深水重油与天然气伴生项目。

（七）天然气应用市场的开发

除了上游天然气开发与基础设施建设的布局之外，壳牌的天然气应用市场开发也在不断推进。由于天然气比煤炭和石油更为清洁，因此成为世界目前普遍采用的工业和民用生活燃料，尤其在中国等国家，正在大力提高天然气在能源结构中的比重，市场空间较为巨大。

2008年4月，壳牌与中国石油签订了在未来20年，分别通过卡塔尔和澳大利亚向中国提供500万吨液化天然气的合同，而壳牌与中国石油在澳大利亚的合作项目所产天然气，也将主要供应中国。

2009年5月，壳牌在印度西古吉拉特邦的Hazira 液化天然气终端接收了一船来自澳大利亚的液化天然气，完成再气化及其他试运行工作之后，销售给客户，这意味着壳牌在印度的液化天然气终端开始供应天然气。壳牌在 Hazira 终端项目中占74%的股份，道达尔占26%股份。该终端最初将每年加工250万吨 LNG，未来有进一步扩大到每年1000万吨的潜能。

在天然气上游开发上，壳牌的布局有效适应了全球天然气市场的分布。独立体项目所产天然气可通过管道供应欧洲市场，澳大利亚、卡塔尔等地的液化天然气主要向亚太国家提供，而北美的页岩气开发，可以保证当地市场的供应。由于天然气上游开发布局和区域市场的发展，壳牌也在改变和进一步规划它的 LNG 供应路线，从过去西行大西洋通往美国，变成从迪拜到中国，这样不但能够满足中国市场的需求，而且可以照顾到沿途的巴基斯坦、日、韩等国。

壳牌还将天然气应用到电力业务领域，它在目前具有两个方面的意义：一方面，通过天然气发电，提供一种更适合于输送和广泛应用的天然气产品交付形式；另一方面，对电力行业广泛采用天然气作为发电燃料产生示范带动作用。但这一业务未来究竟是作为壳牌天然气业务的后向一体化延伸，还是作为相关的跨行业发展，能否长期保持和发展，在根本上取决于稳定规模下自发电投资成本与作为业内常规成本的天然气运送成本的对比，以及发电业务规模化运营所带来的附加管理难度。因此，对于发电业务在壳牌天然气业务中的地位和发展情况，还需要进一步的观察。

第二节　深挖油气能源潜力

面对能源需求的日益紧张，壳牌采取了深挖油气能源开发潜力的策略，积极拓展能源开发的深度和宽度。在能源开发的深度方面，壳牌主要通过提高现有油田的原油采收率（EOR），延长油田开采寿命，增产增效。在能源开发的宽度方面，壳牌将发展重点放在非常规能源领域，包括对油砂、致密气、页岩气、煤层气等难以开采的油气资源以及对深海和超深海、北极与亚北极等极端环境下油气田的开发利用，通过技术领先策略，获得抢占上游资源的竞争优势。

一、深度挖潜——提高原油采收率

由于在常规的油田开采方式下，当油田达到正常开采周期的终点时，因为开采难度或成本过高，有多达三分之二的石油会留在地下，此时的油田也被称为成熟油田。对于成熟油田来讲，提高原油采收率是增产增效的重要手段。壳牌正是看准这一市场需求，投入大量资金，在自有成熟油田中研发提高原油开采率的技术，逐步形成完整的技术体系，并将之广泛推广。

（一）抓住成熟油田挖潜需求

据统计，当前70%的石油产量来自成熟油田，而仅有35%的原油通过一次二次采油而采出，因此，提高原油采收率显得至关重要。

所谓原油采收率是指采出原油地质储量的百分数。一般油藏的开采大体上可分为三个阶段：

（1）天然能量开采阶段，即一次采油阶段。这一阶段主要是利用地下天然能量开采原油，通常这种方式开采的原油采收率都比较低，只有8%～15%。

（2）补充能量开采阶段，即二次采油阶段。这一阶段主要是利用人工补充地层能量（如注水、注气等）进行开采。油藏经过一次采油以后，地层能量枯竭，以至不能再以经济采油量继续生产，此时主要依靠注水、注气等人工方法来补充地层能量提高产油能力。有些油藏在开发初期就开始注水、注气，以保持地层能量，延长有效开发期。经二次采油的采收率大致为25%～45%，个别条件好的油藏可达50%左右。

（3）工艺技术开采阶段，即三次采油阶段。二次采油以后，实际上有一半以上的原油残留在地下。这些原油用水很难驱替出来，需要使用比注水、注气更为复杂的工艺技术手段才能采出，这就是三次采油，也就是人们通常所说的提高采收率。经三次采油的最终采收率可达45%～70%。

近年来，受国际原油价格大幅飙升的刺激，加大成熟油田的开采力度已经变得有利可图。过去受开采成本的影响，很多产油国对成熟油田的三次开发还处于观望或小规模尝试阶段。如今开采成本问题对于居高不下的油价来讲已不是问题，而工艺技术问题变成了关键。

面对这一市场机会，壳牌制定了具有前瞻性的上游板块战略："尽量发挥现有资产（如现有油田）的潜力，迎接日益增长的能源挑战。对成熟油田而言机遇和挑战并存，我们需要采取特定多样的手段来最大化油气产量。"

与此同时，壳牌推出了其核心的上游工艺技术，来满足越来越多国家石油公司的迫切需求。通过壳牌的技术，最优化其成熟油田的产出，提高原油采收率，以应对当前的经济低迷、金融危机。

（二）完善增产增效技术体系

壳牌的上游工艺技术，经过多年的积淀，已经在增产增效方面建立了完善的技术体系。尤其在提高原油采收率方面，壳牌总结了三种重要的方法。

1. 注入水蒸气法

注入水蒸气采油是指向油层注入高温、高压蒸汽。注入水蒸气的作用主要是把注汽油井井底周围有限区域内的油层加热，降低稠油的黏度，增加流动性能，并清除井底周围的堵塞物（钻井液等），提高油井的采收率。该方法的增产机理主要有：（1）加热油层，降低原油黏度；（2）原油及油层的受热膨胀；（3）原油被加热后的溶解气驱作用增加；（4）重力驱动增大；（5）油井井筒污染的消除等。

蒸汽吞吐法源于20世纪30年代初期（1931年），壳牌石油公司于20世纪50年代，在美国加利福尼亚州约巴·林达（Yorba Linda）油田进行了商业性注蒸汽吞吐开采稠油，这是石油开采中第一次使用蒸汽吞吐技术。这种方法的最大特点是施工简单、投资少、见效快、增产显著、经济效益高。壳牌通过这种方法，将一些油田的采收率大幅度提高，增加石油产量超过10亿桶。

2. 注入气体法

在众多 EOR 技术中，CO_2（二氧化碳）驱油目前已经成为一项成熟并且可行的技术。由于CO_2驱油的影响因素众多，并不适合每个油田；同时，CO_2驱油的工程建设和管理比较复杂，也不适合每个生产商。

壳牌早在1970年就在美国西得克萨斯二叠盆地实施CO_2驱油项目，该项目实施23年后仍是世界上最大的CO_2驱油项目。1972年，壳牌在西得克萨斯North Gross油田开始实施了CO_2驱油先导实验项目，公司从附近被CO_2污染的天然气田中提取CO_2，然后用管线输送到North Gross油田，当时该油田CO_2需求量达到10M～11Mcf/bbl。由于North Gross油田的岩性为碳酸盐岩，导致致密的碳酸盐岩在开采后的含油饱和度比较高。1974年，壳牌在密西西比州的Little Greek油田进行了一次CO_2驱油实验，由于该油田属于碎屑岩油田，CO_2倾向于通过固结差的多孔砂岩上窜到储层顶部，实验得出的结论是此类油藏应注意重力分异作用的影响和注入点的选择。1977年，壳牌在Denver单元实施900万美元的CO_2驱油先导实验是其真正开始大规模扩展CO_2驱油的转折点。

虽然壳牌于2000年退出了实施CO_2驱油30年的二叠盆地，但壳牌在世界各地的其他油田继续运行着CO_2驱油技术，在满足当今能源需求的同时，也实现了减少温室气体排放的目标。

3. 注入化学物质法

注入化学物质法是指通过注入聚合物、表面活性剂等物质，提高原油采收率的方法。

注入聚合物驱油的原理：在宏观上，主要靠增加驱替液黏度，降低驱替液和被驱替液的流度比，从而扩大波及体积；在微观上，聚合物由于其固有的黏弹性，在流动过程中产生对油膜或油滴的拉伸作用，增加了携带力，提高了微观洗油效率。

注入表面活性剂驱油的原理：油田注水后，残留在多孔介质中的油珠只靠增大压差很难从小喉径毛管中驱替出来。因为油水间的界面张力约为30达因／厘米，驱动所需的压差为100

千克／厘米，而注水时压差仅为2~4千克／厘米，远小于驱动压差。利用表面活性剂降低油水界面张力，当表面活性剂进入多孔介质，使油水界面张力降低到10^{-3}达因／厘米以下时，注水后的残余油即可在通常的注水压差下被驱出。

壳牌认为，表面活性剂驱油在化学驱油中的市场潜力是巨大的。数据表明，2010年，化学驱油用表面活性剂的年需求量已经达到1250万吨。

（三）合作建立样板项目工程

壳牌通过多年的实践，建立了一整套提高原油采收率的核心技术，为推广该技术，壳牌建立了一系列的合作样板工程。其中，壳牌与阿曼石油开发公司的合作最为典型。

在与阿曼石油的合作中，壳牌针对阿曼石油开发公司所属盖伦阿拉姆、Marmul和Harweel三个油田的不同特点，将其提高原油采收率的技术，成功进行了实战应用。

在盖伦阿拉姆油田，壳牌通过注入水蒸气来提高原油采收率。由于该油田石油的稠密度高，石油的自然流动过程非常缓慢。通过蒸汽注入加热石油，使其变稀，增加流动性，使其流动到生产井变得更加容易，加快了生产进程，从而提高了产量。

针对Marmul油田的特点，壳牌提出了注入聚合物的解决方案，并在2010年进行了第一次聚合物注入，预计通过此方法，该油田将增加10%的石油生产量。针对Harweel油田的特点，壳牌采用注入气体法来提高原油采收率。通过CO_2气体注入增加油田内部的压力，使CO_2与油混合，使由此产生的混合物更容易流向生产井。

壳牌提高石油采收率的技术，在阿曼的石油开采中应用取得了巨大成功，这也增强了壳牌通过转让技术，来提高其在上游领域市场份额的信心。

（四）组建公司提供解决方案

为更好地推广领先技术，壳牌成立了壳牌全球解决方案公司，为客户提供包括上游提高原油采收率技术在内的，涵盖业务与运营、技术及许可转让、催化剂和研发等领域咨询的服务。

实践案例表明，壳牌全球解决方案在上游的工艺技术能提高采收率、缩短停工时间和降低总成本，帮助成熟油田增产多达20%。

壳牌在上游领域提供的技术之一是一套实时生产优化软件FieldWare，能将野外井场和生产设施的数据进行处理转换，从而帮助井队更快更优地做出决策。该技术也能优化气体注入的最佳水平，进而提高采收率，避免浪费。该软件曾成功应用在壳牌文莱石油公司Shell Brunei的冠军油田Sendirian Berhad油田，其通过使用FieldWare总体实时生产优化软件（PU-RTO），来自动计算和分井口的提升气。该提升气优化系统有助于合理使用压缩机负荷，减少提升气的循环使用量，最终油田产量提高了10%。

目前，壳牌的上游提高原油采收率的技术，已经应用到阿曼石油开发公司、荷兰的NAM、英国的Nelson及委内瑞拉等地，并在不断扩展。

二、宽度拓展——重点非常规能源

目前，业界关注的非常规油气资源共分为5类，它们分别是重油、致密砂岩气、页岩气、煤层气、天然气水合物（可燃冰），这五大非常规油气资源开发难度大，开采成本高。

（一）非常规能源开发现状

过去10年，在全球非常规能源领域，非常规气开发利用发展较快，其中，非常规天然气产量提升迅速。2008年，全球非常规天然气产量占天然气总产量的18%。2010年，美国的非常规天然气产量占天然气产量的比例已超过50%。

长期以来，非常规油气资源没有得到足够重视，其根本原因在于常规油气资源价格便宜，而非常规油气资源在勘探开发上成本较高，不具备市场竞争力。

以油砂来讲，虽然发展潜力巨大，但由于油砂项目前期开发投资巨大、成本高昂，因此，石油价格的波动对其发展影响很大。虽然近年来石油价格处于高位运行，促进了其发展，但从整体看其依然处于发展初期阶段。

由于非常规油气生产成本远远高于常规油气生产成本，在油价偏低时，这些非常规油气资源就失去竞争力而不具备大规模开发的经济可行性。当油价较高时，非常规油气资源包括油砂、煤层气、煤制气等就有了经济运行的可行性，进而投资热情高涨，发展迅速，使之成为常规油气资源的重要补充。

根据专家推算，全球非常规石油可采资源量达6000亿吨，是常规石油资源量的1.2倍；非常规天然气资源量达900万亿立方米，是常规天然气资源量的1.9倍。另一方面的统计结果显示，常规石油产量已进入下降趋势。未来世界油气产量增长将主要来自液化天然气、油砂、非常规天然气和海洋油气资源等，增长潜力较大地区主要在中东、西非、中亚、俄罗斯等区域。

由此可见，在国际油价居高不下的今天，全球非常规油气资源的开发必将成为未来油气产业发展的重点，其市场角色和地位将更加突出，成为常规油气资源的重要补充。

（二）壳牌非常规能源中国布局

2010年以来，中国已经成为世界最重要的经济强国，中国对于壳牌而言，其重要性不言而喻。非常规能源在中国的发展前景，也是潜力巨大的。

据数据显示，中国目前估算的非常规油气资源，包括煤层气、页岩气、砂岩气和天然气水和物（可燃冰），资源总量大概在280亿立方米，可开采的非常规天然气资源超过28万亿立方米，与目前全球拥有最大非常规气资源储备的美国相当。

基于对中国非常规能源前景的看好，壳牌将开采非常规能源的策略，纳入了中国市场四大重点战略之中。这四大重点战略是：第一，加大与中国企业开展海外合作，共同开采海外资源，并带回中国；第二，在中国加强协助企业开采非常规资源；第三，加大与中国企业在研发与技术上的合作；第四，帮助中国企业走出去，共同开展业务。

目前，壳牌已经在内蒙古鄂尔多斯与中国石油共同开展长北项目研究与开发；与中国石油在四川开展页岩气、致密气的合作；在山西进军煤层气市场。

2011年6月，中国石油与壳牌海外投资公司在北京签署了全球战略合作协议。协议约定，双方将对中国的非常规能源进行开发，并将在加拿大油砂资源、非常规天然气及工程技术等相关领域开展合作。

同时，双方在协议中约定成立一家建井合资企业，持股比例各为50%；该合资企业将开发一套创新性和高度自动化的建井系统，以大幅提升陆上钻井和完井的效率。这一系统完成后，将优先用于双方在北美的致密气和油砂开发项目，从而使得非常规油气能源的规模化钻采更为经济可行。

（三）壳牌非常规能源全球策略

对于非常规能源的全球发展，壳牌在2050年的远景规划中，将非常规能源的勘探和生产作为其未来能源发展的一个重点。

出于储备需求和战略考虑，壳牌在非常规能源开发上的比重在业内相对较高，这影响到壳牌的整体开采成本。在石油价格波动当中，为壳牌带来一定的绩效压力，因此，合理的做法可能是根据石油价格的长期趋势，适时保持合理的比例。

2010年1月，由于经营业绩的压力和基于对未来一段时期的财务绩效规划，壳牌曾表示，由于公司近年来勘探能力提高，在传统油气领域有了更多的发展机会，因此将放缓在加拿大油砂项目上的投资步伐，更多地依靠常规石油和天然气储量，而不是费用昂贵的"非常规"石油。然而，时隔不久，2011年9月，壳牌又调整了策略，宣布正式启动其在加拿大的阿萨巴斯卡油砂项目日增10万桶油砂产量的扩产计划。

2011年9月，壳牌与乌克兰政府签署合作协议。协议约定，壳牌将投资8亿美元来勘探乌克兰境内的非常规天然气，勘探重点是第聂伯—顿涅茨盆地，在 Famennian、Frasnian 和 Visean 层段中蕴藏着丰富的页岩气储量。

事实上，近年来壳牌在非常规能源领域，正是凭借自己领先的技术和强大的开发能力，获得了与油气资源国家的合作及开发的机会。

第三节 环保理念持续发展

在壳牌公司看来，追求利润与可持续发展是统一的。人们往往将可持续发展看做一种道德责任，认为企业坚持可持续发展是拿出一部分利润尽社会义务，可持续发展在利润"之外"。而壳牌公司则将可持续发展看成一个商业原则，这可以理解为：可持续发展是创造利润的前提，利润在可持续发展"之内"。

一、壳牌对可持续发展的贡献

壳牌对可持续发展的贡献侧重于三个方面：生产更多能源、提高能源效率、减少二氧化碳排放。

对于传统能源产业而言，日益重要的环保问题无疑会为所有企业的业务发展带来压力，在环保减排大势下，它们已经成为一种最重要的业务原则与日渐具体的业务附加标准，这也为企业间的竞争发展带来新的内容。同时，全球范围普遍的、对高标准环保要求的日渐严格，为那些具有环保优势的企业扩大商业空间与业务发展途径带来可能。

壳牌深知，在未来的发展中，符合环保标准将成为传统能源企业在全球开展业务最基本的要求，也会成为企业品牌与业务竞争的基本前提。近年来，壳牌将环保领先作为获得竞争优势的重要战略手段，致力于通过发展自己的环保技术和能力，提升企业品牌美誉度和业务竞争力，从而开拓新的业务空间。

在这一领域，首先，壳牌通过高标准的环保运营和环保产品，提高直接的业务竞争力。一段时期以来，注重对运营环保技术方法的探索与运用，保证在项目实施与运营中的环保水平与环保能力，以赢取信任和支持，提高业务竞争力。壳牌的很多产品，都是把降低排放和通过提高能效间接减少排放作为主要的特性，如壳牌的工业燃料、运输燃油等，都直接以低排放、高能效为其所突出的主要特性，壳牌润滑油也强调在这些方面的重要辅助作用。这些产品以各自的环保性能，支持着壳牌面向未来的整体"绿色营销"行为，这也成为壳牌产品开发和升级的一个主要方向。

此外，壳牌还积极通过环保服务，扩大业务附加范围，如近年来所开展的硫磺业务、二氧化碳收集储存业务、对煤的清洁化服务业务，都正在成为独立的服务业务，它们在未来的环保需求当中都有着广阔的空间。在壳牌"全球解决方案"部门的服务业务中，环保服务业务是重点方向之一，占据了较大的比重。

二、壳牌可持续发展的实践

壳牌在可持续发展方面的实践较多，这里选取两个较为典型的案例。

（一）中海壳牌的环保示范工程

中海壳牌南海石化项目投资43亿美元，是中国目前投资额最大的中外合资项目之一。在工程施工过程中，壳牌为保护周边生态环境，在项目所在地大亚湾，开展了"珊瑚移植"和"屋顶菜园"的环保行动，为企业赢得了良好的口碑，堪称环保示范工程。

1. 珊瑚移植

2003年2月，中海壳牌在进行海底生态摸底调查时发现，一些健康生长的珊瑚可能受到海上施工的影响。于是，从2003年5月到6月，中海壳牌请来南海水产研究所，将海上作业区

域附近面积为400平方米的珊瑚移植到6～10千米以外的海域。中海壳牌为此花费了80万元人民币。此后，中海壳牌还对移植后的珊瑚进行定期监测，证明其存活率为95%。

珊瑚正被从施工区域移植到大亚湾的其他水域

2. 屋顶菜园

出于中海壳牌南海石化项目征地的需要，惠州大亚湾区东联村和岩前村的2707户共8351人被搬迁到新建的安置区。新村建好后，中海壳牌派人定期家访，嘘寒问暖。一次，他们意外地发现：许多村民在路边沟坡开荒种菜，就探问原因。原来，搬迁之前，农民都有自家的菜园子，搬迁后没有了土地，只能买菜吃。一来到镇上的市场买菜不方便，二来心疼钱，一些村民就在路边开荒了。他们同时发现，有一

东联村的屋顶菜园

户村民在自己的屋顶上种了菜。得知这些情况后，公司很快就拿出了解决方案：公司无偿提供塑料盆和配置好的土壤，与政府一道，帮助农民在屋顶种菜。如今，有屋顶菜园的农户，已由最开始的13户，增加到600多户，2000多名村民不再为吃菜犯难。

从内容上讲，可持续发展包括环境、社会、经济等三个方面的内容，地球、人类、利润则是它的三个支柱。中海壳牌在这3个方面都采取了相应的举措，"珊瑚移植"是一个降低对环境不良影响的案例，而"屋顶菜园"则是致力于减少对社区的不利影响。

（二）壳牌环保汽车马拉松赛

壳牌汽车环保马拉松赛的起源，其实是1939年壳牌科学家们开的一个玩笑：用同样的燃油，看谁跑的距离最长。后来，1985和2007年，分别在法国和美国正式启动了欧洲和美国的环保马拉松赛。2010年，这项赛事进入亚洲后，成为壳牌开展的一个真正的全球性活动。

这个一年一度的赛事，旨在邀请大学生设计、制作和驾驶一辆能够以最少的燃料行驶最远距离的汽车。整个赛事分为原型车和城市概念车两个组别。在原型车组中，参赛车是未来主义的原型车，即专注于通过诸如降低阻力等创新设计元素，最大限度地提高燃油效率的简约车型；城市概念车组中，参赛车是更加"适于行驶"的省油车型，旨在满足现实生活中驾车人士的需求，这些车辆的外形与当今道路上行驶的汽车的外观十分接近。在设计和制造上，

学生们可以充分发挥他们的聪明才智和创造力，从车的外形、动力系统、电路设计到燃料的选择。壳牌方面则提供了多种燃料支持赛事，包括柴油、汽油、液化天然气、氢气、太阳能和生物质燃料。

整个车赛"环保"是重要的关键词。在赛事的组织工作中，壳牌尽量实践"可持续发展"的理念。这包括赛场上所有的纸张和横幅都将回收；赛场上的用品都是本地采购，以减少碳足迹和支持当地就业；每个参与的人员都会得到一个杯子，鼓励大家用杯子到饮水机打水，以减少一次性杯子的使用；活动中的餐具都是可重复使用的；而比赛中的废燃料和润滑油等烃类化学品都将回收到壳牌的炼油厂中循环处理。同时，赛会还特设了3个现场循环利用车队奖，用以鼓励现场积极回收物料的行动。

2010年，首次在亚洲举办的壳牌汽车环保马拉松，共吸引了来自12个国家和地区的93支车队报名参赛。最终来自泰国的 Luk Jao Mae Khlong Prapa 车队获得了原型车组的冠军，他们以一升乙醇燃料行驶了2213千米，相当于从吉隆坡到泰国北部城市清迈的距离。在城市概念车组别中，印度尼西亚 Mesin ITS4 车队采用脂肪酸甲基酯（FAME）作为燃料参加内燃机组竞赛的概念车，以每升燃料行驶150千米的距离取得了最佳能效成绩。

通过这项赛事，壳牌不仅宣传了环保和可持续发展的理念，而且提高了企业的知名度和美誉度。

第四节　确立新能源的定位

一、新能源领域的探索与调整

从长远的业务角度上看，壳牌并不把自己仅仅定位于一家传统的"油气公司"，而是一家国际化的"能源公司"。基于世界能源的未来发展趋势，在近三十年的时间里，壳牌在新能源方面进行了积极、广泛的研究和探索。

自20世纪80年代初开始，壳牌陆续在太阳能、生物质能、风能以及海洋波浪与潮汐能等方面投入了巨额资金进行研究开发，建成了一些可运营或实验的项目，并在新能源发展重点的选择上经过了几次改变。

仅2000—2007年期间，壳牌在太阳能、风电领域投入的金额就超过20亿美元，并拥有风电产能550兆瓦。但是，由于其在新能源上的布局过于分散，没有形成集中优势，无论是在技术，还是成本方面都不具备优势。再加上新能源虽然是一种趋势，但在很长的一段时间内，由于成本过高，其在能源供应中所占的比率一直较低，壳牌巨额的投入并没有给公司带来相应的回报。

早在2001年，壳牌即与西门子公司达成协议，共同组建一家太阳能光电池合资企业，当时预估这家公司将成为世界上第四大太阳能企业。在风能发电领域，壳牌在欧洲和美国，曾参与全球最大的海上风场发电与陆上风场发电建设。

壳牌环保马拉松赛

在最近的几年中，壳牌进一步明确并调整它的新能源策略，根据自身的情况和能源发展路线，逐渐确立了在可预见的未来，壳牌在新能源上的重点方向是生物能源。

壳牌的这种选择主要基于以下方面的考虑：一是必要的业务规模及与之有关的经济性，二是与自身核心业务及传统优势的关系。由于太阳能、风能项目的投资和成本等方面的原因，这些项目在较长时间内，难以形成与壳牌的经营相当的业务规模，当然也就缺乏经济性。同时，壳牌在这些方面并不具有特殊的优势，且与其业务结构并不完整匹配，所以壳牌开始适当收缩或退出，转而选择对自己更适合的生物燃料，作为在可预期的未来中短期替代能源发展的重点。

2006年，壳牌的太阳能业务部门退出了晶硅太阳能市场，将经营多年的太阳能晶硅电池业务全部卖给 Solar World 公司，现在仅是和其他企业合作生产，且保留了一个很小的研发小组。

2008年，壳牌退出了英国的海上风场等两个风力项目，并放弃了很多市场给予的固定补贴。在新的一轮对可再生能源的投资中，不再有投向风能的部分，仅是对保留的风能项目做可靠性和安全性的提升。

目前，壳牌保留下来的风能项目仅存在于欧洲和美国，其中大部分在美国，并分别划归在国际上游和美洲上游业务当中。

壳牌预计，到2050年，替代能源的应用将从目前的占比1%～2%达到并超过30%，在这当中，生物能源所占比例将达到15%，这对于运输燃料的多元供应尤为有利，而风能等还只能占据很小的比重。目前，全球有40多个国家已经或正在考虑生物燃料的推广。

2010年，欧盟生物燃料占运输燃料比例为5.75%，到2020年，这一数字将升至10%。美国政府计划在2022年将美国的生物燃料产量提高至360亿加仑（约1363亿升）。因此，壳牌认为最接近其目前核心业务的可替代能源是生物能源，从"石化"到"生化"的过渡符合壳牌的产业逻辑，也与其整体业务结构最为匹配。最终，壳牌决定选择生物能源作为替代能源的集中发展方向。

二、生物燃料成未来发展重点

在生物能源上，由于第一代生物燃料主要是用玉米等粮食作物为原料，不利于大规模采用，壳牌并没有参与第一代生物燃料的研发和生产，只是作为运营商参与其销售，并成为全球最大的第一代生物燃料销售商之一。

对于第二代生物燃料的开发与生产，壳牌积极参与其中。所谓第二代生物燃料将由稻草、木废料、藻类等非食物有机材料制成，将不再局限于几种农作物，很多生物质都可以被用作原料，而且使用了不同的转化技术。

尽管这些生物燃料要实现商业化生产可能还需要5年以上的时间，但壳牌对此提前进行了战略布局。早在2008年9月，壳牌就与全球范围内6家学术机构分别签署了研究协议。这些协议是一个不断扩大的协议研发项目的一部分，旨在补充壳牌的生物燃料研发并加快研发速度，研究新的原材料和新的生物燃料生产工艺，重点在于改善效率和降低成本。这6份研究协议为期从2～5年不等，6家签约机构分别是美国麻省理工学院、巴西圣保罗州的坎皮纳斯大学、中国科学院微生物研究所、中国科学院青岛生物能源与过程研究所、英国曼彻斯特大学生物催化、生物转化和生物催化剂生产研究中心以及英国埃克塞特大学生物科学学院。

与此同时，壳牌还与多家企业建立了合作伙伴关系，共同从事新的生物燃料技术的商业化应用工作。壳牌与德国 CHOREN 公司合作采用木屑生产燃料，于2008年投产了世界上第一家采用该技术的商用示范厂。2007年，壳牌与美国 Codexis 公司合作开发了可将非食物生物质更高效转化为生物燃料的"超级酶"。此外，壳牌还与 HR Biopetroleum 一起成立 Cellana 公司，并在夏威夷修建了一座可将海藻转化成生物燃料原料的生物质试验厂。2009年6月，壳牌与加拿大 Iogen 公司合作生产的第二代生物燃料开始试投入使用。此后的一个月，加拿大渥太华的壳牌加油站将提供加入10%纤维素乙醇的汽油，这些第二代生物燃料是以酶催化稻草生产的。

2010年8月，壳牌与巴西著名蔗糖和乙醇燃料生产商科桑公司达成最终协议，宣布双方各出资60亿美元，组建120亿美元的乙醇合资企业，合资企业将从甘蔗生产乙醇和电力，并通过在巴西的分销和零售网络分售各种工业和交通运输燃料。也将开拓更多的商机，在全球生产、销售乙醇和糖类。合资企业的生产能力超过20亿升，年销售量约为180亿升，将成为世界上最大的乙醇生产商之一。未来两年内，壳牌将为合资公司提供2740个零售及分销网点、生物科技公司 Iogen 50%的股份、生物催化技术公司 Codexis 14.7%的股份和16.25亿美元的现金。Cosan 将提供1730个零售及分销网点、每年6000万吨的甘蔗压榨处理能力、每年20亿升乙醇生产能力、7个现存工厂和2个在建工厂。

可见，以上所有这些技术研发和商业应用的合作，都是壳牌开发可持续生物燃料努力的组成部分，供以满足世界范围内增加能源供给、减少二氧化碳排放的需求。

第十七章 壳牌的业务调整路线

以2005年的公司变革为起点，壳牌进入一个新的发展阶段。通过对自身问题的反思，在未来业务储备和现实效益需求的双重压力下，壳牌将关注的焦点集中于上下游业务的构成状态，着力改善其业务组合与资产配置，并以此支持近期和远期的经营绩效。

第一节 壳牌新业务策略的演进

一、上游增储下游增效

2004年，壳牌虚报储量丑闻曝光，苦心经营近百年的壳牌信誉受到巨大打击，而在具体业务上直接的问题在于，经过调整，壳牌的探明油气储量使用期缩短了3年，仅在10年左右，而两大竞争对手BP和埃克森美孚公司的探明储量的使用年限均保持在13.5年以上。在世界三大石油公司中，壳牌的储量是最少的，其油气储量有机替代率从105%下降到57%，而美孚与BP分别为116%和152%。与此同时，壳牌在运营成本上也在大幅提高，在它眼前所面对的经营效益情况同样不容乐观。

当杰伦·范德韦尔在储量虚报风波中临危受命时，壳牌正处在问题交织的困境和变革涌动的状态中。壳牌所面临的，首先是提高油气储量，降低成本和改善效益，重塑信任等问题。范德韦尔除了对公司结构进行简化以外，迅速改善至关重要的勘探部门，在上游实施"大猫"（Big Cats）计划，致力于提高未来油气资源储备，并将年度勘探支出提高至18亿美元，达到了业内的最高水平，另外，还向生产部门投入105亿美元。为了满足对上游资产的投入，壳牌还在2006年卖掉价值150亿美元的资产。

为此，在业务战略上，范德韦尔针对壳牌所面临的问题和未来发展，提出了概括为"更多的上游，赢利的下游"的战略，即更加注重于优先发展上游业务，提高上游的战略储备和产能，并为实现降低开采成本和提高上游业务效益的目标，将上游的开发集中于大型项目。在具体实施上，壳牌将公司的主要精力集中在几个投资数十亿美元的大型油田开发项目上，预计到2015年，这样的大型项目将发展到10个；在下游，壳牌通过在业务区域布局上的优化和产业结构上的适当收缩，提高下游业务的优化率和盈利水平。在整体业务战略规划中，壳牌将继续剥离不良资产，计划在今后数年里出售总值100亿～120亿美元经营不善的业务，包括总价值约为10亿美元的液化天然气业务、秘鲁的零售业务和位于阿根廷的一家日处理能力为10万桶的精炼厂以及1000多家加油站等，位于美国加利福尼亚州贝克菲尔德的精炼厂也在考虑出售之列。

围绕"更多的上游，赢利的下游"这一战略发展路线，壳牌致力于重构上游和下游的能力，并将企业的经营与管理统一到新的战略上来。

二、优化减员控制成本

2009 年 7 月，彼得·沃瑟出任壳牌新任首席执行官。当时正值美国金融危机所导致的全球经济衰退时期，一次性能源的价格大幅下调，行业成本却处于历史上较高水平。在 2008 年第四季度，壳牌的经营遇到最严重的问题，出现了十年来首次季度亏损。2009 年前两个季度，壳牌的业绩也出现了大幅下滑，同比分别下降了 62% 和 67%。这些状况进一步增加了壳牌变革的紧迫性和变革强度的需要。

在 2008 年的年度总结中，壳牌对自身在这一阶段的经营总结为："壳牌正采取审慎的态度，持续建设新的上游和下游能力。同时，积极应对全球经济放缓的短期挑战，并对石油和天然气长期的基本面持乐观的态度。"为躲避成本高峰期，壳牌在 2007—2008 年间减少了新项目的推出。

为了推动持续地变革，适应新的战略要求，彼得·沃瑟在杰伦·范德韦尔的支持下提前进入角色，于 2009 年 5 月底，即提出了"转变 2009"的计划。这一计划，使得壳牌能够加快转变的步伐，也使壳牌自杰伦·范德韦尔以来所推行的战略开始了新的延续和发展。

"转变 2009"的计划，在总体上坚持了"更多的上游，赢利的下游"战略思想的同时，在具体的业务侧重点上有所不同，对具体内容也进行了适当的调整。壳牌所面临的问题是既要完成上下游业务结构的改善，又要适应于油价波动和行业竞争环境下短期财务绩效的需要。

2009 年 10 月，壳牌发布了《2008 年壳牌可持续发展报告》，报告指出：金融危机以及由此而引发的经济衰退已经影响到了全世界，壳牌所采取的应对策略是继续提高公司业绩，投资于能够提供更多能源和业务增长的大型项目，同时加大降低成本的力度。

壳牌在全球 100 多个国家拥有零售市场，在 90 个国家中开设了加油站。彼得·沃瑟认为壳牌的这种布局过于松散，不利于集中优势发展，也导致投资额及运营损耗增大。彼得·沃瑟表示，"我们的一些行为必须改变。我们将建成更精练的工作场所，并将设法使我们的公司更加适应未来"，"当务之急是要争取更具竞争力的业绩，获得增长，而且要保证能够提供更快更顶尖的战略。我们需要降低成本，改善公司的经营业绩"。在"转变 2009"的计划中，彼得·沃瑟首先针对壳牌全球业务机构与上层人事，进行了业务板块重组。这一重组方案，一方面考虑到壳牌在天然气、新能源以及炼化等业务的发展趋向；另一方面，在此前提下突出了战略性资源重点集中开发，优势区位选择性经营的主导思想，强调了业务的集中性、紧密性、经济性以及更有效行动的原则。

第二节　壳牌新业务策略的实施

一、壳牌新业务策略的特征

长期以来，壳牌始终遵循全球性资源开发和资产优化配置的业务战略，而在不同的时期，这一战略概念可能被赋予不同的具体内涵。在较长的时期内，壳牌按着上下游业务基本完整和相对均衡的方式，在资源和市场之间，力求各地区平衡分布，并在此基础上实现资产效益最大化的原则以及全球资产的优化配置。在新的经营形势、国际局势和技术条件下，这些原则间的原有均衡将得到必要的调整或更灵活的对待。与以往相比，壳牌新业务策略主要表现出以下特征：

第一、更加侧重和突出对核心业务资源的充分掌控，注重加强新形势下整体业务的优势和长期战略基础；

第二、从业务链及全球布局关系在相对平衡方面优化配置的整体性考虑，发展到更明确界定上下游功能的价值链关系布局；

第三、从基于整体的业务链配置和全球布局，向价值链优势区位集中强化和挖掘；

第四、出于降低开采成本和整体运营成本考虑，壳牌倾向于业务的紧凑和集中，更加注意业务类别与单个项目的规模效应。

二、壳牌新业务策略的执行

按照这一业务战略，具有产业链优势地位和利润最为丰厚的上游将成为绝对的投资重点。上游发展的重点是保持和充分挖掘原有战略性资源的潜力，发掘新的石油和天然气资源，集中开发大型项目。而在下游，石油业的普遍情况是某些下游业务的盈利能力一直相对较差，壳牌在全球对此实施一系列的调整，突出以盈利为目标，一方面，向优势业务集中；另一方面，强化业务布局的区域性选择。例如，针对亚洲新兴市场，壳牌实施了"西退东进"的计划，压缩欧洲一些炼油和石化项目，而向亚洲等新兴市场转移。

为此，壳牌制定并推动实施大象（big elephant）计划，从2011—2014年，计划用1000亿美元进行投资，平均每年投资大约250亿～270亿美元，实施一些大的项目，其中主要的部分是投资到上游。

壳牌计划到2012年上游项目产量达到每天

350万桶油当量，比2009年增长11%，2014年预计比2012年再增长6%，达到370万桶／日的产量目标，通过投资组合备选项目的不断成熟化，直到2020年前保持持续增长。

在2009年所作的整体规划中，壳牌下游业务总的原则是重点"通过运营现有资产和在增长性市场进行选择性投资，实现持续的现金流"。2009年壳牌以4583.6亿美元的营业收入名列世界500强第一，但利润仅为125亿美元，大大低于2008年的310亿美元，之所以利润下滑如此之大，其中一部分内部原因在于壳牌的下游业务拖累了整体业绩。为此，壳牌下游业务的重点是通过调整和适当紧缩来优化资产，改变整体的绩效状态，并适应于未来的发展。在战略规划中，壳牌计划从其位于世界各地的15%的炼油产能以及目前35%的零售市场中退出，同时改善化学品的资产质量，每年节约数10亿美元的成本。在2011—2014年间，实现每年30亿美元的资产回收，支持公司保持健康的现金流。在2009年，壳牌的资本支出基本上和2008年持平，而在2010年，通过裁撤非核心业务与精简岗位，节省10亿美元的成本。

从经营周转和资产回收总额上，壳牌从2009—2012年，现金流量将有50%的增幅。在油价保持在80美元／桶的情景下，2012年的现金流量至少应该比2009年的水平高出80%。由此，壳牌通过精心构制每一年度的资金周转循环，支持由后继业务链持续参与其中的长期业绩发展循环，从而达到一个中期阶段的战略性转变和发展。

彼得·沃瑟为壳牌确立了近期业绩保证、中期实现油气产量增长以及远期使下一代备选储量项目成熟化三个不同层次的战略规划，以此构成持续的业务业绩发展路线。

第三节　壳牌的上游业务拓展

一、壳牌勘探开采业务的优化

从2005年起，壳牌开始加大勘探开采业务的投入，通过对上游经营资产的优化，数年间壳牌在上游勘探开发领域取得了显著的成绩。

2009年，壳牌勘探业务交付了24亿桶新的储量，它们成为壳牌实现持续发展的基础。2010年，壳牌把大约80%的资本投资投入到上游开采项目中，大约有110亿桶新的石油和天然气储量正在开发，并在该年度实现330万桶油当量/日的产量，比2009年的315万桶油当量/日的产量提高了大约5%。由于壳牌前一年剥离了部分上游资产，使产量减少8.5万桶／日，另外产量分成合同也减少2万桶／日，因此，实现了这个目标，可以看做是企业上游能力得到明显提升的结果。至今，壳牌已有20个在建新项目处于设计阶段和概念选择阶段，这些投资组合备选项目将带来超过80亿桶的新增储量，其中10个重点项目的最终投资决定将在2011—2012年内做出。壳牌在2008—2010年间的平均储量接替率是164%，到2020年，壳牌预计将有30个项目100亿桶油当量资源得到开采，这显示了壳牌坚实的发展基础。

2011年，壳牌剥离了价值50亿美元的上游资产，但壳牌此举并不意味着上游战略的改弦更张，而是为了适应布局调整的需要。从中可以看出壳牌的上游策略并不是简单地追求量的增加，而是同时必须符合其自身资产配置的标准。

二、壳牌勘探开采业务的布局

壳牌近年来的上游发展得益于壳牌在全球各地一些大的项目布局。从壳牌上游业务拓展中，也集中反映出作为特殊行业的国际石油业一些业务特征和趋向。

在大洋洲，壳牌在澳大利亚的上游业务得到持续发展。2008年，壳牌和澳大利亚天然气生产商澳大利亚 Arrow 能源公司签署一项投资7亿美元，组建一个从煤层开采天然气的合资公司协议。根据协议，壳牌公司将购买澳大利亚 Arrow 能源公司的30%股份以及后者麾下国际公司的10%股份。此外，壳牌公司还有权谈判购买产自合资公司的任何液化天然气。2010年3月，澳洲壳牌能源控股有限公司与中国石油国际投资有限公司以35亿澳元的价格，达成了联合收购澳大利亚 Arrow 公司的协议。根据协议，合资公司将拥有 Arrow 能源有限公司在澳大利亚昆士兰州的煤层气资产和国内电力业务、壳牌在昆士兰州的煤层气资产以及壳牌在格拉德斯通市柯蒂斯岛拟建的液化天然气生产项目。同年，由于技术不断改进以及亚洲对这种燃烧更清洁燃料的需求不断增加，壳牌决定在今后10年里向澳大利亚的天然气项目投资500亿美元。2006年8月，壳牌在新西兰的波霍库拉气田合作项目开始投产，实现最高日产量达4万桶油当量的生产规模。

在美洲，壳牌审时度势，以现实的姿态重启与委内瑞拉、玻利维亚等国的石油资源合作谈判。在委内瑞拉，壳牌参加了乌达内塔油田的勘探与开发，并与委内瑞拉国家石油公司合资成立了 Petroregional Lake H.S. 公司，合作开发位于马拉开波湖的乌达内塔油田，其中委内瑞拉国家石油公司占60%股份，壳牌占40%股份。在巴西，2009年7月，壳牌启动开发了其BC-10深水重油项目，并于2010年开始投产。在加拿大，2006年，壳牌出资77亿加元收购了壳牌加拿大公司的部分股份，从而扩大了其在加拿大艾伯塔省油砂业持股比例，该项目上一年度的日产量为23万桶。其间，由于油砂项目高昂的开发提炼与环保成本，使壳牌在全球金融危机导致石油价格下滑中放缓了油砂业务的投资步伐，并表示将更多地依靠常规石油和天然气储量，而不是费用昂贵的"非常规"石油。但此后不久，壳牌处于整体战略的考虑，于2010年9月宣布重新启动阿萨巴斯卡油砂项目扩产计划。

10^9桶（油当量）

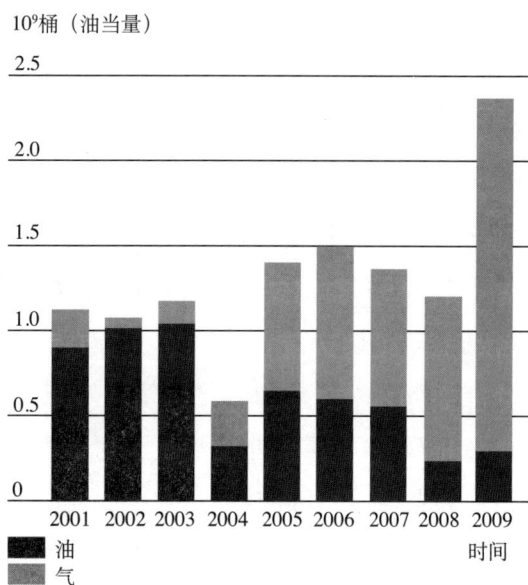

壳牌油气勘探资源量示意图

在亚洲，壳牌马来西亚公司与其合作伙伴在沙巴海上的 G 区块发现了 Pisagan 油气田和 Jangas 油田，这些油田均位于1000米水下，拟计划分别在2011年或2012年投产；同时，位于沙巴近海海底1854英尺，壳牌拥有35%权益、康菲石油公司拥有35%的权益、马来西亚国家石油公司拥有30%的权益的 Malika 合作油田项目，在2009年8月开始进入工程设计阶段，该油

田预计2012年投产，产能有望达到日产15万桶。

在中东地区，从2005年开始，壳牌接连参与卡塔尔的 Pearl 项目和卡塔尔天然气4项目，这两个项目不仅增加了壳牌的上游能力，也为壳牌的天然气战略提供了重要的保证。在伊拉克，2008年9月，壳牌与伊拉克南方煤气公司建立合资公司，这使壳牌成为第一个在战后与伊拉克石油部签署合作协议的西方石油公司。南方煤气公司作为该合资公司最主要的投资者，将在合资公司持有51%的股份，壳牌持有44%的股份，三菱商事株式会社持有5%。该合资企业将收集、处理和加工由巴士拉油田（Basrah oil Field）产出的天然气，并在国内和出口市场销售天然气（包括凝析油和液化天然气等相关产品）；同时，壳牌还投入到伊拉克马杰农油田和西古尔纳油田一期两个大型油田的开发项目中。2009年11月，伊拉克石油部授予由壳牌与马来西亚国家石油公司合作对马杰农油田长达20年的开发权。2010年1月，该合同正式由伊拉克部长理事会与壳牌签订，其中伊拉克政府拥有25%的参与权益，壳牌作为主要运营方持有45%的股份，马来西亚国家石油公司持有余下的30%。马杰农油田位于伊拉克南部，是世界上最大的油田之一。目前的石油生产水平约为4.5万桶/天，第一阶通过恢复和扩大现有的设施，将于2012年提高其石油生产为17.5万桶/日，在下一个十年发展阶段的后期，有潜力达到180万桶/日的石油和伴生气生产能力。2009年11月，壳牌与埃克森共同投资5000万来实施西古尔纳油田第一阶段项目，以实现第一阶段2100万桶的产量，其中壳牌持有15%的权益，作为以埃克森美孚为主要运营方的开发财团的一部分。根据合同规定，壳牌公司所持有的股权份额将低于壳牌的投资份额，伊拉克政府以1.9美元/桶的价格收购埃克森—壳牌的产品。西古尔纳油田（West Qurna）是伊拉克最大的油田，也是世界第二大油田，预计可达到4300万桶的回收率。

在独联体，2006年12月，壳牌与其他两个投资者日本三井物产和三菱商事就萨哈林二期项目与俄罗斯天然气公司达成转让协议，从而推动这一投资200亿美元的大型油气项目的继续推进。该项目的石油产量占其全球储量的5%，被壳牌看做是"壳牌公司上游战略的核心"，按原协议壳牌拥有55%的股权，日本三井物产与三菱商事各拥有15%和10%的股权，但随着俄罗斯天然气公司的强势介入，壳牌不得已出售其半数股权，用来解决俄罗斯政府提出的该项目由于破坏环境而面临被收回许可证、罚款、起诉的问题。该项目停工得以恢复，使这个石

油与天然气储量达到约450亿桶的重大项目成为壳牌业务发展当中一个可靠的源头。同年，壳牌与乌克兰国家石油公司子公司达成协议，共同进行油气开采。协议内容包括联合勘探哈尔科夫和波尔塔瓦地区，2008年初，双方开始勘探。2008年底，壳牌在哈萨克斯坦的里海地区经2075米深井钻探找到石油，在这个明名为"珍珠"的项目中，壳牌占有55%的股份。

在欧洲，2007年，壳牌在参与丹麦北海新一轮的石油勘探合作中占股36.8%。2008年，壳牌与合作伙伴开始在英国北海投产了4个新的油田。

立足于未来能源的探索，近年来，壳牌在北极附近的北冰洋钻探投资已达35亿美元，并将继续加大对类似极端环境的油气勘探开发。

第四节 壳牌的下游业务拓展

一、壳牌下游业务的发展策略

鉴于当前全球炼油能力过剩的情况，壳牌基于西方发达国家经济发展趋缓及其石油消费水平进入稳定阶段，以及石油整体产业链的均衡性状况，认为全球炼油产能整体过剩的局面将会保持一段时期。

2007年前三个季度，欧洲的汽油需求较年初下降了5%，柴油需求与年初基本持平，美国第三季度的石油需求上升了0.6%～0.7%，而2006年同期的升幅则为1%。此外，石油价格的上涨和客户需求的萎缩，共同压缩了炼油业务的利润空间。因此，在全球范围调整炼油产能是壳牌在下游业务调整中的一项重要工作。而事实上在另一方面，现有全球分布的石油炼厂主要始建于20世纪50年代之后，随着石油产业

周期的递进和未来能源结构的调整，未来能源结构的调整，也将会一定程度地影响到这些石油基础设施的变化，而这恰恰符合壳牌的能源战略路线。

经过长期的全球一体化扩张发展，壳牌形成了庞大的业务体系，在最多的时期，壳牌的业务范围曾分布于120多个国家，拥有12万名员工，其中下游业务更显庞杂。虽然经过精简变化，但壳牌仍感到这种布局已经使企业经营变得规模而不经济，需要对零售业务体系进行必要的精简。

从杰伦·范德韦尔时期起，壳牌开始对下游实施"西退"和"东进"计划，到彼得·沃瑟继任以来，在对部分内容有所调整的基础上，更进一步明确和推进了这种进程，以更大力度压缩其炼油产能，裁减部分零售业务，加强对成本

和资本效率的严格管理。

二、壳牌下游业务的西退策略

壳牌西退策略主要内容是壳牌从下游业务增长潜力小的欧美国家撤出，剥离包括分布在美国、欧洲等地区的多个炼厂。此外，除了大型的、现代化的和盈利能力强的企业资产，壳牌还将陆续从拉美、非洲、加勒比地区的20多个国家部分或全部退出下游业务。

2007年1月，壳牌将其在美国加利福尼亚州一座日产10万桶的炼油厂、一个能源终端以及250个加油站出售给了美国能源集团 Tesoro 公司，交易金额17.6亿美元，加油站将继续使用壳牌商标，而加油站所需的石油产品将由 Tesoro 公司扩大后的炼油厂和市场销售网络供应。壳牌这笔交易的目的是简化该公司在美国的业务战略。

2008年，壳牌以18亿美元的总金额，将其在法国南部 Berre 亿唐的炼油厂、法国北部 Petit-Couronne 的炼油厂和另一座位于法国东部 Reichstett Vendenheim 的炼油厂分别出售给荷兰巴塞尔公司和瑞士 Petroplus 控股公司，这三座炼油厂具有日产30万桶的总产能。

2009—2010年间，壳牌出售了约8%的炼油产能，相当于每天约33万桶。2010年3月，在德国，2010年壳牌将其海德炼油厂卖给了 Klatch 投资公司。在英国，经过长达1年多的谈判之后，2011年2月壳牌终于同意以3.5亿美元的交易额将其旗舰炼油厂斯坦洛出售给印度的埃萨公司。2010年10月，壳牌以6.4亿美元的总价格向芬兰 St1 公司麾下的一个子公司出售其在芬兰和瑞典的资产。这些资产包括壳牌公司在瑞典哥德堡的具有日加工8.7万桶原油能力的哥德堡（Gothenburg）炼油厂以及其在芬兰和瑞

典两国的656个加油站。

此外，壳牌还计划出售的炼厂包括位于加拿大蒙特利尔一座产能为日产12万桶的炼厂，位于德国一座产能为日产7.8万桶的 Harburg 炼厂，以及位于新西兰马斯登角一座日产10.7万桶炼厂中壳牌所持有的17.4%股份。

对于在非洲的业务，2010年，壳牌开始重新评估在非洲21个国家的下游业务，并准备出售在非洲的大部分下游资产。被评估的下游业务包括：零售业、商业燃料、润滑油、液化天然气、沥青、航空燃料及航海燃料。涉及的国家有：摩洛哥、阿尔及利亚、突尼斯、埃及、科特迪瓦、布基纳法索、加纳、多哥、塞内加尔、马里、几内亚、佛德角、肯尼亚、乌干达、坦桑尼亚、勃茨瓦纳、纳米比亚、马达加斯加、毛里求斯、留尼汪。南非的液化天然气业务也在此次评估范围之内。但这当中不包括勘探开采、液化天然气和多数国际贸易业务，在南非的燃料油、润滑油销售业务和炼制加工业务和在埃及的润滑油业务也不在考虑范围之内。壳牌关闭了全球约9000座加油站，在裁减了5000名就业岗位的基础上，再精简了1000名就业岗位，到2012年壳牌将完成总共裁减7000名就业岗位的计划。同时，在美国，壳牌因为采用了批发供应模式，将自己的品牌授权给一些特许加盟的加油站，盈利大大提高，壳牌希望在其他一些市场也能复制这种模式。

2011年2月，壳牌与维多石油集团及赫里奥斯投资合伙人法律事务所达成协议，作价10亿美元将摩洛哥、突尼斯、象牙海岸、埃及、加纳、塞内加尔、马里、几内亚、肯尼亚等14个国家零售业务的大部分股权出售给两家公司，由 Vitol Group 和 Helios Investment Partners 及壳牌组成合资企业，购入上述业务，两家企业在

合资企业中共占股80%，壳牌持有另外20%的股份。

此外，壳牌还计划将另外5个国家的资产出售予上述合资企业。同时，两公司与壳牌组成了另一家合资企业，该合资企业将持有壳牌在其他7个非洲国家的润滑油业务，壳牌在该合资企业中占股50%。

三、壳牌下游业务的东进策略

壳牌东进策略的主要内容是壳牌把未来的投资重点放在中国、印度、土耳其、印度尼西亚、俄罗斯、乌克兰和泰国等投资回报增长迅速的新兴市场，也就是说壳牌下游建设将逐渐由西方转移到东方。

面对世界经济发展的不平衡性，在未来一段时期内，亚太等新兴市场国家正在进入能源消费的高增长时期，这些国家和地区将成为壳牌下游业务"在成长中的市场中进行有选择性的投资"的重点。在壳牌的"东方战略"中，壳牌正在对上述目标市场国家和地区增加投资，计划在东方建立强大的下游业务体系，而中国市场则是其"东方战略"的重点之一。

据统计，2007年，壳牌在土耳其零售市场占有率为22%，但目前土耳其正在申请加入欧盟，一旦土耳其真正加入欧盟，该国的市场会拥有更大的增长潜力，因此，壳牌正在加大对土耳其市场的投入；在印度，壳牌已经运营45座加油站，壳牌是唯一一家获准进入印度油品零售业务的国际公司，壳牌获准在印度最多可以建设2000家加油站；在俄罗斯，壳牌在首都莫斯科运营的加油站超过30座；而在中国，润滑油、沥青和化工三大业务的成长最为迅速。

壳牌在东南亚等地区已建有一定规模的炼化工厂，近年又在进行新的项目投资。2006年7月，壳牌开始建设壳牌东方石油化工总厂，该工程将包括在新加坡毛广岛兴建世界级乙烯裂化厂、在裕廊岛兴建乙二醇厂以及对现有的毛广岛炼油厂进行设施添加及改造工程，这项石化投资将能进一步提高新加坡作为壳牌石化中枢的整体效率和业务覆盖能力。截至2010年底，壳牌在亚洲国家的炼油能力已经占到集团整体炼油能力的22%。

第十八章　壳牌的技术创新路线

综观壳牌成为跨国石油公司的历程，其技术创新与内部技术保障为其发展提供了强有力的支持。正如壳牌在战略展望中所描述的那样："我们相信自己所有的技术、项目交付能力以及运营业绩将仍然是我们业务的关键因素"，"我们侧重于勘探新的石油和天然气储量，并在我们的技术和知识能为资源拥有者带来更多价值的领域开发重大项目"。

第一节　壳牌技术创新系统的特点

经过多年的建设与改进，壳牌已经建立了完善的技术创新管理系统，这一系统呈现出以下特点。

一、研究机构布局合理

壳牌在全球的研究机构，根据研发的内容以及业务特点，合理的分布在11个国家。同时，有近3万名的技术人员在为壳牌服务。

壳牌在对研究机构进行布局及工作划分时，注重以下三个方面的内容。

（一）注重分工

壳牌的技术创新、新技术开发和现有技术的改进，均由位于美国休斯敦、荷兰阿姆斯特丹及海牙赖斯韦克（Rijswijk）的技术中心负责，而其他地方（包括英国、加拿大、法国、德国、印度、挪威、阿曼、卡塔尔和新加坡）的研发中心则致力于产品开发、营销支持和为区域运营提供具体的技术协助。

（二）注重层次

壳牌研发机构的层次化是其技术创新体系建设的重要特点，总部直属整体产业链的多个涉及上下游的研究中心（公司），在此之外通过自建和合作共建众多重点实验室，技术创新体系具有整体性与层次性。比如，壳牌勘探开发技术中心设在荷兰海牙，壳牌研究与技术中心设在阿姆斯特丹，分别负责上下游研究，另在荷兰、英国、美国、日本等国家有10多个研究与技术开发中心，分别负责油气勘探、开发、炼制、储运、化工等各个方面的研究工作。

（三）注重专业化

壳牌非常注重研发中心的专业化研究方向，每一个研发中心都确定了研究目标。壳牌部分研发组织专业化分工见下表。

壳牌研发组织专业化分工表

年份	公司	地点	研究目标
1895	荷兰皇家石油公司	（荷兰）代尔夫特	石油制品
1914	壳牌荷兰研发中心	（荷兰）阿姆斯特丹	汽油
1916	壳牌美国研发中心	（美国）加利福尼亚	化工
1928	壳牌开发公司	（美国）加利福尼亚	化工
1947	壳牌贝莱尔研究中心	（美国）休斯敦	石油勘探开发
1975	壳牌Westhollow研究中心	（美国）休斯敦	下游技术

二、组织管理机制灵活

2009年，壳牌在进行新的业务重组过程中，设立了一个项目与技术部门与上下游业务并行，通过职能设置，保持了创新的系统化和技术支持的紧密化，突出了技术部门的作用。

多年来，壳牌结合自身上中下游一体化经营的特点，为集中力量搞好科研开发、减少交叉重复，采取了由集团总部统一领导和管理进行科研开发的体制。集团的科研工作由作为集团主要咨询服务机构的壳牌国际研究有限公司统一归口管理。这种以集权管理为主的体制经过长期实践证明是行之有效的。

三、项目实施科学有序

在研究开发项目过程中，壳牌拥有一套系统科学的程序，以保证项目的科学性、有效性，保证创新项目的顺利完成。

在实际中，由于市场变化很快，有些研究开发项目还在实施过程中就要被淘汰，但由于有科学的创新项目立项与实施程序保证，从而大大减少了这方面损失。

四、研发投入持续领先

在研发投入上，壳牌始终保持其在业内研发投入领先的水平，并在近年来，完善了包括合作对象、技术组合、市场开发和影响力在内的四大技术引擎，进一步提升研发创新与应用效能。2009年，壳牌的技术研发投资接近12亿美元，这为生产更多、更清洁的能源，为顾客提供更多的高效燃料和产品提供了保障。

五、核心优势不断强化

壳牌在研发方向上，包括不断提高采收率、延长油田寿命；针对特别地质条件和地理环境以及非常规能源，提高钻探开采与开发能力；针对替代能源，开发新一代生物能源；针对环保要求，提高能源产品洁净水平、提高能效以

及二氧化碳捕集封存等技术，这些研究与开发方面都有一个明显的特点，就是以强化自身优势领域为方向。

综合来讲，壳牌并不研究有关产品的所有技术，而是重点研究本公司拥有优势的技术和关系产品更新换代的关键技术，并根据市场变化，通过增强某些领域的研究与开发能力，以保持企业在某一领域的优势。

六、校企联合产学合作

产学研合作开发是一种最为普遍的创新模式。尽管跨国石油公司规模巨大，资金雄厚，技术开发力量很强，但是要在各方面都居领先地位很困难。壳牌越来越认识到与学术机构信息交流的重要性与密切合作的必要性。因此，壳牌选择在世界一些主要大学和研究机构附近建立独立的研究中心，注重技术协作和技术研究联盟，采取了既满足彼此需求又节约成本的产学研一体化的合作研究形式，以更好地分散商业风险，适应动荡多变的石油市场环境。

壳牌国际技术中心一览表

序号	技术中心	地区	研究领域
1	壳牌研究与技术中心	英国桑顿	石油产品
2	贝莱尔技术中心	美国休斯敦	油气勘探开发
3	Westhollow技术中心	美国休斯敦	石油化工
4	化学研究中心	比利时Lou-vainla-Neuve	塑料
5	Gerand Couronne Shell Recherche S.A	法国里昂	油品
6	Producete，Anwendungs und Entwicklungs Lab	德国汉堡	油品
7	Berre L' Etane，Societe des Petroles	法国马赛	化工
8	壳牌东方研究有限公司	新加坡	油品
9	Showa壳牌Sekiyu中心实验室	日本	油品、生物技术、新能源和材料
10	Tsukuba实验室	日本	化工产品

第二节　能源价值链角度的技术创新

壳牌创新的一个重要角度就是能源价值链角度的创新。壳牌将整个能源价值链分为勘探、开采、生产和加工四个领域，并在这四个领域取得了丰厚的创新成果。

一、勘探领域的技术创新

在勘探领域，壳牌最关键的核心创新技术是盆地模拟和地震成像技术。

（一）盆地模拟

盆地模拟（Basin Modeling）是基于物理化学的地质机理，在时间和空间上由计算机定量模拟含油气盆地的形成和演化、烃类的生成、运移和聚集，以揭示盆地油气规律本质。

盆地模拟是壳牌得以在勘探业务取得成功的壳牌创新的一个重要角度就是能源价值链角关键要素之一。壳牌把几十年勘探的经验数据整合在一起，基于热流、对流，以及在地球结构和油气藏内发生的其他过程的基本原则，开展科学分析。壳牌还开发出先进的计算机算法，能够以三维方式预测流体压力、流量与应力和张力之间复杂的相互作用，判断石油和天然气如何从油气源岩通过细微的通道，转移到油气圈闭，分析这些油气圈闭如何随着时间的推移而变化，石油和天然气又是怎样进一步迁移到最终的油气藏。

在探寻致密气方面，壳牌利用盆地模拟方式预测天然气含量较高的地点，以及岩石的弹塑性，从而知道从何处压裂岩石效果最好，并且找到压裂岩石时压力、流速和支撑剂数量的最佳组合。

壳牌将盆地模拟工具与地震成像以及遥感现场数据等其他工具结合在一起使用，获得有关重力以及磁场的信息，并能推算出盆地的结构历史。

（二）地震成像技术

壳牌在地震成像技术领域发展迅速，从二维、三维静态图像逐渐发展至四维时移成像，现今能够实现五维地震数据处理，即空间的 X 轴、Y 轴和 Z 轴，以及地震采集方位角和偏斜角。这在针对非常复杂的地形——比如墨西哥湾盐层下或山脉下的含油气层——进行地震成像作业时非常有帮助。

2011 年 4 月，壳牌联合惠普在惯性传感技术研究方面取得了突破性进展，共同推出了全新的地震勘探传感技术，该技术可以通过更高的灵敏度和超低频率来拍摄并记录地震勘探数据。这套全新陆地无线地震勘探数据采集系统旨在更加深入地了解地球地表以下区域的状况，从而增加发现更多石油和天然气的机会，以满足全球日益增加的能源需求。

二、开采领域的技术创新

在开采领域，壳牌的深海油气田开采技术一直处于领先地位，而卓越的钻探技术也为壳牌进军非常规能源领域，提供了支持与保障。

（一）深海油气田技术

壳牌在深海油气田开采方面拥有特殊的专业技术，近 30 年来，壳牌一直都是这个领域的领导者。

以巴西海上坎坡斯盆地 BC-10项目为例，该项目位于因流沙而趋于不稳定的海底之下，全年海上条件异常严酷，水深约1780米的深海，海床本身温度接近冰点，并且海底水压很高。油藏属于中小型低压稠油。壳牌首期通过海底油井对三处油田进行了开采，每处油田回接到位于中心位置的浮式生产储油卸油船（FPSO）。这是壳牌首个完全基于海底油气分离与海底泵送系统的油气开采项目。与此同时，壳牌在BC-10项目上，还首次采用了钢管液压和多路大功率脐带缆，可在海底提供高达1500马力的动力。此外，该项目还首次在塔状浮式生产储油卸油船上应用了懒波引导立管技术。这种技术能够防止由于不断摇晃所导致的材料疲劳现象。得益于所有这些领先技术和整体开发策略，壳牌在该项目上的产量增长迅速，仅投产5个月，产量就已超过100万桶。

壳牌另一个深海开发项目——位于墨西哥湾的帕迪多（Perdido）项目也同样开创了多个世界第一，并已于2010年正式投产。该项目位于水下2450米，是世界上水深最大的海底钻探和开发项目，它是三大油气田的枢纽。这个海上平台能够收集、加工和输出半径48千米范围所开采的原油，包括22个平台油井和13个通过海底设施回接的水下井。其中，目前正在开发的油田之一——Tobago的深度约为2925米，有望成为世界上最深的即将竣工投产的海底油田。

（二）钻探技术

壳牌卓越的钻探及其一系列技术，帮助壳牌在开采领域获得了竞争优势。例如，壳牌的欠平衡钻井技术在业界领先，而对于低渗透率的岩石而言，必须采用这种技术，才能确保钻井液不会损害油气藏和油气孔隙通道。

对于致密气或页岩气开发项目——比如壳牌与中国石油合作开发的陕西长北项目和四川金秋和富顺气田，降低钻探成本极端重要。为此，壳牌采用了一系列技术。例如，壳牌的软扭矩旋转钻井系统，帮助壳牌减轻了钻柱的震动，控制钻头的转速。结果，壳牌得以提高钻进速度，延长钻头的使用寿命。这缩短了钻井和起下钻的时间，从而节省费用。

三、生产领域的技术创新

在生产领域，壳牌的液化天然气技术和提高石油采收率技术，均处于世界领先水平。

（一）液化天然气技术

当将温度降至 -160℃时，天然气就会液化，同时其体积缩小600倍左右，因此，壳牌可以用船舶运输。液化天然气的诞生为天然气消费者与生产商提供了灵活性。与管道天然气不同的是，液化天然气不存在地点限制——运输轮可将其运往任何有需求的地方，随后再将液化天然气转化为气态，并通过陆上现有的基础设施进行配送。1964年，世界上首座商业化天然气液化厂在阿尔及利亚投入运营，采用的就是壳牌的技术。从那时起，壳牌就不断投资于相关技术与项目的开发。如今，壳牌在澳大利亚、文莱、马来西亚、尼日利亚、阿曼、卡塔尔以及俄罗斯等地生产液化天然气，并在墨西哥与印度运营着再气化工厂。

为保持液化天然气技术的世界领先，壳牌成功研制出双混合制冷剂（DMR）。当使用混合制冷剂时，工艺设计的灵活性比使用普通制冷剂更高。混合制冷剂可提供两种制冷周期，从而提高了使用自由度。其结果是在各种环境温度条件与原料气构成的情况下，有效提高了电力利用率与效率。

在海上液化天然气加工方面，壳牌的浮动式液化天然气技术得到了成功利用，并在产地实现了天然气的液化。而世界上第一艘浮式生产储油卸油船就是1977年在西班牙建造的 Shell Castellon 号。通过集成并优化多项成熟技术，壳牌目前正在建设一座新的设施，可以把产自偏远地区，单个规模很小但数量众多的气田的天然气转化为液化天然气。浮动式液化天然气技术的应用不仅可以降低天然气生产的成本，而且还能在保障消费者天然气供给的同时，减少对环境的不利影响。

（二）提高石油采收率技术

为实现可持续生产的目标，壳牌已有多项令人兴奋的提高油田采收率方案投入使用，还有一些正在开发之中。比如，壳牌在中东、加拿大和美国的几个项目中应用了蒸汽注入技术。在美国加州，这项技术将油田局部采收率从10%提高至80%。

目前，壳牌正在荷兰一个50多年以前发现的油田采用蒸汽注入法，这项技术能够让此油田的开采寿命延长20年以上。此外，在某些国家壳牌正在开展化学和混合气体注入项目。壳牌还在多个油田成功试验壳牌称之为"设计水驱（Designer Water）"的注水开发技术。

"设计水驱"是一种调节注入水的离子组成，来改变油藏润湿性和其他参数，进而提高石油采收率的技术。

四、加工领域的技术创新

在加工领域，天然气制油是壳牌全球技术得以广泛应用的典型代表。早在20世纪70年代，壳牌的阿姆斯特丹实验室就开始开发这项技术。1993年，天然气制油技术最终在马来西亚民都鲁首次投入商用。如今，该项技术在正在建设中的卡塔尔珍珠天然气制油项目中将得到世界规模的应用。正式投产后，珍珠天然气制油项目每天能生产14万桶天然气制油产品，外加12万桶液化天然气和乙烷。

天然气制油始终是壳牌技术工作的一个重点，在过去的40年里一贯如此。目前，壳牌拥有超过3500项涵盖了天然气制油工艺各个环节的相关专利。

第三节　客户需求角度的技术创新

壳牌创新的另一个角度是从客户需求的角度。在每一个项目的运营和实施过程中，壳牌会从客户和利益相关方的角度审视和运用具体项目所需的技术方案，从而取得业务上的成功。而壳牌所称的利益相关方是从广义上讲的，包括全球的壳牌产品消费者、相关政府部门、业务合作伙伴和当地社区等，它们都是壳牌与之进行合作的对象。

壳牌客户需求角度的技术创新，主要分两个步骤展开：首先，壳牌对客户的需求进行了解，并确立创新的角度；其次，壳牌通过推出差异化的产品，来满足消费需求。

一、了解需求确立创新角度

壳牌认为，在市场上获得成功的前提就是需要理解消费者需要什么，并且根据这些需求来寻求解决方案，帮助他们解决需求。尽管壳牌的客户主要是政府，但壳牌将通过帮助政府而实现消费者从政府当中获利，从一些工业产业当中获利。为此，壳牌不断的深入了解消费者的需求，最终实现不断创新，来帮助消费者。

通过市场调查了解消费者需求，仅仅是壳牌的一个基本方法，而通过开展系列活动了解消费者，才是壳牌重要的手段。这些系列活动涉及不同的领域和不同的业务。其中，名为"壳牌对话"的活动最为独特。壳牌将一些视频放在网上，每个月有不同的话题，目标是对于一些非常关注能源消耗环保的顾客，一起进行这些话题的可能性探讨，进行双向沟通，帮助壳牌更好地了解消费者的需求。

此外，壳牌的消费者参与计划也非常具有实效性。例如，通过吸引高校学生来设计一些能耗更加低的汽车，来适应不同地区的地理特性，比如说美国、欧洲和亚洲，由于气候和道路的差异，减低能耗的方法就有所不同。这些方法，为壳牌产品的完善与新产品的设计，提供了参考依据。

二、满足需求推出相关产品

了解需求推出相关产品满足消费者需求，已经成为壳牌技术创新的基础理念。

市场调研发现，消费者对燃油的需求不仅仅局限于燃油本身，同时还有一些特殊需求。有些消费者希望汽车的引擎发挥出最大的功率，为此，壳牌在全球许多国家的加油站推出 V-Power 燃油产品，能发挥引擎最大的功率，这个燃油产品也被法拉利车队采用。另一些消费者很在意燃油的经济性，为此，壳牌推出了节油配方燃油。即使在全球经济不景气时期，壳牌推出的差异化燃油产品也受到消费者欢迎，使市场份额得到了提高。

技术已成为壳牌业务成功的关键。壳牌充分发挥自身的技术优势，在技术上不断创新，把最新最好的技术应用于市场。技术无疑已成为壳牌近年来持续发展的最重要的支点之一。

BP 世界能源统计年鉴 [R].BP 中国对外事务部，2010.

保罗·罗伯茨．石油的终结——濒临危险的新世界 [M].北京：中信出版社，2005.

彼得·圣吉．第五项修炼 [M].北京：中信出版社，2009.

蔡丰．亲历壳牌 [M].北京：机械工业出版社，2010.

陈楠．壳牌中国：百年后的跨越 [J].商务周刊，2010.

戴维·厄恩斯特，安德鲁·M·J·斯坦恩胡布尔，常绍民．石油天然气的上游联合 [J].

丹尼尔·耶金．石油大博弈 [M].北京：中信出版社，2008.

丹尼尔·耶金．石油风云 [M].上海：上海译文出版社，1992.

杜玖月．公司变革——现代企业创新与变革启示录 [M].北京：经济管理出版社，2005.

高建，董秀成．国外跨国公司技术创新体系现状与特点分析 [J].科技进步与对策，2008.

凯斯·万·德·黑伊登，邱昭良．情景规划 [M].北京：中国人民大学出版社，2007.

壳牌2010年可持续发展报告 [R].壳牌集团，2011.

壳牌2010年年度报告 [R].壳牌集团，2011.

壳牌理念——跨国公司在中国的环保战略 [J].南风窗，2005.

壳牌煤气化技术及洁净煤业务 [R].壳牌（中国)有限公司，2006.

壳牌能源远景2050年 [R].壳牌国际有限公司，2008.

李文，杨静．《壳牌：企业社会责任实践的领跑者——壳牌 CSR 理念与实践案例分析》，J.《WTO 经济导刊》，2007.

彭剑锋．百年壳牌 [M].北京：机械工业出版社，2010.

石德平．浅谈南海石化项目壳牌管理模式 [J].

石鹏．壳牌节能车赛的多元意义 [R].国家电网·企业软实力，2010.

"世界上最赚钱公司"的企业文化——壳牌集团核心竞争力探析 [J].价值中国，2009.

孙溯源．国际石油公司研究 [M].上海：上海人民出版社，2010.

田景惠．加油站营销管理与实务 [M].北京：石油工业出版社，2003.

王才良．从马拉开波湖到奥里诺科 [J].中国石化杂志，2007.

王才良．世界石油工业 140 年 [M].北京：石油工业出版社，2005.

王基铭．国外大石油石化公司经营发展战略研究 [M].北京：中国石化出版社，2007.

王文峰．壳牌公司的员工管理 [J].企业改革与管理，2005(10)

威廉·恩道尔，赵刚．石油战争 [M].北京：知识产权出版社，2008.

吴国平．简析拉美国家的石油资源及其出口安全策略 [J].拉丁美洲研究，2005.

闫娜，罗东坤．从壳牌公司的环境关注看企业环境战略的制约因素 [J].

应祉多，彭燧良．英商亚细亚石油公司在重庆的经济侵略 [J].

约翰 E 普赖斯科特．竞争情报应用战略：企业实战案例分析 [M].长春：长春出版社，2004.

长远——壳牌在中国的故事 [J]. 壳牌中国集团，2004.

朱福东，卫弘 . 险中生辉：英荷皇家壳牌集团公司 [M]. 沈阳：辽宁人民出版社，1997.

Bob Weintraub.Royal Dutch/Shell Group and Sir Robert Waley Cohen (1877-1952)[J]. Engines and Enterprise, The Life and Work of Sir Harry Ricardo, 1999.

John Donovan. royal dutch shell and the nazie[J].

www.shell.com. 壳牌官网 .

声明： 本书在编写过程中，参阅了大量的文献资料及众多国内外相关著作，并在文中注明资料的出处和来源，特此向有关作者致谢。但由于资料繁多，不乏挂一漏万之处，特此表示歉意。如有意见和建议，请将其发送至 jdqiaopai@163.com 邮箱，编者再次致谢。